给以院士
建设尚未
贺教师节
重大攻关项目
成里立献

季羡林
两千有八

教育部哲学社会科学研究重大课题攻关项目

我国货币政策体系与传导机制研究

RESEARCH ON CHINA'S MONETARY
POLICY SYSTEM
AND CONDUCTION MECHANISM

刘 伟 等著

经济科学出版社
Economic Science Press

图书在版编目（CIP）数据

我国货币政策体系与传导机制研究/刘伟等著．
—北京：经济科学出版社，2015.6
（教育部哲学社会科学研究重大课题攻关项目）
ISBN 978-7-5141-5787-1

Ⅰ.①我… Ⅱ.①刘… Ⅲ.①货币政策－研究－中国 Ⅳ.①F822.0

中国版本图书馆 CIP 数据核字（2015）第 110877 号

责任编辑：白留杰
责任校对：刘欣欣　杨晓莹
责任印制：邱　天

我国货币政策体系与传导机制研究
刘　伟　等著
经济科学出版社出版、发行　新华书店经销
社址：北京市海淀区阜成路甲 28 号　邮编：100142
总编部电话：010-88191217　发行部电话：010-88191522
网址：www.esp.com.cn
电子邮件：esp@esp.com.cn
天猫网店：经济科学出版社旗舰店
网址：http://jjkxcbs.tmall.com
北京季蜂印刷有限公司印装
787×1092　16 开　35.25 印张　670000 字
2015 年 6 月第 1 版　2015 年 6 月第 1 次印刷
ISBN 978-7-5141-5787-1　定价：88.00 元
（图书出现印装问题，本社负责调换。电话：010-88191502）
（版权所有　侵权必究　举报电话：010-88191586
电子邮箱：dbts@esp.com.cn）

课题组主要成员

张 辉　苏 剑　冯 科　蔡志洲　何小锋
黄桂田　董志勇　李连发　吕随启　赵留彦

编审委员会成员

主　任　孔和平　罗志荣
委　员　郭兆旭　吕　萍　唐俊南　安　远
　　　　文远怀　张　虹　谢　锐　解　丹
　　　　刘　茜

总　序

哲学社会科学是人们认识世界、改造世界的重要工具，是推动历史发展和社会进步的重要力量。哲学社会科学的研究能力和成果，是综合国力的重要组成部分，哲学社会科学的发展水平，体现着一个国家和民族的思维能力、精神状态和文明素质。一个民族要屹立于世界民族之林，不能没有哲学社会科学的熏陶和滋养；一个国家要在国际综合国力竞争中赢得优势，不能没有包括哲学社会科学在内的"软实力"的强大和支撑。

近年来，党和国家高度重视哲学社会科学的繁荣发展。江泽民同志多次强调哲学社会科学在建设中国特色社会主义事业中的重要作用，提出哲学社会科学与自然科学"四个同样重要"、"五个高度重视"、"两个不可替代"等重要思想论断。党的十六大以来，以胡锦涛同志为总书记的党中央始终坚持把哲学社会科学放在十分重要的战略位置，就繁荣发展哲学社会科学作出了一系列重大部署，采取了一系列重大举措。2004年，中共中央下发《关于进一步繁荣发展哲学社会科学的意见》，明确了新世纪繁荣发展哲学社会科学的指导方针、总体目标和主要任务。党的十七大报告明确指出："繁荣发展哲学社会科学，推进学科体系、学术观点、科研方法创新，鼓励哲学社会科学界为党和人民事业发挥思想库作用，推动我国哲学社会科学优秀成果和优秀人才走向世界。"这是党中央在新的历史时期、新的历史阶段为全面建设小康社会，加快推进社会主义现代化建设，实现中华民族伟大复兴提出的重大战略目标和任务，为进一步繁荣发展哲学社会科学指明了方向，提供了根本保证和强大动力。

高校是我国哲学社会科学事业的主力军。改革开放以来，在党中央的坚强领导下，高校哲学社会科学抓住前所未有的发展机遇，紧紧围绕党和国家工作大局，坚持正确的政治方向，贯彻"双百"方针，以发展为主题，以改革为动力，以理论创新为主导，以方法创新为突破口，发扬理论联系实际学风，弘扬求真务实精神，立足创新、提高质量，高校哲学社会科学事业实现了跨越式发展，呈现空前繁荣的发展局面。广大高校哲学社会科学工作者以饱满的热情积极参与马克思主义理论研究和建设工程，大力推进具有中国特色、中国风格、中国气派的哲学社会科学学科体系和教材体系建设，为推进马克思主义中国化，推动理论创新，服务党和国家的政策决策，为弘扬优秀传统文化，培育民族精神，为培养社会主义合格建设者和可靠接班人，作出了不可磨灭的重要贡献。

自 2003 年始，教育部正式启动了哲学社会科学研究重大课题攻关项目计划。这是教育部促进高校哲学社会科学繁荣发展的一项重大举措，也是教育部实施"高校哲学社会科学繁荣计划"的一项重要内容。重大攻关项目采取招投标的组织方式，按照"公平竞争，择优立项，严格管理，铸造精品"的要求进行，每年评审立项约 40 个项目，每个项目资助 30 万~80 万元。项目研究实行首席专家负责制，鼓励跨学科、跨学校、跨地区的联合研究，鼓励吸收国内外专家共同参加课题组研究工作。几年来，重大攻关项目以解决国家经济建设和社会发展过程中具有前瞻性、战略性、全局性的重大理论和实际问题为主攻方向，以提升为党和政府咨询决策服务能力和推动哲学社会科学发展为战略目标，集合高校优秀研究团队和顶尖人才，团结协作，联合攻关，产出了一批标志性研究成果，壮大了科研人才队伍，有效提升了高校哲学社会科学整体实力。国务委员刘延东同志为此作出重要批示，指出重大攻关项目有效调动了各方面的积极性，产生了一批重要成果，影响广泛，成效显著；要总结经验，再接再厉，紧密服务国家需求，更好地优化资源，突出重点，多出精品，多出人才，为经济社会发展作出新的贡献。这个重要批示，既充分肯定了重大攻关项目取得的优异成绩，又对重大攻关项目提出了明确的指导意见和殷切希望。

作为教育部社科研究项目的重中之重，我们始终秉持以管理创新服务学术创新的理念，坚持科学管理、民主管理、依法管理，切实增强服务意识，不断创新管理模式，健全管理制度，加强对重大攻关项目的选题遴选、评审立项、组织开题、中期检查到最终成果鉴定的全过程管理，逐渐探索并形成一套成熟的、符合学术研究规律的管理办法，努力将重大攻关项目打造成学术精品工程。我们将项目最终成果汇编成"教育部哲学社会科学研究重大课题攻关项目成果文库"统一组织出版。经济科学出版社倾全社之力，精心组织编辑力量，努力铸造出版精品。国学大师季羡林先生欣然题词："经时济世　继往开来——贺教育部重大攻关项目成果出版"；欧阳中石先生题写了"教育部哲学社会科学研究重大课题攻关项目"的书名，充分体现了他们对繁荣发展高校哲学社会科学的深切勉励和由衷期望。

创新是哲学社会科学研究的灵魂，是推动高校哲学社会科学研究不断深化的不竭动力。我们正处在一个伟大的时代，建设有中国特色的哲学社会科学是历史的呼唤，时代的强音，是推进中国特色社会主义事业的迫切要求。我们要不断增强使命感和责任感，立足新实践，适应新要求，始终坚持以马克思主义为指导，深入贯彻落实科学发展观，以构建具有中国特色社会主义哲学社会科学为己任，振奋精神，开拓进取，以改革创新精神，大力推进高校哲学社会科学繁荣发展，为全面建设小康社会，构建社会主义和谐社会，促进社会主义文化大发展大繁荣贡献更大的力量。

教育部社会科学司

前　言

在宏观经济学理论框架中，货币政策的地位并非一成不变。新古典主义的真实经济周期理论中根本就没有货币政策，但新凯恩斯主义学者则将货币政策作为研究的重点，特别是在其所提倡的财政政策的有效性受到质疑之后，货币政策成为新凯恩斯主义间接宏观调控体系中最重要的政策工具。过去 30 年间，发达市场经济国家的宏观经济总体运行平稳，使得反对实施货币政策或认为货币政策无效的声音有所减弱；即使那些认为货币政策短期内效果不大的学者，也不认为货币政策会带来严重的危害。

此次全球金融危机爆发后，关于货币政策的理论研究有可能进入新的阶段。金融危机暴露了发达国家市场经济发展到现阶段所特有的深层次矛盾，引发了人们对市场经济自发秩序和间接宏观调控体系之间关系的重新审视。这次全球金融危机的爆发引发了对货币政策有效性传统概念的反思。新凯恩斯主义学者认为，货币政策通过稳定通货膨胀来消除由于价格调整所带来的资源无效配置和效率损失，但这种政策也仅是一种暂时的、局部的有效。面对市场经济中重复发生的系统性危机，货币政策若要在未来的宏观调控体系中继续处于核心的地位，必须显著地提高其应对危机的有效性。

当前金融危机治理中关于凯恩斯主义经济政策有效性的讨论，不仅反映了西方学者在新古典经济学和新凯恩斯主义经济学之间的动摇，而且从根本上体现了理论界对危机本质仍认识不足。不论是新古典经济学、新凯恩斯主义还是两者的综合，都似乎没有寻找到提高防范危机的政策工具和传导机制。金融危机最先从金融部门爆发，货币政策作为直接影响金融机构资产负债和金融资产市场价格的政策，在防范金融危机方面应较早做出预判，采取必要的措施。可见，提高货币政策在防范危机方面的有效性是货币政策传导机制研究的一个重要方向。

货币政策作为宏观经济政策中最为基本和重要的政策手段，在我国改革开放以来特别是进入新世纪以来，对经济发展和努力实现均衡增长政策目标来说，起到了极其重要的作用，尤其是在应对金融危机对我国的冲击过程中，发挥了特殊的政策效应。

我国经济失衡的特殊性导致我国货币政策目标的多元化与西方目标相对单一化是有所差别的。其次，我国货币政策和财政政策特定结合方式所引致出来的问题也比较特殊。最后，我国与西方利用财政和货币政策反危机操作过程中，双方政策操作空间也是具有明显差异性的。

我国特殊的经济发展阶段和转轨发展特点导致我国货币政策工具选择和传导机制与西方也是有一定差异性的。首先，货币政策工具选择受到限制会影响货币政策效应的传导和实现。其次，与西方相比，目前我国货币政策运用利率比信贷的难度和压力都要大。最后，在本轮金融危机下，我国货币市场上供求关系的失衡不同于欧美国家，欧美国家由于银行体系陷入危机，进而导致实体经济银根紧缩，银行和工商企业面临的共同问题是流动性不足，在我国则相反。

在本轮全球金融危机的发展背景下，围绕西方货币政策体系和传导机制，并结合我国特殊的发展国情，本书主要围绕四个方面集中探讨了我国货币政策体系和传导机制。

第一篇对改革开放以来，尤其是进入21世纪以来，我国经济增长与货币政策应用之间的关系进行了回顾和研究。首先，我们总结了20世纪90年代以来市场化进程和金融体系改革如何改善了宏观调控的微观基础，从而提高了经济活动对货币政策的反映程度，加强了货币政策在宏观调控中的作用。在此基础上，我们着重分析了2003年进入新一轮经济增长周期后，我国经济增长与宏观经济政策的变化。尤其探讨了在这一时期货币政策成为宏观调控的主要工具之后，我国宏观经济运行的特征，以及货币政策对重要宏观指标的影响、效应及应用中存在的问题。随后，我们分不同的阶段，研究了2003~2008年上半年经济周期、2008年全球金融危机以及2010年后经济复苏后期间的中国货币政策应用、影响以及存在的问题。

本书通过货币政策和我国经济增长之间关系的研究，得出一些有意义的结论：货币政策的应用是和我国的市场化改革尤其是金融体系的市场化改革密切联系的，社会主义市场体系的建设及市场秩序的完善是更好地应用货币政策的基础；货币政策是总量需求管理政策，要根据我们的经济增长、经济发展的目标和其他方面的政策结合应用，松紧搭配才能取得更好的效果；从整体上看，进入21世纪以来，尤其是2003年进入新一轮经济增长周期以来，我国应用货币政策的方向是正确的，所取得的成果是积极的，但也存在着一些值得改进的地方，不但要注重研究货币供应量和经济增长、通货膨胀之间的关系，还要深入研究应用货币政策工具时效上的差别。从总体上看，改革开放以来，体制创新和市场化改革是中国实现和保持长期高速经济增长的最基本动力。同时，也改变了宏观调控尤其是货币政策的微观基础，为我们通过货币政策和其他宏观经济政策平抑经济波动，实现稳定的经济增长创造了条件。因此，在继续发挥货币政策在宏观调控中的作用时，我们不仅必须重视提高调控的水平，还要不断解决我国金融体系中存在的各种体制性矛盾。

第二篇主要探讨了美国金融危机的成因、我国目前通货膨胀的成因及应对措施、人民币升值问题、热钱流入规模的估算以及宏观调控体系的重构等问题。纵观此次金融危机爆发的原因，技术进步率下滑是根源。科技进步率下滑导致新产品减少、消费热点贫乏、企业投资收益率下降，从而消费和投资出现下滑的局面。为了刺激经济，美国只好采取货币政策降低利率以刺激投资，但这种政策刺激出来的投资是劣质投资，一旦由于任何技术进步以外的原因利率再上升，这些项目就会亏损，金融危机就可能出现。

我国目前的通货膨胀的成因。第一，长期巨额的贸易顺差导致我国流动性过剩，而流动性过剩导致物价的普遍上涨；第二，流动性过剩和产能过剩二者共同作用导致商品价格上涨从时间上落后于资产价格的上涨、从涨幅上低于资产价格的特点；第三，工资上升、资源价格上涨等原因又导致成本上升由于生产成本的上升，由于生产成本的上升，尤其是劳动力价格的上涨，劳动密集型产品的价格上涨幅度要高于其他产品价格的上涨幅度。

宏观调控体系的重构。在经济面临成本推动通货膨胀的情况下，需求管理不管怎么做都有重大缺陷。要解决失业问题，通货膨胀将更严重；而要解决通货膨胀问题，就必然进一步推高失业。因此，要应对成本推动的通货膨胀，就必须引入供给管理政策，通过降低企业的有效成本来抑制通货膨胀。这就要求我们对宏观调控体系进行创新，超越现在流行的IS-LM模型，在总供求模型的基础上建立新的宏观调控体系。通过引入短期供给管理政策，将供给管理和需求管理有机结合起来，形成新的政策组合，同时解决通货膨胀和失业，（即"滞胀"问题）。短期供给管理政策工具包括影响企业有效成本的财政政策、要素价格政策（如利率政策、工资政策、资源价格政策等）、汇率政策等"。鉴于我国目前的通货膨胀同时由需求拉动和成本推动，应该采取供给扩张、需求紧缩的政策组合，用供给扩张应对成本推动通货膨胀，用需求紧缩应对需求拉动通货膨胀。

前两篇讨论了我国的体制改革、经济增长与货币政策以及金融危机、对外开放与货币政策，第三篇则对我国货币政策体系进行了探讨，包括目标、工具与效应三个方面。

一是我国货币政策的目标问题。通过对我国货币政策最终目标框架的分析，建议我国货币政策的最终目标短期内设定为产出缺口目标的权重大于通货膨胀的权重。针对目前经济中存在的通货膨胀预期、资产替代与货币政策取向问题，运用资产替代框架模型，证实了跨期转移购买力效率存在相对性，资产价格上涨具有普遍性等观点，从而得出了控制资产价格泡沫和通货膨胀的关键在于货币信贷不失控的结论。对于我国现阶段反通货膨胀的货币政策所遇到的困难，从宏观经济失衡的特殊性、通货膨胀压力成因的特殊性等方面进行了分析。对于相机抉择条件下的货币政策最终目标的福利效果，也进行了分析。

二是我国货币政策的工具问题。对于我国货币发行量高速增长而通货膨胀却较为温和的现象，探索了现金投放问题。将现金投放量分为正常现金需求和现金漏损两个部分，建立了现金投放量计量模型，对影响现金投放量的因素进行了实证分析。为了研究金融部门与货币政策主管部门之间的相互关联，本书将动态经济模型与接受资本充足监管的银行部门相结合,分析了最优货币政策与资本充足率的关系,发现货币政策实现其稳定经济周期目标的最优策略是抵销银行资本充足管理的顺周期效应。鉴于近些年来我国银行频繁的上市融资行为带来了信贷的过度扩张,对货币政策产生了不利影响,我们构建了银行信贷传导渠道的理论模型,然后通过统计数据进行了计量分析。

三是我国货币政策的效应问题。首先,进行了我国的货币中性检验,结果发现货币供应量具有内生性,短期内货币政策是非中性的,从长期来看是中性的。还分别从简单统计的角度和MARKOV域变模型出发,分析$M1$和$M2$的域变特征,进而研究未预测到的货币供给冲击对实际GDP的影响,得出只有大规模的货币冲击才对当期实际GDP增长率有显著影响的结论。对于我国货币政策区域效应问题,估计出我国(及主要区域)动态货币政策乘数序列,作为衡量我国货币政策区域效应的指标。研究表明,我国东、中、西部三大地区之间的动态货币政策乘数存在显著差异。对于我国货币政策的"被动性",本书指出,"被动性"包含了因强制结汇制度下的巨额贸易顺差带来的基础货币被动投放、对狭义货币供应量的不可控性以及广义货币供应量与经济"脱媒"。在被动货币投放前提下,对银行信贷调控最有效的方式是"窗口指导",而不是存款准备金率等数量调控方式。货币渠道也因货币供应量与实体经济关系不紧密及货币供应量与利率间连接机制脱钩而明显不畅。

第四篇主要基于货币政策有效性的争论对货币政策传导机制进行研究。货币政策失效不单是因为理性预期,也可能是因为传导机制的问题,已有的研究主要包括了四种传导渠道:利率渠道、汇率渠道、资产价格渠道和信贷传导渠道。如果传导机制变量对货币政策做出准确反应,那么央行可以把传导机制变量作为货币政策选择的一个中间目标。更进一步,经济学家也希望说明货币政策传导机制对货币政策绩效的影响。虽然我们无法从理论上直接证明货币政策传导机制对货币政策绩效有影响,但是,对若干经济危机案例的实证研究能证明这样一个结论——如果公众预期外的货币政策失效,那么货币政策传导机制一定有异常。金融危机最先从金融部门爆发,货币政策作为直接影响金融机构资产负债和金融资产市场价格的政策,在防范金融危机方面应较早做出预判，采取必要的措施。提高货币政策在防范危机方面的有效性是货币政策传导机制研究的一个重要方向。

货币传导机制是指中央银行使用货币政策工具引起各中介目标的反应，并最终引起宏观经济指标变化的渠道和机理。本书选取利率、信贷、汇率和资产价格四种不同的传导机制，分别研究我国的货币政策是否对这四种传导机制有影响，再分别研究这四种传导机制是否对宏观经济造成影响，从而确定我国货币政策对宏观目标的影响。实证研究表明：作为"准市场利率"的货币市场利率对部分实体经济变量有较强的解释能力，我国的利率传导机制是局部有效的，而利率管制等因素是我国利率传导机制存在缺陷的主要原因。信贷规模对宏观经济最终目标有着显著的推动作用，但货币供给量对信贷规模的影响并不显著。货币政策的调整并没有有效的影响汇率，但汇率能够对投资、消费、净出口变动产生影响，最终影响实体经济。为方便研究货币传导的资产价格机制，本书将资产分为债券和股票分别加以研究。实证研究表明，货币政策对债券市场收益率波动有着主导型的调控能力，另一方面，债券市场对宏观实体经济的影响相对有限。货币政策调控对股票价格的影响较为显著，同时股票价格对实体经济的影响也逐渐扩大。鉴于货币政策可以通过股票价格顺利的传导到宏观经济目标，本书认为，应该将金融资产价格纳入货币政策目标中。

本书是教育部哲学社会科学重大课题攻关项目"我国货币政策体系与传导机制研究"（08JZD0015）的最终成果。刘伟是该课题首席专家，主要成员有许宪春、黄桂田、何小锋、林双林、蔡志洲、董志勇、吕随启、王汝芳、苏剑、李连发、冯科、赵留彦和张辉等。

本书主要在刘伟教授独立完成的研究成果和与黄桂田、蔡志洲、董志勇、苏剑、李连发、张辉、冯科和赵留彦等合作完成的研究成果之上的提炼，也是多年研究成果的系统化和深化。

刘伟

2015 年 5 月

摘　要

货币政策作为宏观经济政策中最为基本和重要的政策手段，在我国改革开放以来特别是进入21世纪以来，对经济发展和努力实现均衡增长政策目标来说，起到了极其重要的作用，尤其是在应对金融危机对我国的冲击过程中，发挥了特殊的政策效应。

在国际上，20世纪30年代经济大萧条之后，凯恩斯主义崛起，宏观经济管理重点突出总需求管理政策，强调政府对宏观经济的干预，由此欧美政府长时间偏好财政政策；而20世纪70年代滞胀之后，货币主义开始盛行，新凯恩斯主义也开始重视和强调货币政策，欧美政府相应开始更青睐货币政策。目前全球金融和经济危机的爆发，时至今日欧美主要国家或地区都深受危机之困，20世纪80年代之后，宏观经济学又对新的实践缺乏革命性理论突破，越来越难以应对新形势提出的各种挑战，传统宏观经济理论对现实的解释能力如何？当前全球金融危机是否可视为货币政策积弊的爆发，此外货币政策又该如何面对危机和挑战？这些都要对当前宏观经济理论下货币政策体系和传导机制进行深刻反思和研究。

在国内，中国处于经济体制转轨期，商品和金融市场并不完善，不但缺乏市场化利率指标，而且货币政策公开市场操作工具也比较有限。此外，在目前中国工业化和城镇化加速进程中，二元经济并存、正规金融和非正规金融并存，这些又将会如何影响我国货币政策体系和传导效果？都将值得深入探讨。

本书对改革开放以来，尤其是进入21世纪以来，中国经济增长与货币政策应用之间的关系进行了回顾和总结。首先研究了20世纪90

年代以来市场化进程和金融体系改革如何改善宏观调控的微观基础，从而提高经济活动对货币政策的反映程度，以及加强货币政策在宏观调控中的作用。其次，通过货币政策和中国经济增长关系的研究，发现货币政策的应用是和中国的市场化改革尤其是金融体系的市场化改革密切联系的，社会主义市场体系的建设及市场秩序的完善，是更好地应用货币政策的基础；货币政策要根据经济增长、经济发展目标和其他方面的政策结合应用，才能取得更好的效果；从整体上看，进入21世纪以来，尤其是2003年进入新一轮经济增长周期以来，我国应用货币政策不但要注重研究货币供应量和经济增长、通货膨胀之间的关系，还要深入研究应用货币政策工具时效性上的差别，同时，仍然要解决我国金融体系中所存在的各种体制性矛盾。

本书对全球金融危机的成因、我国目前通货膨胀的成因及应对措施、人民币升值问题、热钱流入规模的估算，以及宏观调控体系的重构也进行了深入探讨。纵观此次金融危机爆发的原因，技术进步率下滑是根源。在缺乏突破性技术革新的大势下，欧美主要国家为刺激经济，将短期需求管理政策长期化，以致低利率等扩张性的货币政策深刻地削弱了经济发展的创新性和可持续性。在经济面临成本推动的通货膨胀的情况下，需求管理要解决失业问题，通货膨胀将更严重，而要解决通货膨胀问题，就必然进一步推高失业。因此，借鉴世界发展经验和针对我国当前经济发展中要应对成本推动的通货膨胀，在宏观调控中就必须引入供给管理政策，强化货币政策对技术进步和创新的正面作用，最终在全球金融、经济危机下实现我国经济持续高速增长。

本书在集中讨论了我国的体制改革、经济增长与货币政策以及金融危机、对外开放与货币政策等问题之后，对我国货币政策体系进行了系统的探讨，包括目标、工具与效应三个方面。对于目标问题，建议我国货币政策的最终目标在短期内设为产出缺口的目标权重大于通货膨胀的权重，对于我国现阶段反通货膨胀的货币政策所遇到的困难进行了探讨，对于相机抉择条件下的货币政策最终目标的福利效果也进行了分析。关于货币政策工具方面，探讨了现金投放问题，并将动态经济模型与接受资本充足监管的银行部门相结合，分析了最优货币政策与资本充足率的关系，还对我国银行频繁的上市融资行为所带来的信贷过度扩张，对货币政策的影响进行了分析。对于效应问题，分别从货币政策对经济增长的作用、货币政策非对称性效应、货币政策的区域效应、货币政策的"被动性"效应等方面对我国货币政策的效应进行了探索。

  本书主要对从货币政策有效性的争论中催生出来的货币政策传导机制进行了深入研究。货币政策失效不单是因为理性预期，也可能是因为传导机制的问题，对主流研究涉及的利率、汇率、资产价格和信贷四种传导渠道进行了系统的理论和实证研究。虽然我们无法从理论上直接证明货币政策传导机制对货币政策绩效有影响，但是，对若干经济危机案例的实证研究能证明这样一个结论——如果公众预期外的货币政策失效，那么货币政策传导机制一定有异常。提高货币政策在防范危机方面的有效性是货币政策传导机制研究的一个重要方向。进一步通过房地产业和股票市场等探讨了我国资产市场与货币政策传导机制之间关系，研究发现货币政策会对房地产企业的财务指标产生显著的影响，但是对企业的投资行为影响有限；货币政策传导到股票市场和股票市场影响货币需求的效果较为明显，但是通过股票市场渠道传导到实体经济的过程中存在阻塞。最后对当前中小企业融资难的问题和电子货币做了一些货币政策传导机制模拟分析。

Abstract

  Monetary policy, as the most basic and important macroeconomic policy, has played an extremely important role in achieving the goal of economy development and the balanced growth, since China's reform and opening up, especially since the new century. Especially, monetary policy has contributed most in response to the financial crisis.

  Internationally, after the 1930s Great Depression, the Keynesian rose abruptly and the macroeconomic management focused on the aggregate demand management policy, emphasizing the Government's macroeconomic intervention. Hence, the European and American government preferred the fiscal policy. After the 1970s stagflation, the monetarism has become popular, the new Keynesians have begun to attach importance and emphasis to monetary policy, and the European and American government began to favor monetary policy accordingly. The current global financial and economic crisis has made the major European countries and America suffer from it till now. After the 1980s, macroeconomics was found more and more difficult to approach the challenges in the new situation due to the lack of the revolutionary theoretical breakthrough of new practice. What's the ability of the traditional macroeconomic theory to explain the world in reality? Whether the global financial crisis can be regarded as the outbreak of the long-standing abuse of the monetary policy? In addition, how should the monetary policy face the crisis and challenges? To answer these questions, we must reflect on the monetary policy system and the transmission mechanism under the current macroeconomic theory. Under the current macroeconomic theory and monetary policy transmission mechanism system, there is a need to take a deep reflection and study.

  In China, as China is in the economic transition period, the commodities and financial markets are not perfect. Not only the interest rate index is not marketable, but also the open market operation tools of monetary policy are limited. In addition, in China's accelerated industrialization and urbanization process, the coexistence of a dual economy as well as the coexistence of formal and non-formal finance will affect China's monetary policy and its transmission effects, which deserve profound study.

This study reviews and discusses the relationship between China's economic growth and the application of monetary policy after the reform and the opening up, especially in the new century. First, this paper studies the micro foundation of how the processes of marketing and financial system reform improved the macro-control, thereby improving the respond of economic activities to monetary policy, strengthening the role of monetary policy in macro control. Secondly, based on the study of the relationship between China's economic growth and the monetary policy, we find that the policy application is closely linked to the market-oriented reform especially the market-oriented reform of the finance system. The construction of market-oriented socialist market system and the improved market order offer are the basis for better application of monetary policy. Monetary policy can achieve better results by working with other policies and self-adjusting according to economic growth and economic development goals. Overall, since the new century, especially the beginning of the new round of economic growth cycle in 2003, our monetary policy should not only focus on the relationship among the money supply, economy growth and inflation, but also study the difference of monetary policy tool timeliness, as well as solve all kinds of institutional contradictions in China's financial system.

This study analyzes the causes of the global financial crisis, China's current inflation and countermeasures, the RMB appreciation, estimates the scale of hot money flowing into China and discusses the reconstruction of macro control system. Actually the financial crisis originates from the declining technological progress rate. In the trend of lacking main technological innovation, the major countries in Europe and America make the short-term demand management policy become long-term in order to stimulate economy, but in turn weakening the innovation and sustainability of economic development. Under the economy of the cost-push inflation, if demand management policy solves the problem of unemployment, inflation will be more serious and if management policy reduces the inflation rate, it will further push up unemployment rate. Thus, dawning from the world development experience and to deal with the cash-push inflation, we must introduce the supply management policy into the macro control, strengthen the positive function of monetary policy on technological progress and innovation and ultimately achieve the persistent high speed economic development under the background of global financial and economic crisis.

This study focuses on the relationship between China's economic growth and monetary policy, macroeconomic situation and monetary policy in the context of financial crisis, but also keynotes China's monetary policy system, including goals, tools and effects. For the target problem, this study suggests that the ultimate goal of monetary policy in short-term to make a significant output gap target weight on inflation, then the difficulties our current anti-inflationary monetary policy encountered is in the analysis. Last, we the welfare effects of the ultimate goal of monetary policy under discretionary conditions. For the tools, this study explores the cash put, combines the dynamic economic model and the banking sector which accepted the supervision of capital adequacy, analyzes the relationship between the optimal monetary policy and capital adequacy ratio, then the impact of frequent financing behavior of listed banks which brings excessive credit expansion on the monetary policy analysis. For the effect problem, in this study, the impact of monetary policy on economic growth, the role of asymmetric effects of monetary policy, the regional effects of monetary policy and "passive" effect monetary policy are explored.

This study mainly discusses the monetary policy transmission mechanism derived from the debate on the effectiveness of monetary policy. The ineffectiveness of monetary policy not only comes from the failure of rational expectations, but also may be attributed to the monetary policy transmission mechanism. In this paper four channels of monetary policy transmission, including interest rate, exchange rate, asset price and credit, are systematically studied both theoretically and empirically. Though we're unable to demonstrate directly in theory that monetary policy transmission mechanism influences the performance of monetary policy. However, a number of empirical case studies come to such a conclusion that if the monetary policy without public expectation loses effectiveness, there must be something wrong with the monetary policy transmission mechanism. To improve the effectiveness of monetary policy in the prevention of crisis is an important part of the study of monetary policy transmission mechanism. This study further explores the monetary policy transmission mechanism through the real estate industry. The result shows that monetary policy will have significant effects on the financial index of real estate enterprises, but have limited influence on the investment behavior of the enterprises. In the end, this study also discusses the monetary policy transmission mechanism from the perspective of stock market, and the result suggests that the influence of monetary policy transmission from the monetary policy to stock market and from the stock market to the money demand is obvious, but the transmission from stock market to the real economy is blocked.

目 录

第一篇
我国经济增长和货币政策：体制改革、经济增长、货币政策 1

第一章 我国经济增长、市场化改革与货币政策 5
第一节 社会主义市场经济与经济增长 5
第二节 市场化改革与宏观经济政策 10
第三节 亚洲金融危机后的宏观经济政策调整 14
第四节 国有商业银行的股份制改造与货币政策 16
第五节 构建社会主义市场经济体系 19

第二章 2003年我国经济增长与货币政策的转折 22
第一节 进入新一轮经济增长周期的中国经济 22
第二节 加速经济增长下的宏观经济政策调整 25
第三节 新一轮宏观调控的特点 32

第三章 2003~2008年上半年的货币政策与反通货膨胀效应 37
第一节 2003~2008年上半年的价格总水平的变化与货币政策 37
第二节 货币政策对通货膨胀的紧缩效应为何在递减 44
第三节 从需求拉动型的结构性通货膨胀到成本推动型的总量性通货膨胀 50
第四节 货币政策与经济增长 55

第四章 全球金融危机后宏观政策的调整与货币政策效应 60
第一节 金融危机冲击下的我国经济增长失衡 60

第二节　我国政府应对全球金融危机的重大举措　　67
　　第三节　积极的财政政策与适度宽松的货币政策的效应　　71

第五章 ▶ 走出经济衰退阴影后的中国经济与货币政策　　78

　　第一节　2010年以来稳健的货币政策和扩张的财政政策　　78
　　第二节　现阶段的宏观经济政策调整的意义　　82
　　第三节　扩大消费与改善经济增长效率　　87
　　第四节　经济发展方式转变与货币政策的供给效应　　96
　　第五节　深化金融体制改革与完善货币政策的传导机制　　100

第二篇

金融危机背景下我国宏观经济的新形势与货币政策：金融危机、对外开放、货币政策　　105

第六章 ▶ 金融危机回顾及其对我国的影响　　107

　　第一节　金融危机的成因　　107
　　第二节　本次金融危机向我国的传导机制　　110
　　第三节　金融危机对全球经济新格局的影响　　111

第七章 ▶ 后金融危机时代我国的宏观经济新形势：
　　　　　通货膨胀问题　　116

　　第一节　我国本轮通货膨胀的基本机理　　116
　　第二节　进口外国中间产品对我国通货膨胀的影响　　120
　　第三节　股票收益与通货膨胀　　133

第八章 ▶ 后金融危机时代我国的宏观经济新形势：
　　　　　投机资本和资本外逃问题　　153

　　第一节　投机资本的流入问题　　154
　　第二节　资本外逃对我国宏观经济的影响　　165
　　附录1　模拟模型的各个方程的参数估计和检验　　179

第九章 ▶ 后金融危机时代我国的宏观经济新形势：汇率问题　　181

　　第一节　宏观经济形势下的汇率问题　　181

第二节　平减价格指数、实际汇率和我国出口竞争力　187

第十章 ▶ 综合形势下我国的宏观调控体系与货币政策重构　195

第一节　目前的宏观调控体系的缺陷　195

第二节　供给冲击、需求冲击与经济周期效应　196

第三节　一个新型的宏观调控体系：以总供求模型为基础的

　　　　宏观调控体系　213

附录2　VAR模型估计结果　223

第三篇

我国货币政策体系研究
　　——目标、工具、效应　225

第十一章 ▶ 我国货币政策目标研究　229

第一节　我国货币政策最终目标框架的现实选择　229

第二节　通货膨胀预期、资产替代与我国货币政策取向　239

第三节　我国现阶段反通货膨胀的货币政策遇到的困难　251

第四节　相机抉择条件下的货币政策最终目标福利分析　260

附录3　273

第十二章 ▶ 我国货币政策工具研究　274

第一节　我国现金投放研究　274

第二节　最优货币政策与银行部门资产充足程度的动态模拟分析　288

第三节　我国银行上市融资、信贷扩张、货币政策　296

附录4　311

第十三章 ▶ 我国货币政策效应研究　313

第一节　从货币政策对经济增长的作用看货币政策的效应　313

第二节　我国货币政策非对称性效应　321

第三节　我国货币政策区域效应的度量　338

第四节　我国货币政策"被动性"效应　348

第四篇 我国货币政策传导机制研究　357

第十四章 ▶ 当代西方经济学关于货币政策和传导机制研究进展及启示　359

　　第一节　关于货币政策有效性的历史争论　360
　　第二节　新凯恩斯主义经济学对货币政策传导机制内涵的丰富　363
　　第三节　货币政策传导机制对货币政策选择的影响　368
　　第四节　货币政策传导机制"失效"的若干历史案例　369
　　第五节　新凯恩斯主义之外的货币经济学与货币政策传导机制未来的研究方向　371
　　第六节　结论和启示　373

第十五章 ▶ 我国货币政策传导机制的实证研究　376

　　第一节　我国货币政策利率传导机制　377
　　第二节　我国货币政策信贷传导机制　385
　　第三节　我国货币政策资产价格传导机制　392
　　第四节　我国货币政策的汇率传导机制　410

第十六章 ▶ 我国资产市场与货币政策传导机制　420

　　第一节　我国房地产市场在货币政策传导机制中的作用　420
　　第二节　我国股票市场在货币政策传导机制中的作用　439
　　第三节　金融交易与货币流通速度的波动　455
　　附录5　468

第十七章 ▶ 我国货币政策传导机制模拟分析　470

　　第一节　信贷风险、预算软约束与企业贷款　470
　　第二节　电子货币对我国货币政策的影响：基于微观持币动机的研究　485
　　附录6　497

参考文献　501

后记　525

Contents

Part One
China's economic growth and monetary policy 1

Chapter 1 China's economic growth, market-oriented reform and monetary policy 5

1.1 Socialist market economy and China's economic growth 5
1.2 Market-oriented reforms and macroeconomic policy 10
1.3 Macroeconomic policy adjustment after the financial crisis in Asia 14
1.4 Shareholding reform and monetary policy of commercial banks of China 16
1.5 Socialist market economy system construction 19

Chapter 2 Accelerative economic growth and monetary policy adjustment in 2003 22

2.1 A new economic growth cycle in China 22
2.2 Macroeconomic policy adjustment of accelerative economic growth 25
2.3 The features of the lastest macroeconomic policy control 32

Chapter 3 Monetary policy and anti-inflation effect from 2003 to the first half of 2008 37

3.1 The changes of general price level and monetary policy from 2003 to the first half of 2008 37

3.2　The reason for reduced contractionary effect of
　　　monetary policy on inflation　　44

3.3　From demand-pull structural inflation to cost-driven inflation　　50

3.4　Monetary policy and economic growth　　55

Chapter 4　Macroeconomic policy adjustment and monetary policy effect after global financial crisis　　60

4.1　The impact of global financial crisis on China　　60

4.2　The major solutions of Chinese government to global financial crisis　　67

4.3　Effect of proactive fiscal policy and relaxed monetary policy　　71

Chapter 5　China's ecomomic and monetary policy after recession　　78

5.1　China's prudent monetary policy and proactive fiscal policy
　　　from 2010　　78

5.2　The significance of recent macroeconomic policy adjustment　　82

5.3　Expanding consumption and improving efficiency of economic
　　　growth　　87

5.4　The transformation of economic development patterns and
　　　the supply effect of monetary policy　　96

5.5　Deepening the reform of financial system and improving the monetary
　　　policy transmission mechanism　　100

Part Two
China's macroeconomic trend and monetary policy
under the background of financial crisis　　105

Chapter 6　Review of financial crisis and its impact on China　　107

6.1　Causes of this financial crisis　　107

6.2　The financial crisis to our transmission mechanism　　110

6.3　The impact of financial crisis on a new pattern of global economy　　111

Chapter 7　China's macroeconomic trend in post-financial
　　　　　　　crisis era: inflation　　116

7.1　The basic mechanism of recent inflation in China　　116

7.2　The impact of importing semifinished product on inflation of China　120

7.3　The stock yield and inflation　133

Chapter 8　China's macroeconomic trend in post-financial crisis era: hot money flows　153

8.1　The problem of speculative capital inflows　154

8.2　Study of the impact of capital flight on China's macro-economic　165

Appendix 1　estimation and testing of the equations of the simulation model parameter　179

Chapter 9　China's macroeconomic trend in post-financial crisis era: exchange rate issue　181

9.1　Exchange rate issue in macroeconomy　181

9.2　Implicit price deflators, actual exchange rate and China's export competitiveness　187

Chapter 10　Macroeconomic regulatory system and monetary policy reconstruction under integrative situation　195

10.1　The current macro-control system defects　195

10.2　Supply shock, demand shock and economic cycle effect: an empirical analysis based on statistics of China　196

10.3　A new macro-control system: the macro-control system based on the total supply and demand model　213

Appendix 2　VAR model estimation results　223

Part Three
A study of Chinese monetary policy system　225

Chapter 11　Empirical analysis of monetary policy　229

11.1　Objective study of China's monetary policy　229

11.2　Inflation expectations, asset substitution and monetary policy trend in China　239

11.3　what kind of difficulties China's current anti-inflationary monetary policy encountered　251

11.4 Welfare analysis of the ultimate objective of discretionary monetary policy　260

Appendix 3　273

Chapter 12　Research on China's monetary policy system theory　274

12.1　A study of cash input in China　274

12.2　A dynamic simulation analysis of the optimal monetary policy and the adequacy of the banking sector assets　288

12.3　China's banking market financing, credit expansion and monetary policy　296

Appendix 4　311

Chapter 13　An empirical study of monetary policy system of China　313

13.1　The effects of monetary policy on economic growth from the role of monetary policy　313

13.2　Asymmetric effect of monetary policy research　321

13.3　An numerical analysis on the regional effect of monetary policy in China　338

13.4　The "passive" effect of China's monetary policy　348

Part Four

A study of monetary policy transmission mechanism　357

Chapter 14　The research progress and enlightenment of contemporary western economics on monetary policy transmission mechanism　359

14.1　The historic controversy of the effectiveness of monetary policy　360

14.2　The contribution of New Keynesian economics to the content of monetary policy transmission mechanism　363

14.3　The effect of Monetary policy transmission mechanism on monetary policy choices　368

14.4　Case study of monetary policy transmission mechanism　369

14.5　Monetary economics and monetary policy transmission mechanism of future research directions in addition to New Keynesian economics　371

14.6 Conclusions and Implications 373

Chapter 15　An empirical study of monetary policy transmission mechanism　376

15.1 An empirical study of the interest rate channel of monetray policy transmission 377

15.2 An empirical study of the credit channel of monetary policy transmission 385

15.3 An empirical study of the asset price channel of monetary transmission 392

15.4 An empirical study of the exchange rate channel of monetary policy transmission 410

Chapter 16　China's asset markets and monetary policy transmission mechanism　420

16.1 A study of the function of china real estate market in monetary policy transmission mechanism 420

16.2 Empirical analysis of the function of stock market in monetary policy transmission mechanism 439

16.3 Financial transactions and fluctuations in the velocity of money 455

Appendix 5　468

Chapter 17　Simuletion analysis of monetary policy transmission mechanism　470

17.1 Credit risk, soft budget constrain and enterprise loan 470

17.2 The effect of electronic money on monetary policy: a study based on the micro-purpose of holding money 485

Appendix 6　497

Reference　501

Postscript　525

第一篇

我国经济增长和货币政策：体制改革、经济增长、货币政策

本书主要对改革开放以来，尤其是进入21世纪以来，我国经济增长与货币政策应用之间的关系进行了回顾和研究。

从改革开放到2010年，我国以年均9.9%的增长率保持了长期高速增长，特别是进入21世纪之后，继续保持了稳定的高速增长。在1992~1996年和2003~2007年，两次连续5年保持两位数以上的增长率（战后这种情况在全球只出现过四次，其中两次在中国）。在2008年遭受国际金融危机严重冲击的条件下，我国采取积极的宏观经济政策应对，保持了平稳较快的经济增长，成为全球最先走出金融危机阴影的国家。2010年，经济增长率达到10%以上，GDP总量超过40万亿元（折美元5.5万亿左右），人均水平达到2.9万元（折美元4 000左右），按照世界银行标准，已达到了当代中等收入的发展中国家水平。

在高速增长的过程中，我国宏观经济总量失衡的特点也不断发生着变化，大体上可以将我国改革开放以来总量失衡分为5个阶段。第一阶段是自改革开放伊始至1998年上半年，这一阶段总量失衡的方向是需求大于供给。首要宏观政策目标是反通货膨胀，宏观政策手段采取紧缩性政策。在1997年党的十五大报告中仍然强调，在整个"九五"规划期间，宏观经济政策始终要保持适度紧缩的态势，但是后来因为1997年亚洲金融危机的冲击，我们又对这一宏观经济政策取向进行了调整。第二阶段是自1998年下半年起至2002年

底，这一期间由于亚洲金融危机的冲击，再加上经济发展中本身的矛盾，中国经济出现了有效需求不足。如果以2%水平作为物价出现"通缩"的警戒线，事实上，在这一时期已出现了通缩现象，首要宏观目标由反通货膨胀转为反萧条。宏观政策手段采取扩张性措施，特别是努力扩大内需。在2002年党的十六大报告中，特别指出在整个"十五"规划期间，努力扩大内需。第三阶段是2003~2007年，在这一阶段我国经济实现了连续5年两位数以上的高增长，同时宏观经济失衡也出现了新特征，在出口需求保持20%以上的年均增长率的同时，在内需中投资领域需求大于供给，投资品价格持续上涨，特别是上游投入品价格上升幅度更大；而在消费领域需求不足，工业消费品过剩和产能过剩的矛盾日益突出。在这种投资与消费不同领域出现反方向失衡的条件下，总量政策目标难以选择，既难以紧缩，也难以扩张，因而在2007年党的十七大报告中，对第十一个五年计划期间的宏观总量政策方向并未做出明确选择，而是强调"有保有压、区别对待"的结构差异性调整。相应宏观政策工具运用上，财政政策与货币政策采取了"松紧搭配"的反方向组合，即扩张性的财政（积极的财政政策）和紧缩性的货币（稳健的货币政策）。第四阶段是2008~2010年上半年，这一时期受国际金融危机和内需不足等多方面因素影响，中国宏观经济政策总量失衡的方向日益清晰，宏观经济选择从此前的淡化总量政策、强调结构调控，逐渐开始变为明确总量政策方向。在2008年上半年，总量政策目标首要是紧缩，即通过从紧的政策以实现"双防"目标，即一防经济从局部过热转为全面过热，二防物价从结构性上涨转为总体上涨。但到2008年7月，伴随金融危机的冲击，内需不足更为突出，相应的宏观经济政策从"双防"调整为"一保一控"，即"保增长控物价"，开始强调刺激经济，到年底则进一步明确为"一保一扩一调"，即保增长、扩内需、调结构，宏观经济政策开始全面扩张，相应的政策工具采取财政与货币双扩张的同方向组合，即更加积极的财政政策和适度宽松的货币政策。第五阶段是2010年下半年起至今，我国宏观经济面临较长时期的通货膨胀与较深刻增速放缓的双重压力，不能说我国经济发生了"滞胀"，但的确有形成"滞胀"的因素，所以宏观经济政策必须从2008年下半年以来的扩张性政策加以方向性的调整。

　　本篇对改革开放以来，尤其是进入21世纪以来，我国经济增长与货币政策应用之间的关系进行了回顾和研究。首先，研究了20世纪90年代以来市场化进程和金融体系改革如何改善了宏观调控的微观基础，从而提高了经济活动对货币政策的反映程度，货币政策在宏观调控中的作用也因此而加强。在此基础上，着重研究了2003年中国进入新一轮经济增长周期后，货币政策对我国经济增长以及重要宏观指标的影响、效应以及应用中存在的问题。从不同的阶段上看，分别研究了2003~2008年上半年经济周期中、2008年全球金融危机期间以及2010年后我国经济复苏后货币政策的应用、影响以及存在的问题。其次，通过货币政策和我国经济增长的关系的研究，得出一些有意义的结论：货币政策的应用是和中国的市场化改革，尤其是金融体系的市场化改革密切联系的，社会主义市场体系的建设及市场秩序的完善是更好地应用货币政策的基础；货币政策是总量需求管理政策，要根据我们的经济增长、经济发展目标和其他方面的政策结合应用，松紧搭配才能取得更好的效果；从整体上看，进入21世纪以来，尤其是2003年进入新一轮经济增长周期以来，我国应用货币政策的方向是正确的，所取得的成果是积极的，同时，也存在着一些值得改进的地方，不但要注重研究货币供应量和经济增长、通货膨胀之间的关系，还要深入分析应用货币政策工具时效上的差别。从总体上看，改革开放以来，体制创新和市场化改革是我国实现和保持长期高速经济增长的最基本动力，同时，也改变了宏观调控尤其是货币政策的微观基础，为我们通过货币政策及其他宏观经济政策平抑经济波动，实现稳定的经济增长创造了条件。因此，在继续发挥货币政策在宏观调控中的作用时，我们不仅必须重视提高调控的水平，还要不断解决我国金融体系中所存在的各种体制性矛盾。

我国经济目前已达到中等收入的发展中国家水平，我们距新兴工业化国家，即高收入的发达中国家尚有一段距离。按照党的"十六大"和"十七大"制定的我国经济中长期增长目标，从进入 21 世纪以来，到 2010 年，按不变价格计算的 GDP 总量较 2000 年水平翻一番（这一目标我们在 2007 年已提前 3 年实现了，2010 年的实际经济总量已为 2000 年的 2.5 倍以上）；到 2020 年比 2010 年再翻一番，即比 2000 年翻两番，达到 2000 年的 4 倍（包括总量和人均水平），达到当代上中等收入的发展中国家水平，在总量上实现全面小康，在结构上基本实现工业化（如果时间表不变，今后 10 年我国年均经济增长 5%～6% 就能实现这一目标）；到 2030 年比 2000 年增长 10 倍，达到当代高收入的发展中国家水平，在工业化、市场化、城镇化、国际化、信息化等方面，按当代国际标准取得实质性的赶超。由此看来，作为进入工业化、城市化加速期的我国经济，在实现工业化、城市化等发展目标之前，完全有可能继续保持较高的增长势头，至少在 2020 年之前甚至到 2030 年之前，都有可能保持较高增长。从发展进程上看，我国现阶段处在前有 30 年的高增长，后有 10～20 年的较高增长（潜在增长率有可能达到 7%～9%）可能的长达 50 年左右的高速增长周期之中。

进入中等收入发展阶段，同时也面临"中等收入陷阱"的困扰，即由于制度和技术等创新力不足，整个国民经济效率低，在低效率下形成的高速增长（泡沫经济）会拉动各类要素价格上升，在上升的要素价格条件下，尤其是低效率的投资和扩张难以支撑，形成泡沫的破灭，整个国民经济难以实现从主要依靠要素投入量扩大向主要依靠要素效率提升的竞争优势转变，在进入中等收入阶段各类要素的成本大幅上升环境治理等要求提高国际市场竞争加剧的条件下，难以实现持续高速增长。诸如东亚泡沫和拉美陷阱等①。在这样的背景下，较快的经济增长仅仅依靠扩张性的宏观经济政策是不能实现的，在经济制度和结构问题没有解决的情况下，扩张性的宏观经济政策所换来的往往是通货膨胀而不是经济增长，这已经被大量发展中国家的经济增长实践所证明。和一般中等收入国家相比，除了要面临各国共同的矛盾外，中国作为具有一个 13 亿人口、悠久文明历史同时又处于转型和高速经济增长阶段中的大国，当前的经济发展所面临的失衡更加严重，存在着总量上的失衡，同时也存在着结构失衡。尽管经济总量（GDP、出口、对外贸易总额等）已经位居世界前列，但人均水平仍然不高，产业部门之间、地区之间、不同的收入群体间发展不平衡的矛盾都很突出。一方面我们仍需要保持较长时期的平稳较快经济增长，真正实现中国的现代化，即成为较高中等收入甚至是高收入的新兴工业化国家，另一方面，我们的经济增长和经济发展又面临着资源、技术、资金、市场、经济结构等多方面因素的制约。因此，无论是在制度创新方面，还是在宏观管理方面，我们都面临着巨大的挑战。从改革开放以来的经验看，改革创新是推动我国高速经济增长的长期动力。而政府职能的转换和提高，以及改善宏观管理，则是我们实现平稳经济增长的重要保证。

改革开放以来，我们的宏观经济调控手段，是随着转轨过程而不断发展的，很早就开始应用货币政策手段，从总量上调节供需失衡。如在 20 世纪 80 年代和 90 年代，我们不仅通过提高利率，还通过建立保值补贴机制将存款利率和通货膨胀挂钩，用以抑制增加过快的短期需求，从而达到调节供需关系、抑制通货膨胀的目标②。如果用今天的话说，就是通过对利率的补贴来管理居民的对通货膨胀预期。1998 年亚

---

① 2006 年，世界银行发表了一篇题为《东亚复兴——经济增长的思路》（An East Asian Renaissance：Ideas for Economic Growth）的研究报告，所提出的"中等收入陷阱"（Middle Income Trap）问题引起世界各国的关注。

② 中国人民银行 1988 年 9 月发布有关三年以上居民定期存款保值贴补的规定，当同期的物价上涨幅度高于三年期以上居民储蓄存款利率时，多出的部分由国家贴补。后来国债发行也采用了类似的制度。

洲金融危机后，我们也曾通过降低利率、推行适度宽松的货币政策来刺激经济发展，但从市场经济的角度看，这些货币调控手段还不能称为真正意义上的货币政策。因为在计划体制下以及转轨初期，无论国有银行还是企业，都不是相对独立的经济实体，政企不分、产权界定不清、责权不明的现象相当严重。尽管我国已经于1997年通过发行2 700亿元特别国债方法，对四大国有商业银行补充了资本金，并且在1998年剥离了它们1.4万亿元不良资产，但到2003年底，按照五级分类口径统计，四家国有商业银行的不良贷款余额仍高达1.9万亿元，不良比率高达20.36%，2003年的税前利润为-31.6亿元，资产利润率为-0.02%。因此，居民家庭的支出行为（储蓄、投资和消费）对中央银行紧缩或扩张的货币政策可能是敏感的（如居民家庭的储蓄能够保值就不一定要出去抢购），而企业和商业银行则可能是不敏感的（如利率提高后企业仍然在扩大借贷、商业银行的风险意识也没有相应提高），金融风险更多地由国家来承担。当中央银行在强调紧缩时，商业银行可能还在扩大放贷，而中央银行要求实施扩张的措施时，商业银行又可能因为前期形成的大量不良资产而惜贷。在1998年亚洲金融危机前后，我们面临大体就是这样一个局面。亚洲金融危机之后，我国加快了对商业银行的公司治理的改革。从2003年开始，这一改革取得了重大成效，四大国有银行先后完成了股份制改造并且上市，商业银行的监管体系也有了很大的发展。企业、银行和居民对中央银行货币政策反映的灵敏程度显著改善，货币政策在我国经济增长和宏观调控中所发生的作用也越来越大。

　　从总体上看，2003年以来我国货币政策的实施是成功的，否则就不能解释我国为什么能保持这么长时期的平稳较快经济增长，同时通货膨胀的平均水平则远远低于改革开放前20年，更是显著地低于大多数新兴工业化国家或地区加速工业化进程中的一般水平。从货币政策的方向及其调整上看，反映了我国经济增长中实现总量均衡的要求。从货币政策的效应上看，宏观调控初期的效果比较显著，而后期的效应则有所递减。我们应该看到，货币政策主要属于总量政策，更多地用于短期需求管理。虽然具有一定的结构性管理的功能（如针对不同的行业和群体实行差别利率等），但是解决经济发展中结构性矛盾通常需要多种政策的结合应用，尤其需要发挥市场经济本身在配置资源中的基础性的作用。因此，结构性矛盾和失衡越尖锐，总量政策就越需要和其他方面的政策尤其是供给政策相配合，才能得到更好的宏观调控效果。

第一章

我国经济增长、市场化改革与货币政策

第一节 社会主义市场经济与经济增长

一、改革开放后的长期经济增长

改革开放初期,邓小平提出了通过国民经济总量"翻两番"、实现中国式的现代化的设想,后来,他又把这一设想发展成为"三步走"的战略构思。1987年4月30日邓小平在会见西班牙外宾时说:"第一步在80年代翻一番。以1980年为基数,当时国民生产总值人均只有250美元,翻一番,达到500美元,解决人民的温饱问题;第二步是到20世纪末,再翻一番,人均达到1 000美元,进入小康社会。第三步,在21世纪再用30~50年的时间,再翻两番,大体上达到人均4 000美元,基本实现现代化,达到中等发达国家的水平[①]。"

1982年中共十二大报告明确提出,要在20世纪末实现中国的国民经济总量"翻两番"。在中共十三大上,"三步走"的战略构想则被完整地写进大会的报告中,作为党和国家进行现代化建设的重要指导思想。从某种意义上说,到现在为

---

① 《邓小平文选》(第3卷),人民出版社1993年版,第226页。

止，我们的改革开放和大部分经济工作，都是围绕着实现这一战略构想而开展的。这使得这一构想的落实和实施，远远高出了预想的进度。1992年，中共十四大报告指出："90年代我国经济的发展速度，原定为国民生产总值平均每年增长6%，现在从国际国内形势的发展情况来看，可以更快一些。根据初步测算，增长8%~9%是可能的，我们应该向这个目标前进。①"1997年，中共十五大报告提出："展望下世纪，我们的目标是，第一个十年实现国民生产总值比2000年翻一番，使人民的小康生活更加宽裕，形成比较完善的社会主义市场经济体制；再经过十年的努力，到建党一百年时，使国民经济更加发展，各项制度更加完善；到世纪中叶新中国成立一百年时，基本实现现代化，建成富强民主文明的社会主义国家。②"2002年，中共十六大报告在提出全面建设小康社会的要求时提出："在优化结构和提高效益的基础上，国内生产总值到2020年力争比2000年翻两番，综合国力和国际竞争力明显增强。基本实现工业化，建成完善的社会主义市场经济体制和更具活力、更加开放的经济体系。城镇人口的比重较大幅度提高，工农差别、城乡差别和地区差别扩大的趋势逐步扭转。社会保障体系比较健全，社会就业比较充分，家庭财产普遍增加，人民过上更加富足的生活。③"2007年十七大报告中，对全面建设小康社会提出了更高的要求："在优化结构、提高效益、降低消耗、保护环境的基础上，实现人均国内生产总值到2020年比2000年翻两番。④"

"三步走"发展战略其实包括了经济增长和社会经济发展两方面的要求，后来，国家又根据实际情况的发展和变化对这些目标进行了修正和具体化。现在看来，经济增长的情况比预计的好，经济总量的扩张可以说远远超出了预定的目标。但也要看到，我们各方面的发展仍然不平衡，仍然存在着许多需要解决的问题，新的结构性失衡还在不断产生。这也是我们要不断地对我们的长期发展战略加以调整的原因。从具体步骤上，改革开放后的我们的分阶段定性发展目标为：一是要解决温饱；二是在21世纪时要进入小康社会；三是要在21世纪中叶以前，基本上实现中国式的现代化，后来这一目标又被具体化为首先在21世纪的前20年建设全面小康社会。

---

① 江泽民在中国共产党第十四次全国代表大会上的报告：《加快改革开放和现代化建设步伐，夺取有中国特色社会主义事业的更大胜利》，人民出版社1992年版。

② 江泽民在中国共产党第十五次全国代表大会上的报告：《高举邓小平理论伟大旗帜，把建设有中国特色社会主义事业全面推向二十一世纪》，人民出版社1997年版。

③ 江泽民在中国共产党第十六次全国代表大会上的报告：《全面建设小康社会，开创中国特色社会主义事业新局面》，人民出版社2002年版。

④ 胡锦涛在中国共产党第十七次全国代表大会上的报告：《高举中国特色社会主义伟大旗帜 为夺取全面建设小康社会新胜利而奋斗》，人民出版社2007年版。

第一步是要解决人民的温饱问题。这一目标在 20 世纪 90 年代初已经基本实现。现在可以说除了极少数地方之外，中国已经解决了这一长期社会经济发展历史中的最大难题；

第二步是进入小康社会。1991 年，国家统计与计划、财政、卫生、教育等 12 个部门的研究人员组成了课题组，按照国务院提出的小康社会的内涵确定了 16 个基本检测和临界值。这 16 个指标把小康的基本标准设定为：（1）人均国内生产总值 2 500 元（按 1980 年的价格和汇率计算，2 500 元相当于 900 美元）；（2）城镇人均可支配收入 2 400 元；（3）农民人均纯收入 1 200 元；（4）城镇住房人均使用面积 12 平方米；（5）农村钢木结构住房人均使用面积 15 平方米；（6）人均蛋白质日摄入量 75 克；（7）城市每人拥有铺路面积 8 平方米；（8）农村通公路行政村比重为 85%；（9）恩格尔系数为 50%；（10）成人识字率为 85%；（11）人均预期寿命 70 岁；（12）婴儿死亡率为 3.1%；（13）教育娱乐支出比重为 11%；（14）电视机普及率为 100%；（15）森林覆盖率为 15%；（16）农村初级卫生保健基本合格县比重 100%[①]。这 16 个指标按照统计方法综合评分，到 2000 年总体实现了确定目标的 96%。分地区来看，东部基本实现，中部实现程度为 78%，西部实现程度为 56%。16 个指标中有 3 个指标没有完全实现：第一个是农民人均纯收入。当时确定的是按 1980 年不变价达到 1 100 元，实际只达到 1 066 元。第二个是蛋白质日均摄取量。当时按照联合国有关组织对欠发达国家、贫困国家营养指标标准，确定人均日蛋白质摄取量为 75 克，实际按农村和城市综合计算只达到 73.7 克，主要是农村居民没有实现。第三个是农村基本卫生达标县，实际也没有实现达到 100%。这说明在我国经济增长过程中，农村的发展低于我们原先的预期，这也是后来国家重点强调社会主义新农村建设的重要原因。根据前面测算结果，中国政府向全世界宣布：中国人民生活总体上达到了小康水平。第二步发展目标可以说基本实现。2000 年 6 月，江泽民同志在全国党校工作会议上的讲话中指出："我们要在胜利完成第二步战略目标的基础上，开始实施第三步战略目标，全面建设小康社会并继续向现代化目标迈进。"[②] 2000 年 10 月，中共十五届五中全会通过《中共中央关于制定国民经济和社会发展第十个五年计划的建议》，明确宣布："从新世纪开始，我国将进入全面建设小康社会，加快推进社会主义现代化的新的发展阶段。"[③]总体小康社会和全面小康社会只有两字之差，却有不同的内涵，"建设全面小康社会"意味着中国已经开始实施邓小平当年提出的第三步发展战略。

---

① 《人民日报》，2002 年 11 月 18 日。
② 江泽民：《论党的建设》，中央文献出版社 2002 年版，第 419 页。
③ 《十五大以来重要文献选编》（中），人民出版社 2002 年版，第 1369 页。

二、新世纪发展策略

在党的"十六大"上，以21世纪头20年为期，明确提出全面建设小康社会的目标。全面建设小康社会，主要包括四方面的内容：

1. 在优化结构和提高效益的基础上，国内生产总值到2020年力争比2000年翻两番，综合国力和国际竞争力明显增强。基本实现工业化，建成完善的社会主义市场经济体制和更具活力、更加开放的经济体系。城镇人口的比重较大幅度提高，工农差别、城乡差别和地区差别扩大的趋势逐步扭转。社会保障体系比较健全，社会就业比较充分，家庭财产普遍增加，人民过上更加富足的生活。

2. 社会主义民主更加完善，社会主义法制更加完备，依法治国基本方略得到全面落实，人民的政治、经济和文化权益得到切实尊重和保障。基层民主更加健全，社会秩序良好，人民安居乐业。

3. 全民族的思想道德素质、科学文化素质和健康素质明显提高，形成比较完善的国民教育体系、科技和文化创新体系、全民健身和医疗卫生体系。人民享有接受良好教育的机会，基本普及高中阶段教育，消除文盲。形成全民学习、终身学习的学习型社会，促进人的全面发展。

4. 可持续发展能力不断增强，生态环境得到改善，资源利用效率显著提高，促进人与自然的和谐，推动整个社会走上生产发展、生活富裕、生态良好的文明发展道路。

表1-1列出了1978~2009年中国GDP指数具体数值，我们可以通过这个表来分析在经济发展的不同时期中国经济高速增长的情况。根据其中的数据计算，1987年，按不变价格计算的中国GDP总量达到了1980年的2.04倍，提前3年完成了第一个翻番的目标；1995年，这一总量达到了1980年的4.33倍，提前5年完成了翻两番的经济增长战略目标。2000年，中国GDP总量为1980年的6.55倍，比原先翻两番目标多出2.55倍；在21世纪，我们提出的奋斗目标是前10年翻一番，但是在实际进展上，2007年，中国就提前3年完成了这一目标。2010年，已经达到了2000年的2.63倍，年均经济增长率达到10.17%，同样是大大超出了21世纪前10年预定的增长目标。换句话说，由于在前一阶段中国取得了更快的经济增长，因此在未来的10年里，中国只要实现3.16%的年均GDP增长率就能完成这一目标。2007年"十七大"提出，要在新世纪的前20年，实现人均GDP翻两番。21世纪里，我国的人口增长率有所下降，年均增长率不到6‰，2000~2010年，人均GDP的年均增长率为9.51‰。换句话说，在未来的10年里，在人口增长率不显著变化的情况下，我国只要实现年均4.26%

的人均 GDP 增长率，也可以完成这一目标。和当前我国的经济增长趋势相比，无论是 3.16% 的年均 GDP 增长，还是 4.26% 的年均人均 GDP 增长率，都不是很高的增长速度，如果不出大的意外，2020 年实现党的"十六大"和"十七大"上提出的经济增长目标，是完全有可能的。

表 1-1　　　　　　　1978~2010 年中国 GDP 指数

年份	GDP 指数 上年=100	年份	GDP 指数 上年=100	年份	GDP 指数 上年=100
1978	111.7	1989	104.1	2000	108.4
1979	107.6	1990	103.8	2001	108.3
1980	107.8	1991	109.2	2002	109.1
1981	105.2	1992	114.2	2003	110.1
1982	109.1	1993	114	2004	110.1
1983	110.9	1994	113.1	2005	110.4
1984	115.2	1995	110.9	2006	111.6
1985	113.5	1996	110	2007	113.1
1986	108.8	1997	109.3	2008	109.6
1987	111.6	1998	107.8	2009	109.6
1988	111.3	1999	107.6	2010	110.3
2010 年为 1978 年的倍数					20.02
年均经济增长率（%）					9.82
2010 年为 1980 年的倍数					17.26
年均经济增长率（%）					9.96

资料来源：根据《中国统计年鉴》历年数据整理而成。

从总量上看，2010 年我国的 GDP 已经达到 1978 的 20 倍，年均增长率达到 9.82%。如果以 20 世纪 80 年代初为比较基础，则达到了 17.62 倍，年均增长率达到 9.96%。这是世界经济发展史上少见的持续高速增长，使我们超越日本，成为世界第二大经济体。图 1-1 反映的是以 1978 年为基期计算的中国 1978~2010 年的 GDP 定基指数。可以看到，这一时期中国的经济总量按几何级数在不断增长，增长函数为一阶导数和二阶导数均大于零的一条平稳的曲线。这是改革开放以后我们取得的最大成就之一。虽然我国经济发展中仍然存在着很多矛盾，但不可否认，这一时期我国的经济增长所取得的成效是显著的，并且为未来的进一步发展奠定了强大的物质基础。

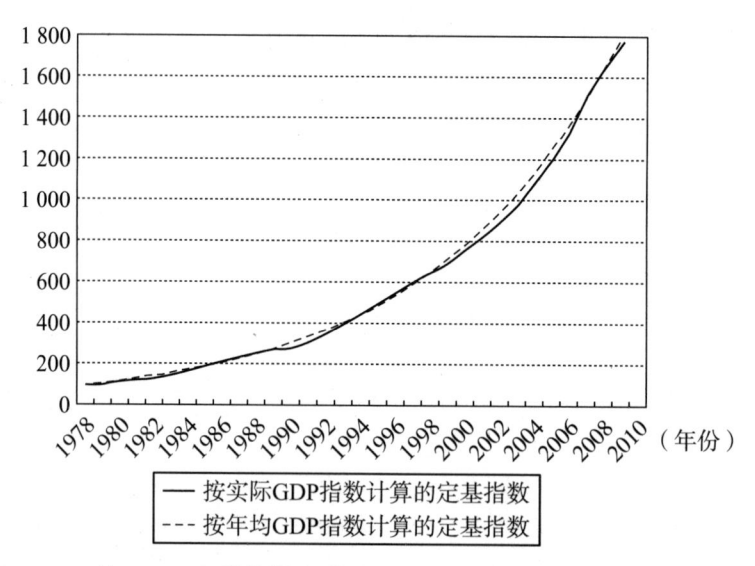

图 1-1　按 GDP 定基指数计算的 1978~2010 年我国经济增长曲线

第二节　市场化改革与宏观经济政策

  我国的高速经济增长，是在改革开放的基础上取得的。在这一过程中，我们通过市场化改革实现了由计划经济向市场经济的转轨，并在渐进的改革过程中不断推进我国的经济增长。从长期发展上看，我国的市场化进程可以说经历了两个大的阶段：第一阶段是改革开放初期到 20 世纪 90 年代初期，这是中国经济体制改革的试验阶段；第二阶段是 20 世纪 90 年代初期至今，这是中国市场化改革全面推进的阶段。

  在第一阶段，我们不仅已经认识到我国和世界发达国家之间存在着明显的差距，而且由于传统的经济体制对经济发展的制约，这一差距还在扩大。邓小平同志明确指出，穷不是社会主义。但是怎么摆脱贫穷，并没有现成的解决方案，只能在实践中逐步探索。现在看来，改革开放初期的中国的体制改革，主要办法就是按照生产力标准，顺应民意，大胆探索，取得经验后积极推广。这一时期的经济体制改革，从大的方面看，主要反映在三个方面：

  一是农村的经济体制改革。它的起点是家庭联产承包责任制，是 20 世纪 70 年代末由一些生活贫困的农民自发地搞起来的。由于这种方法把劳动贡献与物质利益密切联系，极大地提高了生产效率。当地领导和中央发现了这一典型后，大胆地在全国推广，发动了农业生产领域的一场深刻革命。在这一背景下，我国的农产品市场首先发展起来。在市场引导下,农民的生产积极性大大提高,农业生产快速发展,乡镇企业异军突起,农村经济日趋活跃,农民收入显著提高。

二是城市经济体制改革。1984年,党的十二届三中全会作出了关于经济体制改革的决定,经济体制改革的重点开始由农村转移到城市。从1984年到20世纪90年代初,我国市场取向改革的主要特点是政府放松了对价格及国有企业生产经营和分配的管制。到21世纪90年代初,工业消费品、农产品和生产资料基本实现了市场定价。从1984~1986年底,国有企业管理体制在理顺政企关系的目标下,开始进行重大调整,主要措施是通过扩大企业自主权,改善收入分配,激励国有企业的发展,如将国有企业上缴利润改为向国家纳税,剩余部分可以由自己支配等。1987年,中共十三大报告提出:"新的经济运行机制,总体上来说应当是'国家调节市场,市场引导企业'的机制"。这一阶段,以所有权与经营权分离的原则推进国有企业改革,以"调放结合"的原则推进价格改革,开始把生产要素纳入市场体系建设,进一步缩小了计划管理特别是指令性计划管理的范围。在这一时期,改革的总体倾向是不断的引入市场机制,但在政策层面上,更多的是在"摸着石头过河"。我们曾经把在农村取得联产承包经验应用于一些大型的国营企业,结果不算理想。但从整体上看,由于坚持了生产力标准,坚持把人们的物质利益和他们在生产过程中的贡献挂钩,坚持探索商品和服务的价格对市场的引导作用,这一阶段的改革对当时的经济增长起了积极的推动作用。

三是南方一些省份开展了对外开放的积极试点。国家在深圳、珠海、汕头和厦门建立了四个经济特区,通过引进外资发展当地的经济。外商投资企业在中国的发展不仅具有增长意义,更具有制度意义。大批的外资企业进入经济特区后,表现出了它们的经济活力。尤其是那些来自中国香港、中国台湾等地的中小型企业,它们的发展实际上为中国民营经济的发展提供了样板。在引进外资的同时,我们也学习了市场经济国家和地区企业制度、市场制度的经验。股份制企业、证券市场、产权市场、资本市场、劳动力市场等这些在社会主义条件下没有前例的东西,也逐渐被引入中国。这为我们在更大范围上实施经济体制改革、推进市场化进程积累了经验。

第二阶段以1992年党的十四大为标志,是我国市场化改革全面推进的阶段。在这次会议上,建设社会主义市场经济明确地成为中国经济改革的目标。经过10多年的探索、争论和对外开放,党和国家已经清楚地认识到,走世界各国的共同道路、实行市场经济是中国经济发展必然选择。虽然世界各国在经济体制上各有特点,但是从总体上看,都有一些共同的规则。在这些共同规则基础上形成的现代企业制度,反映了全人类现代文明的成果,适应了世界经济发展的需要。中国当然也有自己的国情,也根据自己的国情推进改革,但从大原则上,当时更需要借鉴、吸收全人类共同的成果来推动生产力的发展，这是中国加速实现现代化的基本保证。以邓小平理论和"三个代表"思想的指导下，十四大明确列出了改革的时间表。准备拿出30年略多的时间，完成中国从计划体制向市场体制的历史转换。其中前20年的主要任务是构建市场体系，后10年的主要任务则是完备市场秩序。这是一项对后来中国经济发展具有重要意义的战略决策。党的十四大提出的建立社会主义市场经济体制的改革目标，肯定了市场对资源配置的基础性作用。国有企业将按"产权清晰、权责明确、政企分开、管理科学"的原则进行以建立国际通行的现代企业制度为目标的改革。同时，进行财税、金融、外汇、投资等方面的改革，建立与市场经济相适应的宏观管理体系。1997年，党的"十五大"报告提出加快国民经济市场化进程，充分发挥市场机制作用，健全宏观调控体系，继续发展各类市场，进一步发挥市场对资源配置的基础性作用。

经过党的"十四大"以来的市场化改革，多种所有制经济共同发展的格局在中国已经基本形成。一方面，国有企业市场化程度大大提高；另一方面，非国有经济迅速发展成为支撑国民经济的重要力量。与社会主义市场经济体制相适应的政府管理体制也基本形成，政府逐步退出了不适宜政府直接介入的领域，公共服务职能得到了进一步强化。政府在社会保障、就业、失业等方面的职能明显加强。根据社会主义市场经济发展的需要，中国制定了一系列法律，确立了市场规则，规范了市场主体行为，明确了国家管理经济的职能。

市场化改革使中国发生了三个方面的重大变化：

第一方面是市场经济体系已经建立起来。从国民经济的需求和供给两个方面看，需求方的市场化主要表现为消费品、资本品及进出口商品的价格由市场决定，供给方的市场化主要表现为生产要素价格由市场决定。改革开放之前，中国的各种商品，包括消费品和投资品，90%以上采用的是计划价格，由政府定价。但是到了20世纪90年代末，95%以上的商品（包括投资品和消费品）都已经实现市场定价。这与改革开放初期相比较可以说是根本性的变化。问题的根本在于，市场化更为重要的内容在于要素市场化，包括劳动、资本、土地等要素的市场化。要素市场化所需要的制度变革要远远深刻于商品市场化。中国商品市场化的改革，从20世纪80年代中期就开始了，而要素市场化的进程从90年代才开始进行，而且速度相对较慢。从中国的改革进程来看，在各类要素市场发展过程中，劳动力市场化速度相对较快，无论是农村劳动力还是城镇劳动力，绝大部分的工资报酬（价格）是由市场决定。但政府行政性决定工资水平的比例已经很低，尽管中国劳动力市场竞争的公平性、有序性、有效性还亟待提高。相对而言，中国资本市场化程度较低。无论是直接融资市场还是间接融资市场，发育速度均较为迟缓。从直接融资市场发育来看，一是规模小，工商企业资本形成中来自直接融资市场的不足5%；二是秩序还不够稳定。就间接融资市场发育来看，一是价格（利率）决定基本上仍由政府行政管制，而不是市场定价。二是国有金融资本居绝对统治地位。因而，中国市场化进程面临的突出矛盾在于如何加速和深化资本市场化。与资本市场化相比较，中国土地要素市场化程度更低，包括城市土地和农村耕地。无论是在产权制度上，还是在交易制度上，无论是在价格决定上，还是在法律制度上，土地要素市场化配置的条件还远远不具备。要素市场化发育的滞后，是目前中国以社会主义市场经济体制为基本目标的改革进程中的主要矛盾。

第二方面是产权制度（也就是财产制度）发生了重大变化。从农业看，在改革开放之前，中国农业实行的是集体所有制。现在，经过30多年的改革开放，在农村包括土地在内的所有制，实际上从过去的集体所有制转变为农户经济。目前，在农业生产中的国有经济单位的产出在农业总产出中所占的比例为3%左右。在非农产业中，改革开放之前，90%以上企业是公有制，但是到现在国有制企业的产出占总产出的比重略高于50%。国有经济所占比重下降的原因，是因为非国有制经济的发展，一部分国有制经济转制成为非国有经济，以及部分国有企业被市场淘汰。突出的一个特点就是私有经济发展特别快，外商投资企业、外商合资企业、个人独资的私有企业、个体户以及私有产权基础上的有限责任公司迅猛发展。从1988～1998年，各种私有企业的平均产值规模增加了36倍，平均注册资本的规模扩大了38倍，平均雇工的规模增加了10倍。这种财产制度的变化是导致中国市场化进程不断深入的一个根本性的制度原因。

第三方面是宏观调控体制发生了重大的变化，货币政策在宏观调控中开始发挥越来越大的作用。改革开放以前，中国政府对于经济活动的调节主要是通过各种指令性计划和指导性计划。但随着中国市场化进程的深入，政府已经不再对企业进行直接管理，而新的宏观调控体制便逐渐建立起来并开始发挥作用。尤其是财政政策和货币政策方面，不但职能发生了变化，在宏观调控中所起的作用也发生了非常大的变化。过去的财政主导型经济（就是指财政在国民收入分配和再分配当中起着决定性的作用）逐渐地变成金融主导型经济，财政的作用、地位迅速下降。这是一种必然的发展趋势，在中国的政府、企业和居民这三大主体中，国民收入经过政府直接支配的，也就是经过财政收支，约占20%，剩下的80%左右是在企业和居民家庭手中。企业、居民家庭的收入、储蓄、生产、投资甚至消费，越来越多地需要通过银行或者是其他金融机构的中介来周转或实现。这决定了中国传统的财政主导型的计划经济要转变为由金融主导的资源分配和资金配置的经济。在这种情况下，中央银行对商业银行及其他金融机构的利率、存款保证金以及相关业务的指导、管理和监督，就有可能影响企业和居民的收支行为，从而实现对宏观经济活动的调控。货币政策在宏观调控中地位的提高是和我国市场化进程密切联系的，市场发育得越完善，资本市场越成熟，货币政策发挥作用的余地也就更大。

第三节　亚洲金融危机后的宏观经济政策调整

1998年亚洲金融危机对外向型经济形成了一定的冲击，再加上市场体系的发育滞后、水灾等自然灾害以及经济周期等因素的影响，中国经济出现了调整，表现为经济增长率回落和通货紧缩。表1-2列出的是这一时期我国经济增长和CPI的情况。可以看出，亚洲金融危机后很长一段时期，我国的经济增长率低于改革开放后的长期平均水平（9.8%），而反映消费价格总水平的居民消费价格指数（CPI）的波动幅度连续多年在零左右浮动，即使到2003年经济增长达到10%时，物价总水平的上升幅度也只有1.2%，可以说属于通货紧缩时期。从1998~2003年，我们用五年时间才走出通货紧缩，经济复苏的时间比预料的要长。

表1-2　　1998~2003年我国GDP指数和居民消费价格指数

年份	GDP指数（上年=100）	CPI（上年=100）
1998	107.8	99.2
1999	107.6	98.6
2000	108.4	100.4
2001	108.3	100.7
2002	109.1	99.2
2003	110.0	101.2

资料来源：根据历年《中国统计年鉴》数据整理而成。

在这种情况下，中央调整了原先"从紧"的宏观经济政策，即党的十五大提出的在整个"九五"规划期间宏观经济政策始终要保持适度紧缩的做法，开始实行"积极的财政政策和稳健的货币政策"，并推出了一系列配套措施。主要内容包括，通过加强基础设施建设和调节收入分配扩大国内需求；在坚持人民币不贬值的情况下，千方百计扩大出口；深化经济体制改革（国有企业的改革、政府机构的改革、住房商品化改革）；推动金融体制改革，防范金融风险。

在财政政策方面，主要是通过发行国债支持重大基础设施建设以此来拉动经济增长。1998 年积极财政政策实施当年就增发国债 1 000 亿元，此后的几年里，每年增发国债都在 500 亿元以上。在 2000 年末，我国国债余额达到 13 000 亿元左右。2002 年末，国债发行的余额总计 25 600 亿元，其中，长期建设国债为 6 000 多亿元。1999 年（积极财政政策实施的第 2 年），国家预算内资金占固定资产投资资金来源的比重为 6.2%（2000～2003 年都保持在这个水平左右），如果再考虑它的乘数效应，对固定资产投资总额的影响可能会占 20% 左右。

在货币政策方面，政策取向由"从紧"调整为"稳健"。按现在的标准看，当时"稳健"的货币政策其实是属于"积极"的。当时的政策包括：(1) 取消贷款限额控制。取消对国有商业银行的贷款限额控制，变货币信贷指令性计划为指导性计划，实现货币信贷总量由直接控制向间接调控的转变。(2) 改革存款准备金制度。1998 年 3 月 21 日起，将各金融机构法定存款准备金账户和备付金存款账户两个账户合并为准备金存款账户，存款准备金率由 13% 降为 8%，1999 年 11 月 21 日，再次将法定存款准备金率由 8% 下调至 6%。(3) 下调利率，推进利率市场化改革。1998～2002 年，连续 5 次降息，一年期存款利率由 5.22% 下调到 1.98%（而 2008 年，我国实行相对宽松货币政策时的最低利率一年期存款基准利率为 2.25%），贷款利率也相应调整。中央银行在下调利率的同时，推进利率市场化改革，主要是扩大人民币贷款利率的浮动幅度和范围，改善对中小企业的金融服务，并且从 2000 年 9 月 21 日起改革外币利率管理体制（李萱、李妍，2001）。但是在事实上，当时的货币政策对刺激经济的作用是相当有限的。这主要是因为在 1992 年的新一轮经济上涨时，计划体制还在发挥主导作用。计划体制是不讲风险意识的，国有银行当时的大规模放贷，到后来形成了大量的银行不良资产。亚洲金融危机前后，国有银行不良资产占总资产的比重达到 20% 以上，其中坏账占 5%～6%。在亚洲金融危机后，尽管中央银行放松了政策，但呆坏账的上升及银行体制的改革使商业银行内部加强了贷款风险责任制度，会出现惜贷的现象。需求的疲软使企业的市场价值缩水，银行愈加惜贷，由此形成了恶性循环（林毅夫、刘明兴，2002）。因此，当时稳健或宽松的货币政策事实上并没有对积极的财政政策做出呼应。这也说明，货币政策的应用不仅需要发展较好的市场体制，也需要商业银行本身的发展。

第四节 国有商业银行的股份制改造与货币政策

我国国有商业银行的改革是与经济体制改革密切联系的。1980年,国务院批准了国家计委等单位《关于实行基本建设拨款改贷款的报告》,决定从1981年起,对独立核算企业的基本建设投资,由财政拨款改为银行贷款。1983年,国务院批准了人民银行《关于国营企业流动资金改由人民银行统一管理的报告》,决定将国营企业流动资金改由人民银行统一管理,此前财政历年拨付的资金转为企业自有资本金。"拨改贷"和"银行统管企业流动资金"这两大举措,基本确立了我国经济建设资金由财政拨款为主转向银行贷款为主的新融资格局和政策管理框架。企业生产和周转资金由财政供给制转为银行供给制(姜建清和詹向阳,2005)。从那时起,我国银行体系中的资金规模有了显著的变化,所服务的对象也有明显的改变,迈出了向商业银行转变的步伐。1984年,国务院决定成立中国工商银行,负责中国人民银行原来的存贷款业务,而中国人民银行专门行使中央银行职能。至此,加上改革开放后恢复、分拆和重建的中国农业银行、中国银行和中国建设银行,我国形成了四家大型国有专业银行。四家银行之间有明确的业务分工,按照国家下达的信贷计划开展工作(中国银监会"公司治理改革"课题组,2005年)。工商银行成立后,根据中国人民银行的委托,承担起"统管"国有企业流动资金的职能和工作。

当时的国有银行改造是为国有企业的经济体制改革服务的。改革是在计划体制的框架下由分配领域开始的,国营(国有)企业由向财政上缴利润改为向政府纳税,相应地把流动资金拨款转为银行贷款,目标是扩大企业自主权,改善企业的经营管理。从短期来看,这种改革取得了积极的效果,推动了我国当时的经济增长。各大专业银行对国民经济活动的介入程度大大提高,实际上已经为国家通过货币政策约束或刺激企业的行为创造了一定的条件。20世纪80年代后期国家对经济实行紧缩和20世纪90年代初的新一轮经济扩张,与国有银行贷款规模的变化有相当大的关系。随着计划管制的放松,专业银行之间分工的界限也开始模糊,不同银行之间业务的交叉程度在扩大,银行的商业化程度也在加深。在1992年那一轮经济扩张中,在非金融企业迅速增加投资加大生产、整个国民经济的增长率也得到迅速提升的同时,银行贷款的规模也在迅速扩张,银行成为加速经济增长的重要动力。而这一部分投入的资金来源,相当一部分来自于银行的贷款。从整体上看,从改革开放初期到20世纪90年代中前期,我国的国有专业银行（也就是后来的商业银行）主要是在计划体制下为我国的经济增长保驾护航。1980～2001年，投入基建的银行贷款余额由1981年的122.00亿元增至2001年的12 044.36亿元，年均增长率高达23.21%。

但另一方面，无论是一般国有企业还是国有银行，都是政府领导下的企业。在政企不分、产权不清的情况下，企业在经营过程中的风险意识是很弱的。经营好了可以得到更多的福利，经营不好可以申请政府扶持，这就使得在中国经济迅速增长的同时，国民经济中的风险也在积聚，大量国有企业经营管理不善，面临着难以为继的局面。从党的"十四大"起，构建社会主义市场体系成为我国经济改革的新目标，我国开始对国有企业尤其是大中型国有企业进行全面改革，对其中很大一部分企业实行了关、停、并、转，而随着国有企业破产、兼并、重组以后，多年积累的财务包袱大部分通过银行信用表现为银行不良贷款。1985～1997年，国有银行流动资金由5 489亿元增至35 400.5亿元，年平均增长18.47%；同期企业的销售成本由6 113.68亿元增至51 634.92亿元，年均增长19.46%；企业亏损额由40.50亿元增至1 586.92亿元，年均增长35.76%；企业实现利润由929.38亿元增加到1 703.48亿元，年均仅增加5.81%。企业资金银行供给制导致银行贷款大量呆滞、损失，银行陷入不良资产困境。在企业资金银行供给制下，由于企业资金几乎全部为银行贷款所替代，企业背离市场需求的生产经营后果并没有由企业自我承担，而是通过占压贷款将其转嫁给了银行，表现为银行对企业贷款的大批量坏死。其中，在工商银行开户的4万户国有企业1998年末平均的资产负债率为77.2%，其中资产贷款率（贷款/资产）为70%，企业流动资金几乎100%由银行贷款构成，致使国有企业经营亏损表现为银行贷款的呆滞和损失。以工商银行为例，1999年末，流动资金贷款余额为1.8万亿元，其中不良贷款和失去流动性的贷款占到82%（姜建清和詹向阳，2005）。

在这种背景下，国家开始推进国有银行体制改革。1994年，我国正式颁布《中华人民共和国商业银行法》，从法律上明确了工、农、中、建四家银行是实行自主经营、自担风险、自负盈亏、自我约束的国有独资商业银行。与此同时，我国新成立国家开发银行、中国农业发展银行和中国进出口银行三家政策性银行，专门接受四家银行的政策性业务，实现政策性金融与商业性金融相分离。四家银行过去的专业分工也更加淡化，业务交叉和市场化竞争进一步发展。1997年，亚洲国家发生金融危机，使我国政府和社会各界对金融风险严重性的认识空前一致：金融安全是维护国家安全、经济稳定的基础。1997年11月，中央召开了全国金融工作会议，随后推出了一系列金融体制改革措施。首先，建立了银行、保险、证券业的分业经营、分业监管体制，改革中央银行的管理体制；其次，大力推进商业银行改革，改善商业银行的经营管理和考核机制，补充商业银行资本金，收购和处置国有商业银行不良资产等一系列措施，增强商业银行竞争实力；最后，通过推行新的贷款分类法、审慎会计制度和金融市场准入、运营和退出制度，建立和世界接轨的现代银行和金融制度。这使得我国商业银行和其他金融机构的管理水平、风险控制能力明显提高（李萱、李妍，2001）。1998 年，财政部定向发行 2 700 亿元特别国债，所筹资金专门用于补充四家国有商业银行资本金。1999 年，四家国有商业银行将 1.4 万亿元资产剥离给新成立的华融、东方、信达、长城四家资产管理公司。在 2002 年中央召开的全国金融工作会议上，明确国有商业银行改革是中国金融业改革的重中之重，改革方向是按照现代金融企业制度的要求进行股份制改造。鉴于国有商业银行改革事关重大，且与整个经济体制改革、国有企业改革等社会基础性改革的交互性也非常复杂，党的十六届三中全会通过的《中共中央关于完善社会主义市场经济体制若干问题的决定》正式提出，选择有条件的国有商业银行实行股份制改造。

2003 年起，以中国银行和建设银行的改制为先导，中国国有独资银行的股份制改造拉开了序幕。现在，四大国有商业银行都已经完成了股份制改造并实现上市。这种改造对于提升国有商业银行的创新精神、风险意识、经营管理和盈利水平都具有重大的意义。

第一，不良贷款率进一步降低。根据中国银监会 2004 年公布的贷款五级分类统计数据，2004 年境内主要商业银行（指 4 家国有商业银行和 11 家股份制商业银行）不良贷款率明显下降，国有商业银行不良贷款率比年初下降近 5%，股份制商业银行比年初下降近 3%。中国银监会监测显示，截至 2009 年 6 月末，我国境内商业银行不良贷款余额为 5 181.3 亿元，比年初减少 421.8 亿元；不良贷款率为 1.77%，比年初下降 0.65 个百分点。这表明在国有大型商业银行股份制改造后，商业银行的资产质量是不断提高的。

第二，较好的宏观背景使存贷规模都继续扩大，为银行改善其盈利能力创造了条件。2004 年，金融机构的存款和贷款稳步增加，在金融机构不良贷款率降低的情况下，如果企业的经营管理不发生明显的变化，这显然有利于提高商业银行的盈利水平。

第三，中央银行关于金融机构可以浮动利率的政策给了商业银行更大的自主权，这将有利于它们根据自己的实际情况发展业务。改革开放以来，中国的银行业，尤其是原来的国有商业银行，为改革付出了相当大的代价。这些银行的不良贷款中，虽然有许多是源于银行在风险控制上的疏失，但也有相当部分是银行为原有的国有企业改制支付的代价。不良贷款的产生增加了银行的风险意识，以至相当长的一段时间，银行产生了明显的"惜贷"心理，来自于中央银行对准备金的付息以及在银行间债券市场上的投资收益成为商业银行利润的重要来源。这样就产生了一种倾向，一方面，金融机构的存款在迅速增加，但另一方面，对于不良贷款的担心又影响了银行的对外放款。只有在宏观形势特别好的时候，银行才有增加放款的信心（其实那时候的风险往往更大）。一些中小企业需要资金但得不到贷款，转而到地下钱庄去寻找出路。那些地下钱庄通过高利率依然能够在风险较大的情况下获得盈利，这是他们的体制优势。中央银行浮动利率的政策，实际上是希望改变商业银行这种被动局面。中国人民银行2004年10月对金融机构贷款利率浮动情况的调查显示，2004年三季度金融机构发放的全部贷款中，实行下浮利率的贷款占全部新发生贷款的20.8%；实行基准利率的贷款占29.1%；实行上浮利率的贷款占50.1%。这说明扩大对中小企业的融资有可能为商业银行创造新的盈利空间。

第四，银行业务的多元化发展为银行利润的发展拓展了空间。国有商业银行股份制改造后，多元化服务也有较大的发展，其主要特征是各个商业银行的理财业务的发展。除了传统的存贷款利差外，中间业务等也成为利润的重要来源。银行进行的买卖中央银行票据和金融债券的活动，一方面增加了银行的收益，另一方面也为中央银行通过公开市场业务应用货币政策提供了条件。

在2004年前后，我国形成了中央银行、政策性银行、国有股份制商业银行、股份制银行、地方性银行以及银行监管机构构成的银行体系，这一体系为我国新世纪的经济建设和宏观调控提供了巨大的支持。

第五节 构建社会主义市场经济体系

在这一时期，中国在构建社会主义市场经济体系方面取得了重大进展。

在企业制度改造方面：1997年召开的党的"十五大"，对国有企业改革的目标作出重大调整，将国有企业改革和发展的目标重新规定为：力争到21世纪末大多数国有大中型骨干企业初步建立现代企业制度，经营状况明显改善。亚洲金融危机之后，各级政府不仅没有停下或放慢国企改革的脚步，而是围绕国企三年改革和脱困的目标，对大中型国有骨干企业进行战略性改组和现代企业制度的建设，"鼓励兼并、规范破产、下岗分流、减员增效、大力实施再就业工程"。到2000年底，国有大中型企业改革和脱困三年目标基本实现，国有及国有控股工业的经营情况有了明显的改善（张神根，2001）。党的"十五大"还第一次提出了"非公有制经济是我国社会主义市场经济的重要组成部分",对促进国民经济的发展有重要作用,要鼓励、引导非公有制经济的健康发展,以促进整个国民经济的发展的重要思想。在这一思想的指导下,这一期间的民营经济和外资企业也获得了很大的发展(刘伟、李绍荣,2001)。到2004年经济普查时,国有企业、国有联营企业、国有独资公司占全部企业法人单位的比重已经下降到了5.9%,在全部企业法人单位中只占有很小的一部分。而私营企业所占的比重则达到了61%,已经形成了数量优势。在全部工业企业中,国有企业(包括国有企业和国独资有限公司)数量的比重已经下降到2%以下,占总产值的比重约在15%左右,利润的比重约在13%,所容纳的就业人数不到14%,其他部分主要是由非国有经济贡献的。

在政府机构改革方面:1998年3月10日,第九届全国人大一次会议通过了国务院机构改革方案,目标是逐步建立适应社会主义市场经济体制的、有中国特色的政府行政管理体制,国务院组成部门由原有的40个减少到29个。从1998年开始,国务院机构改革首先进行,随后党中央各部门和其他国家机关及群众团体的机构改革陆续展开;1999年以后,省级政府和党委的机构改革分别展开;2000年,市、县、乡机构改革全面启动。截至2002年6月,经过四年半的机构改革,全国各级党政群机关共精简行政编制115万名。

在住房体制改革方面:早在20世纪80年代,住宅商品化的设想就已经被提出了。1988年的《政府工作报告》中提出,要加快城镇特别是中大城市住房制度的改革,逐步实行住房商品化;1992年以后,我国开始住宅商品化的改革,1993年的《政府工作报告》指出,要大力推进城镇住房制度改革,并指出要加快住房制度改革步伐,逐步实现城镇住房商品化,推进国家、单位、个人合理负担的住房建设投资体制,加快城镇住房建设。1998年,我国开始全面推进住房体制改革,当年的政府工作报告提出要采取切实措施促进住房商品化,使居民住房建设成为新的经济增长点。1998年7月,国务院颁布23号文,即《国务院关于进一步深化住房制度改革加快住房建设的通知》,提出从1998年下半年开始,停止住房实物分配,逐步实行住房分配货币化。虽然在那以后,各种不同形式的福利性分房仍然延续很长一段时间,但商品房已经成为居民家庭改善居住条件的主流。

显然,这一时期的市场化进程和宏观经济政策,从需求和供给两个方面改善了中国经济增长的环境。从表1-2中可以看到,在经历了1999年的低谷(GDP增长率7.6%、CPI为98.6)之后,中国经济逐渐走出的通货紧缩的阴影。这段时间虽然属于中国长期经济增长中发展较慢的时期,但是和世界各国相比,经济增长率仍然是领先的,在我国市场化改革进程中具有重要地位。此阶段市场化进程不断加速，有助于提前实现党的十四大提出的用 20 年时间初步构建社会主义市场体系的任务。国企改革、住房体制改革、金融体制改革等，从不同方面为 21 世纪的长期经济景气和繁荣奠定了基础，也为我们更好地在市场经济背景下运用货币政策等工具实现宏观调控目标提供了体制条件。

第二章

2003年我国经济增长与货币政策的转折

第一节 进入新一轮经济增长周期的中国经济

2003年一季度,中国经济增长率达到了9.9%。这是当时多年来出现的最高的季度增长率。2003年二季度,"非典"疫情的蔓延对中国的社会和经济生活造成了严重影响,但在新一届政府的领导下,通过各级政府和人民群众的共同努力,我们战胜了这一困难。进入2003年三季度之后,中国经济开始逐步摆脱"非典"的阴影,经济增长重新回到了快车道上。到了2003年下半年,已经可以明显看出经过了历时五年的改革、调控和经济调整,国内的经济矛盾和失衡已经有明显的缓解,国际环境也开始好转,经济增长开始出现加速的势头。具体地看,出现这种加速至少有以下几方面的原因:

一是国有企业改革(尤其是对大中型国有企业体制的改革)取得了积极的成果,民营经济也有了迅速的发展。20世纪90年代中期,大中型国有企业的问题开始严重显现,成为影响中国经济增长的一个重要因素。从1997年开始的国有企业改革与脱困,在实现政企分开、转换经营机制、加强企业管理、分离分流社会职能和富余人员等方面,迈出了重要步伐。另一方面,这一时期出台了一系列鼓励民营经济发展的措施,民营经济和"三资"企业在中国经济发展中,尤其是外向型经济的发展中发挥了更大的作用。

二是宏观经济政策的实施改善了经济增长的环境。积极的财政政策的实施，尤其是基础设施的投入在一定程度上带动了基础产业的发展，使得钢材、水泥、建材等工业部门和建筑业的发展获得了新的动力。随着基础设施的改善，各个地方的经济发展条件有了明显的改善。和国家一系列区域发展战略（如西部开发、东北老工业基础的建设等）的适时推出。

三是新的经济增长点开始形成。人民收入的改善和新消费热点的形成，对经济增长形成新一轮拉动。除了通信、计算机等方面的需求还在继续增加外，私人轿车、住宅等高价商品的需求成为这一时期新的经济增长点，带动了一系列相关产业的生产活动，促进了国民经济尤其是第二产业的增长。

四是中国经济正不断融入全球经济，逐渐成为世界上新的制造业中心。加入WTO、对外贸易的发展、外国直接投资的增加等，都推动了中国的国际化进程。而中国特定发展阶段所赋予的比较优势，使中国的国际贸易份额在迅速地增加，直接促进了当时外向型经济的发展。

五是以市场为导向的经济发展模式经受了实践的检验，国民经济在动态发展中形成了有利于经济增长的均衡。

从表2-1可以看到，从2000～2007年，中国的经济增长率是不断递增的（2008年开始出现调整）。2003年是一个标志性的年份。从这一年开始，中国的经济增长率突破了10%，而居民消费价格指数也摆脱了长达5年的停滞，有了小幅的增长（1.2%），摆脱了多年通货紧缩的阴影。2007年是另一个标志年份，这一年经济的增长率创下21世纪以来新高，但是居民消费价格指数也出现新高，经济发展中的各种突出矛盾开始显现。这实际上意味着中国的经济增长将逐步进入调整阶段。后来的发展说明了这一点。

表2-1　　　　　2000～2008年我国国内生产总值指数

年份	上年=100				2000年=100			
	国内生产总值	第一产业	第二产业	第三产业	国内生产总值	第一产业	第二产业	第三产业
2000	108.4	102.4	109.4	109.7	100.0	100.0	100.0	100.0
2001	108.3	102.8	108.4	110.3	108.3	102.8	108.4	110.3
2002	109.1	102.9	109.8	110.4	118.1	105.8	119.1	121.8
2003	110.0	102.5	112.7	109.5	130.0	108.4	134.1	133.4
2004	110.1	106.3	111.1	110.1	143.1	115.3	149.0	146.8
2005	111.3	105.2	112.1	112.2	159.3	121.3	167.1	164.8
2006	112.7	105.0	113.4	114.1	179.5	127.3	189.6	188.1

续表

年份	上年=100				2000年=100			
	国内生产总值	第一产业	第二产业	第三产业	国内生产总值	第一产业	第二产业	第三产业
2007	114.2	103.7	115.1	116.0	204.9	132.1	218.0	218.1
2008	109.6	105.4	109.9	110.4	224.6	139.2	239.5	240.8

资料来源：根据《中国统计年鉴（2010）》中有关数据整理计算。

这一轮经济景气中，中国实际上是以加速的工业化带动经济增长。从定基指数看，2007年的经济规模已经达到了2000年的2倍多（年均增长10.79%），这种增长更多地来自于第二产业和第三产业部门的贡献。分产业看，2000~2007年，第二、三产业的年均增长率都是11.78%，而第一产业的年均增长率仅为4.06%，幅度较低。而在2003~2007年，GDP年均增长11.65%，三次产业的年均增长率分别为4.53%、12.87%和12.35%，经济增长的主要动力也是来自第二产业和第三产业。从图2-1可以看到，用定基指数反映的这一时期第二产业和第三产业的增长率曲线几乎是重合的，增长幅度最大，而GDP的增长略低于这两个产业，第一产业的增长幅度则明显低于第二、第三产业和整个国民经济的增长幅度。2008年，第一产业仍然保持了原来的增长趋势，但第二产业和第三产业的增长率却出现了明显的回落（表现为曲线的低利率下降），在此带动下，GDP增长率也出现了回落，比上一年回落了4.6%。

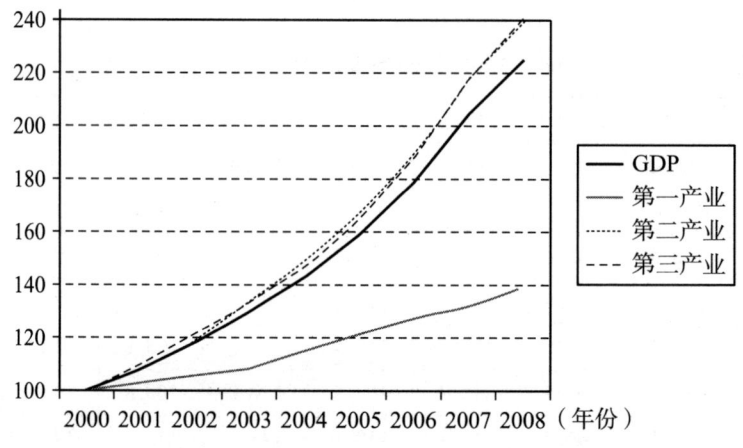

图2-1 2000~2008年GDP定基指数（2000=100）

第二节 加速经济增长下的宏观经济政策调整

伴随着 2003 年经济增长的加速，一些宏观经济数据也发生了较大的波动，引起了社会各方的重视。

一是资金供给的变化。首先，货币供应量显著增加。按照中国人民银行公布的数据，2003 年 9 月末，广义货币 M2 余额 21.4 万亿元，同比增长 20.7%。其中，2003 年一季度末增长 18.5%，二季度末增长 20.8%，最高时的 8 月末达 21.6%，增幅是 1997 年 5 月以来最高的。狭义货币 M1 余额 7.9 万亿元，同比增长 18.5%。流通中现金 M0 余额 1.8 万亿元，同比增长 12.8%。前三季度，现金累计净投放 1028 亿元，同比多投放 484 亿元。广义货币 M2 和狭义货币 M1 增速分别比年初高 3.9 个和 1.7 个百分点，广义货币 M2 增速比同期经济（GDP）增长与消费物价（CPI）涨幅之和高 11.5 个百分点。

其次是人民币新增贷款增加迅速。2003 年一季度人民币新增贷款为 8 082 亿元，同比多增 4 758 亿元；2003 年二季度为 9 728 亿元，同比多增 4 752 亿元。"非典"之后，人民银行加强了对货币信贷总量的调控，从 2003 年三季度开始，金融机构贷款多增态势开始减缓，当季金融机构人民币贷款增加 6 905 亿元，比 2003 年二季度少增 2 823 亿元，但仍比 2002 年同期多增 1 664 亿元。金融机构贷款增速总体上仍然偏快。

二是固定资产投资迅速扩大。2003 年前三季度，全社会固定资产投资 34 351 亿元，同比增长 30.5%，比 2002 年同期加快 8.7 个百分点。其中，国有及其他经济类型投资 26 513 亿元，增长 31.4%；集体和个体经济投资 7 839 亿元，增长 27.6%。在国有及其他经济类型投资中，基本建设投资 13 781 亿元，增长 29.1%；更新改造投资 5 149 亿元，增长 37.2%；房地产投资 6 495 亿元，增长 32.8%。2003 年第三季度全社会固定资产投资总额的增长虽然与 2003 年第一季度的 31.6% 和第二季度的 32.8% 相比有所回落，但是与前几年相比和 2002 年同期相比仍然有加大幅度的增加（见表 2-2）。

表 2-2　　1998~2003 年全社会固定资产投资增长幅度　　单位：%

年份	1998	1999	2000	2001	2002	2003 年前三季度	2003 年全年
固定资产投资增幅	13.9	5.1	10.3	13.0	16.1	30.5	26.7

资料来源：国家统计局，《中国经济统计年鉴（2003）》及进度统计。

三是一些工业部门出现了超常规的增长。以钢铁生产为例，2003年前三季度的钢产量已经达到15 958万吨，在建钢厂的生产规模已经达到了5 000万吨。在国际钢铁生产能力过剩的背景下，有关部门担心国产钢材的消耗量可能不会像预期的那样增长，因而出现过剩的局面。汽车、水泥等的生产和投资也发展也非常的快。伴随这些部门的迅速发展，中国的能源消耗量也在迅速增加，拉闸限电成为当时的普遍现象。

四是部分商品价格尤其是食品价格出现明显上涨。从表2-3可以看到，2003年消费价格总水平的上涨是温和的，上涨幅度只有1.2%，但是食品价格的上涨幅度较整体水平偏高，尤其是蔬菜价格上涨的幅度较大。这在一定程度上扩大了居民家庭尤其是城镇居民的通货膨胀预期。

表2-3　　　　2003年居民消费价格指数（上年=100）

居民消费价格指数	101.2
食品	103.4
粮食	102.3
淀粉及薯类	100.6
干豆类及豆制品	106.5
油脂	112.6
肉禽及其制品	103.3
蛋	98.6
水产品	100.3
菜	117.7
#鲜菜	120.5
调味品	100.1
糖	97.5
茶及饮料	99.2
干鲜瓜果	103.0
糕点饼干面包	99.3
奶及奶制品	99.2
在外用膳食品	100.1
其他食品及加工服务费	99.1
烟酒及用品	99.8
衣着	97.8

续表

家庭设备用品及服务	97.4
医疗保健和个人用品	100.9
交通和通信	97.8
娱乐教育文化	101.3
居住	102.1

资料来源：根据《中国统计年鉴》数据整理而成。

五是在一些地区，以地方政府主导的经济行为脱离实际，对当地的经济增长带来了不利的影响，具体表现为：一些地区搞的政绩工程影响了群众的利益；不切实际地在外地甚至是境外组织的大规模招商活动增加了政府和企业的支出，但回报甚微；在可利用面积已经很有限的情况下，开发区面积还在继续增加，已经超过了 3 万平方公里，为国土面积的 1/300，但能真正开发的只有 43%，稀缺的土地资源却被大量闲置。

在这种背景下，从 2003 年下半年开始，我国对亚洲金融危机以来实行的积极宏观政策进行了调整，政策目标由刺激经济加速增长转为抑制经济增长出现过热。虽然当时在对宏观政策的提法上，仍然还是主张积极的财政政策，但在实际实施中，已经转为稳健的财政政策，在财政政策的应用力度上有明显降低。货币政策出现了转向，由扩张转为收缩。从表 2-4 可以看到，2004 年 9 月 21 日和 2004 年 4 月 25 日，中国人民银行两次上调存款准备金率共 1.5 个百分点，由原来的 6% 上调到 7.5%。根据当时的计算，这两次调整所能减少的商业银行资金投放达到 3 000 亿元左右。从那时候起，调整存款准备金成为我国货币政策的重要手段。

表 2-4　　　　1998~2008 年历次存款保证金调整情况　　　　单位：%

次数	时间	调整前	调整后	调整幅度
24	2008 年 10 月 15 日	（大型金融机构）17.50	17.00	-0.5
		（中小金融机构）16.50	16.00	-0.5
23	2008 年 9 月 25 日	（大型金融机构）17.50	17.50	—
		（中小金融机构）17.50	16.50	-1.0
22	2008 年 6 月 7 日	16.50	17.50	1.0
21	2008 年 5 月 20 日	16.00	16.50	0.5
20	2008 年 4 月 25 日	15.50	16.00	0.5

续表

次数	时间	调整前	调整后	调整幅度
19	2008年3月18日	15.00	15.50	0.5
18	2008年1月25日	14.50	15.00	0.5
17	2007年12月25日	13.50	14.50	1.0
16	2007年11月26日	13.00	13.50	0.5
15	2007年10月25日	12.50	13.00	0.5
14	2007年9月25日	12.00	12.50	0.5
13	2007年8月15日	11.50	12.00	0.5
12	2007年6月5日	11.00	11.50	0.5
11	2007年5月15日	10.50	11.00	0.5
10	2007年4月16日	10.00	10.50	0.5
9	2007年2月25日	9.50	10.00	0.5
8	2007年1月15日	9.00	9.50	0.5
7	2006年11月15日	8.50	9.00	0.5
6	2006年8月15日	8.00	8.50	0.5
5	2006年7月5日	7.50	8.00	0.5
4	2004年4月25日	7.00	7.50	0.5
3	2003年9月21日	6.00	7.00	1.0
2	1999年11月21日	8.00	6.00	-2.0
1	1998年3月21日	13.00	8.00	-5.0

资料来源：根据《中国统计年鉴》数据整理而成。

利率政策也开始转向。从图2-2列示的1993~2007年一年期存款利率的走势可以看到，2004年10月进行的利率调整（一年期存、贷款利率均上调0.27%）标志着我国从1993年开始的利率政策开始转变方向，从下降转为上升，一直延续到2008年。

受到工业化和市场化推进的历史进程等多方面的发展性因素及体制性因素的影响，我国经济增长中总量和结构的矛盾始终影响着宏观决策。当经济增长率回落时，我们担心较低的经济增长率不能满足经济发展各个方面的要求，而当经济增长率提升时，各种结构性矛盾和失衡又开始显现。在进入新一轮经济增长周期时，我国的经济增长中的结构性失衡主要表现在三个方面：

第一，以GDP指数为标志的经济增长速度并不过快，但固定资产投资的增速确实过快。按照当时的国民经济核算统计结果，我国2003年和2004年经济增

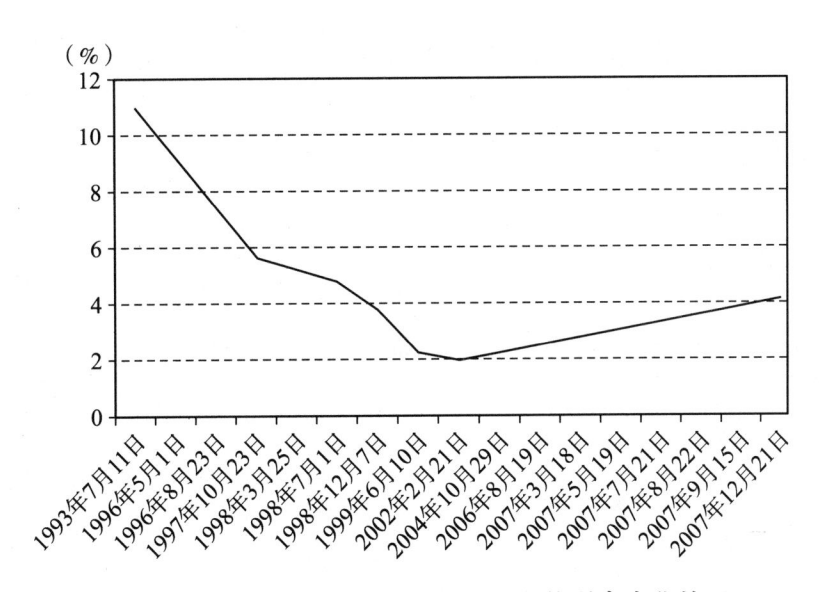

图 2-2　1993~2007 年我国一年期存款利率变化情况

长率刚超过 9%[①]，这一增长率和那时计算的改革开放以来长期的年平均增长率 9.3% 相比，并不算高。但是 2003 年和 2004 年的全社会固定资产投资增幅都已接近 30%，即使扣除价格波动，也显著地高于改革开放以来的平均增幅 15%（至少高出 10%）。这就是说，在经济增长率提高幅度情况不大的情况下，全社会固定资产投资却有了跳跃性的上升。由此使钢材等重要的投资品需求和各种开发型投资需求高涨，同时拉动相关的煤、电、运、油等能源、动力、运力方面的需求急速上升，形成较为突出的供求矛盾，固定资产投资需求增长过快，达到一定程度会排斥消费需求的增长。据我们测算，如果 GDP 和出口增长率保持不变，当固定资产投资增速超过 23.5% 后，每增加 1 个百分点，相应地消费需求增长将减少 0.8 个百分点。可见，固定资产投资过热在激化投资领域的供求结构性矛盾的同时，减少总需求。与以往的增长周期不同的是，以往固定资产投资增速过快（或过慢）基本上是和经济增长同方向且同步的，而此阶段二者之间却产生了显著的不同步。这种矛盾的复杂性，使宏观调控政策选择更为困难，至少难以像以往调控经济波动时那样，采取总量上全面紧缩或扩张性政策。如果全面扩张，固定资产投资增速过快的矛盾必然进一步尖锐，使整个国民经济运行严重失衡。如果总量紧缩，经济增长速度必然又要下降，自 1998 年以来所实行的积极财政政策就要前功尽弃。

第二，以物价总水平为标志的通货膨胀率并不高，但物价结构性上涨的压力

[①] 在 2004 年第一次经济普查之后，调整到 10% 以上。

和人们对通货膨胀的预期开始加强。自 1993 年开始,采取以抑制总需求,控制通货膨胀为首要目标的紧缩性宏观经济政策,连续 50 多个月的宏观经济紧缩取得了显著的成就。从表 2-5 可以看到,到了 1998 年(实际上是自 1997 年 11 月开始),居民消费价格指数开始呈现负值,此后连续近 30 个月的物价指数负增长。进入 21 世纪初期,物价水平也只是在 100% 上下波动。这标志着中国已经由通货膨胀进入了通货紧缩期。

表 2-5 　　　　1992～2008 年各种物价指数(上年=100)

年份	居民消费价格指数	商品零售价格指数	工业品出厂价格指数	原材料、燃料、动力购进价格指数	固定资产投资价格指数
1992	106.4	105.4	106.8	111.0	115.3
1993	114.7	113.2	124.0	135.1	126.6
1994	124.1	121.7	119.5	118.2	110.4
1995	117.1	114.8	114.9	115.3	105.9
1996	108.3	106.1	102.9	103.9	104.0
1997	102.8	100.8	99.7	101.3	101.7
1998	99.2	97.4	95.9	95.8	99.8
1999	98.6	97.0	97.6	96.7	99.6
2000	100.4	98.5	102.8	105.1	101.1
2001	100.7	99.2	98.7	99.8	100.4
2002	99.2	98.7	97.8	97.7	100.2
2003	101.2	99.9	102.3	104.8	102.2
2004	103.9	102.8	106.1	111.4	105.6
2005	101.8	100.8	104.9	108.3	101.6
2006	101.5	101.0	103.0	106.0	101.5
2007	104.8	103.8	103.1	104.4	103.9
2008	105.9	105.9	106.9	110.5	108.9

资料来源:根据《中国统计年鉴》数据整理而成。

从 1998 年下半年开始采取以刺激总需求拉动经济增长为首要目标的积极的财政政策和稳健的货币政策,到 2003 年摆脱了通货紧缩的阴影,CPI 的上涨幅度达到 1.2%,2004 年则达到了 3.9%。应当说,无论和 20 世纪 80 年代中期还是和 90 年代初期经济增长加速时期相比,这种物价上涨程度是较低的。其一,据世界银行的有关统计,发展中国家在低收入贫困状态时,通货膨胀水平很低,平均在一位数之内；但进入下中等收入阶段再至上中等收入阶段，由于工业化加速，通货膨胀率相当高，在下中等收入至中等收入发展阶段，平均通货膨胀率在 30% 以上；在中等收入到上中等收入发展阶段，平均通货膨胀率更是超出 60% 以上；只有到高收入发展阶段之后，通货膨胀率才回落到一位数之内。从发展阶段上看，我国仍处于工业化加速发展中的高通货膨胀期。其二，中国的体制转轨正处于关键时期，市场化的进程全面加速，市场体制已经成为配置资源的基础性力量，但市场秩序建设仍亟待加强；市场体系已经形成，但重要的要素市场，包括资本市场化和土地市场化的进展严重滞后。在这一体制转型过程中，来自体制变迁性的通货膨胀压力是相当大的，几乎所有的体制转轨国家在市场化加速时期，都经历了较长时期的严重的通货膨胀。其三，中国现在正处于高速增长期，一般来说，假定其他条件不变，至少在短期内，经济增长速度越高，通货膨胀率上升的压力越大，这种高速增长客观上自然会形成持续较高的通货膨胀压力。基于以上三方面的原因，我国经济面临的通货膨胀压力是相当高的。

虽然总的物价水平并不高，甚至可以说仅仅是摆脱了通货紧缩的困扰。但是从结构上看，与固定资产投资增长过快相联系的重要投资品和能源、动力、运力等价格上升压力很强，其价格指数呈明显的上升趋势。另一方面，与人们生活关系密切的主要农副产品价格上升幅度显著，粮油、肉类、蛋类、水产品、乳制品等价格上涨幅度均在两位数以上。此外，体现居民生活内容的购买住宅消费性支出（统计上列入全社会固定资产投资）水平也在上涨，并且由于需求拉动和供给成本（尤其是土地费用）推进的共同作用，住宅价格在相当长的时期里不存在明显的下降空间。因此，无论是厂商还是居民，对未来通货膨胀的预期值是非常高的。这又从一个方面加剧了宏观调控的困难，若采取扩张性的宏观经济政策，结构性物价显著上涨的矛盾极可能迅速形成总量严重失衡，导致恶性通货膨胀；若采取紧缩性宏观经济政策，物价总水平只是摆脱了通货紧缩的阴影，继续紧缩很可能再陷入通货紧缩的陷阱。

第三，经济增长速度明显回升，但就业和再就业的压力仍然很大。与 1998 年采取扩张性的宏观经济政策初期相比，2003 年的经济增长率已经得到了明显改善。然而，我国的失业率指标不仅未显著下降，却反而上升。以登记失业率为标志，1998 年我国经济增长速度为 7.8%，登记失业率为 3.8%。2003 年经济增长 9.3%，登记失业率却超过 4%。若其他条件不变，经济增长速度提升相应失业率应下降。但由于市场化、工业化和城市化都在加速，一方面，伴随市场化的深入，以牺牲企业效率为代价来置换就业率的提高在体制上越来越不可能，大量企事业单位的隐蔽性失业显性化，减员增效成为必然；另一方面，伴随工业化的深入，资本、技术排斥劳动力的趋势会更为明显。同时，农村的劳动力还伴随着城市化进程源源不断地向城市转移,农村居民家庭平均可支配收入水平的提高,主要的贡献来源于工资性收入即进城打工收入。我国面临着巨大的就业压力。这种矛盾状况,也使我国宏观经济政策选择难度加大。若采取扩张性政策,经济增长速度已经明显回升,且已达到20多年来的平均(正常)速度,继续在总量上扩张,当然有可能超过正常波动的上限,形成以恶性通货膨胀为特征的严重失衡;若采取紧缩性政策,失业率居高不下,且我国又是一个劳动力总量和增量最大的国家,继续紧缩自然会出现进一步恶化失业的状况。

第三节 新一轮宏观调控的特点

在市场化改革取得重大进展,以及工业化、城镇化和国际化不断推进的背景下,在原有的发展矛盾(如投资不足、国有企业发展乏力、收入分配扭曲、国际经济环境恶化等)得到一定缓解的同时,我国经济增长又呈现出新的失衡和矛盾。但相比较而言,进入新的景气周期后,我们遇到了难得的历史发展机遇。在新的形势下,我国采取了多种政策手段结合、有保有压、适度微调、总量和结构兼顾的宏观调控政策。从总体上以及后来的经济增长成果来进行评价,当时采取的一系列宏观调控举措是合理的。从政策倾向到实施方式、从传导机制到政策效应,都对我国的经济增长和经济发展发挥了积极的作用,并显示出新时期宏观调控的新特点。归结起来,主要表现在以下几个方面:

一是总量控制与结构调控相结合,开始重视结构性调控的目标和效应。2003年后开始的宏观调控,在宏观调控的政策目标和基本倾向上没有采取简单的总量选择,即没有简单地判断总量上是否过快或过冷,而是采取结构差异性调控,即区别对待、有保有压,尽可能避免总量上的"一刀切"。这种结构差别的有保有压主要体现在:其一,不同发展水平和发展速度的地区之间有所区别,比如特别强调了振兴东北老工业基地等;其二,不同产业之间有所区别,在明确指出限制某些产业发展规模的同时(如钢铁、电解铝、水泥、房地产、各类开发区、严重污染行业等),明确提出了鼓励展开积极支持的产业(如电力、石油、煤炭、铁路等基础设施、农业基础建设等);其三,不同企业之间有所区别,根据企业的性质、动能、竞争力状况等,对企业进入不同产业市场,采取了一定的区别对待。在总量调控上,注意政策的连续性,即注重微调和"点刹",避免经济增长出现过度波动。

二是货币政策代替财政政策,成为宏观调控的主要手段。进入新一轮经济周期后,货币政策开始在宏观调控中发挥更大的作用。2003~2004年国家实施的宏观调控,就是以货币政策为主要手段的(两次调整存款保证金、一次调整利率)。货币政策的作用和效应在显著扩大。这种变化与中国在世纪之交所进行的市场化改革是分不开的。市场化改革使得商业银行的风险有了很大程度的释放,四大国有商业银行和其他股份制银行的治理结构和风险控制水平有了显著的提高,不良贷款率明显下降。与此同时,银行客户的质量也在改善(国有企业产权改革和公司治理结构改造已经展开并取得成果、非公有制经济获得了显著成长,住房商品化的发展培育出大量的私人客户等)。在宏观经济形势好转的情况下,商业银行的贷款倾向有了明显的变化,由原来的"惜贷"转为积极放贷。银行存款的增加和存贷比的提高,使银行贷款规模迅速增加。而国家财政收支则是稳健的、直接融资市场的发展又是滞后和缓慢的,这就使商业银行在加速经济增长中的作用表现得特别突出。在商业银行个别风险缩小的同时,整个银行业的系统性风险却有可能加大。在这种背景下,通过调整商业银行贷款规模的变化来控制宏观风险,就成为新时期宏观调控的必然选择。

在新一轮宏观结构性的调控中,货币政策的紧缩效应是突出的。一是货币政策启动比较早。实际上在2003年春就已经开始启动具有紧缩倾向的货币政策信号,只是由于受"非典"的影响有所停顿,但在2003年9月之后,货币政策的紧缩措施是系统的。二是货币政策的"谨慎"、"稳健"、"适度"、"收缩"的基本态度是明确的,并且是自2003年以来始终坚持的,其间并无动摇和反复。三是所采取的具体措施是连续的,同时又是稳健的,每一措施的力度不大,但始终保持紧缩倾向并且保持了连续一致性。四是所运用的政策工具是多样的。包括信贷数量控制政策和利率价格政策等的综合运用。这甚至给人们一种印象,似乎中国经济在扩张时主要依靠财政政策,而在紧缩时则主要依靠货币政策。在1992年后出现的加速经济增长和后来的宏观调控中,似乎也是这样。这其实是一种错觉,无论是财政还是货币政策,都同时具有扩张和紧缩的功能。只是由于财政和货币政策作为两大宏观经济政策手段,其政策作用的特性是有区别的,在市场经济或者大部分资源由市场机制来配置的条件下,财政政策无论是扩张还是紧缩,实际上只能起到宏观调控的类似"发动机"的作用,即引发宏观经济趋向扩张或收缩,而不可能依靠财政政策直接拉动总需求或紧缩总需求。因为无论是财政收入在总的GDP中的比重,还是财政支出在总需求中占的份额,都是为数不多的。财政政策的启动效应一定要有货币政策的支持和呼应才能真正实现。因为在国民收入绝大部分进入居民和企业手中而不是进入政府财政的条件下,银行及金融系统在资源配置上的支配作用要显然高于财政。任何扩张和收缩总需求的政策效应的产生,都是以货币量变化为首要条件的。其实,1998年下半年开始采取

33

扩张性宏观政策和积极的财政政策力度不能说不大，但为什么直到2002年之前总需求并未被明显拉动，物价总水平并未真正摆脱通货紧缩的困扰？重要原因在于，当时的金融体制改革才刚刚开始，货币政策不能很好地发挥作用，货币量并未显著增加。2003年以后经济增长速度的显著提升，重要的在于2002年以后，尤其是2003年上半年货币供给的迅速增加。所以说，积极的财政政策的扩张效应，实际上是需要货币扩张来支持的。相应的，财政政策要进行紧缩，也首先需要货币供应上的收缩。

在新一轮财政政策和货币政策结合运用过程中，货币政策的紧缩效应和财政政策的扩张效应共同发生作用。在抑制总量过度扩张的同时，财政政策更多的是在改善结构失衡方面发挥扩张效应。在新一轮宏观调控的紧缩效应实现过程中，恰逢财政体制进行新一轮改革，这种改革的基本倾向是为适应市场经济改革深化的要求。从财政支出方面来看，公共财政的改革目标越来越明确，财政政策中性化越来越成为共识。因此，就财政支出政策效应来说，虽然扩张的力度较此前有所减轻，但积极的财政政策方向并未逆转。从财政收入方面来看，1994年起实行分税制。由包税制下的33种税合并调整为18个种类，并将其区分为国税、地税及共享税三大类，其中国税及共享税中的大部分集中在中央财政。相比较而言，企业的税赋水平较高，同时，在增量上财政收入增长始终显著高于经济增长，因而，经过10年到2004年，中央财政收入的增幅相当大。在这种背景下，推进新一轮税制改革具有明显的减税倾向。从2004年1月起开始实行新的出口退税制度，由地方政府承担部分退税，不再由中央财政单独退税，尽管地方政府利益有所损失，但对出口企业来说，意味着减税；企业所得税本着内外企业一致的原则开始酝酿调整，国内企业所得税由33%大幅下调，逐渐做到内外资企业平等；增值税由生产型向消费型转变，并从东北地区开始试行，实际上增大着企业增值税抵扣部分。

从总体上看，在新一轮结构性宏观调控中，就紧缩效应而言，货币政策的作用更为突出。财政和货币政策之间，开始在一定程度上表现出松紧结合的态势。这对于一般情况下的宏观调控来说，既是正常的，也是合理的。一般情况下，宏观调控应尽可能避免货币与财政政策同时"双紧"或同时"双松"，以减缓经济周期性的大起大落程度。

三是在各项政策综合运用过程中，土地清理等行政手段仍然发挥着关键性的作用。2004年春，由7部委联合组成调查组，分赴全国各地，检查清理土地征用和开发情况，对各类开发区、各类项目占用土地，包括农用土地和城市土地，进行全面清理。这一举措对于控制增长过快的固定资产投资和对于盲目过猛地兴建各类开发区（截至2003年上半年，批出各类开发区占地近3.6万平方公里）

起到了极为重要的限制作用。到 2004 年底，又由这 7 部委联合组成调查组，对各地清理土地的情况进行再检查，有选择的批准部分开发区的重新启动，有针对性的明确土地征用，同时严厉控制土地的随意开发。对于遏制固定资产投资增速过快来说，土地清理这一举措起到了两方面的重要作用：一方面，深入影响了相应投资者的投资基本建设流程，土地被冻结或停止征用，整个投资中的基本建设流程便难以推进；另一方面，深入影响了相应投资者的资金链条，土地产权证停发，同时禁止以土地产权证到银行抵押贷款，事实上就是开发商本身的进入资金门槛提高，要求其具有更高的自有资金比例，进而有效地约束了其投资冲动。但清理土地的举措本身毫无疑问是政府行政行为，而非市场过程。这一轮宏观经济调控的直接行政性，在相当大的程度上体现在清理土地这一政策措施的运用上。在此之后，国家对土地管理的力度不断加强，2006 年，国务院又再次发布了《关于加强土地调控有关问题的通知》，在 2007 年的《政府工作报告》中，温家宝总理指出，"在土地问题上，我们绝不能犯不可改正的历史性错误，遗祸子孙后代。一定要守住全国耕地不少于 18 亿亩耕地红线"。在"十一五"规划中，18 亿亩耕地的红线也成为中国经济发展的重要调控目标之一。在产业政策方面，部分行业投资过热。国家发改委、人民银行和银监会联合下发《关于进一步加强产业政策和信贷政策协调配合，控制信贷风险有关问题的通知》，同时推出了《当前部分行业制止低水平重复建设目录》。同样的，由于提高存款准备金率是我国新近推出的货币政策手段，在执行时同样需要强有力的行政措施来配合。

四是地方政府的政策目标和对待贯彻中央宏观经济政策的态度及传导方式发生了重要的变化。在以往的实践中，地方政府有其地方性利益的要求，因而对中央宏观经济政策有不同的理解和态度。总的来说，地方政府只是中央宏观政策的贯彻者和执行者。而在新一轮宏观调控中，伴随着 20 多年来的体制改革，地方政府在利益目标上对待宏观政策的态度上，以及在实现宏观经济政策的传导机制上，都发生了极为深刻的变化，显著地表现出淡化中央宏观政策作用程度的倾向。因为，其一，在市场化的条件下，地方政府的经济利益目标与中央政府之间差别越来越大。至少与计划经济相比，市场化越深入，地方政府利益的独立性越强。对中央政府来说，经济稳定和增长均衡的宏观目标实现与否，与地方经济利益并无直接的利益关系。而发展地方经济增加当地就业、增进当地福利越来越在体制规定上成为地方政府行为目标，这就使得宏观调控政策目标与地方经济利益目标产生冲突。其二，发展地方经济最为有效也最为直接的方法便是鼓励和加快投资。地方的投资增长，基本上不是直接依赖本地经济发展及积累，而是更大程度的依靠吸收外地资金的进入，即招商引资。这样，即使是经济发展水平完全不同的地区，同样可以实现强烈的投资冲动。尽管宏观经济政策会对各地投资行为产生重要影响，但在招商引资，尤其是大量引进外资拉动投资增长的条件下，会显著淡化宏观政策效应。其三，伴随改革的深入，特别是企业改革和市场化的深入，国有企业及国有控股企业比重越来越低，并且大多集中由中央控制，地方政府掌控的国有企业已经很少，即使有也普遍存在竞争力低下等严重发展和管理方面的问题。因此，地方政府经济赖以存在的基础，越来越以非国有企业为主。在贯彻宏观政策的过程中，中央政府对地方政府、对所掌控的中央所属国有企业，可以直接行政性的提出贯彻、执行政策的要求。而地方政府对所依赖的非国有企业就不可能直接行政性地要求其贯彻政府宏观政策目标，只能是间接的引导。其四，就地方经济发展而言，中央政府和地方政府所面临的直接进入及退出壁垒不同。换句话说，中央政府与地方政府之间是行政关系，而地方政府与当地经济发展之间的联系在很大程度上是市场性的联系。因此，当要求企业进入市场时，中央对地方是给出宏观政策信号，而地方政府对投资者不仅要给出明确的政策信号，同时要为投资者进入本地经济创造基础设施、土地、税赋优惠、能源动力供给、劳动力供给等一系列经济优惠条件。这些条件的创造，在相当大的程度上是依靠地方政府支出，或者地方财政支出，或者政府贷款支付。在各地的固定资产投资均主要依靠招商引资拉动的条件下，在围绕招商引资展开的地方政府间的竞争越来越激烈的条件下，地方政府这方面支付的成本越来越高。当中央宏观政策要求紧缩，要求各地贯彻紧缩，要求从经济项目中退出时，地方政府往往同时要支付退出的经济成本。正由于中央和地方政府面临的直接退出成本壁垒不同，地方政府对中央的宏观政策的反应及传导效应自然会有所不同。中央政府和地方政府的政策行为差异的存在，对于市场经济条件下的宏观调控有效性的提高来说是有益的。宏观经济调控的重要目的就在于淡化经济本身的周期，减轻经济增长过程中的起落幅度。在这一过程中，如果自中央政府到各级地方政府，自各级政府到各类企业，在行为上完全一致（当然这还要首先基于利益一致），且不说在市场经济条件下可不可能，即使可能，对于宏观调控的政策效应来说也必然是十分有害的。因为，各方面高度一致，必然缺乏相互间的博弈，从而也就促使宏观调控政策本身的大起大落，使宏观经济政策效应的起伏程度急剧扩大，在计划经济的高度集权体制下，这种教训是相当深刻的。中央政府、地方政府、企业之间关系的变化以及在经济发展中的博弈，是这一时期经济发展和宏观调控的新特点。

第三章

2003~2008年上半年的货币政策与反通货膨胀效应

第一节 2003~2008年上半年的价格总水平的变化与货币政策

一、价格总水平的阶段性变化及结构影响

2003~2007年，中国保持了连续5年的高增长和低通货膨胀，是改革开放以后经济增长最稳定的时期。在20世纪80年代中期和90年代前期，每次发生加速的经济增长，必然伴随着加速的固定资产投资和随后发生的两位数的通货膨胀，接下来就会经历一段很长的调整过程。这里面的原因是复杂的，最主要的原因在于前两次加速经济增长中，我们仍处于转轨初期，市场主体在配置资源方面基本上没有发挥作用，加速的经济增长完全是在政府主导下推动的。计划体制下企业是没有风险意识的，再加上市场上供需失衡和价格扭曲的现象都很严重，导致加速的经济增长必然要伴随着盲目的固定资产投资和价格总水平的剧烈变动。而随着市场化改革的深入和结构调整，中央、地方和企业之间关系的变化以及财政和金融体系的改革，中国经济增长和发展的稳定性大大增

强了。虽然我们仍然存在着各种总量矛盾、结构失衡和发展问题,但是从总体上看,在这一时期中国实现了有史以来最好的经济增长,GDP、出口总额等经济总量跃居世界前列。应该说,2003~2004年以货币政策为主的宏观调控为新一轮经济增长和宏观调控定下了基调,为中国经济后来长达五年的景气周期奠定了基础。

随着我国经济增长的不断提速,这一时期的全社会固定资产投资增幅和居民消费价格指数是偏热的。但和以往两次加速经济增长不同的是,过去的固定资产投资是在短期内突然出现爆发性的增加,然后随之急骤下降,CPI则是突然出现大幅度的上扬,然后再持续回落。在这一个周期中,全社会固定资产投资的增长一直很高,从2003年突破了25%以后,就一直没有下去。而CPI则在2004年出现小幅度走高之后又得到了控制,2005年和2006年上半年比较平稳,到2006年底才重新出现上扬并明显加剧,经济增长率也创了新高。这实际上已经给出了经济过热的信号。与此同时,世界经济其实也已经出现了隐忧,国际上原油、矿产、粮食等大宗商品的价格都创新高,已经反映出世界市场危机前的疯狂。这种价格上涨的压力同样也传递到了国内。到了2008年上半年,以CPI反映的通货膨胀程度则在进一步加剧,经济增长率也开始回落。从这个意义上看,中国的这一轮的景气周期是和全世界的经济周期是同步的,只是由于中国的经济发展阶段不同,同时金融体系也是独立的,经济增长受到经济周期和金融危机的冲击波动程度要小得多。从整体上看,在金融危机发生以前国际经济环境相对宽松时期,我们抓住了有利时机,通过较好的宏观经济政策促进经济增长和经济发展。这一成就是任何人都无法否认的。

一般地说,通货膨胀率是经济增长的滞后指标。经济增长率到达高点并有所回落后1~2年,CPI通常也会到达高点。从表3-1可以看到,2003~2008年,我国居民消费价格指数分别为:101.2、103.9、101.8、101.5、104.8和105.9,从长期发展上看呈不断递增的趋势。分阶段看,2003~2004年的宏观调控对抑制当时的通货膨胀发挥了作用。但是从2006年下半年起,以CPI反映的通货膨胀开始重新抬头,这和我国这一时期加速的经济增长是相联系的。我国虽然在不断加大对货币政策的紧缩力度,但相对而言,货币政策仍然是保护经济扩张的。货币供应量和贷款的增加幅度都比较快,这就有可能加大通货膨胀的压力。同时,在加速的经济增长下,不同商品价格之间的比价关系由于供需关系的变化也需要有所调整,这也要求价格总水平有所调整。从影响我国价格总水平的因素看,既有需求因素也有供给因素,既有总量因素也有结构因素。

表3-1还列出了CPI和食品价格指数之间的比较。目前,在我国的CPI中,食品价格所占的权重大约占1/3左右,这是和我国目前居民的一般消费支出结构

表 3-1　　　2003~2008 年居民消费价格指数与食品价格指数

单位：%；上年 = 100

年份	消费价格指数	食品价格指数
2003	101.2	103.4
2004	103.9	109.9
2005	101.8	102.9
2006	101.5	102.3
2007	104.8	112.3
2008	105.9	114.3
平均指数	103.2	107.4

资料来源：根据历年《中国统计年鉴》整理。

相适应的。可以看到，2004 年和 2008 年的消费价格上涨，主要影响因素是食品价格（2004 年是粮食价格，而 2007 年则是猪肉价格）。按月份看，从 2002 年底消费价格上涨幅度由负转正后，于 2004 年 8 月达到最高水平，而在 2004 年的宏观调控措施逐渐发挥作用后，CPI 从 2004 年 9 月开始进入收缩期，到 2006 年 3 月回落到谷底水平 0.8%。此后，消费价格又重新开始上升，而且幅度一再加大，一直延续到全球金融危机前。2007 年，我国的经济增长率达到新一轮经济增长周期的最高水平 14.2%，显著地高于改革开放以来我国的长期年均经济增长率（10% 左右），表现出经济活动已经过热，这种情况也反映在 CPI 的变化上。在这种背景下，如果通过货币政策及其他相关的紧缩政策来抑制通货膨胀，经济增长率当然也会回落。所以，即使不发生全球危机，由于 2006 年以来我国实施的更加紧缩的货币政策，我国的经济增长率也会发生回落。这也是 2008 年四季度之后全球金融危机对我国经济的冲击才开始显现，但我国的经济增长率在此之前就已经发生回调的原因。2008 年我国的经济增长率为 9.6%，比 2007 年回落 4.6%，其中固然有四季度以后全球金融危机冲击所带来的影响，但也反映了国内经济调整的要求。

还可以进一步深入考察 2007 年以来在价格总水平上升的情况下，各种商品和服务的价格变化。表 3-2 和图 3-1 是 2007 年以来按定基（2007 年 1 月 = 100）反映的各类消费商品价格的走势。图 3-1 中的 CPI 和分类指数的曲线一共有 9 条，可以分为三组。第一组分别是食品价格指数、CPI 指数和居住指数。以虚线表示的波动最大的曲线反映的是 CPI 食品价格指数，变动幅度居第二位的深色曲线反映的是 CPI 本身的变动，变动幅度居第三的浅色曲线反映的则是居住价格的变动。到 2008 年 7 月，CPI 指数和居住指数达到 10% 以上，而食品价格指数则接近 30%，属于明显的通货膨胀。第二组的三条曲线分别表示家庭设备用品及服务、烟酒及用品和医疗保健与个人用品的价格变动，它们的上涨相当稳定，22 个月上涨了 5% 左右，属于正常的价格上涨；第三组的三条曲线分别为衣着、交通和通信、娱乐教育文化用品及服务，上涨幅度长期小于零，属于价格下跌。显然，用定基指数反映的 CPI 和各类商品的发展趋势，和同比指数是类似的。但是由于定期指数消除了翘尾因素，指数数列的动态可比性增强了。

表 3-2　　　　2007 年 1 月至 2008 年 10 月居民消费价格分类指数（2007 年 1 月 = 100）

时期	居民消费价格指数	一、食品	二、烟酒及用品	三、衣着	四、家庭设备用品及服务	五、医疗保健及个人用品	六、交通和通信	七、娱乐教育文化用品及服务	八、居住
2007 年 1 月	100.0	100.0	100.0	100.0	100.0	100.0	100.0	100.0	100.0
2007 年 2 月	100.7	101.4	100.4	99.7	100.4	100.2	99.9	101.3	100.2
2007 年 3 月	101.5	103.5	100.6	99.4	100.6	100.3	100.3	100.9	100.9
2007 年 4 月	101.4	103.4	100.6	99.4	100.6	100.0	100.0	100.5	101.4
2007 年 5 月	102.0	105.0	100.7	99.6	100.9	100.8	99.7	100.3	101.6
2007 年 6 月	103.2	108.4	100.9	99.4	100.7	101.2	99.1	100.1	102.3
2007 年 7 月	104.6	112.9	101.1	99.2	100.8	101.6	98.8	99.9	102.6
2007 年 8 月	105.7	116.1	101.2	98.9	101.0	101.8	98.8	99.7	102.9
2007 年 9 月	105.6	115.4	101.3	98.9	101.3	102.2	98.7	100.2	103.1
2007 年 10 月	106.1	116.6	101.4	98.6	101.4	102.7	98.4	99.9	104.1
2007 年 11 月	106.7	117.7	101.7	98.6	101.7	103.0	98.6	99.7	105.6
2007 年 12 月	106.5	116.7	101.7	98.3	101.9	103.2	98.6	99.5	105.9
2008 年 1 月	107.1	118.2	102.1	98.1	102.1	103.2	98.9	99.7	106.1
2008 年 2 月	109.4	125.0	102.8	98.4	102.5	103.4	98.5	100.4	106.9
2008 年 3 月	109.9	125.6	103.1	98.2	103.1	104.0	98.6	99.8	107.9
2008 年 4 月	110.0	126.2	103.2	98.0	103.5	104.2	98.3	99.8	108.3
2008 年 5 月	109.8	125.9	103.6	98.1	103.7	104.1	98.1	99.1	108.8
2008 年 6 月	110.5	127.1	104.2	97.9	103.6	104.3	98.0	99.1	110.2
2008 年 7 月	111.1	129.1	104.2	97.8	103.9	104.8	98.5	99.0	110.5

续表

时期	居民消费价格指数	一、食品	二、烟酒及用品	三、衣着	四、家庭设备用品及服务	五、医疗保健及个人用品	六、交通和通信	七、娱乐教育文化用品及服务	八、居住
2008年8月	110.8	128.1	104.5	97.8	104.2	104.8	98.6	98.9	110.2
2008年9月	110.4	126.5	104.7	97.7	104.5	104.9	98.5	99.8	109.8
2008年10月	110.3	126.5	104.9	97.3	104.9	105.1	98.4	99.6	108.9

资料来源：根据《中国统计年鉴》数据整理而成。

从图3-1可以看到，我国的这一轮消费者价格上涨尤其是食品价格的上涨从2007年初就开始了。对消费者价格上涨影响较大的分类商品主要是两类，一类是食品价格，另一类的居住价格。其中，食品价格最高上涨了30%，居住价格上升了10%。但我们也可以看到，即使在通货膨胀程度较高的情况下（2008年10月比2007年初上涨10%），我们仍然有一部分商品和服务的价格是下降的，如衣着、交通和通信、娱乐教育文化用品和服务等。分类商品和服务价格指数变化上的差别，实际上从供给方反映了价格总水平变动中的结构问题。这说明调节价格总水平变化，不仅仅需要总量性的货币政策，也需要通过其他方面的政策来解决结构性的矛盾。

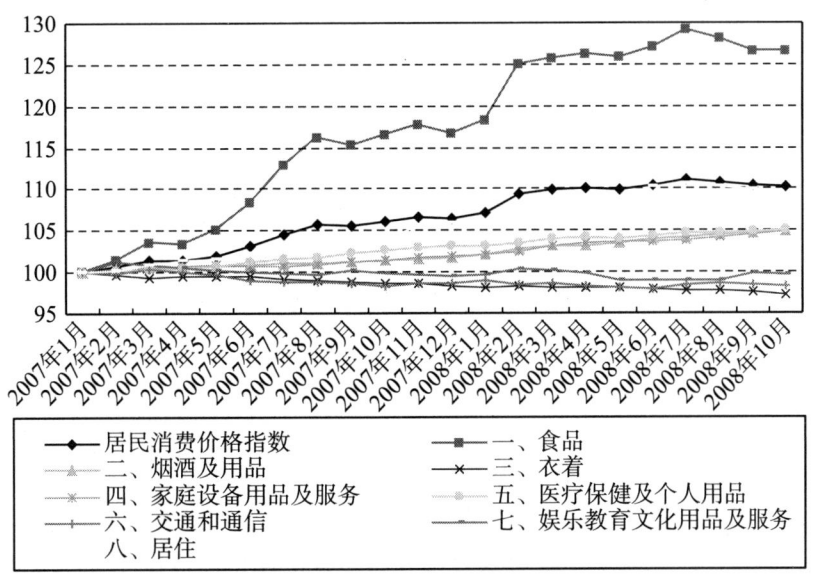

图3-1 2007年1月至2008年10月居民消费价格分类指数走势

二、2006年底以来货币政策的密集应用

2005年前后,由于通货膨胀的局面得到了一定程度的控制,我国运用货币政策的力度有所减弱。从当时的实际情况看,中国经济发展既存在通货膨胀的压力,又面临着通货紧缩的威胁,使我们的政策面临着两难选择。从促进价格回升的因素看:一是由于煤电油运紧张状况仍很难得到根本性缓解,加上国际市场原油等初级产品价格可能仍在高位波动,能源产品和部分初级产品的价格上涨压力仍然很大。二是成品油、电、水、天然气、煤炭、土地等资源性和公共服务性产品价格将面临全面改革,直接或间接地推高 CPI。对于像成品油、煤炭、土地等资源性产品而言,长期以来它们的价格与价值严重背离,价格严重被低估,导致这些资源利用效率低下和严重浪费,并危及其可持续发展,调整这些产品价格形成机制势在必行。对于像水、电、天然气等公用事业产品,2004年以来各地普遍实施"两条控制线"措施,政策性调价项目减少或推迟出台。但受原材料价格不断上涨和成本持续上升的影响,公用事业价格上调措施的出台将是不可避免的。三是上游产品价格上涨将逐渐传导到下游产品,导致部分工业消费品价格上涨或降幅缩小。四是劳动力价格面临上涨压力。随着人力资本投资的不断增长,员工素质和技能水平在提高,劳动力市场的各项法规也逐渐完善,人工成本会继续增长,加上社会发展和平等的诉求,工资成本推动型的价格上涨压力将逐步加大。反过来,也有一些因素抑制着价格总水平上涨。第一,食品以外的大多数消费品仍然是明显供过于求,即使是在通货膨胀比较严重的时期,这些商品的过剩情况也没有明显改变,这是这一轮通货膨胀和前两次大的通货膨胀期之间的显著差别。第二,许多生产资料(如钢材、水泥等)的供给似乎是短缺的,但是一旦经济泡沫受到挤压,很快就会转为过剩,全球金融危机期间这一点表现得尤其明显。第三,人民币升值压力有可能进一步加大,加上进口关税的调低,导致进口快速增加,从而对国内相关产品价格形成向下压力。

在决策过程中,我们既担心经济过热导致通货膨胀,又担心通货紧缩导致增长率回落。而对于价格总水平的合理上涨幅度,无论是在"十五"规划还是"十一五"规划中,又没有定出明确的数量标准。但是在实际操作中,还是有一个模糊的调控标准的,这就是把消费价格总水平的上涨控制在2%~3%之间,如果超过了3%的上涨幅度,国家就会加大货币政策及宏观调控的紧缩力度。反过来,如果是在2%以下,货币政策则可能会有所放松。所以在2005~2006年上半年,我国货币政策可以说处于观察期。而从2006年起,随着通货膨胀的压力不断加大,紧缩的货币政策的应用力度也开始加大。从表2-4和表3-3可以

看到，自 2003~2004 年两次提高存款金和一次提高存贷款基准利率后，我国应用货币政策频率有所减缓，自 2004 年 4 月 25 日上调存款保证金后率到下一次再调整（2006 年 7 月 5 日），中间相隔了两年多的时间。从利率政策上看，2004 年 10 月上调了利率后，2005 年仅调整了住房贷款利率，2006 年才开始调整利率。可以说，从 2003 下半年到 2006 年上半年，是我国应用货币政策比较平稳的时期。而从 2006 年下半年开始，我国进入密集应用货币政策时期。2006 年，中国人民银行三次提高存款准备金、两次上调利率；到了 2007 年，则是 10 次上调存款准备金、6 次上调利率；在 2008 年直到全球金融危机前，先后 6 次上调存款准备金。尤其是在 2008 年初，为防止经济增长由偏快转为过热和防止价格由结构性上涨演变为明显通货膨胀，中国人民银行明确提出实施从紧的货币政策[①]。尽管存款准备金的频繁调整和利率上升的情况下，但是 CPI 的上涨的幅度仍然很大，因此在 2007 年和 2008 年前三个季度，抑制通货膨胀成为中国宏观调控的主要目标。如果不发生全球金融危机，通货膨胀很有可能还会延续。2010 年以后发生的通货膨胀，当然有全球金融危机时我们所实施过度宽松的货币政策的影响，但是从一定程度上来说，也是 2007 年的那次通货膨胀的延续。我国经济发展中的体制矛盾和发展矛盾，并没有因为金融危机的到来而解决，只是受到冲击之后暂时受到了掩盖，等到危机一缓和，它们又要重新表现出来。从这个角度看，仅仅依靠货币政策来解决我国的通货膨胀是远远不够的。虽然这一时期财政政策也有一定的变化，但力度较小。而且为了解决经济发展中的结构性矛盾，财政政策在方向上是扩张性的。货币政策才是该阶段应对通货膨胀的主要工具。

表 3-3　　　　　　2004~2008 年我国人民银行历次利率调整情况

次数	调整时间	调整基本内容
11	2008 年 9 月 16 日	一年期贷款基准利率下调 0.27 个百分点
10	2007 年 12 月 21 日	一年期存款基准利率上调 0.27 个百分点；一年期贷款基准利率上调 0.18 个百分点
9	2007 年 9 月 15 日	一年期存贷款基准利率上调 0.27 个百分点
8	2007 年 8 月 22 日	一年期存款基准利率上调 0.27 个百分点；一年期贷款基准利率上调 0.18 个百分点
7	2007 年 7 月 20 日	一年期存款基准利率上调 0.27 个百分点
6	2007 年 5 月 19 日	一年期存款基准利率上调 0.27 个百分点；一年期贷款基准利率上调 0.18 个百分点

---

① 中国人民银行：《中国货币政策执行报告——2008 年第四季度》。

续表

次数	调整时间	调整基本内容
5	2007年3月18日	上调金融机构人民币存贷款基准利率0.27%
4	2006年8月19日	一年期存贷款基准利率均上调0.27%
3	2006年4月28日	一年期存贷款基准利率均上调0.27%
2	2005年3月17日	提高了住房贷款利率
1	2004年10月29日	一年期存、贷款利率均上调0.27%

资料来源：根据中国人民银行历年调整而整理。

第二节 货币政策对通货膨胀的紧缩效应为何在递减

从前面的分析可以看出，自2003年我国进入新一轮经济增长周期以后，货币政策开始成为我国宏观调控中的重要工具，但是从货币政策的效应看是递减的。在2003年和2004年，只要适度地应用调整存款准备金、调整基准利率，再加上一定的公开市场业务，通货膨胀局面就可以得到明显的控制，而在2007～2008年，即使密集地应用货币政策，通货膨胀的压力仍然非常大，表现为通货膨胀对货币政策的敏感性在降低。如何理解这一种现象？

应该看到，中国经济增长中的货币政策的特殊性面临着一种特殊的失衡背景，对货币政策的方向选择甚至整个宏观总需求政策的方向选择都产生了严重的困扰。中国宏观经济失衡的特殊背景是中国宏观经济已经保持了近30年的高速增长。一方面，持续高速增长使中国的综合国力明显提高，另一方面，持续高速增长是在市场化改革的过程中进行的，使得市场对经济的约束性以及市场的作用程度提高。这使得现在中国经济失衡与过去的情况大不相同。在经济高速增长的同时，市场化的深入使整个经济资源各个方面的配置纳入市场程度越来越高，市场的作用越来越大，相对市场需求不足、相对过剩的矛盾开始突出。反映在价格总水平的变动上，就是在现实中我们面临着通货紧缩威胁的同时又必须采取积极的措施，保持我国平稳较快的经济增长。这在客观上又要求价格总水平适度提高，在拉动需求的同时，也需要调整各种商品和服务之间的比价关系。但如果控制不好，有可能因为价格总水平的过快上涨而导致通货膨胀，影响经济增长的稳定性和人民生活。这就使我们应用货币政策和其他宏观经济政策面临着复杂的局面。

一是现实的通货膨胀压力与长期的通缩预期增大并存，紧缩性货币政策力度减弱且受扩张性财政政策的抵消。出现通缩的主要标准通常有两个,一是物价指数负增长,二是经济负增长。如果物价负增长而经济负增长这两个现象出现一个,可以认为是开始出现通缩的迹象了。就中国现在的情况而言,其实经济增长只要滑落到8%以下,就被认为处于低增长或出现了衰退,经济增长满足不了经济发展的要求,这也是两次金融危机期间中国特别重视"保八"的原因。从 CPI 上看,考虑到"一揽子"物价计算中的误差问题,通常把2%的物价上涨认为零增长。按照这个标准,从1998~2008年,仅有2004年、2007年和2008年超过了这一标准,其他8年都处于物价低迷状态。从长期看,这一时期的平均指数仍然是属于通缩。物价水平下降是一个表象,通缩背后还有一系列的经济变化事实作为支撑。第一,消费品市场长期低迷,消费需求疲软,内需不足。第二,就业压力在不断增长,一旦经济增长率回落,就业率马上下来。而随着我国的城市化进程,我们除了要解决城市居民失业后再就业的问题,还要解决大量的农村劳动力向城市转移后所面临的就业问题,经济增长和不断增长的就业要求相比,仍然是不足的。第三,产品过剩和产能过剩的矛盾日益尖锐。近几年商务部多次调查显示,我国的消费品中供不应求的商品很少,在投资品中,供不应求的商品所占的比重一般不超过10%。如此普遍和严重的过剩是出现通缩或增长不足的重要表现。这三个客观经济事实反映着中国长期地和随时地面临着进入通缩与衰退的危险。2008年底中国受到全球经济的冲击后马上出现通货紧缩,就说明了这一问题。

与此相对的是,中国随时面临着巨大的通货膨胀的压力。从厂商来看,上游产品(投资品:煤、电、运、油;重要的生产资料:建材、钢材、铝材等)的价格这几年一直涨得很快,这意味着下游产品的成本已经上涨。而大多数下游产品的实际价格之没有上涨不是因为没有成本推动(成本推动的压力已经很大了),而是因为市场需求疲软,下游产品卖不出去。一旦市场需求有所浮动,生产成本就能马上体现到价格中。2007年的猪肉和食品价格的上涨就是这一矛盾的鲜明反映。从社会发展来看,由于中国的体制及社会发展阶段等一系列的原因,中国经济中大量的真实成本和费用是以隐蔽形式存在的,没有计入现实的价格。对资源的过度使用、对环境的破坏、对基础设施的超前折旧等都是成本,应该付出代价并计入产品的价格中。但由于体制和社会发展阶段上的原因,很多这一类成本并没有计入现在产品的价格中,而是把这些费用留给了将来。一旦环保等方面的要求加强或市场条件发生变化时,这些成本都会体现出来。

因此,当时甚至到了现在,我们不断处于这样一种经济失衡的条件:一方面现实中通货膨胀正在发生,另一方面从长期看,又充满对重新到来的通货紧缩的疑虑和担心。在这种情况下，对货币政策和其他宏观经济政策的选择就很困难。宏观经济政策，无论是财政还是货币政策，无外乎紧缩和扩张两个方向。货币政策是紧缩还是扩张呢？若采取扩张性的政策，继续放松银根、加大信贷、降低存贷款利率、扩张信用，会导致固定资产投资需求增长更快，潜在的通货膨胀压力可能就会变成现实，甚至演化成恶性通货膨胀。若采取紧缩性的政策，有助于控制固定资产投资需求、降低通货膨胀压力、降低对未来通货膨胀的预期。但由于现实中通缩的威胁已经存在，如果紧缩需求，随时会出现难以预料的经济衰退及严重失业。

在这种情况下，宏观政策出现了两个矛盾。

一是采取财政与货币政策松紧搭配的宏观政策，即同时采取扩张性的财政政策和紧缩性的货币政策。扩张性的财政政策中，就支出而言，财政赤字并没有取消，而是维持一定规模的国债，教育、医疗和社会保障的支出也在扩大。就税收而言，2004年以来的基本方向是减税：个人所得税、企业所得税、增值税和农业税的改革，都属于减税。所以从整个财政政策上看，属于扩张性的税收政策。另一方面，货币政策从2003年9月以来一直在紧缩，但又有顾忌，不敢过度紧缩，出现存款准备金率频繁上调而存贷款利率只能有限度地上调的现象。所以在货币政策内部，也存在着松紧搭配的现象，即利率松、存款准备金紧。从方向上看，货币政策是一致的，即在防止通货膨胀期间，货币政策朝着紧缩的方向发展。财政政策在扩张而货币政策在紧缩，采取松紧搭配而不是双紧或双松的宏观政策，这与当时中国既面临通货膨胀压力又面临通缩预期的经济现实是相适应的。但这样一来，两大政策的效应就会有所抵消，使得货币政策的需求效应相对减弱。

二是紧缩政策在抑制固定资产投资增长过快方面的作用受到限制。紧缩性货币政策的主要目标是控制固定资产需求增长过快，但这个目标的实现程度和作用程度在实践中受到了严重的影响，也是中国货币政策效率减弱的一个重要原因。自2003年以来，我国的全社会固定资产投资的增长一直在20%以上。从表3－4可以看到，1998~2002年，我国虽然一直在强调积极的宏观经济政策，固定资产投资的增长率也在不断增加，但2002年的增长率仅达到了16.9%。而2003~2008年，每一年的增长率都在20%以上，这说货币政策明的紧缩在抑制固定资产投资增长过快方面，所发挥的作用有限。

固定资产投资增长过快为现实经济活动带来了一系列失衡，煤、电、油、运全面紧张就是强烈的信号。货币政策的紧缩的一个重要目标就是控制固定资产投资的需求，通过抑制过热的需求来缓解供需失衡，从而达到缓解通货膨胀的目的。但是货币政策的效果却是固定资产投资仍然在高速增长，这说明持续紧缩货

表 3-4　　　　1998~2008 年全社会固定资产投资及其增长

年份	全社会固定资产投资	
	总额（亿元）	比上年增长（%）
1998	28 406.2	13.9
1999	29 854.7	5.1
2000	32 917.7	10.3
2001	37 213.5	13.1
2002	43 499.9	16.9
2003	55 566.6	27.7
2004	70 477.4	26.8
2005	88 773.6	26.0
2006	109 998.2	23.9
2007	137 323.9	24.8
2008	172 828.4	25.9

资料来源：《中国统计年鉴（2010）》。

币政策对抑制投资需求的作用在减弱。原因主要有以下几个方面：

一是经济发展阶段的原因。中国正处于初步小康、下中等收入的发展中国家的发展阶段，这一阶段按照经济发展史的逻辑来看，正好处于工业化加速时期，即第一阶段、第二阶段向轻纺工业、制造工业转型都已经实现，接下来是向重化工业转型。如果再进一步，重化工业实现向高新技术工业的升级，并伴随着第三产业产值比重和就业比重较大的提高，完成工业化，那就是进入了第三阶段。世界上较大的经济体的经济发展通常都遵循这一规律。中国目前还在工业化加速的过程中，具体地说，正处于产业结构升级的第二阶段。处于这一过程中的国家，客观上固定资产投资增长率会相对较高，日、韩等国处于工业化加速阶段时的固定资产的增长率也非常高。因此，处于工业化加速阶段的中国，客观上对基础建设、重化工产业等资本密集型产业的投资需求较大。与发达市场经济国家相比，我国投资需求对经济增长的贡献更大。那些国家的经济每增长 10%，投资需求拉动占 2%~3%，消费需求拉动占 7%~8%，相对而言，我国现阶段投资需求的贡献要高出一倍左右，投资需求拉动占 4%~5%，消费需求拉动占 5%~6%。这种经济发展阶段的客观性原因部分地抵消了货币政策的紧缩效应。

二是地方政府的冲动。中国经济发展的动力除了企业的自身发展的要求外，一个非常大的动力是地方政府。进入 21 世纪后，我国各个地方的经济实力都有明显增强，发展地方经济的条件也明显改善。同时，随着政府体制的改革，地方政府的权力越来越大，责任也越来越大，从而导致利益的独立性越来越强。地方政府的政治、经济、文化、社会建设的好坏与否，不能寄希望于中央政府的转移支付，而是在经济上越来越靠地方政府自身。当然，中央财政的转移支付力度也在增大，但中央财政的转移支付往往有一个前提，即要求地方提供配套资金。地方政府要争取到转移支付首先自己要有钱。从这个意义上讲，中国的地方政府越办越像一个企业，因为地方政府的行为目标越来越像企业的行为目标，企业是盈利最大化，地方政府是财政收入最大化。如何使财政收入最大化呢？靠招商引资。银行收紧银根对遏制地方政府投资冲动的作用之所以不显著，是因为商业银行和地方投资之间的关系与一般市场化国家不同，关系并不深入。而中国固定资产投资高速增长的一个重要原因，恰恰是地方政府所主导的投资扩张。地方政府的扩张性的冲动，在一定程度上抵销了货币政策的紧缩效应，降低了经济活动对货币政策的敏感性。紧缩性货币政策可能紧了商业、企业、银行等，但是紧不了地方政府。

三是微观方面的原因。中国过去企业资本构成中自有资本（直接融资）的比重是比较小的，主要是靠间接融资。间接融资为主的企业产权结构的弊端在1998年"亚洲金融危机"中已经暴露得非常充分了。而2003年以后，尤其是"股权分置"改革之后，中国的直接融资市场发展很快，使企业资本形成方式中直接融资的比重增大，国有大型企业从证券市场上得到了大量资金。另外，国企改革使得企业的效率有所提高，国有企业特别是国有工业企业的利润大幅上升，如中石油、中石化、铁路、航空、电信、电力等，这些大企业的利润大幅上升。而国家所得到的分红又有限，企业利润的存留增大了，就直接导致了国有企业自有资本的积累提高。同时，上市融资又为这些企业取得资金建立了通道，客观上降低了这些企业对银行的依赖度，这也降低了货币政策对这些企业的紧缩效应。

四是紧缩性货币政策对控制流动性过剩的作用有限。紧缩银根的货币政策要控制银行流动性过多的，效果不明显。究其原因，一是商业银行的存贷差持续加大，商业银行的寻贷冲动的增大，客观上抵消了中央银行收紧银根的货币政策。二是虽然广义货币 $M2$ 的投放量和增长速度在紧缩性货币政策下确实得到了一定控制，但是由于市场发育的不完善，在扩大流动性时，大量的 $M2$ 实际上没有进入实体经济而停留在资本市场。在回笼流动性时，紧缩性货币政策一方面造成消费疲软，另一方面控制固定资产投资，同时又将大量 $M2$ 留在了金融体系中，资本市场的流动性仍然很充裕，投机气氛浓厚，这就造成了资产价格大起大落，带动一部分消费品和投资品价格的波动。

五是国际收支失衡使紧缩性效应降低。货币供给上另一个很重要的问题就是国际收支的失衡使货币政策的选择上产生了新的困难。中国作为快速增长的发展中国家，投资需求大，外资进入较多。同时由于中国采取鼓励出口的政策，本币价格偏低，导致大量热钱进入中国市场投机，等待人民币迫于贸易等方面的原因而升值。这样，一方面经常项目下贸易出超，出现大量的外汇节余，另一方面资本项目下大量外资流入，使得中国成为世界上名列前茅的资本净流入大国，到2006年末达到2.2万亿元（2007年FDI超过700亿美元）。在国际收支领域，流入的外汇大于流出的外汇，出现严重失衡现象。2007年底外汇储备超过了1.53万亿美元，比上一年增长43.3%，为维持外汇储备所需占用的人民币就越多，即外汇占款越大。维持1万多亿元的外汇储备需要10万多亿元人民币，如此多的外汇占款，意味着$M2$投放除了正常的基础货币供给渠道外，外汇储备的增加也使得人民币的投放额度不断增大。实际上是通过两条通道投放货币，从而使得流通中的货币迅速增加。货币政策的紧缩效应主要是对信贷供给采取紧缩，通过上调存贷款利率、存款准备金率等一系列措施，收紧银根。但从宏观上看，外汇储备越多，投放的人民币就越多，通货膨胀的压力就越大，紧缩性的货币政策的效果就越来越弱。

六是内需不足使经济对出口依赖度增大，投资需求增长不能完全消化储蓄。内需不足特别是消费需求不足使得整个经济对出口依赖度增大，同时投资需求增长不能完全吸纳储蓄，从而形成恶性循环。大量增长的剩余储蓄反过来寻找出口市场，进一步扩大出口，从而增加了国际收支矛盾。失衡加剧但内需不足，使得货币政策又不敢制止国际收支失衡，这种恶性循环使得货币政策的紧缩性效应会越来越弱。

储蓄不可能也不应当全部转化为投资需求，否则将导致固定资产增长过度而造成投资和消费的发展失衡。但投资吸纳不了的储蓄转化为消费需求时，中国的消费需求却是疲软的。原因主要有以下两个：一是直接的原因，即投资需求增长过快客观上挤占了消费需求增长的空间。总需求的增长量是既定的，过高的投资需求必然挤占消费需求增长的空间。二是间接的原因，即我国的收入分配差距在日益扩大。高收入群体的收入增长越来越快，在国民收入中所占的比重越来越大。而高收入群体的特点是消费倾向低即消费占收入比重低。财富越是更多更快地集中到高收入的群体手中，经济增长带来的好处也更多更快地沉淀到消费倾向低的群体手中，这些财富或收入将更多地用于储蓄或投资。本来低收入群体的消费倾向是高的，财富或收入增加后用于现期消费的比例应该是较大的，但是他们收入的增长却低于高收入群体，再加上对未来预期的担心（教育、医疗和养老等），越是没有钱的群体越不敢花钱。伴随着中国经济在高速增长、国民收入快速增加、居民家庭的可支配收入在迅速增长，公众的购买力本来是迅速提高的，消费品市场的需求应当是活跃的,但实际上消费品市场并没有体现出和经济增长相适应的发展。原因在于,经济高速增长的同时,对增长成果的分配出现了问题,使公平原则和经济增长的均衡都受到了伤害,消费需求的增长与国民收入的增长速度之间严重的不匹配,消费需求疲软。

第三节 从需求拉动型的结构性通货膨胀到成本推动型的总量性通货膨胀

在现代经济增长中,由于生产率的提高、供需关系的变化等复杂原因的影响,各种商品、服务和生产要素价格间的比价关系是不断变化的。同时,由于经济规模的加大和相应金融活动的扩张,货币供应量应该快于经济增长,因此,价格总水平逐渐和适度的上升本来是经济平稳增长的一个基本条件。但实际情况是,由于各种复杂因素(如价格管制、外部因素、发展失衡等)的作用,经常出现总量和结构上的供需失衡的现象,这就有可能表现为通货紧缩和通货膨胀交替出现的情况。而且某一种现象(如通货紧缩)持续的时间越久,出现反转时(如通货膨胀)所表现出来的力度也就越大。

2003~2008年上半年我国不断推高的通货膨胀有着复杂的背景和原因。有经济增长的原因:以投资拉动的经济增长所导致的供需失衡经过一定的传递周期,必然会涉及消费领域。也有发展上的原因:经济发展到一定阶段所导致的国民收入的分配变化,必然使成本结构发生变化,从而引发成本推进的通货膨胀。也有可持续发展上的原因:加速的工业化进程与国内外资源的矛盾导致的供给短缺必然在经济活动中等到反映。当然,也有货币政策和国际收支上的原因:货币流动性的变化对价格总水平不可能不产生影响。从发展上看,它经历了由需求拉动的结构性通货膨胀转化为供给推动的总量性通货膨胀过程,是中国经济发展的多种矛盾和失衡的集中反映。

需求方面影响通货膨胀的因素主要是固定资产投资增长过快、银行流动性过多和国际收支失衡等方面:

首先是固定资产投资的高速增长。从本章第二节分析可以看出,固定资产投资的高速增长是2003年我国进入新一轮经济周期后经济增长的一大特征。这是改革开放后,我国持续时间最久、年均增长率最高的固定资产投资扩张。固定资产投资主体多元化了,有来自于政府的基础设施投资,有来自于企业的扩大或改善生产能力方面投资,也有来自于居民家庭的购置住房的投资。这些投资创造了大量的生产资料需求，造成了基本原材料、能源、自然资源的供不应求，从而导致了生产者价格、固定资产投资价格等的持续上涨。这种上涨最终是结构性的，即只在一些上游生产领域引发了价格上涨，但并没有传递到最终需求领域或者是消费领域。在这种情况下，尽管固定资产投资价格指数和原材料、燃料、动力购进价格指数已经上升了，但还没有影响或者是严重影响消费者价格。从表2-5可以看到，2004~2006年，我国原材料、燃料、动力购进价格指数分别为111.4、108.3和106.0，虽然在2003年后紧缩的货币政策作用下是不断递减的，但数值一直很高，2008年又重新回到了10%。如果计算这一时期的定基指数（2003年=100），那么，2008年的指数数值为147.53%，年均上涨8.09%。而在这一时期，消费者价格指数的年均上涨幅度仅有3.56%。这说明由于消费疲软、技术进步等因素的影响，在价格总水平上涨的初期，有一部分影响价格上涨的因素已经在生产领域中消化掉了。因此，从结构上看，有一部分资本品的价格上升的幅度很大，但是从整体上看，物价总水平的上涨还是有限的。然而到了后期，当资本品价格或生产者价格无法消化而传递到消费领域来的时候，结构性的需求拉动的通货膨胀就会演化成为成本推动的总量性的通货膨胀。

其次是流动性过剩。2003年以来我国持续的经济增长，国家、企业和居民的收入明显增长。这些收入除了用于投资和消费外，相当一部分转化为储蓄。直接结果是商业银行的存贷差持续加大，增大了商业银行的寻贷冲动。广义货币$M2$的投放量和增长速度虽然在紧缩性货币政策下得到了一定控制，但仍然很大。从表3-5可以看到，在20世纪90年代初期，我国$M2$的增长率曾经高达30%以上，在1996年回落到30%以下，1997年则回落到20%以下。1998~2000年，我国虽然实施的是积极的宏观经济政策，但是货币供应量的增长却是比较慢（15%以下），2001年以后$M2$提高到15%以上，除了2003年外，其余各年都在16%左右。显然，$M2$和CPI之间是有相关关系的，一般地说，当$M2$有显著增长时，CPI随后就可能作出呼应。90年代初，我国的CPI之所以出现那么大幅度的上涨，和高达30%以上的$M2$增长率是有关的，而2004年CPI的提高，和2003年$M2$的加速增长也是有联系的。从$M2$占现价GDP的比重看，2003年以前这一比重是上升的，但从2003年开始，$M2$的增长略低于现价GDP的增长，这使它的比重逐渐降低。这说明了我国紧缩的货币政策在控制货币供应方面是有成效的。尤其是2007~2008年，$M2$占GDP的比重有明显下降。但尽管如此，我国$M2$的动态增长率仍然是非常快的。

表 3-5　　　1992~2008 年中国货币供应量（M2）及其增长

年份	货币和准货币（M2） 总额（亿元）	比上年增长（%）	GDP（亿元）	M2 占 GDP 的比重（%）
1992	25 402.2	31.3	26 923.5	94.3
1993	34 879.8	37.3	35 333.9	98.7
1994	46 923.5	34.5	48 197.9	97.4
1995	60 750.5	29.5	60 793.7	99.9
1996	76 094.9	25.3	71 176.6	106.9
1997	90 995.3	19.6	78 973.0	115.2
1998	104 498.5	14.8	84 402.3	123.8
1999	119 897.9	14.7	89 677.1	133.7
2000	134 610.3	12.3	99 214.6	135.7
2001	158 301.9	17.6	109 655.2	144.4
2002	185 007.0	16.9	120 332.7	153.7
2003	221 222.8	19.6	135 822.8	162.9
2004	254 107.0	14.9	159 878.3	158.9
2005	298 755.7	17.6	184 937.4	161.5
2006	345 603.6	15.7	216 314.4	159.8
2007	403 442.2	16.7	265 810.3	151.8
2008	475 166.6	17.8	314 045.4	151.3

资料来源：根据《中国统计年鉴（2010）》有关数据整理。

从静态比较上看，中国的 M2 占 GDP 的比重也明显高于世界平均水平（见图 3-2）。2007 年前后，中国的这一比重约为美国的两倍，高出世界平均水平 50% 左右。较高的 M2/GDP 当然是和中国高速经济增长的背景相联系的，但在 M2 迅速增长的同时，要想保持 CPI 的稳定，也是有难度的。

最后是国际收支失衡。中国作为快速增长的发展中国家，投资需求大，外资进入较多，又由于中国采取鼓励出口的政策，本币价格偏低，大量热钱进入中国市场等待人民币升值，这就在国际收支平衡表的资本和金融账户下产生了大量的顺差。另一方面，在新的增长周期中，经常项目下贸易顺差不断增加，形成大量的外汇节余。资本项目下大量外资流入和大量贸易顺差，使中国的国际收支出现了明显的失衡。从表 3-6 可以看到，进入 21 世纪后，中国的外汇储备和人民币外汇占款都增长得非常快，2004 年的增长率都超过了 50%，之后虽然有所回落，但到了 2008 年仍然高达 27.3% 和 29.4%。如此多的外汇占款，意味着 M2 投放除了正常的基础货币供给途径外，外汇储备的增大也使得人民币的投放额度不断增大。实际上是通过两条通道投放货币，从而使得流通中的货币迅速增加。

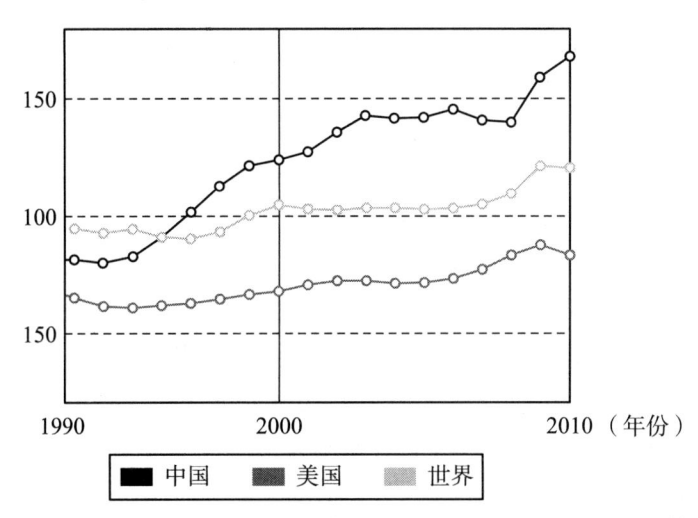

图 3-2　1990~2010 年中国 M2 占 GDP 比重及国际比较

资料来源：世界银行数据库，http://data.worldbank.org.cn/indicator/FM.LBL.MQMY.GD.ZS/countries/CN-US-JP-1W?display=graph。

表 3-6　2000~2008 年我国外汇储备与人民币外汇占款变化情况

年份	外汇储备（亿美元）	比上年增长（％）	外汇占款（亿元）	比上年增长（％）
2000	1 655.7	—	14 291.1	—
2001	2 121.7	28.1	17 856.4	24.9
2002	2 864.1	35.0	23 223.3	30.1
2003	4 032.5	40.8	34 846.9	50.1
2004	6 099.3	51.3	52 591.0	50.9
2005	8 188.7	34.3	71 211.1	35.4
2006	10 663.4	30.2	98 980.3	39.0
2007	15 282.5	43.3	128 377.3	29.7
2008	19 460.3	27.3	166 146.2	29.4

资料来源：根据《中国统计年鉴》数据整理而成。

从供给方面看，需求拉动的通货膨胀导致商品和生产要素的价格变动最终促使国民经济成本结构的变化，逐渐地转化为成本推进的通货膨胀。与此同时，由于市场背景、增长背景和发展背景的长期变化所导致的生产成本的周期性变化，也可能从供给方加剧成本推进型的通货膨胀。

首先是市场化进程对生产成本的影响。我国的市场化改革是由商品改革开始的。从整体上看，经过近 30 年的改革，我国商品市场化已经基本上形成了共识和取得了成功,95%以上的商品(包括投资品和消费品)都已经实现市场定价。相对于商品市场化的改革而言,我国的生产要素市场是滞后的。在各类要素市场发育中,劳动市场化速度相对较快,但资本、土地及公共用品的市场发育速度仍显迟缓。相应地,在基础设施、公共环境、自然资源等方面,由于产权界区含混等原因,导致普通的市场失灵和严重的外在性,因而真实消耗难以充分通过市场内在化为厂商的成本,而政府职能转换和机制改革的滞后又难以弥补这种外在性,使中国经济中大量的真实成本和费用是以隐蔽形式存在的,没有计入现实的价格。对资源的过度使用、对环境的破坏、对基础设施的超前折旧,都是成本,实际上是要付出代价的,应当计入现在的价格中。但由于体制和社会发展阶段上的原因,这些成本并没有计入现在产品的价格中,而是把这些费用留给了将来。将来再用的时候要弥补现在的损失,这就增大了未来的生产成本。从某种意义上说,我们现在所治理环境、改造城市或进行基础建设的很多支出,都是在为20世纪80年代或90年代的经济增长买单。我们当时获得的GDP,现在要用更多的中间投入去冲抵。

其次是增长因素对生产成本的影响。直到亚洲金融危机之前,我国经济的对外依存度仍然是比较低的。尤其是能源和自然资源方面,我们主要依靠的是本国的资源。而且对于这些资源,由于中国的经济规模相对较小,当时的主要问题是如何对它们进行开发利用,而不是考虑如何可持续发展的问题。但是现在,一方面,对自然资源的过度开采已经使我们面临着国内资源枯竭的威胁[①],有限的供给和无限的需求之间的矛盾必然导致能源和矿产资源的价格上涨;另一方面,在我们的国内能源和自然资源满足不了需求时,不得不在国际市场上寻求资源。据测算,1990年我国主要矿产资源的对外依存度为5%,到了2004年已经达到50%以上,一半多的矿产资源需要进口(张卓元、路遥,2005)。由于中国的经济规模在不断扩大,成为世界经济的重要组成部分。中国对于能源、自然资源及其他生产资料的进口,对国际市场上的价格也是有影响的,如铁矿石一类产品的提价,其目标主要针对的就是中国。近年来出现的能源、矿产资源、农产品等大宗商品价格大幅度上涨的现象,必然会加大以第二产业为主体的中国经济的中间成本,从而形成通货膨胀的压力。

最后是发展因素对于生产成本的影响。改革开放后,由于在生产要素上的比较价格优势,我国利用劳动力、土地及自然资源等方面的优势,通过引起资金、技术、管理经验甚至体制,获得超常的经济增长。但是这种比较优势不是不变的,在经济发展过程中,包括劳动力、资本、土地、生产资料在内的生产要素价

---

① 在东北的很多资源开发型城市里(如辽阳、阜新等),自然资源已经枯竭。

格会不断调整。如劳动力价格的调整从居民家庭看是收入增加,但在企业看来就是成本的提高。在经济发展和企业利润增长的同时,居民家庭的收入也必须提高,对企业而言,这就是成本的提高。这部分提高的生产成本,有一部分可以用生产率的提高来冲抵,也有一部分需要通过提高产品价格消化。尤其是对农林牧渔业及整个第一产业而言,虽然生产率在不断提高,但其增长率远远慢于第二、第三产业,但第一产业的生产者同样要求分享改革开放及经济成长的成果。如果说第二、第三产业的生产者改善收入主要是通过提高生产率来实现,那么在其他条件不变的情况下,第一产业生产者收入的提高在相当程度上还需要通过提高产品价格来实现,这也是食品或农产品价格在每次 CPI 上升时都会成为重要影响因素的原因。在发达市场经济国家的经济发展中,都经历过这一过程。价格总水平逐渐地、适度地提高是现代经济增长的内在要求,如果不是这样,经济活动中积蓄的成本压力就会一定的时候集中地释放,从而形成较大的通货膨胀冲击,那对经济增长的影响危害更大。

第四节 货币政策与经济增长

从整体上看,2003~2007 年的高速增长在中国现代化进程中具有重要意义。在这一时期的经济增长中,中国大大推进了工业化、城市化和融入世界经济的进程,使中国的面貌和国际地位发生了根本的变化。1998 年和 1999 年,由于亚洲金融危机的冲击,也由于国内经济增长本身也具有调整的要求,中国的经济增长率回落到了 7.8% 和 7.6%,为 1992 年后最低。这样的经济增长率是不能满足中国经济发展的要求的。因此从 1998 年以后,我们所实行的积极的财政政策和稳健的货币政策以及相应的经济体制改革,都是为了提振中国的经济增长。2003 年,我们自亚洲金融危机后实行了 5 年之久的积极的宏观政策取得了成效,反映在宏观经济指标上主要表现在三个大的方面:一是经济增长率比上一年有所提升,比上一年提升了 1% 左右;二是以 CPI 反映的价格总水平上升的幅度由负转正,可以说开始逐步走出通货紧缩的阴影;三是全社会固定资产投资有了跳跃性的增长,增长率从上一年的 16.1% 提高到前三季度的 30.5%,在 2003 年四季度采取了相应的措施后,全年的增长率仍然达到 26.7%。这时候,我们的宏观经济政策开始面临新的选择,所要达到的目标是复杂的。第一,我们希望仍然保持较高的经济增长率,因为从亚洲金融危机以后,宏观经济政策的重要目标就是要实现和保持较高的经济增长,但是又不能太快;第二,我们希望物价总水平能保持温和的上涨，既有助于拉动需求和理顺价格关系，又不会因为上升过快对经济增长和人民生活造成冲击，但也不希望重新出现通货紧缩。第三，要抑制住固定资产投资增长过快，不能因为投资过热推动通货膨胀，再重新出现经济增长回落。我们当时的宏观经济政策的调整实际上反映了为实现这些目标所做的复杂权衡。建立在新的社会主义市场经济体系基础上的货币政策，为我们实现这些宏观调控目标提供了重要工具。

如果要评价这一时期我国货币政策以及其他宏观经济政策所取得的成果，就要和我们当时宏观调控的预期目标相对比。应该说，这一时期我国宏观调控的成果是积极的，而货币政策在其中发挥了重要作用。从表3-5可以看到，随着我国微观和宏观环境的改善，2003年，我国的广义货币供应量（$M2$）的增幅有了明显的提升，由上一年的16.9%上升到了19.6%，占GDP的比重从上一年的153.7%上升到162.9%。而和以往不同的是，这种扩大不是因为国家发生了某个重大事件（如邓小平1992年的"南方谈话"或20世纪80年代中期推出重大的改革举措），而是经济调整和深化改革发展到一定阶段的结果。在这种情况下，国家通过货币政策的温和转向适度地控制货币供应量的增幅，并配合其他相应的措施遏制了加速经济增长初期发展失控的倾向，发挥了货币政策在解决总量失衡中的优势。应该说，由于有了前两次较大经济波动的经验，和市场化改革取得的积极成果，再加上有了好的政策工具，在这一轮经济增长中，从一开始，我们的宏观调控是及时的，力度是适宜的，各种政策的配合也比较好，为未来持续的经济增长打下了一个好的基础。而在后来的经济增长中，我们对财政政策和货币政策实行了松紧搭配，一方面实施将减税和扩大公共开支相结合的扩张性财政政策，另一方面又通过提高存款准备金率和利率实施逐渐收紧的货币政策，实现了较长时期的高增长和低通货膨胀，取得了改革开放后最长时间的平稳调整增长。这说明随着社会主义市场经济体系的建立与宏观调控手段的完善，我们的宏观调控水平也有很大的提高。

第一看经济增长。进入21世纪之初，在经济增长、就业、稳定价格水平、国际收支平衡、改善收入分配、优化资源配置和实现可持续发展等众多的经济发展目标当中，中国把经济增长作为最重要的目标。党的十七大上明确提出，在新世纪的前20年要实际人均GDP翻两番，就是这种精神的体现。虽然现在回过头看，我们在调控物价、平衡国际收支、调节收入分配方面都存在一些问题，但是从总体上看，在新一轮经济周期中，由于实现和保持了较长时期的平稳高速增长，中国的经济发展水平是显著提高的。既然要实现较快的经济增长，那么宏观经济政策就不能太紧。虽然从方向上看，由于在宏观经济政策中货币政策是主导，而货币政策又是不断收紧的。因而从2003～2008年上半年我国的宏观经济政策可以说是不断紧缩的,到了后期紧缩的节奏还在不断加快。但是从政策的落脚点看,仍然是要保护经济增长,这也是我们为什么要频繁地调整存款准备金率,而不是调高利率的主要原因。存款准备金率的提高只是使企业不能得到更多的贷款而影响到企业的扩张,而提高利率则可能因为加重企业负担而影响到企业生存。从总体上看,这一时期的宏观经济政策,包括财政政策和货币政策,在解决总量均衡方面做得比较好,实现并超越了我国这一时期的经济增长目标,为解决我们的一系列发展问题提供了物质基础。

第二看管理通货膨胀。从总体上看,这一期间通货膨胀虽然在后期有所加剧,但从长期来看,以 CPI 反映的年均通货膨胀的程度并不高,仅为 3.2%,远远低于前两次加速经济增长时通货膨胀的程度。从总体上看,应用货币政策管理通货膨胀和通货膨胀预期是有成效的。我们知道,货币政策属于短期需求政策,它通过调节货币供应量和贷款规模来影响需求总量,从而影响经济增长和价格总水平。因此在治理通货膨胀时,对需求拉动型的通货膨胀应用效果比较显著,这也是在这一轮经济周期的前期,运用货币政策控制通货膨胀收效明显的原因。而对于成本推进型的通货膨胀,除了应用货币政策进行总量控制外,还要配合应用其他政策,解决供给领域的问题。如 2007 年的那一轮通货膨胀中,从 CPI 的构成看,猪肉价格上涨是影响总指数上涨的重要因素,因此在治理时,除了考虑调节全社会的货币供应量,还要出台其他相关的政策,缓解猪肉的供求矛盾。还应该看到的是,管理通货膨胀或通货膨胀预期,并不是价格总水平不变。按照世界银行的分析[1],在经济发展史上,因为增长速度慢和市场化程度低,低收入穷国阶段通货膨胀通常很低。当经济进入工业化加速时期,由于需求持续扩张,市场化程度不断提高,要素成本持续上升,通货膨胀进入高水平,经常保持在两位数以上。当经济发展进入较高阶段时,通货膨胀幅度会逐步下降。我国在改革开放前期(20 世纪 80 年代和 90 年代)伴随着高增长发生的高通货膨胀,在一定程度上说明了这一研究所揭示的规律具有普遍性。中国目前仍处于工业化和高速增长时期,按照一般规律,这一阶段经济增长本身是会产生较大的通货膨胀压力的,适度的价格总水平上涨对于在经济增长中理顺各种价格关系、推动与工业化相适应的市场化进程都是必要的,但必须控制在适度的范围内。同时,要在价格总水平上涨的过程中,通过必要的手段解决低收入群体收入相对或绝对恶化的问题。

第三看固定资产投资增长过快。我国这一阶段的经济增长,是与固定资产投资的较快增长密切联系的。在 20 世纪 80 年代和 90 年代,两次加速的经济增长

---

[1] 世界银行:《1989 年世界发展报告》。

都伴随着固定资产投资的迅速提升,随后又因为固定资产投资的回落而导致经济增长回落,因此较高的投资增长率就意味着高增长不可持续。但是在这一次经济增长中,固定资产的高增长延续了很多年,但却没有发生崩盘。这一方面说明较高的固定资产投资是这一阶段中国经济增长和经济发展的要求,另一方面也和我们通过货币政策控制了投资风险有关。在前两次经济过热时,我国仍处于计划体制下,固定资产投资的过度扩张是由银行贷款推上去的,由于投资和市场是相脱节的,因此在这一端造成了大量盲目和重复投资的同时,另一端是形成了银行大量的不良资产。在这一轮经济周期中,从一开始,国家就通过货币政策控制了银行对于投资项目的过度放贷,而无论是企业还是银行,都已经成为市场体制中相对独立的经营单位,对投资的风险意识都普遍提高,这就大大降低了投资的系统性风险。企业从银行获得贷款所进行的投资,只是所有投资中的一个组成部分。2007年,在全社会固定资产投资中,国家预算内资金、国内贷款、利用外资和自筹资金所占的比重分别为3.88%、15.28%、3.40%和77.43%,企业自筹资金成为固定资产投资的最主要资金来源。这就在固定资产投资迅速增长的情况下,大大减少了银行所要承担金融风险。在这一阶段,货币政策虽然没有在抑制固定资产投资增长本身上发挥太大作用,但是通过控制商业银行的贷款规模,有效地控制了银行的投资风险。而由企业自身承担的投资风险,并没有演变为系统性的风险。

世纪之交,我们面临的发展难题和现在有很大不同。从宏观的角度看,主要是通货紧缩、外向型经济的发展受到制约,投资不足、缺少新的经济增长点造成经济增长乏力。因此,我们要通过进一步的改革和开放,促进中国的经济增长。在国内,通过深化经济体制改革,为加速的经济增长创造动力;在国际,通过加入世贸、扩大国际经济合作发展外向型经济。到2003年前后,随着国有商业银行和其他大型国有企业的改制基本完成,我国的经济体制改革虽然还在不断深化(如完善市场秩序、改善政府职能等),但大规模的市场化改革可以说告一段落。我们主要是依靠市场本身的力量来实现我国的经济增长,而货币政策的应用主要是对经济增长中的有关变量(价格、投资等)进行适度约束,避免经济出现过热。在这种稳定条件下,经济增长发展到一定阶段,随着旧的矛盾不断解决,又会出现和积累很多新的矛盾。2008年上半年通货膨胀的加剧和经济增长率的回落,说明中国经济发展开始进入一个调整期,需要通过一系列的政策调整和深化体制改革,解决经济增长和经济发展中的矛盾和失衡。在这种情况下,仅仅依靠货币政策对总量进行调节已经不够了,还需要通过结构调整、体制创新来解决各种深层次的矛盾,如收入分配问题、生产要素的市场化改革问题、最终需求中出口、投资和消费的关系问题、区域经济发展问题、城乡二元结构问题、社会经济环境能源的可持续发展问题，等等。如果这一系列矛盾没有得到解决或改善，中国就不能很好地实现下一个阶段的经济发展。因此，即使不出现全球金融危机，中国的经济发展也面临调整，这场危机的到来，使我们面临更加尖锐的挑战。

第四章

全球金融危机后宏观政策的
调整与货币政策效应

第一节 金融危机冲击下的我国经济增长失衡

2007年夏天，美国贝尔斯登公司由于下属的两家对冲基金（贝尔斯登基金和高级信贷策略杠杆基金）由于投资次级贷款的衍生工具造成15亿美元的损失而宣布倒闭，使自身的经营陷入困境。贝尔斯登公司是当时排名于摩根士丹利、高盛、美林证券、雷曼兄弟公司之后的美国第五大投资银行。2008年3月16日，美国摩根大通公司宣布将以总价约2.36亿美元（每股2美元）收购贝尔斯登，这一价格比贝尔斯登3月14日每股30美元的收盘价缩水了93%，有着80多年历史的贝尔斯登事实上已经破产。从那时起，次贷危机的多米诺骨牌效应开始发生，开始时表现为股市下跌，尤其是和次贷有关的金融机构的股份严重波动，后来则直接出现了金融机构的连锁的倒闭或变相倒闭。从2008年9月起，美国的次贷危机开始蔓延和升级，最后发展成为对全球金融市场形成巨大冲击的金融风暴。9月14日，美国银行以440亿美元收购美林证券，9月15日，有158年历史的美国第四大投资银行雷曼兄弟公司宣布申请破产保护。五大投资银行倒下了三家。9月21日，美联储批准五大投资银行中硕果仅存的两家摩根士丹利和高盛集团从投行转型为传统的银行控股公司，使这两大金融机构处于国家监管机构的严密监督之下，此时它们需要满足新的资本要求、接受额外的监管，这在降低它们的经营风险的同时，也降低它们同等条件下的盈利水平。受"次贷"危机冲击的不仅仅是投资银行，9月7日，美国政府宣布接管陷入困境的美国两大住房抵押贷款融资机构房利美（Fannie Mae）和房地美（Freddie Mac）公司。9月16日，美国的中央银行——美国联邦储备委员会（美联储）决定向美国国际集团（AIG）提供850亿美元紧急贷款，以换取79.9%股权的控股方式接管这家美国最大保险公司。9月26日，全美最大的储蓄金融机构华盛顿互惠银行倒闭；10月12日，美联储批准富国银行以117亿美元收购美国第六大商业银行美联银行。次贷危机开始演变为金融风暴。金融风暴不仅仅发生在美国，还蔓延到世界各个角落，早在贝尔斯登公司下属的对冲基金倒闭时，由于世界上各大基金之间相互持有关系，世界金融市场就发生了剧烈的动荡。随着美国金融机构的不断倒闭和陷入困境，全球的金融市场也陷入剧烈的动荡：英国的大型抵押贷款银行——诺森罗克银行、最大房贷银行——布拉德福德—宾利银行、瑞士的瑞银集团与瑞士信贷、德国第二大房贷银行——地产融资抵押银行等纷纷陷入困境。金融市场的动荡对全球的实体经济形成严重的冲击，使全球经济发展陷入低谷。从表面上看，这次金融危机是因为美国的金融机构及监管部门放松了风险意识，金融衍生工具过度应用而引起了资本市场动荡，但实质上却美国及西方发达国家长期经济发展中各种矛盾的一次集中爆发。否则，就不能解释为什么在金融动荡过去之后，华尔街的高层又重新拿上的高薪，而美国以及发达国家的经济迟迟不能复苏。

　　20世纪70年代初，美国经济经历了一系列重大的变化。一是随着国际经济格局变化，尼克松政府被迫与1971年8月废止了黄金与美元间的固定价格制度，欧洲与日本等主要发达国家的货币对美元的汇率也从固定汇率开始过渡为相对浮动汇率制，这使得美国不再能像过去那样，通过不对称的国际收支来获得大量利益。二是1973年的石油危机中，石油输出国组织中的阿拉伯成员国大幅度提高原油价格，从每桶3美元左右提高到10美元以上，严重地冲击了包括美国在内的发达资本主义国家的经济发展。三是尼克松政府决定从越南战争中撤出，美国军事支出的减少影响了对军火工业的订货，这也在一定程度上影响了美国经济发展的前途。美国从此进入经济滞胀阶段。在此之后，经过长时间的调整，美国的经济逐渐走出了困境。在这一过程中，企业和政府都为美国的经济发展做出了贡献。

　　企业在产业发展上找到了突破点，一部分对国民经济拉动较大的新兴产业和传统产业实现了持续的增长。在新兴产业方面，由美国所引领的、从20世纪70年代开始的世界性的新技术革命，尤其是在信息技术、新材料技术和生物技术方面，取得了突破性的进展。由此创造了巨大的供给和需求。供给首先来自美国，然后逐渐辐射到世界各国，而需求则来自全世界。在传统产业方面，美国则以住宅产业为重点拉动内需。20世纪70年代中期，美国相继通过和实施了《家庭住房贷款披露法》（Home Mortgage Disclosure Act，HMDA，1975）和《社区再投资法》（Community Reinvestment Act，CRA，1977）。HMDA侧重于家庭住房贷款的风险防范，而CRA则更加注重中低收入人群的居住条件改善。在这一背景下，美国的次贷市场开始发展，银行和其他金融机构逐渐将一部分房贷转成了贷款条件更为宽松的次级贷款。虽然它的不良贷款率高于一般贷款许多倍，但只要控制得好，风险不会大到威胁整个行业盈利水平的地步。1995年克林顿政府主导通过的CRA修正案，要求对农村和贫困社区居民发放更多的贷款，同时允许将次级贷款证券化，即把银行和金融机构发放的次级贷款打包成证券，向养老金、投资基金等机构投资者和个人投资者销售。从此，次级贷款的规模进一步扩张。从总体上看，在次贷危机之前的30年里，美国的住房贷款政策在逐步拉回，房价和销售量在稳步上升，住宅销售成为美国经济发展的一个重要指标。从整个产业结构上看，美国的产业结构升级在世界上是领先的。美国是当今世界的大国中第三产业和现代服务业占GDP的比重最高的国家，美国希望更多地发展金融业、科技服务业和文化产业，通过技术进步而不是增加投入来获得增长。实事求是地说，在过去30多年中，美国在这一方面取得了很大的进展。

美国宏观经济政策及其实施手段，在这一时期也有很大的变化。从总体上看，近40年来，美国政府的经济政策可以分为三个阶段。第一阶段是从第一次石油危机到里根政府上台，这可以说是美国政府经济政策的转型时期，同时也是美国经济从大幅波动向平稳发展过渡时期。虽然美国从罗斯福新政时期起，就开始通过政府干预来影响宏观经济的发展，但那时候的政策措施和现在有很大的不同，带有更多的凯恩斯主义的色彩，通过调节政府的财政预算、国际收支以及利率来影响经济增长。因此，美国经济增长始终处于通货膨胀与通货紧缩、经济繁荣和萧条的波动之中。通货膨胀时就加息和减少赤字，通货紧缩时就减息和扩大赤字，此时财政政策是政府干预的主要手段。但是石油危机以后，持续的滞涨（stagflation）让人们对传统的凯恩斯理论感到怀疑。第二阶段是里根经济学阶段。在凯恩斯主义失灵的情况下，里根政府接受了供给学派的思想，主张通过减税等措施，从供给方改善经济增长的条件，促进美国经济发展。后来人们把里根的这一主张称为里根经济学。供给学派的观点是：减税才能征税。税收减少了，企业发展了，居民的消费增加了，政府的税源才能扩大，经济就能发展。里根经济学的实际效果是明显的。里根上台之际，美国的最高税率达70%，失业率一度攀高到11.3%。里根离开白宫前，最高税率已经降到了28%，失业率也降到了6%之内①。里根政府还在削减美国政府的规章制度、减少政府干预和充分发挥市场机制对经济的自发调节作用等方面做了大量工作,这使美国经济更加自由,从而为后来美国的长期增长创造了条件。第三阶段是货币政策主导阶段。在里根政府之前,财政政策一直是美国政府干预经济的主要途径,政府预算赤字、增加国防开支等是政府拉动需求的首要手段。但是随着市场经济体制的完善,金融市场的发展,货币学派主张的货币政策有了更好的运用基础。货币学派认为影响经济的主要因素是货币发行量,认为用增加预算赤字手段、扩大政府开支等来对付经济衰退和扩大就业是无效的,应该通过逐步增加和控制货币流通量的方法来保持经济和价格总水平的稳定。1987年格林斯潘出任美联储主席之后,货币政策开始对美国经济发展产生越来越大的影响,而财政政策开始趋向于平稳。在1987~2006年格林斯潘任职期间,货币政策对美国经济的影响是前所未有的。美联储通过不断的利率调整和其他相关的货币政策,影响着美国经济的走势。货币学派的代表人物弗里德曼甚至认为,格林斯潘是美联储建立以来最有效的主席。

美国具有全世界最发达的资本市场,如果说直接融资市场主要支持的是新兴产业的发展,间接融资市场支持了传统产业的发展,那么衍生金融工具的推广则把这两个市场连接在了一起。这个市场在不断取得高回报的同时,其风险也在日益增加。但在实际上,无论在高科技市场上,还是在次级按揭市场上,风险都已经在积聚。2000年互联网泡沫的破灭就是一个警示。当时,作为新经济晴雨表的纳斯达克指数曾经从1998年10月的1 500点一路上扬到2000年3月的5 132点,而受美联储调高利率及微软遭地方法院拆分事件的影响,指数开始回落,只用了半年的时间就跌至1 088点,跌幅近80%。对当时世界各国的高新技术产业造成重创。只是当时中国刚刚经历了亚洲金融危机,经济仍在低谷,这一影响全球的危机对我们的冲击并不明显。2007年,美国的住宅市场出了问题,问题最先出现在美国的最大的州加利福尼亚和第四大的州弗罗里达,加利福尼亚州的现房销售量下降了36%,弗罗里达州下降了30%,全美的降幅为20%。从套均销售价格看,加州同比下降了12%,佛州下降10%,而全国下降了3%。房价下降意味着低首付或零首付的住房抵押贷款变成不良贷款时,银行不可能通过变现住宅来收回贷款,从而可能形成坏账。在中国看来,这种降幅根本不算什么,但是在美国,由于金融衍生工具的杠杆作用使这种风险被极度放大了,一旦资金链断裂并产生连锁反应,其后果就可能相当严重。

美国自石油危机后逐步走出困境最终又重新陷入金融危机和实体经济衰退的

---

① 李正信:《里根究竟给美国留下了什么经济遗产》,《经济日报》,2004年6月9日。

发展历程又一次告诉我们，尽管政府通过财政政策和货币政策的干预能够在一定程度上对经济增长和经济周期产生影响，但从根本上说，经济增长和经济发展还是需要产业部门的推动。或者说，需求领域和供给领域相互间以及内部的发展均衡始终是必需的。一旦经济部门本身的发展出现了问题，如高科技部门的发展减缓以及住宅产业供需严重失衡，经济增长失去了持续的动力，那么金融体系中的矛盾就会显现甚至是转变为危机，就会对经济发展造成严重的影响。这次金融危机的直接原因是美国金融体系中金融杠杆的过度应用和金融监管存在着重大缺失，但是本质上仍然是经济周期的各种因素在综合地发挥着作用。只是在现代金融体系高度发达的美国，这种经济困难会更多地通过金融动荡而表现出来。1945年布雷顿森林会议建立的以美国为主导的国际金融体系，使美元成为全球的主要货币。虽然布雷顿森林体系现在已经解体，但美元的霸主地位和美国在世界经济中的主导地位仍然没有改变。因此，美国资本市场和实体经济的动荡，不可避免地会向全球传递。

20世纪70年代开始的由美国引领的世界性技术革命，带动了发达国家和新兴工业化国家及地区新一轮经济增长。也就在这一经济背景下，中国也开始了经济体制改革和对外开放的进程。如果说从近代以来，中国曾经多次错失发展良机，那么在这一轮新技术革命和经济全球化的浪潮中，中国则抓住了有利时机，通过自身的改革、艰苦奋斗和融入全球经济，实现了中国有史以来幅度最大、持续时间最长的经济增长。尤其是进入21世纪和加入WTO后，我们加速了融入全球经济的历程，外向型经济得到前所未有的发展，成为世界上新的制造业中心，经济总量和出口总量都位居世界前列，中国和世界经济之间的相互依赖程度大大提升了。美国出现次贷危机的时候，中国经济已经开始出现调整，内部经济已经出现了较多的结构性矛盾和失衡，表现为经济增长率的回落和通货膨胀局面的加剧。在这种情况下，当次贷危机转变为全球性金融海啸时，我们的经济增长和经济发展就要受到内外两方面的影响。

这也是中国经济发展到今天的特殊性，我们的经济增长已经受到外部世界的更多制约。无论是1998年的亚洲金融危机还是2000年的全球互联网危机，对中国的冲击都要小得多。这里由于中国当时的经济体系是相对独立的，经济规模占全球的比重也比现在小得多，外贸和出口依存度也比现在低。因此，在亚洲金融危机期间，虽然我国的出口受到了一定的影响，但当时的问题主要还是国内问题，是如何通过市场化改革构建社会主义市场经济体系的同时解决上一个经济周期中由于经济过热、投资过度、通货膨胀和金融秩序混乱所带来的各种遗留问题。和周边国家和地区相比，受到的亚洲金融危机的冲击相对较小。我国甚至坚持人民币不贬值为支持亚洲各国走出危机做出了牺牲和贡献。在2000年全球互联网泡沫破灭的时候，一些以高科技为重要产业的国家和地区尤其是新兴工业化国家和地区的经济又受到影响。由于当时中国的高科技产业和金融业融入世界的程度相对较低，而且经济正处于平稳复苏当中，这一动荡也没有带来大的冲击。但是在这一次金融危机来临时，情况已经完全不同。经过过去10年（1998～2008年）的发展，中国无论是从经济总量上，还是介入全球经济的程度上，都已经和过去完全不同。从表4-1可以看到，2007年中国的出口总额已经超过美国和日本，仅次于德国，居世界第二位（2008年则超越日本为世界第一）。

表4-1　　　　　2007年主要国家进出口总额及排序

排序	国家和地区	出口 总额（亿美元）	出口 占世界总额的%	进口 总额（亿美元）	进口 占世界总额的%	进出口 总额（亿美元）	进出口 占世界总额的%
	世界	138 980	100	142 110	100	281 090	100
1	德国	13 265	9.5	10 594	7.5	23 860	8.5
2	中国	12 180	8.8	9 558	6.7	21 738	7.7
3	美国	11 632	8.4	20 170	14.2	31 802	11.3
4	日本	7 128	5.1	6 210	4.4	13 338	4.7
5	法国	5 522	4.0	6 132	4.3	11 654	4.1
6	荷兰	5 506	4.0	4 906	3.5	10 412	3.7
7	意大利	4 915	3.5	5 046	3.6	9 961	3.5
8	英国	4 356	3.1	6 172	4.3	10 528	3.7
9	加拿大	4 185	3.0	3 897	2.7	8 082	2.9
10	韩国	3 716	2.7	3 566	2.5	7 282	2.6

资料来源：世界贸易组织《世界贸易统计》，2008年。

在亚洲金融危机期间，我国的出口确实受到了一定的影响，1998年的出口名义增长率只有0.41%，但是在当时的情况下，出口占GDP的比重（出口依存度）不到20%，在产品结构上初级产品所占的比重也比现在大。因此所受到的影响是有限的，仅仅是放慢了增长率，并没有出现大幅度的负增长或者是下跌。但是进入21世纪以来，尤其是我国加入世界贸易组织（WTO）之后，出口增长远远高于GDP的增长，这使得中国的出口依存度不断提高，或者说，对出口的依赖程度在不断增加。2006～2007年出口依存度达到了最高点时，已经超过了35%（见表4-2）。

表4-2　　　　1997~2009年我国出口、GDP总额及名义增长

年份	出口总额（亿元）	GDP（亿元）	出口名义增长率（%）	GDP名义增长率（%）	出口依存度（%）
1997	15 161	78 973	—	—	19.20
1998	15 224	84 402	0.41	6.87	18.04
1999	16 160	89 677	6.15	6.25	18.02
2000	20 634	99 215	27.70	10.60	20.80
2001	22 024	109 655	6.70	10.50	20.10
2002	26 948	120 333	22.40	9.70	22.40
2003	36 288	135 823	34.70	12.90	26.70
2004	49 103	159 878	35.30	17.70	30.70
2005	62 648	184 937	27.60	15.70	33.90
2006	77 595	216 314	23.90	17.00	35.90
2007	93 456	265 810	20.40	22.90	35.20
2008	100 395	314 045	7.40	18.10	32.00
2009	82 030	340 507	-18.30	8.40	24.10

资料来源：根据《中国统计年鉴（2010）》中有关数据整理。

全球危机爆发时我们所面临的最大挑战。在发达国家金融体系和实体经济产生严重动荡的时候，外向型经济尤其是以发达国家为主要对象的出口必然受到严重冲击。就当时内外因素对经济增长的影响看，我国面临着两重压力。从我国经济内部调整的要求看，仍面临着较大的通货膨胀压力，尤其是来自供给方的通货膨胀压力。但从外部因素的变化看，随着外部需求可能锐减，我们则可能因为产能过剩、产品过剩面临严峻的通货紧缩的威胁。这两大矛盾对我国经济增长的影响程度和紧迫性是完全不同的。随着国际环境的恶化，外部因素从次要矛盾上升为主要矛盾，通货紧缩则由威胁转变为现实。在全球金融危机爆发的当年（2008年），我国出口增长回落到7.4%，比上一年回落13%；在第二年（2009年），则是负增长18.3%，比上一年回落25.7%。而据有关研究测算，我国的出口每增长10%，将使我国GDP增长1%[1]。那么，假设2008年中国的经济增长率为10%（后来的核算结果为9.6%），在其他条件不变的情况下，如果出口保持在原来的水平，那么经济增长率将会回落至8%。如果出口减少20%，那么经济增长率将会回落至6%。从近年来政府工作报告中的增长目标和社会共识来

---

[1] 北京大学中国国民经济核算与经济增长研究中心：《中国经济增长报告（2009）》。

看，我们对中国经济增长率的最低预期是8%。如果增长率落到这一水平之下，在影响中国经济增长的稳定性和持续性的同时，还有可能影响市场信心，造成整个国民经济活动的失控。这意味着我们必须采取措施，应对突然爆发的全球金融危机对中国经济所产生的紧缩效应。

第二节 我国政府应对全球金融危机的重大举措

2008年11月，国务院常务会议提出，为抵御国际经济环境对中国的不利影响，必须采取灵活审慎的宏观经济政策，以应对复杂多变的形势。对全球经济金融危机日趋严峻的现实，决定把原先紧缩的货币政策转变为实行积极的财政政策和适度宽松的货币政策。会议出台了推动内需的十项具体措施，决定从2008年的四季度到2010年，由国家将投资4万亿元，加快民生工程、基础设施、生态环境和灾后重建等方面建设。这些措施代表了我国宏观调控政策在外部环境变化的情况下发生了重大转折，它包含了至少四个鲜明的变化：

一是淡化总量、有保有压的结构性发展政策转变为明确总量、保证增长的全面发展政策。2003年以来的松紧配合的财政货币政策开始转变为财政与货币"双松"的政策，即积极财政政策与适度宽松货币政策相结合的刺激经济政策。2003年9月起，随着新一轮加速经济增长周期的到来，我国调整了亚洲金融危机以来积极的宏观经济政策。积极的财政政策实际上转化为稳健的财政政策，在宏观调控中的地位已经从主要地位变化为从属地位。与之相对应的是货币政策发生了转向，而且在宏观调控中的地位则由从属地位上升为主要地位。上调存款准备金率和利率，已经成为我国抑制通货膨胀和固定资产投资过快的主要手段。从这个意义上看，这一时期的宏观调控政策属于有保有压、区别对待的结构性宏观经济政策。虽然在这一经济周期中人们对中国的宏观调控有很大的争议，但总体上看取得了积极的成效，取得了持续平稳的高速经济增长，社会和经济发展取得了很大的进步。经过这一次的政策调整，我国的宏观经济政策从有松有紧（财政松、货币紧）过渡为双松的政策，即有保有压、区别对待的财政和货币政策转化为以"保"为主、总量明确的、宽松的财政和货币政策。这是我国政府为了应对经济周期和全球金融风暴对经济冲击所做出的选择。

二是人民币汇率从不断升值转向保持平稳。2005年7月，我国对实行多年的盯住美元的固定汇率政策进行了重大改革，开始实行以市场供求为基础、参考"一揽子"货币进行调节、有管理的浮动汇率制度。由于当时人民币的币值客观上存在着低估情况，三年多来，人民币升值的幅度是比较大的。美元对人民币汇率的中间价已经从1美元对人民币8.27元上升到2008年11月的1美元对人民币6.80元左右，人民币的升值幅度已经超过了20%。但即使这样，美国等发达国家仍然认为人民币的升值幅度不够，还要求中国继续升值。人民币是否升值，当然受国际经济关系的影响，但是就我国制定汇率政策而言，主要是考虑中国经济发展的要求，如就业、稳定物价、经济增长和国际收支平衡等方面的要求。就当时情况看，人民币再继续升值对我国的就业和经济增长都会形成更大的压力。另外，在人民币不断升值的预期下，国外的短期资金会不断地流入国内。一方面加大了银行的流动性，带来通货膨胀的压力，另一方面又可能因为在将来某个时刻抽走资金，对我国的货币市场带来冲击。因此，在经过三年较大幅度的调整后，人民币的汇率开始趋向稳定，是符合中国的国家利益及当前经济发展需要的。

三是地方政府的扩张和中央政府反周期调控的格局在危机条件下改变为中央和地方共同鼓励经济扩张。随着我国的市场化进程，中央政府、地方政府和企业之间的关系已经发生了深刻的变化。计划经济条件下的行政关系已经更多地被经济关系所取代，地方政府在我国经济发展中的作用也越来越突出。如果说中央政府可以更多地依靠总量的需求管理（包括财政政策、货币政策）对整个国民经济的发展进行规划，那么地方政府则更多的是依靠供给管理（税收和费用的减免、招商引资的优惠等）来推动地方经济的发展。尽管中央和地方政府的长远目标是一致的，都是要促进经济的发展，但是中央政府和地方政府观察问题的角度是不一致的。中央政府希望在全国范围内合理地配置资源，同时通过反周期调控来保持经济的平稳增长，但地方政府则希望抓住一切有利时机，促进地方经济的发展。当中央政府要求地方政府加大投资来促进经济增长时，地方政府可能由于上一个周期中所遇到的矛盾还没有解决，或者是对经济发展的信心不足，或者是调动资源的能力不足，无法及时响应中央政府的号召。在亚洲金融危机之后，积极财政政策之所以不能很快见到效果，就有这方面的影响。但随着经济发展起来之后，中央政府觉得经济已经过热，但此时地方经济可能才刚刚发展起来、基础设施刚刚完成、资金刚刚到位，中央实行的紧缩政策就得不到地方政府的响应，所以也紧缩不下去。中国近些年来的经济增长，就是在中央政府和地方政府的政策博弈中实现的。但在全球金融危机背景下，变成了中央要保经济增长，地方也要发展经济，双方的目标是一致的，这就为中国克服当时的困难创造了更好的政策条件。对于地方经济来说，尤其是经济发展水平属于中等和偏下的地区正普遍处于一个上升的时期，中央的紧缩政策、本地的经济条件以及地方和外部的联系往往在制约着地方的发展。在这种情况下，中央宏观政策的转向无疑为他们提供了新的希望。中央可以通过政策调整，一方面通过加强基础设施建设等手段来刺激投资，另一方面通过改善国内经济的内部循环来促进增长，由此达到扩大内需的目标。而地方政府由于更加了解当地企业和居民的实际情况，出台的措施往往更有针对性。在中央和地方的共同努力下，中国克服眼前的困难的潜力是巨大的。这一点反映了中国经济和欧美经济由于处于不同的发展阶段，所面临的挑战也是完全不同的。欧美经济的问题在于在经济已经到了高度发展的阶段，经济又重新进入停滞或衰退期，政府经济政策的作用受到制约，短期之内复苏困难很大。而中国仍然处于高速增长或较快增长阶段，经济结构出现了失衡（如内需和外需的失衡、投资和消费的失衡、地区发展失衡等）暂时制约了经济发展，经济的基本面是好的，只要政策得当，增长潜力是非常大的。

在应对危机阶段，政府的宏观政策调整具体包括以下内容：

财政政策重新成为刺激经济发展的重要手段。为扩大内需，对冲外需减少所造成的影响，促进经济增长。国务院出台了十项措施：一是加快建设保障性安居工程。二是加快农村基础设施建设。三是加快铁路、公路和机场等重大基础设施建设。四是加快医疗卫生、文化教育事业发展。五是加强生态环境建设。六是加快自主创新和结构调整，支持高技术产业化建设和产业技术进步，支持服务业发展。七是加快地震灾区灾后重建各项工作。八是提高城乡居民收入。九是在全国所有地区、所有行业全面实施增值税转型改革。十是加大金融对经济增长的支持力度。初步匡算，实施上述工程建设，到 2010 年底约需投资 4 万亿元。对于这 4 万亿元投资的安排，国家发展和改革委员会的安排是：保障性安居工程 2 800 亿元；农村民生工程和农村基础设施 3 700 亿元；铁路、公路、机场、城乡电网 18 000 亿元；医疗卫生、文化教育事业 400 亿元；生态环境投资 3 500 亿元；自主创新结构调整 1 600 亿元；灾后恢复重建 1 万亿元[①]。根据现行投资体制和投资资金安排的方案，需要中央投资 11 800 亿元，并带动其他行业和一些地方的投资。据发改委测算，这 4 万亿元投资，大体上可以每年拉动经济增长 1 个百分点，政府财政支出是构成和带动这些投资的主要内容。

在货币政策上，降低了存款准备金和利率，扩大了货币供应量。表 4-3 和表 4-4 列出了 2008 年以后我国调整基准利率和存款准备金的情况。从 2008 年 9 月到 2008 年底，中国人民银行先后 5 次下调基准利率，4 次下调存款准备金率。在许多领域，国家还推出了一系列鼓励居民扩大家庭支出的借贷措施，在住房、汽车、家电等购买上，都有相应的鼓励措施。这促使我国货币供应量和贷款余款在短期内激增。2008 年末，我国广义货币供应量 $M2$ 余额为 47.5 万亿元，2010 年末，广义货币（$M2$）余额已经达到 72.58 万亿元，增加了 5.08 万亿元，为

---

① 张平：《4 万亿投资不会形成重复建设》，新华网，2008 年 11 月 27 日。

2008年末的1.52倍。2008年末，人民币贷款余额为30.3万亿元，2010年末人民币贷款余额已达到47.92万亿元，增加了17.62万亿元，为2008年末的1.58倍。广义货币（$M2$）和人民币贷款余额的年均增长率分别达到23.3%和25.7%，比正常年景至少要高出6~8个百分点，贷款投放总量至少多增6万亿元，为4万亿元财政支出的1.5倍以上。这就表明，在新一轮经济刺激计划中，货币政策的力度比财政政策更大。

表4-3　　　　　2008年以来我国历次基准利率调整情况

次数	调整时间	调整内容
11	2011年7月7日	一年期存贷款基准利率上调0.25个百分点
10	2011年4月5日	一年期存贷款基准利率上调0.25个百分点
9	2011年2月8日	一年期存贷款基准利率上调0.25个百分点
8	2010年12月25日	一年期存贷款基准利率上调0.25个百分点
7	2010年10月19日	一年期存贷款基准利率上调0.25个百分点
6	2008年12月22日	一年期存贷款基准利率下调0.27个百分点
5	2008年11月26日	一年期存贷款基准利率下调1.08个百分点
4	2008年10月30日	一年期存贷款基准利率下调0.27个百分点
3	2008年10月9日	一年期存贷款基准利率下调0.27个百分点
2	2008年9月16日	一年期存贷款基准利率下调0.27个百分点
1	2007年12月20日	一年期存款基准利率上调0.27个百分点；一年期贷款基准利率上调0.18个百分点

资料来源：根据中国人民银行历年调整而整理。

表4-4　　　　　2008年以来我国历次存款准备金调整情况

次数	时间	调整前（%）	调整后（%）	调整幅度（%）
16	2011年5月18日	（大型金融机构）20.50	21.00	0.50
		（中小金融机构）17.00	17.50	0.50
15	2011年4月21日	（大型金融机构）20.00	20.50	0.50
		（中小金融机构）16.50	17.00	0.50
14	2011年3月25日	（大型金融机构）19.50	20.00	0.50
		（中小金融机构）16.00	16.50	0.50
13	2011年2月18日	（大型金融机构）19.00	19.50	0.50
		（中小金融机构）15.50	16.00	0.50

续表

次数	时间	调整前（%）	调整后（%）	调整幅度（%）
12	2011年1月20日	（大型金融机构）18.50	19.00	0.50
		（中小金融机构）15.00	15.50	0.50
11	2010年12月20日	（大型金融机构）18.00	18.50	0.50
		（中小金融机构）14.50	15.00	0.50
10	2010年11月29日	（大型金融机构）17.50	18.00	0.50
		（中小金融机构）14.00	14.50	0.50
9	2010年11月16日	（大型金融机构）17.00	17.50	0.50
		（中小金融机构）13.50	14.00	0.50
8	2010年5月10日	（大型金融机构）16.50	17.00	0.50
		（中小金融机构）13.50	不调整	—
7	2010年2月25日	（大型金融机构）16.00	16.50	0.50
		（中小金融机构）13.50	不调整	—
6	2010年1月18日	（大型金融机构）15.50	16.00	0.50
		（中小金融机构）13.50	不调整	—
5	2008年12月25日	（大型金融机构）16.00	15.50	-0.50
		（中小金融机构）14.00	13.50	-0.50
4	2008年12月5日	（大型金融机构）17.00	16.00	-1.00
		（中小金融机构）16.00	14.00	-2.00
3	2008年10月15日	（大型金融机构）17.50	17.00	-0.50
		（中小金融机构）16.00	16.00	-0.50
2	2008年9月25日	（大型金融机构）17.50	17.50	—
		（中小金融机构）17.50	16.50	-1.00
1	2008年6月7日	16.50	17.50	1.00

资料来源：根据中国人民银行历年调整而整理。

第三节 积极的财政政策与适度宽松的货币政策的效应

这些措施使得在全球金融危机发生之后，中国仍然保持了较快的经济增长，成为最早走出危机阴影的国家。从表4-5可以看到，2008年，中国经济在经历了一个长期的景气周期后,由于各种矛盾和失衡加剧,经济增长已经开始回落,再加上四季度全球金融危机的影响加剧,当年的出口也开始回落。这使得当年的经济增长率比上年回落5%左右。到了2009年一季度,全球经济危机对中国经济的冲击效应明显地表现了出来,经济增长率滑落到多年来的低点(6.2%)。而以CPI反映的价格总水平变动方面,则由通货膨胀迅速地转为通货紧缩。这说明全球金融危机对我国实体经济的冲击是非常严重的。从需求方看,由于外部环境的恶化,一季度我国的出口下降了20%,虽然投资有所增长,但是社会消费品零售总额仅增长了15%。换句话说,如果扣除了价格因素,我国的消费在第一季度并没有明显增长,投资增长的但并不足以对抵由于外需下降造成的总需求减少。由于消费的增长是具有刚性的,要想使经济增长率不继续滑落,除了要保持居民和市场的信心,使消费增长继续有所提高之外,主要手段就是加大固定资产投资。从表中可以看到,2009年第二季度以后的固定资产投资增长都在30%以上。虽然在这一期间,也推出了一系列鼓励消费的措施,但从总体上看,主要是通过进一步扩大固定资产投资的来拉动相关产业的发展,化解金融危机的短期冲击。2009年前三季度,我国粗钢产量42 040万吨,同比增长7.5%,增速同比加快1.3个百分点;钢材产量50 180万吨,增长12.4%,加快4.3个百分点;水泥产量118 486万吨,同比增长18.2%,增速同比加快11.3个百分点。2009年四季度,经济增长率已经回升到9%以上。从表4-5列出的各总量指标上看,到了2010年,中国可以说走出全球金融危机阴影。在这一轮全球经济衰退中,中国是最早实现经济复苏的国家。中国经济能走出金融危机的阴影,根本原因在于具有良好的经济基本面,虽然经济活动中存在着许多矛盾和失衡,但发展的潜力都是巨大的,而且正处于经济发展的最好阶段,这是我们的宏观调控能够取得明显成效的重要基础。

表4-5　　　　　　2008~2010年我国主要宏观指标

时期	GDP增长	全社会固定资产投资增长	贸易出口增长	社会消费品零售总额增长	CPI
2008	9.6	25.8	7.4	21.6	106
2009Q1	6.2	28.8	-20	15.0	99.4
2009Q2	7.1	33.5	-22	15.0	98.9
2009Q3	7.8	33.4	-21	15.1	98.9
2009Q4	9.1	30.1	-16	15.5	99.3
2009	9.2	30.0	-16	15.5	99.3
2010	10.3	25.6	31.3	18.4	103.0

资料来源:根据《中国统计年鉴》数据整理而成。

另一方面,在金融危机条件下应用的宽松宏观经济政策是有代价的。当我们往经济中注入流动性而刺激投资时,从短期看能够缓解需求不足,但从长期看却可能使已经失调的投资和消费之间的结构更加恶化。同时有可能因为货币流动性增加而增强人们的通货膨胀预期,并在未来一定时期转化为现实的通货膨胀。这一点我们在当时已经有所认识,所以在是否要采取刺激政策上,确实面对着艰难的抉择。为了保持我国经济以及就业的平稳增长,尽管选择了对原有的政策进行调整。但在缓解现实的总量扩张和就业不足的矛盾时,一些结构性矛盾却在深化,也为未来的经济发展带来了潜在问题。

一是投资和消费的比例进一步失调。表4-6列出了2000~2010年我国全社会固定资产投资与社会消费品零售总额的增长变化及比较情况。由于我国目前还没有按季度计算支出法GDP及分项数据,这两个指标在动态比较中实际上代替了支出法中的投资和消费,成为我国进行宏观调控的基本依据。从表中可以看到,2000~2002年,我国在实施以扩大基础建设刺激投资为主要内容的积极财政政策,投资和消费增长率之间的差距在逐渐加大,但差距毕竟是有限。而从2003年开始,投资和消费的增长率之间的差距急剧扩大,二者之间表现出明显的失衡。2000年,我国全社会固定资产投资仅为社会消费品零售总额的84.18%,而到了2008年,该比例已经升到了158.1%。这种增长关系本来已经应该调整,但是为应对金融危机,又进一步加大了固定资产投资,使这一结构性失衡更加严重。

表4-6　　2000~2010年我国全社会固定资产投资与社会消费品零售总额比较

年份	全社会固定资产投资总额 总额(亿元)	全社会固定资产投资总额 比上年增长(%)	社会消费品零售总额 总额(亿元)	社会消费品零售总额 比上年增长(%)	全社会固定资产投资为社会消费品零售总额的百分比(%)
2000	32 918	10.3	39 106	9.7	84.18
2001	37 214	13.1	43 055	10.1	86.43
2002	43 500	16.9	48 136	11.8	90.37
2003	55 567	27.7	52 516	9.1	105.81
2004	70 477	26.8	59 501	13.3	118.45
2005	88 774	26.0	67 177	12.9	132.15
2006	109 998	23.9	76 410	13.7	143.96
2007	137 324	24.8	89 210	16.8	153.93

续表

年份	全社会固定资产投资总额		社会消费品零售总额		全社会固定资产投资为社会消费品零售总额的百分比（%）
	总额（亿元）	比上年增长（%）	总额（亿元）	比上年增长（%）	
2008	172 291	25.5	108 488	21.6	158.81
2009	224 599	30.0	132 678	15.5	169.28
2010	278 140	25.6	154 554	18.4	179.96

资料来源：根据《中国统计年鉴》数据整理而成。

二是住宅价格大幅度上涨。2008年底国家推出了4万亿元的刺激措施，分两年实施（即每年注入的资金只有2万亿元），而且按照当时的投资资金安排的方案，中央投资11 800亿元（即每年中央财政负担的部分只有5 900亿元左右），其他部分由行业和地方投资解决。从表4－6可以看到，2008年我国的固定资产投资总额已经达到了17万亿元，增加5 900亿的中央投资或再增加2万亿元总投资，而且在这2万亿元中，有些事本来就是要做的（如灾区重建），并不一定是在原有的增长基础上再加上去的"增量"。从这个意义上看，4万亿元投资的示范效应大于实际效应。虽然它极大地提振了市场信心，但是从数量上看，还不足对冲抵全球金融危机带来的外向型经济衰退所带来的负面影响，扩大内需还必须有民间投资的支持。而在信贷政策支持下居民家庭对于住宅的购买，就成为扩大投资的重要内容。2007年9月27日，中国人民银行、中国银监会联合下发了《关于加强商业性房地产信贷管理的通知》。通知指出，将严格住房消费贷款管理。商业银行应重点支持借款人购买首套中小户型自住住房的贷款需求，且只能对购买主体结构已封顶住房的个人发放住房贷款。对购买首套自住房且套型建筑面积在90平方米以下的，贷款首付款比例（包括本外币贷款，下同）不得低于20%；对购买首套自住房且套型建筑面积在90平方米以上的，贷款首付款比例不得低于30%；对已利用贷款购买住房、又申请购买第二套（含）以上住房的，贷款首付款比例不得低于40%。贷款利率不得低于中国人民银行公布的同期同档次基准利率的1.1倍，而且贷款首付款比例和利率水平应随套数增加而大幅度提高，具体提高幅度由商业银行根据贷款风险管理相关原则自主确定，但借款人偿还住房贷款的月支出不得高于其月收入的50%。这一政策对抑制当时的城镇房价上涨起了积极的作用。以这一通知为标志，中国居民住宅的价格和销售量出现了所谓的"拐点"，2008年，中国的房价可以说是平稳回落的。但到了2008年底，为了应对金融危机的冲击，中国人民银行的住房贷款政策又重新转向。中国人民银行宣布，自2008年10月27日起在住房贷款方面，扩大商业性个人住房贷款利率下浮幅度，调整最低首付款比例。将商业性个人住房贷款利率的下限扩大为贷款基准利率的 0.7 倍；最低首付款比例调整为 20%。中国人民银行还同时宣布下调个人住房公积金贷款利率。其中，五年期以下（含）由原来的 4.32% 调整为 4.05%，五年期以上由原来的 4.86% 调整为 4.59%，分别下调 0.27 个百分点。对居民首次购买普通自住房和改善型普通自住房的贷款需求，金融机构可在贷款利率和首付款比例上按优惠条件给予支持。许多地方政府出于发展地方经济的考虑，也出台了一系列鼓励居民家庭购房的措施。如重庆市政府在 2009 年"两会"期间，为鼓励市民住房消费，出台了一系列政策：对在市内购买自住房的个人按揭贷款本息。可抵扣产权人个人所得税地方留成部分；小于等于 90 平方米普通商品房免征契税；减免房地产交易契税等。同时，政府还通过降低土地出让金和各种税费，通过对地下车库不收配套费、不列入容积率计算等具体措施，降低楼盘地价，降低房地产企业成本，刺激当地房地产业的发展。在这一系列政策的鼓励下，我国 2009 年的住宅市场的供求关系迅速变化，市场由低迷转为亢奋。从表 4-7 可以看到，从 2004 年起，我国商品住宅平均销售价格的上涨幅度明显加大 2008 年表现为回落，而 2009 年则是大幅度上涨，超过住宅商品化改革后任何一年。商品住宅的销售面积增长的幅度也非常大，达到 45.39%，仅次于 2005 年。在价量上涨的共同作用下，2009 年商品住宅的销售额增加幅度达到了创纪录的 81.23%，增量达到了 1.73 万亿元，相当于 2 万亿元国家投资的 86.5%。从总额上看，商品住宅销售额则达到当年全社会固定资产投资的 17.11%。这说明，中国在当年实施的鼓励居民购买住房（统计为投资）的措施，对于消化由于全球金融危机造成的国内产能过剩和需求不足确实是有效的。但与此同时，它带来的负面影响也是明显的。由于供求预期和供求关系的剧烈改变，我国的房地产价格出现了前所未有的波动，对长期的经济发展、人民生活以及政府行为都产生了巨大的影响。

表 4-7　　　　　　1998~2009 年我国商品住宅销售
面积、总额及平均价格变化

年份	商品住宅销售面积		商品住宅销售额		平均销售价格	
	万平方米	比上年增长百分比	亿元	比上年增长百分比	元	比上年增长百分比
1998	10 827		2 007		1 854	
1999	12 998	20.05	2 414	20.28	1 857	0.16
2000	16 570	27.48	3 229	33.76	1 948	4.90
2001	19 939	20.33	4 021	24.53	2 017	3.54
2002	23 702	18.88	4 958	23.30	2 092	3.72

续表

年份	商品住宅销售面积 万平方米	比上年增长百分比	商品住宅销售额 亿元	比上年增长百分比	平均销售价格 元	比上年增长百分比
2003	29 779	25.64	6 543	31.97	2 197	5.02
2004	33 820	13.57	8 619	31.73	2 549	16.02
2005	49 588	46.62	14 564	68.98	2 937	15.22
2006	55 423	11.77	17 288	18.70	3 119	6.20
2007	70 136	26.55	25 566	47.88	3 645	16.86
2008	59 280	-15.48	21 196	-17.09	3 576	-1.89
2009	86 185	45.39	38 433	81.32	4 459	24.69
年均增长%	20.75	20.75	30.79		8.31	

资料来源：根据《中国统计年鉴》数据整理而成。

三是通货膨胀预期明显增强。在发达市场经济国家，居民消费价格指数（消费者价格指数 CPI）是政府宏观经济政策的重要目标。在很多情况下，它们还计算不包含价格波动幅度较大的食品和燃料在内的核心 CPI，用于反映全社会价格总水平的变化。但是应该看到，发达市场经济国家由于长期的市场发展，不同商品价格之间的关系是相对稳定的，而且随着经济发展水平的提高，在居民家庭支出中，恩格尔系数在不断降低（1990 年，七国集团的平均恩格尔系数为 14.2%，2002 年下降到 11.7%；美国 1990 年的恩格尔系数为 8.9%，2002 年下降到 7%）[①]，因此，无论 CPI 或者核心 CPI，用来作为观测通货膨胀程度的基本指标或者是作为宏观经济政策的影响对象都是有理由的。但是在中国，恩格尔系数仍然在 30% 以上，市场化进程也待于进一步推进。在这种情况下，不要说用核心 CPI，就是用 CPI 本身也经常不能客观地反映价格总水平的变动。在表 4-5 中可以看到，2009 年我国的 CPI 为 99.3，得出的判断似乎是通货紧缩。但是从表 4-7 我们看到房价是剧烈上涨，而由于购买住房属于投资行为是不计入 CPI 的，在居民家庭的平均支出中，购买商品的平均价格却是上涨的。这实际上已经反映出了通货膨胀，只不过还没有传导到消费领域，但已经加强了消费领域的通货膨胀预期。这种预期的加强有两方面原因，第一，从总量上

[①] Charles Yuji Horioka, Are the Japanese Unique? An Analysis of Consumption and Saving Behavior in Japan, Paper provided by Institute of Social and Economic Research, Osaka University in its series ISER Discussion Paper with number 0606, 2004.

看，通货膨胀是一种货币现象，货币供应量的过快、过量增加，必然导致价格总水平的上升；第二，从结构上看，通货膨胀也是一个不同商品间比价关系的调整过程，当不同商品之间的价格关系发生扭曲或不能反映经济发展的要求时，价格关系也必须在通货膨胀中加以调整。因此，在货币供应明显增加时，当住宅价格脱离正常的发展轨道和程度领先上涨后，其他商品及生产要素的价格必然要跟着上涨。

第五章

走出经济衰退阴影后的中国经济与货币政策

第一节 2010年以来稳健的货币政策和扩张的财政政策

进入2010年，欧美各国的经济虽然仍然低迷，但金融体系本身的动荡已经减弱。虽然金融危机的杀伤力已经减弱，但后遗症仍然长期蔓延。我国经济增长率开始稳定，出口也开始回升，这标志着我国已经走出了全球金融危机的阴影。与此同时，在危机期间采用的一些应急手段的副作用开始显现出来，过去在长期发展中形成的一些矛盾也开始重新发生作用。其中一些矛盾对人民群众的生活造成了比较大的影响，尤其是2009年底到2010年，一部分城市房价上涨过快过猛。2010年下半年开始的居民消费价格指数的攀升，不但对人民生活，而且对许多地方的生产和投资环境都造成了严重的影响。这使我们面临着一个极为复杂的经济环境。如果继续运用全面宽松的政策，那么通货膨胀就不能得到有效的抑制；如果全面紧缩，在世界经济仍在衰退、国内企业生存和发展面临诸多困难的条件下，就不能保持适度的经济增长。但是，相比较而言，我们经济发展中的主要矛盾发生了变化，经过一年多的努力，外部环境对中国经济的冲击已经减弱，各种内部矛盾又重新成为宏观调控要面对的主要矛盾。在这种情况下，我国开始强调，经济增长要由政策刺激向自主增长的有序转变。从政策取向看，货币政策由相对宽松转为"稳健"或者说重新开始紧缩，而财政政策仍然保持扩张。同时，也采取了适当的行政手段对经济活动加以干预，包括对商品房实行限售、推进保障房建设、控制高耗能产业的发展等，力争控制通货膨胀预期、实现平稳较快增长和调整经济结构之间的关系。

在货币政策方面，为了稳定通货膨胀预期和控制通货膨胀，货币政策开始转向。2010年1月18日，在上一次下调存款储备金（2008年12月25日）一年之后，中国人民银行开始重新上调存款储备金，大型金融机构的存款储备金率由16%上调到16.5%。随着物价水平的不断上涨，存款准备金率的调整非常频繁，中央政府开始把稳定物价作为这一期间宏观调控的首要任务。在2010年和2011年，各调整了6次存款储备金。到2011年5月18日，大型金融机构的存款储备金率已经提高到21%（见表4-4），显著高于全球金融危机前的水平。而在利率政策方面，从2010年10月到2011年4月，先后调整4次存贷款基准利率（见表4-3），一年期存贷款基准利率共上调一个百分点。虽然幅度不大，而且仍然低于全球金融危机前的水平，其中显示的紧缩信号是非常明显的。从2011年下半年的价格走势上看，实施了一年多的"稳健"的货币政策，对抑制居民消费品价格攀升是有成效的。

在财政政策方面，仍然实行扩张性的财政政策。一方面实现减税，另一方面在扩大公共支出。进入新世纪后，税收收入的增长很快。从表5-1可以看到，2000~2010年，我国税收收入的年均增长率达到了19.26%，高于GDP名义增长率4%，占GDP的比重从12.68%增加到18.25%。这说明，我国税收收入的改善一方面来自于经济成长的贡献，另一方面来自于在国民收入的分配和再分配中政府所占比重的增加。经济增长和税收的改善，为政府应用积极的、扩张性的财政政策提供了好的基础。一方面，政府可以通过实施各种减税政策，降低企业和居民的税收负担，改善他们的生产和生活条件；另一方面，可以通过扩大财政支出，刺激经济的发展和改善民生。相比较而言，从1994年分税制改革后，我国的财政体制改革的力度较小，财政政策在宏观调控中的应用也在减少。发达国家所使用的以发行国债、赤字预算来维持预算平衡的做法，在我国应用得很谨慎。2010年国债余额限额增至71 208.35亿元，比2009年末中央财政实际国债余额的60 238亿元增加近1.1万亿元，当年增发国债占GDP的比重为2.75%，国债余额占当年GDP的比重为17.75%。而根据20世纪90年代欧共体成员国加入欧洲经济货币联盟时所达成的马斯特里赫特条约，成员国的财政状况要保持稳定必须满足两个条件：一是赤字占GDP的比重不超过3%，二是政府债务总额占GDP的比重不超过60%。中国的财政状况是满足这两个条件的，而世界上的大多数发达国家，都大大超过了这一标准。这也是这一次欧洲主权债务危机爆发的重要原因①。

表 5 – 1　　　　2000～2010 年我国税收收入占 GDP 的比重

年份	GDP（亿元）	税收收入（亿元）	税收收入占 GDP 的比重（%）
2000	99 215	12 582	12.68
2001	109 655	15 301	13.95
2002	120 333	17 636	14.66
2003	135 823	20 017	14.74
2004	159 878	24 166	15.12
2005	183 217	28 779	15.71
2006	211 924	34 804	16.42
2007	257 306	45 622	17.73
2008	314 045	54 224	18.03
2009	340 507	59 515	17.48
2010	401 202	73 202	18.25
年均增长	14.99	19.26	

资料来源：根据《中国统计年鉴》数据整理而成。

在减税方面，2011 年 6 月 30 日，十一届全国人大常委会第二十一次会议表决通过了个税法修正案，将个税起征点由现行的 2 000 元提高到 3 500 元，自 9 月 1 日起实施。个税起征点上调到 3 500 元，这意味着，工资薪金的纳税人比例将由目前的 28% 下降到 7.7%，一年可以减税 1 440 亿元，这是 2010 年以来最大的减税措施。虽然这一减税措施的受惠面比较广，但是规模占 2010 年国家税收的比重还不到 2%，中国仍然还有减税的空间。与世界各国相比，尽管中国的宏观税负并不算高，但是在近 10 年里，税收增长的幅度偏快。中国经济仍然处于高速增长阶段，有创造更多税源的条件，适当调整税收结构和增长率，有助于我国的经济增长和民生改善。在公共财政支出方面，近两年来，国家加大了民生方面的支出力度。2000 年教育支出 12 550.02 亿元，比 2009 年增长 20.2%，占全国公共财政支出的 14%；医疗卫生支出 4 804.18 亿元，比 2009 年增长 20.3%，占全国公共财政支出的 5.3%，主要用于支持实施新型农村合作医疗和城镇居民

---

① 庄健：《由美债危机而想到的》，《上海证券报》，2011 年 8 月 11 日。文章指出，根据国际货币基金组织（IMF）的估计，2010 年世界主要发达国家的政府债务余额占 GDP 的比重都远超马约规定的上限：美国 92%，日本 220%，德国 80%，法国 82%，意大利 119%，英国 77%，加拿大 84%；而主要发展稳定的新兴市场国家的这一比重则低于 60%，如俄罗斯 10%，印度尼西亚 27%，韩国 31%，南非 36%。

基本医疗保险等制度改革，支持基本公共卫生服务建设，提高城乡医疗救助水平等；社会保障和就业支出 9 130.62 亿元，比 2009 年增长 20%，占全国公共财政支出的 10.2%，主要用于支持落实更加积极的就业政策，逐步扩大新型农村社会养老保险试点覆盖面，继续提高企业退休人员基本养老金补助水平和城乡低保补助标准，切实保障受灾地区群众的基本生产生活等；住房保障支出 2 376.88 亿元，比 2009 年增长 31.8%，占全国公共财政支出的 2.6%，主要用于推进保障性住房建设和棚户区改造，加快推进农村危房改造和游牧民定居工程等。截至 2011 年 8 月，社会保障和就业、农林水事务、城乡社区事务等支出增长均超过 30%，医疗卫生、住房保障支出增幅更是分别达到 58.3% 和 68%。

与此同时，在市场体系还不能充分发挥作用的地方，尤其是在房地产市场上，采取了类似于计划经济条件下的行政手段缓解矛盾。2010 年 1 月，国务院办公厅印发了《关于促进房地产市场平稳健康发展的通知》。当年 4 月，国务院又发布了《关于坚决遏制部分城市房价过快上涨的通知》，这说明部分城市的房价上涨已经有所失控，国家不得不进行新一轮的房地产调控。和以往对房地产市场进行调控不同的是，以往更多的是通过货币政策（如调整首付和贷款利率）来调节，而在这一次调控除了对原来的优惠利率加以调整外，更多的调控是通过行政措施来解决的，并且通过各个地方之间的交流使行政措施更加完善。2010 年 4 月 30 日，在《国务院关于坚决遏制部分城市房价过快上涨的通知》下发后，北京市制定并发布了《北京市人民政府贯彻落实国务院关于坚决遏制部分城市房价过快上涨文件的通知》，决定采取临时性措施限定新购房套数。规定《通知》发布后，暂定同一购房家庭只能新购买一套商品住房。在此之后，房价上涨较快的地区先后都采取了类似的限购措施。9 月 30 日，深圳市政府办公厅发布《关于进一步贯彻落实国务院文件精神坚决遏制房价过快上涨的补充通知》，明确指出，对于本市户籍居民家庭（含部分家庭成员为本市户籍居民的家庭），限购 2 套住房；对于能够提供在本市 1 年以上纳税证明或社会保险缴纳证明的非本市户籍居民家庭，限购 1 套住房。暂停在本市拥有 2 套以上（含 2 套）住房的本市户籍居民家庭、拥有 1 套以上（含 1 套）住房的非本市户籍居民家庭、无法提供在本市 1 年以上纳税证明或社会保险缴纳证明的非本市户籍居民在本市购房；10 月 7 日，上海市政府批准了市住房保障房屋管理局等五部门《关于进一步加强本市房地产市场调控加快推进住房保障工作的若干意见》。该文件强调了一定时期内限定居民家庭购房套数；暂定上海市及外省市居民家庭只能在上海新购一套商品住房（含二手存量住房）；同时规定将按销售价格预征 2%~5% 土地增值税。最早出台限购政策的北京，在 2011 年 2 月，又学习了深圳的经验，把北京市户口或纳税及缴纳社会保险作为购房的基本条件，而纳税和纳税及缴纳社会保险的最低期限延长到5年。至2011年9月，全国已经有45个城市实施了限购政策，房价上涨的势头得到了遏制。

综合来看，各种政策的结合应用体现了对货币流动性加强控制、对经济结构的调整有引导、对经济增长有所保护的精神。例如在收紧居民住宅贷款、抑制商品住宅需求时，国家又在大力推进保障房的建设。2010年我国实际开工建设的保障房达到590万套，2011年达到1 000万套。这一方面改善了中低收入居民的住房需求及扩大了内需，另一方面又避免了房地产市场上无序和失控的局面。但随后各年开工的保障房逐年减少。这说明，在市场经济的发展还不完善、各个地方经济发展很不平衡的条件下，一旦发生了市场失控，还是应该通过政府的合理干预弥补市场经济的不足。随着市场秩序逐渐稳定，政府则可以减弱在某一领域的干预，使市场在配置资源方面发挥更大的作用。

第二节　现阶段的宏观经济政策调整的意义

根据经济衰退阴影后的宏观经济失衡新特点，我国宏观经济政策调整和变化目前主要集中在六个方面：

一是宏观经济增长目标的调整及变化。从增长目标来看，现实的选择只能是"适度通货膨胀下的有效增长"，既不应当选择高通货膨胀高增长，也不可能再现低通货膨胀高增长，更要防止高通货膨胀低增长。从我国进入新世纪以来的发展目标的实现要求来看，只要保持6%左右的增长速度，预定2020年基本实现工业化达到全面小康的目标就可以实现。如果保持7%以上的速度，就会提前实现目标。同时更关注增长的质量和有效性。

二是宏观经济政策的组合方式的调整及变化。从危机时期的"更加积极的财政政策与适度宽松的货币政策"重回危机后的"积极的财政政策和稳健的货币政策"。这意味着，一方面我国宏观经济调控已实质性地进入"择机退出"；另一方面，宏观政策组合方式从此前的财政与货币政策双扩张的同方向组合，重新调整为"松紧搭配"的反方向组合，即财政政策在减轻扩张力度的同时，扩张方向不变，而货币政策则开始从紧。事实上，我国自2003年下半年以来，财政政策的方向始终是扩张性的，不过在2008年下半年后进一步加大扩张力度，重回积极的财政政策，两者方向都是扩张，区别在于强度。而货币政策却有方向性变化。2003年下半年至2008年上半年货币政策是从紧的，连续上调法定准备金率和利率，紧缩流动性。在2008年下半年开始采取"一揽子"反危机措施后，货币政策做出了方向性逆转，采取的是宽松货币政策。随后则再次做出方向性调整重回从紧的政策。在应对金融危机过程中，我国财政政策前后方向未变，货币政策则出现方向性变化，这与美国的政策组合是不同的。美国在此次金融危机前后，货币政策的方向未变，变化的是货币政策扩张力度，而其间财政政策前后变化较大，首要调整和运用的是财政政策。

三是财政政策的力度和重点有所调整。从更加积极的财政政策回到积极的财政政策，表明力度的减弱。从政策着力点来看，需要从关注财政政策的扩张效应向同时关注财政政策的风险调整。金融有危机，财政同样有危机。冰岛、希腊、爱尔兰等国出现的主权债务危机，就是本想以财政拯救金融危机，结果把财政本身拖入危机。从我国财政支出政策来看，2010年财政赤字已达9 500亿元，已接近上年GDP总量3%这一通常所说的警戒线。政府债务方面虽然国债规模和风险不大，但近年来地方通过财政担保组建的各类融资平台所形成的政府债务风险在上升。从我国财政收入政策来看，一方面自2003年以来，在制度和政策上实施连续减税，包括实行新的出口退税、取消农业税、合并内外资所得税、增值税由生产型转为消费型、取消若干土特产税等；另一方面在目前的财税体制下，地方政府的财政压力不断上升。如果再普遍减税特别是减地税，在经济增长速度和财税收入水平提高未明显改善、在财税体制改革特别是公共财政制度建设未取得进一步推进的条件下，事实上不现实。因此，无论是财税支出还是财政收入政策，其扩张力度的提升已经面临严厉约束。在方向不变减轻力度的基础上，应当提高对财政政策风险的关注及控制，特别是要关注地方政府的财政政策风险问题。

四是货币政策的方向性逆转。重回稳健的货币政策实际上就是回到从紧的货币政策，这是符合我国当时总量失衡特点的。与欧美不同，欧美国家在金融危机冲击下，货币市场上供求关系的失衡是对货币的需求大。无论是工商企业还是金融企业，普遍存在着流动性不足，要求宏观经济政策方面增大货币供给，更多地向经济中注入流动性，因而选择所谓定量宽松的货币政策。我国则不然，在我国货币市场上是对货币的有效需求不足，特别是由于创新力弱，大企业尤其是国有大型企业在资本金充裕利润丰厚，甚至存在垄断的条件下，难以寻找到有效的、具有竞争力的新产品开发及新领域的投资机会。而民营企业由于资本等要素市场化进程的滞后，也由于民营企业本身的财产制度和管理水平等方面的问题，难以公平有效的运用融资市场形成有效货币需求。再加上受国际金融危机冲击，面向出口的企业相当一批订单减少甚至停产，也就不存在对资金的需求。与实体经济货币需求不足同时存在的则是我国居民高储蓄倾向和银行体系的稳健，由于我国金融业与国际间并未接轨，在体制上形成所谓"防火墙"，到2009年末我国银行存贷差超过19万亿元。也就是说，我国金融体系的货币供给能力充分，不足的是实体经济对货币的有效需求,因此货币政策应当从强调增大货币供给适时转向强调培育货币需求方向来。重回"稳健的货币政策"是与我国货币市场失衡特点相符的。稳健的货币政策,包括采取从紧的信贷政策和利率政策,尤其是信贷规模控制政策,将会被持续采用。应当注意的是,既然我国面临的通货膨胀压力在较长时期存在,反通货膨胀则就是一个较长时期的宏观调控任务。因此在短期里应当适度控制收紧银根的政策强度和速度,从紧的货币政策应当是较长时期中的稳健的连续政策,而不是短期里的突击性政策。

五是汇率政策重回金融危机之前的轨道。在2005年之前,人民币汇率采取盯住美元并与美元保持固定汇率的政策;2005年之后采取有管理的参考包括美元、日元、欧元等在内的"一揽子"货币的汇率制度。此次改革之后人民币进入了加速升值的通道,自2005~2008年初,人民币升值幅度达到20%以上。自2008年进入反危机政策之后,人民币重回2005年之前盯住美元的制度安排。在世界主要货币对美元升值的条件下,事实上人民币搭乘美元贬值的便车,对世界主要货币贬值。危机后人民币汇率重新回到2005~2007年的轨道,意味着继续回到加快升值。由此所产生的宏观经济效应必须予以充分和全面的关注,既要关注人民币进入加速升值通道所产生的需求效应,包括对出口品价格的冲击及由此引发的出口竞争力下降;也包括出口需求增速相对放慢可能减少的外汇占款及由此减轻的通货膨胀压力。同时还需关注汇率变化产生的供给效应,包括由于人民币升值带来的进口品价格的下降以及由此形成的相应的国民经济成本的降低,等等。

六是在宏观管理方式上注重需求管理与供给管理的结合。供给管理的特点在于政策作用的着力点集中影响厂商和劳动者,从而改善效率状况,使经济趋于均衡。事实上,强调供给管理与需求管理的结合,在我国经济发展的背景下,不仅有其客观必要性,也有其可能性。供给管理与需求管理的结合,就是要把总量管理与结构调控、宏观调控与微观行为、短期管理与长期管理、政府干预与市场竞争等方面协调起来。我国危机后内需不足等总量失衡,十分重要的原因是源于供给方面。厂商效率低,劳动生产率水平不高,国民收入分配失衡,经济结构矛盾尖锐等导致的内需不足本质上都是总供给方面的问题。因而,在强调扩大内需的同时必须强调供给管理。一方面,应当注重需求管理政策中所包含的供给效应,比如收紧银根的货币政策可能增大企业成本,扩张的财政政策特别是减税的财政收入政策可能会降低成本,人民币升值加速在减少出口增速的同时可能会降低进口品的价格进而降低相应的成本,等等。另一方面,更需注意供给管理本身的效应,包括供给管理政策的短期效应和长期效应。从供给管理的短期效应来说,各类直接降低企业成本的政策都具有活跃供给的短期效应;从供给管理的长期效应来说，各种提高企业效率和劳动生产率的政策都具有长期供给效应。所以，供给管理政策既包括从总量政策上降低成本刺激企业竞争力上升的政策举措，也包括制定产业政策、区域政策、分配政策，尤其是提高创新力的制度创新和技术创新的举措。这就要求在体制上必须深化社会主义市场经济体制改革，脱离市场经济制度基础的供给管理，实际上是重回计划经济体制。只有在深化社会主义市场化改革的基础上，通过政府宏观干预直接影响生产者和劳动者行为的政策才是符合市场经济要求的政府干预。

进入21世纪到现在是中国经济总量扩张幅度最大的时期，综合国力、人民生活和国际地位都得到有了前所未有的改善。这一期间的高速经济增长有多方面的原因，一是20世纪90年代以来的市场化改革取得了巨大的成果，市场主体成为配置资源的基础性；二是中国经济进入了加速工业化阶段，较好的国际环境又为发展外向型经济创造了条件，不仅国内需求尤其是投资需求有巨大的提升，特定比较优势又使中国发展成为全球新的制造业中心，出口总额先后超过日本、美国和德国等位居世界第一；三是宏观调控水平有很大提高，尤其是随着市场体制的完善和金融体制的改革，货币政策的应用力度和水平都有巨大的提升，在平抑经济波动，保持平稳较快的经济增长方面取得了很大的成效。但在长期的经济增长和经济发展中，也出现和积累了一些矛盾的失衡。2007年起，作为这些矛盾的集中反映，通货膨胀开始加剧，2007年和2008年的居民消费价格指数分别达到104.8和105.9。2008年，随着通货膨胀的压力日益严峻，提出了保增长、控通货膨胀（保持经济平稳较快增长与控制物价过快上涨）的宏观调控目标。当时提出要对通货膨胀实行"标本兼治"，但是在事实上无论是从需求拉动方还是从成本推进方看，引发当时通货膨胀的矛盾并没有解决，只不过在全球金融危机的冲击下，外在因素占了上风。到了2010年，随着金球金融危机的影响逐渐减弱，原来的长期矛盾和反危机过程中出现的新的矛盾开始集中显现，中国开始出现新一轮的通货膨胀。在这种情况下，反通货膨胀又重新成为2010年下半年以来宏观调控的首要任务，反通货膨胀、扩内需、保增长、调结构又成为新的宏观调控目标。这一政策是我国2007年后反通货膨胀政策的延续，符合我国转变经济增长方式和发展方式的要求。

从总需求方面来看，2008年下半年开始采取扩大内需的"一揽子"举措。从更加积极的财政政策，到适度宽松的货币政策，使总需求得以刺激。事实上这种总需求的扩张有两方面的作用。一方面可以刺激经济增长，我国2009年和2010年经济保持较高增长率，与这种扩张内需的政策有直接的关系；另一方面可以刺激通货膨胀。根据我国通货膨胀发生的政策时延，投放的流动性大体在6~24个月逐渐体现为通货膨胀。那么，我国自2008年下半年至2010年上半年扩大内需的政策举措，形成的通货膨胀压力至迟应当在2010年底至2012年上半年逐渐释放出来。问题的关键在于，扩大内需的政策在释放通货膨胀压力之前能否及时有效地拉动实体经济增长。如果能及时充分拉动增长，那么即使出现较高通货膨胀压力，也具有加大紧缩力度治理通货膨胀的经济增长条件。否则，便可能低增长的同时出现高通货膨胀。

从总供给方面来看，改革开放30多年的发展，对国民经济持续增长来说，事实上也有两方面作用。一方面，30多年的发展不仅从规模上极大地扩张了中国经济（GDP总量按不变价扩大了近20倍），而且发展过程中伴随制度创新和技术创新，增长的效率也相应提高，从而使我国经济未来的发展具有更坚固的基础；另一方面，30多年的高速增长本身也改变要素的供求关系，在要素有限的条件下，持续高速扩张的增长必然导致需求强劲拉上，使要素成本上升，进而使整个国民经济成本上升。问题的关键在于，发展过程中效率的提升能否超越相应的成本上升。如果超越不了，那么从长期来看就会陷入所谓"中等收入陷阱"，从短期来看就会使通货膨胀从需求拉动为主转变为需求拉上和成本推进的共同作用，在低效率高成本的增长中，既难以持续，也无法避免"滞胀"。

从我国目前危机后的宏观失衡特点来看，既面临通货膨胀的压力，同时也面临增长乏力的危险。一方面就通货膨胀压力而言，较显著的特点主要表现在三个方面：一是时期长，随后2~3年中面临通货膨胀压力，除一系列体制性和长期发展性因素外，2008年下半年以来的扩大内需的政策效应将会逐渐发生作用。二是类型变化，需求对通货膨胀的拉动作用继续较强外，成本上升对通货膨胀的推动力将会逐渐加大。三是虚拟经济的活跃会提升通货膨胀压力和通货膨胀预期，特别是大量过剩流动性若不能及时拉动实体经济而是滞存于虚拟经济中，刺激投机性资产价格或金融衍生品价格上升，甚至把个别产品金融衍生化，如房价大幅上升，大蒜、绿豆价格等炒作式暴涨等，都会提高人们通货膨胀预期，而这种预期的提升不仅加剧治理通货膨胀的困难，而且令人们加薪要求提升，从而增大国民经济的劳动力要素成本，加大通货膨胀的成本推动压力。另一方面就增长动力不足而言，较为显著的特点也有三个方面：一是根据我国改革开放以来经济增长的周期性波动经验来看，我国经济要进入新一轮高度繁荣期尚需2~3年时间。根据我国的经验，一轮繁荣或复苏大体要5年时间，自2008年下半年受金融危机冲击期间，自2008年第一季度起直到2009年第一季度，我国经济发生了连续5个季度的增速下降，2009年第一季度降至6.2%的最低点。预计进入新一轮高度繁荣期，至少要到2013年前后，此前至多是处于复苏或者说恢复性增长，而且这种恢复性增长具有不稳定性。二是美国及发达国家金融体系本身的矛盾缓解了，但新的矛盾还在产生、并未走出经济衰退，对我国经济的影响仍将存在，甚至可能加剧。因为此次国际金融危机的原因极为复杂，危机本身极为深刻。2009年甚至发生了战后首次全球经济负增长，要根本克服金融危机还需全球做出艰苦努力。以美国为例，近30年来，利率调整一直是货币政策的主要调控手段。但随着利率接近至零，货币政策手段已至极限，不得不重新启用财政手段刺激经济。不仅政策效果很难预料，还直接输出了世界性的通胀压力。三是内需不足的矛盾短期内难以克服。我国内需不足的问题不仅是总量失衡的突出表现，而且更有其深刻的经济结构和体制性及社会发展失衡等多方面原因，包括投资与消费的结构性失衡、国民收入分配的结构性失衡、国民经济的产业结构失衡、区域及城乡发展结构性失衡等。而这些总量及结构性失衡最深刻的根源在于效率低，或者说效率提升慢，要提高效率必须努力转变发展方式，而发展方式的转变关键在于技术创新和制度创新。

第三节 扩大消费与改善经济增长效率

发展中国家要实现"赶超"，必须提高经济增长的效率。经济增长的效率可以从不同的角度观察，首先是增长的时间效率，即用较少的时间投入获得较大的规模扩张，表现为经济增长率的明显提升；其次是个别生产要素的投入产出效率即经济增长的微观效率，即等量的生产要素（如土地、劳动、资本）能够得到更大的产出。这种效率可以从两个层次上考察，一是制度创新所带来的生产要素效率的提高，如我们通过按劳分配的改革提高了企业的劳动效率、通过市场和产权制度的改革优化的资本的配置效率；二是技术创新能提高生产过程中的投入产出比，而技术创新是受制度创新制约和推动的，好的经济制度鼓励技术创新；三是经济增长的结构效率即宏观效率，这就是通过影响经济增长的各种变量，使有限的投入获得最大的增长福利，或者反过来说，在既定的增长福利下，不断降低单位产出所需要的投入。经济增长效率在经济增长理论和实践中得到广泛的重视和研究，索洛（Robert M. Solow，1957）曾经用总量生产函数研究了技术进步对于经济增长的贡献，克鲁格曼（Paul R. Krugman，1994）指出如果经济增长如果只靠投入的扩张而没有技术进步，经济增长将是不可持续的。改革开放后，国内也开展了这一方面的研究，如樊纲（1992）对经济效率和经济体制之间的关系进行过研究，刘伟和蔡志洲（2008）利用投入产出表研究了改革开放后中国投入产出效率的变化。如果说在改革开放中前期，主要是通过提高经济增长的时间效率和微观效率来实现经济增长的量的扩张，那么到了现在，能否通过改善宏观效率来提高经济增长的质量就越来越成为中国是否能够保持持续经济增长的关键。

一、我国正处于经济发展的转型阶段

我国当前经济发展中面临的一系列结构失衡，不仅仅是由于国内外短期因素的冲击，而且和经济发展所处的特殊阶段密切相关。我国 2010 年经济总量是 40 万亿元左右，名列世界第二，但是人均 GNI 水平仍排在世界第 121 位，相当于中等收入国家的平均水平。虽然国内和国际对"中国是个中等收入的发展中国家"有质疑，认为中国的经济发展水平是被低估的。但是从农业劳动力就业比重演变趋势和恩格尔系数等一些结构性指标来看，无疑中国就是一个中等收入的发展中国家。世界银行的统计表明，没有解决温饱的国家，农业劳动力就业比重会达到 72% 以上；农业劳动力就业比例达到 54% 的国家，属于下中等收入的发展中国家；农业劳动力就业比重达到 40% 的国家，属于中等收入的发展中国家。而我国现在农业劳动力就业比重在 40% 左右。从联合国公布的恩格尔系数标准划分来看，最穷国家的恩格尔系数是在 60% 以上；解决了温饱的国家恩格尔系数是在 50%~60% 之间；初步小康国家的恩格尔系数是在 40%~50% 之间；全面小康国家的恩格尔系数是在 30%~40% 之间。我国现在的恩格尔系数仍然接近 40%，处于中等收入的发展中国家水平。由低收入国家发展到中等收入国家是我国改革开放和经济增长取得的巨大成就。但是进入中等收入这个阶段后，会面临着和以往发展不同的新的矛盾，即面临"中等收入陷阱"的威胁。它指发展中国家经过一段较长时期的高增长达到了中等收入阶段之后，由于种种原因，经济发展出现一种停顿、停滞。

从现有的理论文献和政策层面分析来看，有四个方面的原因导致中等收入陷阱：

一是创新能力减弱。因为创新能力差，经济增长主要靠投入量增长带动经济增长，不能实现从依靠要素大量投入向依靠要素效率提高来带动经济的增长的转变。这是中等收入国家面临的最大问题。

二是经济增长的成本高。发展中国家的优势是劳动力、土地等低要素价格。但是经过十年、二十年甚至更长时间的发展，这些要素价格就会上涨。从经济发展的要求看，要素价格上涨体现了全体人民需要共同分享改革开放与经济增长的成果；而从生产领域看，则反映为劳动力价格的上涨所导致的生产成本的提高，这是一种必然趋势。如果中等收入国家不能进行制度创新和技术创新,通过技术进步来消化由于劳动成本上升所造成利润减少,就有可能造成经济增长放缓甚至出现停滞。

三是在加速经济增长的过程中长期重视总量扩张而对结构调整重视不足,产生一系列的结构失衡,包括产业结构、收入分配结构、最终需求结构等都出现的失衡。而由于专业化分工和协作的发展,各种经济活动之间的联系更紧密了,这加大了结构调整的难度,宏观效率的下降抵销了微观效率提高的作用。

四是国际原因。因为发展中国家产业结构单一,内需不足,经济发展对出口的依赖性大,无论是重要原材料还是产成品都比较大的程度依赖国际市场。只要国际市场出现比较大的周期动荡,发展中国家原来存在的内需不足和产能过剩的问题马上就会空前突出。

这四个方面的原因在我国都不同程度地存在着,需要高度关注,应通过多种手段和措施,保持经济可持续、均衡、稳定、有效的增长,争取及时有效地跨越中等收入陷阱。从中国经济发展的矛盾看,虽然经济走势受到货币流动性充裕等短期宏观政策影响显著,但从长期来看,这四个方面因素对经济增长关系也十分密切。从经济发展方式看,在经济加速增长阶段,更重视经济总量的扩张,在经济增长中更加重视投入的增加而不是效率的提高,强调发挥要素价格方面的优势,而对技术进步、效率的提高重视不够,而在宏观政策导向上,鼓励积累、鼓励投资和鼓励规模的扩张;从收入分配方面看居民收入上涨长期低于经济增长,事实上是依靠较低的劳动力成本实现经济扩张,一旦经济发展到一定水平,无论从居民分享经济发展的成果看,还是从积累和消费协调发展的关系看,劳动力成本都需要上升,很多企业可能因为成本上升的压力面临经营困难;从对外部经济的依赖看,改革开放以来中国经济增长的一个重要特点就是外向型经济的发展快于中国整体经济的发展,但是金融危机之后,一方面国际市场对中国商品出口的接受能力递减,另一方面,随着中国经济增长所需要的能源和自然资源的依赖性在不断增加,由国际输入的通货膨胀压力是长期持续的。

二、如何看待我国最终需求拉动的优先顺序

改革开放伊始,邓小平首先以 GDP 翻两番为目标,提出了实现中国式现代外化的数量标准。这一目标的提出为我们在当时的背景下解决一系列发展难题指明了方向。在一个贫穷的(人均 GDP 在 200 美元左右)、经济增长和经济发展停滞的(国民经济到了崩溃的边缘)国家,如果不把人心转移到经济建设上来,如果没有一个明确的经济发展目标,中国就永远不能摆脱贫穷、落后的面貌。因

此，提高经济增长的时间效率，在尽可能短的时间里实现尽可能大的规模扩张，是我们当时的主要任务。这一目标的提出以及为实现这一目标所进行的努力，推动了中国的加速经济增长。在过去的30多年里，中国的高速经济增长可以称为世界经济增长史上的奇迹。

对于中国的高速经济增长，有很多经验可以总结。党和国家首先把工作中心转到经济建设上来，"一心一意干四化"，以此来推动中国的经济增长。后来发现，如果没有体制创新，在传统的计划体制下推动的高增长是不可能持续的，这就有了由20世纪80年代开始的改革开放。从生产领域看，我们主要通过经济体制改革（如通过渐进的市场化过程和改善政府宏观管理）调动生产者的积极性和合理配置资源；从需求领域看，就是发展以出口带动的外向型经济、增加积累和扩大投资、改善人民生活和消费。从投入产出表的角度看，一个经济每年生产的最终产品其实就是三项，即最终消费支出（消费）、资本形成总额（投资）和出口。三者的关系（包括静态的占比和动态的增长）反映的是国民经济的最终需求结构。在表5-2中以现行价格进行长期比较，可以看到出口增长最快，投资次之，消费最慢。其中，出口和投资的增长高于GDP，消费的增长低于GDP（见图5-1）。2011年上半年，我国GDP的增长率达到了9.6%，从最终需求的三个方面来看，出口同比增长24%，固定资产投资同比增长25.6%，社会消费品零售总额同比增长16.8%。如果消除价格上涨因素（居民消费价格同比上涨5.4%），消费需求同比增长率是回落的，且仍然明显地低于固定资产投资的增速，而固定资产投资的增速又低于出口。这和我们在全球金融危机后希望通过扩大内需、改善民生和拉动消费的初衷之间存在着差距。这种矛盾的出现，有着长期的发展原因。

表5-2　　　　　　　2000年与2009年最终需求比较

年份	现价支出法国内生产总值（亿元）	最终消费支出（亿元）	资本形成总额（亿元）	货物出口总额（亿美元）
2000	98 749.0	61 516.0	34 842.8	2 492.0
2009	345 023.6	165 526.8	164 463.5	12 016.1
年均增长%	14.9	11.6	18.8	19.1

资料来源：《中国统计年鉴（2010）》。

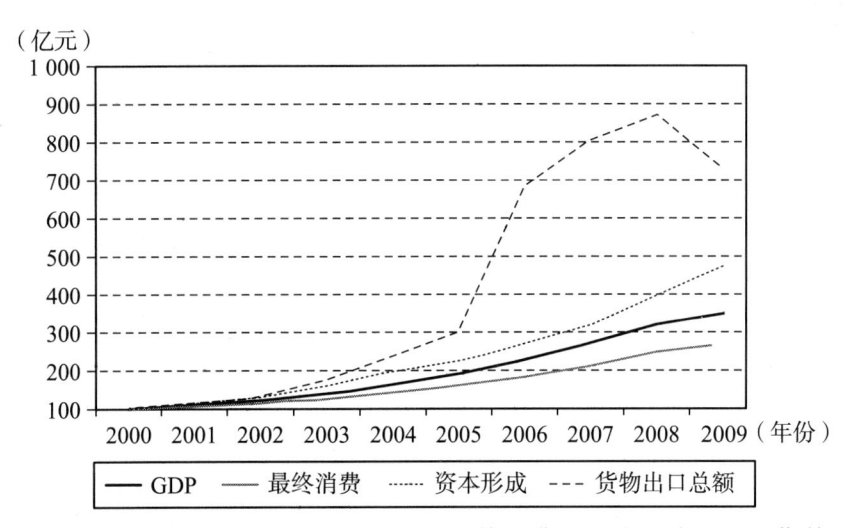

图 5-1　2000~2009 年我国 GDP、最终消费、资本形成及出口指数

资料来源：《中国统计年鉴（2010）》，表中指数由按现价计算的支出法国内生产总值、最终消费总额、资本形成总额及按人民币计算的出口计算。

对欠发达或低收入的发展中国家来说，要实现经济起飞和保持后来的高速发展，增加积累和扩大投资具有重要的意义。只有扩大投资，才能实现由简单再生产向扩大再生产的转化，实现加速增长。在封闭经济条件下，投资扩张只能通过节衣缩食来增加积累来实现，我国在改革开放以前就是那样做的，加上其他各种因素的影响，投资扩张进展得非常缓慢。而在开放经济条件下，我们可以将境外的资源（资金、技术、市场、管理等）和国内的生产要素相结合，加速国内的积累和发展。由于在生产要素资源和价格等方面的比较优势、政府的鼓励以及扩大外需不必过多考虑国内的需求结构，中国外向型经济的发展长期地领先于经济增长。投资是带动中国经济增长的另一大动力，一方面，GDP 增长所需要的技术能力、装备能力、生产能力的提高需要增加投资；另一方面，投资本身也是 GDP 的一个重要组成部分，在经济发展方式的转变和技术进步不能满足经济均衡增长的要求时，如果要保持持续的、既定的经济增长，就要求在内需中的投资增长要高于消费增长，即投资对 GDP 的弹性系数长期大于消费，投资对于 GDP 的弹性系数大于 1 而消费对于 GDP 的弹性系数小于 1。也就是说，如果同样的经济增长率需要有更高的投资增长率来保证，那么获得的将是较低的消费增长，表现为在 GDP 增长率不变的情况下，投资在 GDP 中的比重不断上升，而消费在 GDP 中的比重不断下降。

三、提升消费的重要意义

如果消费增长率低于 GDP 和投资增长率的趋势持续下去，中国即使能够保持过去 30 年那样的高增长，其增长效率也是降低的。因为经济增长说到底是以整体提升和改善本国居民生活为最终目标的，出口和大部分的投资都是实现这一目标的手段。建设全面小康社会的目标也是以人民生活水平的整体提升作为评价标准的，而不是看出口和投资的规模到底有多大。如果长期把手段作为目标，不实现经济发展方式的转变和必要的结构调整，那么经济增长就可能偏离正确的方向。这不但有可能造成生产力的浪费，而且可能影响经济增长和经济发展的可持续性。做出这样的判断主要是基于以下三方面的原因：

首先是外向型经济的发展。经过 30 多年的发展，中国的经济总量和对外经济已经发展到了相当大的规模。到"十一五"规划完成时，中国已经成为世界上的第二大经济体和最大的出口国（GDP 占全球的比重达到 8% 以上，出口占全球的比重达到 10% 以上），中国对世界经济的贡献和依赖都在增强。改革开放以来，尤其是进入 21 世纪和加入 WTO 之后，中国抓住世界新技术革命和产业转移的时期，发挥自己的比较优势，通过加速的工业化进程使自己迅速成为世界上新的制造业中心，这对提高中国的整体实力、国际地位都有重要的意义。另外，中国经济对外部的依赖性增加了，这既表现为出口对世界市场的依赖，同时也表现为发展外向型经济对原料、能源和自然资源等进口的依赖，使得国际经济环境的变化随时可能传导到国内来，也是近几年来，所谓输入型通货膨胀对我国经济的影响越来越大的重要原因。与此同时，为了加强出口产品的竞争力，出口产品的价格提升的幅度相对较低，为了冲抵劳动力价格上涨、成本上升等一系列降低企业利润空间的因素所造成的影响，国家通过汇率政策、出口退税政策等方面的倾斜支持出口企业，保持出口企业能在微利的情况下继续发展。但在这种情况下，外向型企业继续扩张的难度开始加大，由于出口产业依赖的是国内低价的生产要素如土地、电力、劳动力、运输成本等，这些生产要素从短期看是充裕的，但从中长期看却有可能发生短缺，这实际上意味着短期的生产活动很可能是不经济的，很可能影响我国的可持续的发展。从中国经济对世界的依赖性看，由于出口产品是面向全球的，一旦外部环境发生较大变化，国内的经济增长就会受到严重影响。世界上一些较小的经济体，如新加坡、中国香港、中国台湾甚至是韩国，由于经济发展高度依赖外部，每当世界经济发生波动，都会受到冲击，但恢复起来有时也比较快。中国是一个大国，不稳定的经济对经济发展的危害将会大得多。全球危机时，我们采取的是扩大投资的措施来对冲外部环境变化带来的冲击，但由此产生的副作用是明显的。即使不发生危机，我们采取的鼓励出口政策，使经常项目下长期存在大额顺差，导致外汇储备规模扩张，形成大量外汇占款和外币金融资产，促使总体经济的风险不断加大。

其次是投资拉动的经济增长效率在降低。改革开放初期，尽管我们经过新中国成立以后多年的努力，工业发展水平已经有所提高，但是和世界各国相比，无论从经济总量上还是人均水平上看，都是相当低的。对当时的中国而言，经济发展问题实际上就是增长问题，如果总量不能得到迅速地扩大，不能把蛋糕做大，无论把蛋糕怎么分，也仍然无法改变贫穷落后的事实。因此，在改革开放的中前期，我们必须通过政策倾斜和财力倾斜，让一些地方先富起来，而这些地方先富起来的主要途径和特征，就是扩大固定资产投资。无论是20世纪80年代的经济特区，还是90年代的沿海开放城市，还是后来迅速发展起来的城市，它们之所以能够取得超常规的发展，特征就在于投资先行。从生产力合理布局的要求看，这些地方发展起来后，生产要素的价格会上升，而另一些地方的比较优势就会显现出来。随着基础设施等条件的改善，有一部分投资就从发达地区向欠发达地区转移，以较低的投入获得较高的产出。但是实际情况却是，那些获得了优先发展的地方，在各级政府的政策倾斜下，仍然在不断地扩大投资。发达地区的投资没有降下来，但是欠发达地区的经济条件有了改善，为了自身的发展，也必须扩大投资，这些地方的投资也在上升，而国家为了拉动经济增长，也在大力发展基础设施投资。在这众多的投资中，有些会形成未来的公共消费（如铁路建设）和私人消费（如住房），有些改善了当地的环境和生产能力。但是也有一部分属于超越自身能力和市场消化能力的无序扩张，加大了实体经济和金融领域的投资风险。如果这种情形出现，那么我们今天创造的GDP，在将来看很可能就是无效投入，那样的增长是没有意义的。

最后是经济发展的要求对原有的经济增长方式形成了新的制约。经过30多年的高速经济增长，中国现在的GDP总量已经达到了当年的20倍以上。邓小平提出的GDP翻两番的数量目标，无论从哪个时间段看，都已经或者即将提前实现。在20世纪80年代末，中国解决了人民的温饱问题；90年代末实现了总体小康。但是从定性目标上看，还必须付出很多的努力。邓小平曾经提出，要使我国在20世纪的中叶，达到中等发达国家的水平。而作为这种目标的具体化，我国在20世纪初提出要在21世纪的前20年实现全面小康。现在，20年已经过去了一半多，从经济增长率和人均GDP水平看，进展得很顺利，但和全面小康要求达到的人民生活水平仍然有差距。无论从改善人民生活的要求看，还是从经济增长的要求看，都需要居民消费有一个比较大的提升。应该说，改革开放以来，中国的居民消费增长是很快的，虽然它的增长低于GDP和投资的增长，但和世界各国相比，这一阶段的中国居民消费增长是最快的。不同阶段的消费升级，都为中国创造着新的经济增长点。开始是解决吃穿，然后是家用电器和信息产品，接下来是汽车和住房。但现在的矛盾已经不是消费升级的问题，而是全面地提升全体人民的生活水平，这比简单地消费升级更加困难。以住房为例，现在无论农村还是城镇，人均住房面积都达到了30平方米以上，这和经济发展水平相近的中等收入国家或地区相比，已经属于比较高的水平。但是具体地看，由于经济发展不均衡和居民的收入分配的不均衡，还有相当多的居民家庭的居住条件需要改善。在收入分配差距扩大的情况下，在一部分居民的收入不断转成积累和投资的同时，另一部分居民家庭则可能因为收入较低而不能提高消费，从而导致整体居民的消费拉动不足。而通过调节收入分配拉动消费由于关系到各方面利益的调整，远比将产品出口到国外或进入投资领域复杂。2011年上半年，城镇居民人均可支配收入11 041元，同比增长13.2%，扣除价格因素，实际增长7.6%。农村居民人均现金收入3 706元，同比增长20.4%，扣除价格因素，实际增长13.7%。虽然农村居民的人均现金收入提高较快，但在全国的居民消费中，农村居民的消费只占25%，而城镇居民的收入增长是低于GDP增长的。这也是我们在一部分生产能力过剩的情况下，仍然只能选择出口、投资，而不能迅速提升居民消费的重要原因。

四、消费增长与经济增长效率

当前我国经济总量面临的主要问题是：内需不足，增长乏力，而且还和世界经济的恢复不明朗交织在一起。一方面，我们担心经济增长可能陷入低迷、低增长；另一方面，通货膨胀压力特别大，货币供应量的充实甚至是过剩、成本提高和一些输入性的国际因素会影响到国民经济的成本，推动国内市场的价格总水平上升。这些问题从表面上看是增长问题和总量问题，需要通过宏观调控加以引导和干预。但从深层次看，中国的问题有自己的特殊性，它的根源还是在加速经济增长进程中出现的结构和发展失衡。内需尤其是消费不足似乎是需求问题，但是它的根源更多的是在供给方面。从现阶段经济发展上看，供给领域的长期政策比需求领域的短期调控更为重要。现阶段影响我国消费需求的主要原因，至少可以从以下几个相关方面进行分析：

一是二元经济结构下的产业结构、就业结构和最终需求结构之间发展失衡，导致国内总需求尤其是消费需求不足。从表5-3可以看到，在中国的产业增加值结构中，第一产业的比重现在已经下降到10%左右，反映出中国的工业化进程已经达到了发展中国家较高的阶段。但与之相对应，在就业结构中，第一产业劳动力的比重仍然高达 38.1%。而在工业化国家，这两个比重是相当接近的，这也说明我国的城市化进程落后于工业化进程，38% 的就业分享 10.3% 的增加值，与之相关的农村家庭仅分享着 23.8% 的居民消费，城乡二元经济结构的特征仍然相当明显。再看居民消费，农村居民家庭的恩格尔系数为 41%、城镇居民家庭的恩格尔系数为 36.5%，这也就是说，全部居民家庭消费中，36% 以上为与农产品相关的产品。结合农业增加值在 GDP 中所占的比重不到 10%，这就说明了为什么农产品会出现相对紧缺，以及为什么每次 CPI 的上涨主要表现为和农产品相关的产品尤其是食品的大幅上涨而大多数非农产品会出现相对过剩。

表 5–3　　　　　　　2009 年我国部分结构指标的比较　　　　　　　单位：%

年份	GDP = 100		全部就业 = 100		恩格尔系数		居民消费支出 = 100	
	第一产业比重	其他产业比重	第一产业比重	其他产业就业比重	农村居民家庭	城镇居民家庭	农村居民	城镇居民
2009	10.3	89.7	38.1	61.9	41.0	36.5	23.8	76.2

资料来源：根据《中国统计年鉴（2010）》中有关数据整理。

二是居民收入分配中出现了一系列矛盾，抑制了消费增长。和经济增长相比，我国居民家庭收入的增长相对迟缓。这就带来了一个严重的问题，真正的消费主体应该是居民，而居民的收入增长缓慢严重影响内需的扩大。除了大格局结构失衡之外，在居民收入内部，居民收入的差别在扩大，而且扩大的速度比较快。经济高速增长带来的好处，更多更快地给了收入比较高的阶层，而大多数的低收入或者中低收入阶级的收入增长缓慢。高收入者的边际消费倾向低，他们倾向于去买保值品、去投资、去储蓄，而不是消费。大量的国民收入从消费当中沉淀下来，导致消费需求不足。收入分配差距扩大的问题，不仅影响社会公平目标，同时影响效益目标、经济增长和经济增长的可持续性。

三是宏观分配的失衡以及经济发展导向，鼓励国民收入更多地向投资转化。在国民收入分配中，由于政府、企业和高收入阶层所占的比重在扩大，国民收入的投资倾向也在扩大。欠发达地区为了改进落后面貌需要投资，而发达地区为了建设国际化大都市也在进一步投资，造成投资效率在降低。本来这些增加的收入应该合理地在企业、政府和居民间合理分配，但政府和企业往往更愿意把这些资金用于能够取得直接回报的领域。劳动力价格或者说一般居民收入的上涨是被动的，从长期来看，各个地区劳动力的价格或者是劳动者收入的增长，往往都低于企业和政府的收入的增长。这种收入分配差异扩大化的趋势发展到一定的阶段，低收入群体要求增加收入的诉求集中地反映到经济发展中，又会造成劳动力成本压力的突然增大，从生产领域影响经济的平稳增长。

四是社会发展水平落后于经济发展水平。经济发展了，但是相应的社会服务如教育、医疗、生活服务、环境和社会保障等各个方面的社会服务没有跟上来。政府在收入比重提高的同时，政府最终消费没有跟上来。2000～2009年，我国政府的财政收入年均增长率为20%，而按现行价格计算的政府最终消费支出的年均增长率仅为12%，如果扣除物价上涨因素，年均增长率约为8%，也低于GDP的真实增长率。这也意味着在政府收入中，通过各种方式转移为储蓄或投资的比重在加大。政府通过直接投资参与市场，一方面影响了资源配置的效率，另一方面也影响了城乡居民公共消费的增长。

要实现改善民生、经济发展方式的转变和提高经济增长效率，就必须解决或缓解以上这些重要矛盾和失衡。改革开放以来，GDP指标一直是我国经济发展的重要或主要目标，把年均10%的经济增长率保持这么久是我们的伟大成就。由于中国的人均发展水平仍然不高，同时面临巨大的就业压力，适度的经济增长仍然是需要的。但是从现在的情况看，由于各方面条件的约束以及经济发展、可持续发展的要求，可以适度地放慢经济增长。我国"十二五"规划提出年均增长率达到7%，同时要求居民收入的改善不低于经济增长，这种调整是积极的，也对我国的经济发展提出了艰巨的任务。事实上这要求居民收入以及生活水平仍然保持既定或者更高的稳定增长的前提下，适度地下调中国经济的长期增长率，意味着用较少的出口、较少的投资、较少的中间消耗，提供更多的社会福利，也就是经济增长效率的提高。要达到这样一种目标不仅仅需要短期的财政和货币政策的调整，更需要靠制度创新、结构调整以及发展方式的转变。其核心就是要让经济增长的动力从一般的要素投入量的扩张转变到要素效率的提高，依靠技术的进步拉动经济增长。在提高效率的同时，使社会公众公平地分享经济发展的福利。这需要供给政策和需求政策相配合，在供给领域调整宏观和微观分配和再分配结构，改善效率和公平的关系；在需求领域调整传统的通过扩大出口、扩大投资来实现规模扩张的做法，结合在21世纪实现全面实现小康的要求，把保持居民收入和消费水平稳步增长作为下一个经济发展时期的更为基本的目标，而出口、投资和GDP的增长则应该服从于这个目标。

第四节　经济发展方式转变与货币政策的供给效应

中国的经济发展方式需要实现历史性的转折。如果说改革开放以来相当长的一段时间，中国经济改革的重点是如何通过体制的转轨激活中国社会潜在的经济活力以实现和保持高速的经济增长并达到既定的总量目标,那么进入新世纪以后,尤其是进入"十二五"时期以后,如何通过体制创新和发展方式的转变使中国能够在国际市场、资源、环境等一系列客观条件的约束下,在生产领域更多地通过技术进步、产业结构提升来提高经济效率,在需求领域通过改善民生尤其是改善中低收入家庭和欠发达地区的收入和消费水平来扩大内需,实现经济和社会的可持续发展,就成为在实现全面小康进程中新的任务。这也是近些年来,中国一直强调转变经济增长方式、优化结构、改善民生和构建和谐社会的重要原因。但也就在努力实现经济转型的过程中,中国经济遭遇了来自外部的严重冲击。使我们不得不调整了宏观经济政策,在宽松的财政和货币条件下实现和保持了总量扩张。应该看到,中国政府的一揽子刺激经济增长的措施是在世界经济衰退、外需急骤下降的严峻局面下提出的。在成功地抵御了金融海啸、保持了总量平稳较快增长之后,一方面,要回过头来解决当时来不及解决的,以及在应对全球经济危机冲击时新出现的各种结构性矛盾;另一方面,要考虑中国经济达到现在这个水平之后,可能面临的一系列长期发展难题。这就需要对货币政策和整个宏观经济政策进行调整,使政策不仅要满足当前宏观调控的需要,也应该服务于中国经济的长期发展。

和改革开放初期相比,中国经济发展水平已经有很大的提高。在一些先富起来的地区(如浙江、江苏和广东等),现代化的水平已经相当高,而上海、北京、天津、广州、深圳这些大都市,其人均 GDP 及实际经济发展水平甚至已经超过了中等发达国家或地区的平均水平。但是由于各个地区经济发展的不平衡,中国的平均经济发展水平仍然还不高,还有很大的改善空间。使得拥有 13 亿人口的中国在进一步发展中面临着新的矛盾,即已经在世界经济中占较大比重的经济规模与相对较低的人均水平之间的矛盾。就人均 GDP 或人均 GNI 而言,中国的经济总量至少要再翻一番,才能接近目前的世界平均水平(2008 年为 8 613 美元)。这就要求中国在未来相当长的一段时间里(至少是 5~10 年),继续保持持续的高速增长。就经济总量而言,中国的经济规模现在已经相当大,2009 年中国的出口总量已经超过德国居世界第一位,而 2010 年 GDP 超过日本居世界第二位。在这样的经济总量下,中国进一步的经济增长至少面临两大约束:一是资源和环境的约束,二是国际市场的约束。

先看资源约束,2000 年中国的能源消费量是 138 553 万吨标准煤,2008 年这一消费量达到了 285 000 万吨,为 2000 年的 2.05 倍,年均增长率为 9.43%。而按可比价格计算,2008 年中国的 GDP 为 2000 年的 2.18 倍,年均增长率为 10.26%,高于能源消费的增长率 0.83%,能源消费对经济增长的弹性系数为 0.92。也就是说,如果其他条件不变,那么中国的 GDP 要再翻一番,能源消费至少要增长 90%。但中国目前已经是全球最大的能源消费国,一次性能源消费量占世界的比重已经达到 17% 以上[①],接近 GDP 所占比重的 3 倍,如果按这一关系增长,那么在中国的 GDP 再翻一番的情况下,一次性能源消费占世界的比重至少会达到 30% 以上,这是不可想象的。随着能源消费量的增加和由经济发展水平决定的环保标准的提高,环境保护成本也要提高,这又会进一步制约中国的经济增长。这里讨论的还仅仅是能源方面的问题,事实上,随着工业化进程,经济对于自然资源的依赖度也在空前提高,有一些资源如铁矿石甚至需要大量进口,而国际市场的资源限制和价格变动,对中国未来的经济增长也是严重的挑战。

再看国际市场的约束。随着中国的商品出口跃居世界第一,我国外向型经济的进一步扩张受到国际市场的制约。一方面,国际市场对中国商品的消化能力在减弱;另一方面,由于国内相当多的出口导向型企业的发展在很大程度上要依赖于中国生产要素的价格优势,而这些条件随着中国的经济发展也在改变(劳动力成本、原材料、能源供应、土地和厂房的租金等),很多行业、产品的比较优势也在减弱,这就在很大程度上影响了未来中国外向型经济的发展。

在这种背景下,中国经济如果仍然要保持持续高速的增长,就必须实现经济增长方式和发展方式的转变。转变经济增长方式,就是要改变长期以来更多地依赖增加投入(尤其是能源和自然资源的投入)来实现扩大再生产的方式,更多地通过技术进步提高生产效率,在不断降低单位要素投入情况下扩大总产出。但是生产领域效率的提高和结构的改善,不仅仅只依靠良好的愿望,而需要一系列措施的配合,如价格和税收体制的改革、收入分配制度的改革、宏观经济政策的调整,等等。概括地说,就是要通过微观和宏观经济政策的调整,创造一个有利于实现经济增长方式和发展方式转变的环境。我国目前采取的宏观经济政策尤其是货币政策是偏向"紧缩"的,尽管这是抑制通货膨胀及通货膨胀预期的客观要求,但从转变我国经济发展方式的要求看,逐步降低政府宏观政策的刺激程度,实现经济增长由政府刺激向自主增长的有序转变,同样也是必要的。

政府的宏观管理可以从需求和供给两个方面来进行,也就是需求管理和供给管理。看一个政策属于需求管理还是供给管理,主要看它是从哪个方面影响经济增长。如果主要从需求领域影响经济增长,那么就属于需求管理,如通过货币政策调整货币流动性,抑制或鼓励投资和消费;如果主要从生产领域来影响经济增长,如通过调节税收来影响企业的成本,就属于供给管理。需求管理和供给管理并没有绝对的界限,有些政策即有调节需求的功能,也有改善供给的作用。但一

---

① 《中国能源生产占全球比重大幅提高》,《证券时报》,2008 年 8 月 19 日。

般认为，货币政策和财政支出政策具有更多的需求管理尤其是短期需求管理的属性，而财政收入政策尤其是税收政策更多的具有长期供给管理的属性。所谓"里根经济学"，强调的就是减税对于经济增长的作用。我国自2003年以来实行货币政策，就其作用的主要领域来看，属于需求管理。在经济偏热时，通过降低货币供应总量和贷款的增幅，抑制增长过快的需求，在全球金融危机时扩大增幅。从使用的工具看，更多地应用调整存款保证金率而不是利率，因为利率的提高可能会增加国有企业的贷款利率负担，这样，货币政策就更多的是在需求方而不是在供给方影响企业的行为。其实，当经济增长偏热时，提高企业的贷款利率，一方面可能在短期影响企业的成本水平，对企业发展形成一定的压力；另一方面则可能鼓励企业通过改善经营、技术创新等手段提高自己的生存和竞争能力，有助于促进整个社会的技术进步。但如果是应用调整存款准备金率的方法，企业只是在获得贷款的规模或难度上有了变化，贷款的成本并没有变化。在一般情况下，如果提高了贷款成本，企业在使用贷款后所增加的回报还不足以抵销贷款上的成本，就自然会减少贷款。民营企业之所以在整体上比国有企业有更强的竞争能力，正是因为他们在取得贷款上更为困难，所以从某种程度上说，发放贷款时对民营企业的制度歧视有时反而促进了民营企业取得技术进步。

在发达市场经济国家，政府干预更多地采用的是需求管理手段，即通过影响增加或减少财政支出、调节货币供给影响投资和消费需求等，来达到平抑经济活动周期性波动的目的。而供给领域的问题，更多的是通过市场长期的发育来逐渐解决。在计划经济或者是在市场活动中政府干预色彩较浓的国家，政府主要更加注重对供给领域的干预以供给决定消费。而在改革开放后的中国，随着包括市场化进程和政府行为改革在内的经济体制改革的深入，政府对经济活动的干预越来越多地从供给领域转到了需求领域。如果说在改革开放初期，分配体制改革、价格体制改革、国有企业的产权制度改革以至于20世纪90年代中期的分税制改革，大多都属于供给管理或者说是以供给革命促进经济增长，那么随着以公有制为主体的社会主义市场经济在世纪之交基本形成，宏观管理开始越来越多地运用需求管理手段。从目前的情况看，有必要重新认识供给管理对现阶段我国经济发展方式转变的意义。在宏观经济管理中，不仅要重视需求管理，也在加强供给管理。而在需求管理中，尤其是在货币政策的应用中，也要注意发挥政策的供给属性。虽然中国这两年来，货币政策有所收紧，但也只是增幅放缓，总量还是增加的。如果从历年积累的流动性和贷款规模来看，整个货币环境仍然是相对宽松的。在这种情况下，保持货币政策的稳健和连续性，是有利于我国经济发展方式的转变。

第五节　深化金融体制改革与完善货币政策的传导机制

货币政策是通过包括直接融资和间接融资在内的资本市场发挥作用的，通过调节资本市场的流动性，达到干预宏观经济活动的目标。也就是说，货币政策的传导机制要通过资本市场来实现，资本市场体制和秩序的发展与完善程度影响着货币政策的传导和效应。在我国的市场化改革中，资本市场的改革是滞后于商品市场和劳动市场的改革的。就资本市场本身而言，投资银行即直接融资市场的改革与发展滞后于商业银行即间接融资市场，而在商业银行的运作中，市场化改革尤其是利率市场化也需要继续推进。我国金融体制改革和发展的不足影响着货币政策的传导机制及其效应。在全球金融危机期间，为避免经济增长率的过度回落，央行加大了货币供应量和贷款的投放，而随后为了减轻这种流动性带来的通货膨胀压力，开始回收流动性或者是放慢流动性的增幅，此时发现由于金融市场发育不全出现了一些特有的货币现象：

首先是商业银行的基准利率不高，但是民间借贷的利率非常高。在渡过了全球金融危机冲击的难关后，我国货币政策重新转为适度紧缩，以管理通货膨胀和通货膨胀预期，同时又担心影响经济增长的稳定性和持续性，又不能过度紧缩。2010年10月至2011年7月，中国人民银行先后五次提高存贷款利率，一年期存贷款基准利率累计提高了1.25%，其中，一年期存款基准利率达到3.5%，一年期贷款基准利率提高到6.56%，但仍然没有恢复到2008年金融危机以前的水平。无论是与CPI直接对比，还是与世界各国在遏制通货膨胀期间的利率水平相比，我国此时的利率水平尤其是存款利率水平都是偏低的，仍然属于"负利率"。另外，央行又通过存款准备金率、商业银行资本金充足率等方面的政策配合，收紧银行贷款的供给。由此造成一种在市场经济国家不常见的现象：在资金的价格即利率提高后，企业和社会并没有觉得"贵"，对银行贷款的需求仍然非常强劲，而银行没有贷款可发或者不愿意发。货币政策本身是市场手段，但是中国的转轨过程中，这一市场手段中却包含着深厚的行政色彩。一些企业尤其是民营企业，在过去一些年的发展中对银行贷款的依赖性很大。但随着获得贷款难度的增加，这些企业为了满足资金需求以渡过难关（如房地产商要摊房价、加工出口企业要完成订单等），这就迫使他们转向其他渠道去寻求资金。与此同时，由于存款利率低，正规的投资市场（如股票市场、债券市场等）又不能取得合理的预期收益，促使民间的大量资金更多地游离到金融体系之外寻求机会，导致我国的金融投机规模在不断扩张。这种体制外的需求和供给创造了一个很大的民间借贷市场。以 2011 年出现民间借贷危机的温州为例，随着银行收紧银根，温州民间借贷空前活跃。借贷规模达到 1 100 亿元，比 2010 年同期 800 亿元高出了 37.5%。借贷利息也是一路上涨，民间借贷利率超过历史最高值，一般月息是 3~6 分，有的则高达 1 角，甚至 1.5 角，年利率高达 180%[①]。这种高利率一方面体现了经济增长对资金的需求，各种民间借贷经过多重转手之后，以高利贷的形式贷给了民营企业，大大增加了经济活动中潜在的金融风险。一旦资金链断裂，对当地经济、金融秩序带来严重的冲击。温州的情况并不是个别的，高利贷活动在全国各地都在发生而且在加剧，只不过温州在经过多年的发展之后，最终出现了民营企业家逃债、资金链断裂等现象，以危机的形式反映了出来。而在另外一些地方，尽管矛盾还没有转化为危机，但金融风险正在加大。商业银行的低利率和民间借贷的高利率之间的差别，就是资金拥有者的风险报酬。在一般情况下，这种风险仍然属于非系统风险，而一旦向系统性风险转化，就说明间接融资市场的秩序或者是制度出了问题。当通过"排队"方式或者是制度倾斜（也可以称为制度歧视），以计划手段管理资金市场时，市场需求或市场利率就有可能创造出一个计划外或体制外的市场随着这个市场的规模越来越大，货币政策的作用就会被不断削弱，金融风险也会越来越大。这说明中国借贷市场的改革还要进一步深化，尤其是要渐进地推动利率市场化改革，借贷市场秩序的完善必须以这个市场的建设为基础。

其次是贷款规模的增长受到了控制，但地方政府的融资在继续扩张。为了控制消费品价格和住宅价格的过快上涨，央行收紧了银根。主要手段是控制贷款规模，但是又担心需求低迷而影响了经济增长和就业，又给了地方政府一系列宽松的政策，如发行地方政府债券、发展地方政府融资平台等，使地方政府的融资在扩张。在我国，地方政府是没有财政和货币政策的，财政收支必须平衡，也是不允许地方政府发行债券。但近些年来随着地方政府融资平台的发展在一定程度上放宽了对地方政府资金筹措和应用上的管制。这一平台的发展，在相当程度上是和地方的房地产发展联系在一起的。土地是地方政府拥有的最重要经济资源，除了通过转让土地获得收益外，地方政府还可以把土地以及相关的基础设施用于抵押筹措资金。一个地方的房地产发展越快，地方政府所获得的近期直接收益也就越大（其实从长远看，无节制的发展反而有可能牺牲当地的可持续发展），因此地方政府往往是鼓励房地产发展的。而随着中央的房地产调控，土地使用价格在变化，地方政府融资平台的风险也在加大。2010 年国家曾经对这一平台进行了

---

① 李蕾、沈玮青：《温州民间借贷危机引发高层关注　牵涉九成家庭》，《新京报》，2011 年 10 月 8 日。

专项治理，化解了部分风险，但为了保障房建设，政策又有所松动。

住宅商品化改革之后，居民家庭住宅需求成为拉动我国经济增长的重要因素。而由于体制、发展和市场等多方面的原因，商品住宅的发展出现了一系列难题，表现为房价上涨过快、市场投机气氛深厚等，政府不得不推出一系列行政手段（如限购、减少或取消贷款优惠等）来调节市场。与此同时，政府又推出了包括保障房建设为主的改善民生、拉动经济增长的措施。保障房建设也是以行政分配和低价销售为特征的"排队"经济，它的短缺不体现为价格上涨，而表现为很多符合基本条件的人买不到房（如在重庆，没抽到签的居民家庭就只能继续等待），所以不会直接对住宅价格的总水平产生向上的推力。另外，保障房建设又在增加社会需求、改善民生方面发挥相当大的作用。按照规划，我国在2011年要建设1 000万套保障房，2012年再建设1 000万套，后面三年还要再建设1 600万套，总计3 600万套。按平均每户住三口人计算，可以解决一亿多低收入城镇人口的居住问题，这一发展无论从建设规模还是从发展速度上看都是空前的，将会在中国的经济发展史上留下重要纪录。但是，保障房建设是需要资金的，地方政府自己拿不出这么多钱，在收紧缩货币政策下，也不可能完全依赖银行来解决资金。一是银行贷款额度受到了限制，二是保障房解决的是地方的问题，而商业银行的资金面对着整个市场配置。为了解决这一矛盾，2011年6月，国务院下发了《关于利用债券融资支持保障性住房建设有关问题的通知》，明确表示，企业债券具有期限长、利率低的优势，是保障性住房项目市场融资的较好工具，支持符合条件的地方政府投融资平台公司和其他企业，通过发行企业债券进行保障性住房项目融资。各地按《国务院关于加强地方政府融资平台公司管理有关问题的通知》（国发〔2010〕19号）进行规范后继续保留的投融资平台公司申请发行企业债券，募集资金应优先用于各地保障性住房建设。只有在满足当地保障性住房建设融资需求后，投融资平台公司才能发行企业债券用于当地其他项目的建设。国务院于2011年9月召开常务会议，研究部署进一步做好保障性安居工程建设和管理工作。会议为解决保障房的资金来源，提出了一系列措施：中央要继续增加资金补助，地方也要增加财政性资金投入用于保障房建设；银行业金融机构可以向符合条件的公租房项目直接发放贷款，也可向符合条件的地方政府融资平台公司发放贷款；允许公租房项目规划建设配套的商业服务设施，以实现资金平衡。2011年11月，财政部发布《2011年地方政府自行发债试点办法》，允许上海市、浙江省、广东省、深圳市作为试点，自行发行3年期和5年期债券。保障房建设是符合我国现阶段国情的，它一方面拉动了经济增长，改善了居民家庭的居住条件，另一方面降低了房价上涨的压力，还把大量地方政府的出让土地收入重新用于改善人民的居住条件。但是也要看到，这种建设和资金管理的方式，说明市场体制仍然存在着一些问题，使我们不得不在住宅体制改革多年之后，再回过头来用计划经济的方式来解决一部分低收入家庭的住宅问题，而为了解决相应的资金困难，不得不放开地方政府融资平台。地方政府融资平台是建立在行政框架下而不是市场框架下的，其服务目标也不仅仅是保障房建设，在解决已存在的矛盾之后，又可能产生新的问题和风险。政府直接参与市场的经济活动和金融活动，从短期来看，可能是有效率的，通过行政手段在短期内为困难群体解决住房。但是从长期来看，如果体制建设没有跟上，则更可能降低资源配置的效率，出现政企不分、产权不清和风险扩张。

最后是间接融资市场相对活跃的同时，直接融资市场却长期低迷，货币政策在股票和证券市场上未产生应有的效应。从改革开放初期到现在，商业银行一直是我国企业获得融资的主要来源。从20世纪90年代初开始，我国开始培育直接融资市场，主要是股票和债券市场。到了21世纪初，随着众多国有大型企业在证券交易所上市，我国证券市场的扩容速度很快，直接融资市场和实体经济的关系更为密切，如我国的四大国有商业银行，已经全部成为上市公司，其他大型国有企业也大量上市。然而股票市场的整体表现尤其是股票价格走势，和我国的经济增长经常是脱节的。从2007下半年开始，虽然我国的经济增长率有所波动，但仍然是世界上经济增长最好的国家。而集中了国内优秀上市企业（至少在上市前后是比较优秀的企业）的中国股票市场，无论从股价的变动上看，还是从投资者对企业群体的信心，或者从企业本身的整体发展来看，却不能反映这种基本面。理论上，当货币政策和其他宏观政策由松向紧变动时，如果经济增长的良好基本面没有改变，随着基准利率的下调，资金就会更多地转向直接融资市场，导致股票和债券市场上升。在发达市场经济国家，间接融资和直接融资市场之间通常存在着这种互补关系。但是在全球金融危机之后，中国证券市场只有过一段很短时期的反弹，然后就陷入长期的低迷。虽然这一期间股票市场上又发行了很多新股，但低迷的证券市场的融资功能和配置资源的功能肯定也是弱化的。在证券市场上，如果大多数投资者的目光都集中于短期收益、注重投机而缺少足够的战略投资目的，那么这个市场肯定是不稳定的。这种不稳定当然有投资者的原因，但更大的原因可能还是在制度建设本身。直接融资市场不说游离在资本市场之外，至少和间接融资市场没有结合进一个有机的整体。货币政策对间接融资市场的影响，不能及时地、合理地传递到直接融资市场上来，这就缩小了货币政策对整个金融市场的调控作用。

体制内借贷市场和民间市场之间、中央政策和地方政策之间、间接融资市场和直接融资市场之间的这种反差，说明了我国金融体制的发展仍然有欠缺。表面上是影响了货币政策的传导机制，而根本上是市场化改革仍然有待于深入，否则就有可能影响我国的经济发展。因此，尽管货币政策及相关的宏观经济政策的及时、合理的调整是必要的，但是深化的经济体制改革对我国经济发展的意义更加长远。科学合理的市场体系的建设以及市场秩序的完善是更好地实施各种现代宏观政策工具的基础，只有把这个基础建设好了，宏观经济政策才能更好地发挥功能。

第二篇

金融危机背景下我国宏观经济的新形势与货币政策：金融危机、对外开放、货币政策

本篇主要探讨了以下几个问题：美国金融危机的成因、我国目前通货膨胀的成因及应对措施、人民币升值问题、热钱流入我国的规模的估算，以及宏观调控体系的重构。

金融危机的成因。综观此次金融危机爆发的原因，技术进步率下滑是根源。科技进步率下滑导致新产品减少、消费热点贫乏、企业投资收益率下降，从而消费和投资出现下滑的局面。为了刺激经济，美国只好采取货币政策降低利率以刺激投资，但这种政策刺激出来的投资是劣质投资，一旦由于任何技术进步以外的原因促使利率再上升，这些项目就会亏损，金融危机就可能出现。

我国目前的通货膨胀的成因。第一，长期巨额的贸易顺差导致我国流动性过剩，而工资上升、资源价格上涨等原因又导致成本上升。流动性过剩导致物价的普遍上涨。第二，流动性过剩和产能过剩二者共同作用导致商品价格上涨，表现出从时间上落后于资产价格的上涨、从涨幅上低于资产价格的特点。第三，由于生产成本的上升，尤其是劳动力价格的上涨，劳动密集型产品的价格上涨幅度要高于其他产品价格的上涨幅度。

在分析了我国通货膨胀的成因之后，本篇进一步探讨了进口外国中间产品对我国通货膨胀的影响，并在同

时考虑需求冲击和供给冲击的情况下用向量自回归模型考察了股票收益和通货膨胀的关系。

国际投机资本流入我国规模的估算。国际上估算热钱规模有两种方法，即直接法和间接法。直接法把国际收支平衡表（BOP）中的"净误差和遗漏项"归为热钱，间接法将新增外汇储备减去贸易顺差与外国直接投资后的残差视作热钱。但是，我国的大量热钱是以虚假贸易的方式进入中国的。因此，还需将隐藏其中的热钱还原出来，以得到更加合理的热钱流动规模。本篇估计了合理的贸易顺差规模，从而还原出了贸易顺差中隐藏的热钱。

我们还讨论了我国资本外逃的规模和动因。我国目前既存在国际热钱的大量流入，也存在大规模的资本外逃现象。本篇估算了我国资本外逃的规模，分析了其出现的原因，并定量分析了资本外逃对我国经济的影响。

人民币汇率问题。外汇增速过快，导致外汇储备增加，形成了人民币升值的压力。此时，汇率政策有两个选择：一是升值，二是不升值。如果升值，出口就会下降；如果不升值，那就意味着中央银行需要调控汇率，通过买入外汇稳定汇率。而买入外汇的结果就是人民币供给增加，形成通货膨胀压力。如果真的发生了通货膨胀，那么以人民币标价的中国产品的生产成本就上升，中国产品在国际市场上的价格也会随之而上升，从而导致国际市场上对我国产品的需求量下降，同样可能会造成我国出口收缩。因此，相对而言，人民币升值对中国经济比较有利。本篇进一步分析了国内物价变动对我国出口竞争力的影响。

宏观调控体系的重构。在经济面临成本推动通货膨胀的情况下，需求管理不管怎么做都有重大缺陷。如果要解决失业问题，通货膨胀将更严重；而要解决通货膨胀问题，就必然进一步推高失业。因此，要应对成本推动的通货膨胀，就必须引入供给管理政策，通过降低企业的有效成本来抑制通货膨胀。短期供给管理政策工具有影响企业有效成本的财政政策、要素价格政策（比如利率政策、工资政策、资源价格政策等）、汇率政策等。我国目前的通货膨胀同时由需求拉动和成本推动，因此应该采取供给扩张、需求紧缩的政策组合，用供给扩张应对成本推动的通货膨胀，用需求紧缩应对需求拉动的通货膨胀。

为了说明供给管理政策的作用，本篇我们用结构向量自回归模型考察了需求冲击和供给冲击对中国经济周期的影响，探讨了需求管理政策和供给管理政策对产出和通货膨胀的影响。鉴于供给冲击对产出的短期影响难以分解，在这里仅考虑了供给冲击的中长期效应。

第六章

金融危机回顾及其对我国的影响

近几年对世界经济包括中国经济影响最大的事件就是 2008 年爆发的全球性金融危机，这场金融危机给我们一个重构宏观经济调控体系、重新审视经济运行状况和货币政策效应的机会。本章对金融危机进行一个全面性的回顾，理清其与中国经济运行之间的关系。

第一节 金融危机的成因

就美国金融危机爆发的原因，目前存在着不同角度的多种解释。有说法认为美国金融危机的爆发与其他国家金融危机并没有本质的不同，主要是由于金融自由化、放松管制、大量资本流入导致房屋贷款市场泡沫而引发的；也有人把资产证券化标准降低、而导致风险上升看做本次金融危机的主要原因；也有说法认为美国金融危机是微观市场失灵、全球流动性过剩和货币政策失误三个方面原因的"完美"结合；还有些学者则从心理和消费习惯将美国金融危机归结为储蓄率长期过低。综合看来，这些层面的原因都有一定道理，但却不是最根本的。

在我们看来，美国金融危机的根源是科技进步率下滑。"二战"期间，交战阵营为了取得优势地位，都在尖端武器的研发中投入了大量的人力和物力，也取得了大量开创性的科技成果。德国发明了导弹，开创了航天工程这一新领域；与此同时，美国开发出了核武器，附带发明了计算机，发展了无线通信技术。"二战"之后，美苏争霸的世界格局存在了大约45年的时间，在这一时期，军备竞赛尤其是航空竞赛导致航天、电子、通信、计算机、互联网等一系列新产品和新行业的出现。这些科研成果起初是军用的，是介于基础理论和商用技术之间的一种成果，可以说是技术方面的一种基础性研究。这些科研成果随后逐步扩散到民间，就导致了以IT技术为核心特征的20世纪90年代的"新经济"。

1991年，苏联解体，冷战结束，美国成为世界上唯一的超级大国。美国进行尖端武器研发的积极性下降，具体表现在研发支出的增长率大幅下降。图6-1给出的是美国联邦科研投入及联邦国防科研投入的增长率的历史走势。从中可以看出，在"冷战"期间，这两个增长率都比较高，最高时美国联邦国防科研投入的增长率接近24%。而冷战结束后的10年中，美国科研投入，尤其是军事科研投入增长缓慢，1994年的增长率甚至为-8%左右，此后再也没有恢复到"冷战"时期的水平。

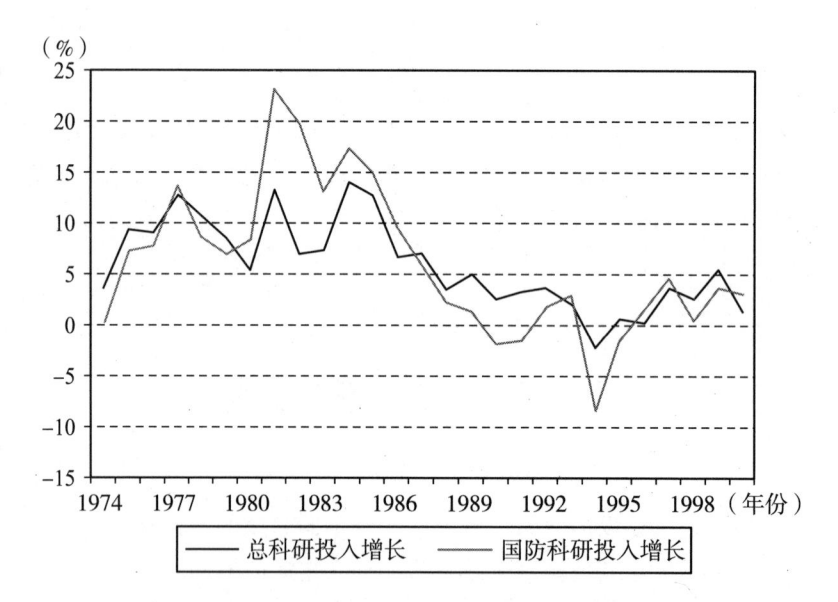

图6-1 1974~2000年联邦科研投入预算增长率

资料来源：美国国家科学基金会网站（http://www.nsf.gov）。

这样，在武器研发领域，再也没有冷战时期那样的突破性进展。随着技术进步率的下滑，收益率高的项目越来越少，企业投资的积极性下降。一般而言，一项科技成果从军事用途扩散到民用，大概需要10年的时间。于是，到了2000年，"冷战"时期所积累下来的科技成果的潜力被民间挖掘殆尽，此后就再也没有新的、足够多的、足够有分量的科技成果可以利用了。事实上，从2000年中期开始，也就是美国科技投入，尤其是军事科研投入开始减缓后的10年，美国经济开始陷入衰退，而"9·11"事件更是使美国经济雪上加霜。2001年，美国GDP增长率下降到0.7%左右。为了挽救美国经济，美联储连续降低利率，到2003年中期，美国联邦基金利率从2000年中期的6.5%降到2003年的1%。随着商业银行资金借入成本的下降，商业银行的贷款利率也跟着下降，放贷条件也越来越宽松。于是，在住房抵押贷款市场上，大批原本没有贷款资格的购房者能够获得贷款了，首付也被采取各种各样的变通措施从20%变成了几乎零首付，就形成了所谓的住房"次级贷款"。随后，"次级贷款"迅速大规模扩张。

降低利率刺激经济的凯恩斯主义疗法成功地使美国经济走上复苏之路。到2004年，美国经济增长率达到3%以上，出现了经济过热的征兆，于是美国再次提高利率。随着利率的提高，次级贷款者的月供大幅度增加，许多人承受不了，就出现断供的现象。"次贷危机"就此爆发。图6-2给出了1990~2005年美国的GDP增长率和联邦基金利率。从图6-2可以看到，2000年是美国经济的一个分水岭。在2000年之前，美国经济的特征是"高利率、高增长"，而在2000年美国经济增长恢复之后，美国经济的特征则是"低利率、高增长"。

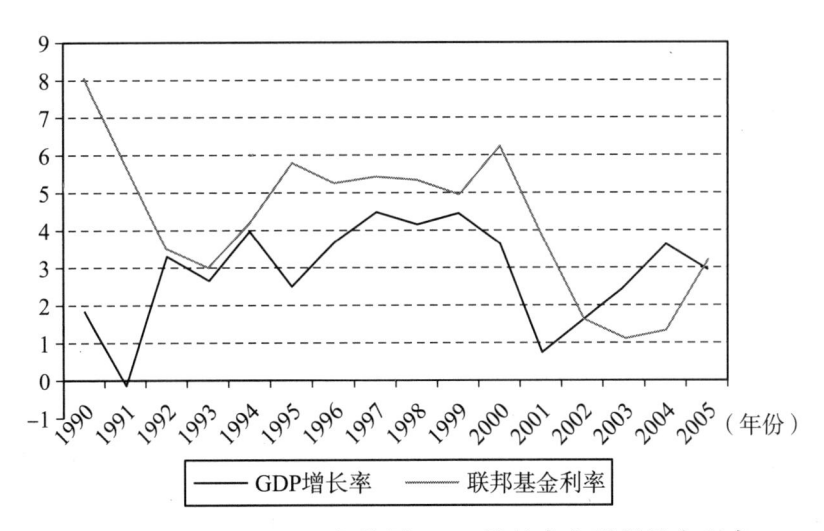

图6-2　1990~2005年美国GDP增长率和联邦基金利率

资料来源：IMF网站世界经济展望数据库（http://www.imf.org），美联储网站（http://www.federalreserve.gov）。

在技术进步率很高的年代，即使利率很高，经济中新投资的边际收益率仍然高于边际成本，也就直接拉动了经济的高增长。而技术进步这一动因一旦消失，低利率政策带来的投资风险累积对金融危机有着一定的责任。因此，美国金融危机的深层原因在于科技成果的减少和技术进步的放缓。纵观此次金融危机爆发的原因，技术进步率下滑是根源，而扩张性需求管理政策是本次金融危机爆发的助推器，监管不力为金融危机打开了方便之门，而唯利是图导致的种种"金融创新"则为金融危机创造了最佳载体。

第二节　本次金融危机向我国的传导机制

自美国金融危机爆发后，我国也受到了一定的影响。中国经济出现了一个与美国及世界主要经济体部分类似却有很大不同的现象。自进入 2008 年下半年以后，经济增长率开始下滑，失业率上升，通货膨胀率逐步下降并最终变为负的，但资产价格却迅速攀升，出现了实体经济和资产市场背离的局面。同样是受美国金融危机的影响，美国的实体经济与资产市场却是一致的。为什么会出现这种局面？这要从中国与美国经济危机的根源谈起。

我们知道，美国的本次经济危机源于次贷危机。次贷危机爆发后，银行体系为了保证自己的安全，需要大量超额准备金，如果得不到就会导致货币紧缩和放贷量的大幅减少，从而对实体经济和资产市场构成威胁，金融危机就会转化为经济危机，因此，二者是一致的。而中国经济衰退的根源跟美国完全不同，美国经济危机是从虚拟经济扩散到实体经济，而中国则是从以出口为导火索，进而从实体经济蔓延到虚拟经济。

对于中国经济来说，首先是受到美国金融危机的影响导致出口下降。从 2008 年 10 月起，我国出口逐月收缩，在 2009 年 4 月最低降到了 649 亿美元。出口的下滑引起企业投资意愿和居民户消费意愿下降，导致企业投资需求和居民户的消费需求减少。后者又从两个渠道分别影响中国的实体经济和资产市场。第一，企业投资需求和居民户消费需求下降导致经济中的总需求下降，随着总需求的下降，中国的经济增长率开始下滑，失业率上升，物价开始下跌，导致实体经济衰退。第二，企业投资需求和居民户消费需求下降又意味着企业和居民户对货币的交易性需求下降，从而在货币供给不变的情况下，出现了流动性相对过剩的局面。这些过剩的流动性不会被用于购买商品和服务，因为它的出现本就是对商品和服务的需求下降的结果，只能流到资产市场，这就导致资产价格的暴涨。因此就产生了实体经济与资产市场（或者称作"虚拟经济"）的背离。因此，中国实体经济的衰退和资产市场的暴涨是同一经济问题在不同市场上的反映，是同一问题的两个面。

可见，对于中美两国而言，虽然两国面对的都是总需求下降，但总需求下降的原因却是完全不同的。美国总需求下降是由于次贷危机导致银行收紧贷款引发的货币紧缩。而中国总需求下降的原因却是全球金融危机导致的出口下降引发的实体经济衰退。实体经济出现问题后，由于种种原因，企业投资需求和居民户消费需求均下降，结果导致交易性货币需求下降，在货币供给不变的情况下，意味着货币市场出现了供大于求的局面。因此从经济表现上实体经济和虚拟经济的表现中二者存在着本质性的不同，美国是金融体系出了问题，蔓延到实体经济，美国的问题是货币供给不足，货币需求很大；而中国则是实体经济出了问题，蔓延到金融体系，中国的问题是货币需求不足，货币供给很大，导致资产价格的膨胀。

第三节 金融危机对全球经济新格局的影响

一、"美元危机"爆发可能性加大

金融危机对全球经济格局的影响不仅仅体现在金融危机本身的冲击性上，各国应对金融的政策也对全球经济的发展有着举足轻重的作用。在应对本轮金融危机的过程中，各国政府采用的仍然是传统的需求管理政策。例如，从财政政策上看，美国国会通过了奥巴马政府 7 870 亿美元的经济刺激方案，日本政府也出台了历史上规模最大的经济刺激方案，高达 568 万亿日元，而我国中央政府则安排了 4 万亿元的投资计划，并要求地方政府提供配套资金。从货币政策上看，主要国家的央行进行了多次联合行动，不断降低基准利率，向经济中注入大量流动性资金。美国中央银行从 2008 年 9 月开始向经济中大量注入基础货币，到 2009 年 1 月，在 5 个月的时间内，美国的基础货币增加了 1 倍，使得商业银行的超额准备金在同期内增加了 400 多倍。如此大规模的货币扩张以及由此而来的商业银行超额准备金的大幅度增加，给经济埋下巨大隐患。在危机期间，由于各个商业银行需要大量的超额准备金，中央银行提供的货币基础就积淀在商业银行体系中，对实体经济没有负面冲击，甚至保证实体经济不受负面的金融危机的打击。与货币基础和超额准备金的大幅增加相反，在同一时期，美国的 $M1$、$M2$、商业银行发放的贷款、私人国内总投资的运行相当平稳，基本上没有大的波动。

然而，一旦危机过去，经济恢复正常，商业银行不再需要如此大规模的超额准备金时，会出现什么情况？这些巨额的超额准备金就会成为贷款，流入实体经济，通过货币乘数过程，导致货币供给量大幅度增加。如果货币乘数恢复到危机前的水平而货币基础不变，就意味着货币供给量将翻一番，美国就将面临严重的通货膨胀，在国际市场上，美元将大幅度贬值。如果世界各国政府和个人预期到这一点，抛售美元就成为大家避免风险的共同选择。于是，就可能出现美元危机。上述讨论的假定是美国维持目前的货币基础规模不变，美国当然可以设法回收货币基础，但这种做法受到几方面的约束。

第一，回收货币基础的时机选择。什么时候应该回收货币？当然是在经济危机已经过去、经济恢复正常的时候。但怎么判断这一时间是否到来？目前没有一个客观的标准。目前美国经济虽然转暖，但谁也不敢说危机已彻底过去。如果过早回收货币，可能使刚刚有点儿起色的经济再次趋冷，所以只能等待经济形势明确无误的时候才能采取紧缩性货币政策。从商业银行感觉到自身安全从而减少超额准备金、增加贷款到中央银行确认经济恢复正常之间有一个时间差，这一时间差足以导致货币供给量的大幅度增加。

第二，中央银行回收货币的能力。在半年时间内，美国的货币基础翻了一番，如此大规模的货币基础要回收，需要的政策力度是非常大的。传统的货币政策三大工具在如此大规模的货币基础回收额面前，显得微不足道。有人可能会说，当初怎么增加的，现在就怎么回收，不就完了？问题没有这么简单。当初增加货币基础的时候是在救市，大量买入各种商业票据，甚至破例向企业直接发放大量贷款，是为避免资产市场和实体经济的崩溃，是必要的。但现在要回收货币，如果再采取原先的手段逆向操作的话，就会导致资产市场再次面临崩盘的局面，实体经济也会面临巨大的压力。因此，在面临如此约束的条件下，中央银行回收货币的能力受到限制。

第三，利益纠葛。在危机期间，大幅度增加基础货币是符合各方利益的，受到的阻力小，而且增加基础货币本身也比较容易。但在正常时期，大幅度紧缩货币却会损害一些人的利益，因此不可避免地会受到各方的抵制。因此，可以预料的是，危机一旦过去，美国的货币供给量必然会大幅度增加，即使美国中央银行及时采取措施回收基础货币，也无法彻底扭转这一局面。

就目前的情况看，虽然尚无法确定必然会出现"美元危机"，但其出现的可能性应该说是很大的。随着货币量化宽松政策的持续进行，美元贬值已经成为国际货币资产上的一个既成事实。而在美元大幅贬值的预期下，美元的持有者会大量抛售美元以保值，甚至美国人也会这么做。结果是，在美国可能会出现银行挤兑，美国银行体系再次面临危机；在国外，美元大幅度贬值，国际货币体系面临考验甚至崩溃。"美元危机"最终会再次导致全球金融危机，而且其威力远远大于"次贷危机"。

二、全球性贸易保护主义抬头

在金融危机的打击下,贸易保护主义开始抬头,就连美国这个经济自由主义的堡垒都祭起了贸易保护主义的大旗。在 2009 年美国国会通过的 7 870 亿美元刺激经济方案中,"购买美国货"成为世界各国关注的焦点。有报道说,该方案要求构成经济刺激计划主体的基建项目,将基本禁止使用外国进口的钢铁材料,甚至要求所有经济刺激计划项目必须使用美国制造的设备和商品。在美国之后,印度、俄罗斯、英国、欧盟等许多国家都采取了各种各样的贸易保护措施,同时在全世界也有了一种"去全球化"的思潮。贸易保护主义抬头和"去全球化"思潮泛起的根本原因就在于全球经济增长的放缓,而金融危机的出现更是引起了人们对全球化和自由贸易的反思。最近 20 年来,"全球化"、"经济自由化"曾经是非常时髦的词汇,人们认为它们给世界经济带来了活力,把他们看做是世界经济未来的不可逆转的趋势。然而在出现金融危机的时候,人们马上就发现了它们的弊端。

第一,美国金融危机为什么会波及全世界?这次危机的源头是美国的"次贷危机",而"次贷危机"最终却通过"次级债"演化成全球金融危机,这其中金融全球化被认为是罪魁祸首。如果没有金融全球化,美国的"次贷危机"就会被局限于美国的范围内,不会波及全球。

第二,亚洲金融危机期间国际热钱未受约束的自由流动可以说就是亚洲金融危机的主要原因之一。亚洲金融危机之所以爆发,亚洲经济存在一定的问题固然是原因之一,但更重要的原因就是规模巨大的国际热钱的自由跨境流动。如果没有后者,许多亚洲经济体,尤其是经济状况较好的经济体本来不会受到冲击,比如中国香港、中国台湾和新加坡。

第三,"全球化"被认为减少了发达国家的就业机会。在发达国家看来,贸易的存在和扩张被认为挤压了本国同类企业的生存空间,减少了本国在这些行业的就业机会,尤其是这些国家的"夕阳行业"的就业机会。而要素的自由流动被认为也有同样的效果,比如,对外投资的扩张导致本国资金流入发展中国家,这些资金如果投在本国,就会增加本国的生产能力,为本国创造更多的就业机会。要素自由流动实际上就是对本国就业的一种抑制,而有些对外投资甚至同时导致了产业转移,本来在本国生产的一些产品被转移到了生产成本低廉的发展中国家,劳动力的流动往往也会导致外来劳动力对本国劳动力的替代,等等。

第四,"全球化"客观上形成发达国家与低生产成本的发展中国家之间的强烈竞争和相应的产业转移,从而使各国宏观经济政策的效果大打折扣。目前世界各国在宏观调控中主要采取需求管理政策,也就是通过财政政策或货币政策来调节总需求。但在全球化的情况下,一个国家辛辛苦苦创造出来的总需求却可能是对外国产品的总需求,从而使得本国宏观经济政策的效果减小。比如说,如果政府减税,老百姓的消费需求就可能增加,但老百姓消费的可能是本国产品也可能是外国产品,如果老百姓买的外国货更多,那实际上是在自己花钱帮外国政府,这是哪个政府都不愿意看到的结果。

如果世界经济运行良好,没有金融危机,现有的制度安排就不会受到质疑,贸易保护主义也就不会抬头。在出现金融危机的情况下,各国政府为了自身的利益,就不得不对现存的各种现象重新思考,于是贸易自由主义就受到人们的怀疑,贸易保护主义再度抬头。

三、产能过剩的状况日益凸显

根据商务部在 2006 年发布的《600 种主要消费品和 300 种主要生产资料商品供求调查报告》称,2005 年中国商品市场出现新情况:部分行业库存增加,供求关系发生逆转,国内 600 种消费品中,86.9% 的商品供过于求。尽管在这之后我国的宏观调控政策开始向重点调控产能过剩行业倾斜,但产能过剩仍然是我国经济面临的重大问题之一,而这一问题又针对金融危机的救济政策而更加凸显。

在爆发金融危机之后,如果没有政府干预,那么货币需求就会上升,从而利率大幅度上升,这就会导致投资下降,最终会导致实体经济危机。为了向出现紧缩的经济注入流动性,许多受到冲击的经济体都会大规模增加货币供给,以应对货币需求的上升。在此情况下,如果能够增加货币供给,就可以保证利率不上升,实体经济就不会受影响,因此增加货币供给就可以把金融体系与实体经济隔开,在实体经济与金融体系之间构筑一道防火墙。因此,美国和世界各个主要国家都采取了大规模的货币扩张政策。美国的基础货币在半年内翻了一番,使得美国商业银行体系的超额准备金增加了 400 多倍;中国也连续采取了降低利率的政策,使得中国的利率降到了历史最低点。但是这个举措的"后遗症"则是调控周期结束后过剩货币的出现。大规模过剩货币的存在使得资产的预期收益率高企,经济中出现一种虚假繁荣的状况,过剩的产能不但没有被清除,还借助本身已经比较深厚的产业根基获得更多的资金投入,产能过剩现象更加严重。这样的虚假繁荣则会将经济中的生产能力再度引向已经出现产能过剩的领域,导致人们投资于实体经济的积极性不强,这不仅延缓了经济的恢复,而且更重要的是在"去过剩产能"的过程中,造成额外的浪费,加重了经济衰退的程度。

金融危机爆发后的第二个重大影响就是消费面临下降的趋势。为了挽回这样状况，世界各国都采取了刺激消费的措施。具体措施包括降低个人所得税、消费补贴（如中国的家电下乡、汽车下乡、以旧换新等措施）、税收优惠（比如降低汽车购置税等）等。但是这些的补贴政策大多针对的是对传统产业的消费，传统产业由于在经济中的比重很大，因此在刺激经济恢复的计划中多处于有利地位。可以说，在恢复经济的政策中，原本已经过剩的产能并没有借着金融危机这场风暴得到清理，反而有着进一步加剧的趋势。治标不治本的措施暂时堵住了经济衰退的大洪水，但却形成了一个巨大的经济人工湖。随着上游的水仍然在不断流入这个湖，使得湖水水位越来越高，政府将不得不加高堤坝，稍有不慎堤坝决口就成洪灾；即使政府小心谨慎，确保堤坝不决口，但也有政府最终无力继续加高堤坝的那一天，当那一天到来之时，一场巨大的洪灾就不可避免。

第七章

后金融危机时代我国的宏观经济新形势：通货膨胀问题

第一节 我国本轮通货膨胀的基本机理

进入 2010 年以来，我国的通货膨胀率逐渐提高，10 月 CPI 上涨率达到了近年来的新高 4.4%，这引起了国内外的普遍重视。央行也随之在 10 天内连续两次提高法定存款准备金率。那么，本轮通货膨胀有什么特点？成因是什么？我国应该采取什么样的应对措施？这就是本部分讨论的问题。

一、我国本次通货膨胀的特点

我国目前的通货膨胀有三个特点。第一，基本上是物价普遍上涨。图 7-1 和图 7-2 给出了 2010 年 1~10 月我国的居民消费分类价格指数（同比）的情况。从图中可以看出，在 8 大类商品中，除了衣着、交通和通信两大类商品之外，其他各大类商品价格均上涨而且通货膨胀率有上涨的趋势；而家庭设备用品及服务和娱乐教育文化用品及服务两大类商品的价格指数也从年初的低于 100 逐步上涨到 100 以上。

第二，食品价格的涨幅远远大于其他类商品，而且食品类价格的涨幅与其他各类商品价格涨幅之间的差距不断扩大,10月食品类价格涨幅比居民消费价格总指数高出5.7个百分点。而在食品类价格中,蔬菜类价格的涨幅又远远高于其他食品价格的涨幅,10月鲜菜价格的同比上涨率达到31%,鲜果价格的上涨率达到17.7%。

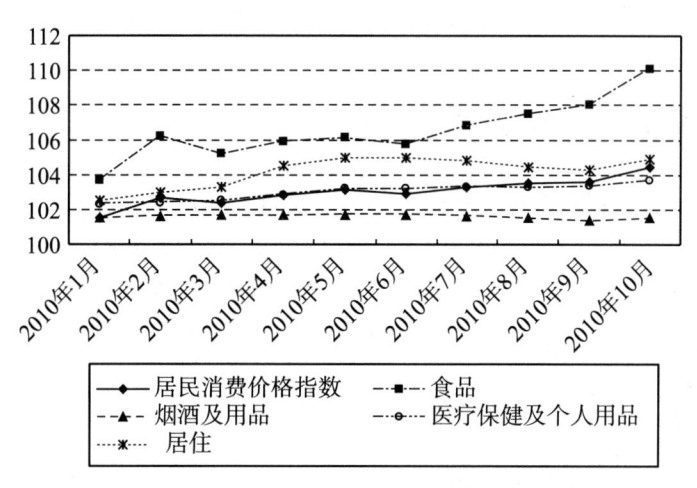

图7-1　2010年1~10月我国的居民消费分类价格指数(1)

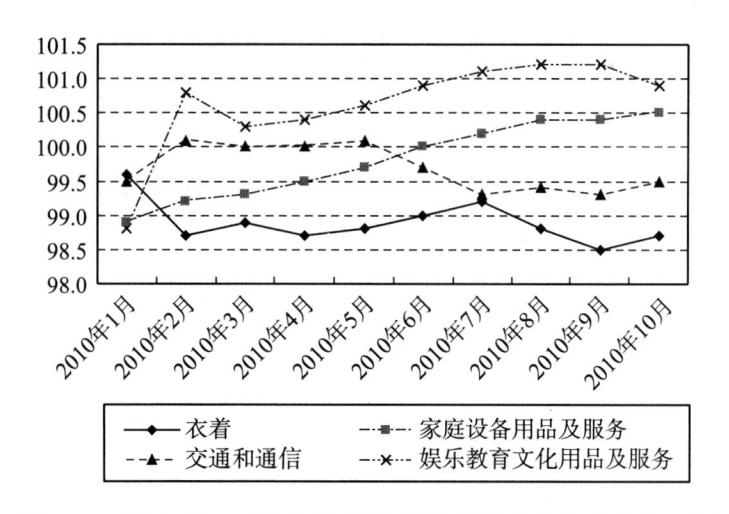

图7-2　2010年1~10月我国的居民消费分类价格指数(2)

资料来源:作者根据国家统计局网站提供的数据绘制。

第三,本轮通货膨胀是在资产价格飞涨之后发生的。与商品价格的上涨相比,资产价格在近几年的上涨更为引人注目。2008~2012年,我国的资产价格尤其是房价高速上涨,其中仅2009年,从年初到年末,北京的房价几乎翻了一番,而政府的房价调控措施几乎毫无效果。玉石、文物、古董、字画、高级酒等可以储藏的商品价格也大幅度上升。

综上所述，我国目前面临的是物价普遍上涨的局面，这种局面包括资产价格的上涨和商品价格的上涨两个部分。其中，资产价格的上涨从时间上领先于商品价格的上涨，涨幅也远远超过商品价格的涨幅；而在商品价格的上涨中，食品类价格尤其是蔬菜类价格的上涨幅度要远远高于其他商品价格的涨幅。

二、我国目前的通货膨胀的成因

我们认为，我国目前的通货膨胀主要是由供给和需求两个方面的原因共同造成的。这跟以前的通货膨胀有所不同。我国以前的通货膨胀多数为需求拉动型的，现在，随着企业生产成本的上升，我国的通货膨胀中成本推动的作用越来越大。我们分别讨论为什么会出现需求拉动和成本推动两个类型的通货膨胀。

（一）需求拉动

需求拉动的主要原因是我国的货币供给增长过快，而货币供给增长过快的原因则是外汇流入过多。近年来，外汇流入已经成为我国中央银行投放基础货币的唯一途径。图7-3反映了这种情况。图7-3给出的是从2000年1月到2010年1月我国的外汇占款与储备货币（也就是基础货币）之比。在2001年，外汇占款占基础货币的比例为43%左右，2006年初这一比例超过100%，此后这一比例继续上升，最高时达到129%，目前维持在120%左右。这意味着我国的基础货币完全是由购买外汇投放的，不仅如此，中央银行还得通过其他途径回收因购买外汇投放的部分基础货币。

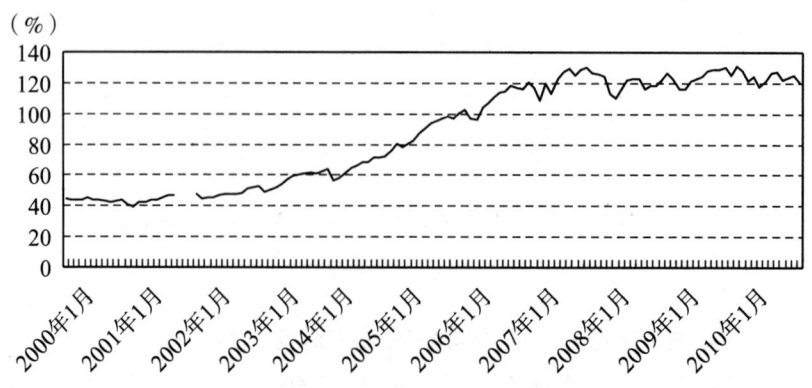

图7-3 我国的外汇占款与基础货币之比（2000年1月~2010年1月）
资料来源：作者根据中国人民银行网站提供的数据计算绘制。

外汇流入导致我国的货币供给增长过快，虽然中央银行采取了大量发行央行票据的政策回收基础货币，依然无法完全摆脱流动性过剩的局面。其结果，物价上涨就不可避免。但是，我国的物价上涨却有其特殊性。当流动性过剩出现时，首先上涨的是资产价格，随后商品价格开始上涨，而且商品价格的上涨幅度远远低于资产价格的上涨幅度。为什么呢？

原因就在于第一章提到的，我国目前存在的严重的产能过剩问题。"产能过剩"是从供给一边说的，从需求一边看就是所谓的"有效需求不足"，二者是一个意思。"有效需求不足"的意思就是老百姓的基本消费需求快达到饱和[①]，老百姓的边际消费倾向已经很低，因此随着老百姓手中货币的增加，老百姓并不大量增加消费，而是增加储蓄，而储蓄就是对各种资产的需求。其结果，资产价格首先上涨，而商品价格由于产能过剩的存在不涨或小幅上涨。随着资产价格的上涨，资产的预期收益率逐步下降，过剩的流动性会逐步流入商品市场，导致商品价格上涨，但由于人们的消费需求不足，因此消费需求增加的幅度远小于资产需求的增加幅度，从而商品价格的上涨幅度要远小于资产价格的上涨幅度。

（二）成本推动

生产成本上升是我国目前的通货膨胀的另一个原因。

第一，工资成本上升。近年来中国劳动力市场出现的各种引人瞩目的事件如"民工荒"现象、某企业连续出现十几次员工跳楼事件、频频出现的劳资纠纷和罢工等都表明中国劳动力市场的形势已经跟以前大不相同。相应的，中国各地政府相继提高最低工资标准等因素也导致工资成本上升。

我们应该明确的是，工资成本上升并不是坏事。实际上，工资成本上升在某种意义上说就是经济发展的主要目的之一。经济发展的目的就是提高居民生活水平，而居民生活水平又取决于其收入水平，而居民收入的大部分是工资收入，因此，要提高人民群众的生活水平，就必须提高工资，这对于企业来说就意味着工资成本的上升。因此，工资成本的提高本身对经济就有了两面性：一方面，工资提高是我们发展经济的目的。另一方面，工资提高又增加了企业的生产成本，给企业生产和宏观调控提出了新的问题。

第二，随着中国经济的发展和经济规模的扩大，中国对原材料、能源等自然资源的需求也大幅度增长，中国对国外资源的依存度也迅速提高。这导致资源价格的上升，也提高了企业的生产成本。

[①] 这是在目前的经济体制和收入分配格局下说的，随着经济体制和收入分配格局的变化，我国的消费也会发生变化。

第三，随着节能减排在全世界逐步得到认可，以及我国经济面临的资源压力，我国政府对节能减排也越来越重视，相应的要求和标准也越来越高，为了满足这种要求，企业就得增加人力、物力，这客观上进一步加大了企业的生产成本。

第四，随着居民收入水平和生活水平的提高，我国居民对生活质量也越来越重视，因而对环境保护、生产安全、食品安全、生活的舒适度等方面的要求也越来越高，而满足这些要求也需要增加投入，这就客观上使得生产成本上升，加大了物价上涨的压力。

第五，随着全球金融货币流动性进一步加强，美国货币政策也从实质上对我国的通货膨胀造成了一定的影响。为了应对金融危机，美国实行了量化宽松的货币政策，这在很大程度上推高了以美元计价的国际大宗商品（石油、原材料等）价格上涨，这部分的价格上涨是不以我国单独的经济状况乃至于货币或者财政政策为转移的。国际货币金融环境变化，导致原材料的输入成本上升，造成我国基础原材料价格的上涨，从而引起成本推进型通货膨胀。

成本推动的通货膨胀的特点就是所谓的"滞涨"。美国两次石油危机期间的情形就是如此。我国目前的成本上升也会有相同的结果。

三、小结

以上分析有助于解释我国目前通货膨胀的特点。第一，流动性过剩导致物价的普遍上涨，这包括资产价格和商品价格两方面；第二，流动性过剩和产能过剩二者共同作用导致资产价格的快速上涨，以及商品价格上涨从时间上落后于资产价格的上涨、从涨幅上低于资产价格的特点；第三，由于生产成本的上升，尤其是劳动力价格的上涨，劳动密集型产品的价格上涨幅度要高于其他产品价格的上涨幅度。因此，在本轮通货膨胀中，农产品，尤其是劳动密集型农产品如蔬菜价格的上涨幅度远高于其他食品价格的上涨幅度。

第二节 进口外国中间产品对我国通货膨胀的影响

一、引言

我国通货膨胀率近来出现明显的抬头趋势。根据中国国家统计局数据，2011

年 4 月我国居民消费价格指数（CPI）和工业生产者出厂价格指数（PPI）分别出现了 5.3% 和 6.8% 的同比上涨，食品类价格上涨高达 11.5%。图 7-4 给出了从 2007 年 1 月至 2011 年 4 月我国居民消费价格指数（CPI）和工业生产者出厂价格指数（PPI）的月度同比数据，从图中可以清晰地看出我国目前通货膨胀率的上升趋势。

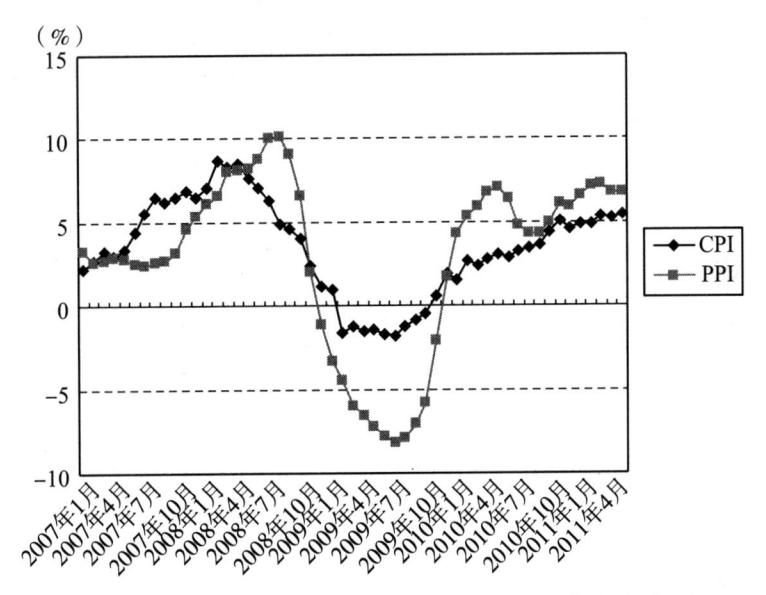

图 7-4　居民消费价格指数（CPI）工业生产者出厂价格指数（PPI）月同比数据

我国作为世界上主要的工业产品生产国，最终产品的出厂价格水平受到进口国外中间产品数量和价格的影响，类似的研究很少见到。中间产品（Intermediate Goods）是指继续投入生产过程的初级产品和工业再制品，这些产品经过一些制造或加工过程，还没有达到最终产品阶段。例如，钢铁和棉纱。广义中间产品涵盖所有不用来直接满足最终需求的制成品，包括化学品及有关产品、轻纺产品、橡胶制品、矿冶产品及其制品、机械及运输设备等。

中间产品直接影响加工生产者的生产成本并进入其定价决策，因而中间品价格水平可间接影响一国消费品价格和通货膨胀水平。近年来，国际中间品价格波动剧烈并呈整体上升趋势，对我国形成了通货膨胀压力，如国际大宗商品价格出现大幅上涨，国际原油价格在金融危机过后已经再度超过 110 美元/桶。进口国外中间产品数量和价格在以工业生产者出厂价格指数（PPI）衡量的通货膨胀形成机制中可能占有重要的地位。

中间产品在我国进口中的比重很高。根据《中国统计年鉴（2010）》数据加以整理，表7-1给出了中国从1999~2009年进口商品的结构变化。从表7-1可以发现，机械及运输设备等对国民生产至关重要的产品占总进口金额的比重11年来一直在39%以上，化学品比重也一直维持在10%以上。表面上看，这些经济建设所必需的中间产品价格对我国最终产品的价格指数可能具有较大的影响。

表7-1　　　　　中国1999~2009年进口商品结构
（%为本部分占进口总金额比重）　　　　单位：%

年份	初级产品	工业制成品	化学品及有关产品	轻纺产品、橡胶制品、矿冶产品及其制品	机械及运输设备	杂项制品	未分类的其他商品
1999	16.2	83.8	14.5	20.7	41.9	5.9	0.8
2000	20.8	79.2	13.4	18.6	40.8	5.7	0.7
2001	18.8	81.2	13.2	17.2	43.9	6.2	0.7
2002	16.7	83.3	13.2	16.4	46.4	6.7	0.5
2003	17.6	82.4	11.9	15.5	46.7	8.0	0.3
2004	20.9	79.1	11.7	13.2	45.0	8.9	0.3
2005	22.4	77.6	11.8	12.3	44.0	9.2	0.3
2006	23.6	76.4	11.0	11.0	45.1	9.0	0.3
2007	25.4	74.6	11.3	10.8	43.1	9.2	0.3
2008	32.0	68.0	10.5	9.5	39.0	8.6	0.4
2009	28.8	71.2	11.1	10.7	40.5	8.5	0.3

资料来源：由《中国统计年鉴（2010）》整理和计算得出。

我国中间产品贸易占贸易总量比重较大。根据联合国商品贸易数据库的资料，将贸易商品分为资本品、中间产品和消费品三大类，其中中间产品由半成品和零部件组成。从表7-2可以发现，半成品和零部件贸易逐年上升，中间品贸易总量占比近年来一直保持在75%左右，明显高于资本品和消费品，成为我国国际贸易的主要内容。

表7-2　　　　　我国中间产品贸易额　　　　单位：亿美元

年份	进口 半成品	进口 零部件	出口 半成品	出口 零部件
1995	704.0	188.9	485.8	106.1
2000	1 161.6	545.3	624.5	319.7

续表

年份	进口		出口	
	半成品	零部件	半成品	零部件
2005	2 980.5	1 949.5	1 755.6	1 285.5
2006	3 474.7	2 416.9	2 290.0	1 689.2
2007	4 380.9	2 810.2	2 950.8	2 109.3
2008	5 584.0	2 949.9	3 671.3	2 492.9
2009	4 904.6	2 734.8	2 540.3	2 114.9

资料来源：联合国商品贸易数据库。

自 1958 年菲利普斯发表论文——《1861~1957 年英国失业和货币工资变动率之间的关系》以来，菲利普斯曲线一直是宏观经济理论研究的热点问题。菲利普斯曲线给出了一国失业率与通货膨胀率之间的交替关系，为各国政府制定宏观经济政策提供了重要参考。

赵伟、萧月华和王宇雯（2007）拟合了中国改革开放以来的菲利普斯曲线走向，肯定了中国菲利普斯曲线的存在性。张斌和张怀清（2003）在对中国产出缺口的实证分析中，采用其认为较优的卡尔曼滤波法对季度数据进行处理，证明我国 1992~2000 年的产出缺口与通货膨胀率之间有正相关性。刘昊然、陈昱（2007）采用 1995 年 1 月至 2006 年 12 月的月度数据推断出通货膨胀预期，并以此估计中国附加通货膨胀预期的菲利普斯曲线，认为实证数据支持通货膨胀率与产出缺口之间的正相关关系，而且通货膨胀预期对通货膨胀的影响也较为显著。陈彦斌（2008）对既有的模型进行了创新，他通过推广 Gordon（1996）的三角模型以及 Gali 和 Gertler（1999）建立的基于单位劳动成本的前向和后向混合模型，将通货胀膨惯性、通货膨胀预期、成本推动和需求拉动等因素纳入，并采用微观调查数据和不同的统计分布进行通货膨胀预期估计，结果表明我国经济体系中通货膨胀预期、通货膨胀惯性、需求拉动和成本推动对我国通货膨胀的影响能力依次减弱。朱启贵、段继红和吴开尧（2011）结合中国宏观经济政策的调整，探究了从 1992 年以来国际油价对中国通货膨胀水平的影响，认为这是一个含有时变特征的传递过程，并从实证角度研究了影响国际油价传递过程的影响因素，包括财政政策、货币政策、能源环境政策和对外开放程度。

本节在菲利普斯曲线中引入了进口外国中间产品这一变量。目前国内外还没有出现类似的研究。这种讨论不但可以加深对菲利普斯曲线相关理论的理解，具有一定的理论意义，而且可以为我国国民经济的健康发展提供一些借鉴，使我国政策当局在复杂的经济形势下采取较为妥当的方法应对高企的通货膨胀并保持就业市场的平稳发展,具有现实意义。

二、菲利普斯曲线中的进口外国中间产品

关于菲利普斯曲线的理论推导一般不考虑进口外国中间产品,只是将一国通货膨胀水平与通货膨胀预期、产出缺口等因素联系起来。本节的理论模型推导从一国代表性家庭的效用函数出发,引入国内和国外不同的生产函数,而后经过数学变换得到包含通货膨胀率、通货膨胀预期、国内产出缺口、进口外国中间品数量缺口和价格变化等因素的曲线模型,较为清楚地揭示了我国通货膨胀的形成和作用机制。

假设有本国(H 国)和外国(F 国)。家庭在每一期通过投入劳动得到收入,劳动本身带来的效用为负。同时家庭在当期通过一定数量的消费实现正效用。在这一过程中,家庭将每期的总效用以一定的贴现率加总到当期,以效用的预期现值最大化为目标来决定每期的劳动投入和消费水平。

企业包括本国企业和外国企业。外国企业只生产中间投入品 l^* 并出口到本国(H 国),由本国企业加工并得到最终产品 l。国内的市场环境是非完全竞争的,且国内厂商生产的产品非同质化,需求曲线的斜率为负;对于最终产品,国内厂商具有一定程度的定价权,且以未来所有各期利润的预期现值加总最大为准则进行生产和定价活动。

工人工资和企业产品定价均建立在名义粘性基础之上,不能随时灵活调整。本国厂商在国内外的销售采用无歧视的定价,即在无关税存在的无摩擦国际市场上,按生产者货币定价(Producer Currency Pricing,PCP),一价定律成立。

设家庭效用函数为 U_t;令 z 为 H 国代表性家庭;C_t 及 C_{Ht} 分别为第 t 期总消费及消费本国商品的数量;N_{Ht} 为第 t 期劳动投入;β 为贴现系数;W_t 为第 t 期工资水平。

家庭的总效用函数是将未来各期消费带来的正效用和付出劳动带来的负效用贴现到当前:

$$U_t(z) = E_t \sum_{j=0}^{\infty} \beta^j \left[\frac{C_{t+j}(z)^{1-\sigma}}{1-\sigma} - \frac{N_{Ht+j}(z)^{1+\phi}}{1+\phi} \right] \quad (7-1)$$

其中,参数满足 $\sigma > 0$,$\phi \geq 0$。

家庭面临的约束条件是:

$$E_t \sum_{j=0}^{\infty} Q_{t,t+j} P_{t+j} C_{t+j}(z) = B_t(z) + E_t \sum_{j=0}^{\infty} Q_{t,t+j} [W_{Ht+j}(z) N_{Ht+j}(z) - T_{t+j}(z) + \Im_{t+j}(z)]$$

$$(7-2)$$

$$N_{Ht+j}(z) = N_{Ht+j}\left(\frac{W_{Ht+j}(z)}{W_{Ht+j}}\right)^{-\eta_{t+j}} \qquad (7-3)$$

其中，$B_t(z)$ 为家庭在期初持有的金融资产的价值；$T_t(z)$ 为税收和转移支付的净额；$\Im_t(z)$ 是作为企业所有者的当期利润收入；$Q_{t,t+j}$ 是贴现因子；P_{t+j} 消费者价格指数。效用最大化的一阶条件为：

$$C_t(z)^{-\sigma} = P_t\lambda_t \qquad (7-4)$$

$$\beta C_{t+1}(z)^{-\sigma} = Q_{t,t+j}P_{t+1}\lambda_t \qquad (7-5)$$

$$\eta_t N_{Ht}(z)^\phi = \lambda_t(\eta_t - 1)W_{Ht}(z) \qquad (7-6)$$

设 Y 和 Y^* 是本国和外国的产量，外国中间品 l^* 和本国最终产品 l 的生产函数满足：

$$Y_t^*(l^*) = A_{Ft}N_{Ft}(l^*) \qquad (7-7)$$

$$Y_t(l) = A_{Ht}(N_{Ht}(l))^\alpha(Y_t^*(l^*))^{1-\alpha} \qquad (7-8)$$

其中，系数满足 $0 < \alpha < 1$。为方便分析，假设以下条件满足：

$$N_{Ft}(l^*) = \rho N_{Ht}(l) \quad \rho > 0 \qquad (7-9)$$

代表性生产企业可以在第 t 期调整价格为 $P_{Ht}^0(l)$，以使未来利润的预期现值最大：

$$E_t\sum_{j=0}^\infty \theta^j Q_{t,t+j}\left\{\begin{array}{l}P_{Ht}^o(l)C_{Ht+j}(l) + P_{Ht}^o(l)C_{Ht+j}^*(l) - \\ (1-\tau_{t+j})W_{Ht+j}N_{Ht+j}(l) - (1-\tau_{t+j})P_{Ft+j}Y_{t+j}^*(l^*)\end{array}\right\} \qquad (7-10)$$

其中，τ_t 为当期税收。满足利润最大化条件下，将 (7-10) 式对 $P_{Ht}^0(l)$ 求导并化简得到：

$$E_t\sum_{j=0}^\infty \theta^j Q_{t,t+j}P_{Ht+j}^\xi Y_{t+j}\left[P_{Ht}^0(l) - \frac{\xi}{\xi-1}\left(\frac{(1-\tau_{t+j})W_{Ht+j}}{\rho^{1-\alpha}A_{Ht+j}A_{Ft+j}^{1-\alpha}} + \frac{\rho^\alpha A_{Ft+j}^\alpha(1-\tau_{t+j})P_{Ft+j}}{A_{Ht+j}}\right)\right] = 0 \qquad (7-11)$$

用符号 $p_{Ht}^0(l)$、p_{Ht+j}、w_{Ht+j}、a_{Ht+j}、a_{Ft+j}、p_{Ft+j}、y_t 和 y_t^* 分别表示 $P_{Ht}^0(l)$、P_{Ht+j}、W_{Ht+j}、A_{Ht+j}、A_{Ft+j}、P_{Ft+j}、Y_t 和 Y_t^* 等变量对于均衡值的偏离程度，用对数形式表示。

对 (7-11) 式进行适当的变化，就可以得到加入进口外国中间产品后的菲利普斯曲线：

$$\pi_{Ht} = \beta_0 + \beta_1 E_t\pi_{Ht+1} + \beta_2 y_t + \beta_3 y_t^* + \beta_4 p_{Ft} + u_t \qquad (7-12)$$

H 国当期（t 期）的通货膨胀率（π_{Ht}）由对下一期的通货膨胀预期（$E_t\pi_{Ht+1}$）、当期国内的产出缺口（y_t）、当期进口外国中间产品的数量缺口（y_t^*）以及当期进口外国中间产品价格对均衡水平的偏离量（p_{Ft}）共同决定。(7-12) 式中的通货膨胀率是基于工业生产者出产价格计算的。

三、实证分析

（一）数据选取

从数据选取的间隔来看，季度数据比较适合本节的模型构建，因为月度数据的波动往往由于季节和假日等因素变化过于剧烈，可能导致回归方程的稳定性欠佳。而年度数据的间隔过大，使得在两期之间政策环境等要素很有可能发生变化，且本模型假设存在工资和价格黏性，时间跨度过大可能导致这些前提不能够完全满足。

从数据同比和环比的选择来看，环比数据更加合适，即探讨各期数据相对于上一期的波动而造成的通货膨胀水平波动，且环比数据可有效避免翘尾因素可能造成的数据绝对水平和变化方向的假象。

本节主要探讨各不同因素对商品生产者市场定价的影响，因而选取工业生产者出厂价格指数（PPI）而并非常用的居民消费价格指数（CPI）或 GDP 平减指数作为通货膨胀水平的衡量指标。中经网统计数据库提供了我国各月度工业生产者出厂价格指数的同比增长率，中国国家统计局在最近 1 年每月初的新闻发布会上均通报上月工业生产者出厂价格指数的月度环比数据。将 2005 年 12 月设为基期并将其指数水平设为 100，可以得到 2005 年以来中国月度工业生产者出厂价格指数的绝对水平，利用 X12 方法进行季节调整①以剔除季节和节假日的影响后，可以得到每个季度末价格水平相对于上一季度末的变化，作为通货膨胀率的季度环比指标。

按 2005 年不变价格计算的每年国内生产总值（GDP）数据来自中国统计年鉴，中经网统计数据库提供了按此不变价格计算的国内生产总值（GDP）的季度累计同比增长率，同时可以得到中国国家统计局年底新闻发布会公布的国内生产总值（GDP）各单季度的同比增长率。将 2006 年的第一至第四季度的季度实际 GDP（以 2005 年为基期）设为 4 个未知数，通过以上关系的联立求解，可得到从 2006～2010 年共 20 个季度的季度实际国内生产总值（Real GDP）。先运用 X12 方法进行季度调整消除季节因素的影响，再运用 HP 滤波方法给出潜在产出的估算，将产出缺口定义为实际产出偏离潜在产出的程度，可得到季度产出缺口数据。

进口外国中间产品价格的数据来自中国海关总署网站，中国海关总署每月公

---

① 根据中国国家统计局的说明，目前公布的工业生产品出厂价格指数（PPI）事先未经过季节调整。

布上月进口重点商品量值，报表报告了从 2005 年 7 月以来每月重要性居前的 22 种商品当年 1 月以来累计进口数量和金额。通过查阅从 2006~2010 年的报告商品种类，比较得出共有 11 种主要商品连续出现在中国海关总署的月度报告中，分别是集成电路、原油、钢材、初级开关的塑料、液晶显示器、铁砂及其精砂、自动数据处理设备及其部件、自动数据处理设备的零件、未锻造的铜及铜材、二极管及类似半导体组件和成品油。进口成品油可以作为最终产品，剔除成品油后，本节选定的中间产品有 10 种，涉及了我国大部分的工业生产领域。运用这 10 种商品所编制的价格和数量指数是对进口外国中间产品的一个良好代表。

进口外国中间产品价格指数的编制方法类似于 GDP 平减指数，将 2005 年作为数据计算的基期，用 2005 年全年的进口商品数量和金额计算出各类商品平均价格作为基期价格，则进口外国中间产品价格指数的具体计算公式为：

$$P_{Ft} = \frac{\sum_{i=1}^{10} P_{it}Q_{it}}{\sum_{i=1}^{10} P_{i0}Q_{it}} \times 100 \qquad (7-13a)$$

即 t 期的名义产出与实际产出的比值乘以 100。由于模型中使用的是进口外国中间产品价格水平相对均衡水平的偏离，这里对进口外国中间产品价格指数的序列用 X12 方法进行季节调整以消除季节和节假日的影响，而后通过 ADF 平衡性检验发现数据序列是平稳序列，可以认为其均衡水平是 100。按设定，进口外国中间产品价格水平相对均衡水平的偏离即为对数价格指数减去对数 100 的结果。

定义进口外国中间产品数量缺口为：

$$Y_t^* = \sum_{i=1}^{10} P_{i0}Q_{it} \qquad (7-13b)$$

进口外国中间产品的数量是以 2005 年基期价格计算的实际数量，再用 X12 方法进行季节调整消除节假日等影响，得到季节调整后的外国中间产品季度实际进口数量，用 HP 滤波方法处理得到潜在进口数量，同样，将数量缺口定义为季节调整后的实际进口量偏离潜在量的程度以估计季度数量缺口。

(二) 通货膨胀预期的构造

通货膨胀预期的计算同时采用适应性预期方法和基于微观调查数据的预期计算方法。

1. 适应性预期方法。根据奥肯定律，一个国家的失业率 μ 和其国内产出缺口之间存在着较为稳定的关系，菲利普斯曲线的形式可写为：

$$\pi_t = E_{t-1}\pi_t + f(y_t) \qquad (7-14)$$

其中，y_t 为第 t 期的国内产出缺口。接下来采取加入外推预期的方法，将拟

合方程设定为:

$$\pi_t = \alpha_1 + \alpha_2 \Delta \pi_t + \alpha_3 \Delta \pi_{t-1} + \alpha_4 y_t \qquad (7-15)$$

运用实际数据进行回归分析发现,(7-15)式中当期通货膨胀率相对于当期的变化量 $\Delta \pi_t$、当期 GDP 产出缺口 y_t 的系数在 1% 的显著性水平上异于 0 而常数 α_1 和上一期通货膨胀率的变化量 $\Delta \pi_{t-1}$ 的系数也分别在 5% 和 10% 的显著性水平上拒绝其等于 0 的原假设。同时,R^2 的数值在 0.75 以上,显示拟合情况较为理想,即通货膨胀水平主要和当期和上一期通货膨胀率的变化和当期 GDP 产出缺口的水平有关。这种适应性预期的计算方法可以得出我国通货膨胀预期水平。

2. 基于微观调查数据的计算方法。中国人民银行在每年的 2 月、5 月、8 月、11 月四个月通过科学抽样方法从全国 50 个城市的城镇储户中抽取 20 000 个样本进行《居民储蓄问卷调查》,在关于收入和物价的部分中,统计了预测未来 3 个月物价上升、基本不变和下降的储户占比。根据陈彦斌(2008)的做法,可以通过差额法和概率法比较有效地将基于微观调查的定性数据转化为通货膨胀预期的定量数据,本节通货膨胀预期的计算也参考了这种算法。

在关于下季度物价走势预测的问题中,选择下季度物价上升的样本占比为 R_t,选择下季度物价基本不变的样本占比为 N_t,选择下季度物价下降的样本占比为 F_t。利用五种不同方法计算通货膨胀预期:(1)净差额法。利用净差额 B_t 直接进行通货膨胀预期的计算,定义 $B_t = R_t - F_t$ 作为通货膨胀预期的指标。(2)净差额线性回归。在差额法的计算中,定义:

$$E_t(\pi_{t+1}) = k(R_t - F_t) \qquad (7-16)$$

其中:

$$k = \frac{\sum_{t=1}^{T} \pi_t}{\sum_{t=1}^{T} (R_t - F_t)}$$

第 (3)~(5) 种方法分别假设个体通货膨胀率预期正态分布、均匀分布和 Logistic 分布。同时假定存在一个 $(-a_t, a_t)$ 的"敏感性区间",预期下季度通货膨胀在此区间内的被调查者将会在问卷中选择"基本不变"这一答案,假定 $a_t = a$ 且实际通货膨胀率均值和预期通货膨胀率均值相等,则(7-17)式成立:

$$a = \frac{\sum_{t=1}^{T} \pi_t}{\sum_{t=1}^{T} [z_1(t) + z_2(t)]/[z_1(t) - z_2(t)]} \qquad (7-17)$$

在不同的概率分布下,$z_1(t)$ 和 $z_2(t)$ 的取值不同,进而得到不同的通货膨胀预期 $E_t(\pi_{t+1})$。

(三) 参数估计结果

以下使用我国数据对加入进口外国中间产品的菲利普斯曲线进行最大似然估计以及相关的检验，然后对各解释变量的系数及显著性进行解释。计量模型构建如下：

$$\pi_{Ht} = \beta_0 + \beta_1 E_t \pi_{Ht+1} + \beta_2 y_t + \beta_3 y_t^* + \beta_4 p_{Ft} + u_t \qquad (7-18)$$

其中，β_0 为常数项，u_t 为随机项。

表 7-3 列出了不同预期方法下菲利普斯曲线各系数的回归结果，其中括号内是相应的 P 值，Adaptive 代表通货膨胀预期采用了适应性预期的方法，B 代表直接采用净差额的预期方法，Balance 代表采用净差额回归的预期方法，Normal 代表正态分布概率法，Uniform 代表均匀分布概率方法，Logistic 代表通货膨胀预期的概率法计算采用 Logistic 分布。

表 7-3 $\pi_{Ht} = \beta_0 + \beta_1 E_t \pi_{Ht+1} + \beta_2 y_t + \beta_3 y_t^* + \beta_4 p_{Ft} + u_t$ 最大似然估计结果

预期方式	β_0	β_1	β_2	β_3	β_4
预期 Adaptive	0.005019 (0.6017)	0.009196 (0.9730)	-0.390757 (0.6074)	0.289397 (0.0027)	0.007834 (0.8959)
预期 B	-0.017844 (0.2133)	0.068293* (0.0584)	-0.850145 (0.2119)	0.240610*** (0.0077)	-0.001354 (0.9699)
预期 Balance	-0.013058 (0.1623)	3.26291** (0.0130)	-0.385545 (0.4649)	0.202118** (0.0165)	-0.061483 (0.1212)
预期 Normal	-0.008075 (0.3710)	2.57179** (0.0386)	-0.427119 (0.4537)	0.232686*** (0.0086)	-0.054193 (0.1958)
预期 Uniform	-0.004837 (0.5370)	1.83764** (0.0397)	-0.571877 (0.3349)	0.260131*** (0.0032)	-0.033620 (0.3688)
预期 Logistic	-0.009099 (0.3319)	2.79965** (0.0372)	-0.379563 (0.5004)	0.223879** (0.0118)	-0.060409 (0.1645)

注：括号内为相应 P 值，*、**、*** 分别表示 10%、5%、1% 的显著性水平。

表 7-4 给出了模型估计的重要统计指标，估计结果比较理想，拟合优度 R^2 在 0.7 左右 F 统计量表明在 1% 的显著性水平上，整体显著。

表 7-4　$\pi_{Ht} = \beta_0 + \beta_1 E_t \pi_{Ht+1} + \beta_2 y_t + \beta_3 y_t^* + \beta_4 p_{Ft} + u_t$ 估计重要统计指标

预期方式	拟合优度	回归标准误	DW 统计量	AIC 准则	F 统计量	F 统计量的 P 值
预期 Adaptive	0.64912	0.01391	1.76903	-5.49214	6.47486	0.00363
预期 B	0.71362	0.01329	1.61842	-5.59106	9.34458	0.00054
预期 Balance	0.76040	0.01216	1.38476	-5.76939	11.9008	0.00015
预期 Normal	0.72703	0.01298	1.49714	-5.63902	9.98782	0.00038
预期 Uniform	0.72611	0.01300	1.53765	-5.63565	9.94163	0.00039
预期 Logistic	0.72817	0.01295	1.48837	-5.64318	10.0452	0.00037

（四）结果检验

1. 序列相关检验。这里采用估计残差的 Ljung-Box Q 统计量进行序列相关检验，不同预期方式下，自相关系数和偏自相关系数都在虚线内部，且前 12 阶 Q 统计量的 P 值远大于 10%，各模型估计均不存在序列相关，因此最大似然估计结果是有效的。

2. 协整关系检验。根据计量经济学的现代观点，协整关系的确立并不要求被解释变量和所有解释变量均为同阶积分序列，最为关键的是要求残差为平稳序列[①]。检验结果见表 7-5，其中 ADF 检验滞后阶数通过 SIC 准则自动选取。

表 7-5　$\pi_{Ht} = \beta_0 + \beta_1 E_t \pi_{Ht+1} + \beta_2 y_t + \beta_3 y_t^* + \beta_4 p_{Ft} + u_t$ 残差的 ADF 平稳性检验

预期方式	Adaptive	B	Balance	Normal	Uniform	Logistic
残差 ADF 检验统计量	-3.7677 (0.012)	-3.3289 (0.028)	-2.9146 (0.062)	-3.0683 (0.047)	-3.2303 (0.034)	-3.0299 (0.050)

注：括号内为相应 P 值。

残差的 ADF 平稳性检验表明，当通货膨胀的预期计算方法为适应性预期、直接采用净差额或正态分布和均匀分布下的概率法时，在 5% 的显著性水平下可以拒绝残差存在单位根的零假设，残差序列平稳；当通货膨胀的预期计算方法为净差额回归或 Logistic 分布下的概率法时，在 10% 的显著性水平下可以拒绝残差存在单位根的零假设，残差序列平稳。不同的预期方式下，通货膨胀率与通货膨胀预期、国内 GDP 产出缺口、进口外国中间产品数量缺口和中间产品价格波动均存在协整关系。

---

① 参考了陈彦斌（2008）及古扎拉蒂（2000）的相关论述。

(五) 分析与解释

模型通货膨胀预期（$E_t\pi_{Ht+1}$）的系数估计在不同的通货膨胀预期方式下差异明显。在适应性预期下，通货膨胀预期的系数远小于1且不具有显著性；在基于微观调查数据的计算方法下，除直接采用净差额这一方法外，其系数均大于1且在5%的显著性水平下是显著的，这可能是由于通货膨胀预期相对于实际的通货膨胀率较为平稳，所以作为解释变量，通货膨胀预期的系数就会大于1。通货膨胀预期的不同处理方法得到的系数差异较大，关于预期对实际通货膨胀的影响力这一问题，应持较为谨慎的态度。

以国内生产总值（GDP）计算的当期产出缺口（y_t）系数为负值，但是其P值均远高于10%，显著性较低，说明产出缺口对我国的通货膨胀水平没有解释能力。这一结果在陈彦斌（2008）对中国新凯恩斯菲利普斯曲线的研究中也曾出现，他认为，滞后一期的国内产出缺口才是比较明显的通货膨胀驱动因素，而且传统菲利普斯曲线的形式里采用的是滞后一期而非当期的产出缺口。

进口外国中间产品的数量缺口（y_t^*）的系数在不同的预期方式下，均在0.2~0.3之间。P值表明，这一系数在5%的显著性水平上可以拒绝等于零的原假设。当期外国中间产品进口量可以显著地影响到我国通货膨胀率的高低。每当进口外国中间产品的数量缺口上升1个百分点，同期我国的工业生产者出厂价格指数（PPI）上升0.2~0.3个百分点。当期中间产品进口量的增加对当期工业生产者出厂价格变化率的影响显著。

进口外国中间产品的价格（p_{Ft}）系数接近零，且显著性水平较低。直观上判断，作为生产成本的一部分，中间产品价格的上升会经由加工生产的渠道传递到最终产品定价上。不过，目前这种传递效应没有特别明显地表现出来。

出现这种现象的原因之一，是当前我国经济的市场化程度还不是特别高，市场化进程尚未达到令人满意的程度。国家每年对主要的工业生产部门给予较多的补贴以稳定社会生产活动，确保产品供应环节，并且对于影响范围较广、影响程度较大的产品，国家采取直接的和间接的价格控制，通过补贴、行政命令和处罚等多种手段进行调控，这种价格限制机制不能够充分调动市场的力量，阻碍了价格这只无形的手对市场活动的指导，使社会不同生产部门的产品生产者不能够完全根据中间产品价格水平来改变最终产品定价，进而影响社会总体价格水平。

四、结论与建议

通货膨胀问题是宏观经济学一直讨论和研究的核心问题之一。2008年金融危机以来,尽管各国经济刺激措施使全球经济缓慢复苏,但是通货膨胀在我国出现抬头趋势并在最近达到高位。对菲利普斯曲线的研究可以加深对于我国通货膨胀形成因素的认识。

本节首先回顾了我国菲利普斯曲线实证研究的相关文献,在此基础上,将进口外国中间产品这一影响因素考虑在内,从基本的理论假设出发,经过严谨推导得出包含通货膨胀预期、产出缺口、进口外国中间产品数量缺口和进口外国中间产品价格波动四个因素的菲利普斯曲线模型。然后通过整理和计算中国相关宏观经济数据,对中国菲利普斯曲线的情况进行了计量分析。相关检验表明,计量结果较为可靠和稳定,主要结论包括:通货膨胀预期在采用不同计量方法时对我国通货膨胀的影响力大小不同,其作用尚不能完全确定;在包括进口中间品数量缺口的情况下,当期国内产出缺口不是影响我国通货膨胀水平的显著因素;进口外国中间产品的数量缺口与通货膨胀率高低呈显著正相关关系;当期中间产品的价格并不显著影响当期价格水平,这可能与国家的补贴和限价政策有关。

从实证分析结果来看,由于通货膨胀预期对于实际通货膨胀水平的影响效果不够确定,在政策制定中,一方面不能放松对公众通货膨胀预期的管理,另一方面也不应完全依靠预期管理政策来治理目前国内凸显的通货膨胀问题。

进口外国中间产品作为影响我国经济发展的变量之一,其对通货膨胀水平的影响是较为显著的。由于我国目前并不鲜见的价格控制和生产补贴等现象,使得中间产品价格波动对工业生产者出厂价格指数(PPI)的影响尚不显著,但是中间产品进口的数量缺口已经较为显著地与通货膨胀水平保持着正相关关系。

在目前的全球经济环境下,我国仍然较多地扮演着产品加工者的角色,每年从境外大量进口初级产品的工业再制品,并将其继续加工转化成最终产品进行出口销售和一部分的国内消费。这样的经济发展模式的确为我国提供了大量的就业岗位,在我国改革开放初期社会生产力尚不够发达、科技水平较为落后的经济条件下,保证了国家较为快速的经济发展速度和稳定的国内环境。但是,2008年以来的金融危机给全球各国以及我国的金融经济体系造成了很大冲击,通过外国中间产品进口这一渠道,国外的经济波动可以快速地传递到国内的生产中来,进而影响工业生产者的产品定价和国内总体物价水平,给人民生活带来较大的影响。

在我国政府积极治理通货膨胀的决策过程中,这一传导渠道应该被给予足够的重视，要时刻注意国外市场的经济波动通过进口中间产品渠道对我国通货膨胀水平的影响，并在适当的时候采取积极手段减轻其不良影响。同时，要特别注意在通货膨胀周期避免错误归因，避免进行不适当的调控，干扰我国经济的正常健康发展。

从长期来看，我国应加快经济转型的速度，尽快从一个半成品加工出口国发展成为拥有较高的科技研发水平和创新技术的先进工业国，从而逐渐摆脱对外国中间产品的依赖程度，使通货膨胀管理更加简单和有效。同时，我国应该继续提高市场化程度，不断完善市场经济的发展，使价格因素能够准确而有效地在经济个体间传递，从而使中间品价格真正地成为各个厂商生产和定价决策的重要影响因素，这样将有益于整体社会福利和效率的提高。

本节采用适应性预期和基于微观调查数据的通货膨胀预期计算方法，对于其系数大小和显著性水平没有得到一致结论，需要进一步的研究以得到确定结论，以更好地服务于政策制定。另外，建议我国统计部门陆续增加披露重要价格数据及其环比信息。

第三节 股票收益与通货膨胀

一、引言

根据著名的"费雪效应"（Fisher，1930），名义利息率应等于实际利息率与预期通货膨胀率之和。如果股票实际收益率取决于实际经济因素，而实际经济和名义货币因素独立，则通货膨胀应完全由股票名义收益体现，而不影响其实际收益。古典投资理论也均假定通货膨胀导致所有价格和名义收入同比例增长（例如 Graham 等，1962），于是投资的实际收益不受通货膨胀影响。根据这一观点，投资股票是通货膨胀时期良好的保值品。

然而，自 20 世纪 70 年代开始关于美国等成熟市场大量的经验证据表明，实际股票收益与通货膨胀负相关，如 Bodie（1976），Nelson（1976），Fama 和 Schwert（1977）等关于美国的经验证据，以及 Cohn 和 Lessard（1982）等关于其他国家的经验证据。关于两者负相关的关系，研究者们给出了许多不同的解释。"代理假说"①（Proxy Hypothesis）认为股票收益—通货膨胀负相关性实际上是体现股票收益—未来实际经济的正相关性。一方面，股票实际价格由未来实际经济决定，股票高的（实际）收益预示着未来经济高涨；另一方面，高通货膨胀则预示着未来经济衰退，因为预期经济衰退时实际货币需求下降，导致通货膨胀上升。这样，给定对未来经济周期的预期，股票收益和通货膨胀将反向变动。如果省略实际经济变量，直接回归股票收益和通货膨胀率，这实际是以通货膨胀率替代了（反向的）实际经济。Fama（1981）认为这种负相关性并不一定是因果关系。"不确定性假说"（Malkiel，1979）是另外一个影响较广泛的解释，它认为高的通货膨胀率会造成更大的通货膨胀不确定性（例如，Friedman，1977），而价格不确定性不利于企业经营，还会导致高贴现率。现金流减少和贴现率提高的共同结果是降低股票收益，所以股票收益与通货膨胀负相关。与"代理假说"不同的是，这一假说认为负相关关系体现了因果关系。② Modigliani 和 Cohn（1979）通过"货币幻觉"解释这种负相关。投资者一般使用加入通货膨胀后的名义利率来贴现未来股息，然而通货膨胀也降低了公司的实际债务，如果仅使用名义利率贴现时就会导致股价下跌过度。Feldstein 和 Summers（1979）则通过税收规则解释二者的负相关。由于税基以名义值计算而难以根据通货膨胀及时调整，高通货膨胀时企业的应税收入被夸大，税负加重，因而股价下跌。

除了以上几个早期的假说性解释外，还有研究者通过理论模型解释通货膨胀和股票收益的负相关现象。在 Danthine 和 Donaldson（1986）理性预期均衡模型中，股票收益与实际产出冲击所导致的通货膨胀负相关、与货币冲击导致的通货膨胀正相关，因而股票投资可用于对冲单纯由于货币扩张形成的通货膨胀风险。Stulz（1986）和 Marshall（1992）的模型也认为，当通货膨胀由非货币因素所导致时，可能与股票收益负相关。与以上"代理假说"和"不确定性假说"等解释不同的是，一般均衡基础上的理论结果并不排除通货膨胀和股票收益正相关的可能性——二者的相关性取决于通货膨胀的成因。

的确，近年来新的经验文献关于通货膨胀和股票收益关系并没有一致性的结论。例如，Gultekin（1983）对美国以外26个国家数据分析显示，实际股票收益与通货膨胀的关系并不稳定，不同时间不同国家呈现不同结果；Boudhouch 和

---

① 这一思想得到 Kaul（1987）以及 Geske 和 Roll（1983）进一步论证。Geske 和 Roll（1983）认为，"二战"后美国逆周期的财政政策以及财政赤字货币化使得经济衰退期货币供给增加、通货膨胀上升，这样代理假说体现的更为充分。不过也有研究者质疑"代理假说"，例如，Ram 和 Spencer（1983）认为菲利普斯曲线意味着通货膨胀与实际经济活动是正相关的，"代理假说"关于通货膨胀与实体活动负相关的结论与菲利普斯曲线不符。

② Hu 和 Willett（1999），Goto 和 Valkanov（2000）等支持通货膨胀不确定性对股票收益的负向作用。

Richarson（1993）考察美国 1800 年之后更长的时序数据认为，股票收益率和通货膨胀率呈现正相关；Al-Khazali 和 Pyun（2004）发现亚太新兴经济体中二者短期负相关而长期正相关。在国内文献中，靳云汇等（1998）较早通过线性回归发现股票价格与通货膨胀负相关。雷明国（2003）较新的经验结论表明股票价格与通货膨胀负相关，认为这种负相关性源自货币供给变化。而刘金全等（2004）则根据"不确定性假说"解释这种负相关性。易纲等（2002）理论上分析了货币政策对不同时间长度上一般价格水平和股票价格关系的影响，认为短期和长期的效应是有别的。事实上，不同市场的经验证据显示，股票收益与通货膨胀的关系缺乏稳健的结论，很容易受到变量的选择、样本容量和分析方法的影响，二者关系对通货膨胀的水平和持续程度也极为敏感。

为此本节采用结构向量自回归（SVAR）方法对我国经验数据进行分析，深入而详尽地研究股票收益与通货膨胀的关系，试图为有关经验文献中关于我国通货膨胀和股票收益关系缺乏一致结论的难题提供了一种解释。我们这里把决定宏观经济波动的冲击总体上分为两类：供给冲击和需求冲击（例如，Evans，1987；Blanchard 和 Quah，1989；Hess 和 Lee，1999）。① 其中供给冲击决定长期产出水平，而需求冲击仅影响短期产出波动。假定实际股票价格由未来产出增长决定，以此考察供给和需求冲击对通货膨胀—股票收益关系的影响。模型和经验结果均表明，来自于实际生产率变化的供给冲击导致通货膨胀—股票收益负相关，而来自于名义货币变化的需求冲击则导致二者正相关。中国的数据显示实际股票收益和通货膨胀总体上呈现负相关关系，这应归因于两类冲击中供给冲击的效应占相对主导地位。中国的经验认为，供给冲击对短期股票收益动态的影响力度相对更大，而需求冲击对短期通货膨胀动态的影响力度相对更大。例如，结构向量自回归模型方差分解结果显示，股票收益的变化中供给冲击的贡献占 2/3，而通货膨胀变动中需求冲击的贡献超过 70%。

另外，长期而言，供给冲击还导致实际股价和一般价格水平负相关；而需求冲击尽管影响长期价格水平，却不影响长期实际股价。如果实际股价代表了宏观产出周期，则以上结论有助于理解通货膨胀和价格水平的周期性行为。它意味着供给冲击下通货膨胀和价格水平均是逆周期的，而需求冲击下通货膨胀和价格水平均是顺周期的。这可以解释研究者关于通货膨胀和价格水平周期特征经验结论的分歧（如 Kydland 和 Prescott，1990；Cooley 和 Ohanian，1991）。

---

① 虽然这种需求和供给简单的二分法并未得到所有研究者的赞同（例如 Plosser，1989），但是该方法的确有助于理解产出波动的特征，并且从传统的凯恩斯主义到当代真实经济周期理论（Real Business Cycle），这种二分思想均得到了广泛的应用。

二、结构向量自回归（SVAR）模型的识别

股票价格（对数）s 是单位根过程，取其对数差分，记为 Δs；记通货膨胀率为 π。定义二维向量 $X=(\Delta s,\pi)'$，$u=(u^s,u^d)'$，将 X 表示为如下平稳过程（为简化表达式，省略了常数项）：

$$X_t = A_0 u_t + A_1 u_{t-1} + A_2 u_{t-2} + \cdots$$

$$= \sum_{k=0}^{\infty} A_k u_{t-k} \qquad (7-19)$$

或者写为：

$$\begin{pmatrix} \Delta s_t \\ \pi_t \end{pmatrix} = \begin{pmatrix} A_{11}(L) & A_{12}(L) \\ A_{21}(L) & A_{22}(L) \end{pmatrix} \begin{pmatrix} u_t^s \\ u_t^d \end{pmatrix}$$

其中，u^s 和 u^d 分别是结构化的供给冲击和需求冲击。$A_k(k \geq 0)$ 为相应系数矩阵；A_0 体现了 u_t 当期值对 X_t 的影响，$A_k(k>0)$ 则体现了 u_t 的滞后值对 X_t 的影响。L 为滞后算子（即 $Lx_t = = x_{t-1}$），$A_{ij}(L)$ 是关于 L 的多项式，即 $A_{ij}(L) = \sum_{k=0}^{\infty} a_{ij}(k) L^k a_{ij}(k)$ 为其 (i,j) 元素。向量系统（1）是分别将 π 和 Δs 表示为结构性冲击 u^s，u^d 的分布滞后形式。由于 X 为平稳过程，所以供给冲击 u^s 和需求冲击 u^d 对于 X 中的分量 Δs 和 π 均不存在长期持久的影响。由于结构性冲击正交，所以协方差矩阵为对角阵。这里对角元素正规化为 1，即 $\text{var}(u_t)=1$。

(7-19) 式的表达形式可以通过如下转换方式由实际数据估计得出。首先关于 X_t 估计 p 阶向量自回归模型 VAR(p)：

$$\Phi(L)X_t = \varepsilon_t \qquad (7-20)$$

由于 X_t 是平稳过程，根据 Wold 表示定理（例如 Hamilton，1994，pp. 108 - 109），可将 VAR(p) 表示为无限阶向量移动平均过程 VMA(∞)：

$$X_t = C(L)\varepsilon_t = \Phi(L)^{-1}\varepsilon_t$$

$$= \varepsilon_t + C_1 \varepsilon_{t-1} + C_2 \varepsilon_{t-1} + \cdots$$

$$= \sum_{j=0}^{\infty} C_j \varepsilon_{t-j} \qquad (7-21)$$

其中，$C_1 = \Phi_1$，$C_2 = \Phi_1 C_1 + \Phi_2$，$\cdots$，$C_s = \Phi_1 C_{s-1} + \Phi_2 C_{s-2} + \cdots \Phi_p C_{s-q}$。扰动项 ε_t 均值为 0，记其协方差矩阵 $\text{var}(\varepsilon_t) = \sum$（其中元素记为 σ_{ij}）。

由 Wold 表示定理可知，以上表示是唯一的。初始扰动（(7-21) 式的残差）ε_t 和结构化扰动 u_t 存在如下关系：

$$\varepsilon_t = A_0 u_t \qquad (7-22)$$

$$A_j = C_j A_0$$

若已知 A_0 便可从 ε_t 推断 u_t，结合 A_0 和 C_j 可以推断 A_j。这样，便可根据（7-20）式的估计结果推断（7-19）式。

根据 $A_0 A_0' = \sum$ 有：

$$a_{11}^2 + a_{12}^2 = \sigma_{11} \qquad (7-23)$$

$$a_{21}^2 + a_{22}^2 = \sigma_{22} \qquad (7-24)$$

$$a_{11} a_{21} + a_{12} a_{22} = \sigma_{12} \qquad (7-25)$$

其中，a_{ij} 为矩阵 A_0 的相应元素。显然，除了这里三个约束条件之外，还需要再加上另外一个限定条件才能识别出 A_0 中的四个元素。

Blanchard 和 Quah（BQ，1989）方法是通过施加长期关系限定条件来识别 A_0。如果限定需求冲击 u^d 对股价水平 s 没有长期影响，这意味着（7-19）式中：

$$\sum_{k=0}^{\infty} a_{12}(k) = 0 \qquad (7-26)$$

为理解这点，注意到 $a_{12,j}$ 为 u^d 对 j 期之后 Δs 的效应，因此 $\sum_{k=0}^{t} a_{12}(k)$ 表示 u^d 对 t 期后 Δs 的累积效应，即对股价水平 s 的效应。

（7-23）式~（7-25）式四个约束条件便可恰好识别出 A_0。已知 ε_t，根据（7-22）式容易进一步识别结构性冲击 u_t。宏观经济研究者对短期中经济变量关系的认识存在广泛争议，而对长期关系的认识则较为一致。BQ 识别技术的优势在于仅对扰动的影响施加长期限制，而并不直接约束 VAR 系统的短期动态，也不约束需求冲击和供给冲击对股票收益和通货膨胀率影响的方向。系统的短期动态以及两类冲击的影响方向都由经验数据来估计，这使得该方法便于用来检验理论模型。

三、解释性模型

我们使用以下简化结构宏观经济模型来论证供给冲击、需求冲击对股票收益和通货膨胀率的影响，以说明以上 SVAR 识别条件是与基本的结构性宏观经济模型相一致的。模型的基础由以下几个结构方程组成（例如 Fischer，1977；Blanchard 和 Quah，1989）：

$$y_t^d = -\lambda p_t + m_t \qquad (7-27)$$

$$y_t^s = a n_t + \theta_t \qquad (7-28)$$

$$n_t = -(w_t - p_t) + \theta_t \qquad (7-29)$$

$$w_t = w \mid \{E_{t-1}\delta_t = 0\} \qquad (7-30)$$

其中，y_d、y^s 和 θ 分别表示实际总需求、实际总供给和生产率，p、w、n 和 δ 分别表示价格水平、名义工资水平、劳动力需求和失业率。m 和 θ 分别为影响总需求和总供给的随机成分。为直观起见，m 可理解为货币供给，θ 可理解为生产率。以上均为对数值。

（7-27）式描述了总需求是价格的减函数（$\lambda > 0$），关于货币供给的增函数。（7-28）式是总供给函数，它联系了产出、就业和生产率。其中 a 为要素的产出弹性，假定规模报酬递减，即 $0 < a < 1$。（7-29）式描述了劳动力需求是关于真实工资的减函数、关于生产率的增函数，生产率越高，单位劳动的边际产出越大，因而劳动需求量越大。（7-30）式描述了工资设定行为：假定 t 期工资合约在 $t-1$ 末即已确定，市场在充分就业的预期下确定 t 期工资水平。

模型中具有两类随机成分设定 m 和 θ 遵循随机游走演进过程：

$$m_t = m_{t-1} + u_t^d$$
$$\theta_t = \theta_{t-1} + u_t^s$$

其中，u_t^d 和 u_t^s 分别是不存在序列相关的需求冲击和供给冲击，并且二者互相正交。为直观理解，根据 Blanchard 和 Quah（1989），可假定需求冲击来自于货币供给变化，而供给冲击来自于生产率变化。

均衡时总供给增长率和总需求增长率相等：$\Delta y_t^d = \Delta y_t^s$，其中 Δ 为一阶差分算子。由此得到：

$$(a + \lambda)\Delta n_t = -\lambda \Delta w_t + u_t^d + (\lambda - 1)u_t^s$$

假定劳动力供给为常数，根据工资设定（7-30）式（即 w_t 在事前 $t-1$ 确定，可使得 $\frac{\lambda}{a+\lambda}\Delta w_t + \delta_{t-1} = 0$）以及 $\Delta n_t = -\Delta \delta_t$，有：

$$\delta_t = -\frac{1}{a+\lambda}u_t^d + \frac{1-\lambda}{a+\lambda}u_t^s \qquad (7-31)$$

短期而言，需求冲击对就业有正向影响——即未预期到的需求增加会降低失业率，而供给冲击对失业的影响则取决于 λ 值。直观上，一方面，生产率的提高增加了劳动的边际产出，增加了劳动需求（见（7-29）式），降低了价格水平，而另一方面，如果需求不能相应扩大，生产率提高又会形成对劳动的替代。当 λ 较大（>1）时，价格降低刺激需求扩大的力度较强，第二方面的效应不占主导地位，于是供给冲击最终增加了就业；反过来，λ 较小（<1）时，第二方面的效应占主导地位，供给冲击最终减少了就业。应该说明的是，以上是需求和供给冲击对就业的当期效应，两类冲击对就业水平均没有长期影响。

进一步地，由（7-31）式以及（7-27）式～（7-29）式可以将产出增长率和通货膨胀率写成关于需求和供给冲击的表达式（定义 $\pi_t = \Delta p_t$）：

$$\Delta y_t = a\gamma \Delta u_t^d - a\gamma(1-\lambda)\Delta u_t^s + u_t^s \tag{7-32}$$

$$\pi_t = -(1+a)\gamma u_t^s + a\gamma(1-\lambda^{-1})u_{t-1}^s + \gamma u_t^d + a\gamma\lambda^{-1}u_{t-1}^d \tag{7-33}$$

其中，$\gamma = (a+\lambda)^{-1}$。由这两个方程可知，供给冲击对产出水平 y 具有持久正向效应，对于通货膨胀仅在短期中有负向效应而并没有持久效应；需求冲击短期中对于产出和通货膨胀均有正向效应，不过却没有长期效应。正如 Blanchard 和 Quah（1989）所指出的，以上模型是过度简化的，不过仍为讨论长期和短期中需求冲击和供给冲击的动态效应提供了方便。更为复杂的价格和工资动态模型（如 Taylor，1980），也同样能够满足（7-32）式中的长期约束条件。

根据常用的股票价格现值线性近似模型（例如，见 Campbell 和 Shiller, 1987，1989，这里使用产出增长率替代股息增长率），股票价格 s_t 与产出 y_t 之差可表示为：

$$s_t - y_t = E_t\left[\sum_{k=0}^{\infty}\rho^k \Delta y_{t+k}\right]$$
$$= [1 + pa\gamma(1-\lambda)]u_t^s - \rho a\gamma u_t^d - a\gamma(1-\lambda)\Delta u_t^s + a\gamma\Delta u_t^d \tag{7-34}$$

其中 $0 < \rho < 1$，为股息贴现率。由于 u_t^s 和 u_t^d 均为平稳过程，所以 s_t 和 y_t 之间存在协整关系。（7-34）式两侧取差分，股票实际收益率表示为：

$$\Delta s_t = u_t^s + [1 - a\gamma(1-\lambda)(1-\rho)]\Delta u_t^s + a\gamma(1-\rho)\Delta u_t^d - a\gamma(1-\lambda)\Delta^2 u_t^s + a\gamma\Delta^2 u_t^d \tag{7-35}$$

将（7-35）式和（7-33）式写为二维向量系统：

$$\begin{pmatrix}\Delta s_t \\ \pi_t\end{pmatrix} = \begin{pmatrix}A_{11}(L) & A_{12}(L) \\ A_{21}(L) & A_{22}(L)\end{pmatrix}\begin{pmatrix}u_t^s \\ u_t^d\end{pmatrix}$$

$$= \begin{pmatrix} 1 + [1 - a\gamma(1-\lambda)(1-\rho)](1-L) - a\gamma(1-\lambda)(1-L)^2 \\ -\gamma(1+a) + a\gamma(1-\lambda^{-1})L \\ a\gamma(1-\rho)(1-L) + a\gamma(1-L)^2 \\ \gamma + a\gamma\lambda^{-1}L \end{pmatrix}\begin{pmatrix}u_t^s \\ u_t^d\end{pmatrix} \tag{7-36}$$

其中，$(1-L)x_t = \Delta x_t$，$(1-L)^2 x_t = \Delta^2 x_t$。在（7-36）式中，$A_{12}(1) = 0$ 意味着需求冲击长期中不影响股价水平，即（7-19）式的长期识别条件得以满足。由于需求冲击长期中不影响产出水平，而股价被视为未来产出的贴现值，所以需求冲击也不影响股票价格。

该模型关于股票收益—通货膨胀的当期关系具有以下结论：

第一，供给冲击的效应。供给冲击对当期股票收益具有正向效应：

$$\partial \Delta s_t / \partial u_t^s = 1 + [1 - a\gamma(1-\lambda)(1-\rho)] - a\gamma(1-\lambda) = \gamma(2\lambda + a\rho) + a\lambda\gamma(2-\rho) > 0$$

最后一个不等式用到 $0 < \rho < 1$。供给冲击对当期通货膨胀却有负向效应：

$$\partial \pi_t / \partial u_t^s = -\gamma(1+a) < 0$$

即供给冲击使得同期股票收益与通货膨胀之间呈现负相关——正如 Fama "代理假说" 结论。

第二，需求冲击的效应。需求冲击对当期股票收益和通货膨胀率均具有正向效应：

$$\partial \Delta s_t / \partial u_t^d = a\gamma(1-\rho) + a\gamma = a\gamma(2-\rho) > 0$$
$$\partial \pi_t / \partial u_t^d = \gamma > 0$$

即需求冲击使得当期的产出增长与通货膨胀正相关。不过，需求冲击和供给冲击通货膨胀率仅具有短期效应，影响随时间而衰减，对通货膨胀率并不产生长期影响。如果简单地将需求冲击等同于货币冲击，这一结论意味着长期货币中性成立。

关于股票价格与物价水平的关系。供给冲击对价格水平 p 的影响——对通货膨胀 π 的累积效应——为：

$$\sum_{k=0}^{\infty} \partial \pi_t / \partial u_{t-k}^s = \sum_{k=0}^{\infty} a_{21}(k) = A_{21}(1) = -\lambda^{-1} < 0$$

供给冲击对股价 s 的影响——对股票收益 Δs 的累积效应——为：

$$\sum_{k=0}^{\infty} \partial \Delta s_t / \partial u_{t-k}^s = \sum_{k=0}^{\infty} a_{11}(k) = A_{11}(1) = 1$$

于是，供给冲击下实际股票价格与一般价格水平负向关。类似地，容易求得需求冲击对价格水平 p 的效应为 $\lambda^{-1}(>0)$，另外，正如长期约束条件所限定的，需求冲击对股价水平并不产生长期影响。这样单纯的需求冲击下实际股票价格独立于一般物价水平。

四、经验结果

经验估计使用中国股市成立之后的季度数据（1992Q1 – 2007Q2）[①]。以消费者价格指数（CPI）变化率作为通货膨胀指标。CPI 数据来自于国家统计局编辑的《中国物价》1992 年之后各期。为了计算本季价格相对于上季的变化率，需

[①] 沪深股市自 2005 年 5 月启动股权分置改革后，在同年 6 月 6 日下探至 998 点，经过半年多的酝酿，自 2006 年 1 月 4 日沪综指 1 163 点开始，启动了本轮大起大落行情。2007 年第二季度后股市越炒越烈，泡沫越发严重，至 10 月 16 日沪综指上摸至 6 124 点之后，又一路快速下探至 2008 年 6 月 20 日的 2 695 点。因此我们选取样本至 2007 年第二季度为止。

要价格定基指数季度时序数据。然而根据官方公开统计资料仅能获得 2001 年之后的月度环比通货膨胀率，而此前只有同比通货膨胀率。① 可利用同比通货膨胀率以及 2001 年之后的月度环比通货膨胀率求得 1992~2000 年的定基价格指数，并据此计算季度环比通货膨胀率。② 数据经过季节调整。股票价格以上海证券交易所综合股价指数度量，股票收益率以股价指数对数差分表示，股价数据来自 CCER 中国经济金融研究数据库。

（一）通货膨胀—股票收益相关性

表 7-6 是股票收益率 Δs 和通货膨胀 π 的跨期相关系数。临近几期二者均呈现负相关。尽管当期相关度并不高，不过二者前后一期的负相关系数较为显著。

表 7-6　　　　　　　通货膨胀—股票收益跨期相关性

	$k=-4$	-3	-2	-1	0	1	2	3	4
$corr(\Delta s_t, \pi_{t+k})$	-0.145	-0.140	-0.147	-0.267^{**}	-0.113	-0.220^*	-0.163	-0.145	-0.115

注：**、* 分别表示在 95%、90% 置信水平上显著，相关系数的标准差为 0.12。

检验通货膨胀—股票收益相关度的另一种简便方法是使用 Gordon (1984) 动态 OLS 方法估计二者回归系数，即估计如下自回归分布滞后（ARDL）模型：

$$\Delta s_t = \sum_{i=1}^{k} \delta_{1i} \Delta s_{t-i} + \sum_{i=0}^{k} \delta_{2i} \pi_{t-i} + e_t$$

其中滞后阶数根据 Akaike 信息准则确定 $k=4$，根据参数 δ_{1i} 和 δ_{2i} 估计值计算 π 与 Δs 的长期相关系数 α^{LR}：

$$\alpha^{LR} = \sum_{i=0}^{k} \delta_{2i} \Big/ \Big(1 - \sum_{i=1}^{k} \delta_{1i}\Big) = -2.12$$

α^{LR} 标准差为 1.44。回归分析的结论与表 7-6 跨期相关系数相同：总体上，通货膨胀与股票收益之间呈现显著性较弱的负相关关系。

（二）供给冲击和需求冲击的动态效应

估计包含产出增长率和通货膨胀率的 VAR 系统（2），滞后结束设定为

---

① 月度环比是指给定月份相对于上月的变动，而同比是指相对于上年同月的变动。2001 年之后环比通货膨胀率数据来自《中国经济景气月报》各期。

② 已知 2001 年环比数据和此前年份同比数据，可倒推 2000 年环比数据。2000 年 t 月环比指数 = 2001 年 $t-1$ 月同比指数 ÷ 2001 年 t 月同比指数 × 2001 年 t 月环比指数。同样地，已知 2000 年环比数据和此前年份同比数据，可倒推 1999 年环比数据。依此类推可求得所有年份环比数据。

4——该滞后长度的选择根据 Akaike 信息准则,并且使得残差不存在序列相关。①
残差 ε_t 的协方差矩阵为:

$$\sum = \text{var}(\varepsilon_t) = \begin{bmatrix} 283.17 & 0.923 \\ 0.923 & 0.735 \end{bmatrix}$$

将 VAR 模型转化为 VMA 表示,并通过长期限制条件——需求冲击不影响长期产出水平——得到:

$$A_0 = \begin{bmatrix} 14.055 & 9.252 \\ -0.424 & 0.745 \end{bmatrix}$$

根据 ε_t,A_0 估计值以及供给冲击 u^s 和需求冲击 u^d,两类冲击的基本统计特征见表 7-7。与结构性冲击的定义一致,两类冲击的均值接近于 0 而标准差接近于 1,并且同期两类冲击之间不相关。另外,Ljung-Box Q 和 ARCH 统计量表明两类冲击均为不存在序列自相关的同方差过程。

表 7-7　　　　　供给冲击和需求冲击的基本统计特征

	$\text{corr}(u^s, u^d)$	均值	标准差	Q_1	Q_2	Q_3	Q_4	ARCH(4)
u^s	-0.006	-0.042	0.934	0.037	-0.052	-0.027	-0.007	5.019 [0.28]
u^d		-0.126	0.927	-0.049	-0.016	-0.025	0.044	5.146 [0.27]

注:Q_i 为滞后 i 阶的 Ljung-Box Q 统计量,标准差为 0.137。$\text{corr}(u^s, u^d)$ 为两类冲击的相关系数,ARCH(4) 是滞后 4 阶的 ARCH LM 统计量。

一单位供给冲击和需求冲击对股票收益率和通货膨胀率的动态效应分别见图 7-5 和图 7-6。图中横轴表示冲击发生之后的季度数。中间实线为脉冲反应函数的点估计值,两侧虚线表示正负一个标准差(±1s.d.)边界。② 供给冲击当期对股票收益具有强烈的正向效应,而对通货膨胀却有负向效应,这样供给冲击会引起当期股票收益与通货膨胀之间负相关;需求冲击当期对产出增长和通货膨胀均具有正向效应,这样需求冲击会引起同期股票收益与通货膨胀之间正相关。这一经验结果与上节模型结论一致。数字上,一单位正向供给冲击下(即对产出增长具有正向效应的供给冲击),当期实际股票收益率上升 14% 而通货膨胀下降 0.43%。一单位需求冲击下,当期股票收益率上升 9.2% 而通货膨胀上升 0.74%。

---

① 尽管产出和价格水平(对数)都是单位根过程,不过二者之间并不存在协整关系。这表明对它们的一阶差分(产出增长率和通货膨胀率)建立 VAR 模型是合适的。

② 标准差通过 1 000 次 Bootstrap 模拟而得。具体地,通过对估计的 VAR 残差进行置换抽样生成新的 Bootstrap 数据,然后对该模拟数据估计新的 VAR 模型并计算结构冲击的脉冲反应函数。重复以上 1 000 次并求得模拟值的 0.17 和 0.83 分位点,便形成 ±1s.d. 边界。由于该边界是通过模拟而得,未必关于脉冲反应函数点估计值两侧对称分布。

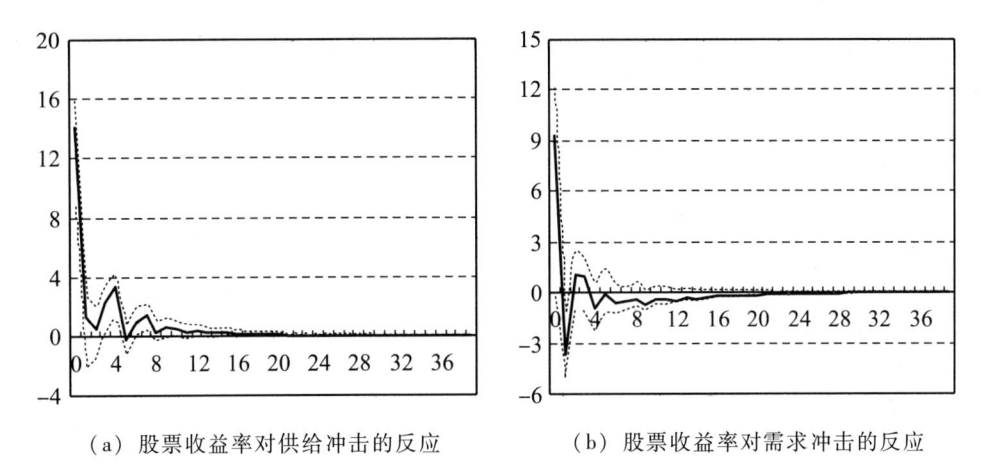

(a) 股票收益率对供给冲击的反应　　　(b) 股票收益率对需求冲击的反应

图 7-5　股票收益率的反应函数

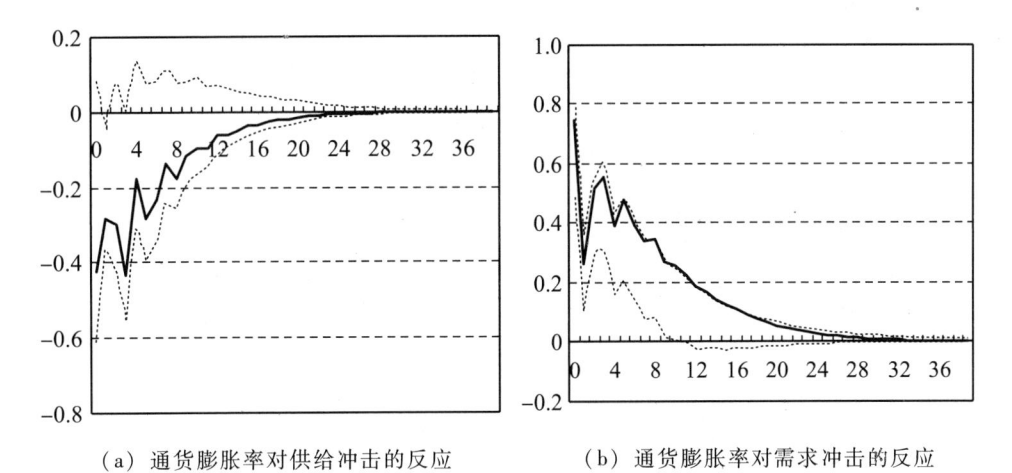

(a) 通货膨胀率对供给冲击的反应　　　(b) 通货膨胀率对需求冲击的反应

图 7-6　通货膨胀率的反应函数

可以通过下列简单例子来说明以上数字结果的直观含义。设想某一季度预期股票收益率和预期通货膨胀分别为 10% 和 2%（年化率），而事后发生的股票收益率和通货膨胀分别为 15% 和 3%。即，实际股票收益高于预期 5 个百分点而通货膨胀高于预期 1 个百分点。根据以上数字结果可以计算：1 个百分点的未预期通货膨胀中，0.16 个百分点由总供给引致，0.84 个百分点由总需求引致；5 个百分点的未预期股票收益中，-5.1 个百分点由总供给引致，10.1 个百分点由总需求引致。这样便推断出，这一时期出现了正向需求冲击和逆向供给冲击，并且需求冲击的力度更强。在需求冲击的主导下，通货膨胀和股票收益均上升，二者呈现正相关关系。概括言之，由于供给冲击和需求冲击对当期通货膨胀的相反效应，如果股票收益提高伴随着通货膨胀的明显上升，则可以推断这一现象主要由需求冲击造成,而如果股票收益提高同时通货膨胀稳定（甚至下降）,则这一现象主要由供给冲击造成。根据表7-6结果,总体上我国股票收益和通货膨胀具有一定程度的负相关,这表明供给冲击的效应占优于需求冲击。

图7-7和图7-8分别是供给冲击和需求冲击对股票收益和通货膨胀的累积效应——即对股价水平 s 和价格水平 p 的效应。供给冲击在发生之后的几个季度里对股价的影响力度逐步加大,约两年（8个季度）后稳定下来。稳态时的效应约为初始效应的2倍,最终供给冲击对产出水平具有显著正向影响。一般价格水平对供给冲击的动态反应则相反:正向的供给冲击降低了价格水平,其效应也在两年后基本稳定。稳态时,1%的正向供给冲击会导致股价上涨26%而一般价格水平降低3.1%,这意味着供给冲击下股价和价格水平具有如下负相关关系: $s^{AS} = -8.12 p^{AS}$。其中,s^{AS} 和 p^{AS} 分别为供给冲击所引起的股价和一般价格变动成分。

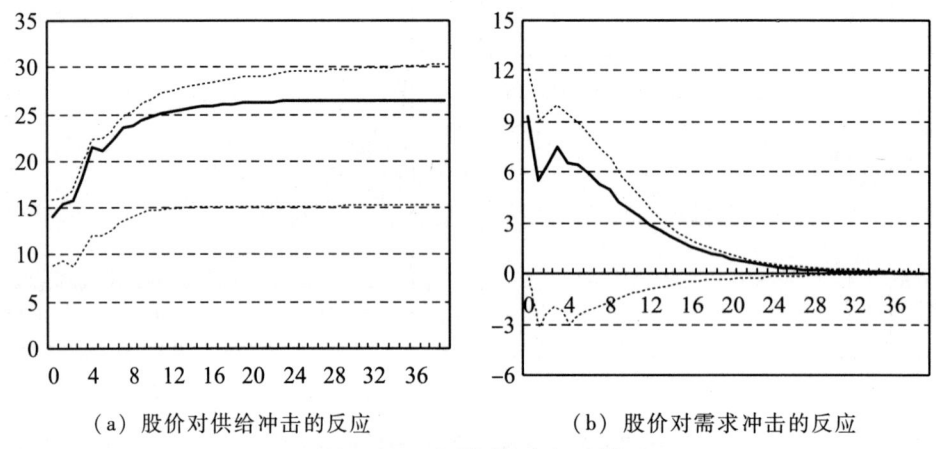

（a）股价对供给冲击的反应　　　（b）股价对需求冲击的反应

图7-7　股价的反应函数

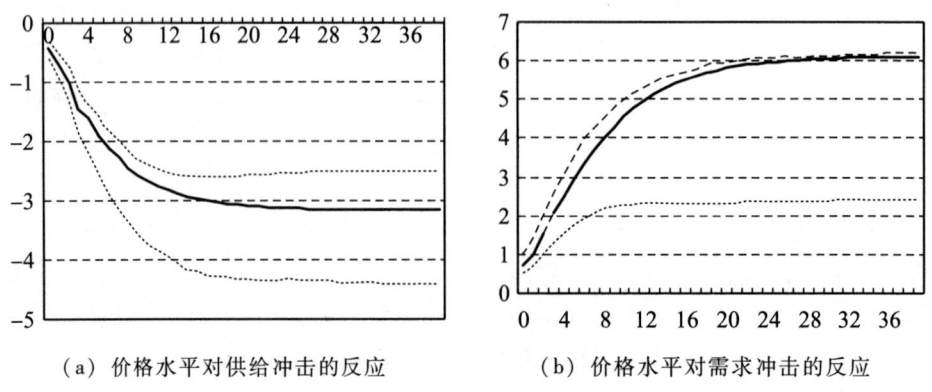

（a）价格水平对供给冲击的反应　　　（b）价格水平对需求冲击的反应

图7-8　价格水平的反应函数

正如 SVAR 长期识别条件所限定的，需求冲击仅影响短期股票收益，对股票价格却不产生持久影响。需求冲击发生当期对股价的效应最为显著，随后便迅速衰减，约 5 年后其效应基本消失。需求冲击对通货膨胀的效应同其对股价的效应类似，也在 5 年后基本消失。相应地，需求冲击对价格水平的效应在 5 年后达到稳态值，1% 的正向需求冲击会导致稳态价格水平上涨 6.1%。这样，与供给冲击不同，需求冲击下稳态的股价和价格水平不具相关性。需求冲击的动态效应与人们关于总需求对产出和通货膨胀影响的传统认识是一致的，总需求增加短期会促进产品价格上涨、劳动力需求增加、产出增长，然而由于过度就业，以后工资会根据（7-30）式相应提高，这将促使劳动力需求减少和产出降低，最终价格和工资水平都在较高的水平上重新稳定下来。所以长期而言，需求冲击仅影响价格水平，并不影响产出水平和通货膨胀率。由于股价是未来产出的现值，故而需求冲击也不影响长期股价水平。

以上分析也有助于理解通货膨胀和价格水平的周期性行为。长期以来，研究者习惯上认为价格行为是顺周期的——即在经济扩张期上涨而在经济衰退期下跌，不过 Kydland 和 Prescott（1990），Cooley 和 Ohanian（1991）以及 Backus 和 Kehoe（1992）等从经验上对此提出了质疑。另一类经济周期模型（包括凯恩斯需求决定的周期模型以及卢卡斯理性预期模型）则关注于通货膨胀而不是价格水平的周期性行为。[①] Chadha 和 Prasad（1994）关于成熟市场的经验结果认为，价格水平是逆周期的，而通货膨胀是顺周期的。如果以股价周期作为产出和宏观经济周期的度量，以上关于中国的经验结果表明，供给冲击会导致通货膨胀和价格水平出现逆周期行为，而需求冲击则会导致通货膨胀和价格水平出现顺周期行为。于是通货膨胀或者价格水平统计上呈现出的周期行为便取决于现实中哪一种冲击更占主导地位。这可以解释为什么现有经验文献关于不同国家或者不同时期价格和通货膨胀的周期行为并没有一致的结论（例如，见 Cooley 和 Ohanian，1991）。

由前面知道，根据 VAR 模型（7-20）式的估计结果以及矩阵 A_0，可以得到（7-19）式的所有系数矩阵 A_1，A_2，A_3，…；根据残差 ε_t 以及（7-22）式，可以得到（7-19）式中结构性扰动 u_t，u_{t-1}，u_{t-2}，…。进而在（7-19）式中当限制所有当期及滞后期供给冲击为 0 时，即得到仅由需求引起的股票收益成分 Δs^{AD}；当限制需求冲击为 0 时，便得到仅供给引起的股票收益成分 Δs^{AS}，即不存在需求冲击时的产出成分。类似地，可以将通货膨胀率分解为需求和供给引起的成分 π^{AD} 和 π^{AS}。

[①] 尽管有人或许会想当然地认为价格和通货膨胀会呈现出一致的周期性特征，然而这一观点缺乏理论基础，现实经验中也并非如此。事实上，通货膨胀可理解为价格水平（对数）的斜率，例如，价格水平稳定在高位时通货膨胀率也可能会很低。

表7-8　　货币和相对价格冲击对股票收益和通货膨胀的效应

	Δs_t^{AD}	Δs_t^{AS}	π_t^{AD}	π_t^{AS}
货币冲击	1.262 (1.006)	-1.086 (1.634)	0.556 (0.175**)	-0.142 (0.102)
相对价格冲击	0.499 (0.341)	0.604 (0.695)	-0.007 (0.022)	0.663 (0.413)

注：** 表示在95%置信水平上显著，( ) 中的数字是标准差。

表7-8是使用Gordon (1984) 动态OLS方法估计的需求冲击和供给冲击代理变量分别对股票收益和通货膨胀中需求成分和供给成分的影响。以M0占GDP比重的变化率表示货币冲击，以负向的投资品相对价格（投资品与消费品价格指数比率）变化表示供给冲击。① 表7-8中数字是分别以第一行变量（Δs^{AD}、Δs^{AS}、π^{AD}和π^{AS}）作为自回归分布滞后模型左侧变量的长期相关系数α^{LR}估计结果。与预期一致，股票收益和通货膨胀中的供给成分与当期和滞后的货币增长正相关，尽管对于股票收益这种相关度并不显著。另外，股票收益和通货膨胀中的需求成分与货币增长没有明显的相关性。股票收益中的两类成分均受到相对价格变化的正向影响，不过系数估计的标准差较大，这或许是因为相对价格并不是供给冲击的一个良好替代指标。

（三）需求冲击与供给冲击的相对重要性

分别累加Δs^{AD}和Δs^{AS}，得到需求和供给引起的股价成分s^{AD}和s^{AS}，见图7-9和图7-10。图7-9中，虚线是实际股价（对数），实线是仅由供给冲击导致的股价（即剔除需求成分之后的股价）。由股价指数看，样本期内中国股市经历了两个较为明显的周期。从样本期初至1995年第四季度是第一个大的衰退期（熊市），随后开始一轮持续时间较长的高涨期（牛市），至2001年第一季度达到顶点，此为第一个周期；2001年第二季度开始再次进入熊市至2005年第二季度，此后进入新一轮增长极为迅速的牛市，至样本期末（2007年第二季度）仍在增长中，此为第二个周期。总体上股票指数与其中的供给成分变动更为一致。换言之，股价的变化趋势更主要的是由供给决定的，仅靠有利需求冲击对推动股价上涨的作用有限。例如，1994年第三季度以及2003年第四季度时的情形，这两个

---

① 消费品和投资品价格水平分别以消费者价格指数（CPI）和生产资料企业购进价格指数（PPI）度量，这里生产资料包括原材料、燃料动力、金属等。货币和价格数据来自《中国人民银行统计季报》1996年之后各期。

时期股价中的需求成分出现快速增长，然而缺乏供给冲击的配合，并未能改变实际股价指数的持续下跌趋势；再如 1997 年第三季度~1999 年第二季度期间，需求成分长时间下跌而实际股价指数的上涨趋势不变。

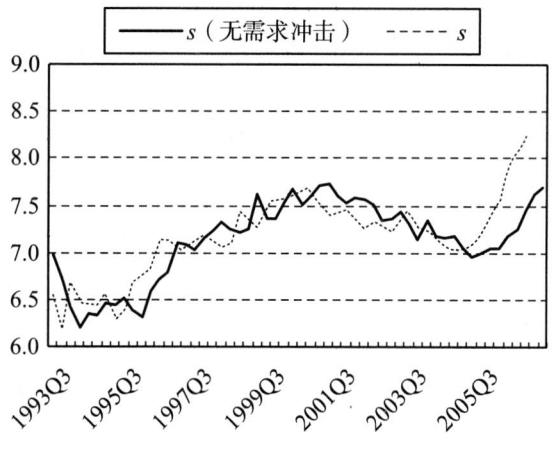

图 7-9　供给冲击引起的股价变动

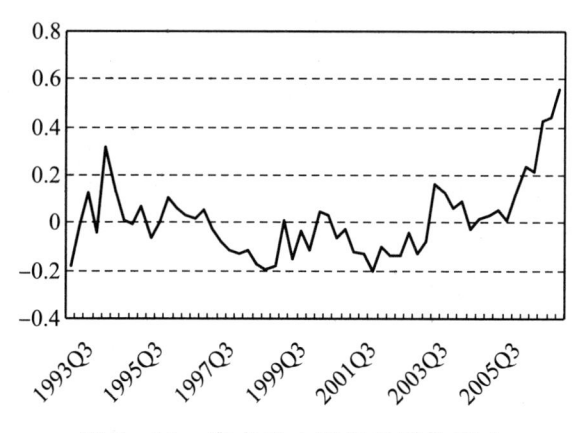

图 7-10　需求冲击引起的股价变动

表 7-9 列出了两个周期里股价出现高峰的季度（2001 年 1 月和 2007 年 2 月）和低谷的季度（1995 年 4 月和 2005 年 2 月）以及各自前 4 个季度的供给与需求冲击的估计值。表 7-9 中显示，第一个牛市的 5 个季度里，仅有一个季度出现负的供给冲击，而需求冲击并无一致性规律，所以该轮牛市行情主要是由供给冲击所造成；不同的是，第二个牛市的 5 个季度里，除了供给冲击全部是正值外，需求冲击也仅在一个季度出现微弱的负值，所以该轮牛市行情是由供给和需求冲击共同造成，而且两类冲击的力度相对于第一个牛市更大，所以股价增长相对于前一时期也更为迅速。1994~1995 年的熊市期初连续三期出现较大的负向

需求冲击，紧接着在1995年4月同时出现负向需求冲击和负向供给冲击，终于导致了本季度出现股市衰退的最低点。相似地，2004~2005年的熊市也是首先连续多期出现较大的负向需求冲击。总体上，股票指数大的周期性波峰和波谷均是供给冲击和需求冲击共同作用的结果，不过，供给冲击是牛市行情的基本推动力量，而需求的持续衰退则是熊市行情的先导。

表7-9　　　　　　两轮牛市与熊市期的供给冲击与需求冲击

季度	牛市 供给冲击（%）	牛市 需求冲击（%）	季度	熊市 供给冲击（%）	熊市 需求冲击（%）
2000Q1	0.56	0.25	1994Q4	0.42	-1.16
2000Q2	0.71	-1.09	1995Q1	1.36	-1.87
2000Q3	-0.96	1.17	1995Q2	-0.17	-1.23
2000Q4	0.22	0.01	1995Q3	0.10	0.90
2001Q1	0.33	-1.17	1995Q4	-1.03	-0.87
2006Q2	0.73	1.20	2004Q2	-1.25	-1.34
2006Q3	0.27	-0.12	2004Q3	0.19	-0.86
2006Q4	1.30	1.61	2004Q4	0.00	-1.56
2007Q1	0.67	0.33	2005Q1	-1.05	-0.28
2007Q2	0.01	0.84	2005Q2	-0.34	0.06

注：供给冲击和需求冲击标准差的理论值均为1%。

通货膨胀中的供给和需求成分分别见图7-11和图7-12。图7-11中虚线是通货膨胀，实线是仅由供给冲击导致的通货膨胀成分（即剔除需求成分之后的通货膨胀）。比较图7-10和图7-12，需求冲击的引起的通货膨胀与股价变动趋势极为一致，这与图7-7b和图7-8b是一致的——图7-7b和图7-8b显示，通货膨胀与股价对一单位冲击的反应过程相似，区别仅在于反应程度的大小。通货膨胀在样本期初（1993~1994年）和期末（2006年之后）分别出现了高峰。两次高通货膨胀成因的差异在于，第一次由供给和需求因素共同导致，而第二次则主要由需求因素导致。表7-10列出了两个高通货膨胀时期和低通货膨胀时期供给与需求冲击的估计值。第一个通货膨胀高峰期连续出现正向需求冲击和负向供给冲击，而第二个通货膨胀高峰期则是需求和供给共同扩张，所以通货膨胀程度在该期弱于第一期。① 表 7-10 中两个通货紧缩期均出现连续的负向需求冲击，而并无明显的正向供给冲击。所以总体而言，通货膨胀或者通货紧缩更主要的是由需求冲击所决定。

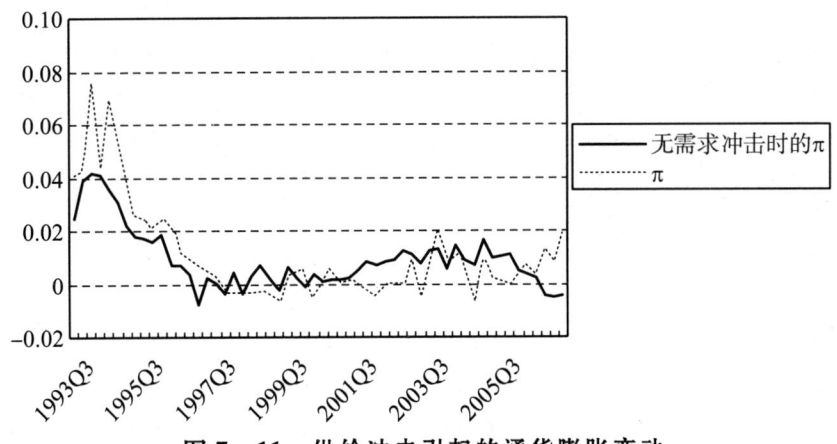

图 7-11 供给冲击引起的通货膨胀变动

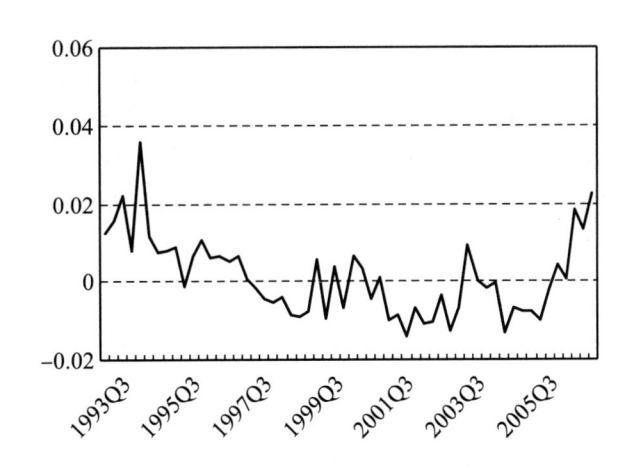

图 7-12 需求冲击引起的通货膨胀变动

---

① 这一结果与研究者对两次高通货膨胀成因的分析是相符的。1993~1994 年高通货膨胀的基本原因在于货币和信贷扩张过快，1993~1994 年储备货币年均增幅高达 35%。同时还有一个重要原因是价格改革，原来国家确定或指导价格的基础产品（能源、钢铁和农产品）根据成本和供求关系重新确定更高价格，这不利于企业的生产活动（例如，裴传智，1994；田益祥等，1995）。2005 年之后通货膨胀上升的基本原因同样也是货币供给增长过快。在人民币汇率低估和升值预期下，中国连年出现经常项目和资本项目双顺差（例如，仅 2007 年上半年外汇储备即增加超过 2 600 亿美元），尽管央行并未停止对冲努力（发行央行票据回笼货币），不过外汇占款导致的货币供给仍然出现高增长，2005 年初到 2007 年 6 月储备货币年均增幅 14.5%。不过与 1993~1994 年不同的是，2005 年之后制造业存在产能快速增长，而国内消费需求增长缓慢，并未出现明显的供给能力不足的问题（国家发改委宏观经济研究院经济形势分析课题组，2005 年；中国企业家调查系统，2006 年）。

表7-10　　　通货膨胀高峰与低谷时的供给冲击与需求冲击

季度	高峰 供给冲击(%)	高峰 需求冲击(%)	季度	低谷 供给冲击(%)	低谷 需求冲击(%)
1993Q1	-0.58	-0.34	1998Q1	-0.09	-0.77
1993Q2	-0.26	0.21	1998Q2	0.78	-0.33
1993Q3	-0.57	0.61	1998Q3	-1.06	0.05
1993Q4	-1.75	0.71	1998Q4	-0.56	-0.61
1994Q1	-2.02	1.05	1999Q1	0.10	-0.61
2006Q2	0.73	1.20	2001Q1	0.34	-1.17
2006Q3	0.26	-0.12	2001Q2	0.00	-0.54
2006Q4	1.29	1.61	2001Q3	-1.01	-1.22
2007Q1	0.67	0.32	2001Q4	-0.79	-0.51
2007Q2	0.01	0.84	2002Q1	0.18	-1.02

注：见表7-9。

通过预测误差的方差分解（Forecast Error Variance Decomposition）方法可以更为严格地评估需求冲击和供给冲击对股票收益和通货膨胀的影响。表7-11是方差分解结果。对表中数字作如下解释：定义 $\pi(\Delta s)$ 的"向前 k 季度预测误差"为 $\pi_{t+k}(\Delta s_{t+k})$ 与基于VAR模型的向前 k 期预测值 $\hat{\pi}_{t+k}(\Delta \hat{s}_{t+k})$ 之差，该预测误差是源于随后 k 期通货膨胀和股票收益两个方程的残差 $\varepsilon_{t+1}, \varepsilon_{t+2}, \cdots, \varepsilon_{t+k}$，或者等价地，是源于结构化冲击 $u_{t+1}, u_{t+2}, \cdots u_{t+k}$，因为 ε_t 和结构化冲击 u_t 存在一一对应关系。表7-11仅列出了预测误差归因于供给冲击的百分比（$k = 1, \cdots, 20$），用100%减去该比例即得到归因于需求冲击的比例。小括号中数字代表正负一个标准差区域。[①]

表7-11　　　股票收益率与通货膨胀率的方差分解

归因于供给冲击的方差比例（%）

季度	股票收益率	通货膨胀率
1	69.76 (37.12, 97.95)	24.52 (2.17, 62.49)
2	66.73 (35.87, 93.70)	29.45 (4.70, 63.87)

---

① 同样地，由于正负一个标准差边界是通过模拟而得，所以未必关于点估计值对称。

续表

归因于供给冲击的方差比例(%)

季度	股票收益率	通货膨胀率
3	66.52 (36.43, 91.93)	28.16 (4.68, 63.13)
4	66.89 (37.24, 91.12)	30.95 (5.07, 64.86)
8	68.04 (39.99, 89.37)	28.04 (7.33, 62.28)
12	67.88 (40.57, 88.79)	26.65 (8.09, 62.10)
20	67.74 (40.91, 88.66)	25.88 (8.39, 61.65)

  SVAR 识别的长期限制假定条件仅意味着 k 无限增长时需求冲击对于股票价格方差的贡献度应该趋向于 0，并未对模型的短期动态施加任何限制。供给冲击对股票收益的影响力度相对更大，例如，$k=4$ 时股票收益的变化有近 2/3 由供给冲击所致，只有 1/3 由需求冲击所致。相反，通货膨胀变动中，需求冲击则占绝对主导地位，例如，$k=4$ 时通货膨胀的变化 70% 由需求冲击所解释，而供给冲击解释的比例约为 30%。这一结果与上述两类冲击对股价和通货膨胀影响的结论一致。不过应说明的是，以上方差分解的数字结果并不是十分精确的，因为方差分解估计值的标准差较大。例如，$k=1$ 时，供给冲击对股票收益变动的贡献度估计值为 69.76%，其正负一个标准差范围为 37.12%~97.95%。

五、结论

  本章使用结构向量自回归方法分析引起经济周期性波动的两种外生冲击——供给冲击（来自实际生产率变化）和需求冲击（来自名义货币供给变化）——对通货膨胀—实际股票收益关系的影响，并分析两类冲击对通货膨胀和股票价格的动态效应。结构模型限定仅有供给冲击决定长期实际产出水平，而需求冲击仅影响短期产出波动。结果认为，供给冲击导致通货膨胀—股票收益负相关，而需求冲击则导致通货膨胀—股票收益正相关。这验证了一般均衡模型所得出的股票收益与未预期的通货膨胀正/负相关性由经济中通货膨胀的来源决定的结论（如 Danthine 和 Donaldson，1986；Stulz，1986）。中国的经验数据显示，实际股票收益和通货膨胀总体上呈现负相关关系，这应归因于两类冲击中供给冲击的效应占相对主导地位。不过脉冲反应分析和预测误差方差分析都表明，供给冲击对短期股票收益动态的影响力度相对更大，而需求冲击对短期通货膨胀动态的影响力度相对更大。

供给冲击还导致长期股票价格和一般价格水平负相关。而需求冲击尽管影响长期价格水平，却不影响长期股票价格。如果股票价格代表了宏观经济周期，则以上结论有助于理解通货膨胀和价格水平的周期性行为。它意味着供给冲击下通货膨胀和价格水平均是逆周期的，而需求冲击下通货膨胀和价格水平均是顺周期的。由于不同国家或不同时期两类冲击的相对重要程度有别，这解释了文献中关于通货膨胀和价格水平周期特征经验结论的分歧（例如，Kydland 和 Prescott, 1990；Cooley 和 Ohanian, 1991）。

第八章

后金融危机时代我国的宏观经济新形势：投机资本和资本外逃问题

2008年经济危机后中国率先走出经济探底的泥潭，并在2009年下半年展示出强劲的增长势头，再加上人民币持续的升值预期，导致中国成为国际热钱流入的"重灾区"。热钱流入已经成为我国目前面临的重要问题之一。热钱流入迫使中央银行投放基础货币，加剧了我国流动性过剩的局面。在人民币升值预期的推动下，热钱大量流入，而一旦人民币升值到位，这些热钱在取得相应的投资收益后就会流出中国，可能会导致我国资产价格泡沫的破灭，将对中国的资产市场甚至实体经济产生很大的影响。这就使得热钱问题成为我国宏观经济政策设计方面需要解决的一个重要问题。

资本外逃是中国经济面临的另一重要问题。一方面是外国投机资本即国际热钱试图流入中国，从人民币升值和资产价格上涨中获利；另一方面，由于各种原因形成的合法或不合法的财产向境外转移，形成了资本外逃现象。

本章的目的，就是分析外国投机资本流入的渠道和本国资本外逃的渠道，并试图更准确的估算其规模。

第一节 投机资本的流入问题

一、热钱流入渠道

相对于发达国家,我国的资本项目管制是相对严格的。故国际热钱必须寻找各种途径规避监管,总体而言,热钱进入我国的渠道可以概括为经常项目、资本项目与地下钱庄三类。

1. 经常项目下的热钱流入

由于我国经常项目的外汇兑换早已放开,因而国际热钱隐藏在经常项目中,尤其是贸易项目更加容易、方便,风险也更小。另外,中国每年的贸易顺差数额巨大且呈现快速增长趋势,能够容纳大规模的热钱。

虚报进出口商品价格方式。进出口外贸公司通过"高报出口商品价格,低报进口商品价格"可以人为地增加出口外汇收入、减少进口外汇支出,从而将大量国际热钱引入境内。由于我国进出口商品和企业种类繁多,进出口贸易额较大,监管部门难以一一核查,而且此种方式承担的法律责任较小,因此成为境外热钱流入的主要方式之一。

签订虚假贸易合同。国内企业与境外公司签订无实质交易的贸易合同,使得国外企业通过"预付货款"的方式将外汇汇入国内。这种方式操作性很强而且同样难以监管,在最初的"交货期"来临时,合同双方还能够以各种理由不断签订后续的协议合同使之推后延长。另外,即使存在真实贸易,中外企业也可借助诸如地下钱庄等中介机构提前预收货款或延迟支付账款,从而使得资金尽可能长地留在国内。

转移定价。转移定价多发生在跨国集团内部,本来是以避税为主要目的,现在也被国际热钱所利用。如一跨国公司通过设在内地和境外的两个子公司转移定价,人为将内地子公司生产的产品价格定高,从而变相地将资金转移到中国。

2. 资本项目下的热钱流入

(1) 外资企业或国内投资境外企业虚报盈利。由于我国的会计制度还不完善,一方面,在国内的外资企业通过低报真实盈利水平甚至恶意假报亏损,把应汇出境外的利润留在国内,实现转移热钱的目的。另一方面,我国在境外投资的企业则高报利润,从而将境外热钱以利润形式汇入国内。

（2）FDI渠道。FDI包括成立外资投资企业、参股境内企业和购买企业债券等。具体来说，借道FDI渠道的热钱可以是外商投入超过利用外资批准额度的资本金，又可以是外资企业以之前未投入足额资本为由要求重新补缴出资额。尽管我国对FDI资金的监管比较严格，但在一些地方政府片面追求招商引资规模等数字政绩的情况下，为国际热钱流入打开了通道。

3. 地下钱庄的热钱流入

地下钱庄的兴起伴随着我国市场经济发展的不断深入，民间资金来源多元化的需求受到相关政策的限制。李建军（2006）对地下钱庄的定义较有代表性：所谓地下钱庄是地下金融的主要表现形式之一。它是具有类似银行功能的、专门从事资金交易活动的非法金融组织。由于其操作的隐蔽性和灵活性，逐渐成为境外资金非法进入我国的途径之一。

地下钱庄"搬运"境外资本的方式多样，它们非常熟悉国际贸易管理和各项法律法规，理论上一切可以利用的漏洞都能成为其运作手法。比如国际收支平衡表中的包括侨汇、无偿捐赠等在内的经常转移项目，再比如个人超额携带人民币入境，地下钱庄积少成多将热钱转为表面合法的人民币资金，实现热钱的流入。

值得一提的是，尽管地下钱庄为境外热钱所利用已被政府和学术界所承认，但到底有多少热钱借道流入却很难有确切数字。德意志银行通过对200家公司和60名高收入个人的调查，认为仅有5%的热钱通过地下钱庄进入中国。鉴于缺乏资料及估算随意程度较高，我们在本章的其余部分暂不考虑地下钱庄渠道。

二、热钱流动规模的估算方法

对热钱的研究兴起于全球金融一体化的发展进程，国际热钱的快速流动造成了众多发展中国家经济的巨大波动，同时也被认为是亚洲金融危机的幕后黑手。此后，根据这些危机案例，诸多学者开始着手关于热钱的研究，也取得了丰硕的成果。一般而言，国际上估算热钱规模有两种方法，即直接法和间接法。

1. 直接法

所谓直接法，最初是认为国际收支平衡表（BOP）中的"净误差和遗漏项"反映了未被官方记录的非正常资本流动，而直接把这一部分金额归为热钱。当年的净误差和遗漏项为正则意味着存在官方统计之外的热钱流入，若为负则表明热钱流出，资本外逃。但很显然，这种方法太粗略，因此之后有学者对直接法进行了适当的改进。卡丁顿（Cuddington, 1986）在估算拉美国家的资本外逃规模时首先采用了直接法，在"净误差和遗漏项"的基础上加上"短期私人部门资本流动"来弥补隐藏在资本项目中的热钱,其中后者则用国际收支平衡表中的货币市场债券、短期信贷等短期资本流动来衡量。

直接法的基本公式为:

$$HM = EOS + PCF \qquad (8-1)$$

其中,HM 为热钱(Hot Money);EOS 指国际收支平衡表中的净误差和遗漏项(Error & Omission);PCF 则代表短期私人部门资本流动(Private Capital Flow)。

但是无论在"净误差和遗漏项"之外考虑多少可能存在热钱的资本项目,直接法都存在两方面的天生缺陷:

(1)涵盖范围过小,对热钱的定义太随意。直接法认为热钱仅存在于国际收支平衡表所考虑的几个项目中,不够严谨。此外,净误差与遗漏项有相当一部分源于国际收支统计技术方面的差异,不能简单等同于不可解释的资本流动。

(2)忽视了经常项目中所可能隐藏的热钱。如上所述,对于资本管制国家而言,热钱往往披着贸易的外衣进入目的国,经常项目中的热钱数额巨大,只对资本项目进行估算会大大低估热钱的真实规模。

2. 间接法

相比直接法,间接法对热钱的定义则要"宽泛"许多。1985年世界银行将新增外汇储备减去贸易顺差与外国直接投资后的残差视作热钱,这也成为间接法估算热钱规模的依据。由于间接法相对更科学合理,并且在理论上得到世界银行对热钱定义的支持,因而间接法逐渐成为学术界估算热钱规模的主流方法。

间接法的基本公式为:

$$HM = FER - TS - FDI \qquad (8-2)$$

其中,FER 为新增外汇储备(Foreign Exchange Reserve);TS 为贸易顺差(Trade Surplus);FDI 为外国直接投资(Foreign Direct Investment)。

但客观地说,这种方法仍然与实际情况存在较大偏差,具体表现为:

(1)将除贸易顺差和外国直接投资之外所有引起新增外汇储备的资本流动全部视为热钱,这显然会高估热钱的实际规模。

(2)间接法假定 FDI 和贸易顺差不存在热钱,又必然会系统性地低估热钱。尤其对于中国而言,根据其他学者的研究结果(唐旭、梁猛,2007)及实际经验,通过贸易形式流入国内热钱的规模绝不可忽视,而通过计算真实的贸易顺差来还原出隐藏其中的热钱数量正是本书对估算方法的创新之处。

3. 对两种估算方法的比较分析

综上所述,当前对热钱规模的测算基本以直接法和间接法为主,而诸多学者对热钱估算方法的改进也是建立这两种方法的基础之上。

(1)直接法的热钱估算。利用直接法计算简单直观,但其固有的缺陷也很明显。众所周知，2010 年由于发达国家的量化宽松政策，全球流动性泛滥，新兴国家在资本流动中首当其冲，世界银行和 IMF 多次发布报告警示新兴市场应采取适当措施抵御热钱流入的风险。但根据国家外汇管理局公布的中国国际收支平衡表，2010 年中国的净误差与遗漏项为 -597 亿美元，即反而存在资本净流出。因此，直接用净误差和遗漏项来代替热钱规模显然是行不通的。

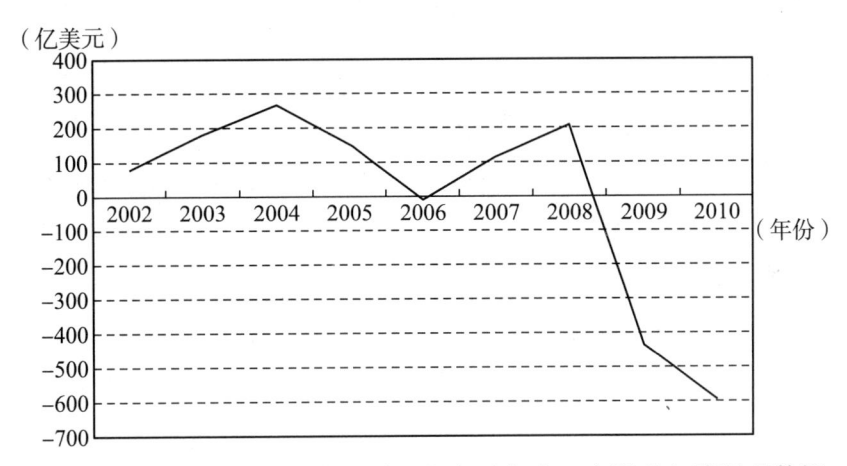

图 8-1　2002~2010 年我国国际收支平衡表下净误差与遗漏项数据

资料来源：国家外汇管理局。

事实上，正是由于不可避免的局限性，国内学者利用直接法估算热钱规模的研究文献大多集中于 2000 年前后，不但时间相对较早，而且当时基本专注于国际资本外逃等问题。如王军（1996）在净误差和遗漏项的基础上考虑了短期资本的流入情况，结论是 1982~1994 年，短期资本项目共流出 797 亿美元，超过 664 亿美元的同期流入数量，且在多数年份中表现为净流出。而任惠（2001）则在宋文兵（1999）的基础上进一步考虑了贸易信贷中价格转移形式的资本外逃，估算出 1997~1999 年中国的资本外逃规模分别为 128 亿美元、233 亿美元和 122 亿美元。

（2）间接法的热钱估算。根据世界银行的热钱定义，我们利用间接法计算了 2001~2010 年热钱规模，其中有三个时点存在热钱大规模的流入，分别是 2004 年，2007 年及 2009 年之后，这一数据与当时的经济背景比较吻合。2003 年之后人民币汇率升值预期升温，大量境外资金豪赌人民币升值涌入中国；2007 年则是伴随着国内证券市场和房地产市场的火爆，热钱再次大规模跨境流入；2009 年之后，全球流动性充裕，热钱再度盯上率先在金融危机复苏的中国经济。

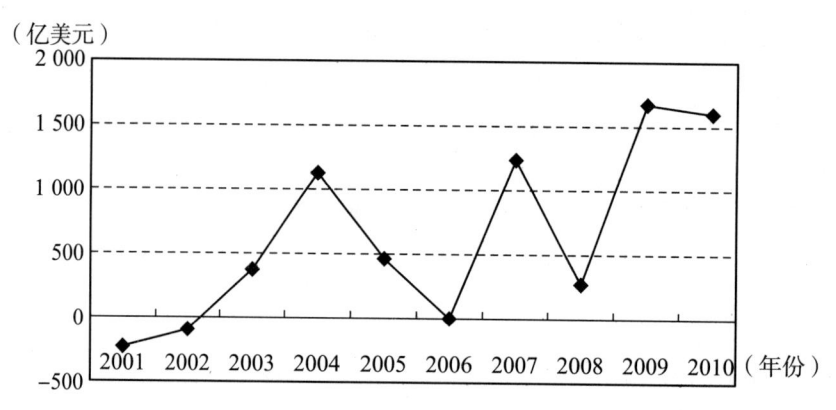

图 8-2　2001~2010 年根据世界银行定义计算的间接法热钱数量
资料来源：国家外汇管理局。

基于间接法更加合理，国内学者在使用直接法估算资本流动规模时往往也会同时采用间接法进一步估算其数量。王军（1996）通过间接法估算出 1985~1994 年中国资本外逃规模区间为 532 亿~1 027 亿美元，而任惠（2001）估算的中国 1997~1999 年资本流出的规模分别为 141 亿美元、317 亿美元和 130 亿美元。

（3）小结。从上文的简单计算可以看出，间接法的逻辑性更强，也更贴合国内现实的经济背景。2003 年后国内学者研究短期资本流动问题时，大多采用的是间接估算法，但问题在于间接法也存在缺陷，因此出现了繁多的对原始间接法的改进方式，得到的结果也大相迥异。如近年来有学者提出针对中国的特殊情况，应将外汇储备增加值改为新增外汇占款，其逻辑是外汇占款是国内银行为收购外汇资产而相应投放的本国货币，以此作为衡量标准能够涵盖传统间接法无法统计的非法渠道进入国内的热钱规模。但这个方法依然缺乏说服力，首先外汇占款数据是由央行统计，与贸易顺差等数据口径不同，是否能完全对接值得怀疑；其次这种方法也遗漏了服务、证券投资等国际收支项目，有失科学。考虑到数据的一致性和连贯性，本节仍然采用外汇储备增加作为估算热钱的基础。

三、对我国热钱流动规模的重新估算

现阶段我国对国际资本流动仍然实行的是半开放政策，即经常项目的外汇流动完全放开，而资本项目下的资本流动仍有较多管制，且资本管制采取的是

"宽进严出，放长限短"的非对等管理方针。[①] 因此，若试图对热钱流动规模的估算更贴近真实水平，则不但要考察国际收支平衡表中的贸易顺差、FDI等数据，还需将隐藏其中的热钱还原出来，以得到更加合理的热钱流动规模。

1. 估算思路

围绕前文所阐述的直接法和间接法，各位学者对热钱流动规模提出了自己的方法。值得一提的是，单纯从合理性的角度，还有一种"分渠道估算法"，即分别计算贸易渠道、FDI及外债渠道各自流入的热钱规模然后加总，但在实际应用中如何确定贸易顺差、FDI等渠道中隐藏热钱的合理水平变成关键所在。截至目前，国内学术界尚未能找到合理的逻辑和方法来分离出各渠道中的热钱规模，如果单纯依靠主观猜测对各渠道中的热钱数量进行加总，显然缺乏说服力和实际意义，而且从理论上讲，这种估算方法所依据的热钱定义与主流所认同的存在差异，因而在实践中也会产生分歧和误解。

从整体上讲，直接法不适合我国资本管制的具体国情，因而本节仍将以间接法作为估算中国热钱流动规模的基础；但在局部上我们则尝试计算出各个渠道资本流动的合理值，通过与实际值的对比从而分离出伪装在各渠道中的热钱。因此，本节所使用的方法相当于间接估算法与分渠道估算法的综合应用。

2. 估算方法

如前所述，估算我国热钱流入数量有两个关键点：一是确定热钱流入的渠道，二是在合理假设的前提下还原出热钱的真实规模。

首先，对于热钱流入渠道的问题，在上一部分中已经详述了间接法欠缺的是没有考虑隐藏在贸易渠道和FDI渠道中的热钱，而两者中我们认为通过贸易渠道流入的热钱是更加值得关注的。其原因在于，尽管理论上，国际收支平衡表的每一个项目下都有可能隐藏着热钱，但不同渠道所能容纳的热钱规模以及进入成本差距甚远。由于中国对于资本项目的管制相对严格，通过FDI进入的热钱流动性便大大降低，而一旦其丧失短期快速跨境流动性，这部分资金也就失去了作为热钱的意义。同时，我国对跨境资金的管理政策是"宽进严出，放长限短"，也大大提高热钱由FDI进出的成本。综合考虑以上两点，隐藏为FDI方式的热钱即使有，其占当年FDI的比例也不会太高。因此若假定FDI中有15%能被定义为热钱，则在热钱流入备受关注的2007年、2009年和2010年，其占之前我们按世界银行间接法所估算热钱规模的比例不到10%，再考虑到贸易渠道等其他渠道所隐藏的大量热钱，该比例还将进一步下降。此时，许涤龙、侯鹏（2009）利

[①] 截至2006年，中国所有57个资本账户科目中受到严格管制及较多管制的科目共有26个，占比45.6%；较少管制与无管制科目共有31个，占比54.4%。其中，对短期资本管制严于长期资本，对资本流出管制严于资本流入。

用岭回归的方法,估算 2005 年和 2006 年通过 FDI 渠道流入中国的热钱规模分别为 166 亿美元和 79 亿美元,占当年间接法热钱比例确实不高。因此可以认为 FDI 渠道中的热钱能够被忽略。

表 8-1　　2004~2010 年可能隐藏在 FDI 渠道中的热钱　　单位:亿美元

年份	FDI	隐藏热钱 (15%×FDI)	间接法热钱	隐藏热钱/ 间接法热钱(%)
2004	606.50	90.98	1 132.15	8.0
2005	562.10	84.32	465.04	18.1
2006	596.69	89.50	4.62	1 937.3
2007	736.92	110.54	1 244.52	8.9
2008	922.88	138.43	272.59	50.8
2009	867.61	130.14	1 674.01	7.8
2010	1 057.40	158.61	1 603.63	9.9

资料来源:国家外汇管理局、商务部。

其次,贸易渠道隐藏的热钱数量可能会超预期。相比监管严格的资本项目,热钱通过前文详细阐述的"转移定价"或"关联交易"等方式进入中国要便利得多。加入 WTO 之后,我国对外贸易总额一路攀升,并在近年来呈现加速上升的趋势。截至 2010 年我国对外进出口总额已达 2.97 万亿美元,同比增加 34.7%。同时,经常项目早已成为我国每年新增外汇储备的重要来源,2007 年、2008 年和 2009 年仅货物贸易顺差就占当年新增外汇储备的 68.3%、86.3% 及 55.1%。由于我国的经常项目已经放开,故热钱混杂在如此大规模的对外贸易渠道中非常容易,运作相对其他途径要简单许多,风险较小且适合大规模资金流入。因此,若想更贴近热钱流动规模的真实值,就必须更合理估算出贸易渠道之下的热钱暗流。

具体而言,在世界银行间接法的基础上,我们将贸易渠道单独分离出来,通过对比合理的贸易顺差与统计的贸易顺差,从而将隐藏其中的热钱还原出来。修正后的公式如下:

$$HM = (FER - TS - FDI) + (TS - RTS) \qquad (8-3)$$

其中,FER、TS 和 FDI 含义未变,分别代表新增外汇储备、贸易顺差(统计值)和外国直接投资,而 RTS 则表示合理的贸易顺差(Reasonable Trade Surplus)。

公式的前半部分即与世界银行的公式一样,称为"间接法热钱",而后一部分则分离出贸易渠道的热钱,称为"贸易热钱"。应该注意的是,本质上讲这两部分的热钱并无任何差异，我们仅是将符合本节定义，却又被传统间接法所忽视的热钱纳入估算当中。

3. 对我国热钱流入规模的重新估算

（1）还原隐藏在贸易渠道的热钱：流入渠道分析。为得到所谓合理的贸易顺差，先应对贸易顺差的来源进行分析。尽管对外贸易形式多样，但最重要的两种方式是一般贸易和加工贸易，两者合计占有当年进出口贸易总额的90%左右。

①一般贸易：根据现代物流实用词典的解释，一般贸易是指单边输入关境或单边输出关境的进出口贸易方式，其交易的货物是企业单边售定的正常贸易的进出口货物。相比加工贸易，一般贸易对于热钱隐藏流入有两个不便利之处：一个是单向交易导致转移定价相对困难，再一个是一般贸易涉及的货物多是大宗商品、大型设备等，这些货物基本都有可供参照的国际定价标准，因此很难做手脚。

②加工贸易：加工贸易本身还可分为来料加工贸易、进料加工贸易、装配业务等。加工贸易每年占对外贸易总额的比例比较稳定，基本维持在45%左右；而来料加工金额又保持在加工贸易总额81%上下的比例。

进一步拆解贸易顺差发现，2000~2010年加工贸易顺差平均值是总贸易顺差平均值的1.2倍，而近年来来料加工顺差一般仅为当年总贸易顺差的10%上下，这就意味着进料加工是每年贸易顺差的最重要源头。事实上，在这十一年中仅有三年进料加工贸易顺差低于总贸易顺差，且其占比仍不低于80%（见图8-3）。

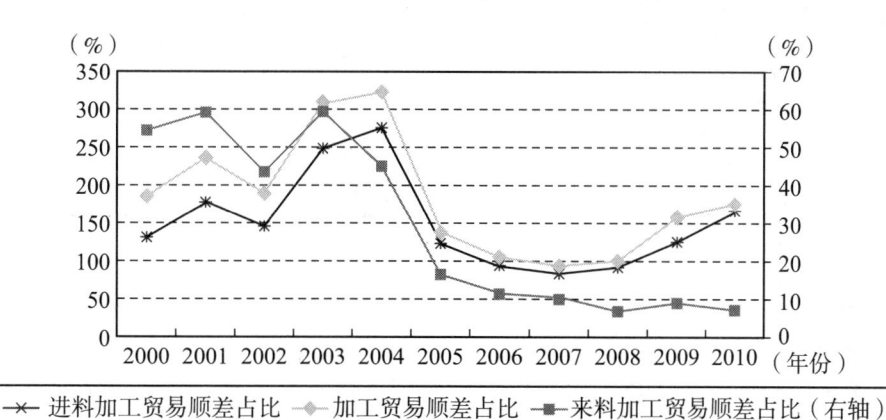

图8-3 进料加工、来料加工及加工贸易顺差占当年总贸易顺差比例

资料来源：海关总署。

最后，来看进料加工和来料加工的贸易特点，来料加工本质上只是单纯意义上的加工生产，其绝大部分原材料皆由国外委托加工方提供，国内企业仅根据对方要求将原材料加工为成品交付对方。但进料加工实际表现为两个合同、两笔交易，因为此时国内加工企业首先需要用外汇购入国外的原材料，加工为成品后再销往外国市场。在这个过程中，两笔需要使用外汇的交易即为热钱的进入提供了广阔的空间，其典型手法正是我们之前讲过的"低报进口、高报出口"。

通过上述分析，能够得到结论：加工贸易顺差中隐藏着较大规模的热钱，而进料加工又成为最大的热钱来源。

（2）还原隐藏在贸易渠道的热钱：估算方法的逻辑分析。每年加工贸易进口与出口金额的比率直接反映我国加工贸易的利润率，在产业结构、劳动力成本、要素价格及税率等相对稳定的情况下，短期内加工贸易的"进口金额/出口金额"也应相对稳定，不会大起大落。同时，加工贸易在进出口贸易总额中的占比历年来波动较小，因此相对波动不大的"进口金额/出口金额"与比较稳定的贸易结构使得我们有理由认为：短期中"加工贸易顺差/总出口"的比值是相对稳定的，结合下文的数据也可验证这一点。

一般认为，2002 年之前国际资本在我国呈现出净流出的状态，这一情况直到 2003 年人民币汇率改革呼声日益增强之后才发生根本性的转变。之所以将 2002 年作为热钱流入的拐点，除了其他学者的实证研究与具体的经济背景外，在上文利用世行间接法估算时也能发现 2003 年之前热钱流入皆为负值，2003 年之后才开始大规模涌入。除此之外，通过分析外商投资的收益汇出与外资利润的变化情况，也能够印证热钱流入拐点的观点（见表 8-2）。

表 8-2　　　　1998~2005 年外商汇出收益与利润之比　　　　单位：亿美元

年份	1998	1999	2000	2001	2002	2003	2004	2005
汇出收益	222.3	228	272.2	285.6	232.9	239.3	240.7	283.2
外资利润	52.3	94.2	160.3	180.4	234.7	347.2	484.5	517.6
汇出收益/外资利润	425%	242%	170%	158%	99%	69%	50%	55%

资料来源：CEIC。

2003 年外商汇出收益与外资利润之比由 2002 年的 99% 迅速下降至 69%，并在随后几年中进一步降至 50% 左右。反观 2002 年前，这一比例皆远远超过 100%。故可以认为 2002 年是国际资本流动方向的拐点年，2002 年前外资倾向于将尽可能多的投资收益汇出，而 2002 年后这一意愿显著下降。

因此，本节估算隐藏在贸易渠道中热钱的方法的逻辑为：短期中出口结构及整体利润率水平相对稳定，"贸易顺差/出口比值"也波动不大。选择 2000~2002 年的"贸易顺差/出口比值"为基准值，这一阶段尚未有热钱的大规模流入，因而贸易数据反映了真实的商品进出口情况。但是，当考虑中长期的对外贸易时，其劳动力成本、出口商品结构显然发生改变，"贸易顺差/出口比值"也随之会发生显著变化。若假设进出口贸易的变迁是渐进的，则为描述这种渐进性改变的方式我们还需确定一个终期参照点。而对这个终期参照点的要求则显然是当期热钱流动规模较小,进出口数据同样是较大程度地反映了真实的贸易情况。

4. 热钱估算结果

以 2000~2002 年为基期,以 2009 年 6 月为终期参照点,通过拟合这段时间内的"贸易顺差/出口比值"来得到未隐藏热钱的合理的趋势值。选择 2009 年 6 月为终期的原因在于:第一,2008 年年中之后美元兑人民币汇率一直稳定在 6.8,直到 2010 年第二季度才重新进入升值轨道。而 2009 年 6 月美元兑人民币即期汇率与 NDF 汇率已经非常接近,热钱的套汇空间有限,其流动意愿不高。第二,中国的证券市场在当年 7 月见顶,随后进入漫长的调整期,博取资本市场收益的套价空间亦有限。第三,2009 年中期美国和中国的利率都未有显著变动迹象,热钱也无套利率差动机。第四,根据世界银行间接法的热钱估算亦可发现 2009 年 6 月的热钱规模确实处于低点(见图 8-4)。

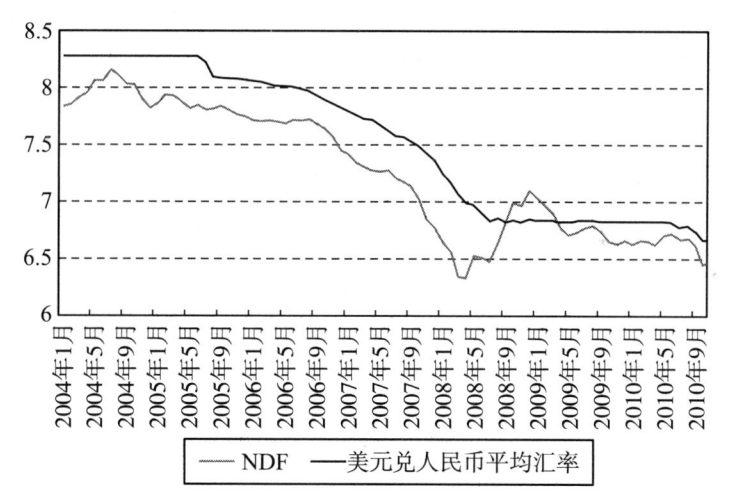

图 8-4 2004~2010 年 NDF 汇率与美元兑人民币汇率走势

资料来源:国家外汇管理局、CEIC。

在进出口商品价格不发生很大变动的情况下,根据上述思路拟合的结果为:

$$Y = 0.115 + 0.0005X \qquad (8-4)$$

其中:Y 为月度的"贸易顺差/出口比值",而 X 表示距离 2000 年 1 月的月份数。上述关系式意味着,2000~2010 年,每年合理的"贸易顺差/出口比值"增长 0.6%,即 2002 年的"贸易顺差/出口比值"为 9.5% 左右,则到 2010 年这一合理比例将提高至 13.7%(见图 8-5)。

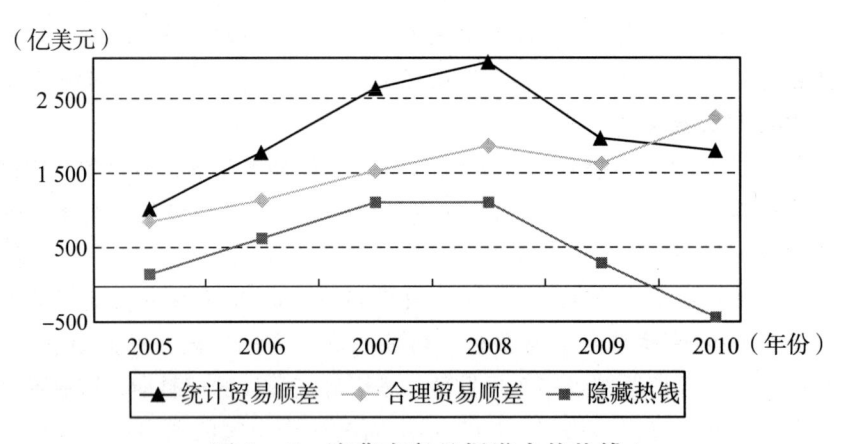

图 8－5　隐藏在贸易渠道中的热钱

资料来源：国家外汇管理局、商务部。

因此，当确定每年合理的"贸易顺差/出口"比值之后，就能够还原出当年合理的贸易顺差值，再与统计的贸易顺差值相比，即可估算出每年隐藏在贸易渠道下的热钱数量。

由此可见，对比初始的间接法估算结果，2008 年热钱的数量最被低估，2007 年和 2008 年每年通过贸易渠道进入国内的伪装热钱高达 1 000 亿美元。2005～2010 年合计流入热钱数量约为 8 200 亿美元左右，同期中国 GDP 总量为 24 万亿美元，因此流入的热钱不但从绝对数来说规模巨大，能够在短期中兴风作浪，而且其占中国 GDP 的比例已达 3%，足以产生对宏观经济相当程度的冲击和风险（见表 8－3）。

表 8－3　2005～2010 年实际流入热钱数值　　　　单位：亿美元

年份	外汇储备变动（1）	FDI（2）	统计贸易顺差（3）	合理贸易顺差（4）	间接法热钱（5＝1－2－3）	贸易热钱（6＝3－4）	实际流入热钱（7＝5＋6）
2005	2 089	603.3	1 021.06	861.4	464.6	159.6	624.3
2006	2 475	630.2	1 775.42	1 153.5	69.4	621.9	691.3
2007	4 619	747.7	2 626.85	1 523.3	1 244.5	1 103.6	2 348.0
2008	4 178	924.0	2 981.27	1 874.2	272.7	1 107.1	1 379.8
2009	4 531	900.3	1 956.88	1 646.2	1 673.8	310.7	1 984.5
2010	4 482	1 057.4	1 820.83	2 256.2	1 603.8	－435.4	1 168.4

资料来源：国家外汇管理局、商务部。

第二节 资本外逃对我国宏观经济的影响

资本外逃是一种地下或者灰色的经济活动,学术界一直在试图阐释其原因,并希望测算出一个比较准确的资本外逃数量。许多学者对此进行总影响或强度比较(李扬,1998;宋文兵,1999;杨海珍、陈金贤,2000;Wu F.,2000;李庆云、田晓霞,2000;胡援成,2001;任惠,2001;Dong Zhiyong,2003)。虽然他们各自运用的测算方法并不完全相同,得出的结果也不完全一样[①],但大家的基本共识是,中国改革开放的过程既带来了大量的外资流入,同时也发生着超出政府控制的资本非法外逃。绝大多数学者注意到资本外逃的"负面影响不可忽视"(任惠,2001),"已经形成一巨大隐患,不能排除它在某些时候恶化的可能性"(宋文兵,1999)。但是据我们所知,目前为止还没有人对资本外逃究竟对我国宏观经济已经或即将造成什么影响做出进一步的系统和定量分析。所以,区别于其他学者的研究,本节利用一个计量模拟模型,着重研究资本外逃对我国宏观经济的影响。本节分析了资本外逃所可能产生的负面和正面效果,因而具有较为重要的政策参考价值。

一、对资本外逃问题的一般讨论

自20世纪80年代开始,我国开始大规模引进外资,同时迅速发展对外贸易。实行改革开放政策30多年后的今天,我国不仅成为外国直接投资(FDI)的第二大受惠国,而且跻身于世界贸易十强,外资的流入和巨大的贸易顺差,也使我国迅速成为世界第一大外汇储备国。

然而,越来越多的研究表明,我国在改革开放过程中引进大量外资的同时,资本外逃(Capital Flight)也日趋剧烈。这种现象在以前并没有引起广泛的关注,主要因为这些非法的流出并没有对我国的宏观经济产生过大的影响。同时,外资的持续、大量流入以及国家对宏观经济的有力调控,也使得其冲击力没有表面化。然而,统计显示,亚洲金融危机之后我国有数量巨大的资本外逃。资本外

[①] 例如,胡援成(2001)和任惠(2001)认为资本外逃的规模不大,且流出分散,没有爆发性,一般不会成为中国产生金融危机的根源。同时从相对水平看,与一些发展中国家相比,中国资本外逃占GDP的比重不算大。但是同时他们也承认资本外逃对中国经济的潜在影响。

逃对1997年后我国宏观经济的低通货膨胀环境可能起了显著的作用（Dong Zhiyong，2003）。在当前中国已经加入世贸组织、资本项目管制的难度越来越大的背景下，深入研究资本外逃的原因、方式、规模和影响等，应当成为国际金融与外汇管理领域的一个重要课题。

资本外逃是一种非正常的资本流出。一国资本流出（Capital Outflows）既包括"正常"（Normal）的流出，例如，对外直接投资和证券组合性投资等，也包括"非正常"（Abnormal）的资本外逃。随着全球经济一体化的不断发展和对资本外逃认识的不断深化，经济学界关于资本外逃的定义也在不断发展。现在最传统的定义为"资本外逃是由于政治不稳定而导致的短期资本和货币流出国内的情况"。这一定义中的资本外逃仅仅包含了以躲避政治风险为目的的短期资本流动，因而局限性较大。其实，导致资本外逃的原因是多种多样的，国内通货膨胀加剧、预期本币贬值、预测外汇管制加强或者税率提高，甚至羊群效应（Herding Behavior）等，都可能造成资本外逃。

基于上述观点，Kindleberger（1937）将资本外逃修订为"由于恐惧或怀疑而引起的短期资本非正常流出"。这一定义将资本外逃视为对投资风险做出的迅速反应，而这种风险不仅包括政治风险，还包括经济风险。这在一定程度上扩大了传统定义的范围，但仍将资本外逃视为一种短期资本流动，强调其迅速性和无偿性。

80年代债务危机以后，资本外逃的定义的外延被进一步扩大。其中包括：卡丁顿（Cuddington，1986）的"投机说"，将资本外逃扩展为追逐短期超额利润而产生的"短期投机性资本（Short-Term Speculative Capital），即游资（Hot Money）"的外流；托尼尔（Tornell，1992）的"福利损失说"，将资本外逃扩大为"生产资源由贫困国家向富裕国家的流失"；杜利（Dooley，1986）的"规避管制说"，定义为从发展中国家流出的、躲避官方管制和监测的私人短期资本；克鲁格曼（Krugman，1997）的"储备流失说"，把其描述为"基于贬值恐慌的储备流失"；沃尔特（Walter，1985）的"契约违背说"，将资本外逃比作是私人投资者对一种隐含的社会契约（Implied Social Contract）的违背；对于中国的资本外逃，宋文兵（1999）简略定义为"未经国家外汇管理当局批准或违背有关政策法规的国内资本外流"。

此外，也有学者认为，即使希望保持较高的流动性，只要有活跃的二级市场存在，也不必只选择短期资产，例如长期金融资产也是短期资产的良好替代物。所以有人将以躲避国内投资风险为目的的长期资本流动也纳入了资本外逃的范围。

显然，如上所述，在很多情况下，资本外逃都可以归结为一个国家金融市场上的风险和收益结构发生严重扭曲和恶化时的一种资产组合调整行为,资本外逃的特定目的决定了其流动成本要明显高于一般正常的资本流动,而且流动途径也可能是多样化的,其转移途径也可能是通过正常的转移方式(如银行)来进行,交易的汇率既可能是市场汇率,也可能是其他的非官方汇率水平。外逃的途径可能采取现金流动的形式,如外币、旅行支票等,也可以通过走私、虚假收付汇、并行贷款、货币互换、跨国公司内部转移等。因为我国政府没有开放资本账户,所以资本不能自由流出国界,资本可能以各种形式非法流出,这些手段因为中国内地和香港、澳门之间大量的资金转移而显得更加复杂。

我国的资本外逃有两个主要来源——新富阶层和企业,资本外逃有国外的因素,但是基本动因主要来自国内(Gunter,1996;Wu F.,2000)。动因主要包括:

1. 转移非法所得和迁回资本(Round-Tripping)。我国资本外逃的一个主要途径是由腐败行为导致的国有资产大量外流。同时,走私、偷漏税等行为非法获得的资金也流出我国,到国外寻找"安全"的目的地。转型时期,境内母公司通过各种方式向外转移资产和利润,直接化公为私的现象,也是资本外逃的原因之一。同时,据有关机构(例如 World Bank)估计,我国所吸收的外资中,约有 20%~25% 是先流出国外再迁回流入的国内资本。这是一种制度性"租金"。因为与国内企业相比较,外资(包括合资)企业享有一定的"超国民待遇",而且在具体工作中还能受到各地地方政府的特别关照。这种"过渡性"资本外逃的出现便在情理之中了。

2. 趋利避险。国内外存在着利差、汇差、收益差,为获取高收益是引起资本外逃的一个原因。同时,在经济转型时期,政府面临巨大的财政压力,居民也会预期政府将用印发钞票的方式征收"通货膨胀税",进而诱发汇率贬值,导致资产缩水。在资本项目尚未开放、人们转移资产的能力有限时,只好选择资本外逃的方式。

3. 交易成本(Transaction Cost)。对投资者来说,交易成本包括及时准确地收集企业的资产负债表,寻找和评价金融交易中的平价,签订合同的谈判、监督合同的实施等。相对金融市场高度发达的国家,在金融市场起步较晚的我国,国内金融资产的交易成本还显得比较高。而改革开放以来,金融改革不断深化,居民掌握的金融资产迅速膨胀,在国内交易成本过高的情况下,尽管在现阶段我国有许多部门的利润率要高于国外水平,居民仍有强烈的动机将资产转移到国外。

4. 外汇管制。1996 年,我国实行了经常项目下的可自由兑换,但是对企业的用汇条件依然存在。在外汇管制的情况下,存在夸克(Quirk,1989)的"老鼠夹子效应"(Mouse Trap Effect),即居民和企业不愿意将外汇汇回或留在国内,因为这将意味着他们会丧失今后用汇的灵活性,同时,缺少持有财富的多样化,也会丧失更多的避险或投资机会。

5. 产权保护。在目前,我国一些保障合法产权的法律与制度尚未建立和健全。一些新富阶层心存疑虑,将财富转移到国外。在产权经济学中,当产权没有得到很好的界定,或者没有得到很好的实施时,就会发生"公地悲剧"(The Tragedy of the Commons)(Tornell,1992)。很多时候,资本外逃是一种"公地悲剧"的本能反应。

6. 风险不对称。很多实证研究分析发现,在很多发展中国家里,居民和非居民面临的风险程度是不一样的。居民往往要承受通货膨胀和汇率贬值的双重风险,而非居民则只要承受拒付的风险,而且非居民还可以通过各种办法减少债务被拒付的可能性。这种风险不对称(Risk Asymmetry)在一定程度上造成了资本外逃与资本流入并存的局面(Edwards,1984)。另外,像我国证券市场等发展仍还不够规范,信息披露机制也不健全,股市成了部分"先知先觉者"牟取暴利的场所。这些因素,也成为部分资本外逃的原因。

7. 人力资本。现实的资本外逃主要表现为发展中国家的资本外逃到发达国家,这个现象是传统的新古典理论所难以解释的。对此,卢卡斯(Lucas,1990)认为新古典理论忽略了国家与国家劳动者之间的"质量差异"。因为发达国家的劳动中可能含有大量发展中国家无法比拟的"人力资本因素"。据测算,美国一个工人的生产力大约相当于印度五个工人的生产力。因此,如果考虑到人力资本状况,发达国家的资本边际报酬仍有可能高于发展中国家。这也是为什么发展中国家的资本向发达国家流动的一个不可忽视的原因。

8. 心理预期。随着改革的不断深入,被高速经济增长掩盖的一些问题也不断暴露:例如,产业结构不合理、供需失衡、收入差距过大、下岗失业增多、等等,都加强了人们的非安全预期。同时,政府政策的某些摇摆性也会对金融资产活动产生负面的影响。作为转型时期的基本特征,政府还控制着经济生活的许多方面,对经济体或政治气候的任何震动,都会对预期产生强烈的影响。政策上的波动会使财富拥有者惊吓和困惑,这些也导致了资本外逃。

需要注意的是,在现实的资本外逃中,引致的因素会很多,而且各种因素之间的关系也十分复杂。尽管不同学者常常从不同的单一方面来把握和分析资本外逃的形成机制,但这主要是为了理论研究上的方便。在具体的应用中,要相互补充、综合分析,而不能截然对立。

近年来,针对越来越剧烈的资本外逃现象,我国政府开始关注、并努力寻找各种途径，加强现有的资本控制①。然而，这些资本控制措施并没有显著地遏制资本外逃现象。更有甚者，导致资本外逃的因素在近期并没有消失和减退，反而有可能进一步加剧。因此，研究资本外逃对我国宏观经济的影响，以及与此相关的政策意义就更加具有现实的重要性。

二、估算资本外逃规模的不同方法

不同定义的区别，实际上反映了不同经济学者对于正常资本流动与资本外逃划分看法的差异。基于资本外逃是一种地下或者灰色的经济活动，学术界一直在试图阐释其原因，并希望找到一个比较准确测算资本外逃数量的方法。其中，最简单的方法是"对外存款测算方法"，也就是衡量境内非银行居民存款者在跨国银行存款的变动情况。但是利用这种测算方法得出的结果一般远远低于正常资本外逃水平。因为外逃资本在境外的存放形式不仅仅是银行存款，在相当程度上还有其他资产形式。另外，这种测算方法主要包括国际金融中心的存款，但是在其之外的其他存款则没有计算在内。况且，许多银行的存款者姓名和国籍是不予公开的。所以，其他学者运用了其他不同的测算方法。

（一）间接法

主要是利用国际收支平衡公式去计算资本外逃的一种方法。有人把它也叫做"残差法"或者"余项法"（World Bank，1985）。这种方法，实际上是反映全部资本的净流动。即：

$$资本外逃量 = \frac{外债总量}{增加额} + \frac{外国直接投资}{净流入量} + 经常项目 - \frac{外汇储备}{增加额}$$

李庆云、田晓霞（2000）采用过这种方法来估计中国资本外逃的数量。在统计上，一般来讲，对于我国外国直接投资净流入量、经常项目和外汇储备的数据没有多少异议，然而，对我国的外债总额的变化数值，中国银行、世界银行和IMF等不同的机构统计差异较大②。很多经济学者认为，我国的外债总额可能被低估③。另外，在这种方法中，因为资本外逃是以作为国际收支平衡公式中的

---

① 例如，为了控制资本外逃和加强外汇管制，1997年，国家外汇管理局和海关总署共同打击谎报关行为；1998年底，全国人大又通过若干新的有关法律条款。
② 例如1997年，中国银行、世界银行和IMF三方对我国外债总额的估计分别是1 309.60亿美元、1 466.97亿美元和1 664.85亿美元；1998年，三方的估计分别是1 460.40亿美元、1 542.22亿美元、1 726.82亿美元（数据来源于中国经济信息中心、世界银行、IMF1998年和1999年报告）。
③ 例如，广东国际信托投资公司破产时，经查出没有登记的外债高达9.59亿美元。

"误差和遗漏"（Error and Omission）来计算的，Dong Zhiyong（2003）认为这种方法会低估真实的资本外逃数量，因为进出口的谎报没有反映在这些误差和遗漏中①，因此，他重新运用了"虚假贸易测算的方法"（Trade-faking Measurement）去估计资本外逃的数量：

资本外逃量 = 总的资本外逃量 – 合法的资本外流量 + 贸易谎报的资本外逃数量

从该文的推导过程可以看出，上述公式实际是"残差法"的间接表达方式。这种方法的实证研究产生了比较大的资本外逃数值。它清楚地显示，在90年代我国的资本外逃呈现了一个明显的上升趋势，并在90年代中后期达到了一个高潮。这些年里，资本外逃总量规模十分巨大，在一些年份里甚至相当或者超过了我国的实际外国直接投资总额。

（二）直接法

上述的方法都是一种间接法，因为我们在估算资本外逃时运用的都是残差。在经济学里，也有直接法，又称"游资法"。例如，Cuddington（1986）、Claessens（1993）：

资本外逃 = 私人非银行机构的短期投机外流资本 + 误差和遗漏

这种方法简单易行，前者代表"游资"，后者代表"隐蔽的资本流动"。然而，把私人非银行机构的短期外流资本都当做投机的"热钱"并不合情合理。而且，误差和遗漏并不等于没有记载的（隐蔽的）资本流动，因为这个项目还包含了正常的统计误差。

所以，Kant（1996）延续并发展了 Cuddington 的测算方法。他根据资本外逃测算范围的不同，分别界定了投机资本的不同测算范围（$HM1$，$HM2$，$HM3$），测算的数据完全来自于国际收支平衡表。具体办法是：

$HM1 = -(g + c1) = -$（净误差和遗漏 + 其他资产项目、其他部门的短期资本）

$HM2 = -(g + c) = -$（净误差和遗漏 + 其他部门的短期资本）

$HM3 = -(g + c + e1 + e2) = -(HM2 + $ 债权投资 + 公司股权投资$)$

上述等式中，g 是指国际收支平衡表中的"净误差与遗漏"，是国际货币基金组织（IMF）1994年国际收支手册中的第112栏；e 是指证券投资，$e1$ 和 $e2$ 分别是指债权及公司股权投资，是 IMF1994年国际收支手册中的第56~61栏；c 是指其他形式的短期资本，是手册中的第93~97栏，$c1$ 是其中的第94栏。

---

① Dong Zhiyong（2003）认为资本的外逃，在经常项目中至少存在12种方法，在资本项目中至少存在18种方法。所有这些都没有被统计到"误差和遗漏"中。

（三）综合法

Dooley（1986）认为，向国内官方机构报告投资收益的外流资本不应该被视为资本外逃，因而应将其从资本外逃的测算中减去。他建议的测算方法实际上混合了间接法和直接法，进而将资本外逃界定为一种特殊的对外债权，这种债权产生的收入没有计入国际收支平衡表中。按照他的设想，资本外逃最初来源于逃避国内税制的一种需求。因而，当国内投资环境发生改变时，国人就会对所希望持有的国外资产的数量和比例发生相应变化，从而他把资本外逃定义为"没有统计在投资收入中的国外资产存量收益"：

资本外逃＝总国外资产所有权存量－估计的国外利息所得

（四）修正法

Claessens 和 Naude（1993）修正了世界银行和 Dooley 的方法。他们提出，当利用外债变化进行估算资本外逃数量时，要根据汇率的变动和已经发生的债务免除等做一些修正。更加重要的是，他们利用两种方法修正了债务的"来源"：一是他们定义债务应该包括短期的 IMF 借款，但是要排除私人债务，因此资本流入就限定在官方或者公共部门的净资本流入上；二是他们把国外直接净投资扩展到股票债券净购买上。

现在将上述比较有代表性的测算中国资本外逃的结果作一个比较[①]（见表 8-4）。

表 8-4　　　　　我国资本外逃数量的测算　　　　单位：亿美元

年份	李扬（1998）	宋文兵（1999）	李庆云 田晓霞（2000）	杨海珍 陈金贤（2000）	Wu F.（2000）	胡援成（2001）	任惠（2001）（直接法）（括号内的值为间接法）	South China Morning Post 17，May 2001	Dong Zhiyong（2003）
1985									21.08
1986									30.60
1987		-1.55	124.77	26.99		21.85			27.56
1988		39.35	29.31	37.5		21.83			46.54

[①] 可能由于数据受限问题，我们还没有发现方法三（综合法）和方法四（修正法）在中国资本外逃上的实证研究结果。

续表

年份	李扬（1998）	宋文兵（1999）	李庆云 田晓霞（2000）	杨海珍 陈金贤（2000）	Wu F.（2000）	胡援成（2001）	任惠（2001）（直接法）（括号内的值为间接法）	South China Morning Post 17, May 2001	Dong Zhiyong（2003）
1989		42.21	-13.85	79.64		12.97			106.66
1990		47.75	122.66	114.28	197	46.94			114.08
1991		129.31	60.26	207.31	153	84.03			179.42
1992	232.9	120.42	163.38	230.40	268	108.47			156.03
1993	-57.93	209.96	-72.50	278.87	225	149.89			498.03
1994	215.14	144.31	174.43	256.97	213	168.04			206.59
1995	272.39	257.05	249.81	341.05	304	241.46			328.41
1996	212.81	186.36	96.39	363.64	267	226.05			323.75
1997		407.50	364.74	388.04	531	250.29	128.42（140.90）		296.42
1998					760	246.22	233.30（316.84）	546	284.63
1999					169	225.73	121.72（130.19）	322	341.51
2000								59	353.42
2001									323.11
2002									301.78

资料来源：见对应的各参考文献。

由表 8-5 可以看出，对于某些年份资本外逃的估计较为接近，但是由于他们所用的方法不同，某些年份相差较大，甚至悬殊。下面的模型，是 Dong Zhiyong（2003）的测算数据，时间跨度为 1985~2002 年。

三、资本外逃的影响——模型的设定

资本外逃（也包括正常的资本流动）究竟如何影响一个国家的宏观经济，实际上是一个比较复杂的问题。我们认为，资本流动对一国宏观层面的影响可以从数量和价格两个方面考虑。一方面，资本的流入、流出会增加或者减少一国的投资和消费，进而影响该国的经济总量；另一方面，资本的流动引起一国对外净资产的变化，这将影响该国货币供给和需求的变化，从而影响货币的价格——利率①。下面，分别就这两个方面进行模型假定。

1. 数量模型。假定投资和消费分别受利率、总产出和资本外逃的影响。

$$I = \alpha_0 + \alpha_1 r + \alpha_2 Y + \alpha_3 CF \tag{8-5}$$

$$C = \beta_0 + \beta_1 r + \beta_2 Y + \beta_3 CF \tag{8-6}$$

其中，I 为投资；C 为消费；r 为实际利率水平；Y 为总产出；CF 为资本外逃。我们利用 1985~2002 年的数据进行简单线性回归，结果见表 8-5。

表 8-5　　　　　　　　数量模型的回归结果

	常数项	利率 r	总产出 （取 log 形式）	资本外逃 （取 log 形式）	R-Square	D-W
投资方程 （因变量取 log 形式）	10.010*** (0.8947)	-0.0579** (-0.0175)	1.0973*** (0.1219)	-0.0645** (-0.0208)	0.9938	1.9698
消费方程 （因变量取 log 形式）	8.2928*** (0.3657)	-0.04287** (-0.0071)	1.08445*** (0.0498)	-0.0205*** (-0.6769)	0.9987	2.2077

注：(1) 表中的星号表示显著性程度，*** 表示非常显著（0.01 水平），** 表示显著（0.05 水平），* 表示较为显著（0.10 水平）；(2) 括号内的数值为标准差；(3) 两个方程中的变量：投资、消费、产出总量、资本外逃［即 log (I)，log (C)，log (Y) 和 log (CF)］均为非平稳序列（Non-stationary）。但是通过 Engle-Granger（EG）方法检验，可以成为协整模型（Co-integration）。

2. 价格模型。为了进一步分析资本外逃对我国宏观经济的影响，我们建立了一个系统模型。首先，为方便起见，假定我国经济不能影响世界市场的价格和利率。因而，外国的价格水平 Pf 和外国的利率水平 rf 是外生变量。其他的方程如下：

（1）生产函数。把生产函数假定为一个标准的规模收益不变的 Cobb-Douglas 函数。国内的资本存量 Kt 是一个循环的累积过程，折旧率假定为 8%，It 是 t 年的投资量。

$$K_t = (1-\rho)K_{t-1} + I_t \tag{8-7}$$

所以生产函数是下面的格式：

$$Y = \alpha K^{1-\beta} L^\beta \quad 0 < \beta < 1 \tag{8-8}$$

---

① 也有学者研究（例如卜永祥、RodTyers（2001））资本账户中资本净流入的变化会引起国内物价水平的直接变化。在国内物价水平的变化是决定实际利率的关键因素的前提下，将资本账户的流动和实际利率直接联系起来。

其中，Y 为总产出；L 为劳动力投入。

（2）劳动市场方程。劳动力实际工资等于劳动边际收益，得出：

$$\frac{W}{P} = \alpha\beta \left(\frac{L}{K}\right)^{\beta-1} \quad (8-9)$$

（3）总供给（AS）方程。从（8-4）式和（8-5）式，可以获得一个斜率向上的总供给曲线：

$$P = \frac{W}{\alpha\beta} \left(\frac{Y}{\alpha K}\right)^{\frac{1-\beta}{\beta}} \quad (8-10)$$

（4）利率决定方程。根据我国转型时期的特点，假设中国人民银行有个调节名义利率的政策反应函数。一方面，央行采用控制货币供给总量的手段来实行其货币政策；另一方面，央行也必须考虑到货币市场上的供求差别，对利率做出调整。名义利率也必须对通货膨胀做出反应。假设央行的目标是期望制定一个预期合理的名义利率水平：

$$i^d = r^d + \pi \quad (8-11)$$

即名义利率等于合理的实际利率加通货膨胀率。假定名义利率的调整遵循一个"部分调整"机制。这个调节机制同时考虑名义利率和合理名义利率的差别以及货币供给与货币需求的差别。也就是在给定的时期 t，名义利率的变化量是预期合理的利率变化和在这个时期内货币供求变化的加权平均。如果货币供给大于货币需求，中国人民银行将可能使得名义利率降低，反之亦然。所以这个政策反应方程可以描述为：

$$i - i_{-1} = i_1(i^d - i_{-1}) - i_3\left(\frac{M_S}{P} - \frac{M_D}{P}\right) \quad (8-12)$$

其中，i_{-1} 为前一期的名义利率；M_S、M_D 分别为货币供给和货币需求；i_1、i_3 分别为待估计系数。

通过（8-11）式和（8-12）式，可以得到：

$$i = i_1 r^d + i_1 \pi + i_2 i_{-1} - i_3\left(\frac{M_S}{P} - \frac{M_D}{P}\right) \quad (8-13)$$

其中，$i_2 = 1 - i_1$，很显然，$0 < \frac{\partial i}{\partial \pi} = i_1 < 1$。既然实际利率 r 等于名义利率减去通货膨胀率，它意味着在实际利率和通货膨胀率之间存在一个负的相关关系[①]。而且：

$$\frac{dr^d}{dP} = \frac{dr^d}{d\pi}\frac{d\pi}{dP} = \frac{dr^d}{d\pi}\frac{d\left(\frac{P-P_{-1}}{P_{-1}}\right)}{dP} = \frac{i_1 - 1}{P_{-1}} < 0 \quad (8-14)$$

---

① 据我们估计，相关系数大约为 -0.83。

同时假定：

①货币需求方程：

$$M_D = g_0 + g_1 Y - g_2 i \tag{8-15}$$

②货币供给方程：

名义的货币供给在我们的模型里面被假定为外生变量。我们的这个假定也已经被一些学者，例如 Wang and Loh (2001) 所证明。基础货币 $M_B = M_S/\theta$，这里的 θ 是货币乘数。政府的外汇储备设为 FR，资本外逃为 CF，中国人民银行的国内信贷为 DC，所以：

$$M_S = \theta M_B = \theta(DC + FR - CF) \tag{8-16}$$

通过上面的代换，可以非常容易地得到一个变形后的政策反应方程：

$$i = i_1 r^d + i_1 \pi + i_2 i_{-1} - i_3 \left[\frac{\theta(DC + FR - CF)}{P} - \frac{M_D}{P} \right] \tag{8-17}$$

很明显：

$$\frac{\partial i}{\partial CF} = i_3 \theta > 0 \tag{8-18}$$

（5）总需求（AD）方程和它的组成部分。

①私人消费 C 和实际利率成负的相关关系，而和收入成正的相关关系，也就是：

$$C^* = c_0 - c_1 r^* + c_2 Y^* \tag{8-19}$$

（8-19）式中，带星号的变量是在我们的实证分析里取对数的变量。

投资水平是和实际利率水平成负相关关系，但是和前期的投资水平以及 GDP 增长水平成同向关系：

$$I^* = I_0 + I_1(Y - Y_{-1})^* + I_2 I_{-1}^* - I_3 r \tag{8-20}$$

这里的 Z_0 是初始投资。政府支出 G 是外生变量。

②进出口方程：

$$M^* = m_0 + m_1 Y^* - m_2 e^* \tag{8-21}$$

$$X^* = x_0 + x_1 e^* + x_2 X_{-1}^* \tag{8-22}$$

其中，M 为出口；X 为进口；e 为实际汇率水平。

③实际的汇率水平定义为：

$$e = E \frac{P^f}{P} \tag{8-23}$$

（8-23）式中，E 是用 1 美元兑换多少人民币来表示的名义汇率水平。

总需求方程可以从 $Y = AD$ 这个商品市场均衡等式而来。

我们发现，总需求方程是一个比较特殊的方程形式，因为利率水平对它有一个正效果，高的价格水平意味着一个相对低的实际利率水平。这意味着高的价格水平能够导致比较高的消费和投资,虽然这种正的效果可能被(高的价格水平所带来的实际汇率升值产生的)负的净出口所抵销。对我国实际经济情况的研究表明,它的总需求一个向下倾斜的曲线,也就是$\frac{\partial Y}{\partial P} < 0$。

现在,如果把 AS 和 AD 曲线联立到一起,就可以得到$\frac{\partial Y'}{\partial CF}$和$\frac{\partial P'}{\partial CF}$。这个撇号意味着 Y 和 P 的均衡解。因为它们比较烦琐的形式,在这里不再具体列出。

四、模型的估计与模拟

利用上节中建立的系统宏观经济模型,并采用 1985~2002 年的数据①,对模型进行参数估计。在本节中使用资本外逃的数据是 Dong Zhiyong(2003)测算的数据(见表 8-4 最后一列)。

我们的数量模型结果(见表 8-5)显示:资本外逃对我国的投资总量和消费总量都有一个显著的负影响。平均起来讲,在这十几年时间里,资本外逃总量每增加一个百分点,投资和消费就会大约分别减少 0.06 个和 0.02 个百分点。如果按照这一段时期的估算,资本外逃大约年平均增长 30%,也就是说,平均起来将会降低投资和消费的额度为 1.8% 和 0.6%。

我们的价格模型的结果请见表 8-6(系统里面各个方程的参数估计详细情况请见附录)。

表 8-6   模型的主要估计参数

方程或者函数	弹性或者系数	估计值
PBOC 政策反应模型	实际利率,r	-0.160
	通货膨胀率,π	-0.160
	前期名义利率,i_{-1}	0.831
	供需货币改变量	-0.123
生产函数	劳动力弹性,β	0.343**
货币需求函数	总产出,Y	1.188*
	实际利率,r	-0.302*

---

① 所有数据均来自不同年份的中国统计年鉴。

续表

方程或者函数	弹性或者系数	估计值
消费函数	实际利率，r	-0.240
	总产出，Y	0.538
投资函数	总产出改变量	2.111
	前期投资，I_{-1}	0.805
	实际利率，r	-0.273
进口方程	总产出，Y	1.107
	实际汇率，e	-0.304
出口方程	实际汇率，e	0.288
	前期进口，X_{-1}	0.950

注：（1） * 表示经过反 LOG 运算；（2） ** 经过计算得出。

以表 8-4 为基础，1997 年的资本外逃超过 400 亿美元，接近 3 320 亿元人民币。关于资本外逃如何影响外汇储备和货币供应量是一个复杂的问题。例如，低报出口和高报进口会有不同的效果，同样，经常项目的虚报和资本账户的虚报也有不同的效果。然而毫无疑问的是，资本外逃造成了货币流动性的损失和基础货币的减少。假设有 50% 的外逃资本具有上述性质，使用宏观经济学的典型方法，首先利用上述建立的模型来模拟 1997 年的 200 亿美元外逃资本的效果（见表 8-7）。

表 8-7　　我国资本外逃对宏观经济的影响（以 1997 年为例）

单位：千万元，1985 年价格

变量	净变化量	净变化的百分比（%）	影响
国内价格，$P(1985=100)$	-9.9	-3.0	-
GDP，Y	-64.1	-2.3	-
消费，C	-38.4	-3.8	-
投资，I	-30.6	-3.6	-
出口，X	+2.7	+0.7	+
进口，M	-1.2	-0.4	-
名义利率（百分点）	+0.6		+
实际利率（百分点）	+3.6		+
就业总量，L（百万人）	-38.8	-5.7	-

注："+"、"-"分别为正影响和负影响。

模型显示，资本外逃同时产生了负面和正面的影响。资本外逃增加了出口，降低了进口，其机理很容易理解。像我们前面已经分析的那样，资本外逃减少了货币供给，导致总需求曲线往左下方移动，国内价格水平下降，这意味着实际意义上的人民币贬值，因而导致了更多的出口和较少的进口。通过模拟结果，200亿美元的资本外逃引起了国内价格下降了3.0个百分点。所造成的货币实际贬值和总需求下降，导致了0.7个百分点出口的增加和0.5个百分点进口的减少。通过上述所提到的政策反应方程（8-13）式，中国人民银行被假定根据通货膨胀的变化和货币供求的变化情况对名义利率进行调整。然而，这样的调整在很多时候都是滞后的，并且调整的速度也比较低[①]。当资本外逃降低了国内价格的时候，中国人民银行调整名义利率的这种滞后，就会导致一个较长的时间里一个过高的实际利率。既然投资是一个实际利率的方程，比较高的实际利率，伴随比较低的GDP，就会降低投资。当名义利率向上调整0.5个百分点的时候，实际利率增加了3.6个百分点，投资减少3.6个百分点。同样，过高的实际利率和较低的GDP也会造成私人消费降低3.8个百分点。消费和投资二者总量的减少，超过了净进口总量，总产出降低2.3个百分点，造成了一个比较高的失业率，总就业率将会降低5.7个百分点。

我们的模拟结果比较真实地反映了我国这一段时间里的实际经济运行情况。它显示资本外逃是造成1997年以后我国通货紧缩局面的一个重要原因。资本外逃所造成的成本巨大：它导致了GDP下降2.3个百分点和比较高的失业率。如果运用多个时期的动态模型结果，这种情况将更加惊人。如果大量的资本外逃现象继续持续下去，其负面的影响将非常显著。

在建立一个数量模型和一个价格模拟模型的基础上，本节显示，资本外逃对我国的宏观经济造成了巨大的影响。这个模型较好地解释了我国在亚洲金融危机以后，资本外逃（比较没有资本外逃的情况）造成了通货紧缩，GDP相对下降，消费和投资的降低。然而，资本外逃也使得货币实际得到了贬值，刺激了出口，这也相对减轻了我国所面临的名义汇率贬值的压力[②]。

资本外逃的成本是巨大的，造成了投资总量、消费总量和GDP下降和大量的失业。然而，这些巨大的负面影响可能会被我国近年来持续增长的外国直接投

[①] 模型显示，调整速度仅为0.17。中国人民银行宣布，鉴于在外币利率市场化可能产生的银行间的"利息"战，1999年宣布的3年内让人民币利率市场化将延后。因为中国人民银行希望可维持甚至加大目前国有银行享受的息差，让银行尽量多地赚取利润，改善资产充足比率和降低"呆坏账"比率（2001年10月22日新加坡《联合早报》）。所以我们认为，之所以如此小的调整速度，主要来源于以上的制度寻租行为（Dong Zhiyong, 2003）。

[②] 本章在设定宏观经济计量模型时，虽然将汇率作为解释变量纳入模型，但未将资本外逃与人民币升值预期结合起来。这是本章的不足之处。

资所掩盖。本节提醒政策决策者,这里面可能隐藏一个比较大的危机。如果资本外逃的情况愈演愈烈,我国将没有足够的资金去支持经济的持续发展,就业机会的减少会造成失业率的增加。

然而,抑制资本外逃并不容易。很显然,单纯的资本控制会有很多空子可钻,并不能解决这个问题。除了各个国家共同配合,建立一套国际税制体系以外,决策者应该从根本上去寻找资本外逃的原因。一方面,制定相应的法律,让人们的合法私人财产得到更好的保护也显得日益迫切。如果私人业主发现在我国境内的财产有相对的不安全性,他们就会千方百计地把资本转移到境外,这将最终影响我国的经济发展。因为在我国经济转型过程中,私人投资将会起到越来越不可忽视的作用。同时,树立并维护国内外企业和居民对我国经济的信心,进一步加快市场经济体制,并从体制和政策环境等深层次上采取措施,才能从根本上抑制和减少资本外逃所带来的负效应。

附录1 模拟模型的各个方程的参数估计和检验

方程名称	解释变量	系数估计	R^2	Durbin-Watson
方程(8-2)式:生产方程 [因变量:$LOG(GDPE85/CAP85)$]	$LOG(EMP/CAP85)$	0.303010 (15.48488)	0.975588	1.788425
方程(8-4)式:价格方程 [因变量:$LOG(CPI85)$]	$LOG(WAGE)$	0.636765 (12.51029)	0.998541	2.293400
	$LOG(CPI85_{(-1)})$	0.687623 (5.774038)		
	$LOG(GDPE85/CAP85)$	1.896887 (6.165261)		
方程(8-9)式:货币需求方程(因变量:$M1R\_D$)	$GDPE85$	0.005244 (30.90935)	0.989791	1.891747
	$INTERESTRATE$	-3.625189 (-3.725291)		
方程(8-11)式央行反应方程(因变量:$INTERESTRATE$)	$INFLATION$	-0.160269 (-1.223903)	0.965685	1.881938
	$INTERESTRATE_{(-1)}$	0.168963 (8.044432)		
	$M1R\_S_{(-1)} - M1R\_D_{(-1)}$	-0.123339 (-2.838161)		

续表

方程名称	解释变量	系数估计	R^2	Durbin-Watson
方程（8-13）式：消费方程［因变量：$LOG(PC85)$］	$LOG(INTERESTRATE/DGDPP)$	-0.240128 (-2.375228)	0.992521	1.189611
	$LOG(GDPE85)$	0.538014 (6.954309)		
方程（8-14）式：投资方程［因变量：$LOG(FCF85)$］	$DLOG(GDPE85)$	2.111783 (8.656381)	0.992521	1.889611
	$LOG(FCF85_{(-1)})$	0.805936 (11.87110)		
	$LOG(INTERESTRATE/DGDPP)$	-0.273694 (-3.461572)		
方程（8-15）式：进口方程［因变量：$LOG(IMP85)$］	$LOG(GDPE85)$	1.107183 (7.191168)		
	$LOG(EXRATE)$	-0.304076 (-1.029809)		
	$AR(1)$	0.471052 (1.681465)		
方程（8-16）式：出口方程［因变量：$LOG(EXP85)$］	$(EXP85_{(-1)})$	0.950239 (26.63313)	0.989611	2.238142
	$LOG(EXRATE \times PEASIA85/DGDPP)$	0.288006 (1.992392)		

注：（1）括号内的值为估计所对应的 t 值。（2）相关变量解释如下：INTESRESTRATE：名义利率；INFLATION 为通货膨胀率（按消费零售价格指数 CPI 计算得出）；M1R_S 为实际货币供给（M1/GDP Deflator）；M1R_D 为实际货币需求；GDPE85 为实际 GDP（1985 年价格）；CAP85 为资本存量（1985 年价格）；EMP 为就业总量；CPI85 为消费价格指数（1985=100）；WAGE 为名义工资；PC85 为实际私人消费量（1985 年价格）；FCF85 为固定资本构成（1985 年价格）；DGDPP 为 GDP 折算因子（1985=100）；IMP85 为总进口（1985 年价格）；EXRATE 为名义汇率（人民币对美元）；EXP85 为总出口（1985 年价格）。

第九章

后金融危机时代我国的宏观经济新形势：汇率问题

第一节 宏观经济形势下的汇率问题

最近几年来，人民币汇率问题一直是人们关注的焦点。从2005年我国启动人民币汇率形成机制改革以来，人民币相对美元已经升值了近20%。而受到金融危机的影响，从2009年以来，人民币汇率再度成为世界各国关注的对象，美国等许多国家都就人民币汇率问题对我国施压。那么，人民币究竟该不该升值？如果升值的话，升值的速度该是多少，应该采取什么样的方式升值？这是本章探讨的主要问题。

一、人民币是否应该升值

就人民币究竟是该不该升值这个问题，国内外看法完全不同。在国外，几乎一边倒地认为人民币应该升值，当然也不乏对人民币不升值表示同情和理解的，但其原因不是人民币不该升值，而是认为人民币升值解决不了目前世界经济失衡的问题，本质上还是认为人民币该升值。在我国，两种观点都有支持者，尚未达成共识。各方关注的焦点是人民币升值对中国出口可能造成的压力，以及由此而来的对中国经济的负面效果。日元升值的惨痛教训为这一观点提供了强有力的支持。

在此，我们考虑其他因素不变（包括政府采取的其他政策不变）的情况下，人民币升值和不升值两种情况下中国经济的运行效果，进而回答人民币是否应该升值的问题。

1. 人民币不升值

如果人民币不升值，那么我国就会有越来越多的外汇储备，而外汇储备的增加最终会导致中央银行提供的货币基础相应增加，通过乘数效应就会导致货币供给量的成倍增加。我国近年来的经济表现就是如此。图9-1给出了2008年以来我国外汇占款的变动情况。从图9-1可以明显看出我国外汇流入的势头。可以预期，随着世界经济形势的好转和人民币升值预期的加剧，我国的外汇流入幅度还会增加。

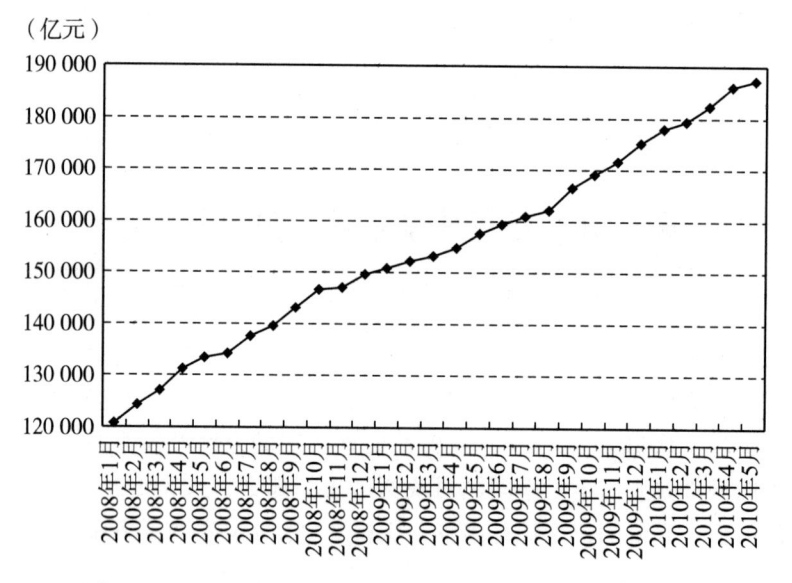

图9-1　2008年1月至2010年5月我国的外汇占款

资料来源：根据中国人民银行公布的数据绘制。

货币供给过大即流动性过剩的结果就是物价上涨。当然，在目前产能过剩的情况下，商品价格出现需求拉动型上涨的可能性不大，即使有幅度也不会很大。其结果，过剩的流动性就会流到资产市场上，导致资产价格剧烈上涨，最后导致资产价格泡沫。且不说资产价格泡沫是否会导致金融危机，其对企业生产成本的影响就很大。资产价格暴涨的结果，对经济有两个方面的影响。一方面，资产性收入大于劳动性收入，许多人辛辛苦苦劳动一年，挣的钱还赶不上房价上涨一个月给房东带来的收入，于是人们的劳动积极性下降，这就意味着企业的劳动生产率下降，产品的平均生产成本上升，这是不利的供给冲击。另一方面，资产价格暴涨导致工人现有的劳动收入无法满足住房需求，于是人们必然会要求提高工资，这就意味着企业的生产成本上升，这同样是不利的供给冲击。因此，不管从哪一方面来说，人民币不升值最终会对中国经济产生不利的供给冲击，而后者则会使物价上涨，产出下降，这意味着失业率上升和经济增长率下滑，中国经济陷入滞涨。

国内物价的上涨最终会侵蚀掉人民币不升值给中国产品在国际市场上带来的价格优势。如果人民币升值10%，但国内没有通货膨胀，假定其他因素不变且中国企业不能转嫁成本，那么中国产品在国际市场上价格就会涨10%；而如果国内物价上涨10%，但人民币不升值，那么中国产品在国际市场上价格也会涨10%。因此，对于中国产品的国际价格来说，国内物价上涨与人民币升值具有同样的效果。

2. 人民币升值

人民币升值对中国经济从总供求两个方面都有影响。首先，人民币升值会导致出口下降。这个无论从理论上还是从实践上看都是正确的。其次，人民币升值会导致进口原材料和能源成本下降。因此，人民币升值对于中国经济来说，不仅是不利的需求冲击，同时也是有利的供给冲击。也就是说，人民币升值对中国经济同时具有需求效应和供给效应。人民币升值降低了外需，但其同时也降低了企业的能源和原材料成本，导致企业的生产成本下降。在新的均衡下，价格水平肯定低于原来的价格水平，因为不管是人民币升值带来的需求冲击还是供给冲击都有降低价格的效果；但产出水平则有可能高于原来的产出水平，也有可能低于原来的产出水平，这取决于人民币升值的需求效应和供给效应的相对大小。假定其他条件给定，如果人民币升值的供给效应大于需求效应，那么产出就上升，失业就下降，经济增长率就上升；相反，如果人民币升值的供给效应小于需求效应，那么产出就下降，失业就上升，经济增长率就下滑。一般而言，人民币升值的需求效应大于供给效应，所以总产出应该会下降，失业会上升，但相对于不升值而言总产出下降的幅度和失业率上升的幅度应该会小一些。

3. 小结

外汇流入规模过大，导致外汇储备增加。外汇储备增加，意味着我国的外汇供给增加，这就形成了人民币升值的压力。此时，汇率政策有两个选择，一是不升值，二是升值。如果升值，那么我国的出口就会下降，在出口占比高达35%左右的情况下，可能会导致我国经济陷入衰退。但升值会降低进口能源和原材料的成本，对我国经济形成有利的供给冲击。如果不升值，那就意味着中央银行需要调控汇率,则需要买入外汇,而买入外汇的结果就是人民币供给增加,这就形成通货膨胀的压力。如果真的发生了通货膨胀,那么以人民币标价的中国产品的生产成本就上升,这就对中国经济形成不利的供给冲击;因此,即使不升值,中国产品在国际市场上的价格也会因为成本上升而上升,从而导致国际市场上对我国产品的需求量下降,同样可能会导致我国经济陷入衰退。

从以上的分析可以看出,相对而言,人民币升值对中国经济比较有利。不升值的话,中国经济就会面临不利的供给冲击,中国经济迟早会出现滞涨,也就是失业上升、物价上涨、经济增长率下滑;而升值的话,中国经济就会同时面临不利的需求冲击和有利的供给冲击,通货膨胀率会下跌,失业率可能会上升、经济增长率可能也会下滑,但失业率上升的幅度和经济增长率下滑的幅度都会小于不升值的情形。因此,我国应该选择人民币升值。许多人在考虑这个问题的时候,往往只看到了升值对出口的抑制,却没有看到不升值最终一样会导致出口的下降。中国目前面临的问题就是,要么用国内的通货膨胀来平抑贸易顺差,要么用人民币升值来平抑贸易顺差,相比之下,后者对我国要有利得多。

二、人民币升值的其他问题

1. 人民币不升值且不存在通货膨胀的可能性

在上述关于人民币不升值情形的讨论中,有一个前提假设,就是假定面对外汇流入,政府不采取任何对策,任由人民币供给随着外汇的流入而被动增加。如果放松这个假定,又会如何呢?换句话说,有没有一种可能,使得人民币不升值,同时又使得中国经济不出现通货膨胀?如果可能,政府又该采取何种对策?要想达到这一目的,只有两个办法,一是通过外汇管制政策限制外汇流入量,二是通过货币政策回收基础货币。我们分别讨论二者。

外汇管制政策可以用来限制外汇流入量,但只能限制热钱的流入,而不能限制通过贸易和外国直接投资这两个渠道流入中国的外汇,否则中国的出口也就难以为继,正当的外国直接投资也会被限制。只要存在外汇流入中国的渠道,那么在人民币升值预期存在的情况下,热钱也就会以各种合法或不合法的形式流入中国,从而抵销外汇管制的效果。不管怎么说,人民币不升值的目标就是继续维持出口的增长,而如果出口增长,那么外汇流入自然也就会随之增长,因此,外汇管制政策会起到一定的作用,但解决不了根本问题。

就货币政策而言,在短期内,我国降低货币供给的办法有提高法定存款准备金率、控制信贷额度、发行央行票据三种。前二者的道理是一样的,都是通过抑制银行的贷款总额来抑制货币供给量,目的都在于调节货币乘数。这种政策的缺点是会影响到商业银行的经济效益，在利率和存款总额给定的情况下，银行可以贷出的资金总额下降就意味着银行的利润下降。而我国目前的法定存款准备金率已经高达20%，继续提高的空间已经很小。

发行央行票据会提高中央银行宏观调控的成本。央行票据是需要付利息的，随着外汇流入的增加，需要发行的央行票据的规模也会不断上升，因而央行票据的利息率也会不断上升，其结果央行需要支付的利息也就随之增加。总有一天，央行票据的发行会满足不了对冲外汇流入的需要。

综上所述，在人民币不升值的情况下，同时又使得中国经济不出现通货膨胀的可能性在短期内是存在的，然而在长期内是做不到的。

2. 人民币是否具备升值空间

根据之前的分析，我们认为人民币升值对我国经济更有利。但是，人民币有没有升值的空间？如果人民币没有升值的空间，这样的政策建议就没有任何意义。实际上，对这一问题，学术界虽有争论但分歧并不十分深刻。因为有目共睹，一方面改革开放以来我国经济总量提升15倍以上，人均GDP提高12倍以上，我国经济在世界经济中总量已居第三位，占全球GDP比重已达7%，这就提高了世界经济对中国经济的联系度。因而会增加世界经济对人民币的需求，从而增大人民币升值空间。另一方面，在我国国内的外汇市场上，外汇供求关系已经发生了根本性的变化。改革开放之初，我国的外汇储备仅仅3亿美元，而现在已达2.4万亿美元，增加了8 000多倍。我国也从开始的外汇需求远远大于外汇供给转变为外汇供给大于外汇需求。这些都有力地表明，在我国国内外汇市场上，外汇真实市场价格应大幅降低。

三、人民币升值的不同策略

既然人民币升值已是不可避免，而且升值比不升值对中国经济更有利，那么下一步的问题就是人民币升值的速度或策略选择了。如果人民币升值的速度可以选择，那么在选择这一速度时，我们应该考虑哪些因素呢？

（一）人民币升值速度的主要决定因素

我们认为，在确定人民币升值的速度时，应该考虑的主要因素有以下四个：

1. 企业承受能力

人民币升值将直接影响到出口企业的经济效益，因此在考虑人民币升值的速度时，就应该考虑到出口企业的承受能力。人民币汇率影响的是出口企业接受到的价格，人民币升值多大比例，企业接受到的产品价格就降低多大比例。由于中国产品在国际市场上的竞争优势主要是价格优势，因此人民币升值直接会影响到中国产品的出口情况。

对于出口企业来说，面对人民币升值，当然可以采取一些措施来应对。第一，企业可以提高价格。但如前所述，中国产品的优势就是价格优势，一旦提高价格，中国产品的优势就减弱，出口就会下降。当然，对中国来说，随着经济的增长和人民生活水平的提高，中国产品的成本将会逐步上升，因此中国产品的价格优势的减弱是一个长期趋势。

第二，企业可以通过改善管理、降低浪费等方法来降低成本。

第三，企业也可以通过调整要素投入组合或提高技术水平来抵销人民币升值的影响。人民币升值将会导致进口机器设备变得更便宜，企业可以通过调整要素投入组合，增加技术含量高的设备投入的方式来改进生产技术，降低成本。同样，人民币升值也导致技术引进的成本下降，因此企业就可以采用更先进的技术。

第四，企业也可以通过调整产品结构的方式来应对。如前所述，人民币升值的结果是引进技术的成本下降，因此中国企业就可以引进新产品，进行产品的升级换代，提高产品的技术含量，用产品的技术优势逐步取代价格优势。

中国企业应对人民币升值有着比较丰富的经验。1997年爆发的亚洲金融危机期间人民币相对于周边国家的货币升值幅度至少达50%以上，但中国企业最终也走出了困境，出口持续高速增长。这说明中国企业应对人民币升值还是有能力的。

2. 内需扩大的速度

人民币升值必然会导致中国出口下降，这一点毋庸置疑。因此，为了在人民币升值的情况下保证经济增长和就业，扩大内需就是必需的措施。内需扩大的速度越大，人民币升值的速度就可以越快。

3. 热钱流入与资产价格泡沫

人民币升值的预期会导致热钱的大量流入。热钱流入会导致人民币供给过大，资产价格泡沫加剧。人民币升值越慢，热钱流入就越多，资产价格泡沫最终就越严重。当然，热钱流入的多少还取决于其他因素，比如外汇管制政策等。根据第八章第一节的分析，热钱流入的最主要动因是人民币的升值预期，因此可以认为，如果采取强硬而迅速的人民币升值策略，热钱流入问题的解决可能性将会提高。

4. 政府调控人民币汇率的能力

人民币升值的速度还取决于政府调控人民币汇率的能力。干预外汇市场、稳定汇率是每个国家的政策目标之一。在汇率存在长期升值或贬值趋势的情况下，对汇率变动速度的调控就成为一个国家短期汇率管理的目标。一般而言，只要外汇储备充足，政府调控汇率的能力就较强。当然，政府对汇率的调控能力还决定于其他手段，如包括外汇管制政策在内的行政手段。

（二）人民币升值速度的选择

人民币升值快慢对中国经济的影响不一样。人民币升值速度越快，热钱投机的机会就越少，资产价格泡沫就越轻，金融危机出现的概率就越低。当然，人民币升值速度越快，出口企业就越难应对，中国就越难以扩大内需从而弥补出口的下降。人民币升值的速度越低，出口企业和扩大内需越从容，但资产价格泡沫就可能越严重，金融危机出现的概率就越大。

人民币升值的极端办法之一是一步到位，也就是一次性宣布人民币升值到位。比如，假定人民币应该升值20%，那么政府就可以在某个合适的时刻宣布人民币即刻起升值20%，甚至更高一点（已考虑到应该有的超调）。我国以前几次调整汇率，采取的都是这种办法，比如1994年人民币汇率并轨，人民币官方汇率一下从1美元兑5.7元调整到1美元兑8.7元。这种政策非常成功。其原因是在这次调整中，人民币是在贬值，增加的是出口，抑制的是进口，而那时候中国对外部能源和原材料的依赖度较小，因此人民币贬值对中国企业的冲击很小。但现在的问题是人民币升值，抑制的是出口，增加的是进口，而出口占中国GDP的比重很高，因此，一步到位式的汇率调整对中国经济的冲击可能非常大。

因此，对于我国而言，最佳选择是人民币缓慢升值。而升值的速度主要取决于我国扩大内需的幅度。如果内需扩大不起来，那么人民币升值的速度就该低一点；如果内需扩大的很快，足以弥补人民币升值到位后造成的出口的下降，那么一步到位式的升值策略就是最佳的。而传统扩大内需的方法是由货币政策和财政政策组成的需求管理政策，通过本书前面章节的分析我们可以发现，这样传统的需求管理政策对经济健康的促进作用有限，长期使用扩张性货币政策，还可能引发金融危机。因此对于经济中面临的诸多问题需要重新构筑的宏观调控体系，我们将在下一章集中讨论。

第二节　平减价格指数、实际汇率和我国出口竞争力

出口产品价格越高，对盈利越有利，企业生产贸易品的动机越强，该国出口竞争力就越强。卖方市场更是如此，企业想销售多少商品，就可以销售多少，最终销售的数量更是完全取决于企业生产的意愿和动机。出口产品相对出口国非贸易品的相对价格越高，企业生产出口品的动机越强。计算出口产品相对出口国非贸易品的相对价格实际上就是计算出口国的内部实际汇率。

国内研究实际汇率的文献较少涉及内部实际汇率。李红岗等（2010）、黄薇和任若恩（2008）、巴曙松等（2007）都没有提及内部实际汇率。赵登峰（2006）给出我国1980~2004年内部实际汇率的曲线，计算方法是名义有效汇率乘以生产者物价指数再除以消费者价格指数，这是计算内部实际汇率的一种近似方法。根据这种方法计算得出的内部实际汇率对通货膨胀敏感，但是对名义汇率变化却不敏感：1988年，1989年和1993年中国的高通货膨胀时期内部实际汇率上升，这意味着贸易品比非贸易品上涨更快；1994年人民币名义汇率大幅度贬值，内部实际汇率水平应该显著提高，赵登峰（2006）计算的内部实际汇率在1994年不仅没有出现大幅上升，反而比1993年内部实际汇率还要低。赵登峰（2006）的计算结果可能来自所用近似方法的误差。其余大量国内文献至多仅提及内部实际汇率的概念，都没有进行具体的计算。

计算内部实际汇率的困难在于缺乏贸易品和非贸易品的价格指数。计算内部实际汇率需要的价格指数是贸易品和非贸易品分别对应的平减价格指数。我国公开的统计数据包括 GDP 平减价格指数，推导贸易品和非贸易品分别对应的平减价格指数实际上就是要推导 GDP 各支出组成部分细分的平减价格指数。如果我国统计部门能够提供 GDP 各组成部分的平减价格指数，研究人员就不需要加以推导，内部实际汇率的计算就会准确和方便许多。在数据缺乏的情况下，本节提供了推导 GDP 各支出组成部分平减价格指数的一种方法，并计算出我国贸易品和非贸易品分别对应的平减价格指数，再进一步得出我国内部实际汇率的数据。

计算 GDP 各大支出平减价格指数非常重要。全球研究人员编制的所有中国宏观经济预测模型都需要实际支出变量。从可得的名义支出变量数据出发，只有运用准确的支出平减价格指数（消费用消费的平减价格指数，投资用投资的平减价格指数等），才能得出准确的实际支出变量，在此基础上估计出来的中国宏观经济模型才有意义。在缺乏 GDP 各大支出平减价格指数条件下，进行中国宏观经济预测非常困难。

一、基于国民账户体系的平减价格指数和内部实际汇率计算方法

基于国民账户体系关于 GDP 各支出组成部分的细致划分，本节推导 GDP 各支出组成部分所对应的平减价格指数。这是得出贸易品和非贸易品平减价格指数的前提条件。GDP 是增加值，最终产品的价值包括增加值和中间产品价值。平减价格指数可以按增加值计算，也可以按最终产品价值计算。以下同时考察按增加值和按最终产品价值计算的平减价格指数。

用 Υ 表示商品，不区分本国和外国商品之间的差异，仅考虑贸易品 ΥT 和非贸易品 ΥN 两类商品，将所有进口和出口商品都归为贸易品。出口、进口、净出口、贸易品和非贸品分别用 X、M、NX、T 和 N 加以表示，价格用 P 表示，价格下标 1 表示按最终产品价值计算的价格指数，价格下标 2 表示按增加值计算的价格指数。

表 9-1　　　　　　　　　各种平减价格指数分类

最终产品中被国外吸收部分（出口）所对应的平减价格指数	$P_{1t}(\Upsilon_X) = X_t(现价)/X_t(不变价)$
增加值中被国外吸收的部分（出口）所对应的平减价格指数	$P_{2t}(\Upsilon_X) = (X_t - M_{VXt})(现价)/(X_t - M_{VXt})(不变价)$
国外最终产品中被国内吸收的部分（进口）所对应的平减价格指数	$P_{1t}(\Upsilon_M) = M_t(现价)/M_t(不变价)$
国外增加值中被国内吸收的部分（进口）所对应的平减价格指数	$P_{2t}(\Upsilon_M) = (M_t - M_{Vt})(现价)/(M_t - M_{Vt})(不变价)$
国内生产的最终产品中被国内吸收的部分（非贸易品）所对应的平减价格指数	$P_{1t}(\Upsilon_N) = (GDP_t + M_{Vt} - X_t)(现价)/(GDP_t + M_{Vt} - X_t)(不变价)$
国内增加值中被国内吸收的部分（非贸易品）所对应的平减价格指数	$P_{2t}(\Upsilon_N) = (GDP_t - M_{VXt})(现价)/(GDP_t - M_{VXt})(不变价)$

表 9-1 中的 M_V 为进口中间产品；M_{VX} 为用于生产出口最终产品的进口中间品，两者之差是用于生产国内吸收最终产品的进口中间品 M_{VD}，三者之间的关系为：

$$M_V = M_{VX} + M_{VD} \quad (9-1)$$

由于缺乏进口分类的现价和不变价数据，需要假设国内吸收进口品（包括最终产品和中间品）份额与出口中进口中间品份额相等：

$$\frac{M_C + M_I + M_{VD}}{C + I} = \frac{M_{VX}}{X} \quad (9-2)$$

其中，M_C 为直接进入最终消费的进口最终产品；M_I 为直接进入总投资的进口最终产品。根据这一假设，以下等式成立：

$$\frac{M}{GDP + M} = \frac{M_C + M_I + M_{VD}}{C + I} = \frac{M_{VX}}{X} \quad (9-3)$$

这意味着，可以根据观察到的进口和 GDP 数据计算国内吸收中的进口品份额与出口最终产品中进口中间品的份额。

被国内吸收的增加值 A 可以分为两部分，一部分是国内生产的增加值（非贸易品增加值），另一部分是国外生产的增加值：

$$A = (C_D + I_D - M_{VD}) + (M - M_{VX}) \quad (9-4)$$

其中，C_D 为扣除进口最终产品的最终消费或被称为对本国商品的最终消费；I_D 为扣除进口最终产品的投资或被称为由本国商品构成的投资。

计算非贸易品增加值平减价格指数需要国内吸收、进口、进口中间品当中用于生产出口最终产品的现价价值和不变价价值。计算非贸易品增加值价格指数 $P_{2t}(\Upsilon_N)$ 为：

$$P_{2t}(\Upsilon_N) = \frac{\left[C_t + I_t - \left(M_t - \frac{M_t}{GDP_t + M_t}X_t\right)\right] （现价）}{\left[C_t + I_t - \left(M_t - \frac{M_t}{GDP_t + M_t}X_t\right)\right] （不变价）} \quad (9-5)$$

出口增加值价格指数 $P_{2t}(\Upsilon_X)$ 为：

$$P_{2t}(\Upsilon_X) = \frac{\left(X_t - \frac{M_t}{GDP_t + M_t}X_t\right) （现价）}{\left(X_t - \frac{M_t}{GDP_t + M_t}X_t\right) （不变价）} \quad (9-6)$$

进口平减价格指数用进口最终产品的价格指数 $P_1(\Upsilon_M)$。这样可以计算内部实际汇率，还可以分别计算进口的内部实际汇率和出口的内部实际汇率。

二、GDP 各支出组成部分的平减价格指数

为计算（9-5）式和（9-6）式关于非贸易和贸易品的平减价格指数，需要有 GDP 各支出组成部分的现价和不变价数据。我国统计部门公布的数据缺乏 GDP 各支出组成部分的平减价格指数。在统计部门公布这些数据以前，推导我国 GDP 各支出组成部分平减价格指数的内容对宏观经济分析和预测具有重要的意义。推导我国贸易品和非贸易品平减价格指数也需要我国 GDP 各支出组成部分的平减价格指数。

《中国统计年鉴2010年》给出了三大需求对国内生产总值增长的贡献率（按不变价格），这为计算我国 GDP 各支出组成部分平减价格指数以及内部实际汇率提供了难得的数据。三大需求指支出法国内生产总值的三大构成项目：最终消费支出、投资支出、货物和服务净出口。贡献率指三大需求增量与支出法国内生产总值增量之比。该表提供的是净出口数据，不是出口和进口的不变价数据。令基期 $t_0 = 1982$ 的 GDP 不变价为 100，三大需求各自的贡献率分别为：

$$\phi_{Ct} = \frac{\dfrac{C_t(\text{不变价}) - C_{t-1}(\text{不变价})}{C_{t_0}(\text{不变价})} \cdot \dfrac{C_{t_0}(\text{不变价})}{GDP_{t_0}(\text{不变价})}}{\left[\dfrac{GDP_t(\text{不变价})}{GDP_{t_0}(\text{不变价})} - \dfrac{GDP_{t-1}(\text{不变价})}{GDP_{t_0}(\text{不变价})}\right]} \times 100$$

$$\phi_{It} = \frac{\dfrac{I_t(\text{不变价}) - I_{t-1}(\text{不变价})}{I_{t_0}(\text{不变价})} \cdot \dfrac{I_{t_0}(\text{不变价})}{GDP_{t_0}(\text{不变价})}}{\left[\dfrac{GDP_t(\text{不变价})}{GDP_{t_0}(\text{不变价})} - \dfrac{GDP_{t-1}(\text{不变价})}{GDP_{t_0}(\text{不变价})}\right]} \times 100$$

$$\phi_{NEt} = \frac{\dfrac{NE_t(\text{不变价}) - NE_{t-1}(\text{不变价})}{NE_{t_0}(\text{不变价})} \cdot \dfrac{NE_{t_0}(\text{不变价})}{GDP_{t_0}(\text{不变价})}}{\left[\dfrac{GDP_t(\text{不变价})}{GDP_{t_0}(\text{不变价})} - \dfrac{GDP_{t-1}(\text{不变价})}{GDP_{t_0}(\text{不变价})}\right]} \times 100$$

(9 – 7)

假设不变价和现价的消费支出权重相等：

$$\frac{C_{t_0}(\text{不变价})}{GDP_{t_0}(\text{不变价})} = \frac{C_{t_0}(\text{现价})}{GDP_{t_0}(\text{现价})} \tag{9-8}$$

最终消费的累计贡献率的定义为：

$$\phi_{Ct_0+j\#} = \frac{\sum_{k=1}^{j}\left(\dfrac{100GDP_{t_0+k}(\text{不变价})}{GDP_{t_0}(\text{不变价})} - \dfrac{100GDP_{t_0+k-1}(\text{不变价})}{GDP_{t_0}(\text{不变价})}\right)\dfrac{\phi_{Ct_0+k}}{100}}{\left[\dfrac{100GDP_{t_0+j}(\text{不变价})}{GDP_{t_0}(\text{不变价})} - \dfrac{100GDP_{t_0}(\text{不变价})}{GDP_{t_0}(\text{不变价})}\right]} \times 100$$

(9 – 9)

最终消费平减价格指数的计算公式为：

$$\frac{100 P_{1 t_0+j}(\Upsilon_C)}{P_{1 t_0}(\Upsilon_C)} = \frac{100 \dfrac{C_{t_0+j}(\text{现价})}{C_{t_0}(\text{现价})}}{100 + \dfrac{\dfrac{\phi_{Ct_0+j\#}}{100}\left(\dfrac{100 GDP_{t_0+j}(\text{不变价})}{GDP_{t_0}(\text{不变价})} - 100\right)}{C_{t_0}(\text{现价})/GDP_{t_0}(\text{现价})}} \tag{9-10}$$

根据消费平减价格指数，计算最终消费（不变价）支出值为：

$$\frac{C_t(\text{不变价})}{C_{t_0}(\text{不变价})} = \frac{\dfrac{C_t(\text{现价})}{C_{t_0}(\text{现价})}}{\dfrac{P_{1t}(\Upsilon_C)}{P_{1t_0}(\Upsilon_C)}} \tag{9-11}$$

假设不变价和现价的总投资权重相等：

$$\frac{I_{t_0}(不变价)}{GDP_{t_0}(不变价)} = \frac{I_{t_0}(现价)}{GDP_{t_0}(现价)} \qquad (9-12)$$

投资的累计贡献率定义为：

$$\phi_{I_{t_0+j\#}} = \frac{\sum_{k=1}^{j}\left(\frac{100GDP_{t_0+k}(不变价)}{GDP_{t_0}(不变价)} - \frac{100GDP_{t_0+k-1}(不变价)}{GDP_{t_0}(不变价)}\right)\frac{\phi_{I_{t_0+k}}}{100}}{\left[\frac{100GDP_{t_0+j}(不变价)}{GDP_{t_0}(不变价)} - \frac{100GDP_{t_0}(不变价)}{GDP_{t_0}(不变价)}\right]} \times 100 \qquad (9-13)$$

投资平减价格指数的计算公式为：

$$\frac{100P_{1t_0+j}(\Upsilon_I)}{P_{1t_0}(\Upsilon_I)} = \frac{100\dfrac{I_{t_0+j}(现价)}{I_{t_0}(现价)}}{100 + \dfrac{\dfrac{\phi_{I_{t_0+j\#}}}{100}\left(\dfrac{100GDP_{t_0+j}(不变价)}{GDP_{t_0}(不变价)} - 100\right)}{I_{t_0}(现价)/GDP_{t_0}(现价)}} \qquad (9-14)$$

根据投资平减价格指数，计算投资的（不变价）支出值为：

$$\frac{I_t(不变价)}{I_{t_0}(不变价)} = \frac{\dfrac{I_t(现价)}{I_{t_0}(现价)}}{\dfrac{P_{1t}(\Upsilon_I)}{P_{1t_0}(\Upsilon_I)}} \qquad (9-15)$$

假设不变价和现价的净出口权重相等：

$$\frac{NX_{t_0}(不变价)}{GDP_{t_0}(不变价)} = \frac{NX_{t_0}(现价)}{GDP_{t_0}(现价)} \qquad (9-16)$$

净出口累计贡献率定义为：

$$\phi_{NXt_0+j\#} = \frac{\sum_{k=1}^{j}\left(\frac{100GDP_{t_0+k}(不变价)}{GDP_{t_0}(不变价)} - \frac{100GDP_{t_0+k-1}(不变价)}{GDP_{t_0}(不变价)}\right)\frac{\phi_{NXt_0+k}}{100}}{\left[\frac{100GDP_{t_0+j}(不变价)}{GDP_{t_0}(不变价)} - \frac{100GDP_{t_0}(不变价)}{GDP_{t_0}(不变价)}\right]} \times 100 \qquad (9-17)$$

净出口平减价格指数的计算公式为：

$$\frac{100P_{1t_0+j}(\Upsilon_{NX})}{P_{1t_0}(\Upsilon_{NX})} = \frac{100\dfrac{NX_{t_0+j}(现价)}{NX_{t_0}(现价)}}{100 + \dfrac{\dfrac{\phi_{NXt_0+j\#}}{100}\left(\dfrac{100GDP_{t_0+j}(不变价)}{GDP_{t_0}(不变价)} - 100\right)}{NX_{t_0}(现价)/GDP_{t_0}(现价)}} \qquad (9-18)$$

假设基于所有进口品的进口平减价格指数与基于所有出口品的出口平减价格指数相等：

$$P_1(\Upsilon_X) = P_1(\Upsilon_M) \quad (9-19)$$

这样净出口的平减价格指数与上述两个相等的价格指数之间存在相等的关系，推导过程如下：

$$P_1(\Upsilon_{NE}) = P_1(\Upsilon_X) = P_1(\Upsilon_M) \quad (9-20)$$

根据净出口平减价格指数，计算出口和进口的（不变价）支出值分别为：

$$\frac{X_t(\text{不变价})}{X_{t_0}(\text{不变价})} = \frac{\dfrac{X_t(\text{现价})}{X_{t_0}(\text{现价})}}{\dfrac{P_{1t}(\Upsilon_{NX})}{P_{1t_0}(\Upsilon_{NX})}} \quad (9-21)$$

$$\frac{M_t(\text{不变价})}{M_{t_0}(\text{不变价})} = \frac{\dfrac{M_t(\text{现价})}{M_{t_0}(\text{现价})}}{\dfrac{P_{1t}(\Upsilon_{NX})}{P_{1t_0}(\Upsilon_{NX})}} \quad (9-22)$$

至此，GDP 各支出组成部分的现价数据可以被推导出来，（9-5）式和（9-6）式关于非贸易品和贸易品的平减价格指数也可以被推导出来，我国内部实际汇率可以由此得出。

三、我国内部实际汇率与出口竞争力

根据 1993 年《国民账户体系》，支出法计算的国内生产总值中的出口是商品和非要素服务出口，按购买者价格计算，最终购买者支付的价格，包括产品税减补贴、运输费。支出法计算的国内生产总值中进口是商品和非要素服务进口，按离岸价计算，不包括进口税和补贴。国际收支核算中货物进出口都是根据离岸价计价（F.O.B.）。根据许宪春（2000，p73），国内生产总值中货物和服务进口和出口均运用国际收支平衡表中的数据，货物和服务出口数据来自贷方，货物和服务进口数据来自借方，均乘以人民币对美元的年平均汇率（数据来自 IFS，924.WF.ZF）。

内部实际汇率 $IRERTN$ 的计算公式为进口内部实际汇率 $IRERMN$ 和出口内部实际汇率 $IRERXN$ 的几何平均：

$$IRERT_N = IRERM_N^{\alpha} IRERX_N^{1-\alpha} \quad (9-23)$$

其中，α 为进口在进出口贸易中占的比重。进口内部实际汇率 $IRERM_N$ 的定义为：

$$IRERM_N = \frac{P_1(\Upsilon_{NX})}{P_1(\Upsilon_N)} \qquad (9-24)$$

出口内部实际汇率 IRERXN 的定义为：

$$IRERX_N = \frac{P_1(\Upsilon_{NX})}{P_1(\Upsilon_N)} \qquad (9-25)$$

计算我国内部实际汇率中的 α 是出口在进出口贸易中占的比重（1982年和2008年出口比重非常接近）。

基于以上计算方法和假设条件，我国内部实际实际汇率的变化情况见图9-2。

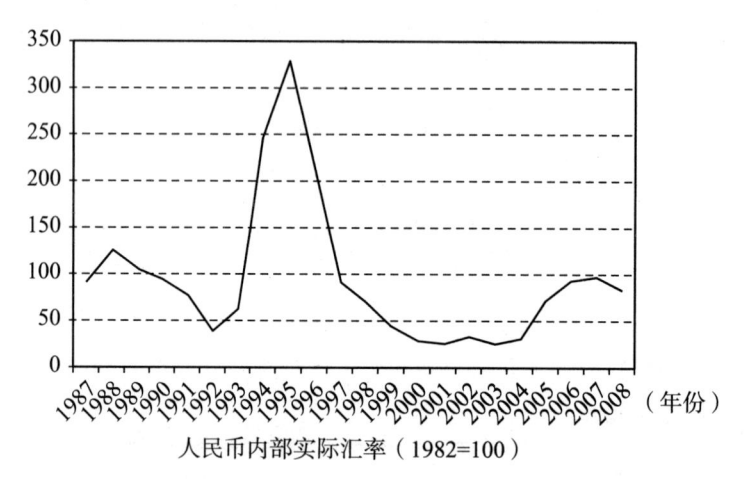

图 9-2 人民币内部实际汇率（1987~2008，1982=100）

与赵登峰（2006）测算的结果不同，1994年人民币汇率改革，人民币兑美元大幅度贬值导致我国人民币内部实际汇率上升。用人民币衡量，贸易部门与非贸易部门的相对价格大幅度提升，与1987年初接近100的水平相比，内部实际汇率达到了接近350的水平。

基于以上计算方法和假设条件，我国出口动机在1995年左右达到最强，随后经历1998年亚洲金融危机的低谷，2004年开始出口动机有所恢复，2008年全球金融危机之后出口动机出现轻微的弱化趋势。

第十章

综合形势下我国的宏观调控体系与货币政策重构

第一节 目前的宏观调控体系的缺陷

关于需求管理政策的局限性,标准的宏观经济学教科书上都有所论述,本书就不重复那些了。在我们看来,教科书上说过的需求管理政策的局限性并不是最重要的,而实质上需求管理政策有两个最主要的局限性。

首先,需求管理政策不能同时解决通货膨胀和失业问题。众所周知,在宏观经济学中存在所谓的"菲利普斯曲线",也就是通货膨胀和失业之间的交替关系。要想解决失业问题,就必须忍受较高的通货膨胀,而要解决通货膨胀问题,就得忍受高失业。这是需求管理必然的结果。

其次,需求管理政策在治理成本推动的通货膨胀(即第三章详细论述的"滞涨"情形)方面效果很差。假定开始时经济处于充分就业状态,由于某种原因,企业的生产成本上升,这将导致总供给曲线左移和均衡价格的上升,此时均衡产出下降,经济中就会出现失业和通货膨胀并存的局面,也就是"滞涨"。此时,如果用需求管理来应对,效果并不理想。如果采用需求管理政策,要消除失业,就必须扩大总需求,其结果均衡价格水平很更高,加剧通货膨胀的问题;而如果要消除通货膨胀,就必须降低总需求,这就可以维持价格水平不变,但失业问题又会加剧。因此，需求管理无法应对这种局面。

因此，在经济面临成本推动的通货膨胀的情况下，需求管理不管怎么做都有重大缺陷。要解决失业问题，通货膨胀将更严重；而要解决通货膨胀问题，就必然进一步推高失业。因此，要应对成本推动的通货膨胀，完善调控体系对更为复杂问题的控制能力，就必须引入一种新的管理工具，这就是下文要谈到的供给管理政策。

目前的宏观经济政策分析框架采用的还是 IS-LM 模型，强调的是需求管理，政策工具是财政政策和货币政策。我们知道，IS-LM 模型是 20 世纪 50～60 年代发展起来的一种理论，那时的宏观经济学主要研究需求一边，对供给一边缺乏了解，也不甚重视。因此，基于 IS-LM 模型的政策体系就被称作"需求管理政策"。在 20 世纪 80 年代之后，总供求模型（即 AD-AS 模型）已经取代 IS-LM 模型成为宏观经济学的主要理论和分析框架，但宏观经济政策体系依然强调和倚重"需求管理政策"，对"供给管理政策"依然不理不睬。在宏观经济学已经发展到总供求模型的今天，宏观经济政策的理论依据却依然是古老的 IS-LM 模型，宏观经济政策体系显然严重滞后于宏观经济理论体系的发展。

我们认为，在宏观经济学已经发展到总供求模型的今天，继续用 IS-LM 模型作为宏观经济政策分析的基本框架已经过时，应把总供求模型纳入宏观经济分析框架。以货币政策和财政政策为主要内容的传统分析框架应该让位于以"需求管理"和"供给管理"为主要内容的分析框架。

第二节 供给冲击、需求冲击与经济周期效应

一、引言

经济学界一般倾向于将宏观经济波动的来源分解为供给冲击和需求冲击两类因素所致。财政政策和货币政策变动直接对总需求进而对宏观经济波动产生影响，故习惯称之为需求冲击；而生产率和生产要素变化、经济结构变革等直接对总供给进而对宏观经济波动产生影响，故习惯称之为供给冲击。尽管这种简单的需求和供给二分法并未得到所有学者的认同（如 Plosser, 1989），但该方法的确有助于理解总产出波动的决定因素以及周期特征，并且从传统凯恩斯主义的 AD-AS 分析框架到当代实际经济周期理论（RBC），这种二分思想均得到了广泛的

应用。

几乎所有的宏观经济模型均认可长期产出水平仅由供给因素决定。然而经济短期波动主要是由供给因素还是需求因素所导致，不同理论的观点并不一致。经验上考察何种冲击造成了产出波动，对于检验宏观经济理论的解释能力具有重要意义。例如，如果经济波动主要由总需求扰动造成，这便是支持凯恩斯理论或者货币经济周期理论；而相反，如果波动主要由总供给扰动造成，这更符合 RBC 理论的预测。考察产出波动的原因也有助于理解宏观经济政策选择。如果经济波动的关键在于总供给扰动而总需求扰动并不重要，那么政府通过财政和货币等总需求政策微调经济的努力注定将是无效的。事实上，已有大量的经验研究文献比较供给和需求两类冲击在解释产出波动方面的相对重要性，例如，Shapiro 和 Watson（1988），Blanchard 和 Quah（BQ，1989），King 等（1991）和 Ahmed 等（1993，1994）。

过去的 30 年间，中国宏观经济在高速增长过程中，也经历了剧烈的波动。研究者对于中国宏观经济周期的划分以及波动的成因存在着广泛的争议。例如，刘树成等（2005）认为，改革开放开始至 2005 年，我国经济经历了五次波动周期；而赵留彦（2006）对相似样本期的考察则认为中国只经历过两个经济波动周期，每个周期约持续 10 年。至于每个周期中宏观经济波动的主导因素，学者之间同样缺乏一致的认识。例如沈坤荣等（2004）认为投资效率和全要素生产率变动是影响经济波动的主要因素，而沈可挺等（2006）则通过资源供给冲击解释了我国宏观经济波动。

本节分析供给和需求因素对产出和通货膨胀的效应，以及产出和通货膨胀的周期行为。我们建立一个简化的总供给—总需求模型，该模型假定宏观经济的波动来源于两种互相独立的冲击——供给冲击和需求冲击。模型结论认为，供给冲击能够持久地影响实际产出，而需求冲击对实际产出仅有短期效应。关于产出增长与通货膨胀的当期关系，模型认为：供给冲击对当期产出增长率具有正向效应，对当期通货膨胀却有负向效应，这样供给冲击使得产出增长与通货膨胀之间呈现负相关。需求冲击对当期产出增长率和通货膨胀均有正向效应，从而使得产出增长与通货膨胀正相关。

以上简化理论模型对中国 20 世纪 80 年代中期以来的宏观数据具有良好的解释能力。结构向量自回归（SVAR）的经验结果表明：供给冲击下产出增长率提高 1 个百分点伴随通货膨胀下降 0.56 个百分点；需求冲击下产出增长率提高 1 个百分点伴随通货膨胀上涨 1.97 个百分点。与经济学常识一致，这意味着总供给曲线向下倾斜，而总需求曲线向上倾斜。并且，需求冲击导致产出缺口和通货膨胀正相关：1 个百分点正的产出缺口将伴随着通货膨胀上升 0.55 个百分点，这符合菲利普斯曲线的预测。不过供给冲击下产出缺口与通货膨胀之间缺乏显著关系。这一结果意味着只有在需求冲击下通货膨胀才呈现出顺周期特征。由于不同国家（或不同时期）供求两类冲击的相对重要程度有别，这可以解释经验文献上关于通货膨胀周期特征的分歧（例如，Kydland 和 Prescott，1990；Cooley 和 Ohanian，1991）。

经验结论还表明，中国的宏观经济在1985～1996年完成了两个周期，1997年之后开始第三个周期。前两个周期中通货膨胀和真实产出的周期性波动极强，而从第三个周期开始宏观经济则相对平稳。总体上，改革以来的中国宏观经济中，供给冲击对产出增长的影响力度相对更强，而需求冲击对通货膨胀的影响力度则更强。这一结果支持旨在调控通货膨胀的总需求管理政策。不过，尽管通过总需求管理政策容易调控通货通货膨胀率，却难以调控实际产出增长速度。

以下简要介绍结构向量自回归技术、理论框架、讨论供给和需求两类基本冲击对产出和通货膨胀的效应、经验结果以及简要结论。

二、结构向量自回归（SVAR）及其识别

一般而言，实际产出（对数）y 是一阶单整过程，取其对数差分，记为 Δy。记通货膨胀率为 π。定义二维向量 $X = (\Delta y, \pi)'$，$u = (u^s, u^d)'$，将 X 表示为如下平稳过程（为简化表达式，省略了常数项）：

$$X_t = A_0 u_t + A_1 u_{t-1} + A_2 u_{t-2} + \cdots$$
$$= \sum_{k=0}^{\infty} A_k u_{t-k}, \qquad (10-1)$$

或者写为：

$$\begin{pmatrix} \Delta y_t \\ \pi_t \end{pmatrix} = \begin{pmatrix} A_{11}(L) & A_{12}(L) \\ A_{21}(L) & A_{22}(L) \end{pmatrix} \begin{pmatrix} u_t^s \\ u_t^d \end{pmatrix}$$

其中，u^s 和 u^d 分别是结构化的供给冲击和需求冲击。$A_k(k \geq 0)$ 为相应系数矩阵。A_0 体现了 u_t 当期值对 X_t 的影响，$A_k(k \geq 0)$ 则体现了 u_t 的滞后值对 X_t 的影响。L 为滞后算子（即 $Lx_t = x_{t-1}$），$A_{ij}(L)$ 是关于 L 的多项式，即 $A_{ij}(L) = \sum_{k=0}^{\infty} a_{ij}(k) L^k a_{ij}(k)$ 为其 (i, j) 元素。向量系统是分别将 π 和 Δy 表示为结构性冲击 u^s、u^d 的分布滞后形式。由于 X 为平稳过程，所以供给冲击 u^s 和需求冲击 u^d 对于 X 中的分量 Δy 和 π 均不存在长期持久的影响。由于结构性冲击正交，所以协方差矩阵为对角阵。这里对角元素正规化为1，即 $\text{var}(u_t) = 1$。

（10-1）式的表达形式可以通过如下转换方式由数据估计得出。首先关于

X_t 估计 p 阶向量自回归模型 VAR(p)：

$$\Phi(L)X_t = \varepsilon_t \qquad (10-2)$$

由于 X_t 是平稳过程，根据 Wold 表示定理（例如，Hamilton，1994，pp. 108 - 109），可将 VAR(p) 表示为无限阶向量移动平均过程 VMA(∞)：

$$\begin{aligned}X_t &= C(L)\varepsilon_t = \Phi(L)^{-1}\varepsilon_t \\ &= \varepsilon_t + C_1\varepsilon_{t-1} + C_2\varepsilon_{t-1} + \cdots \\ &= \sum_{j=0}^{\infty} C_j \varepsilon_{t-j},\end{aligned} \qquad (10-3)$$

其中，$C_1 = \Phi_1$，$C_2 = \Phi_1 C_1 + \Phi_2$，$\cdots$，$C_s = \Phi_1 C_{s-1} + \Phi_2 C_{s-2} + \cdots \Phi_p C_{s-p}$。扰动项 ε 均值为 0，记其协方差矩阵 $\mathrm{var}(\varepsilon_t) = \sum$（其中元素记为 σ_{ij}）。

由 Wold 表示定理可知，以上表达式是唯一的。初始扰动 ε_t 和结构化扰动 u_t 存在如下关系：

$$\begin{aligned}\varepsilon_t &= A_0 u_t \\ A_j &= C_j A_0\end{aligned} \qquad (10-4)$$

若已知 A_0 便可以从 ε_t 推断 u_t，结合 A_0 和 C_j 可以推断 A_j。这样，便可根据 (10-2) 式的估计结果推算 (10-1) 式。

根据 $A_0 A'_0 = \sum$ 有：

$$a_{11}^2 + a_{12}^2 = \sigma_{11} \qquad (10-5)$$

$$a_{21}^2 + a_{22}^2 = \sigma_{22} \qquad (10-6)$$

$$a_{11}a_{21} + a_{12}a_{22} = \sigma_{12} \qquad (10-7)$$

其中，a_{ij} 和 σ_{ij} 分别为矩阵 A_0 和 $\sum$ 中元素。显然，除了约束条件 (10-5) 式 ~ (10-7) 式之外，还需要再附加另外一个限定条件才能识别出 A_0 中的四个元素。

Blanchard 和 Quah（BQ，1989）通过施加长期关系限定条件识别 A_0。根据该思想，以上模型中如果限定需求冲击 u^d 对产出水平 y 没有长期影响，这意味着 (10-1) 式中：

$$\sum_{k=0}^{\infty} a_{12}(k) = 0, \qquad (10-8)$$

注意到 $a_{12}(j)$ 为 u^d 对 j 期之后 Δy 的效应，因此 $\sum_{k=0}^{t} a_{12}(k)$ 表示 u^d 对 t 期后 Δy 的累积效应，即对产出水平 y 的效应。

(10-5) 式 ~ (10-8) 式四个约束条件便可恰好识别出 A_0。已知 ε_t，根据关系 (10-4) 式便可进一步识别结构性冲击 u_t。宏观经济研究者对短期中经济变量关系的认识存在广泛争议，而对长期中二者关系的认识则较为一致。BQ 识别技术的优势在于仅扰动的影响施加长期限制，而并不直接约束 VAR 系统的短期动态，也不约束需求冲击和供给冲击对产出增长率和通货膨胀率影响的方向——系统的短期动态以及两类冲击的影响方向都由经验数据来估计，这使得该方法便于用来检验理论模型。

三、简化的解释模型

我们使用以下简化模型来论证供给冲击和需求冲击对产出增长率和通货膨胀率的影响，以说明以上结构向量自回归的识别条件是与基本的结构性宏观经济模型相一致的。理论模型的基础由以下几个结构方程组成（例如，见 Fischer，1977；Nelson，1979；Blanchard 和 Quah，1989）：

$$y_t^d = -\lambda p_t + m_t \tag{10-9}$$

$$y_t^s = an_t + \theta_t \tag{10-10}$$

$$n_t = -(w_t - p_t) + \theta_t \tag{10-11}$$

$$w_t = w \mid \{E_{t-1} n_t = \bar{n}\} \tag{10-12}$$

其中，y^d、y^s 和 θ 分别表示实际总需求、实际总供给和生产率；p、w 和 n 分别表示价格水平、名义工资水平和劳动力需求。[①] 假定劳动力供给固定为 $\bar{n}$，失业即为 $\bar{n}-n$。m 和 θ 分别为影响总需求和总供给的随机成分，例如可分别理解为货币供给量和生产率水平。以上均为对数值。

(10-9) 式描述了总需求是价格的减函数（$\lambda > 0$），关于货币供给的增函数。(10-10) 式是总供给函数，它联系了产出、就业和生产率。其中 a 为要素的产出弹性，假定规模报酬递减，即 $0 < a < 1$。(10-11) 式描述了劳动力需求是关于真实工资的减函数、关于生产率的增函数，生产率越高，单位劳动的边际产出越大，因而劳动需求量越大。(10-12) 式描述了工资设定行为：假定 t 期工资合约在 $t-1$ 末即已确定，市场在充分就业的预期下确定 t 期工资水平。

模型中具有两类随机成分，设定 m 和 θ 遵循以下随机游走演进过程：

$$m_t = m_{t-1} + u_t^d$$

$$\theta_t = \theta_{t-1} + u_t^s$$

其中，u_t^d 和 u_t^s 分别是不存在序列相关的零均值需求冲击和供给冲击，并且二者互相正交。根据 Blanchard 和 Quah (1989)，为直观起见，假定需求冲击来自于货币供给变化，而供给冲击来自生产率变化。

[①] 更广泛地，n 可以理解为包含劳动力在内的一般生产要素需求（对数值），相应地，w 为要素价格，下文的 $\bar{n}-n$ 为过剩生产要素比例。

均衡时总供给变化和总需求变化相等：$\Delta y_t^d = \Delta y_t^s$，其中 Δ 为一阶差分算子。由此得到：

$$n_t = -\frac{\lambda}{a+\lambda}\Delta w_t + n_{t-1} + \frac{1}{a+\lambda}u_t^d - \frac{1-\lambda}{a+\lambda}u_t^s$$

根据工资设定（10-12）式，$t-1$ 期末设定 t 期工资 w_t，使得：

$$-\frac{\lambda}{a+\lambda}\Delta w_t + n_{t-1} = \bar{n}$$

即在充分就业的预期下确定 t 期工资水平。这样，得到关于失业的表达式：

$$\bar{n} - n_t = -\frac{1}{a+\lambda}u_t^d + \frac{1-\lambda}{a+\lambda}u_t^s \tag{10-13}$$

短期而言，需求冲击对就业有正向影响——即未预期到的需求增加会降低失业率，而供给冲击对失业的影响则取决于 λ 值。直观上，一方面，生产率的提高增加了劳动的边际产出，增加了劳动需求（见（10-11）式），降低了价格水平，而另一方面，如果需求不能相应扩大，生产率提高又会形成对劳动的替代。当 λ 较大（>1）时，价格降低刺激需求扩大的力度较强。第二方面的效应不占主导地位，于是供给冲击最终增加了就业。反过来，λ 较小（<1）时，第二方面的效应占主导地位，供给冲击最终减少了就业。应该说明的是，以上是需求和供给冲击对就业的当期效应，两类冲击对就业水平均没有长期影响。

由（10-13）式以及（10-9）式~（10-11）式可以将产出增长率和通货膨胀率分解成两类冲击（定义 $\pi_t = \Delta p_t$）：

$$\Delta y_t = a\gamma\Delta u_t^d - a\gamma(1-\lambda)\Delta u_t^s + u_t^s \tag{10-14}$$

$$\pi_t = -(1+a)\gamma u_t^s + [(1+a)\gamma - \lambda^{-1}]u_{t-1}^s + \gamma u_t^d + (\lambda^{-1} - \gamma)u_{t-1}^d \tag{10-15}$$

其中，$\gamma = (a+\lambda)^{-1}$。（10-14）式和（10-15）式可以写为二维向量系统：

$$\begin{pmatrix}\Delta y_t \\ \pi_t\end{pmatrix} = \begin{pmatrix}A_{11}(L) & A_{12}(L) \\ A_{21}(L) & A_{22}(L)\end{pmatrix}\begin{pmatrix}u_t^s \\ u_t^d\end{pmatrix}$$

$$= \begin{pmatrix}1-a\gamma(1-\lambda)(1-L) & a\gamma(1-L) \\ -\gamma(1+a)+[\gamma(1+a)-\lambda^{-1}]L & \gamma+(\lambda^{-1}-\gamma)L\end{pmatrix}\begin{pmatrix}u_t^s \\ u_t^d\end{pmatrix} \tag{10-16}$$

其中，$(1-L)x_t \equiv \Delta x_t$。该模型关于产出增长—通货膨胀的当期关系具有以下结论：供给冲击对当期产出增长率具有正向效应（$\partial\Delta y_t/\partial u_t^s = 1 - a\gamma(1-\lambda) = \lambda\gamma(1+a) > 0$），对当期通货膨胀却有负向效应（$\partial\pi_t/\partial u_t^s = -\gamma(1+a) < 0$），这样供给冲击使得同期产出增长与通货膨胀之间呈现负相关。需求冲击对当期产出增长率和通货膨胀均有正向效应（$\partial\Delta y_t/\partial u_t^d = a\gamma > 0$，$\partial\Delta\pi_t/\partial u_t^d = \gamma > 0$），即，

需求冲击使得当期的产出增长与通货膨胀正相关。

需求冲击和供给冲击对通货膨胀率仅具有短期效应，而并不产生长期影响。如果简单地将需求冲击等同于货币冲击，这一结论意味着长期货币中性成立。需求冲击对 y 的长期效应——即对产出增长率 Δy 的累积影响——可表示为：

$$\sum_{k=0}^{\infty} \partial \Delta y_t / \partial u_{t-k}^d = \sum_{k=0}^{\infty} a_{12}(k) = A_{12}(1) = 0$$

这表明需求冲击对产出水平不产生长期影响，这满足了上述 SVAR 模型的长期识别条件。而供给冲击对 y 的效应为：

$$\sum_{k=0}^{\infty} \partial \Delta y_t / \partial u_{t-k}^s = \sum_{k=0}^{\infty} a_{11}(k) = A_{11}(1) = 1$$

这意味着供给冲击对产出水平有正向影响。以上模型无疑是过度简化的，不过仍为讨论长期和短期中需求冲击和供给冲击的动态效应提供了方便。更为复杂的价格和工资动态模型（例如 Taylor，1980）也同样能够满足（10-8）式中的长期约束条件。

四、经验结果

（一）数据

经验估计使用中国改革过程中的季度数据（1983 年 1 季度~2008 年 2 季度）。以消费者价格指数（CPI）变化率作为通货膨胀指标。CPI 数据来自国家统计局编辑的《中国统计月报》1983~1989 年各期，以及《中国物价》1990 年之后各期。取样自 1983 年始，是因为无法获得更早年份的季度通货膨胀资料，而且从 20 世纪 80 年代早期消费品价格才逐步放开，此前严格受政府计划控制。为了计算本季价格相对于上季的变化率，需要价格定基指数季度时序数据。然而根据官方公开统计资料仅能获得 2001 年之后的月度环比通货膨胀率，而此前只有同比通货膨胀率。[①] 可利用同比通货膨胀率以及 2001 年之后的月度环比通货膨胀率求得 1983~2000 年的定基价格指数，并据此计算季度环比通货膨胀率，这里季度通货膨胀率为本季度最后一个月相对于上季度最后一个月的 CPI 变化率。[②] 数据经过季节调整。

[①] 2001 年之后环比通货膨胀率数据来自《中国经济景气月报》各期。

[②] 已知 2001 年环比数据及此前年份同比数据，可倒推 2000 年环比数据。2000 年 t 月环比指数 = 2001 年 t−1 月同比指数 ÷ 2001 年 t 月同比指数 × 2001 年 t 月环比指数。同样地，已知 2000 年环比数据和此前年份同比数据，可倒推 1999 年环比数据。依此类推可求得之前环比数据。

总产出以 GDP 度量。官方公开统计资料给出了 1992 年以来的季度现价 GDP 以及不变价的 GDP 增长率，此前仅为年度数据。然而使用年度数据会在一定程度上掩盖产出的短期波动，而且因为改革之后的时期较短，年度样本量不足，往往会影响时序分析方法的应用。Abeysinghe 等（2003）基于 Chow 和 Lin（1971）的统计模型对改革以来中国的年度 GDP 进行了季度分解。本节 1983~1991 年季度 GDP 数据取自 Abeysinghe 等（2003），并转换为 1997 年不变价格。此后时期的不变价格 GDP 根据《中国人民银行统计季报》公布的季度增长率计算。

（二）供给冲击和需求冲击的动态效应

估计包含产出增长率 Δy 和通货膨胀 π 的 VAR 系统（2），滞后阶数设定为 4——该滞后长度的选择根据 Akaike 信息准则，并且使得残差不存在序列相关。[①] VAR 结果见附录。残差 ε_t 的协方差矩阵为：

$$\sum = \mathrm{var}(\varepsilon_t) = \begin{bmatrix} 1.049 & 0.413 \\ - & 1.749 \end{bmatrix}$$

将 VAR 模型转化为无限阶向量移动平均表示形式，并限定需求冲击不影响长期产出水平，得到：

$$A_0 = \begin{bmatrix} 0.810 & 0.627 \\ -0.452 & 1.243 \end{bmatrix}$$

一单位供给冲击和需求冲击对产出增长率和通货膨胀率的动态效应见图 10-1 和图 10-2。图中横轴表示冲击发生之后的季度数。中间实线为脉冲反应函数的点估计值，两侧虚线表示正负一个标准差（±1s.d.）边界。[②] 供给冲击当期对产出增长具有强烈的正向效应，而对通货膨胀却有负向效应。这样，供给冲击会引起当期产出增长与通货膨胀之间负相关。一单位供给冲击下，当期产出增长率上升 0.81% 而通货膨胀下降 0.45%。这意味着产出增长率（未预期到的）上升 1 个百分点伴随着通货膨胀 0.56 个百分点下降，即如下总需求曲线：

$$\pi^{AD} = -0.56 \Delta y^{AD} \tag{10-17}$$

其中，Δy^{AS} 和 π^{AS} 分别为供给冲击所引起的产出增长和通货膨胀成分。图

---

① 尽管产出和价格水平（对数）都是单位根过程，不过二者之间并不存在协整关系。这表明对它们的一阶差分（产出增长率和通货膨胀率）建立 VAR 模型是合适的。

② 标准差通过 1 000 次 Bootstrap 模拟而得。具体地，通过对估计的 VAR 残差进行置换抽样生成新的 Bootstrap 数据，然后对该模拟数据估计新的 VAR 模型并计算结构冲击的脉冲反应函数。重复以上 1 000 次并求得模拟值的 0.17 和 0.83 分位点，便形成 ±1s.d. 边界。由于该边界是通过模拟而得，未必关于脉冲反应函数点估计值两侧对称分布。

10-1 和图 10-2 还显示，需求冲击当期对产出增长和通货膨胀均具有正向效应。这样，需求冲击会引起同期产出增长与通货膨胀之间正相关。一单位需求冲击下，当期产出增长率上升 0.63% 而通货膨胀上升 1.24%。这意味着产出增长率（未预期到的）上升 1 个百分点伴随着通货膨胀上涨 1.97 个百分点，即如下总供给曲线：

$$\pi^{AS} = 1.97 \Delta y^{AS} \qquad (10-18)$$

其中，Δy^{AD} 和 π^{AD} 分别为需求冲击所引起的产出增长和通货膨胀成分。

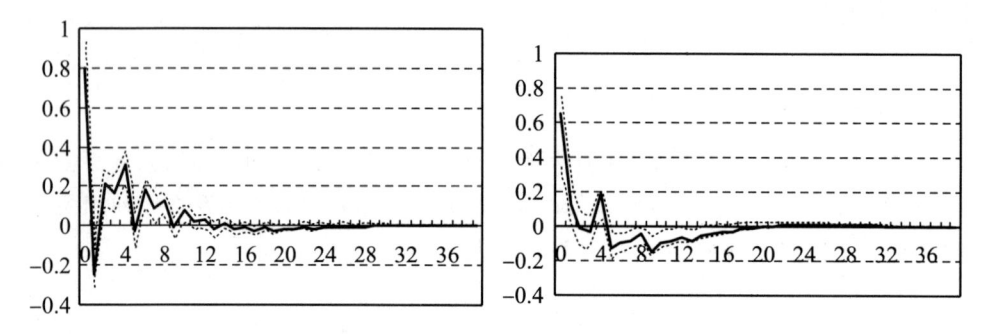

图 10-1a 产出增长率对供给冲击的反应　　图 10-1b 产出增长率对需求冲击的反应

图 10-1　产出增长率的反应函数

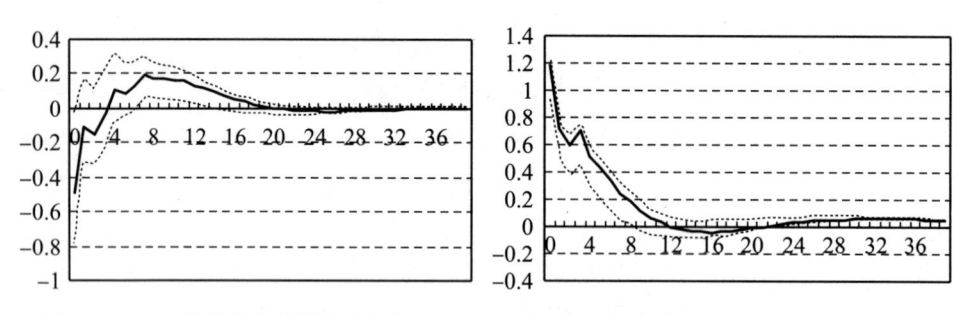

图 10-2a 通货膨胀率对供给冲击的反应　　图 10-2b 通货膨胀率对需求冲击的反应

图 10-2　通货膨胀率的反应函数

与常识一致，以上估计出的总供线曲线向上倾斜，而总需求曲线向下倾斜。可以考虑如下简单例子以说明以上数字结果的经济含义。2008 年第二季度环比通货膨胀率和 GDP 增长率分别为 5.6% 和 10.8%（年率，经季节调整），设想事前的预期值是通货膨胀率 4.8% 而 GDP 增长率 9%。即通货膨胀高于预期 0.8 个百分点而实际经济增长高于预期 1.8 个百分点。根据（10-17）式和（10-18）式可以计算：在 1.8 个百分点的未预期产出增长中，1.09 个点由总需求引致，而 0.71 个点由总供给引致；在 0.8 个百分点的未预期通货膨胀中，0.41 个百分点由总供给引致，而 1.4 个百分点由总需求引致。这样便推断出，这一时期出现了正向需求冲击和正向供给冲击,并且需求冲击的力度更强。在需求冲击的主导下,通货膨胀和股票收益均高于预期值,二者呈现正相关关系。概括言之,由于供给冲击和需求冲击对当期通货膨胀的相反效应,如果产出的增长伴随着通货膨胀的明显上升,则可以推断这一现象主要由需求冲击造成,而如果产出增长同时通货膨胀相对稳定(甚至下降),则这一现象主要由供给冲击造成。

图 10-3 是供给和需求冲击对产出水平 y 的效应——即对 Δy 的累积效应。图 10-3a 显示,供给冲击在最初几个季度里对 y 的影响力度逐步加大,三年(12 个季度)后达到峰值,随后便基本稳定,稳态时的效应约为初始效应的 2 倍。比较图 10-2,这与通货膨胀对供给冲击的动态反应截然不同:正向的供给冲击(即对产出具有正向效应的供给冲击)初始降低了通货膨胀,不过几个季度后通货膨胀逐渐恢复其初始值,大约 4 年后供给冲击对通货膨胀的动态效应便完全消失了。

需求冲击对产出水平和通货膨胀均不产生持久影响。需求冲击对产出水平具有驼峰状(Hump-shaped)效应——最初一年内其影响力度有所增加,至 5 个季度后达到峰值并随后迅速衰减,约 3 年后又重新恢复于零。比较图 10-2,需求冲击对通货膨胀的效应也随时间而迅速衰减,3 年后影响基本消失。需求冲击的这种动态效应是与人们关于总需求对产出和通货膨胀影响的传统认识相一致的,总需求增加短期会促进商品价格上涨,进而劳动力需求增加、产出增长。不过由于过度就业,以后工资会根据(10-12)式相应提高,这将重新促使劳动力需求减少和产出降低,从而价格和工资都在较高的水平上重新稳定下来。这样,需求冲击仅影响工资和价格水平,而对产出和通货膨胀率并不构成长期影响。

图 10-3a 产出水平对供给冲击的反应　　图 10-3b 产出水平对需求冲击的反应

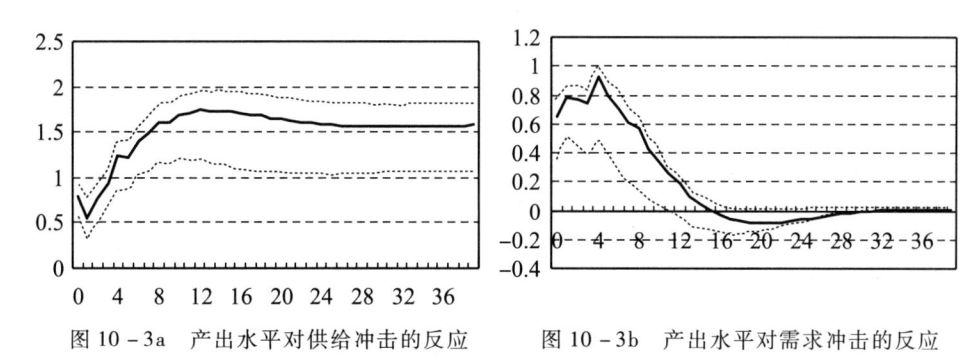

图 10-3　产出水平的反应函数

由于仅有供给冲击对产出水平具有持久效应,可以将供给冲击导致的产出成分定义为其趋势成分。尽管供给冲具有持久效应,不过图 10-3 显示此时产出水平动态却比随机游走更为复杂。如 Lippi 和 Reichlin(1994)指出的,将产出趋势设定为随机游走过程是与生产率增长的常识不相符的。因为技术冲击只能逐步在经济中体现出来,资本和劳动的调整成本、学习过程等都会使得产出趋势不可能是简单的随机游走过程。

对比图 10-2 和图 10-3 可以认识通货膨胀与产出缺口的关系——即菲利普斯曲线。通货膨胀与产出的相关性取决于影响宏观经济的冲击的类型。需求冲击下,通货膨胀与产出之间密切正相关。在产出反应峰值上,一单位正向需求冲击导致产出增长 0.92%,而通货膨胀增长 0.51%。换言之,产出超过其均衡值(正的产出缺口)1 个百分点将伴随着通货膨胀增加 0.55 个百分点。供给冲击发生当期产出增加而通货膨胀下降,二者呈现出反向关系;长期而言,产出维持在更高水平而通货膨胀回复到其初始值——供给冲击下通货膨胀与产出并不存在长期关系;在产出反应峰值上,一单位正向供给冲击导致产出增长 1.70%,而通货膨胀增长 0.15%——此时 1 个百分点的产出增长只伴随着通胀率提高不足 0.1 个百分点,产出增长并没有伴随着通货膨胀的显著变化。概括而言,相对于需求冲击,供给冲击对于通货膨胀与产出关系的影响要弱得多。

(三) 通货膨胀的周期行为

以上分析也有助于理解通货膨胀的周期行为。长期以来,人们习惯上认为价格行为是顺周期的——即在经济扩张期上涨而在经济衰退期下跌。然而,Kydland 和 Prescott (1990),Cooley 和 Ohanian (1991) 以及 Backus 和 Kehoe (1992) 等从经验上对此提出了质疑。另一些经济周期模型(凯恩斯总需求决定的周期模型以及卢卡斯理性预期模型)关注的则是通货膨胀而不是价格的周期性行为。[①] Chadha 和 Prasad (1994) 关于成熟市场的经验结果认为价格水平是逆周期的而通货膨胀是顺周期的。本节关于中国的经验结果也接受通货膨胀的顺周期行为,这与 Chadha 和 Prasad (1993) 一致。不过我们认为,通货膨胀的顺周期行为主要是需求冲击所导致,而供给冲击下通货膨胀与经济周期缺乏明显相关性。通货膨胀的周期行为取决于何种冲击占据主导地位。这可以解释经验文献关于不同国家(或不同时期)通货膨胀的周期行为方面为何并没有一致的结论(Cooley 和 Ohanian, 1991)。

根据 VAR 的估计结果以及矩阵 A_0,可以得到 (10-1) 式的所有系数矩阵 $A_1, A_2, A_3, \cdots$;根据 VAR 残差 ε_t 以及 (10-4) 式,可以得到 (10-1) 式

[①] 尽管有人或许会想当然地认为价格和通货膨胀会呈现出一致的周期性特征,然而这一观点缺乏理论基础,现实经验中也并非如此。事实上,通货膨胀可理解为价格水平(对数)的斜率,价格水平稳定在高位时通货膨胀率也会很低。

中结构性扰动 u_t, u_{t-1}, u_{t-2}, $\cdots$。这样，(10-1) 式中限制所有当期及滞后期供给冲击为 0 即得到需求引起的产出增长成分 Δy^{AS}，累加 Δy^{AS} 便是需求引起的产出成分 y^{AS}。类似地，限制需求冲击为 0 即得到供给引起的产出增长成分 Δy^{AD}，累加 Δy^{AD} 便是供给引起的产出成分 y^{AD}，即不存在需求冲击时的产出成分。

表 10-1 是使用 Gordon (1984) 动态 OLS 方法估计的产出 y 以及其中需求成分 y^{AD} 和供给成分 y^{AS} 分别关于价格水平和通货膨胀率的回归系数。具体地，关于表 10-1 左上角第一个数字结果，即是估计如下自回归分布滞后（ARDL）模型：

$$y_t = \sum_{i=1}^{k} \delta_{1i} y_{t-i} + \sum_{i=0}^{k} \delta_{2i} p_{t-i} + e_t$$

表 10-1　　　　　　　价格水平、通货膨胀与产出周期

	y_t		y_t^{AD}		y_t^{AS}
p_t	-0.144 (0.435)	p_t^{AD}	-0.332 (0.191)	p_t^{AS}	0.166 (0.106)
π_t	0.134 (0.302)	π_t^{AD}	0.581 (0.202**)	π_t^{AS}	-0.233 (0.180)

注：** 和 * 分别表示在 95% 置信水平上显著，( ) 中是标准差。

其中，滞后阶数 $k=4$，根据参数 δ_{1i} 和 δ_{2i} 估计值计算表 10-1 中数字 α^{LR}：

$$\alpha^{LR} = \frac{\sum_{i=0}^{k} \delta_{2i}}{(1 - \sum_{i=1}^{k} \delta_{1i})}$$

α^{LR} 是 p_t 变化对 y_t 的长期效应估计。表中其余数字作类似解释。y_t、y_t^{AD}、y_t^{AS}、p_t、p_t^{AD} 和 p_t^{AS} 为经过 HP 滤波后的周期成分。价格水平呈现出逆周期行为而通货膨胀呈现出顺周期行为，不过二者参数估计值的显著性并不强。y^{AD} 和 y^{AS} 分别的回归结果显示，需求冲击下通货膨胀的顺周期行为极为显著，而供给冲击下通货膨胀尽管有逆周期特征，不过并不显著。总体上，我国通货膨胀的周期特征由其中的需求冲击成分主导。

（四）需求冲击与供给冲击对宏观经济波动的相对影响

由于 SVAR 的识别条件限定需求冲击对产出水平没有长期效应，所以产出中的需求成分是平稳的。类似地，通货膨胀中的需求和供给成分也都是平稳的。

产出中的供给成分与需求成分见图 10-4 和图 10-5。由于供给冲击对产出

水平有长期效应而需求冲击仅有短期效应，所以供给成分可理解为长期趋势成分，而需求成分可理解为周期波动成分。供给成分显然并不是一条确定的直线：1988～1991年以及1998～2003年之间产出供给成分增长率放慢，相对于线性增长过程，两个时期中增长最慢的季度（1992年第二季度和2004年第三季度）分别低出9.3%和4.3%。需求成分的波动呈现明显的周期性，样本内存在两个明显的需求衰退期：1988年第三季度～1989年第四季度和1995年第一季度～1999年第一季度。两个衰退期里，GDP增长率分别在1989年第四季度和1999年第一季度达到最低点，分别为－4.4%和－0.8%（年化率）。GDP增长最慢的这两个季度与需求衰退时期极为吻合——分别出现于两个需求衰退期的最后一个季度，即需求最不乐观的季度。[①]

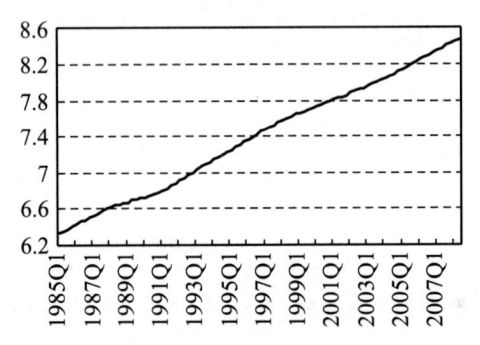

图 10－4 不存在总需求冲击时的产出

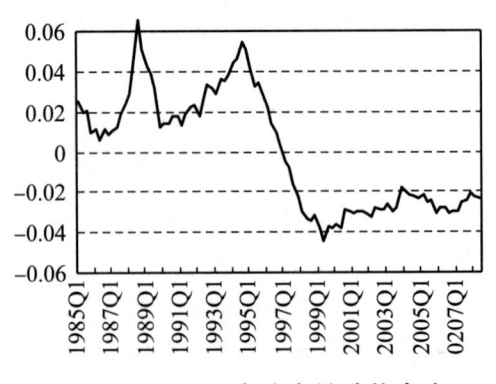

图 10－5 总需求冲击导致的产出

表 10－2 列出了 GDP 增长最慢的两个季度以及此前两年内供给与需求冲击的估计值。这两个时期的衰退均是由不利的供给和需求冲击共同引起的，1989

---

① 图 10－5 表现出来的2000年以前两个明显的需求衰退期与张茵和万广华（2005）的结论基本一致，尽管两文样本区间选取以及产出和通货膨胀的指标并不相同。

年第四季度和 1999 年第一季度均同时受到较大幅度的负向供给和需求冲击影响。1989 年第四季度之前两年内先（1988 年第三季度）出现显著的负向供给冲击，后（1988 年第四季度）出现负向需求冲击，不利冲击的累积效应导致了这次严重的经济衰退。第二个衰退期里负向需求冲击持续的时间长于第一个衰退期——图 10-5 显示需求成分在长时间内（从 1996 年初开始）持续衰退。不过这一时期供给成分的衰退不如第一个衰退期剧烈，总产出下降幅度也较前一时期平缓。这表明 1996~1999 年产出下降很大程度上是由需求衰退引起的。

表 10-2　　　　两个产出衰退期的供给冲击与需求冲击

季度	供给冲击%	需求冲击%	季度	供给冲击%	需求冲击%
1988Q1	-0.97	0.27	1997Q2	-0.36	0.34
1988Q2	-1.50	2.21	1997Q3	-1.06	-1.07
1988Q3	-3.34	2.99	1997Q4	0.55	-0.41
1988Q4	0.22	-2.88	1998Q1	-0.94	-0.65
1989Q1	-1.37	-0.31	1998Q2	-0.28	-0.67
1989Q2	0.72	-0.52	1998Q3	0.07	0.11
1989Q3	-0.12	-1.52	1998Q4	1.37	0.23
1989Q4	-1.8	-0.71	1999Q1	-1.28	-1.20

注：两类冲击的标准差均为 1%。

图 10-6 是通货膨胀中的供给成分和需求成分估计。总体上，需求成分的波动幅度远大于供给成分，通货膨胀率的变动主要是由需求冲击所决定的。比较图 10-6 和图 10-5，需求冲击引起的通货膨胀与产出变动趋势极为相似。这与图 10-2b 和图 10-3b 的结果也是一致的，即通货膨胀与产出水平对需求冲击的反应过程相似：需求冲击的效应在其发生初期最大，随后便迅速衰减，约在 3 年之后基本消失。样本期内通货膨胀分别在 1988 年和 1994 年出现两次高峰，1984 年、1990 年和 1999 年前后出现三次低谷。表 10-3 列出了两个高峰季度（1988Q3、1994Q3）和后两个低谷季度（1991Q1、1999Q1）以及前一年内的供给与需求冲击估计值。第一个通货膨胀高峰出现之前便连续出现正向需求冲击，至 1988 年第二、三季度需求冲击力度增大，另外这两季度内还出现了大的负向供给冲击。需求和供给冲击共同导致 1988 年第三季度的通货膨胀的高峰（折合为年率超过 30%）。第二个通货膨胀高峰之前也同样是连续出现正向需求冲击和负向供给冲击，最终在 1994 年第三季度大的需求冲击促使了高峰的形成。总之，

两次高通货膨胀是由需求和供给两方面因素共同导致的。① 表10-3中两个通货紧缩期之前几个季度均出现连续的负向需求冲击,而并无明显的供给扩张,甚至更多季度里供给冲击也是负向的。这样两次通货紧缩主要是由于需求衰退而不是供给过剩引起的。② 这与图10-6是一致的:两个通货紧缩期内需求成分大幅下降,而供给成分相对平稳。

表10-3　　　通货膨胀高峰与低谷时的供给冲击与需求冲击

季度	高峰 供给冲击%	高峰 需求冲击%	季度	低谷 供给冲击%	低谷 需求冲击%
1987Q3	0.19	0.46	1988Q4	0.22	-2.89
1987Q4	0.71	0.96	1989Q1	-1.39	-0.35
1988Q1	-0.97	0.27	1989Q2	0.72	-0.52
1988Q2	-1.50	2.21	1989Q3	-0.12	-1.52
1988Q3	-3.34	2.99	1989Q4	-1.80	-0.71
1993Q3	-0.29	-0.16	1997Q2	-0.36	0.35
1993Q4	-1.05	1.22	1997Q3	-1.07	-1.08
1994Q1	-0.76	1.28	1997Q4	0.55	-0.41
1994Q2	0.62	0.23	1998Q1	-0.94	-0.66
1994Q3	0.50	2.20	1998Q2	-0.28	-0.67

注:两类冲击的标准差均为1%。

① 这一结果与以往文献关于两次高通货膨胀成因的分析是相符的。1988年高通货膨胀原因在于货币和信贷的快速扩张。例如,上半年银行系统贷款总额相对于上年同期上升了28.6%,该年度总的现金发行净额是年初计划发行量的3.4倍。1988年也是中国价格市场化进程中重要的一年,主要副食品价格被放开,原来计划价格下潜在的价格上涨压力得以释放,部分城市甚至出现抢购风潮(易纲,1996)。供给方面,这一时期的政治动荡严重影响了社会秩序和工业生产,这由表10-3中1988年第三季度极大的负向供给冲击体现出来。1993~1994年高通货膨胀的基本原因同样是货币和信贷扩张过快,1993~1994年储备货币年均增幅高达35%。同时另一原因是价格改革,原来国家确定或指导价格的基础产品(能源、钢铁和农产品)根据成本和供求关系重新确定更高价格,这不利于企业的生产活动(例如,裴传智,1994;田益祥等,1995)。

② 为了抑制通货膨胀,中国政府从1988年后期开始大幅提高银行存款利率、削减基础建设投资。高利率和信贷限额造成了乡镇企业大量倒闭以及国有企业亏损。同时出于政治稳定角度考虑,市场化改革也暂时中止了(易纲,1996)。1997年开始的第二个通货紧缩期源于追求"软着陆"的紧缩政策、强力的国有企业破产机制以及亚洲金融危机。1997~2001年,国有企业数量由26.2万减少至17.4万,职工人数则减缩一半,同时亚洲金融危机的冲击也抑制了对中国产品的出口需求。因此,表10-3中两个低谷时期需求和供给是同时紧缩的。

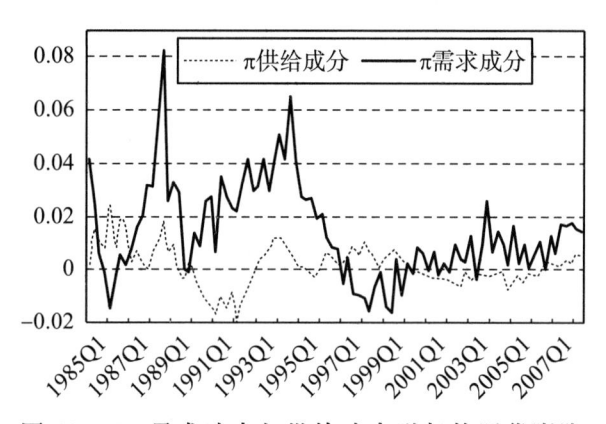

图 10-6　需求冲击与供给冲击引起的通货膨胀

还值得说明的是，从 2007 年第一季度开始通货膨胀有逐步升高趋势，至样本结束尚无平稳迹象。① 由于这一时期通货膨胀程度远低于前两个通货膨胀高峰期，我们并没有发现类似表 10-3 中那样显著的供给冲击或需求冲击。然而图 10-6 供需成分的分解表明，这一时期的通货膨胀也是由需求和供给两方面因素共同导致的，如同前两次通货膨胀高峰那样。供给成分和需求成分在 2007 年第一季度之后都有上升，不过需求成分的上升幅度更为明显。因为中国近年来处于宽松的货币环境里，这一方面是因为人民币升值预期下，外汇占款（基础货币）增加，从而导致货币和银行信贷供给增加，另一方面是负实际利率造成企业投资需求膨胀。

以上关于产出和通货膨胀中需求成分的分析为理解改革以来中国的宏观经济周期提供了有用信息。根据图 10-5 和图 10-6 可以将经济周期大致划分为：1985~1990 年为第一个完整周期，1991~1996 年为第二个完整周期，1997 年之后是第三个正在进行的周期。这与张茵等（2005）等对经济周期的划分基本一致。其中前两个周期中通货膨胀和真实产出的周期性波动极强，每个周期约持续 5 年。1997 年之后，宏观经济的周期性特征则发生了明显改变，产出增长变得平稳，通货膨胀也一直维持在低位（见表 10-3）。

通过预测误差的方差分解方法可以更为严格地评估需求冲击和供给冲击对产出增长和通货膨胀的影响。表 10-4 是方差分解结果。表中数字作如下解释：定义 $\pi(\Delta y)$ 的"向前 k 季度预测误差"为 $\pi_{t+k}(\Delta y_{t+k})$ 与基于 VAR 模型的向前 k 期预测值 $\hat{\pi}_{t+k}(\Delta \hat{Y}_{t+k})$ 之差，该预测误差是源于随后 k 期通货膨胀和股票收益两个方程的残差 $\varepsilon_{t+1}, \varepsilon_{t+2}, \cdots \varepsilon_{t+k}$，或者等价地，是源于结构化冲击 $u_{t+1}, u_{t+2}, \cdots$，

---

① 具体地，2004~2006 年通货膨胀接近于零，2007 年第一季度通货膨胀率约为 3%，至样本最后一个季度（2008 年第二季度）通货膨胀率升高至 8%（均为年化率）。

u_{t+k}，因为 ε_t 和结构化冲击 u_t 存在一一对应关系。表中仅列出了预测误差归因于供给冲击的百分比估计值（$k=1,\cdots,12$），用 100% 减去该比例即得到归因于需求冲击的比例。小括号中数字代表正负一个标准差区域。①

表 10-4　　　　　产出增长率与通货膨胀率的方差分解

季度	产出增长率	通货膨胀率
	归因于供给冲击的方差比例（%）	
1	59.67 (37.21, 87.00)	13.27 (2.11, 35.57)
2	60.93 (41.04, 83.11)	10.62 (3.09, 32.44)
3	62.49 (43.58, 82.60)	9.99 (3.30, 31.66)
4	63.29 (45.14, 81.82)	8.46 (4.17, 29.28)
8	63.92 (47.68, 81.40)	8.82 (7.63, 29.24)
12	62.85 (46.99, 80.42)	11.21 (9.06, 32.41)

SVAR 识别的长期限制假定条件意味着 k 无限增大时需求冲击对于产出方差的贡献度应该趋向于 0，不过未对模型的短期动态施加任何限制。短期里供给冲击对产出增长率变化的影响力度相对更大，例如 $k=4$ 时产出增长率的变化有近 2/3 由供给冲击所致，只有 1/3 由需求冲击所致。实际产出波动主要由供给冲击造成，这符合真实经济周期（RBC）理论的预测。相反，通货膨胀变动中需求冲击占绝对主导地位，$k=4$ 时通货膨胀的变化超过 90% 由需求冲击所解释，而供给冲击解释的比例仅占约 10%。这与表 10-1 和图 10-6 中通货膨胀的变动主要是由需求成分决定的结论相一致。

五、结论

本节使用结构向量自回归方法分析导致经济周期性波动的两种外生冲击——

---

① 同样地，由于正负一个标准差边界是通过模拟而得，所以未必关于点估计值对称。

供给冲击和需求冲击——对产出和通货膨胀的动态效应，并估计中国的总供给和总需求曲线。结构计量模型限定仅有供给冲击决定长期实际产出水平，而需求冲击只影响短期产出波动。理论结果表明，供给冲击会引起产出增长与通货膨胀负相关，而需求冲击会引起产出增长与通货膨胀正相关。这一结论得到改革后中国经验结果的支持：供给冲击下产出增长率提高 1 个百分点伴随通货膨胀下降 0.56 个百分点；需求冲击下产出增长率提高 1 个百分点伴随通货膨胀上涨 1.97 个百分点。

需求冲击还导致产出缺口和通货膨胀正相关：1 个百分点正的产出缺口将伴随着通货膨胀上升 0.55 个百分点，这符合传统菲利普斯曲线的预测。不过供给冲击下通货膨胀与产出缺口并不存在长期关系，产出增长不会伴随着通货膨胀的显著变化。这一结果有助于理解通货膨胀的周期行为，它意味着需求冲击下通货膨胀是顺周期的，而供给冲击下通货膨胀并无显著周期行为。由于不同国家（或不同时期）两类冲击的相对重要程度有别，这可以解释以往经验文献上关于通货膨胀周期特征的分歧（例如，Kydland 和 Prescott，1990；Cooley 和 Ohanian，1991）。

中国的产出和通货膨胀中，供给和需求成分的分解还表明，在 1985～1996 年宏观经济完成了两个完整的周期，1997 年之后开始第三个周期。前两个周期中通货膨胀和真实产出的周期性波动极强，而从第三个周期开始宏观经济则相对平稳。顺便提及，从 2007 年第一季度开始中国的通货膨胀率有升高趋势。尽管至样本期末通货膨胀程度远低于前两个通货膨胀高峰期 1988 年和 1994 年，不过与前两次通货膨胀原因相似，主要也是由需求冲击导致。总体上，供给冲击对产出增长的影响力度相对更强，而需求冲击对通货膨胀的影响力度则更强。这一结果意味着经济增长的关键在于优化经济结构、提高生产要素市场效率和劳动生产率。另外，政府和货币当局应慎用财政政策和货币政策刺激经济增长，谨防其通货膨胀效应。①

第三节 一个新型的宏观调控体系：以总供求模型为基础的宏观调控体系

在金融危机的影响过后，我国的经济环境更加复杂，为应对金融危机而扩张

---

① 在当前经济衰退时期，政府和货币当局依赖大规模财政政策和货币政策刺激总需求背景下，这一点认识具有现实意义。

的货币供给在"后金融危机时代"给经济留下了通货膨胀这样一个严峻问题。而经济中原来就困扰着人民币汇率、热钱流入、产能过剩等问题也仍然没有消除,在这些问题的综合作用下,原有的需求管理政策已经不足以解决这些复杂的问题。在本节中,我们就试图重新构筑一个以总供给模型为基础的宏观调控体系,并就完善这个体系提出一些具体的政策建议。

一、供给管理政策

在出现"滞涨"的情况下,如果政府能够采取某种办法使得总供给扩大,那么失业就会被消除,而且物价也不会上涨。这样的政策就是供给管理政策。

许多人认为,供给管理政策只适应于长期调控,不适合短期宏观调控。在他们看来,一个经济的总供给是由这个经济的技术水平和可用资源的规模决定的,而这些因素在短期内都是不会发生大的变化的,因此在短期内总供给是无法调控的。这种观点是错误的。正是由于供给管理政策的长期性特点,使人们对供给管理政策的重视仅限于其对经济的长期影响,而对供给管理政策的短期调节效应没有予以充分承认。事实上,供给管理政策不仅能够,而且经常被运用于调节短期经济波动,只是不被人们关注,或者不被视为供给管理政策,被想当然地看做需求管理政策了。从之前的分析可以看出,总供给曲线的位置是由企业的生产成本决定的,而企业的生产成本却是可以由政府在短期内调控的,政府只要能够影响企业的生产成本,就可以影响短期总供给。因此,供给管理是可以用于短期调控的。

供给管理政策和需求管理政策对均衡的影响是不同的,对价格水平和总产出的影响不同,区分这两种政策的特点直接影响到对宏观经济形势的预期和对宏观政策效应的判断。我国当前的宏观经济失衡的矛盾复杂,要求即使在短期调节上,也必须将需求管理政策与供给管理政策有机地结合起来。一般来说,调节短期经济波动经常运用的供给管理政策主要包括以下几类:

第一,货币政策。货币政策可以影响短期总供给。因为货币政策调节的是利率,而利率是资金的价格,因此,利率的变化直接会引起企业生产成本的变化。当然,货币政策也影响总需求,因此,货币政策既是需求管理政策,也是供给管理政策,其需求效应可能大于供给效应。

第二,财政政策。一些财政政策工具也可以影响短期总供给。比如针对企业的税收政策,减税意味着其他因素不变的情况下企业的实际利润上升,其效应相当于企业生产成本的下降。

从以上两点可以看出,其实财政政策和货币政策均可以作为供给管理政策工具，因此，财政政策和货币政策既然可以被用于短期需求管理，自然也就可以被用于短期供给管理。

第三，要素价格政策。调节生产要素的价格，比如能源、原材料价格等，都能够影响企业的生产成本。实际上，货币政策也是要素价格政策的一种。

第四，行政、法律手段。通过行政、法律手段调节企业在某一市场的准入条件和审批手续办理的难易程度，可以达到调节某一行业的总供给的目的，这也属于供给管理。

第五，提高企业生产率的政策。比如促进技术进步、改善管理、深化改革等，都有助于降低企业的生产成本。

二、以总供求模型为基础的宏观经济政策分析框架

目前的宏观经济政策分析框架采用的还是 IS – LM 模型，强调的是需求管理，政策工具是财政政策和货币政策。本书认为，以货币政策和财政政策为主要内容的传统分析框架应该让位于以"需求管理"和"供给管理"为主要内容的分析框架。这两个框架对于宏观经济政策分析的不同点在于：

1. 在目前的政策分析框架下，货币政策和财政政策均被看做是需求管理政策。这实际上是不对的。货币政策和财政政策二者都既可以影响总需求，也可以影响总供给。一项具体的政策也可能同时具有供给效应和需求效应，可能是需求管理政策，也可能是供给管理政策。

2. 以需求管理和供给管理为核心的政策体系显然比以货币政策和财政政策核心的政策体系高一个层次，因此内容也更加丰富，可以实现多目标，应对更为复杂的经济问题。一个经济面临的冲击无非来自需求和供给两个方面，因此，只要我们能够认清楚冲击的来源，就可以采取相应的宏观经济政策来应对它。一般情况下，应尽可能用需求管理应对需求冲击、用供给管理应对供给冲击。

3. 与需求管理相比，供给管理政策工具更为灵活多样，可以实现对宏观经济的精细化管理或者"微调"。比如产业政策、区域经济政策、收入分配政策都可以对受影响人群、地区或行业予以精确界定，因此就可以针对特定的人群、地区或行业设计政策。我国的外资优惠政策、高科技行业优惠政策、国企优惠政策等都属于这类政策。

三、综合形势下我国的宏观调控体系的具体政策

面对目前的综合形势，我们应该将拥有的调控体系更新，将供给管理政策引

入其中。目前，我国经济的基本情况是价格水平高，经济中面临着"滞胀"的危险，同时由于人民币升值预期、产能结构性过剩、国际贸易保护体系下有效需求不足等问题存在，宏观调控不能仅仅用"供给扩张、需求紧缩"来进行，而应该顾及整体经济的发展，进行更细分的政策设计。基于以上的标准，本书认为宏观调控应从以下几个方面来设计。

（一）消除流动性过剩

目前，在短期中，我国最重要的经济问题就是为应对金融危机而遗留下的流动性过剩问题。首先，我国应采取货币紧缩政策。如上所述，清除过剩货币是经济恢复正常增长的必要条件之一，过剩货币不清除，人们对房地产和其他金融资产的预期收益率就降不下来，人们对实体经济投资的积极性就不会高，经济的恢复就无法进行，反而会引起更大幅度的衰退。

在没有政府干预和存款保险制度的自由市场经济中，过剩货币是在金融危机中被银行破产清除掉的。银行破产会导致储户受损失，这被看做是一个缺点，为了保护储户，各国要么采取政府担保的方式，要么采取存款保险制度。其结果是，当银行破产时，储户不受损失或者受损失很小，过剩货币也就无法被清除。

因此，在存在政府担保或存款保险制度的情况下，要想清除过剩货币就得采取别的办法，例如减少基础货币、提高法定存款准备金率。在我国，还可以采取限制银行贷款规模和压缩外汇储备规模，因为我国基础货币主要的投放渠道是买入外汇。据中国人民银行提供的数据测算，2010年初我国的外汇占款与基础货币的比重高达123%，也可以说，买入外汇已经成为我国提供基础货币的唯一渠道，其他调节货币基础的渠道是被用来回收基础货币的。而外汇问题主要与我国的有效需求相关，主要在下一部分讨论，本部分着重讨论除调整外汇相关政策外的其他政策。

本书认为，我国应该通过数量型货币政策来消除流动性过剩，也就是所谓的"量化紧缩"政策，而不是价格型政策，即加息。

在我国，利率政策和货币政策的关系跟成熟的市场经济国家不一样。在成熟的市场经济国家，利率是市场化的，货币供给和利率之间有因果关系，货币供给和利率之间中央银行只能盯住一个，放开另一个。而在我国，利率不是市场化的，货币供给和利率同时受中央银行控制，二者之间没有因果关系。因此，货币政策的效果跟那些国家就不一样。

假定我国维持货币供给量不变，单纯提高利率。结果会如何？加息会导致企业减少投资，一方面会紧缩实体经济，另一方面会导致企业的交易性货币需求下降，在货币供给不变的情况下，多余出来的货币就会流向资产市场，加剧资产泡沫。因此，加息在我国的效果就是紧缩实体经济、扩张虚拟经济。这不符合我们调控的目的。

而"量化紧缩"政策的效果就不一样。假定我国利率水平不变，但设法减少货币供给。由于面临流动性过剩的局面，货币供给减少并不影响资金的可得性，而利率不变也不影响企业的投资成本。因此，在这种情况下，实体经济不受影响，货币供给的减少直接减少了资产市场上的货币供给，有助于抑制资产价格泡沫。也就是说，"量化紧缩"不影响实体经济，但紧缩虚拟经济。正好满足我国目前的调控目标。

那么，如何实施"量化紧缩"呢？首先，应该采取更为严厉的资本管制以限制热钱的流入。我国的法定存款准备金率已经高达18%，提高的空间已经很小；公开市场操作、再贴现等政策的空间也很小。因此，传统的货币政策工具已经不足以应对目前流动性过剩的局面。如前所述，外汇流入是导致我国流动性过剩的根源，所以，减少外汇流入就应该被视为紧缩货币的主要着眼点。而在我国目前利率相对其他国家较高、人民币升值预期比较强烈的情况下，利率政策、汇率政策等手段不便采用，实施更为严厉的资本管制几乎就成为唯一选择。

（二）扩大有效需求

从我国解决就业和一系列发展矛盾的要求看，我们需要保持一定的增长速度。在2003~2007年的经济景气时期，我国外向型经济扩张的速度很快，出口的增速分别达到了34.59%、35.39%、28.42%、27.16%和25.68%，对我国的高速经济增长做出了积极的贡献。正如第六章所述，由于金融危机的冲击，国际上又再度出现了贸易保护的倾向，这个倾向对我国的经济正常增长是不利的。现在世界经济发生了逆转，但中国经济增长的基本面并没有发生根本的变化，我们不能把中国经济增长的前途完全寄托在国际环境的好转上，必须采取积极措施消除这种恶化的环境对我国经济的中短期影响。因此，应该采取有效措施扩大短期内需，消化一部分过剩的产能，促使我国经济尽快走出低谷，实现适度的经济增长。

1. 通货膨胀下扩大有效需求的原因。我国虽然面临着通货膨胀的危险，但是此时如果一味地仅采取紧缩的需求管理政策，很可能会对经济造成一定的打击，而之前残留在经济中的问题也不能够得到解决。之前提到，热钱流入已经给经济造成了较大的影响，而热钱流入最大的动因又是人民币的升值预期，人民币升值速度则取决于内需的增长对外需减少的对冲能力。我们知道，通过增发货币降低利率引起的需求增加是以低的边际消费效用和边际投资收益为代价的。这样的情形下刺激出来的需求并不是可持续的，对经济的刺激作用也只是暂时的。在这部分，我们要谈的就是如何增加高质量的需求，即"有效的需求"。

同时，尽管我国目前面临通货膨胀的问题，但应该承认的是，通货膨胀率只有4.4%，绝对水平并不是很高。在一个市场经济中，物价不可能不变，否则价格机制就不可能起作用，因此物价的变动是很正常的。物价上涨率过高，老百姓可能承受不了；而物价上涨率过低，经济就容易陷入通货紧缩，而治理通货紧缩的难度远远大于治理同样幅度的通货膨胀。一般而言，2%~3%的年通货膨胀率是最佳的，低于2%经济就容易陷入通货紧缩。因此，一旦通货膨胀率低于2%，调控当局就会紧张起来；而高于3%的话，某些特定人群受的影响可能过大，政府就必须应对。原因就在于物价上涨往往不是所有商品价格以相同幅度上涨，而是某些商品价格上涨快，某些价格上涨慢，某些商品的价格甚至还在跌，比如目前的经济形势就是这样。因此，目前的4.4%的通货膨胀率总体上来说不算太高，但由于食品价格上涨幅度过大，对低收入家庭影响较大，所以应该采取措施治理。

在我国目前流动性过剩现象十分严重的情况下，商品价格总体涨幅仅4.4%，这足以说明商品价格受到了有效需求不足的限制。也就是说尽管老百姓手中有钱，他们想买的也是各种资产，以使自己的资产保值，而不是大量增加消费，因而资产价格的涨幅远大于商品价格的涨幅。财政性需求政策直接影响总需求，会直接影响到实体经济，影响我国的经济增长和就业。因此，在需求管理政策中，财政政策并不需要向紧缩转向。

2. 放开计划生育政策。增加有效需求首先要考虑的就是放开计划生育政策。放松计划生育政策会促进人口增长率的上升，人口多了，消费肯定会增加。值得讨论的是人们对这一政策的认可程度。对于放弃计划生育政策，目前多数人不认可，这个不难理解。在持续宣传并把计划生育作为我国的一项基本国策长达30年之后，计划生育可以说在人们的心目中已经根深蒂固。政策突然全面转向，多数人都无法立即接受。但是，计划生育政策到了必须被调整的时候了。

实际上，经过了改革开放以来30多年的高速发展，我国的经济形势和人口形势已经发生了根本性的变化，但许多人甚至许多经济学家对中国经济形势的认识和判断依然停留30年之前。不管从哪一方面来看，"人口论"的前提假设都已经完全不再成立，但"人口论"本身已经深入人心，坚持"人口论"、实施计划生育政策已经成了为了"计划生育"而"计划生育"，人们已经忘记了当初实施计划生育政策的根本目的以及当初实施计划生育政策所针对的经济形势是什么。1957年，马寅初先生提出《新人口论》时，要解决的问题是消费过多、积累过少。而我国目前面临的问题是什么？消费过少、积累过多！跟马寅初先生面临的经济形势已经完全相反。而从目前世界人口形势来看，随着人均收入的增加、社会保障体系尤其是养老体系的完善、妇女教育程度的提高、妇女就业机会的增加、节育措施的普及、育儿成本的上升，人口的自然增长率在下降。在发达国家和我国的北京、上海等大城市都已经出现了人口自然增长率为负的情况。实际上，现在发达国家的人口已经不再按几何级数递增，而是按几何级数下降，跟马尔萨斯的假设也恰恰相反。我国经济在高速增长，生活水平距离发达国家也越来越近，可以预料的是，我国的人口增长形势也将急剧向发达国家靠近。马尔萨斯所说的粮食按算术级数增长也不再成立。近百年的粮食史表明，随着农业生产技术的进步，粮食实际上是按几何级数增长的。因此，人口论的前提假设已经完全失效，以其为基础的计划生育政策当然也就不再必要。实际上，即使要控制人口，也已经不需要强制性的计划生育政策，经济中存在一些自然的因素在自动抑制着人口的增长，比如社会保障体系的完善、妇女教育程度的提高、节育措施的普及、生活成本的上升等，这些因素的存在使得强制性的计划生育政策已经没有了存在的必要性。2006～2008年，中国总人口的年均增长率为5‰左右，每年约比规划目标低3‰左右，而这一时期计划生育政策执行的严厉程度并没有加重，计划生育政策在总体上还有松动的情况，比如允许夫妻均为独生子女的家庭生二胎。这说明经济中的自然因素已经对中国的人口增长产生了抑制作用，计划生育政策的必要性减弱。

实际上，我国现在消费过低、储蓄过大的原因之一就是计划生育政策。我国有"养儿防老"的传统，那时养儿子的支出表面看起来是消费，但实际上是储蓄、是长期投资，因为儿子长大了就会养老，这在古代那种缺乏投资工具的情况下几乎是唯一的储蓄和投资选择。在我国实行计划生育政策之后，人们本来用于养儿防老的钱就得存下来给自己养老，于是储蓄就增加。因此，放松计划生育政策就有助于扩大消费。而在目前的形势下，放松计划生育政策的效果很可能比较大。

有人可能还担心放开人口政策对我国可能造成的就业压力。这实际上是多余的，因为经过了30年的高速增长，我国的农村富余劳动力已经转移完毕，低端劳动力短缺即"民工荒"已经在我国持续存在了好多年，低端劳动力短缺的幅度远远超过了中端劳动力（即大学生）过剩的幅度。因此从总量上说，我国目前实际上已经处于劳动力短缺的状态。如果我国经济再高速增长20年，也就是到目前这一代新生儿成为劳动力的时候，我国经济将很可能面临劳动力极度短缺的问题。因此，放松计划生育政策既有助于解决目前的短期宏观经济问题，也有助于应对未来劳动力短缺的问题。

3. 引导资金，创造新的投资机会。增加有效需求的第二个重要政策，则是生态开发创造新的投资机会。目前，投资占我国GDP的比重比较大，所以人们普遍认为，我国总需求的结构不合理，在扩大内需时，大家想到的都是如何扩大消费。问题是，如前所述，在不调整人口政策的情况下，我国扩大消费的难度很大。在这种情况下，扩大内需的着眼点还是扩大投资，因为这是我们在短期内能做到的事情。

我国目前出口比重过大、对外投资持续增加、资产价格泡沫三个现象的根源都是产能过剩。产能过剩了，生产出来的东西国内消化不了，就只好设法出口；产能过剩了，我国实体经济中就没有了好的投资机会，多余的资金要么流向海外，要么流向资产市场，这就导致了对外投资的迅速增加和资产价格泡沫。如果能够吸引资金进入实体经济投资，那就有助于同时解决上述三个问题。但问题在于，目前私人部门投资不振的主要原因是缺乏投资机会。因此，要想刺激私人投资，就得设法创造投资机会。

我国目前恰恰就有这样的机会，这就是进行大规模的生态开发。比如，中国有200多万平方公里的沙漠，这么大规模的沙漠要治理好，多少资金都能用上，而且是被高效率地利用。那么，如何能吸引私人投资于沙漠治理呢？我们可以学习美国当年开发西部的经验。19世纪后半期，美国的中西部除了西海岸沿线以外，从中部到西部荒无人烟，但西海岸沿线远离当时美国人口稠密的东部地区，如果不能把东西部连接起来，西部很可能会独立，美国就可能会分裂。为了美国的统一，美国政府决定修建横贯美国东西部的几条铁路。但当时的美国中西部人烟稀少，无论是客运量还是货运量都太小，要想让私人企业投资修建这些铁路，仅凭运输收益是远远不够的。于是美国政府采取了用铁路沿线的土地换取铁路的政策，规定铁路修到哪里，铁路两旁一定距离内的土地就按照一定规则归铁路公司所有。这种用土地换铁路的措施大大激发了私人铁路公司的投资热情，于是这些铁路很快被修建好，铁路的贯通保证了美国事实上的统一。

治理沙漠也可以借鉴这种政策。那些沙漠虽然归国家所有，但本就没有什么用处，还时时侵蚀着我国的非沙漠地带。因此，治理沙漠对于我国长远来说也是有利的。为了吸引私人企业投资于治理沙漠，我国也可以用土地换投资，也就是说，谁治理好哪一块沙漠，哪一块沙漠就归谁。如果土地所有权还不足以吸引私人投资，那就再加上一点政府补贴，直到把私人投资吸引过来为止。这对中国人来说是好事情，如果采取这样的办法，把私人投资吸引到那里很不错。

实际上，现在沙漠离我国的核心城市已经很近了，张北那里离北京也不远，治理难度也不是很大。我国那么大面积的沙漠，其中沙漠化程度较低的沙漠面积也达30万平方公里，有多少资金都可以投进去，这是利国利民、兼顾长短期利益的做法。我国土地稀缺，随着经济的增长，土地将越来越稀缺，因此持有土地的预期收益应该是上升的，以此来吸引私人投资是可行的。

（三）供给管理层面

扩张性供给管理政策是应对成本推动的通货膨胀即"滞涨"的最佳对策。产业结构调整政策虽然从字面上看并没有对供给总量有影响，但是通过结构调整升级，其释放出的长期增长潜力是巨大的，这也是供给管理政策的一个重要目的所在。而鼓励企业进行创新，则能从长期中提高企业的边际生产率，降低生产成本，提高整个宏观经济运行的强健程度。

1. 调整税收等辅助政策。降低企业的税收，比如企业所得税、企业增值税等，这些都有助于提高企业实际得到的利润率，有助于刺激供给。近年来，我国的税收增长率一直高于GDP的增长率，政府税收占GDP的比例持续攀升，意味着资源急剧向政府积聚。给企业减税有助于抑制这种趋势，同时也抵销了成本上升给企业增加的负担，增加了总供给。

同时改善管理、深化改革以降低成本也有利于供给扩张。比如政府行政体制改革有助于改善政府服务、降低企业的运营成本；金融体系改革有助于降低企业的融资成本和交易成本；劳动就业体系改革有助于促进劳动力要素的流动、调动劳动者的积极性，提高劳动生产率；等等。

2. 产品结构和产业结构调整。我国目前产能过剩的程度已经非常严重。要进行产业结构调整就必须采用供给管理政策。但是，我国的产能过剩只是在低端产业，在高端产业我国是产能严重不足，比如飞机制造、汽车制造等现代制造业，我国还很落后；在通讯、电子、航天等领域我国还远远落后于世界先进水平。因此，淘汰低端产业、扩大高端产业就能够解决我国的产能过剩问题。实际上，我国产能过剩的问题最终也只能通过这种办法解决。从我国进出口的格局看，虽然我国的出口占到了GDP的35%~40%，但我国的净出口一般只有GDP的6%~7%，这说明我国的内需是有的，但我国自己满足不了这一部分需求，如果我国能够调整自己的产业结构，把这一部分产品改由国内提供，那么我国的过剩产能也许并不过剩，当然这里边有一个产业结构调整的过程。

调整产业结构的重要措施是加快高端产业向我国的转移。我国相对于发达国家来说还很落后，因此对于发达国家来说是夕阳产业的东西，对于我国来说可能还是朝阳产业。这就是我国的"后发优势"。在本次全球金融危机中，各个国家采取的都是治标不治本的措施，企业的根本问题并没有得到解决，但是给我国提供了良好的机遇。比如，困扰美国汽车业的主要问题之一是工资太高，导致成本过高。美国汽车业的工会非常强大，这使得工资刚性非常明显。这样，美国的汽车业的成本就降不下来，竞争力就无法恢复，甚至企业最终也将无法继续存在。美国采取的措施恰恰维持了这种高成本的生产环境。因此，美国和其他发达国家的制造业就面临一个问题，在工资成本高昂的发达国家，它们可能无法生存，它们要么把产业向发展中国家转移，要么最后破产。我国的劳动力素质和劳动力数量都能够保证产业向我国的转移。尽管我国目前的经济发展阶段比较落后，工人工资水平相对较低，但工人的素质却不低，毕竟经过新中国成立以来60多年教育事业的发展和最近10多年来的高校扩招，我国工人的文化素质大幅度提高，尤其是年轻一代的教育程度已经基本达到发达国家的水平。不管是外国企业迁向我国还是我国企业通过自己努力实现产业转移，效果对于我国来说都是一样。实际上，近年来我国企业已经在积极探索这一道路，如吉利收购沃尔沃、联想收购IBM的手提电脑技术等。作为政府来说，应该采取更为积极的措施鼓励中国企业通过各种方式提升自己的产品结构和技术水平。

3. 鼓励创新，降低生产成本，提高投资收益。根据之前的分析，科技进步率下滑是本次美国爆发金融危机的根本原因，这又一次向我们说明了技术进步对于一个经济体至关重要的作用。因此在设计我国的供给管理政策时，最重要的自然是提出创新、科技进步的一系列政策。

因此，我国应鼓励企业进行研究与开发，进行理论、产品、管理等多维度的创新。如果通过企业的自身努力实现创新的话，就得花大量的人力、物力进行自主研发，即使购买外国先进技术，也得设法消化吸收，成为自己的竞争力。为了解决这个矛盾，我国政府可以加大研发投入，着重进行那些具有一定的基础性特征的研究与开发工作，这些研究工作对于企业来说要么成本过大，要么周期过长，得不偿失，必须由政府来做，比如电脑的发展就是这样。电脑在20世纪40年代就被发明了，但大规模进入家庭却是差不多40年之后。这么长时间里，美国政府通过对军事研究的支持，解决了大量问题，实现了电脑的快速化、小型化，为电脑进入家庭扫清了障碍。试想，如果让企业做这件事情，哪个企业能坚持40年？哪个企业愿意付出那么大的投入？又有哪个企业有这么大的财力？企业虽然也做研究与开发工作，但企业做的往往就是最后一步，在水到渠成的那一刹那，打开一个缺口把水放出来。至于水是怎么流过来的，企业根本就不会去管。

从长远来看，降低企业生产成本最终还得依靠技术进步带来的生产率的提高，包括促进企业进行技术升级和技术改造、调整要素投入组合、进行自主研发等，这些都有助于降低企业的生产成本。但这些起作用往往比较慢，从政策实施到效果显现之间时滞比较长，而且不确定性较大。然而，这些措施也有一个优点，那就是只有好处没有坏处，因此不管其作用什么时候显现，都对当时的经济有利无害，缓解那时宏观调控的压力。因此，虽然对目前可能效果不大，但也不能忽视。

附录2　VAR模型估计结果

自变量	因变量 Δy_t	因变量 π_t
Δy_{t-1}	-0.185 (0.095**)	0.175 (0.124)
Δy_{t-2}	0.133 (0.096)	0.022 (0.126)
Δy_{t-3}	0.224 (0.088**)	0.134 (0.116)
Δy_{t-4}	0.398 (0.088**)	0.124 (0.116)
π_{t-1}	0.198 (0.085**)	0.498 (0.112**)
π_{t-2}	-0.178 (0.092*)	0.156 (0.121)
π_{t-3}	-0.148 (0.094)	0.173 (0.123)
π_{t-4}	-0.027 (0.086)	-0.128 (0.112)
Q_1	0.002 [0.962]	0.001 [0.970]
Q_4	2.601 [0.627]	1.605 [0.808]
R^2	0.336	0.577

注：表中列出的是滞后阶数为4时的VAR结果。( ) 中是标准差，** 和 * 分别表示系数在5%和10%水平上显著。Q_1 和 Q_4 分别是残差序列相关检验的Ljung-Box Q统计量，[ ] 中是相应 p 值。

第三篇

我国货币政策体系研究
——目标、工具、效应

在前两篇，本书集中讨论了我国的体制改革、经济增长与货币政策以及金融危机、对外开放与货币政策，第三篇，将对我国货币政策体系进行探讨，包括目标、工具与效应。

第一方面，我国货币政策的目标问题。通过对我国货币政策最终目标框架的分析，建议我国货币政策的最终目标在短期内设定为产出缺口目标的权重大于通货膨胀的权重。在分析金融危机对中美两国实体经济和金融部门不同影响的基础上，研究发现，为加快经济回暖、拉动就业和缩小产出缺口，我国货币政策当前的现实选择是在保持货币信贷供给平稳增长的情况下，加强对实体经济部门的支持，使实体经济部门对货币和信贷的需求增加。

针对目前经济中存在的通货膨胀预期、资产替代与货币政策取向问题，本篇阐述了我国目前存在通货膨胀预期和资产替代的现实情况，从理论分析的角度认为今后我国所面临的全面性通货膨胀和资产价格过快上涨的形势十分严峻。为了论证上述观点，本篇运用资产替代框架模型，证实了跨期转移购买力效率存在相对性，资产价格上涨具有普遍性等观点，从而得出了控制资产价格泡沫和通货膨胀的关键在于货币信贷不失控的结论。在以上分析的基础上，本研究认为，2011年在保持积极财政政策的同时，短期内将控制通货膨胀作为首要的政策调整目标，应回归稳健的货币政策。

货币政策的目标是多重的，在我国现阶段货币政策的首要目标在于反通货膨胀。面对不断上升的通货膨胀压力，货币政策实现其有效反通货膨胀目标面临越来越复杂的约束，其政策的有效性被来自多方面的困难不断侵蚀，从而更加剧了反通货膨胀的艰巨性。为此，本篇分析了我国现阶段宏观经济失衡的特殊性困扰着货币政策目标的选择，现阶段通货膨胀压力成因的特殊性影响着货币政策的有效性，货币政策选择面临的约束条件的特殊性抑制着货币政策效应的实现，货币政策工具选择受到限制影响着货币政策效应的传导和实现，以及开放条件下国际收支失衡影响货币政策的紧缩效应等问题。对于相机抉择条件下的货币政策最终目标的福利效果，也建立模型进行了分析。

第二方面，我国货币政策的工具问题。

根据理论研究和历史经验，货币供应量的增长与通货膨胀的走势应该是相当一致的。但我国正处于货币发行量高速增长而通货膨胀较为温和的阶段，甚至还出现了货币流通效率降低这一难以解释的现象。为此，本篇探索了现金投放问题。研究将现金投放量分为正常现金需求和现金漏损两个部分，建立了我国现金投放量的计量模型，对影响现金投放量的因素进行了实证分析，并且在此基础上对 2010~2014 年我国现金投放量进行了预测，最后针对现金的监控与管理给出了建议。

货币政策如果不考虑银行的资本充足状况，不仅不利于实现金融稳定，而且也会对中央银行所追求的经济稳定目标带来不利的影响。为了研究金融部门与货币政策主管部门之间的相互关联，本篇将 Svensson（1999）的动态经济模型与接受资本充足监管的银行部门相结合，分析了最优货币政策与资本充足率的关系，发现货币政策实现其稳定经济周期目标的最优策略是抵销银行资本充足管理的顺周期效应。

近年来，我国银行频繁的上市融资行为充实了资本金、降低了经营风险，但也带来了信贷的过度扩张，对货币政策产生了不利影响。本研究构建了银行信贷传导渠道的理论模型，然后通过对 Hiroshi Gunjia, Yuan Yuan（2010）的模型进行修正，用统计数据进行了计量分析。研究结果显示，银行规模对银行的贷款行为影响显著，上市融资对银行的贷款行为也有显著的影响，而银行信贷渠道对货币政策的传导作用有限。

第三方面，我国货币政策的效应问题。

首先，本篇将费舍尔的经济结构模型和 Wastson 和 King 货币冲击识别约束应用于我国的货币中性检验。结果发现，第一，货币供应量具有内生性，最终导致货币政策的效果不是很理想。因此在制定货币政策时，不仅要考虑货币供应量对宏观经济的影响，而且也要考虑宏观经济对货币供应量的影响。第二，短期内货币政策是非中性的，从长期来看是中性的。因此，通过改变货币供应量来调节经济的效果在短期内是比较有效的，但是长期内通过改变货币供应量来调节经济的长期增长是难以实现的。

为了探讨我国的货币政策冲击对 GDP 的影响，利用 MARKOV 域变模型给出了比较独特的答案。先分别从简单统计的角度和 MARKOV 域变模型出发，分析 $M1$ 和 $M2$ 的域变特征，进而研究未预测到的货币供给冲击对实际 GDP 的影响，得出只有大规模的货币冲击才对当期实际 GDP 增长率由显著影响的结论。最后，认为我国的现实情况与现存的宏观经济学派的观点不符，建议创建新的理论体系来解释中国的实际现象。

货币政策区域效应是现代货币经济学领域的一个热点问题。这是由于在现实中，区域经济发展不平衡，金融结构异质性的客观存在对货币政策的传导起到重要的甚至决定性的作用。当统一的中央银行货币政策遇上差异化的金融结构体系，货币政策会产生区域差异化的效果。本篇首先对我国有关货币政策区域效应的度量方法进行了综述。然后，估计出（及主要区域）动态货币政策乘数序列，作为衡量我国货币政策区域效应的指标。研究表明，我国东、中、西部三大地区之间的动态货币政策乘数存在显著差异，这在很大程度上解释了我国货币政策区域效应的存在性。

我国正处于经济全面转轨期,货币政策具有特殊性,实际面临着被动局面。而我国货币政策"被动性"包含了因强制结汇制度下的巨额贸易顺差带来的基础货币被动投放、对狭义货币供应量的不可控性以及广义货币供应量与经济"脱媒"。在被动货币投放前提下,对银行信贷调控最有效的方式是"窗口指导",而不是存款准备金率等数量调控方式。货币渠道也因货币供应量与实体经济关系不紧密及货币供应量与利率间连接机制脱钩而明显不畅。缺乏畅通而有效的货币传导机制,使得我国货币政策的"被动性"特征十分明显。

第十一章

我国货币政策目标研究

第一节 我国货币政策最终目标框架的现实选择

一、货币政策最终目标分析框架的形成

长期以来,新凯恩斯主义和新古典经济学家们对于货币政策的有效性问题始终存在分歧,双方既坚持各自的基本立场,又相互借鉴对方的分析方法。尽管卢卡斯(Lucas,Robert E. Jr.)和巴罗(Robert J. Barro)等新古典主义经济学家始终质疑新凯恩斯主义关于政府干预政策(包括财政政策和货币政策)的有效性,并在理论界获得很大程度的认可,但在实践中,新凯恩斯主义货币政策主张的运用不仅没有减少,反而逐渐成为各国金融宏观调控体系中最重要的政策依据。为进一步巩固货币政策有效性的根本论点,新凯恩斯主义学者也接纳了"卢卡斯批评"(Lucas Critique)(Lucas R., 1976)的观点,不断完善开放经济条件下货币政策最终目标的微观理论基础。

深入研究开放经济条件下货币政策的最终目标框架,对我国经济的长期平稳较快发展具有重要的现实意义。本节运用新凯恩斯主义一般均衡模型,选取更具有代表意义的效用函数形式,并结合我国当前的现实情况,对我国货币政策最终

目标框架设计进行了论证,提出了相应的政策建议。

各国学者对货币政策的理解一直分歧较大。新古典学派对于货币政策的有效性始终抱有怀疑态度。首先,20世纪60年代和70年代,他们就对预期自我实现(Self-fulfilling)条件下货币政策的实施效果提出疑问。Sargent和Wallace(1975)等从多重均衡和价格决定的不唯一性等角度,论证了货币政策的无效性。其次,卢卡斯(1972)发现,只有未被预期到的货币政策才会对实际经济产生短期的影响。另外,真实经济周期理论也认为,实际经济波动与名义变量之间几乎没有关系,因此,货币政策对实际经济基本上没有影响(Kayland & Prescott, 1982; Long & Plosser, 1983)。上述理论的支持者都认为不要对货币政策的收效过于乐观,因而也无须讨论货币政策最终目标。

新凯恩斯主义经济学家们通过价格粘性模型等,深入分析货币政策的微观经济基础,并运用一般动态均衡理论等,论证了货币政策的有效性,提出了货币政策最终目标的基本框架。但是,长期以来,宏观经济学界对产出(就业)、通货膨胀以及汇率在货币政策最终目标中的作用意见不一。直到近10年来,西方发达国家对通货膨胀目标制的认可度才逐渐提高。根据纯粹的通货膨胀目标制,一国货币政策的唯一目标是使通货膨胀率与目标通货膨胀率之差最小;灵活的通货膨胀目标制则在通货膨胀目标之外,加上产出缺口,货币政策既要使通货膨胀率与其目标之差最小,也要使产出缺口与其目标之差最小,通常将通货膨胀项前的权重设定得大于产出缺口项前的权重。在通货膨胀目标制下,仅考虑通货膨胀和产出缺口,其他经济变量(比如,汇率、资产价格、消费、贸易条件等)不作为货币政策最终目标单列,货币政策对这些变量的反应仅限于这些变量对通货膨胀和产出缺口的影响范围之内;如果汇率和资产价格等变量的变化没有影响到当前或未来的通货膨胀和产出缺口,按照通货膨胀目标制理论,则可以任其波动,货币政策不必做出反应。在货币政策实践中,英国、瑞典、新西兰等国家的货币当局已宣布正式采用通货膨胀目标制。

近年来,新凯恩斯主义学者对货币政策最终目标的论证作了进一步完善,分析脉络逐步清晰。突出地体现在以下几个方面:一是将货币政策最终目标的理论建立在对企业生产定价和消费者决策行为的微观分析基础之上。二是在论证货币政策对实体经济的影响时,强调模型与数据的动态拟合效果。例如,基于对宏观经济时间序列数据的向量自回归(VAR)分析表明,美国联邦基金利率对名义总支出具有非常显著的影响。即使是在半年前已经被预期到的情况下,利率变化的影响仍会在未来持续几个季度。三是在一般均衡的分析框架内,将代表代理人(Representative Agent)的效用最大化作为评判政策目标合理性的依据,使得代表代理人经济福利最大化的货币政策目标函数,就是货币政策的最终目标。四是在推导货币政策最终目标时对代表代理人效用函数进行恰当的二次化,即对代表代理人的效用函数进行二次逼近。这种近似方法与 Linear – Quadratic (LQ) 优化控制框架相一致,易于与文献中大量有关最优货币政策的研究进行比较。

二、开放经济货币政策最终目标微观基础分析及其所涉及的经济关系

本节对上述新凯恩斯主义理论的结构和模型进行了重新梳理和推导。采用完全竞争劳动力市场假设,并选取与 Woodford (2003) 和 CGG (Clarida, Gali, & Gertler, 2002) 不同的更具代表性的代表代理人效用函数,结论更有广泛意义。

(一) 模型分析

在两国经济模型中,本国 (H) 和外国 (F) 的家庭数量分别为 $1-\gamma$ 和 γ,家庭用 z 代表,两国的偏好和技术都相同,在国内外金融市场上可交易所有必要的 Arrow-Debreu 证券。本国消费指数 C_t 包含国内产品消费 C_{Ht} 和国外产品消费 C_{Ft},$C_t \equiv C_{Ht}^{1-\gamma} C_{Ft}^{\gamma}$。消费物价指数 $P_t = k^{-1} P_{Ht}^{1-\gamma} P_{Ft}^{\gamma}$,其中,$P_{Ht}$ 和 P_{Ft} 分别为国内和国外商品的本币价格,$k = (1-\gamma)^{1-\gamma} \gamma^{\gamma}$。用 P_{Ht}^* 和 P_{Ft}^* 分别为国内和国外商品的外币价格;用 C_{Ht}^* 和 C_{Ft}^* 分别为国内和国外商品的国外消费。商品的生产包括中间产品和最终产品两个环节,中间产品生产企业分布在 [0,1] 之间,用 j 表示,即 $j \in [0,1]$。按照 Dixit & Stiglitz (1977),企业 j 的劳动投入是 $H(j)$ 与各家庭所提供的劳动 $H(z)$ 之间的关系是:

$$H_t(j) = \left(\frac{1}{1-\gamma} \int_{z=0}^{1-\gamma} H_t(z)^{\frac{\vartheta-1}{\vartheta}} dz \right)^{\vartheta/(\vartheta-1)}$$

中间产品企业 j 产出是 $Y(j)$,产出与投入之间的生产函数是:

$$Y_t(j) = A_t (H_t(j))^{\chi^{-1}}$$

最终商品生产企业采用 CES 技术,生产所需的投入是分布于 [0,1] 的中间产品企业所生产的中间产品,产出是最终产品 Y,投入产出之间的生产函数是:

$$Y_t = \left[\int_{j=0}^{1} Y_t(j)^{\frac{\theta-1}{\theta}} dj \right]^{\theta/(\theta-1)}$$

代表代理人的效用函数为:

$$E_t = \left\{ \sum_{s=t}^{\infty} \beta^{s-t} [u(C_s; \xi_s) - \int_{j=0}^{1} v(H_s(j); \eta_s) dj] \right\}$$

效用最大化的跨期收入约束条件为:

$$\sum_{s=t}^{\infty} E_t Q_{t,s} \left[P_s C_s + \frac{i_s - i_s^m}{1 + i_s} M_s \right] = W_t + \sum_{s=t}^{\infty} E_t Q_{t,s} \left[\int_{j=0}^{1} w_s(j) H_s(j) dj + \int_{j=0}^{1} \prod_s(j) dj - T_s \right]$$

其中，$H_s(j)$ 是中间企业 j 的劳动投入；ξ_s 和 η_s 分别是对消费偏好和劳动付出偏好的随机干扰；M_s 是第 s 期末的货币持有量；W_s 是第 s 期初的金融资产持有量（满足 No Ponzi Schemes 条件）；$\int_{j=0}^{1} w_s(j) H_s(j) dj$ 是第 s 期工资收入；$\int_{j=0}^{1} \prod_s(j) dj$ 是第 s 期利润分红收入；T_s 是第 s 期缴纳的税金；$P_s C_s$ 是第 s 期的实际消费与价格水平之乘积；$Q_{s,s+1}$ 是随机贴现因子。无风险利率 i_s 和持有货币的利率 i_s^m 满足无套利条件。由效用最大化的一阶条件、一价定律、市场均衡条件和贸易条件的定义 $S_t = P_{Ft}/P_{Ht}$，可推出 $C_t = P_{Ht} Y_t/P_t = k S_t^{-\gamma} Y_t$。在相关均衡状态逼近展开后，效用函数的形式变为：

$$U_t = -\frac{k \bar{Y} u_c}{2} \left\{ (\sigma^{-1} + \omega)(\hat{Y}_t - \hat{Y}_t^n)^2 + (\theta^{-1} + \omega) \text{var}_j \hat{Y}_t(j) \right\} + t.i.p. + O(\|\hat{Y}, \xi, \eta\|^3)$$

(11-1)

其中，$\bar{Y}$ 由 $v_y(\bar{Y}; 0)/[u_c(k\bar{Y}; 0)k] = 1$ 决定：

$$\omega = \frac{\partial \log v_y}{\partial \log y}\bigg|_{y=\bar{Y}, \eta=0}, \quad q_t = -\frac{v_{y\eta} \eta}{\bar{Y} v_{yy}}\bigg|_{y=\bar{Y}, \eta=0}$$

$$\hat{Y}_t^n = \log(Y_t^n/\bar{Y}) = (g_t \sigma^{-1} + q_t \omega)/(\omega + \sigma^{-1}) - \gamma \hat{S}_t (1 - \sigma^{-1})/(\omega + \sigma^{-1})$$

$$\hat{Y}_t = \log(Y_t/\bar{Y}), \quad \hat{S}_t = \log S_t$$

由最终商品生产企业对中间商品 j 的需求关系得出以下关系：

$$\text{var}_j \hat{Y}_t(j) = \theta^2 \text{var}_j \log P_{Ht}(j) \equiv \theta^2 \Omega_{Ht} \quad (11-2)$$

推导 Phillips 曲线的企业粘性定价模型来自 Calvo（1983）。生产中间产品的企业每期一部分产品价格不变，这部分产品的数量占产品总数的 $0 < \alpha < 1$；另一部分产品价格会被调整，这部分产品的数量占产品总数的 $0 < 1 - \alpha < 1$。根据 Woodford（2003），推导出价格方差与本国物价通货膨胀率的关系：

$$\sum_{t=0}^{\infty} \beta^t \Omega_{Ht} = \frac{\alpha}{(1-\alpha)(1-\alpha\beta)} \sum_{t=0}^{\infty} \beta^t \pi_{Ht}^2 + t.i.p. + O(\|\Omega_{H,-1}^{1/2}, \xi, \eta\|^3)$$

将上式代入（11-2）式，效用函数与通货膨胀率（本国商品价格变化率）和产出缺口的关系为：

$$\sum_{t=0}^{\infty} \beta^t U_t = -\kappa \sum_{t=0}^{\infty} \beta^t L_t + t.i.p. + O(\|\Omega_{H,-1}^{1/2}, \hat{Y}, \xi, \eta\|^3)$$

其中，货币政策的损失函数 L_t 为：

$$\pi_{Ht}^2 + (\kappa/\theta)(\hat{Y}_t - \hat{Y}_t^n)^2 \quad (11-3)$$

$\kappa = (1-\alpha)(1-\alpha\beta)(\omega + \sigma^{-1})/[(1+\theta\omega)\alpha]$。由此可见，货币政策最终目

标包括国内商品价格的变化率和产出缺口两部分,并分别赋予特定的权重,这一目标与代表代理人效用最大化一致。

以上分析有两项不同于以往研究的发现:

一是得出了产出缺口在企业边际成本之外与部门企业间资源配置扭曲之间的联系。产出缺口除了与企业边际成本有联系以外,还与企业间资源配置的扭曲程度相关,即:

$$\hat{Y}_t - \hat{Y}_t^n = \frac{E_j \log mc_t(j)}{\omega + \sigma^{-1}} + \frac{\omega(\theta-1)}{2(\omega+\sigma^{-1})\theta} \text{var}_j \hat{Y}_t(j) \qquad (11-4)$$

产出缺口既包括了经济总量的内容,也包括了经济结构的内容;前者体现为(11-4)式中的边际成本项,后者表现为(11-4)式中企业产出的方差项。

二是给出了贸易条件与本国产出之间的替代关系,体现了国际经济竞争中各国之间的利益对抗性对本国货币政策的影响。开放经济条件下,贸易条件集中体现了本国居民福利受国外因素的影响。贸易条件是国外产品的本币价格与国内产品的本币价格之比,贸易条件恶化意味着国外产品相对本国产品变贵了。关于贸易条件的结论来自(11-3)式,在其他状况不变的情况下,贸易条件恶化相当于本国产出下降,两者之间的替代关系是:

$$d\hat{Y}_t = -\frac{(1-\sigma^{-1})\gamma}{\omega+\sigma^{-1}} d\hat{S}_t \qquad (11-5)$$

(二) 微观基础分析及其所涉及的经济关系

通过模型的推导,可以发现一些重要宏观经济变量之间的关系。主要包括以下四个方面:

第一,消费总量和劳动总量与福利的关系。对福利影响最直接的总量是消费和劳动。我们发现,货币政策将产出缺口作为目标,缩小产出缺口实际上协调了消费和劳动的关系,由此增加福利。在本节特定的模型环境中,(11-4)式将产出缺口分解,其中 $E_j \log mc_t(j)k$ 对应的企业的真实(Real)边际成本;企业真实边际成本与劳动边际负效用绝对值和消费边际效用之比正相关。若产出缺口为零,企业的真实边际成本在福利最大化的均衡状态为1(其对数为零),消费的边际效用和劳动的边际负效用满足福利最大化的条件 $v_y = u_c k S^{-\gamma}$。这也许是静态经济中最重要的总量关系,这一最优化条件与价格机制(或者其他任何市场或非市场的激励机制)无关,直接从福利最大化得出。如果劳动总量和消费总量都不足,消费所带来的边际效用大而劳动的边际负效用小,真实边际成本低于1,增加劳动和消费导致福利提高。相反,如果劳动和消费都过度,消费所带来的边际效用小而劳动的边际负效用大,真实边际成本大于1,减少劳动和消费可以进一步改善福利。

第二，企业间的资源配置与福利的关系。货币政策缩小产出缺口和通货膨胀（本国商品价格变化率）缺口，实际上也是在调整企业间资源配置的结构性扭曲，由此增加福利。我们发现，通货膨胀（本国商品价格变化率）（见（11-3）式）和产出缺口的一部分（见（11-4）式）都对应企业产出之间的方差 $Var_j\hat{Y}_t(j)$。在本节特定的模型环境中，企业的技术和面对的市场条件相同，在福利最大化状态下，企业的产出水平相等。由于企业价格调整存在黏性，不同的企业可能定价和产出水平不同，带来企业和部门之间的资源配置偏离最优状态。

第三，贸易条件与福利的关系。货币政策将产出缺口作为目标，协调消费和劳动的关系以增加福利，是在一定的贸易条件下进行的。在福利最大化状态下，产出缺口为零，企业的真实边际成本为1（其对数为零），贸易条件是福利最大化条件 $v_y = u_c k S^{-\gamma}$ 的一部分。外国商品价格上升带来的贸易条件恶化使本国企业边际成本上升，均衡产出和就业下降。我们发现，在全球化背景下，国家之间的利益冲突，集中体现在贸易条件方面。在其他状况不变的情况下，贸易条件恶化相当于本国产出下降，两者之间呈现负相关的线性关系（见（11-5）式）。贸易条件恶化给本国福利带来的负面影响，相当于本国产出一定程度的减少所带来的负面影响。相反，本国贸易条件恶化意味着外国贸易条件改善，这相当于外国产出一定程度的增加对外国福利所带来的正面影响。

第四，当期目标与未来目标的关系。货币政策的最终目标不仅包含当期的目标，而且包含未来的目标，货币政策的实施是在对当前目标和未来目标不断权衡过程中逐步完成的。在宏观变量（通货膨胀和产出缺口）层面，货币政策的选择既在当期通货膨胀和当期产出缺口之间，又在当期通货膨胀产出目标与未来通货膨胀产出目标之间。短期的通货膨胀和产出水平与中长期的通货膨胀和产出水平相关；由于货币传导机制的时滞性，货币政策对短期和中长期通货膨胀和产出目标的影响程度不同。在总量和结构性变量层面，本书认为，货币政策关注当前的总量失衡的同时需要兼顾中长期的结构平衡。

三、对近期我国货币政策取向的建议

我国货币政策最终目标分析既要有微观理论基础，又要结合我国的具体情况。与上述微观基础分析相联系，我们提出短期内我国货币政策取向的政策建议。

(一) 我国货币政策最终目标分析的独特性

我国货币政策最终目标分析的独特性可从总量、结构、外部因素和动态性四个方面加以描述。在金融危机爆发的背景之下,这四个方面体现了我国现阶段经济发展的一些基本特征。

总量方面:在金融危机的背景下,我国经济短期内迫切需要解决的是在总量方面的矛盾,迫切需要突破的是在总量方面面临的制约。短期内货币政策最终目标当中直接反映经济总量与福利关系的目标更为重要。具体来说,我国每年新增就业人口数量庞大(2008年城镇就业人员新增加1 113万人),必须保持一定的经济增长速度才能避免出现大量的失业(2008年当年的经济增速为9.0%)。理论上讲,增加劳务和消费可以增加福利,劳动者劳务付出增加导致边际负效用上升,消费增加使边际效用下降,这些因素导致均衡的实际工资水平提高。但实际上,在劳动和消费之间有生产—交换—分配等环节。在金融危机以前,外需对我国经济十分重要,2003~2007年,经济增长速度一直在11%以上。随着金融危机的爆发,外需的迅速消退使依靠国外市场需求获得较高经济增长速度的做法难以持续。要进一步提高经济增长速度,投资依然是内需增加的主要支撑。2009年1~10月,城镇固定资产投资150 710亿元,同比增长33.1%,比上年同期加快5.9个百分点。在当前许多行业产能过剩现象突出的情况下,投资不谨慎可能会加重产能过剩的严重程度。我国经济能否在总量上发展得快一些,关键不是生产能力,主要是市场对最终产品的持续需求。突破了市场总规模方面的制约,我国经济增长就能在不过度依赖投资的情况下增长得快一些。

结构方面:我国经济当中的结构性问题虽已积累到难以被忽视的程度,但面对金融危机所带来的经济衰退,短期内解决总量问题的迫切性更大,更何况结构性问题很大程度上也是由总量问题带来的。短期内我国货币政策最终目标中反映结构性问题与福利关系的目标权重可以小些。在我们所面临的结构性问题中,最突出的是产业结构不合理问题。某些产业存在和发展的理由主要不是商业上的考虑,而是社会效益和就业方面的考虑。由于存在就业压力,不合理的产能暂时还难以全部淘汰。不改变我国过度依赖投资的经济增长模式,产业调整就难以完全按照商业化原则进行。在来自就业方面的持续压力之下,结构性问题的解决将是一个较长的过程。

外部因素方面:开放经济条件下,我国货币政策有效实施的前提是平稳合理的贸易条件。贸易条件综合反映了我国经济发展的外部制约因素,这些因素包括:外部市场萎缩,贸易保护主义抬头,外商直接投资减少,能源和原材料价格波动加剧,全球气候变化和知识产权保护等。金融危机爆发以来,我国贸易条件恶化的趋势有所缓解，短期内未必构成最严重的问题；但是，贸易条件恶化的中长期趋势并没有根本扭转。2003年以来，我国贸易条件整体趋于恶化，其中工业制成品的贸易条件逐步趋于平稳，但初级产品进口的价格大幅上涨，导致整体贸易条件的明显恶化。根据国家海关总署的数据，2008年，我国初级产品进口推动进口价格总指数上涨超过40%，对进口价格总指数上涨的贡献度大于70%。贸易条件恶化增加了我国企业生产的边际成本，伴随而来的是企业生产和就业的规模受到限制。贸易条件恶化挤压了我国经济增长和实现充分就业的潜在空间，可以完全抵销甚至大于货币政策优化对社会福利的贡献。

动态方面：金融危机爆发以来，外部经济环境迅速向不利方向转变，而国内消费尚不足以成为内需增长的引擎。在短期反周期任务加重，政策实施的空间被挤压的情况下，货币政策的重心不得不向短期目标倾斜，同时兼顾中长期目标。具体来说，一方面，尽可能采用有利于中长期经济增长的措施来解决短期问题，避免出台不利于解决结构性问题的措施，另一方面，致力于中长期目标的各项政策须尽可能缓解短期面临的反周期任务，有利于提高短期政策的有效性。

西方发达国家与我国情况不同。在消费总量和劳动总量之间关系基本平衡的情况下，西方发达国家面临的主要是短期的结构性问题，比如，来自价格黏性的结构性问题。与此相适应，这些国家的货币政策最终目标框架赋予产出缺口较小权重，而将较大的权重赋予通货膨胀缺口。我们认为，这一目标框架当前未必适应我国的实际情况。我国经济当前面临的总量问题较结构性问题更为紧迫，增加就业依然是最亟待解决的问题，而结构性问题（与发达国家不同）主要不是短期问题，要在中长期内逐步解决。产出缺口相比通货膨胀率（国内商品价格的变化率）更多地反映总量问题，而两者背后都体现结构性问题。我国经济中现实存在的结构性问题比模型中的价格黏性问题复杂，基于价格黏性所推出的菲利普斯曲线有可能高估了物价与产出之间的替代关系。再有，我国居民储蓄行为对实际利率不敏感，但劳动供给对工资增长却比较敏感，用模型的语言，这意味着较大的消费跨期替代弹性 σ 和较小的劳动替代弹性 ω。根据（11-3）式和（11-4）式，不难得出产出缺口权重较大的结论。

（二）我国货币政策最终目标的现实选择

面对后危机和危机后的经济形势，我国货币政策最终目标的合理抉择尤其须在以下四方面具体结合我国的实际情况：

第一，前面结合我国情况得出的赋予产出缺口更大权重的结论，在当前形势下，具体体现在货币政策未来的取向上，就是在今后两三年内我国货币政策促增长的任务依然重于反通货膨胀的任务。为更好地实现金融危机背景下反周期的金融宏观调控目标，短期内我们不得不优先解决更为迫切的问题。只要存在可持续的需求，短期内提高产出水平、拉动就业仍是政策目标的重点。自2008年9月以来，我国央行适当调减公开市场操作力度，四次有区别地下调存款准备金率，合计调减2~4个百分点。五次下调存贷款基准利率，一年期存贷款利率分别累计下调1.62个和1.89个百分点，我国经济已开始出现企稳回暖迹象，但基础尚不牢固。适度宽松货币政策趋向短期内不宜改变。

第二，货币政策在以产出缺口为重要目标的同时，不能过高估计潜在的经济增长和在资源有效配置条件下能够提供的就业岗位。尽管增加就业对福利的贡献最为直接，一味增加就业并非没有代价；随着经济逐渐复苏，货币政策决策者越来越需要考虑为增加就业所付出的代价。美国20世纪经济大萧条之后长期执行促进就业的经济政策，将失业率目标定得过低，最终导致对经济的刺激政策效力降低，通货膨胀上升，出现了70年代的滞胀。以美国市场经济的规模、体制和战后在全球经济中的地位，尚不足以完全实现理想的就业目标；长期实施过高的就业增加计划，可能导致未来失业的增加。目前我国每年城镇新超过千万个就业岗位，是在一种特定的体制背景下实现的，存在一定的隐患，具体包括：

一是地方政府财政收支的软约束。我国绝大部分地方政府的财政收入不十分宽裕。当地银行资金支持、招商引资和地方融资平台等成为地方政府突破财政收入约束、促进当地经济发展和增加就业的重要渠道。在地方财政能提供的直接配套资金有限的情况下，各种隐性的担保和承诺不减反增，使得地方政府的隐性债务增加。二是货币政策的财政化。我国货币政策的传导主要通过信贷渠道完成。金融危机爆发以后，各地银行的信贷扩张大部分与国有企业和政府支持的项目相结合，这使得适度宽松的货币政策具有财政色彩，越是鼓励信贷扩张，货币政策财政化的趋势越明显。《中国人民银行法》规定："中国人民银行不得对政府财政透支，不得直接认购、包销国债和其他政府债券。"通过信贷债权的方式，货币与财政支持的企业和项目密切结合，虽没有直接向政府财政透支，但还是通过货币政策对银行信贷的影响，使各级政府更容易不受财政收入的约束。三是企业缺乏可持续发展的理念。在国有企业和地方政府的支持下，有些效益不确定的，甚至是高污染的大型项目近来在各地出现。这些项目的投资用的都是银行贷款，都是在落实4万亿元经济刺激计划的大背景下，直接或间接地受到经济刺激政策影响而产生的。这些项目所拉动的就业，就如同项目本身一样，未必有可持续性。如果货币信贷扩张所拉动的项目，边际效益不高，可持续性差，那么将来就要为这些项目付出代价。四是制度性歧视现象突出。随着信贷资源和财政资源向国有部门倾斜，国有部门和民营部门待遇之间的制度性差异日益凸显。国有经济部门拥有独特的资源，民营经济部门的生存和发展得不到充分的支持。金融危机爆发以来，投资增加主要来自国有经济部门，适度宽松的货币政策主要传导到了国有经济部门，而民营部门当中那些拉动就业作用大的中小企业却因为缺乏资本金和抵押品得不到银行的贷款。总之，将就业和经济增长目标定得过高，短期内虽然有可能实现，但在微观机制没有理顺的情况下，代价却是资源配置被扭曲，不可持续的投资项目增加，将来为恢复资源的有效配置而进行调整可能要付出昂贵的成本。

第三，我国货币政策当前处于特殊时期，既不能进一步扩张信贷，又不能在经济回暖基础不巩固情况下实行紧缩政策。结合我国的具体情况，实现经济平稳较快增长和拉动就业，货币政策提供充裕的流动性只是必要条件，还需要将货币政策传导到实体经济中去，调动对资源的合理利用，增加实体经济对货币信贷的需求。金融危机爆发以来，美国和中国在这方面所面对的形势截然不同。中国的金融部门受危机直接影响不大，主要是通过受到冲击的实体经济间接地对金融部门产生了不利影响。中国问题的关键是实体经济出现了对货币信贷需求下降的现象。如果这一趋势没有得到扭转，实体经济部门对货币信贷需求没有增加，单单为金融部门提供流动性，从货币和信贷的供应方面做文章，解决不了我国当前的问题。与我国情况不同，美国的金融危机起源于金融部门，由金融部门蔓延到实体经济。美国流动性短缺并非由于实体经济对货币的需求减少，而是由于金融系统对货币的供给下降。因此，美国出台的政策主要是向金融机构注入资本和流动性，增加对实体经济的货币供给。

在国际市场对我国商品需求较为旺盛时，企业对货币和信贷的需求比较大，每年新增逾千万个就业岗位相对容易实现。在金融危机爆发以后，外需萎缩，我国的实体经济部门受到冲击。在企业对货币和信贷的需求下降的情况下，单靠货币政策向实体经济注入货币，增加货币供应，加剧货币市场的失衡，引发流动性过剩。因此，在货币需求下降的情况下，我国货币政策当前不能一味扩张货币和信贷总量，但也没有必然大幅度紧缩货币和信贷的供应，而是将重点转移到改善实体经济的活力上来，增加企业对货币和信贷的需求。只有微观企业有了发展的空间，才能创造出足够的就业岗位。

第四，我国货币政策的传导机制主要依靠信贷渠道，利率市场化尚未实现，大多数企业的利率融资成本自金融危机爆发以来下降有限。信贷总量扩张通过金融机构的配给和行政部门对项目的审核而实现。在行政化而非市场化的货币政策实施过程中，对民营经济部门的制度性歧视被强化了，中小企业融资难的问题没有得到改善。相反，结构性的问题却被进一步突出了，重复建设，盲目投资和由此带来的产能过剩现象难以根除。为此，我们须积极推进金融体系的市场化改革，完善和强化市场化的货币传导机制——以利率作为主要操作工具通过金融市场传导货币政策，切实解决货币传导机制过程中存在的微观问题，通过降低融资成本刺激实体经济对资本积累的合理需求，将行政性的因素排除在外，逐步消除非理性投资冲动所带来的结构性问题。

四、结论

为在金融危机背景下实现就业目标，我们建议，我国货币政策的最终目标在短期内设为产出缺口目标的权重大于通货膨胀的权重。这不同于西方各国赋予通货膨胀较大权重的做法。

在分析金融危机对中美两国实体经济和金融部门不同影响的基础上，我们发现，为加快经济回暖、拉动就业和缩小产出缺口，我国货币政策当前的现实选择既不是进一步扩张信贷，也不是在经济回暖基础不巩固情况下实行紧缩政策，而是在保持货币信贷供给平稳增长的情况下，加强对实体经济部门的支持，使实体经济部门对货币和信贷的需求增加。

建议加快经济金融体制改革的步伐，为逐步解决经济运行存在的深层次问题和提高货币政策有效性创造更好的条件，化解由于投资行政化、信贷投放财政化和货币政策传导的非市场化所带来的问题，消除对民营经济部门的制度性歧视，使得民营经济部门（尤其是中小企业）能在拉动就业和促进经济增长方面发挥更大的作用。

最后，考虑外部经济环境的变化（尤其是外需的萎缩），建议避免将就业目标和潜在经济增长目标定得过高。追求过高的就业目标和经济增速，或许能够在短期内得以实现，但是实现这些过高的目标可能带来结构性扭曲，将资源集中在一些不该集中的领域和行业，将以资源配置使用的长期无效率为代价，短期的就业增加可能以未来调整时的大量失业为代价。综合考虑福利得失的动态特征，建议始终将就业目标和潜在经济增长目标定在可持续的合理水平。

第二节 通货膨胀预期、资产替代与我国货币政策取向

一、引言

国内学者和政策决策者关于当前经济形势的判断存在分歧，一种观点认为当

前国内经济的主要风险依然是经济增速放缓,另一种观点则认为通货膨胀已经成为今后经济运行的主要风险。两种意见在注重长期经济增长方面观点一致,分歧在于短期内宏观调控的主要内容竟是抑制通货膨胀还是促进经济增长。本书认为,抑制通货膨胀应成为短期内宏观调控的首要目标,货币政策回归稳健十分必要。

本轮全球金融危机爆发以来,我国经济增速虽然从2007年的13%降到2009年的8.7%,但是经济结构合理化、经济发展质量提高的趋势已经有所显现。2010年最终消费和资本形成对经济增长的贡献可能分别为4.5%和5.5%,经济增长的动力多元化。2010年GDP增速继续保持在10%之上的可能性较大。在经济结构调整力度不断加强的前提下,能够巩固经济回升向好的势头,保持经济平稳较快发展,除了适时地宏观调控措施(积极的财政政策和适度宽松的货币政策)所创造的有利条件以外,还得益于我国城镇化进程中经济发展长期向好的基本面。在我国城镇化率向60%水平不断靠近的过程中,由住房和汽车消费拉动的经济强劲增势是我国经济能够保持平稳增长的基础。2010年前三季度汽车销量在2009年1 364万辆的基础上增长34.9%,2009年商品房销售9.37亿平方米,增长42.1%。外部需求下降不会改变国内经济发展的长期趋势,也难以削弱在城镇化过程中逐渐释放出的需求。总体而言,我国经济平稳较快发展的内在基础还是稳固的。

回顾1994~1995年以来的经济增速和通货膨胀形势可以发现,在特定时期采取阶段性的政策是必要的,效果是显著的,是落实"发展是硬道理"的有效措施。1999~2004年,面对需求不足和外部经济环境严峻的情况,作为一种阶段性政策,政府实施了积极的财政政策。事实证明,只要运用好财政资金,不一哄而起,乱铺摊子,大搞重复建设和劣质工程,确保资金的合理投向,把扩大内需和调整经济结构紧密结合起来,多在基础设施建设方面进行投入,同时增加对农业和科技、教育的投入,支持企业技术改造,注意向中西部地区倾斜,并不会引发通货膨胀。在将经济下行期转换为机遇期的过程中,利用生产资料生产能力相对富余的时机,办成了一些多年想办而没有办成的大事,既拉动当前经济增长,又增强经济发展后劲,培植和扩大了财源。1999~2004年,实施积极财政政策期间的平均通货膨胀率仅为0.64%,财政政策退出以后的2005~2006年平均通货膨胀率为1.64%,同期经济增速从1999年的7.6%增加到2006年的11.6%。1999~2004年,阶段性积极财政政策的适时退出效果良好,财政政策在2004年经济出现过热迹象、通货膨胀率达到3.88%的背景下于2005年回归稳健。

本轮金融危机以来,各国纷纷实施了积极的相机抉择的财政政策和宽松的货币政策。我国于 2009 年适时地推出了积极的财政政策和适度宽松的货币政策。2010 年在保持政策连续性和稳定性，危机复苏前景尚不明朗等多重考虑之下，我国继续实施积极的财政政策和适度宽松的货币政策。作为一种特定条件下阶段性的政策，积极的财政政策和适度宽松的货币政策是必要的，对保持经济平稳较快增长起到了关键的作用。从 2010 年前三季度的数据来看，居民消费价格同比增加 2.9%（2010 年 9 月同比增加 3.6%），国民生产总值增速达到 10.6%（2010 年第三季度增长 9.6%），阶段性政策的成效明显。

宽松的货币政策是在通货紧缩或者经济停滞状况下实施的阶段性政策。中国 2009 年通货膨胀率为 -0.7%，到 2010 年已经出现了通货膨胀预期。在考虑中国的宏观调控政策时，美国和其他发达国家当前的经济政策只具有有限的参考意义，因为这些国家的政策与中国的政策缺乏可比性。欧洲在从紧的财政政策下，保持宽松的货币政策。美国的经济形势不容乐观，美国越是实施量化宽松的极端货币政策，越是说明美国发生通货紧缩的可能性增大。

金融危机爆发以来，中国和美欧各国所面对的形势截然不同。中国的金融部门受危机直接影响不大，主要是通过受到影响的实体经济间接地对金融部门产生了不利影响。美国的金融危机起源于金融部门，由金融部门蔓延到实体经济。面对外部需求的减少，中国内部的需求可以持续支持相对较快的经济增速；美国的需求疲软相对中国来说只会越来越明显。中国的生产率还处于上升阶段，而美国的生产率从 20 世纪 70 年代就开始下降了。中国经济的发展已经不依赖于美国的经济周期，具有自身独特的周期性特点。早在 1993~1995 年，美国陷入经济萧条，日本步入通货紧缩，中国却出现了两位数的通货膨胀。

美国经济的金融部门目前已经过度发展，过快发展的资产市场和资产价格吸引实体经济的人力资本和资源投入金融部门；一旦资产价格出现回调，实体经济的空虚就暴露无遗；如果没有实体经济对信贷的需求，即使美联储流动性再宽松，也无法刺激投入实体经济的信贷规模有所扩张，从而也就无法提升经济增长和增加就业（李连发，2008）。作为最悲观的估计，如果金融危机之后，美国陷入与日本 20 世纪 90 年代所经历的长期通货紧缩状态，欧洲经济缓慢增长，中国继续实施适度宽松的货币政策是否会带来通货膨胀和资产价格过快上涨的压力？本书认为，完全有可能。在未来一段时间内，通货膨胀和资产价格上涨过快依然是国内经济发展的主要风险。担忧本国通货膨胀和资产价格上涨的国家并非只有中国，2010 年以来，澳大利亚、巴西、印度、加拿大、韩国等十多个国家和经济体出于本国经济发展形势的考虑已经先后提高准备金率或者加息。

2010 年《政府工作报告》中提出要"处理好保持经济平稳较快发展、调整经济结构和管理通货膨胀预期的关系。既要保持足够的政策力度、巩固经济回升向好的势头，又要加快经济结构调整、推动经济发展方式转变取得实质性进展，还要管理好通货膨胀预期、稳定物价总水平。"在宏观调控的各项工作中，通货膨胀预期管理已经被提到与经济总量、经济结构调整相并列的地位。

2010年物价的上涨幅度基本上仍处于合理的范围之内。价格在合理程度以内的上涨说明需求旺盛，甚至一定程度上说明了经济结构调整的效果。正是有了品质优良的商品、服务和资产，国内的价格基准才会参考国际定价基准来进行交易。在计划经济条件下，缺乏品质可比的交易对象，价格涨也涨不起来。关键是价格上涨的程度要与收入水平增长相一致，不要损坏货币当局控制通货膨胀的长期声誉。而且要考虑到，在人民币汇率保持基本稳定的前提下，国内物价的上涨幅度本来就要比汇率波动幅度较大条件下要大些。随着国内需求的释放，国内外价差的缩小，国内商品、服务和资产价格缓慢上涨难以避免。

但是，2011年通货膨胀预期管理和抑制资产价格上涨过快的难度可能是1994~1995年以来最大的，2011年也可能是1994~1995年以来全面通货膨胀压力和资产价格过快上涨压力最大的一年。原因有以下六个方面：一是近期积极财政政策和适度宽松货币政策实施力度是90年代以来最大的，大量的财政支出、货币信贷投放具有滞后效应将逐步影响商品价格和资产价格。2010年预算的财政赤字为10 500亿元，2010年前三季度的货币供应量增速为19%，超过目标（17%左右）2个百分点，2010年前三季度金融机构人民币各项贷款余额比年初增加6.3万亿元，全年将极有可能突破7.5万亿元的新增人民币贷款目标。二是自1999年以来的12年中有11年多的一年期存款利率低于3%，利率长期处于较低的水平，12年中有7年的实际利率（一年期存款利率减去用消费物价指数计算的通货膨胀率）出现负值或接近负值。三是国际金融危机重创了各发达国家的金融系统，各主要经济体和发达国家在金融银行系统出现根本改观之前，将延续自1929年经济大萧条以来持续时间最长的最为宽松的货币政策。在这种情况下，我们面临着国外过剩流动性转化为国内通货膨胀的压力。四是国内资产替代现象已经越来越突出。货币在价值储存方面（特别是在跨期转移购买力方面）的吸引力下降，导致其他资产（比如，房产、股票、黄金、艺术品等）替代货币发挥财富保值增值的作用。当财富来源从劳动收入变为财富投资的增值收益时，货币作为跨期转移购买力最主要载体的地位被动摇了，通货膨胀预期管理的难度增加。五是Balassa-Samuelson效应的必然出现。随着中国制造业出口部门的生产率大幅度提升，会推高非贸易部门（服务业）价格。房产价格的上涨与非贸商品的价格提高有内在的一致性。相比国外的优质非贸易商品和服务的价格基准而言，国内的价格基准依然低许多。六是产能过剩主要集中在一般加工能力方面，在优质高端商品、服务和资产方面国内并不存在产能过剩，国内优质高端商品、服务和资产的价格基准将逐步向较高的国际价格基准靠拢。另外，不断加强的经济结构调整力度也在逐步缓解一般加工能力产能过剩的程度。

2011年推动通货膨胀和资产价格上涨过快的一些结构性因素可能继续存在，比如国外能源、原材料、国内粮食和食品等紧缺商品的价格上涨，特定资产（比如房产）的供应短期内难以满足需求。针对结构性的商品价格上涨，2008年采取的措施主要是行政性和局部的，归纳起来包括：落实支持发展紧缺商品生产的政策措施，搞好产运销衔接；控制工业用粮和粮食出口；制止粮食深加工能力盲目扩张；健全储备体系；调整资源性产品价格和公共服务收费从严控制，防止出现轮番涨价；健全大宗农产品、初级产品供求和价格变动的监测预警制度，做好市场供应和价格应急预案；加强市场和价格监管；遏制生产资料尤其是农业生产资料价格过快上涨；实行"米袋子"省长负责制和"菜篮子"市长负责制。针对房地产价格上涨，2010年已经连续出台的一系列政策，包括关于购房首付和贷款利率的政策，14个城市已经对个人购房数量进行了限制。2011年继续采用上述的结构性政策可能仍然会有些效果，但有效性将随时间推移而有所下降，这些措施可能难以缓解中长期通货膨胀和资产价格过快上涨的压力。

除了上述结构性因素以外，推动通货膨胀和资产价格过快上涨的深层原因之一是未来人民币作为跨期转移购买力载体的吸引力下降，而房产等资产在这方面的吸引力在上升。结构性政策无法提升货币作为跨期储存价值载体的吸引力。在资产价格快速上涨、存款利率小幅调整的条件下，人们财富积累的主要途径不是劳动收入和银行储蓄存款，而是投资于各种迅速增值的资产。一个人拥有财富的标志已经不是他能够购买多少消费品，而是他拥有资产的数量（比如，房产的数量）。面对资产价格的上涨，以单位货币能够购买的消费品数量来衡量，货币的购买力似乎也不如以前稳定了；劳动力和服务价格的上升似乎显得非常合理。在这种情况下，资产价格过快上涨和通货膨胀压力一旦释放将会是全方位的，不分区域，不分行业，而且会在相当一段时间内持续下去。

当购买力跨期转移效率发生变化时，消费者可能从持有货币转移到持有其他资产，这种现象被称为资产替代。国内资产替代现象已经非常明显，加速了通货膨胀预期的蔓延。作为资产替代的表现，当2007年上证综合指数接近6 000点时，储蓄存款大量向股市分流，新增证券投资基金规模从2006年的1 506亿元增加到2007年的16 119亿元。仅以南京市为例，根据朱国陵和宗怿斌（2009，p13）提供的数据，"在股市最为火爆的2007年二季度累计有111亿元储蓄存款流向资本市场；尽管2008年股市下挫导致部分储蓄回流银行，但2009年以来，储蓄向股市'搬家'的倾向又重新抬头。至2009年2月末，流向股市的居民储蓄约占全部储蓄存款的1/10。2009年一季度南京人民银行储蓄问卷调查显示：

有 18% 的居民将'股票或基金'列为家庭的主要金融资产,这一比例比 2006 年上升了 4 个百分点,有 56% 的居民将'储蓄'列为家庭的主要金融资产,比 2006 年下降了 3 个百分点。"长期的储蓄存款负利率,强化了资产替代现象,推高了资产价格,形成了通货膨胀预期,最终导致实际的通货膨胀均衡水平向高通货膨胀的均衡状态靠拢。

总之,今后我国所面临的全面性通货膨胀和资产价格过快上涨的形势十分严峻。以下内容在资产替代的框架内分析了资产价格上涨与通货膨胀预期形成条件和相互影响,给出了具体的政策建议。

二、资产替代框架内的通货膨胀和资产价格上涨

通货膨胀越是严重,人们越是倾向持有黄金、房产等有价资产规避通货膨胀风险,资产替代现象越是明显。以下构建了一个包含资产替代的世代交叠模型,考察资产替代条件下资产价格上涨和通货膨胀的形成条件和相互关系。

1. 模型结构。采用世代交叠(OG)的模型结构,每代人仅生活年轻和年老两期,人口增长率为 $n \geq 1$,固定不变。时间是离散的。第 t 期年轻人的人口数量为 N_t;同期老年人的人数为 N_{t-1},满足 $n = N_t/N_{t-1}$。消费品被抽象为一种商品,来自年轻人的禀赋。第 t 期年轻人(以消费品衡量)的禀赋为 y_t,老年人没有禀赋。第 t 期年轻人禀赋与上期年轻人禀赋之间的固定变化率为 $\xi \geq 1$,满足 $\xi = y_t/y_{t-1}$。

第 t 期(第 t 代)年轻人和(第 $t-1$ 代)老年人的消费分别为 c_{1t} 和 c_{2t}。效用最大化不考虑后代的效用,代表性第 t 代年轻人优化在年轻和年老时的消费(分别用 c_{1t} 和 c_{2t+1} 表示)配置。效用函数 $u(c_{1t}, c_{2t+1})$ 满足两次可导、严格凸性、非饱和性等的新古典条件。跨期消费之间的边际替代率递减,用老年人消费作为纵轴,年轻人消费作为横轴,消费之间的边际替代率 MRS 为 $-[\partial u(c_{1t}, c_{2t+1})/\partial c_{1t}]/[\partial u(c_{1t}, c_{2t+1})/\partial c_{2t+1}]$。效用函数严格凸性的假定排除了仅有替代效应、没有收入效应的情况,跨期消费的平均配置一般总是优于极端配置。当 $c_{1t}/c_{2t+1} \to 0$ 时,边际替代率趋于无穷大;当 $c_{1t}/c_{2t+1} \to \infty$ 时,边际替代率趋于零。年轻时选择的最优消费跨期分配,年老时也是最优的,不存在时间不一致性(Time Inconsistency)问题。

消费品要么被年轻人和老年人消费掉,要么就变成消费品囤积。第 t 期的消费品囤积(用消费品衡量)为 k_t 转换为下期消费品(同样用消费品衡量)的比率为 χ——第 t 期一个单位的消费品可以转换为第 $t+1$ 期 χ 单位的消费品。

第 t 期货币购买力 φ_t 的定义为单位货币可以交换到的消费品。消费物价指数(CPI)衡量的是价格水平,是货币购买力的倒数;第 t 期的通货膨胀率 π_t 被

定义为 $\pi_t = \varphi_{t-1}/\varphi_t$。第 t 期持有货币的利率为 $i_t \geq 1$。货币发行的增速 $\zeta \geq 1$ 不变，满足 $\zeta = M_t/M_{t-1}$——第 t 期老年人持有的货币总量（M_t）是第 $t-1$ 期老年人持有的货币总量（M_{t-1}）的 ζ 倍。忽略不计生产货币的成本。假定货币被平均地分配给 OG 模型中年老的居民，换言之，年老的居民平均地享有了所有的铸币收入。假定最初生活在第 1 期的第 0 代老年人持有货币总量为 $M_1 \geq 0$，并拥有足够的消费品作为禀赋。

除了货币以外，其他资产（例如房产或证券）可以作为替代载体实现跨期转移购买力的功能。这里仅考虑这些资产作为跨期购买力转移载体的特性，除此特性之外的资产差异都被忽略不计，资产使用所带来的效用已经作为消费的一部分进入了效用函数。假定资产物理上的损耗可以忽略不计。第 t 期资产（转换为消费品）的购买力为 ϑ_t。假定资产的供给完全由老年人在没有生产成本的情况下提供，资产供给的增速 ϕ 不随时间变化，满足 $\phi = H_t/H_{t-1}$——第 t 期老年人持有的资产总量（H_t）是第 $t-1$ 期老年人持有的资产总量（H_{t-1}）的 ϕ 倍。老年人持有的资产总量在老年人之间平均分配。房屋和股票证券储存购买力具有规模效应不变（Constant Return to Scale）的特征，购买房屋和股票证券数量的上升不会改变储存购买力的效率。假定最初生活在第 1 期的第 0 代老年人持有资产总量为 H_1，并拥有足够的消费品作为禀赋。

2. 对称性均衡的定义。根据对称性，第 t 期年轻人的人均消费（$c_{1t} = C_{1t}/N_t$，C_{1t} 是第 t 期年轻人的消费总量）相等，第 t 期货币和资产人均持有量（分别为 $m_t = M_t/N_t$ 和 $h_t = H_t/N_t$）都相同。由第 t 期年轻人（人均）消费 $c_{1t} \geq 0$、第 $t+1$ 期老年人（人均）消费 $c_{2t+1} \geq 0$、第 t 期（人均）货币持有量 $m_t \geq 0$、第 t 期（人均）资产持有量 $h_t \geq 0$、第 t 期资产用消费品表示的购买力为 $\vartheta_t \geq 0$、第 t 期货币购买力 $\varphi_t \geq 0$ 和第 t 期物理储存 $k_t \geq 0$ 组成向量 $[c_{1t}, c_{2t+1}, m_t, h_t, k_t, \vartheta_t, \varphi_t]$。对称性均衡就是一系列向量 $[c_{1t}, c_{2t+1}, m_t, h_t, k_t, \vartheta_t, \varphi_t]$，$t = 1, 2, \cdots$，满足以下条件：

（1）给定 $\varphi(t)$ 和 $\vartheta(t)$，c_{1t}，c_{2t+1}，m_t，k_t 和 h_t 是代表第 t 期年轻人在完全预见情况下效用最大化的选择。

（2）货币和资产在总量和个体持有量之间满足 $M_t = \sum m_t$，$H_t = \sum h_t$。

（3）第 t 期货币购买力 φ_t 使得第 t 期对货币的需求和供给相等。

（4）第 t 期以货币标价的资产价格 ϑ_t 使得第 t 期对资产的需求和供给相等。

3. 效用最大化。代表年轻人需要解决的问题是，给定货币、资产当前和未来的价格（φ_t、ϑ_t 和 φ_{t+1}、ϑ_{t+1}）、利率 i_t 以及 χ、ξ、ζ 和 ϕ 的数值，选择 c_{1t}，c_{2t+1}，m_t，k_t 和 h_t，使得其终生的效用 $u(c_{1t}, c_{2t+1})$ 最大化。约束条件是：

$$c_{1t} + k_t + \varphi_t m_t + \vartheta_t h_t - y(1)\xi^{t-1} = 0$$

$$c_{2t+1} - \chi k_t - \varphi_{t+1}\left[i_t m_t + \frac{(\zeta-1)M_t i_t}{N_t}\right] - \vartheta_{t+1}\left[h_t + \frac{(\phi-1)H_t}{N_t}\right] = 0 \quad (11-6)$$

其中，$\varphi_t \geq 0$，$\varphi_{t+1} \geq 0$，$\vartheta_t \geq 0$，$\vartheta_{t+1} \geq 0$。最优化的充要条件是：

$$u_1 - \lambda_1 \leq 0 \quad 当 c_{1t} > 0 时，\ u_1 - \lambda_1 = 0 \quad (11-7)$$

$$u_2 - \lambda_2 \leq 0 \quad 当 c_{2t+1} > 0 时，\ u_2 - \lambda_2 = 0 \quad (11-8)$$

$$-\lambda_1 + \chi\lambda_2 \leq 0 \quad 当 k_t > 0 时，\ -\lambda_1 + \chi\lambda_2 = 0 \quad (11-9)$$

$$-\lambda_1 \varphi_t + \lambda_2 i(t)\varphi_{t+1} \leq 0 \quad 当 m_t > 0 时，\ -\lambda_1 \varphi_t + \lambda_2 i_t \varphi_{t+1} = 0 \quad (11-10)$$

$$-\lambda_1 \vartheta_t + \lambda_2 \vartheta_{t+1} \leq 0 \quad 当 h_t > 0 时，\ -\lambda_1 \vartheta_t + \lambda_2 \vartheta_{t+1} = 0 \quad (11-11)$$

其中，λ_j 是（11-6）式第 j 个约束条件的非负乘数。（11-7）式中的 λ_1 代表增加年轻人一单位禀赋（以消费品衡量）所带来的边际效用。当年轻人消费大于零时，禀赋增加所带来的边际效用等于年轻人消费所带来的边际效用。当 λ_1（严格地）大于年轻人消费所带来的边际效用时，消费越少越好；但如果第 t 期年轻人的消费已经为零时，消费已经无法再减少了，禀赋的边际效用大于等于消费的边际效用。（11-8）式中的 λ_2 代表老年人增加禀赋所带来的边际效用；由于老年人将所有剩余禀赋和从年轻转移来的消费品都消费掉，当老年人消费严格大于零时，增加禀赋所带来的边际效用等于老年人消费所带来的边际效用。如果老年人消费的边际效用严格低于增加禀赋的边际效用，老年人消费相对过"多"了，这种情况出现的唯一可能是老年人消费已经为零。

4. 资产替代条件下通货膨胀和资产价格过快上涨的风险。未来推动国内通货膨胀和资产价格过快上涨的原因是，货币相对房产等资产作为跨期价值储存载体的吸引力下降。通货膨胀率越是高，人们越是倾向持有黄金、房产等资产规避通货膨胀风险，资产替代现象越是明显。资产替代现象反过来增加了通货膨胀风险，推动通货膨胀向更高的水平发展。

在抽象的模型中，我们可以推导出货币作为跨期价值储存载体具有吸引力的条件。货币正常运行意味着货币购买力在任何时期都严格大于零，$\varphi_t > 0$（对任意 t 期），货币跨期转移购买力的效率不低于物理储存。根据（11-7）式~（11-10）式，年轻消费者效用最大化、持有货币规模严格大于零且不囤积消费品的充要条件是：

$$\frac{\partial u(c_{1t}, c_{2t+1})/\partial c_{1t}}{\partial u(c_{1t}, c_{2t+1})/\partial c_{2t+1}} = \frac{\varphi_{t+1} i_t}{\varphi_t} \geq \chi \quad (11-12)$$

根据（11-12）式，当 $\varphi_t > 0$（对所有 t）和 $i_t \geq 1$（对所有 t）时，货币数量严格大于零的充要条件（证明见附录）是：

$$\zeta \chi \leq i_t n \xi \quad (11-13)$$

实际收入增速 ξ 可以小于名义货币的增速 ζ，但是前者比上后者的值必须大于某个下界（χ/i_tn）；货币增速的上限确保了货币增长不会突破收入增长的上界。货币的吸引力受四个方面的影响：一是货币和其他资产的投放速度。给定其他条件不变，货币的投放速度相对其他资产不能过快。二是物理储存技术转换率。给定其他条件不变，物理储存技术越先进，货币越有可能失去吸引力。三是人口增速和禀赋增速。给定其他条件不变，人口和禀赋增速越快，下一代人口所持有的禀赋总量越多，货币越是有购买力。四是利率。利率越高，货币转换购买力的效率越高，货币越是有吸引力。

为考察资产替代，假定除了物理储存方式以外，存在其他资产可以替代货币发挥跨期价值储存功能。人们同时持有货币和资产，没有人囤积消费品。在这种稳定状态（人们持有的资产用消费品衡量为 $f_t = h_t\vartheta_t$，持有的货币用消费品衡量为 $q_t = m_t\varphi_t$，以下称为 $\check{q} - \check{f}$ 均衡），存在 $\check{f}_t = \check{f}_1\xi^{t-1} \in (0, y_1\xi^{t-1}]$ 和 $\check{q}_t = \check{q}_1\xi^{t-1} \in (0, y_1\xi^{t-1}]$，$k_t = 0$。

人们持有资产意味着资产的"购买力"在任何时期都严格大于零，$\vartheta_t > 0$（对任意 t 期）。根据（11-7）式~（11-11）式，年轻消费者效用最大化、同时持有货币和资产规模严格大于零且不囤积消费品的充要条件是货币和资产跨期转移购买力的效率相等且不低于物理储存。

$$\frac{\partial u(c_{1t}, c_{2t+1})/\partial c_{1t}}{\partial u(c_{1t}, c_{2t+1})/\partial c_{2t+1}} = \frac{\vartheta_{t+1}}{\vartheta_t} = \frac{\varphi_{t+1}i_t}{\varphi_t} \geq \chi \quad (11-14)$$

根据（11-14）式，货币的实际利率对货币发挥跨期储存价值功能非常重要。实际情况也是如此，2004年以来大部分年份里（除2007年以外）一年期存款利率低于通货膨胀率的负利率现象开始影响越来越多人的储蓄投资决策。资产替代现象近年来越来越突出。2008年，全国住宅销售额达到2.1万亿元（住宅的使用方式包括自住和投资两类，出于投资考虑购买面积过大的自住住宅也与资产替代有关），证券投资基金规模达到2.6万亿元。股票市场从2007年最高点一度回落，商品住房的销售价格却越来越高；2010年政府抑制房价政策一出台，股票价格就应声开始上涨，有些企业股票的估值已经回到2007年股市6 000点最高的估值水平。2010年10月抑制房价政策频频出台，房价上涨暂时受到影响，交易量有所萎缩，但人们普遍认为房价难以下降。总的来说，近来房产、股票、黄金、珠宝、艺术品、茶叶甚至大蒜、绿豆、生姜价格的大幅度上涨都与负利率有关系。

上述模型分析的主要结论是：给定其他条件不变，跨期转移购买力效率的高低是相对的。如果资产跨期转移购买力的效率高于货币，即使通货膨胀不高，实际利率为正，人们还是会选择资产作为跨期价值储存的载体。如果通货膨胀趋高，实际利率为负，资产价格上涨的财富收益很大，再不会计算的人也会明白，持有货币是不划算的。

　　当越来越多的人转而持有资产（不仅将收入而且将货币存量转而持有资产），资产价格上涨就可能变成自我实现（Self-fulfilling）的过程，持有资产的购买力跨期转移效率变得更高，货币作为跨期转移购买力载体的吸引力进一步下降。此时，用资产持有量来衡量一个人的财富存量更加具有说服力。一个人收入的高低也倾向于通过与资产价格进行比较来确定。当资产价格与收入的比率（资产价格/收入）迅速增大时，提高收入的愿望快速"膨胀"，增加收入会促使价格上升；价格的上涨会引发普遍性的通货膨胀预期，进一步引发通货膨胀。在这种情况下，即使增加部分商品供应，抑止部分商品的价格，资产价格过快上涨和通货膨胀都难以通过局部的行政性的结构性措施加以控制。

　　资产价格的上涨不是特定的某一类资产价格的问题，而是资产价格普遍性的上涨。单单控制某一类资产的供求，抑制某些资产的价格，依旧难以控制资产价格普遍上涨的趋势。比如，控制了房产价格，股票价格却上来了。资产价格上涨过快背后有许多特殊因素，采取行政性的和局部的措施加以控制难免挂一漏万。关键是货币信贷不失控，资产价格就难有大的泡沫，金融机构和金融市场就不会有风险，通货膨胀不起来，人民币汇率不会大幅度贬值，经济平稳增长在中长期内就有了保障。

三、政策分析与建议

　　如果要比较国内外的经济发展阶段差异，中国目前的经济形势可能更像20世纪70年代初期生产率持续下降之前的美国。如果美国政策决策者没有吸取20世纪70年代的教训，在80年代将控制通货膨胀作为首要政策目标，美国经济就不可能出现金融危机之前持续近30年的高增长、低通货膨胀阶段。美国经济史提供的资料说明，过度依赖货币政策刺激就业不仅结果不理想，而且可能付出代价。美国学者Delong（1998）认为，美国经济大萧条的阴影带来的对持续失业的恐惧、过度依赖货币政策解决就业问题是美国20世纪70年代出现通货膨胀的根本原因。美国20世纪70年代以前和平时期的平均通货膨胀率在0~3%之间，70年代通货膨胀率上涨到5%~10%（70年代美国的平均通货膨胀率为7.1%）。其实，美国60年代的经济政策实验已经说明，政府制定的失业率目标过低（比如，美国60年代的失业率目标如果低于4%），会带来加速的通货膨胀。但是，70年代美国的政策制定者继续认为宏观经济政策可以使得失业率达到非常低的水平，而个位数的通货膨胀成本不高，当时的政策导向是在不增加失业情况下控制通货膨胀（Stein，1984）。结果是，与将控制通货膨胀放在货币政策目标首位的西德相比，美国 70 年代后期的通货膨胀率比德国通货膨胀率高出了 4.1%（德国 1976~1979 年的平均通货膨胀水平为 3.7% 低于美国同期的 7.79%）。经过 70 年代通货膨胀经历之后，美国的政策决策者认识到，宏观经济政策可以实现的可持续的最低失业率相对而言是比较高的，个位数的通货膨胀也是要付出巨大的经济和政治代价。

中国的通货膨胀水平主要由国内因素决定。国内有关通货膨胀的分析将从统计价格指数的技术分析逐渐过渡到全面和深入的经济学分析。单单分析消费物价指数的各个构成部分及其变化，人们很容易将国内通货膨胀与特定商品（比如，燃油、粮食、食用植物油、肉类等基本生活必需品和其他商品生产）的紧缺联系在一起。美国学者 Blinder (1982) 也曾将美国 70 年代的通货膨胀归结于来自少数类型商品的供应扰动（Supply Shock），认为美国 70 年代的原因是遇到了"坏运气"。诺贝尔奖得主 Friedman (1975) 坚决反对这种分析方法。他认为，将全面的通货膨胀归因于结构性因素理论上缺乏依据：一部分商品价格上涨将导致消费者对这部分商品支出增加，同时必然导致消费者在其他商品的支出减少，按照同样逻辑，将导致其他商品的价格下降；从这个意义上讲，全面性通货膨胀难以通过部分商品价格上涨的"坏运气"得到解释，必然有其系统性的根源。进一步对国内的数据进行分析可以发现，针对特定商品的行政性和局部性政策在短期内可以导致特定商品的价格下降，但无法确保价格变化率在中长期内稳定在合理的水平。2008 年的通货膨胀率达到 5.86%，通过采取行政性的和局部调控的结构性措施，2009 年通货膨胀率降为 -0.7%，但是 2010 年的通货膨胀率很快恢复到（2010 年 9 月）3.6% 的水平。

出于发展是硬道理的考虑，在金融危机之后，政策当局果断地将从紧的货币政策调整为适度宽松的货币政策，从控制通货膨胀转为出台各项经济政策刺激经济增长。特殊时期的阶段性政策是必要的。2008 年金融危机之后，我国采取的积极财政政策和适度宽松的货币政策已经取得成效，我国经济已经从底部开始回升，通货膨胀预期已有所显现。

坚持发展是硬道理，尤其需要坚持确保经济长期平稳发展的这个硬道理。正如 2010 年《政府工作报告》所提出的，宏观调控政策要"处理好保持经济平稳较快发展、调整经济结构和管理通货膨胀预期的关系"。日本和美国的经历都说明，保持相当长时间（甚至数十年的）的经济增长是相对容易实现的，但是要想始终不出现经济大起大落却很难。国内通货膨胀预期推动资产替代，推高资产价格，资产价格迅速上涨的势头已经开始引发实体经济的人力资本和资源向金融部门转移，制造业的企业开始从事房地产业务，房地产企业开始从事资本市场业务，具有企业家精神的稀缺人力资本开始从实体部门抽离。资产市场和金融部门过度扩张的风险增加，资产泡沫的风险慢慢开始积累。如果未来一旦出现资产泡沫破裂，实体部门的薄弱马上暴露出来，可贵的企业家精神将难以回归，面临的很可能是信贷需求的长期疲软。到那时，即使流动性和信贷供应再宽松，都难以将信贷注入实体经济，促进就业和经济增长的目的难以实现，结果可能是类似日本所经历的长期经济萧条。

随着金融危机最糟糕的阶段逐渐过去，在国内 2010 年前三季度经济发展的基础上，进一步落实"发展是硬道理"的做法有两种。第一种做法是继续实施全面的刺激经济政策，短期内将控制通货膨胀的目标放在实现就业的目标之后，在保持积极财政政策的同时继续实施适度宽松的货币政策。这种做法的优点是可以抵御美国和国际经济形势未来可能的糟糕局面（比如美国步入持续通货紧缩），在短期内保持国内经济的发展势头，风险是中长期通货膨胀和资产价格可能失控。

第二种做法是短期内将控制通货膨胀的目标重新放到实现就业的目标前面。这种做法的风险是短期的就业压力可能会大些，优点是保持国内通货膨胀和资产价格在中长期内处于可控的状态（认为即使国际经济形势没有好转，国内通货膨胀和资产价格过快上涨还是有可能发生），确保了经济增长的中长期趋势不会由于通货膨胀和资产价格失控而被打断，经济向好的趋势不会被逆转。

在未来的 20 年内，只要中国不出现严重的通货膨胀和资产泡沫，即使经济增长速度略微低些，也能在经济总量上达到世界第一。反之，如果中国未来出现严重的通货膨胀，或者出现资产价格泡沫，那么中国很可能重蹈日本的覆辙，陷入长期的经济萧条和通货紧缩，难以实现成为世界一流经济强国的目标。从未来经济平稳发展这个硬道理和大局出发，第二种做法更为稳妥。

随着中国在 2010 年超越日本成为世界第二大经济体，国内经济发展的重点是在平稳的前提下实现中长期的经济增长目标。从现在起，为未来 20 年（那时中国将成为世界第一大经济体）甚至未来 50 年（那时中国人均国民生产总值将超过美国的人均国民生产总值）的经济平稳发展打好基础。一方面坚持用平稳发展的办法解决前进中的问题，另一方面要防止操之过急、欲速不达，避免由于通货膨胀和资产价格过快上涨过快激化各种社会矛盾。2010 年在收入分配领域普遍反映出来的各种问题已经说明，经济运行当中的一些不稳定因素已经积累到不能不加以治理的程度；如果继续放任资产价格过快上涨和通货膨胀发展下去，老百姓对政府的宏观调控将逐渐失去信心，一旦这种预期形成，政府需要下猛药才能扭转。老百姓不需要好看的经济数字，对收入和财富存量的实际价值不断缩水难以接受。此外，通货膨胀和资产价格领域的调控滞后还非常可能增加金融部门的风险积累，通过增加金融部门的脆弱性放大经济波动（Cecchetti & Li,

2007)。

分析国内今后经济政策的合理取向,一方面要认识到经济增长的强劲基本面和经济结构调整的成效将持续得到释放,另一方面要考虑到增加大量就业岗位的难度将增加。在全社会就业压力较大的情况下,尤其要防止通货膨胀的抬头和资产价格的过快上涨。增加就业机会固然重要,危害更大的是劳动者实际收入和财富的缩水。2010年的通货膨胀率很可能在3%~3.5%之间,表面上似乎没有那么高。考虑到国内资产价格已经开始抬头(而且难以回头),长期未释放的商品、服务和资产之间的国内外价差已经进入加速缩小的过程当中,国内通货膨胀预期逐渐积累,建议2011年在保持积极财政政策的同时,短期内将控制通货膨胀作为首要的政策目标,回归稳健的货币政策,进一步发挥利率在控制通货膨胀过程中应该发挥的重要作用。

同时,建议加快落实有关收入分配领域的各项改革和调整措施,保证老百姓实际的收入水平不会下降,加强对通货膨胀预期的引导,确保收入增速高于通货膨胀预期。在国内经济向好,生产率不断提高的过程中,保证劳动者实际财富存量不缩水是可以实现的。适时提高(尤其是教育科研等人力资本部门的)劳动者收入。这些部门劳动者的收入水平基本上是政府确定的。大部分劳动者依靠劳动收入(加上储蓄存款)致富的速度远不及投资于资产的财富增值速度。即使储蓄存款利率有所提高,依然不能改变上述格局。如果将投资于资产从而实现财富增值的人群称为投资致富人群,将依靠劳动收入(加上储蓄存款)积累个人财富的人群称为劳动收入人群。目前较大的收入分配问题是,劳动收入人群在收入分配中所占的比重越来越低。

改革和发展的出发点是为了增加大多数人的利益,不论出于何种理由,宏观调控政策都不能任由大多数老百姓的实际利益有可能受到损失。实施稳健的货币政策,使得货币发行和信贷发放处于合理的增速,从流动性源头上抑制资产价格的过快增长和物价上涨,有利于缓解收入分配方面的不平衡,化解各种社会矛盾。只要收入分配政策合理,货币政策和财政政策方面总体上保持稳健,可以实现中长期经济的平稳发展,防止大起大落的风险。

第三节 我国现阶段反通货膨胀的货币政策遇到的困难

货币政策的目标是多重的,在我国现阶段货币政策的首要目标在于反通货膨胀。面对不断上升的通货膨胀压力,货币政策实现其有效反通货膨胀目标面临越来越复杂的约束，其政策的有效性被来自多方面的困难不断侵蚀，从而更加剧了反通货膨胀的艰巨性。

一、我国现阶段宏观经济失衡的特殊性困扰着货币政策目标的选择

自 2010 年下半年起至今，宏观经济失衡的基本特点是，既面临经济增长衰退的压力，也面临通货膨胀的威胁，宏观经济政策从前一时期全面扩张的反危机状态"择机退出"，调整为"积极的财政政策和稳健的货币政策"。[①]

"滞胀"威胁的存在（这里说是"威胁"，而不是说已经进入滞胀）使得货币政策反通货膨胀目标的选择和政策力度的控制遇到了特殊困难，如果经济增长停滞压力存在并且不断上升，货币政策反通货膨胀目标就不能不受到极大限制。从我国现阶段情况来看，内需不足并未真正有效克服。

首先，就内需中的投资需求而言，前一时期为应对世界金融危机冲击，采取一系列扩大投资需求的举措，取得了一定的效果。但必须看到，一是这类扩大投资行为多为政府行为，包括中央和地方政府，或具有行政指令性的项目，特别是基础设施建设项目投资，并非是真正的企业市场行为，对今后的经济增长及就业机会的带动并无持续性。二是国有大型及特大型企业自主创新能力亟待提高，在自主创新能力不足的情况下，即使具有投资的资本能力，但由于缺乏新产品开发和新产业升级能力，因而难以寻找到有效投资机会，光在原有产品和结构下扩大投资，结果只能是重复投资，一旦普遍必然会引发产品和产能严重过剩，导致新的失衡和增长的不可持续。三是民营中小企业在自身资产能力弱和企业治理结构不合理的同时，客观经济环境、国民经济市场化滞后，尤其货币市场化、资本市场化程度低，使民营中小企业进入和运用货币、资本市场面临种种制度歧视，因而，即使有投资需求，也不会被正规的货币、资本市场所承认，尤其是不为国有垄断的金融体系承认，难以转化为有效的投资需求；若寻求正规体制外民间融资市场，则面临高昂的融资成本和风险。因此，投资需求疲软仍是有待克服的重要问题。

其次，就内需中的消费需求而言，对于现阶段的我国来说，要使消费需求增长与经济增长相互协调，重要的在于收入分配合理。我国现阶段国民收入分配不合理导致消费需求增长乏力的主要原因有三个方面，一是国民收入分配在政府（税收）、企业（GDP）、居民（居民收入）三者间，长期居民收入增速最低，居

---

① 刘伟：《经济失衡的变化与宏观政策的调控》，载《经济学动态》2011 年第 2 期。

民作为消费者在国民收入分配中占比持续下降,从而国民收入分配在总体结构上使得消费需求增长不足。二是国民收入分配在城乡之间存在悬殊差距,居民收入增长本身就慢于政府和企业收入增长,而在居民中,农村居民收入增长更是长期落后于城镇居民,导致城乡居民收入及消费力差距不断扩大,占人口总数52%左右的农村居民对消费需求增长的贡献与其人口占比严重不符,导致消费需求增长结构严重扭曲,也极大地限制了消费需求增长的可能。三是无论城镇还是农村,居民内部收入分配差距扩大。尽管由于数据和分析方法等方面的差异,关于我国基尼系数的测算结果各有不同,但所反映出的收入分配差距扩大的趋势是共同的,并且普遍认为我国现阶段居民收入分配差距已超过通常所说的警戒水平(0.4以上),这就使我国居民消费倾向下降,进一步降低消费需求的增长能力。[①] 可见,消费需求增长乏力具有深刻的制度原因,克服起来也需要做出艰苦的努力。

再次,受世界金融危机以及全球经济复苏迟缓的影响,我国所面临的世界经济环境依然严峻,出口的持续强劲扩张受到很大的限制。尽管欧美多国自金融危机以来已采取了多方措施刺激经济,但到目前为止,美国、欧盟、日本等主要经济体仍深陷衰退中,并且存在极大的进一步加剧危机的风险,使我国外需(出口)不能不面临较长时期的严峻挑战。进入21世纪以来,在金融危机之前,出口需求对我国年均经济增长率的贡献大体稳定在2~3个百分点,在相当大的程度上缓解了内需不足的矛盾。在内需疲软未从根本上克服,出口又受到世界经济衰退严重冲击的条件下,总需求增长乏力进而导致经济增长速度降低,甚至低于7%以下,是非常可能的。对于一般发达国家经济增长率若能达到3%以上就是可以满意的,而对于我国则不然,我国的经济发展阶段性特征以及就业目标等社会经济发展问题的解决依赖于经济的高增长率,现阶段若长期低于7%的增长率,国民经济便可能产生严重衰退。仅以就业目标而言,我国目前GDP增长1%,相应新增就业岗位不足100万个,如果年经济增长率达到7%,相应新增就业岗位600多万个,这样才能使失业率不至于显著上升。

因此,尽管现阶段我国通货膨胀压力较大,物价水平持续上升,存款负利率已连续近20个月,但考虑到经济停滞的风险和经济增长目标的要求,在短期内货币政策治理通货膨胀的力度难以充分展开,只能是一个较长时期的逐渐治理过程,这就使货币政策反通货膨胀效应在短期内难以取得十分明显的效果。如果考虑到我国经济发展阶段性和经济体制转轨的特殊性,反通货膨胀的货币政策面临

---

① 刘伟、蔡志洲:《现阶段我国居民收入的增长、分布变化和影响因素分析》,《中国经济增长报告(2011)》,中国发展出版社2011年版。

的困难更为艰巨。就发展阶段而言，我国正处于工业化、城镇化加速期的中等收入发展阶段，从经济理论上说，这一发展阶段无论是需求拉上还是成本推动的通货膨胀压力都处于显著上升期；从发展历史上说，发展中国家在低收入阶段通货膨胀率较低，大多在一位数，但到了中等收入阶段通货膨胀率显著上升，大多超出两位数，只有到高收入阶段，通货膨胀率才又逐渐回落到一位数之内。① 就经济体制转轨而言，由于正处于市场化进程中，市场体系不完整，市场分割，甚至市场缺失，市场竞争不充分，会阻碍资金在不同市场间融通；加之转轨中的企业资金运用效率偏低等原因，使得转轨经济对货币的需求量相对更大。这些发展和体制性因素都增加了反通货膨胀的难度，进而制约反通货膨胀政策目标和力度的选择。

二、我国现阶段通货膨胀压力成因的特殊性影响着货币政策的有效性

现阶段我国通货膨胀压力集中于三个方面：

（1）具有需求拉上与成本推进共同作用的特点。与改革开放以来其他时期的通货膨胀明显不同，以往的通货膨胀基本上是需求拉上型，而目前的通货膨胀，除具有需求拉上原因外，还具有成本上升的动因。本来当发展中国家跨越贫困超过温饱进入中等收入发展阶段后，各类生产要素的价格会相应上升，包括劳动力、土地、原材料、能源动力等上游投入品。如果发展方式不相应地转变，经济增长不从主要依靠要素投入量扩大转变为主要依靠要素效率提高，竞争优势不从主要依靠成本低廉转变为主要依靠创新力上升，就无以消化不断上升的成本进而保持可持续增长，必然形成以成本推进为特征的通货膨胀。我国现在已进入中等收入发展阶段，面临"中等收入陷阱"的威胁，据有关方面的研究，我国目前的通货膨胀有近50%的程度来自成本推进。当然，成本推进对当前我国通货膨胀作用程度究竟有多大，可以进一步探讨，但成本上升在目前通货膨胀中起到的推动作用日益显著是客观趋势。这样，一方面以传统的收紧银根的紧缩性货币政策来治理通货膨胀的有效性就受到严重削弱。紧缩性货币政策，诸如通过加息、上调法定准备金率等，从货币价格和信贷规模等方面收紧流动性，对于需求拉上的通货膨胀能够产生明显的效果，因为收紧银根本身就是紧缩需求，但对成本推动的通货膨胀作用不会明显，因为治理成本推动的通货膨胀关键在于降低成本。另一方面，若成本推动对通货膨胀起了重要作用，那么采取紧缩需求的货币

---

① 世界银行：《世界发展报告》，中国财政经济出版社1989年版，第164页。

政策在一定程度上可能加剧通货膨胀，紧缩银根固然有需求效应，从而降低由于需求拉上而形成的通货膨胀压力，但紧缩同时也会产生供给效应。无论是加息还是减少银行信贷规模，事实上都会使企业融资成本上升，企业成本上升只有通过转移到产出价格才可能消化。显然，如果是在成本推动型通货膨胀条件下，主要运用紧缩性货币政策，在产生需求效应的同时，会产生更强烈的供给效应，进一步增大成本上升推动通货膨胀的压力。

（2）具有外部输入性特征。在我国经济开放程度不断提高，外贸依存度已达较高水平的条件下，国际经济周期对国内经济的均衡影响会日益加深，包括对国内的经济增长和通货膨胀等目标的影响越来越显著。一是石油等重要能源的进口依赖度不断提高，现在超过50%，而国际原油市场价格虽有波动，但总体趋势是显著上升，这就不能不深刻影响我国经济的成本，进而推动物价上升。二是铁矿等矿产品国际市场价格大幅上扬，而我国又是处于工业化、城镇化加速期，国民经济对钢铁需求量正处在加速提升阶段，不能不通过扩大进口铁矿资源来支持国民经济需要。国际市场铁矿年贸易量中，我国一国买进高时就占60%以上，这一方面刺激着国际市场铁矿价格上升，另一方面上升的国际市场价格又反过来进入我国相关企业成本，成为推动相关产出价格的成本动因。三是农产品国际市场价格上升对我国经济也产生了不容忽视的影响。我国农产品供求基本上可以做到自我平衡，但我国进口的农产品主要是大豆和玉米，出口主要是稻米，而国际农产品市场近年来，稻米价格是稳定的，上升幅度较大的恰是大豆和玉米等。以大豆为例，据测算，国际大豆价格与国内大豆价格指数相关系数高达0.94，长期影响系数为0.83，即国际大豆价格每增加1%，国内大豆价格上涨0.83%；而国内大豆价格指数对食品价格长期影响系数为0.439，即国内大豆价格上涨1%，食品价格上涨0.439%；国内大豆价格指数对肉禽类消费价格长期影响系数更高，达到0.616，即国内大豆价格上涨1%，肉禽类消费品价格上涨0.616%。[1]在我国现阶段居民恩格尔系数仍较高（城乡平均为40%左右）的条件下，食品价格上升无疑对CPI有重要影响。尽管发达国家的核心价格指数通常不包括农产品，因为农产品生产受自然气候影响，货币政策不能控制自然气候变化，但在我国现阶段作为中等收入发展中国家，恩格尔系数远不像发达国家通常低于20%以下，食品类价格变化对人们的实际生活和通货膨胀预期影响是很强烈的，应当予以关注。四是美国定量宽松的货币政策，在一定程度上增大国际市场上的流动性，向国际社会输出通货膨胀，我国经济或多或少地会受到一定影响，相应地增

---

[1] 刘伟、金三林：《国际粮食价格波动特点及对我国价格总水平的影响：以大豆价格为例》，北京大学经济学博士后流动站工作论文。

大输入性通货膨胀的压力。对于各类因素所形成的输入性通货膨胀压力，国内的货币政策的作用是有限的，并且是被动的。

（3）具有明显的需求拉上的滞后性。自2008年下半年起至2010年上半年，我国为应对世界金融危机，采取"更加积极的财政政策和适度宽松的货币政策"，国民经济中的流动性迅速并且大量增加。这种扩张性举措取得了一定的反危机成效，但为此国民经济也需要支付一定的代价，这种代价重要的方面便是承受由此而产生的需求拉上的通货膨胀压力。不同的是，扩张性货币政策增加的流动性要形成现实的通货膨胀，存在一定的"时滞"期，在欧美国家最长不超过1.5年，在我国据测算，最长不超过2年，也就是说自2008年下半年起到2010年上半年放出去的货币，在2011年或2012年上半年之前应当表现为现实的通货膨胀压力。① 换句话说，我们现在治理的通货膨胀，在一定程度上是为前2年扩张性政策承受通货膨胀的压力。现期货币政策对前期形成的通货膨胀需求压力的抑制作用是有限的，也是被动的，而且现期的货币政策的效应同样也存在"时滞"，不是马上能够充分显现的。

可见，现阶段我国通货膨胀的特点不仅仅是上涨压力大，更重要的是成因复杂。对于成本推动形成的通货膨胀压力，紧缩银根的货币政策难以奏效并且还有可能适得其反，加剧通货膨胀；对于国际输入性的通货膨胀压力，国内货币政策作用有限并且十分被动；对于需求拉上滞后性的通货膨胀压力，现期的货币政策作用有限，不仅无以根本控制，而且即使采取措施，其政策效应的显现本身也有滞后性，不是即期的。这种通货膨胀成因的复杂性，在一定程度上抵销着一般意义上的货币政策的有效性，这是目前我们运用货币政策治理通货膨胀必须予以注重的。②

三、我国现阶段货币政策选择面临的约束条件的特殊性抑制着货币政策效应的实现

当前"松紧搭配"的财政与货币政策反方向组合方式，抑制了货币政策的紧缩效应。在此次世界金融危机前后及反危机过程中，我国宏观经济政策组合结构方式上的突出特点是，财政政策的总体方向未变，始终是扩张性的。从1998年起，财政政策即采取"积极的财政政策"；2008年下半年后进一步提升扩张力度，采取"更加积极的财政政策"；2010年下半年"择机退出"启动后，财政

---

① 刘伟、李绍荣等：《货币扩张、经济增长与资本市场制度创新》，《经济研究》，2002年第1期。
② 刘伟：《克服中等收入陷阱的关键在于转变发展方式》，《上海行政学院学报》，2011年第1期。

政策调整为"积极的财政政策"。扩张性财政政策的方向并未变化,只是扩张力度有所变化。货币政策则不同,自 2003 年起,在继续采取"积极的财政政策"的同时,货币政策开始采取反方向的紧缩性政策选择,即"稳健的货币政策";自 2008 年下半年进入全面反危机后,货币政策做出方向性逆转,由从紧的政策方向逆转为"适度宽松的货币政策"。2008 年末较年初新增贷款 4.9 万亿元,2009 年新增 9.6 万亿元,2010 年上半年新增 4.6 万亿元,印证了货币政策由从紧向宽松的方向性变化。2010 年宏观调控扩张性举措"择机退出"以来,货币政策方向再次逆转,重回从紧状态,连续上调法定准备金率及加息都表明了这种政策方向的变化。因此,一方面,说明在应对金融危机过程中我国宏观政策发生方向性变化的是货币政策,而财政政策的方向始终未变,只是力度有所调整,与欧美国家不同,欧美国家此次金融危机的产生根源与其长期以来的低效率下刺激经济增长的货币政策有深刻联系,运用货币政策再刺激经济已空间不大,不能不更强调财政政策的调整及反危机的作用,货币政策更多的只是配合扩张性财政政策发挥作用。另一方面,在现阶段"择机退出"启动之后,我国财政政策与货币政策的组合结构事实上呈现出"松紧搭配"的反方向组合,即扩张性的财政政策与从紧的货币政策,这种反方向组合尽管在面临通货膨胀和经济放缓双重压力下有其必要性,但有可能产生货币与财政政策相互间的效应抵销。我国的货币政策进入新世纪以来,除 2008 年下半年至 2010 年上半年全面反危机期间外,大多采取紧缩性的货币政策,但由于同期财政政策始终是扩张性的,财政资金与信贷资金配套的财政模式支持着货币扩张,抵销着货币政策的紧缩效应。当代欧美国家,财政融资主要是通过税收和债券,很少通过银行信贷,一般不把信贷与财政直接联系起来,我国则不同,除税费和债券外,银行贷款成为财政融资的重要渠道。在体制上,由于我国银行多为国有或国有控股,即使非国有银行也被纳入严格统一监督体系,银行受行政影响程度较深,逐渐形成了财政资金与信贷资金的配合模式,因而当采取财政与货币"松紧搭配"反方向组合时,货币政策的紧缩效应往往会受到财政政策扩张性效应的抵销。比如,国债投资项目配合银行贷款,财政贴息银行贷款,财政投资项目配套政策性贷款,财政支持信用担保与银行贷款,财政投资资金与银行贷款配套等。[①] 事实上,土地财政与信贷资金结合也是一种财政与信贷的配套,地方政府以未来土地专项收益做抵押,通过地方性融资平台向银行贷款。可见,我国信贷扩张在很多情况下是财政扩张的结果。这种扩张抵销紧缩性货币政策效应,增大货币量,但又主要不是通过增加基础货

---

① 王元京:《1998 年以来财政资金与信贷资金配合使用的模式》,《金融理论与实践》,2010 年第 2 期。

币来实现，而是通过改变货币乘数来实现。当实体经济下滑导致信贷需求下降时，大量货币滞存于银行体系，在法定准备金率不变时，超额准备金增加，当政府推出财政扩张计划后，银行信贷与财政扩张资金配套进行，财政扩张直接刺激信贷投放，滞存于银行体系的货币减少，超额准备金率会下降，从而货币乘数上升，经济中的货币供应也相应增加。我国2008年末至2009年末的相关数据清晰地反映出这一状况，金融机构准备金率一直下降，同时，货币乘数一直上升，这与这一时期财政刺激政策和大量的信贷投放相互配合是一致的。同样，在这一体制下，当财政与货币政策"松紧搭配"时，从紧的货币政策效应会受到扩张性的财政政策的削弱。

四、货币政策工具选择受到限制会影响货币政策效应的传导和实现

货币政策工具包括数量工具和价格工具，一般来说，在市场机制比较完备的条件下，央行对于货币数量和货币价格这两方面的货币政策中间目标，往往只需盯住一个，另一中间目标也就相应的内生式的形成了，也就是说，货币数量和利率之间有其内在联系，并且这种内在联系可以通过市场机制内在的确定。比如美国在20世纪80年代之前是盯住货币数量，通过调整利率，使货币供给量与需求量之间趋于均衡；80年代后则盯住利率，通过调整货币数量，使市场利率与政策目标利率趋于一致。我国的货币政策工具运用方式，是同时盯住货币数量和货币价格的双锁定方式，这与我国经济发展的阶段性及经济体制转轨的特殊性有深刻的联系。从我国现阶段的情况来看，紧缩性的货币政策首先是更多地运用数量工具，相比较利率工具运用的并不充分。原因在于，在金融危机影响下，我国货币市场上供求关系的失衡不同于欧美国家。欧美国家由于银行体系陷入危机，进而导致实体经济银根紧缩，银行和工商企业面临的共同问题是流动性不足，反映到货币市场上是对货币的需求旺盛，而货币供给能力不足。在我国则相反，世界金融危机发生时，银行本身并未受到危机直接影响，其流动性宽裕，金融危机作为国际性输入的因素首先冲击的是我国实体经济，进而实体经济投资支出减少，对货币的需求降低，相应地在货币市场上表现为需求不足。[1] 在这种情况下，如果央行直接上调基准利率，在货币供给一定的条件下，实体经济对货币的需求会进一步降低，因为利率上升会提高企业融资成本，进一步抑制实体经济对货币的

---

[1] 苏剑等：《金融危机下中美经济形势的差异与货币政策选择》，《经济学动态》，2009年第9期。

有效需求，加剧流动性相对过剩矛盾，特别是在我国宏观经济同时存在内需疲软、外需不畅的压力下，提高企业成本客观上可能加剧经济增速放缓的矛盾，这也是我国在"择机退出"以来采取稳健的货币政策过程中为何更多地使用上调法定准备金率等数量工具的重要原因，或者说，我国经济失衡的特殊性，特别是国际金融危机影响下的我国货币资本市场供求失衡的特殊性，使得我国货币政策工具运用中利率政策的运用受到较大限制。但是，运用货币数量工具也是有限制的。货币数量工具通常包括再贷款、再贴现、法定准备金率、贷款限额、央行票据等。一方面，在流动性相对过剩的条件下，一般而言，再贷款和再贴现对收紧货币的作用是有限的，央行也很少采用这两个手段。贷款限额作为数量工具中的重要手段，作用是显著的，我国以往也常采取，但考虑到目前"积极的财政政策"对信贷资金的需求，对信贷额度过严格的限制，可能受到扩张性财政政策的抵触，甚至可能严重威胁经济增长。所以，我国现阶段在选择货币数量工具时，被更大地限定在法定准备金率和央行票据方面，也就是说，在维持较低利率或难以短期内大幅上调利率的条件下，只能通过更多地调整法定准备金率和发行央行票据来收紧银根。这就使货币数量工具的运用受到限制。另一方面，运用法定准备金率和央行票据手段也是有限的。这种限制首先取决于银行本身的承受力，运用法定准备金率和央行票据手段紧缩的是商业银行的流动性，在商业银行流动性相对过剩条件下是必要的，也是可行的，但随着商业银行流动性不断被紧缩，银行本身资金受到规模限制，甚至可能产生流动性不足，这就使央行运用法定准备金和央行票据收紧商业银行流动性，以达到紧缩货币的政策遇到限制。更进一步，若银行流动性不足日渐普遍，银行对企业的信贷不仅规模收紧，而且利率必然会上浮，进一步提高实体企业融资成本，降低经济活力。

五、开放条件下国际收支失衡影响货币政策的紧缩效应

现阶段我国国际收支严重失衡极大地刺激着货币供给，对货币市场上的供求关系产生了深刻的影响，从而削弱着货币政策的紧缩效应。我国的货币供给方式与发达国家不同，美联储主要是通过在公开市场上买卖国债来调节基础货币，由于美国国债规模大，通过公开市场操作调节基础货币的空间也相应较大。而我国国债规模较小，央行通过买卖国债对基础货币进行调节的作用有限，影响货币供给的主要因素包括再贷款、再贴现、央行票据、结售汇、财政存款等。在这些因素中，财政存款是政府与央行之间的资金往来，主动权在政府而不在央行，不能作为央行的一种可以主动运用的政策手段；在流动性相对过剩，实体经济对交易性货币需求相对不足的条件下，一般而言，再贷款和再贴现手段对收紧银根的作

用是有限的，因而央行通常也很少采用，虽然我国央行对基础货币调节注重运用再贷款和再贴现手段，但再贷款和再贴现在基础货币供给中所占的比例不断下降。因而突出的原因便在于，国际收支失衡带来的外汇占款大幅增加，伴随我国国际收支顺差的扩大，外汇储备持续上升，在结（售）汇制度下央行外汇占款不断增加，到 2006 年我国央行外汇占款开始超越其他因素，成为决定基础货币供给量的最主要因素，例如，2009 年末，外汇占款与其他基础货币之比已达 122％，最高月份曾达 129％。[①] 今后一段时期，一方面，随着全球经济的缓慢复苏，相应地我国出口增长可能逐渐回升。尽管回升速度可能较慢，但贸易顺差的格局仍将长期存在，加之我国内需不足的威胁依然存在，对于出口需求的扩张也不能予以强力抑制，我国国际收支贸易顺差的增加是具客观性的；另一方面，考虑到国际社会对人民币升值压力的增强及对人民币升值预期的提高，更多的 QFII 和国际热钱会通过种种途径流入国内。在贸易顺差增加和人民币升值预期提高的双重压力下，我国外汇占款还将增大并且在今后相当长的时间里继续成为推动基础货币增加的主要因素。外汇占款的持续增大本身直接削弱着紧缩货币的政策效果，这就需要在货币政策上增大央行票据对冲外汇占款量。同时在外汇体制上，加强外汇管理，拓宽外汇运用和投资性支出领域，改善外汇运用机制和效率，鼓励外商投资以非金融资本形式进入，增加短期外资流入成本，从多方面采取措施以缓解国际收支失衡带来的对货币供求关系的冲击力度。

总之，我国现阶段经济失衡的特殊性，通货膨胀压力成因的特殊性，以及货币政策选择面临的约束条件的特殊性，使得遏制通货膨胀为首要目标的从紧性货币政策遇到了严重阻力，其政策效应受到了限制。要适应我国经济增长均衡目标的要求，我们必须清醒地认识到目前反通货膨胀政策面临的困难，提高反通货膨胀政策目标的明确性，提高货币政策的针对性和有效性，提高货币政策与财政政策等多方面经济政策的协调性，以更有效地克服和缓解经济失衡。

第四节　相机抉择条件下的货币政策最终目标福利分析

一、相机抉择条件下不同最终目标的福利效果

货币当局承诺实行一个固定的货币政策规则，在未来保持不变。这种情况比

---

① 中国人民银行：《2009 年中国货币政策执行报告》。

较少见，通常是货币当局采取相机抉择的做法，根据当前的具体情况随时调整政策工具。很少有中央银行完全按照事先承诺的政策规则行事（Clarida，1999）。本节分析货币政策当局在相机抉择条件下的最终目标选择。结论是：相机抉择条件下的货币当局应采取混合的最终目标。混合目标中包括的具体目标越多，在最优权重设定的情况下，最能够复制货币当局承诺条件下的货币政策惯性特征，与承诺条件下货币政策的状态最为接近。这项研究意味着，汇率政策与货币政策的协调在货币当局相机抉择条件下比货币当局承诺条件下更加重要。

以美国联邦储备系统而言，联邦公开市场委员会（Federal Open Market Committee，FOMC）每六周会重新决定一次联邦基金利率的水平。未来货币工具的具体路径很难受到事先任何承诺的制约。即使事先承诺了按货币政策规则行事，到了决策时刻，货币当局也有动力偏离事先承诺的路径，货币当局总是可以按照自己的意愿设定货币工具的路径。这种"时间不一致性"（Time Inconsistency）带来相机抉择政策的福利损失。Kydland 和 Prescott（1977）著名的"通货膨胀偏向"（Inflationary Bias）论文研究的就是在货币当局相机抉择情况下所带来的额外的通货膨胀。货币当局希望将产出水平推到自然水平之上，理性的私人部门预期到货币当局的这种动机，均衡的通货膨胀比目标的通货膨胀水平高，导致次优的结果。

在另一种情况下，私人部门的前瞻性特性带来福利的损失（Woodford，2003）。根据私人部门前瞻性的特征，当前的通货膨胀是对未来通货膨胀预期的函数。如果当前出现成本推动型通货膨胀的外部扰动，通货膨胀高于目标通货膨胀水平，货币当局当期减少产出，最优的货币政策（承诺意义上的）会具有惯性的特点，在下一期继续降低产出。如果承诺的政策得以实施，私人部门将预期未来通货膨胀下降，这导致当前通货膨胀的下降。现实当中，货币当局会相机抉择，偏离事先承诺的政策规则，货币政策会在下期不再具有惯性（减少产出），私人部门会预计到货币当局的相机抉择（不论货币当局口头上如何承诺），成本推动型的扰动（在实现中货币当局相机抉择的情况下）带来更高的通货膨胀水平。

相机抉择条件下的货币当局会偏离具有惯性的货币政策规则，在成本推动型扰动（短期）到达之后的一期内，使得产出水平恢复到其扰动前的水平。解决方案是，改变货币当局最终目标，使得其在相机抉择条件下的货币政策具有惯性，与承诺条件下的货币政策规则尽可能接近。

Vestin（2003）认为，货币当局采用价格水平作为最终目标（PT）比采用通货膨胀作为最终目标福利更高。Jensen（2002）建议采用名义收入增长作为最终目标（Nigt）。Batini 和 Yates（2003）建议采用通货膨胀和价格水平目标混合（Hipt）。Walsh（2003）则提倡采用以产出缺口变化作为最终目标（SLP），而不是以产出缺口水平作为最终目标。上述研究都强调各自的优势,没有相互比较。表 11 – 1 列出了货币当局不同最终目标所对应的损失函数。

表 11 – 1　　　　货币当局四种最终目标对应的损失函数

货币政策最终目标名称		损失函数
通货膨胀目标制	Inflation Targeting, IT	$\pi^2 + \lambda_{IT} x^2$
价格水平目标制	Price Level Targeting, PT	$p^2 + \lambda_{PT} x^2$
混合价格水平和通货膨胀目标制	Hybrid Inflation & Price Level Targeting, HIPT	$(p_t - p_{t-1})^2 + \lambda_{HIPT} x_t^2$
产出缺口变化目标制	Speed Limit Targeting, SLT	$\pi_t^2 + \lambda_{SLT} (x_t - x_{t-1})^2$
名义收入增长目标制	Nominal Income Growth Targeting, HIGT	$\lambda_{NIGT} x_t^2 + \psi(\pi_t^2 + y_t - y_{t-1})^2$
混合目标制	Hybrid Targeting, HT	$(p_t - \eta p_{t-1})^2 + \lambda_{HT}(x_t - \delta x_{t-1})^2$

注:π 为通货膨胀;x 为产出缺口;y 为名义收入;p 是价格水平。最后一种混合目标制可以将前面五种目标制都作为特殊情况。以下分析的主要结论是混合目标制所带来的(在相机抉择的情况下)货币政策工具路径与最优的(事先承诺具有惯性)货币政策最为接近。尤其考虑各种产出和通货膨胀惯性的不同情况以后,上述结论具有稳健性,对不同程度私人部门的前瞻性特征都成立。模拟分析可以确定不同货币政策最终目标的最优权重,其中最优权重 λ 对通货膨胀惯性、通货膨胀与产出之间的弹性比较敏感。

二、相机抉择货币政策模型分析

私人经济部门具有前瞻性,产出和通货膨胀具有惯性,价格具有名义刚性。在总需求方面,私人部门产出的调整与对产出缺口的预期、实际利率相关:

$$x_t = \theta x_{t-1} + (1-\theta) E_t x_{t+1} - (1-\theta)\sigma(i_t - E_t \pi_{t+1}) + \mu_t, \quad 0 \leq \theta < 1, \quad \sigma > 0$$

(11 – 15)

其中:

$$\mu_t = g_t - y_t^n + \theta y_{t-1}^n + (1-\theta) E_t y_{t+1}^n \qquad (11 – 16)$$

实际产出缺口的定义是:

$$x_t = y_t - y_t^n \qquad (11 – 17)$$

y^n 是自然产出水平的对数,i 是名义利率。通货膨胀是:

$$\pi_t = p_t - p_{t-1} \qquad (11 – 18)$$

当 $\theta = 0$,(11 – 15)式变成了纯前瞻性的 IS 曲线;σ 是跨期替代弹性,描述实际利率影响长期产出增长的程度;μ_t 是需求扰动;g_t 是其他部门的支出(例如,政府部门的支出),满足:

$$g_t = \gamma_g g_{t-1} + \varsigma_t^g, \ 0 < \gamma_g < 1 \qquad (11-19)$$

其中，ς_t^g 是白噪声；期望为零；标准差为 σ_g。

在总供给方面，新凯恩斯菲利普斯曲线（NKPC）描述了私人部门的价格调整过程。假定企业如同 Calvo（1983）黏性定价，部分企业有机会可以将价格设定在最优的水平，其余企业的价格保持不变，当前的通货膨胀依赖于以往的通货膨胀。通货膨胀具有惯性：

$$\pi_t = \phi \pi_{t-1} + (1-\phi)\beta E_t \pi_{t+1} + (1-\phi)\kappa x_t + \varepsilon_t, \ 0 \leqslant \phi < 1, \ \kappa > 0, \ 0 < \beta < 1 \qquad (11-20)$$

其中，后顾性价格联系的程度由 ϕ 加以描述，ϕ 数值越大，后顾性价格联系越密切。当 $\phi = 0$ 时，（11-20）式变成纯前瞻性的新凯恩斯菲利普斯曲线（NKPC）。未来通货膨胀预期对当前通货膨胀的影响程度为 $(1-\phi)B$。κ 包含三方面内容：价格调整的频率、价格对边际成本的敏感程度、边际成本与产出缺口之间的比例。$(1-\phi)K$ 描述当前通货膨胀对产出缺口的敏感程度。ε 是成本推动型扰动，服从以下随机过程：

$$\varepsilon_t = \gamma_\varepsilon \varepsilon_{t-1} + \varsigma_t^\varepsilon, \ 0 < \gamma_\varepsilon < 1 \qquad (11-21)$$

其中，ς_t^ε 是白噪声；期望为零；标准差为 σ_ε。

假定产出缺口服从 AR(1) 过程：

$$y_t^n = \gamma_y y_{t-1}^n + \varsigma_t^y, \ 0 < \gamma_y < 1 \qquad (11-22)$$

其中，ς_t^y 是白噪声；期望为零；标准差为 σ_y。三种白噪声 ς_t^g、ς_t^ε、ς_t^y 所有滞后项和前瞻项之间都统计无关。

社会损失函数为：

$$L^s = E_0 \sum_{t=1}^{\infty} \beta^{t-1}(\pi_t^2 + \lambda_s x_t^2), \ \lambda_s > 0 \qquad (11-23)$$

其中，λ_s 是社会在产出缺口前面的权重。（11-23）式中的通货膨胀目标设为零，产出缺口目标设为零。所以以下货币当局最终目标的选择都根据社会目标函数（11-23）式。

三、承诺条件的货币政策与混合最终目标制

作为基准状况，货币当局在承诺条件下求解最优货币政策，需要解决的问题是最小化（11-23）式，约束条件是（11-15）式~（11-22）式。问题是如何为相机抉择的货币当局选择最终目标，得到货币政策工具的路径与承诺条件下最优货币政策的路径。

运用混合最终目标制，将各种其他最终目标制作为这种混合最终目标制的特例，

目前学术界尚没有在如此宽泛的框架下分析过。混合最终目标制的损失函数是：

$$L^{HT} = E_0 \sum_{t=1}^{\infty} \beta^{t-1} [(p_t - \eta p_{t-1})^2 + \lambda_{HT}(x_t - \delta x_{t-1})^2] \quad (11-24)$$

其中，价格差可以写成：

$$p_t - \eta p_{t-1} = \eta(p_t - p_{t-1}) + (1-\eta)p_t = \eta \pi_t + (1-\eta)p_t \quad (11-25)$$

产出差可以写成：

$$x_t - \delta x_{t-1} = \delta(x_t - x_{t-1}) + (1-\delta)x_t \quad (11-26)$$

η 和 δ 的绝对值取值范围在 0 和 2 之间，这也是为了保证大部分其他最终目标制是混合制的特殊情况。

产出和通货膨胀都具有前瞻性，通常无法得到分析解。采用数值分析的方法求解相机抉择条件下的最优化问题。将模型写成状态空间的形式。定义事前决定变量的列向量为：

$$Z_t = [X_t', \chi_t']' \quad (11-27)$$

其中：

$$X_t = [g_t \; y_t^n \; y_{t-1}^n \; \varepsilon_t \; y_{t-1} \; p_{t-2} \; p_{t-1}]'$$
$$\chi = [y_t, p_t]'$$

模型的动态结构如下：

$$\begin{bmatrix} X_{t+1} \\ E_t \chi_{t+1} \end{bmatrix} = A \begin{bmatrix} X_t \\ \chi_t \end{bmatrix} + B i_t + \begin{bmatrix} \varsigma_{t+1} \\ 0_{(2 \times 1)} \end{bmatrix} \quad (11-28)$$

中央银行的政策工具是利率 i_t。（11-28）式中矩阵 A 是 9×9 矩阵，B 是 9×1 矩阵，ς_{t+1} 是 7×1 矩阵。

混合最终目标制的损失函数可以写成：

$$E_0 \sum_{t=1}^{\infty} \beta^{t-1} Z_t' Q Z_t \quad (11-29)$$

其中，Q 是 9×9 矩阵。

相机抉择的货币当局每期都要解以下最优化问题：

$$J(X_1) = \min E_1 \sum_{t=1}^{\infty} \beta^{t-1} Z_t' Q Z_t \quad (11-30)$$

约束条件是（11-28）式。预期是当前已知变量的未知线性函数：

$$\chi_t = CX_t \quad (11-31)$$

其中，C 是未知的矩阵，可通过模拟过程中整个系统收敛到平稳状态加以确定。最终相机抉择政策解的特征是：

$$X_t = PX_{t-1} + \varsigma_t \quad (11-32)$$
$$i_t = -FX_t \quad (11-33)$$

数据模拟考虑暂时的成本推动型扰动。在得到相机抉择政策解的基础上，对每个（相机抉择条件下的）最终目标制的优劣依据社会损失函数进行评估，从中选择最佳的（相机抉择条件下的）最终目标制。

混合最终目标制包含了三个参数：η、δ 和 λ。η 是通货膨胀目标前面的权重，$1-\eta$ 是价格目标前面的权重，δ 是产出缺口变化前面的权重，$1-\delta$ 是产出缺口前面的权重，λ 是实体经济目标相对名义目标的权重。重点是前两个参数。模拟分析技术上仅允许确定两个参数，这里的做法是，给定 λ，搜索最优的 η 和 δ。方法是网格搜索（Grid-Searching），每格为 0.025，η 和 δ 相关的区间分别为 [0, 2]。模拟结果是 80×80 损失矩阵，从 6 400 矩阵项中选取最小值。从最小损失可以发现对应的 η 和 δ。

四、关于相机抉择最终目标制的模拟结果

（一）模拟取值

模型中除了 η 和 δ，还有 12 个未知参数。ϕ 是通货膨胀惯性参数，具有关键的意义。文献关于通货膨胀系数的估计存在差异。具体见表 11-2。数据模拟采用的通货膨胀惯性系数将选择从 0~0.9 的区间。其余的参数参考 Jensen（2002）年度数据的基准值设定。具体参数的设定数值见表 11-3。

表 11-2　　　　　　　　通货膨胀惯性参数的选择

Vestin（2003）	$\phi = 0$
Gali 等（2001）	$\phi = 0.3$
Jensen（2002）	$\phi = 0.3$
Roberts（1997）	$\phi = 0.4$
McCallum and Nelson（2000）	$\phi = 0.5$
Rudebusch（2002）	$\phi = 0.7$
Batini and Yates（2003）	$\phi = 0.8$
Fuhrer（1997）	$\phi \to 1$

滞后的产出缺口系数 θ 取值为 0.5，产出缺口对实际利率的系数 $(1-\theta)\sigma$ 取值为 0.75，σ 对应的值是 1.5。通货膨胀对产出缺口的敏感度 $(1-\phi)\kappa$ 被设为 0.1。因为 ϕ 的取值范围从 0~0.9，κ 的取值范围对应地列在表 11-3 中。贴现因子取值为 0.99。在基准分析状况下，λ 的取值为 0.25，中央银行和社会的

值都一样，随后将考虑中央银行的 λ 与社会的 λ 取值不同的情况。政府支出扰动的标准差 σ_g 被设为 0.015，扰动的惯性系数 γ_g 为 0.3；自然产出扰动的标准差 σ_y 为 0.005，自然产出的扰动惯性系数 γ_y 为 0.97；成本推动型通货膨胀扰动的标准差 σ_ε 为 0.015，成本推动型通货膨胀扰动惯性系数 γ_ε 为 0。

表 11–3　　　　　　　　　　参数值的设定

参数	取值
θ	0.5
Σ	1.5
ϕ	0, 0.1, 0.2, 0.3, 0.4, 0.5, 0.6, 0.7, 0.8, 0.9
κ	0.1, 0.111, 0.125, 0.142, 0.166, 0.2, 0.25, 0.333, 0.5, 1
λ	0.25
B	0.99
σ_g	0.015
σ_y	0.005
σ_ε	0.015
γ_g	0.3
γ_y	0.97
γ_ε	0

评价各种最终目标制优劣的方法是比较它们的最小社会损失。承诺条件下最优的货币政策为最小社会损失的基准（下界）。最优的相机抉择货币政策所产生的社会损失与承诺的社会损失下界最为接近。

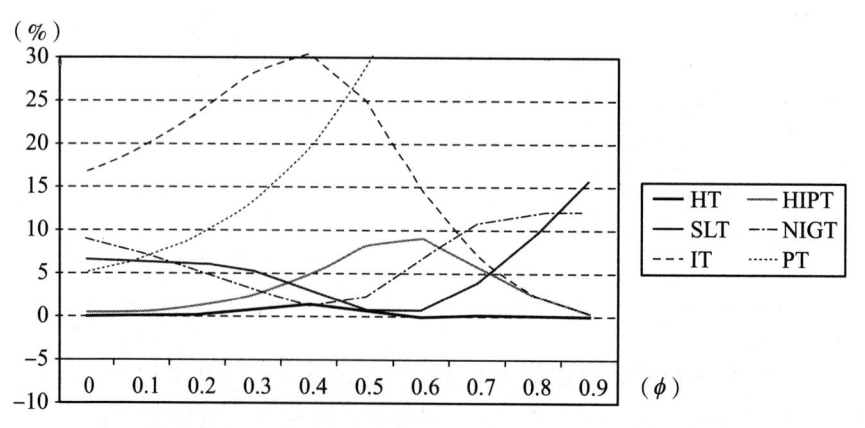

图 11–1　不同通货膨胀惯性系数下各最终目标制相对基准状况的损失百分比

(二) 各种最终目标制的选择

根据表11-4，比较相机抉择的各种最终目标制，混合目标制的相对损失最小，与承诺条件下最优政策的社会损失最为接近。相机抉择的混合目标制仅比承诺条件下最优政策平均增加损失0.37%。处于次位的相机抉择政策（HIPT）比承诺条件下最优政策平均增加损失3.63%。混合最终目标制几乎可以和承诺条件下最优政策的结果一致（最大的差异是在$\phi=0.4$时的1.56%损失差距，90%情况下损失差距都在1%以下，40%情况下损失差距在0.05%以下）。

表11-4　　不同通货膨胀惯性系数下各最终目标制相对基准状况的社会损失百分比

ϕ	0	0.1	0.2	0.3	0.4	0.5	0.6	0.7	0.8	0.9	平均
HT	0.00	0.05	0.28	0.82	1.56	0.61	0.14	0.22	0.03	0.00	0.37
HIPT	0.44	0.68	1.27	2.54	4.97	8.40	9.18	5.82	2.52	0.52	3.63
SLT	6.66	6.59	6.25	5.32	3.34	1.02	0.83	3.99	9.42	15.86	5.93
NIGT	9.05	7.47	5.44	3.19	1.45	2.42	6.86	10.8	12.2	12.35	7.12
IT	16.9	19.7	23.6	28.3	30.7	25.03	14.8	6.94	2.52	0.52	16.91
PT	5.26	6.83	9.30	13.4	19.6	28.85	42.1	59.5	79.6	101.3	36.57

(三) 相机抉择最终目标制的最优权重选取

表11-5列出了相机抉择条件下混合最终目标制最优的权重（给定不同的通货膨胀惯性系数）。$1-\eta$代表的是价格最终目标制的权重；δ是产出缺口变化最终目标制的权重。可以发现最优权重的选取对通货膨胀惯性系数非常敏感。私人部门前瞻性的特征对价格最终目标制和产出缺口变化最终目标制所应发挥作用的程度起到关键的作用。

表11-5　相机抉择最终目标制的最优权重选取（基准设定）

ϕ	0	0.1	0.2	0.3	0.4	0.5	0.6	0.7	0.8	0.9
$1-\eta$	0.225	0.225	0.2	0.175	0.1	0	0	0	0	0
δ	1.45	1.45	1.4	1.375	1.275	1.15	1.25	0.35	0.225	0.1

根据表11-5，价格最终目标制的权重$1-\eta$和产出缺口变化最终目标制的权重δ，随通货膨胀惯性系数的增加而变得越来越小。当私人部门的前瞻性特征

非常明显（ϕ 值较小）时，价格最终目标制的权重 $1-\eta$ 和产出缺口变化最终目标制的权重 δ 的取值都很大；当私人部门的前瞻性特征变得越来越不明显（ϕ 值较大）时，价格最终目标制的权重 $1-\eta$ 和产出缺口变化最终目标制的权重 δ 的取值都变得越来越小。这与 Vestin（2003）和 Walsh（2003）的发现一致，价格最终目标制的权重和产出缺口变化最终目标制的重要性体现在私人部门具有前瞻性的环境当中。

从表 11-5 可以发现，不论 ϕ 的取值，产出缺口变化最终目标制的权重 δ 总是大于价格最终目标制的权重 $1-\eta$。价格最终目标制适用于私人部门非常前瞻性（$\phi<0.5$）。当私人部门前瞻性特征减弱（$\phi>0.5$）时，相机抉择价格最终目标制前面的系数变为零。产出缺口变化最终目标制比价格最终目标制的适用范围更大，即使当私人部门前瞻性特征减弱（$\phi>0.5$）时也继续适用。

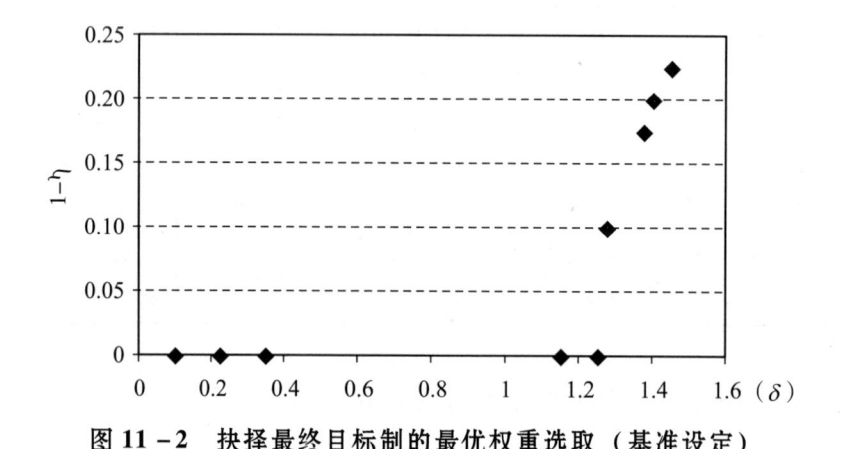

图 11-2 抉择最终目标制的最优权重选取（基准设定）

价格最终目标制和产出缺口最终目标制在平抑当前通货膨胀方面采用不同的路径，不同的路径取决于不同的前瞻性预期的程度。Svensson（1999），Vestin（2003）和 Batini 和 Yates（2003）都曾指出，价格最终目标制对于任何价格水平偏离目标的变动都要进行"惩罚"，如果成本推动型扰动推动当前通货膨胀，使得当前通货膨胀水平高于平均水平，这必然会伴随随后低于平均通货膨胀水平的过程，才能最终达到价格最终目标。只有当私人部门非常具有前瞻性时，才能预期到对未来低于平均水平的通货膨胀，从而带来更稳定的当前通货膨胀。

产出缺口变动最终目标制关注的是产出缺口变化，而不是产出缺口本身。滞后的产出缺口是内生的状态变量。如果成本推动型干扰导致通货膨胀暂时上涨，产出缺口变动最终目标制将会保持产出缺口负向变化持续一段时间，产出缺口回复到原来的路径上需要很长的时间。具有前瞻性的私人部门预期产出缺口负向变化会持续，带来未来较低的通货膨胀，导致当前较低的通货膨胀水平。产出缺口变化最终目标制所要求的私人部门前瞻性不如价格最终目标制所要求得那么严格。

当 ϕ 小于 0.7 时，产出缺口变化前面的权重大于 1，这说明产出缺口前面的权重为负（$1-\delta<0$）。当私人部门比较具有前瞻性时，最优相机抉择货币政策应该"惩罚"产出缺口，突出产出变化缺口的重要性。目的是平抑当前的通货膨胀，使得产出缺口负向变化持续时间可以长些，使得相机抉择的货币政策惯性越长越好。

当通货膨胀惯性系数处于某些特定值附近时，最优权重变化幅度非常大。例如，当 ϕ 处于 0.5 附近时，对于大于 0.5 的 ϕ，价格最终目标前面的系数变为零，价格最终目标在相机抉择货币政策不再发挥任何作用。当 ϕ 处于 0.75 附近时，对于大于 0.5 的 ϕ，产出缺口变化目标的权重 δ 从 1.25 下降到 0.35。更仔细的分析发现，权重大幅度变化发生在 ϕ 处于 0.6~0.7 之间，具体是当 ϕ = 0.63~0.64 之间，产出缺口变化目标的权重 δ 从 1.275 下降到 0.45。当 ϕ 处于 0.5~0.7 之间时，私人部门前瞻性预期的程度和性质发生了显著变化。当 $\phi<0.5$ 时，私人部门出现强烈的前瞻性行为，当 $\phi>0.7$ 时，私人部门出现强烈的后顾性行为。

当 $\phi<0.5$，私人部门出现强烈的前瞻性行为时，混合目标制要求在通货膨胀目标和产出缺口变化目标前面的权重大于价格目标和产出缺口前面的权重。例如，通货膨胀目标权重可以是 0.8，价格目标权重可以是 0.2，产出缺口变化目标权重可以是 1.4，产出缺口前面的权重可以是 -0.4。当 $\phi>0.7$，私人部门出现强烈的后顾性行为时，只需要轻微程度的产出缺口变化目标权重（0.2）。当 ϕ 处于 0.5~0.7 之间，私人部门具有温和的前瞻性特征，这时产出缺口变化最终部门的权重（1.3）大于价格最终目标的权重（0）。

（四）稳健性分析

偏离基准参数设定情况的分析说明上述结论对参数设定的敏感程度，也说明上述主要结论是否稳健。参数的稳健性分析涉及 $(1-\phi)\kappa$ 和 λ，前者是通货膨胀对产出缺口的弹性，后者是名义变量和实际变量之间的相对权重。

当 $(1-\phi)\kappa$ 从基准的 0.1 改变为 0.05 时，混合最终目标仍然是相机抉择各种最终目标中最接近承诺最优目标的一种。关于价格目标和产出缺口变化目标的权重所呈现出的随通货膨胀惯性变化而变化的特征基本上与基准情况一样，具体见表 11-6。

表 11 - 6　　　　相机抉择最终目标制的最优权重选取
（$(1-\phi)\kappa = 0.05$）

ϕ	0	0.1	0.2	0.3	0.4	0.5	0.6	0.7	0.8	0.9
$1-\eta$	0.2	0.2	0.2	0.175	0.125	0	0	0	0	0
δ	1.65	1.65	1.675	1.625	1.525	1.325	1.45	0.325	0.2	0.1

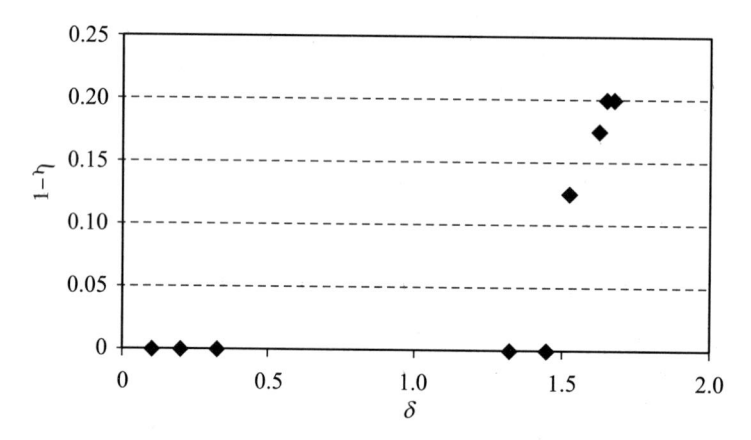

图 11 - 3　抉择最终目标制的最优权重选取（$(1-\phi)\kappa = 0.05$）

减小通货膨胀对产出缺口的弹性，导致相机抉择货币政策产出缺口变化目标的权重变大。随着通货膨胀对产出缺口的弹性变小，通货膨胀和产出缺口之间的转换变得更加困难。最优相机抉择的混合目标政策更加依赖产出缺口变化目标，在产出缺口目标前面设定更小权重或更负面的惩罚。

当$(1-\phi)\kappa$从基准的0.1改变为0.2时，混合最终目标仍然是相机抉择各种最终目标中最接近承诺最优目标的一种。关于价格目标和产出缺口变化目标的权重所呈现出的随通货膨胀惯性变化而变化的特征基本上与基准情况相似，具体见表11-7。

表 11 - 7　相机抉择最终目标制的最优权重选取（$(1-\phi)\kappa = 0.2$）

ϕ	0	0.1	0.2	0.3	0.4	0.5	0.6	0.7	0.8	0.9
$1-\eta$	-0.725	0.25	0.225	0.2	0.1	0	0	0	0	0
δ	1.975	1.075	1.025	0.975	0.925	0.9	0.725	0.425	0.25	0.125

在纯粹的前瞻性（$\phi=0$）情况下，相机抉择价格目标权重变为负的，产出缺口变化权重变得更大。其他通货膨胀惯性系数情况下，产出缺口变化权重与基准情况相比变得更小；换言之，产出缺口正值权重变得更大，负值权重变得更

小。这时，通货膨胀与产出缺口之间的转变变得更加容易，相机抉择政策对产出缺口变化最终目标的依赖程度（以及这种最终目标的重要性）下降。

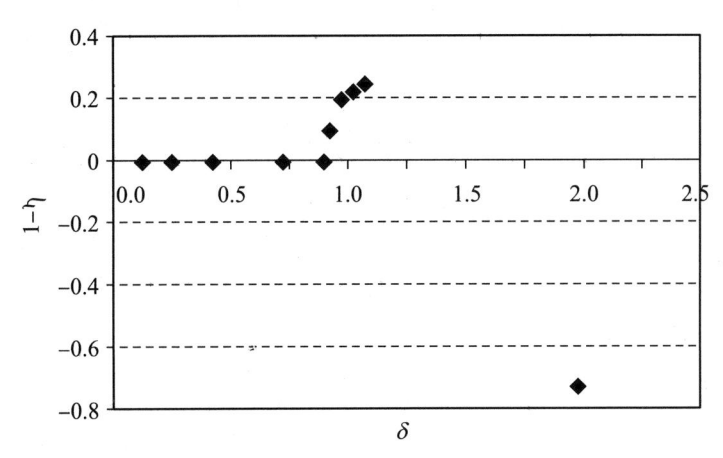

图 11-4　抉择最终目标制的最优权重选取（$(1-\phi)\kappa=0.2$）

图 11-5 说明，随着通货膨胀对产出缺口敏感性增加，产出和通货膨胀之间的转换变得更加容易，相机抉择政策对产出缺口变化最终目标的依赖程度越低。

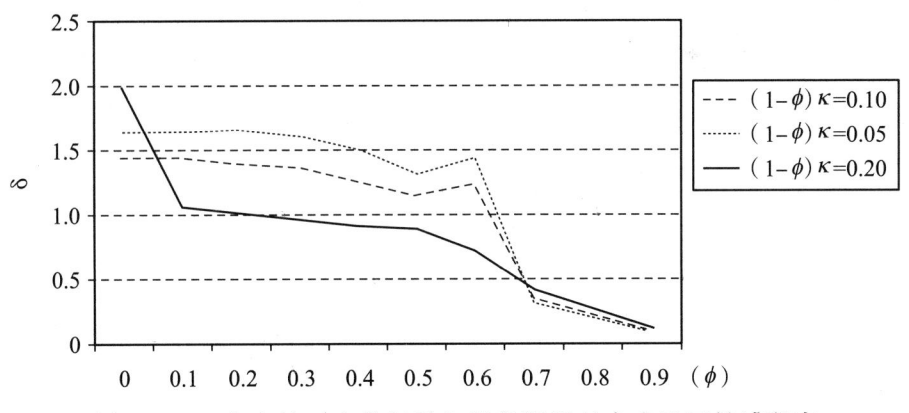

图 11-5　产出缺口变化权重与通货膨胀对产出缺口敏感程度

关于名义变量和实际变量相对权重 λ 的不同取值从两个角度加以检验。一种做法是继续保持货币当局的权重 λ_{CB} 与社会的权重 λ_s 一致：

$$\lambda_{CB} = \lambda_s \tag{11-34}$$

假定 λ 从 0.25 变为 1，最优权重变化的结果见表 11-8。与基准相比，在私人部门前瞻性特征明显的情况下，产出缺口变化目标的权重变得更大。

表 11-8　　相机抉择最终目标制的最优权重选取（$\lambda = 1$）

ϕ	0	0.1	0.2	0.3	0.4	0.5	0.6	0.7	0.8	0.9
$1-\eta$	0.2	0.2	0.2	0.175	0.125	0	0	0	0	0
δ	1.65	1.65	1.675	1.625	1.525	1.325	1.45	0.325	0.2	0.1

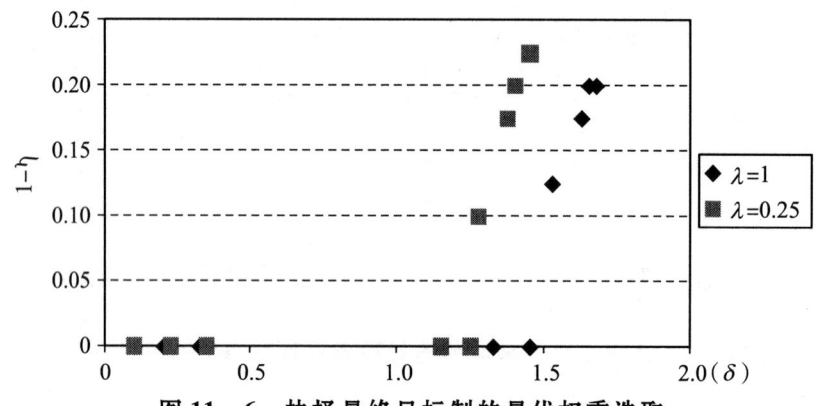

图 11-6　抉择最终目标制的最优权重选取

另一个做法是使得货币当局的权重 λ_{CB} 与社会的权重 λ_s 不同，货币当局更为保守。具体做法是，假定货币当局的权重 λ_{CB} 为 0.1，社会的权重 λ_s 为 0.25。最优权重变化的结果见表 11-9。与基准相比，不论私人部门前瞻性特征是否明显，产出缺口变化目标的权重变得更大。

表 11-9　　相机抉择最终目标制的最优权重选取（$\lambda_{CB} = 0.1$，$\lambda_S = 0.25$）

ϕ	0	0.1	0.2	0.3	0.4	0.5	0.6	0.7	0.8	0.9
$1-\eta$	0.3	0.2	0.275	0.275	0.225	0.025	0	0	0	0
δ	2	2	2	2	2	1.725	1.775	1.925	2	2

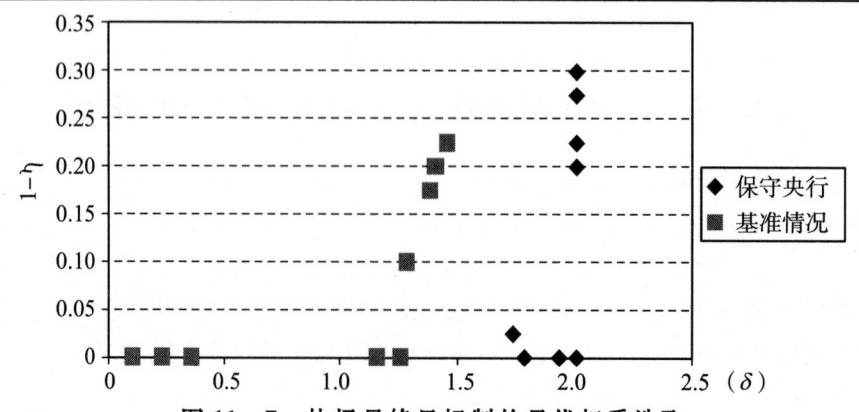

图 11-7　抉择最终目标制的最优权重选取

结论是推荐混合最终目标制作为相机抉择条件下货币当局的最终目标,这种最终目标制的优势来自它是其他最终目标制的混合,不同最终目标制的优点可以兼顾而有之。

附录3

以下证明:当 $\varphi_t > 0$(对所有 t)和 $i_t \geq 1$(对所有 t)时,货币数量严格大于零的充要条件是 $\zeta\chi \leq i_t n\xi$。

(必要条件)假定必要条件不成立,$\chi\zeta > i_t\xi n$。根据法币存款增速和人口增速的设定,以下等式成立:

$$\frac{\varphi_{t+1} i_t}{\varphi_t} = \frac{\varphi_{t+1} i_t M_{t+1} N_t n}{\varphi_t M_t \zeta N_{t+1}} = \frac{\varphi_{t+1} i_t m_{t+1} n}{\varphi_t m_t \zeta} = \frac{q_{t+1} i_t n}{q_t \zeta} \quad (1)$$

其中,$q_t = \varphi_t m_t$。根据(11-12)式,从(11-15)式可以推导出:

$$\frac{q_{t+1} i_t n}{q_t \zeta} \geq \chi \quad (2)$$

将(2)式两边同乘 ζ/n,得到:

$$\frac{q_{t+1} i_t}{q_t} \geq \frac{\chi\zeta}{n} > i_t\xi \quad (3)$$

每代人禀赋的增速为 ξ,如果 q_t 的增速严格大于 ξ,最终会突破每代年轻人的禀赋值。任何有界的序列 $\{q_t\}$ 都不可能满足收入约束条件。

(充分条件)在此要证明,只要满足 $\chi\zeta \leq i_t\xi n$,存在 $m_t = m_1\xi^{t-1} > 0$。为此,需要找到正的序列 q_t 满足:

$$v(\cdot,\cdot) = \frac{\partial u/\partial c_{1t}}{\partial u/\partial c_{2t+1}} = \frac{q_{t+1} i_t n}{q_t \zeta} \geq \chi \quad (4)$$

如果存在序列 $q_t = q_1\xi^{t-1}$ 满足(11-18)式部分,则 $\chi\zeta \leq i_t\xi n$。同时,(唯一地)存在上述序列是显而易见的,因为当 q_t 从 0 到 $y_1\xi^{t-1}$ 变化时,$v(\cdot,\cdot)$ 连续地在 0 到 ∞ 之间取值。

第十二章

我国货币政策工具研究

第一节 我国现金投放研究

一、引言

流通中现金 M0 (Currency in Circulation),是我国货币供应中最为活跃的部分。在我国货币政策体系中,流通中现金 M0 是最重要的观测目标之一,中国人民银行每月都会公布一次 M0 的余额数据。对于 M0 的监控,对于货币政策的制定和实施,以及维护金融稳定和促进经济发展,意义十分重大。

2009 年以来,为了应对国际金融危机的冲击,扩大内需,促进经济的持续发展,我国开始实施适度宽松的货币政策,货币供应量大幅度增长。如图 12-1 所示,2007 年以来,我国各层次货币供应量（M0、M1、M2）的变化情况。2009 年 10 月末,广义货币供应量余额为 58.62 万亿元,同比增长 29.42%,增幅比上年末高 11.60 个百分点,比上月末高 0.12 个百分点；狭义货币供应量余额为 20.75 万亿元,同比增长 32.03%,比上月末高 2.53 个百分点。流通中现金余额为 3.57 万亿元,同比增长 14.09%；1~10 月净投放现金 1 511 亿元,同比多投放 314 亿元。统计数据表明,我国正在经历一轮现金投放的大幅度增长时期。

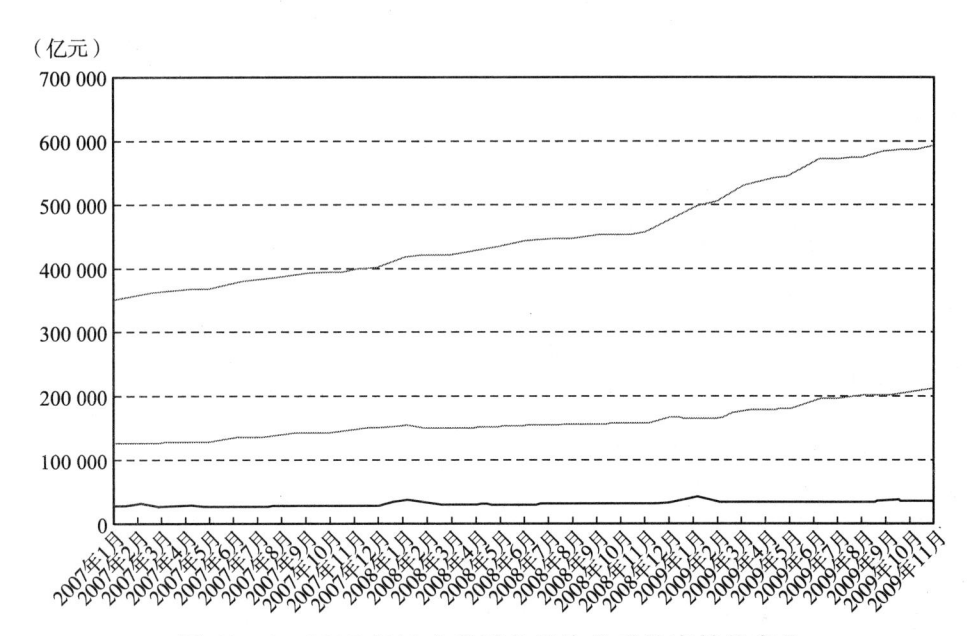

图 12-1　2007 年以来我国各层次货币供应量的变化

资料来源：中经网统计数据库。

我国现金投放量的大幅度增长，主要是经济发展的客观需要，即产出的持续增长和交易规模的不断扩大。但是，相对于产出的增长和交易规模的扩大，显然现金投放量的增长是过快的。理论研究和历史经验都表明，货币供应量的增长，与通货膨胀的走势是相当一致的。正如米尔顿·弗里德曼的论断："无论何时何地，通货膨无一例外都是货币现象。"过快增长的货币供应量，极有可能引发较严重的通货膨胀。然而，事实是，我国不仅通货膨胀较为温和，甚至在 2009 年 2~10 月还处于通货紧缩状态。更为难以解释的是，在货币电子化程度加深、支付结算手段更为先进的条件下，我国货币流通速度却在不断地下降，货币的使用效率大大降低了。"货币的迷失"成为决策层和理论界关注的焦点。

本书认为，现金漏损因素，包括地下经济的猖獗，人民币海外流失，腐败引起的现金窖藏等，对现金的投放和回笼造成了很大的影响，是现金投放量大幅度增长的主要原因之一，必须引起足够的重视。

本书力图将现金投放量分为两个部分展开研究：一是正常现金需求，这是由经济中的一些基本变量，包括产出、物价等因素所决定的；二是现金漏损，包括地下经济占用现金，人民币海外流失，腐败引起的现金窖藏等；两者之和即为总的现金需求。本节就是沿着这个思路，建立了我国现金投放量的计量模型，并对 2010~2014 年我国现金投放量数据进行了预测。

二、正常现金需求与现金漏损

现金投放量应该由两部分构成：第一部分是正常现金需求，该部分由经济中的一些基本变量，包括产出、物价等因素所决定，是现金投放量的主体；第二部分是现金漏损，包括地下经济占用现金，人民币海外流失，腐败引起的现金窖藏等因素。如果对现金的管理松懈，金融监管不到位，则现金漏损会不断地恶化，对现金投放和回笼造成严重的负面效应，乃至影响金融稳定和经济发展。接下来，将对正常现金需求的基本决定因素和现金漏损因素进行阐述。

(一) 正常现金需求

正常的现金需求，由经济中的一些基本变量所决定。这些基本变量，大致可以分类为规模变量、机会成本变量、其他变量。

1. 规模变量。影响货币需求的主要因素在于规模变量。规模变量用来衡量经济活动中运用货币来满足微观经济主体的交易性动机，预防性动机的规模。在大多数实证研究中，常采用 GDP 作为规模变量。但是，采用 GDP 来代表交易规模，明显存在不足。这主要是由于 GDP 衡量的是最终产出，而经济运行中存在大量的中间产品和金融资产，虽然不直接记入 GDP，但是却可能存在大量的交易，这些交易都要依靠货币完成。尽管如此，由于数据易于获得，GDP 仍然是运用最广泛的代表交易规模的变量。在本节中，也采用了 GDP 作为规模变量。

2. 机会成本变量。机会成本变量主要是指持有货币的机会成本。微观经济主体（企业和居民）因为持有现金而放弃了由现金转化为其他资产而能获得的收益。对于机会成本的计算，需要考虑到货币本身的收益率和替代资产的收益率。市场利率通常被认为是持有货币的机会成本。在实证研究中，机会成本变量通常采用商业票据利率、国债市场利率等，动态反映持有货币的机会成本。

通货膨胀率也是货币持有的机会成本，因为持有的现金收益情况会随着通货膨胀率的变化而变化，一般在通货膨胀率增大之时，现金将贬值，是现金持有的一种负的收益率体现。

3. 其他变量。其他变量是除了规模变量和机会成本变量以外，经济中能影响货币需求的因素。例如，货币化进程，股票市场波动等。

(二) 现金漏损

现金的漏损因素主要包括地下经济的猖獗，人民币海外流失，腐败引起的现金窖藏等。本部分将对这些现金漏损因素展开分析。

1. 地下经济的猖獗。地下经济主要包括未申报经济和非法经济。未申报经济是为了逃避税收和其他管制，不向工商行政管理部门申报，从而未纳入官方的经济统计范围的经济活动，例如，家庭包工、小商贩、第二职业等；非法经济是法律上禁止的各类经济活动，例如，走私、贩毒、组织卖淫、拐卖人口等犯罪活动。

我国处于工业化的中期，工商行政管理很不完善，地下经济较为猖獗。对于地下经济的规模，学者们普遍认为比例较大。夏南新（2000）计算得出我国地下经济占 GDP 比重在 1988~1994 年一直高于 20%；梁朋（2001）认为目前我国地下经济的规模大约占 GDP 的 15%。世界各国的地下经济规模也是触目惊心的。根据范世宇（2006）的归纳统计，中国台湾地区 2000 年地下经济的规模约占 GDP 的 19%~23%；意大利 2003 年地下经济产值已是 GDP 的 27.2%；德国地下经济在 2004 年规模高达 3 460 亿欧元，约占其全年 GDP 的 14.3%；美国地下经济的规模约是 GDP 的 20% 以上；墨西哥地下经济是 GDP 的 33.2%。

地下经济的显著特点之一，就是大量使用现金，这些现金长期游离于官方的统计范围之外，虽然在不断流通，却失去了控制，成为现金漏损的最大因素。

2. 人民币海外流失。人民币现金通过实质经济交易（边境贸易进口支付、境内居民出境旅游和探亲消费、海外人民币价值储藏、企业直接境外投资等）和其他经济交易（地下经济支付、官员腐败洗钱、境内居民海外赌博、走私支付、贩卖毒品支付等）流失到海外，被储藏或被用来交易等，因而无法回笼到我国境内。之所以称为"流失"，而非"流通"，是因为在现阶段，人民币国际化尚未实质性起步的前提之下，中国人民银行发行货币并未也还没有特别的必要将人民币现金的海外需求作为重大因素考虑进去。2009 年，为了抵御国际金融危机，我国大力推行"人民币跨境贸易结算"，这一举措，被视为人民币准备国际化的重要一步，但另一方面，在我国现有的货币政策框架下，实际上也加剧了人民币海外流失。

对于人民币海外流失的规模，各种研究的估算的结果不一。管涛等（2004）认为，人民币境外存量可能在 500 亿元左右；人民币现金跨境流动调查课题组（2004）调查研究表明，2004 年末，人民币现金在周边国家和地区的滞留量大约为 216 亿元，全年人民币现金跨境流出入的总流量为 7 713 亿元，净流出量为 99 亿元。马荣华、饶晓辉（2006）估算的境外人民币数量，在 1999~2005 年的大多数年份为 300 多亿元；董继华（2008）认为人民币境外持有规模从 1999 年的 80 多亿元一直增加到 2005 年的 250 多亿元，2003 年甚至一度达到 1 060 亿元。无论如何，人民币海外流失已经相当严重，金额有数百亿甚至上千亿元之巨，不容忽视。在未来几年内，还难以看到人民币完全国际化的迹象，因此在现金投放中，需要考虑这一部分现金漏损。

3. 腐败引起的现金窖藏。我国还处于工业化的中期，经济资源较为稀缺，政府权力过大，寻租现象较为普遍，腐败行为比较严重。为了逃避银行系统的交易记录，腐败产生的赃款常常体现为现金。于是，腐败官员常常窝藏大量现金。这些窖藏现金，处于沉淀状态，在相当长一段时间内退出了流通领域，构成了严重的现金漏损。这部分退出了流通领域的现金，必须由中国人民银行投放新的现金来补允，由此现金的投放量大于新增加的需求。

综上所述，现金漏损因素相当严重，短期内，在现金的严格监控难以实现，地下经济难以规范、人民币海外流失难以监控、腐败难以根治等情况的制约下，现金的投放，不得不弥补这些漏损因素。也就是说，现金漏损，实际上构成了现金投放量的一部分。

三、现金投放量模型

（一）变量选择和数据解释

1. 国内生产总值（GDP）。经过系统统计和处理的国内生产总值是大部分货币需求实证研究采用的变量，反映了货币需求函数中的规模变量。根据凯恩斯的流动性偏好理论，GDP对现金需求影响的原因有两个：一是GDP增长，财富增加，人们愿意持有更多的货币，其中货币的持有也随之增加；二是随着经济扩张，人们愿意使用货币进行更多的交易。因此，GDP和货币需求呈现同一方向的变动。

2. 利率（R）。利率反映人们持有货币的机会成本，即因为持有现金而丧失了由持有其他替代性资产而能获得的利息收入。对于机会成本的计算需要考虑到货币本身的收益率和替代资产的收益率。现金由于没有进入流通领域，自身的收益率为0；对于替代资产的收益率的选择，狭义货币需求函数一般选用短期利率作为替代资产的收益率，例如，选择期限为3个月的短期利率，短期商业票据利率，或者是期限较短的定期存款利率作为替代变量。在本节研究中，研究的主体是现金，是货币层次中的$M0$，最为狭义的货币组成，因此选择了三个月的短期利率作为替代的收益率。

3. 居民消费价格指数（CPI）。价格指数是通货膨胀预期率的代理变量，通货膨胀率也是货币持有的机会成本，因为持有的现金收益情况会随着通货膨胀率的变化而变化，一般在通货膨胀率增大之时，现金将贬值，是现金持有的一种负的收益率体现。因此在理性假设的前提下，价格指数和货币各层次需求负相关。

4. 随机因素（C）。对影响现金需求不易确定因素的概括，包括在开放经济的环境中的国际资金流动；人民持有现金的心理动机因素；金融创新导致的"现金迷失"现象等因素。

（二）模型和数据

根据上述现金需求影响因素的分析，建立现金需求函数如下：

$$MO_t = f(GDP_t, R_t, CPI_t) \qquad (12-1)$$

其中，MO_t，GDP_t，R_t，CPI_t 分别表示第 t 期的现金投放量，国民生产总值，三个月短期利率和物价指数。

所有数据均来自中经数据库，样本为 1999 年第一季度至 2008 年第四季度的季度数据。数据处理包括：

1. 由于我国没有公布 CPI 定基比指数，这里首先用我国公布的 CPI 月环比指数构造月定基比指数（以 1998 年以前的某一月为基期），再把每季度三个月的消费物价月定基比指数用几何平均的方法计算出 CPI 季度定基比指数。

2. 采用 X-11 方法对数据进行季度调整，消除变量的季节趋势。

3. 为了消除异方差影响，所有数据均取自然对数值。

（三）计量分析和实证结果

1. 平稳性检验。运用增广的迪基——福勒（ADF）对所采用的时间序列数据的平稳性进行单位根检验，用 AIC 和 SC 最小准则来确定最佳滞后期。若样本的 ADF 检验值大于临界值，则 H0：原序列非平稳的假设不能被拒绝，原序列非平稳；若样本的 ADF 检验值小于临界值，原序列平稳。对 MO、GDP、R、CPI 的平稳性检验结果见表 12-1。

表 12-1 MO、GDP、R、CPI 平稳性检验结果

	变量	ADF 检验值	(c, t, n)	临界值（1%，5%，10%）	平稳判断
水平检验	ln$MOSA$	1.08704	(c, t, 6)	-3.646342，-2.954021，-2.615817	非平稳
	ln$GDPSA$	1.51273	(c, t, 1)	-3.615588，-2.941145，-2.609066	非平稳
	ln$R$	-2.39022	(c, t, 1)	-3.615588，-2.941145，-2.609066	非平稳
	ln$CPISA$	-0.06115	(c, t, 1)	-3.615588，-2.941145，-2.609066	非平稳

续表

	变量	ADF 检验值	(c, t, n)	临界值（1%，5%，10%）	平稳判断
一阶差分检验	$D(\ln M0SA)$	-3.99914***	(c, t, 2)	-3.626784，-2.945842，-2.611531	平稳
	$D(\ln GDPSA)$	-7.82569***	(c, t, 0)	-3.615588，-2.941145，-2.609066	平稳
	$D(\ln R)$	-3.35153**	(c, t, 0)	-3.615588，-2.941145，-2.609066	平稳
	$D(\ln CPISA)$	-3.10815**	(c, t, 0)	-3.615588，-2.941145，-2.609066	平稳

注：*** 表示在 1% 水平下显著；** 表示在 5% 水平下显著；* 表示在 10% 水平下显著。采用的 (c, t, n) 检验形式，其中，c、t 分别表示常数项和趋势项；n 表示滞后期，ln 表示取自然对数，SA 表示进行季节调整之后的数据。

根据单位根检验结果，$M0$、GDP、R、CPI 的原序列都是非平稳序列，但是一阶差分序列具有平稳性，是 I（1）序列。因此，必须结合协整检验加以判断。有些时间序列，虽然自身非平稳，但它们的某种线性组合却平稳。这个线性组合反映了变量之间长期稳定的关系，称为协整关系。

2. 协整分析。通过 Johansen 方法基于向量自回归模型对变量进行协整检验。由于 Johansen 协整检验对滞后阶数非常敏感，所以在做 Johansen 检验之前必须确定好模型的滞后阶数，根据 AIC 与 SC 的信息准则，并通过 LR 检验进行取舍，选滞后阶为 2，检验结果见表 12-2。

表 12-2　　　　　$M0$、GDP、R、CPI 协整检验结果

协整向量个数	Trace 统计量	临界值	Max-Eigen 统计量	临界值
没有	62.75201**	47.85613	31.24539**	27.58434
最多 1 个	31.50662**	29.79707	19.39672**	21.13162
最多 2 个	12.10991	15.49471	7.119344	14.2646
最多 3 个	4.990562	3.841466	4.990562	3.841466

注：** 表示在 5% 水平下显著；滞后间隔 1~1。

可见，通过 Trace 统计量和 Max-Eigen 统计量两个检验值和临界值的比较，协整检验的结果是 5% 的显著性水平下，存在两个协整方程式。根据 OLS 法估计 $M0$ 的需求方程式如下：

$$LNM0SA = 0.6842 \times LNGDPSA - 0.5450 \times LNR + 0.5289 \times LNCPI + 1.2410 \quad (12-2)$$
$$(12.00321)^{***} \quad (-3.656756)^{***} \quad (0.992479) \quad (0.737224)$$
$$R^2 = 0.982452 \quad D-W = 0.595439 \quad F = 671.8528$$

由于 CPI 系数的不显著性，剔除物价影响因素，使用实际 M0、GDP、R 得到新的需求方程如下：

$$LNRM0SA = 0.7377 \times LNRGDPSA - 0.4249 \times LNRR + 2.9033 \quad (12-3)$$
$$(39.90)^{***} \quad (-4.880)^{***} \quad (17.19)^{***}$$
$$R^2 = 0.981972 \quad D-W = 0.619650 \quad F = 1007.695$$

为了防止"伪回归"现象，对上述回归方程式的残差进行 ADF 单位跟检验，ADF 检验值为 -2.889502，10% 显著性的临界值为 -2.615817。表示在 10% 的显著水平下不存在单位根，残差序列平稳，即 M0 和 GDP，R 存在长期的均衡关系。

（12-3）式表明，在长期 GDP 增长率和 M0 持有增长率呈现较弱的正相关，相关系数为 0.7377，即 GDP 每增长 1 个百分点，M0 的持有率增加 0.7377 个百分点。弱的正相关产生的原因是随着经济的发展，货币电子化深入，电子货币将大幅的替代现金被人们持有；M0 和 R 呈现负相关，即随着存款利率的降低，持有现金的机会成本降低，持有比率增加。

根据前面所述，央行的实际现金投放量往往大于预测现金投放量，产生的一个主要原因是我国大规模的地下经济的存在，根据大部分国内研究文献，地下经济约占地上经济的 20%。这部分经济主要采用现金持有和交易的方式。因此对原模型的 M0 要进行分割，包括正常经济的现金需求和地下经济的现金需求，即

$$M0 = M0' + M0'' \quad (12-4)$$

其中，$M0''$ 表示地下经济现金需求，求解思路如下：

根据历史研究文献，假定自 1999~2008 年地下经济占地上经济比例的平均值为 20%，求得地下经济总量；

根据费雪方程式：$MV = PT$。则 $M0'' = PT/V''$。其中 $M0''$ 为地下经济所需现金总量，PT 为地下经济总量，V'' 为地下经济货币流通速度，由于地下经济和正常经济的交易制度相同且地下经济均采用现金支付的方式，则 V'' 等于正常经济体制下 $M0'$ 的流通速度，$M0''$ 全部表现为现金，据此求得 $M0''$，其占总体现金需求的比例如图 12-2 所示。

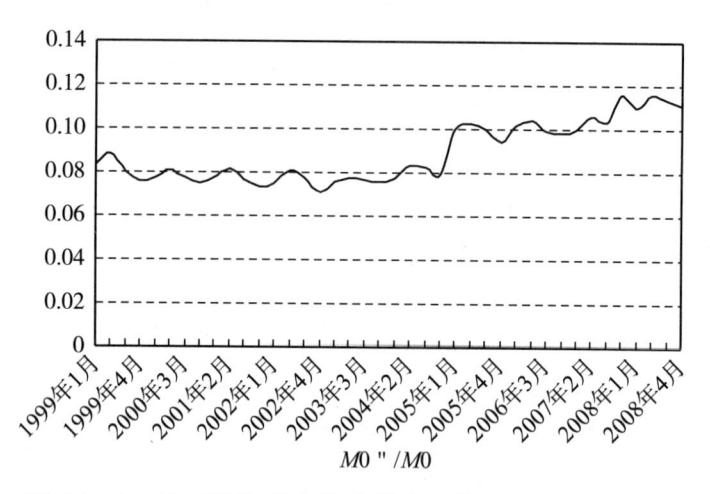

图 12 - 2 地下经济现金需求量占总体现金投放的比例

$M0'$ 表示正常经济现金需求，继续采用（12 - 1）式求得 $M0'$ 与 GDP，CPI 以及 R 的长期均衡的需求关系为：

$$LNRM0'SA = 0.7183 \times LNRGDPSA - 0.4197 \times LNRR + 3.0255 \quad (12-5)$$
$$(34.833)^{***} \quad (-4.890)^{***} \quad (17.09)^{***}$$

$$R^2 = 0.976065 \quad D-W = 0.727008 \quad F = 754.4336$$

（12 - 5）式表示在考虑地下经济现金需求（又称现金漏损）的影响之后，正常经济现金需求的对 GDP 的反映弹性有所下降，而 R 对现金需求的影响较之更明显。

3. 短期动态模型。协整关系反映了实际 $M0'$ 和 GDP、R 的长期均衡关系。在短期，人们还会根据经济变量的短期变动（如通货膨胀率、利率水平、经济增长情况等），做出短期现金持有的调整。根据一般到特殊的动态建模规则，剔除滞后 3 期相关性不显著的变量，得到 $M0'$ 的误差修正模型如下：

$$LNRM0'SA = 0.6213 \times LNRM0'SA(-1) + 0.2005 \times LNRM0'SA +$$
$$(0.16361) \quad (0.15149)$$
$$[3.79746] \quad [1.32382]$$

$$0.1012 \times LNRGDPSA(-1) + 0.0238 \times LNRGDPSA(-2) - 0.1292 \times LNRR(-1) +$$
$$(0.07429) \quad (0.07800) \quad (0.10965)$$
$$[1.36235] \quad [0.30613] \quad [-1.17828]$$

$$0.0555 \times LNRR(-2) + 0.6009 \quad (12-6)$$
$$(0.10844) \quad (0.23715)$$
$$[0.51223] \quad [2.53390]$$

$$R^2 = 0.996599 \quad F = 1513.819$$

（12-6）式表示在短期，滞后一期的正常现金需求对当期的现金需求有明显的正向影响。滞后一期的 GDP 对 $M0'$ 的影响系数为 0.1012，滞后两期的 GDP 影响十分微弱。滞后一期的利率对 $M0$ 有负向影响，表示上期的利率上调，人们也会相应的减少当期的现金持有。

下面根据 VAR 模型来建立脉冲响应函数，它是用以衡量来自随机扰动项的一个标准差冲击对内生变量当前和未来取值的影响。如图 12-3 所示分别是实际 $M0'$ 对自身、GDP、R 一个信息冲击的反映。

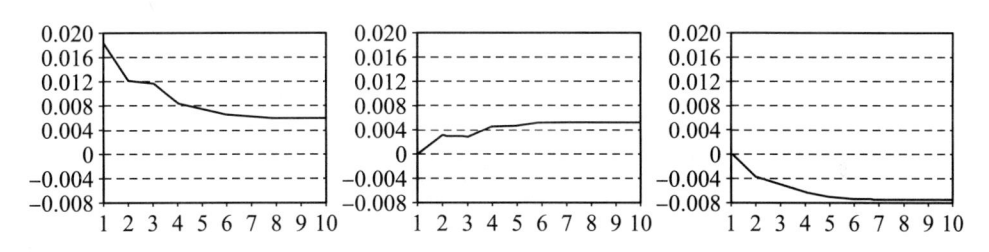

图 12-3 $M0'$ 对 $M0'$、GDP、R 的脉冲响应图

可以看出：

第一，$M0'$ 对自身存在正的冲击效果，$M0'$ 在短期迅速的对自身的变化进行反映。这种正向的反映逐渐的减弱，产生的原因是，人们在短期会持续的保持一段时间的现金持有水平。

第二，$M0'$ 对 GDP 的信息冲击反映的特征是在第 1 期几乎没有反应，在第 2 期迅速上升，然后在第 6 期达到稳定。也就是说，经济扩张在当季度和下季度对现金需求量 $M0'$ 冲击不明显，从第 3 期开始快速上升，并自第 6 期后形成稳定的冲击。

第三，$M0'$ 对 R 的一个信息冲击，是立即产生负向反映，并且这种负向反映会持续的影响现金的持有。

四、对 2010～2014 年我国现金投放量的预测

根据上面构建的我国现金投放量模型，现在对 2010～2014 年的现金投放量进行预测，以期为中国人民银行的现金投放量提供参考。

对现金投放量的预测分为以下两部分。

（一）对正常经济所需 $M0'$ 的预测

1. 首先对 GDP、R、CPI 三个自变量 2010～2014 年的数据进行预测，预

测需要根据几个变量的具体特征进行，其中 GDP 的主要影响因素有固定投资规模，国内需求规模，国际贸易规模三个变量，同时在我国 GDP 的增长情况也受到了国家政策的影响，因此 GDP 的预测是根据近年来经济发展的变化和对国家政策的反应进行，2009 年成功地实现了在金融危机冲击的情况下 GDP 保八的目标，2010~2012 年，GDP 恢复两位数的增长。分为三种情况，如果金融危机继续影响，在强有力的政策调控下，假设 GDP 的增长为 9%；若我国经济发展顺利度过金融危机，继续保持金融危机之前的增长，则假设 GDP 的增长为 10%；在乐观的情况下，我国充分利用金融危机带来的机遇，获得更为快速的发展，则 GDP 的增长将达到 12%。而从 2013~2014 年，GDP 保持在 13% 的水平，上下有 1% 的变化幅度。我们将根据 GDP 的增长情况计算 GDP 的总量。

而对 R、CPI 的预测，则是根据向量自回归模型进行，这是由于从 1999 年起，进行稳健的货币和财政政策，利率和物价指数均保持稳定的变化。根据单位跟检验结果，对 R 建立 AR（2）模型如下：

$$R = 5.893754 + 1.560337 \times AR(1) - 0.709438 \times AR(2) \quad (12-7)$$
$$(26.24) \qquad (8.18) \qquad (-3.53)$$

$R^2 = 0.89 \quad F = 4.00852 \quad D-W = 1.65$

对 CPI 的一阶差分 D（CPI）建立 AR（1）模型如下：

$$D(P) = 0.456254 + 0.385108 \times AR(1) \quad (12-8)$$
$$(1.914844) \qquad (2.573920)$$

$R^2 = 0.855426 \quad F = 6.625063 \quad D-W = 1.862825$

然后根据以上的序列相关模型进行预测。

2. 然后根据以上变量的预测值分别根据已经建立的关于实际 $M0'$ 与实际 GDP、R 的回归模型进行现金需求量的计算，由于对 GDP 的预测存在不同的值，因此最终预测的现金需求量也有相应的值。

（二）对漏损现金的数据进行预测

由于漏损现金主要产生原因是地下经济，我们假设在未来 5 年，地下经济占地上经济的比例和货币流通速度保持不变，继续根据 $M0'' = PT/V''$ 计算 2010~2014 年的漏损现金需求量。

最终的预算结果见表 12-3。

表12-3　　我国2010~2015年实际现金需求预测

GDP 增长率	季度	GDP(亿元)	R(%)	P	M0'(亿元)	M0″(亿元)	M0(亿元)
8%	2010Q1	81 837.72	5.90	114.94	33 117.83	3 900.08	37 017.91
	2010Q2	85 659.55	5.90	115.39	34 220.30	4 082.22	38 302.52
	2010Q3	88 245.78	5.90	115.85	34 959.56	4 205.47	39 165.03
	2010Q4	92 691.40	5.90	116.31	36 215.66	4 417.33	40 632.99
	2011Q1	88 384.73	5.90	116.76	34 997.87	4 212.09	39 209.96
	2011Q2	92 512.32	5.90	117.22	36 165.05	4 408.80	40 573.85
	2011Q3	95 305.44	5.90	117.68	36 946.16	4 541.91	41 488.07
	2011Q4	100 106.71	5.90	118.13	38 272.67	4 770.72	43 043.39
	2012Q1	95 455.51	5.90	118.59	36 987.87	4 549.06	41 536.93
	2012Q2	99 913.30	5.90	119.04	38 219.48	4 761.50	42 980.98
	2012Q3	102 929.88	5.90	119.50	39 045.95	4 905.26	43 951.21
	2012Q4	108 115.24	5.90	119.96	40 448.89	5 152.37	45 601.26
	2013Q1	103 091.95	5.90	120.41	39 088.79	4 912.98	44 001.78
	2013Q2	107 906.36	5.90	120.87	40 392.39	5 142.42	45 534.81
	2013Q3	111 164.27	5.90	121.33	41 264.52	5 297.68	46 562.20
	2013Q4	116 764.46	5.90	121.78	42 745.82	5 564.56	48 310.38
	2014Q1	111 339.31	5.90	122.24	41 310.53	5 306.02	46 616.56
	2014Q2	116 538.87	5.90	122.69	42 686.13	5 553.81	48 239.94
	2014Q3	120 057.41	5.90	123.15	43 608.85	5 721.49	49 330.35
	2014Q4	126 105.62	5.90	123.61	45 175.74	6 009.73	51 185.47
10%	2010Q1	83 353.23	5.90	114.94	33 557.22	3 972.31	37 529.53
	2010Q2	87 245.84	5.90	115.39	34 674.32	4 157.82	38 832.13
	2010Q3	89 879.96	5.90	115.85	35 423.38	4 283.35	39 706.73
	2010Q4	94 407.90	5.90	116.31	36 696.15	4 499.13	41 195.28
	2011Q1	90 021.49	5.90	116.76	35 462.20	4 290.09	39 752.30
	2011Q2	94 225.51	5.90	117.22	36 644.87	4 490.44	41 135.31
	2011Q3	97 070.36	5.90	117.68	37 436.34	4 626.02	42 062.36
	2011Q4	101 960.50	5.90	118.13	38 780.44	4 859.06	43 639.51
	2012Q1	97 223.21	5.90	118.59	37 478.60	4 633.30	42 111.90
	2012Q2	101 763.50	5.90	119.04	38 726.55	4 849.67	43 576.22

续表

GDP增长率	季度	GDP(亿元)	R(%)	P	M0'(亿元)	M0"(亿元)	M0(亿元)
	2012Q3	104 836.00	5.90	119.50	39 564.00	4 996.10	44 560.09
	2012Q4	110 117.40	5.90	119.96	40 985.54	5 247.79	46 233.33
	2013Q1	105 001.10	5.90	120.41	39 607.41	5 003.97	44 611.38
	2013Q2	109 904.60	5.90	120.87	40 928.28	5 237.65	46 165.93
	2013Q3	113 222.90	5.90	121.33	41 812.00	5 395.79	47 207.79
	2013Q4	118 926.80	5.90	121.78	43 312.95	5 667.61	48 980.56
	2014Q1	113 401.10	5.90	122.24	41 858.61	5 404.28	47 262.88
	2014Q2	118 697.00	5.90	122.69	43 252.46	5 656.66	48 909.12
	2014Q3	122 280.70	5.90	123.15	44 187.43	5 827.45	50 014.88
	2014Q4	128 440.90	5.90	123.61	45 775.11	6 121.02	51 896.13
	2010Q1	84 868.74	5.90	114.94	33 994.36	4 044.53	38 038.89
	2010Q2	88 832.13	5.90	115.39	35 126.01	4 233.41	39 359.42
	2010Q3	91 514.14	5.90	115.85	35 884.84	4 361.23	40 246.07
	2010Q4	96 124.41	5.90	116.31	37 174.18	4 580.94	41 755.12
	2011Q1	91 658.24	5.90	116.76	35 924.16	4 368.09	40 292.26
	2011Q2	95 938.70	5.90	117.22	37 122.24	4 572.08	41 694.32
	2011Q3	98 835.28	5.90	117.68	37 924.02	4 710.13	42 634.14
	2011Q4	103 814.36	5.90	118.13	39 285.64	4 947.41	44 233.05
	2012Q1	98 990.90	5.90	118.59	37 966.83	4 717.54	42 684.37
12%	2012Q2	103 613.79	5.90	119.04	39 231.04	4 937.85	44 168.89
	2012Q3	106 742.10	5.90	119.50	40 079.39	5 086.94	45 166.32
	2012Q4	112 119.51	5.90	119.96	41 519.45	5 343.20	46 862.65
	2013Q1	106 910.17	5.90	120.41	40 123.36	5 094.94	45 218.30
	2013Q2	111 902.90	5.90	120.87	41 461.46	5 332.88	46 794.34
	2013Q3	115 281.47	5.90	121.33	42 356.67	5 493.89	47 850.56
	2013Q4	121 089.07	5.90	121.78	43 877.17	5 770.66	49 647.83
	2014Q1	115 462.99	5.90	122.24	42 403.90	5 502.54	47 906.44
	2014Q2	120 855.13	5.90	122.69	43 815.90	5 759.51	49 575.41
	2014Q3	124 503.98	5.90	123.15	44 763.05	5 933.40	50 696.45
	2014Q4	130 776.20	5.90	123.61	46 371.41	6 232.31	52 603.72

五、结论和政策建议

通过前面的分析，本书认为，由于我国还处于工业化的中期，经济高速增长还将持续较长时间，在未来几年内，我国经济对现金的需求仍然是强劲的，现金投放量将以较大的幅度不断地增长。因而，加强现金的监控与管理，对于确保金融稳定和促进经济发展，有着十分重要的意义。针对现金的监控与管理，本节提出下列政策建议：

第一，现金的投放和回笼应积极为经济发展服务。我国经济的高速发展，必然要求相应的货币供应量作为保证。而现金的投放和回笼工作，作为我国货币政策体系中的重要一环，应该以积极为经济发展服务为宗旨，同时配合其他货币政策操作，一起发挥作用，促进我国经济的持续、快速、健康、稳定的发展。

第二，强化现金投放回笼的监测系统。中国人民银行应该尽快地建立健全现代化的现金投放回笼监测系统，主要采集和分析现金流通中所反映的信息资源，为加强金融监管、制定和实施货币政策提供资料，如资金流量和流向情况统计、现金投放和回笼情况统计。对于重点地区、重点行业、重点单位等，还应该进行持续跟踪重点监测。

第三，不断深化货币的电子化程度。货币的电子化，有利于对现金的检测，交易记录的保持也有利于打击地下经济和腐败行为。应该完善电子转账、支付、清算系统，完善 ATM、POS 和网上银行、电子贷记转账和借记转账业务。还应该推出高品位、多功能的金融工具，如个人支票、旅行支票、多功能不同层次及品位的银行卡，继续完善各行之间的银行卡联网工作。

第四，加强金融法制建设。现代金融业是在一系列法律、法规和规章的规制、调整、促动和保护下运行的。从国际上看，西方发达国家无不有着成熟的金融法律体系。对于现金管理来说，应尽快重新修改《现金管理暂行条例》，改变其中不适应我国社会主义市场经济体制的部分，重点明确现金管理的主体、客体及其他主要内容，并制定相应的操作性强的行政规章，还要界定违反现金管理行为应承担的法律责任，严格约束金融机构和存款人的现金交易行为。还要增加对金融创新和新型金融企业的现金管理内容，避免出现管理真空，使现金管理工作走向法制化轨道。

第五，为人民币国际化做好准备。我国需要顺应人民币国际化开始起步和逐渐深化的长期趋势，深刻把握和总结人民币海外流失的特点，为人民币国际化做好充分的货币政策转变准备，发行监管规则准备，组织机构设计准备，以及资源需求调动和协调准备。

总之，加强现金的监控与管理，对于确保金融稳定和促进经济发展意义重大，务必引起足够的重视。

第二节　最优货币政策与银行部门资产充足程度的动态模拟分析

一、引言

包括中国在内的许多国家，中央银行和银行监管机构之间出现功能专业化分工和机构分离的现象。正确理解货币政策和银行监管政策之间可能的矛盾性和协调性，不仅有理论意义，而且有实践意义。自 2007 年下半年以来，美国发生了大规模的次贷危机，银行的资本充足状况严重恶化。美国联邦储备系统面对这样的情况，及时做出反应，大量向货币市场提供流动性，多次下调联邦基金利率的目标值。这似乎说明，货币政策如果不考虑银行的资本充足状况，不仅不利于实现金融稳定，而且也会对中央银行所追求的经济稳定目标带来不利的影响。这种金融部门与货币政策主管部门之间的相互关联是本节研究的主要内容。

从国内外既有的研究文献来看，鲜见考虑中央银行面对银行资本充足状况做出积极调整的理论与实证研究。Blum－Hellwig（1995）最先指出货币政策和资本充足监管之间可能会发生冲突，他们研究了资本充足监管对经济周期的负面影响：当经济处于下降周期之中，银行资本充足状况恶化，银行监管部门严格实行资本充足监管的后果是促使银行收缩信贷活动，这给本来已经处于下降周期的国民经济带来的是"雪上加霜"。Blum-Hellwig（1995）称之为银行资本充足监管的顺周期效应。国际清算银行发布的一份研究报告（BIS, 1999）承认，该组织所极力推行的资本充足管理国际标准（巴塞尔协定）有可能会放大对一国经济周期的不利影响。显然，这些研究都注意到了货币政策和资本充足监管的关联，但都没有考虑中央银行面对资本充足率顺周期效应有可能采取的行动。

本节可以在 Bernanke 和 Blinder（1988）的静态模型中重新引入被忽略的银行资本，静态模型的分析虽然简单明了，但说服力不强。货币政策实施的环境是动态的，银行资本充足状况的变化也是动态的。因此，运用动态模型对货币政策和银行资本充足状况进行研究是必要的。另外，虽然从理论上可以论证货币政策应该对银行资本充足状况做出反应，但这种反应的必要性还是看这样做的效果是否明显。如果效果不明显，那么货币政策也许可以在近似的意义上忽略银行资本充足的状况。回答这一问题的方法是进行模拟分析，这种分析也离不开动态模型。综合起来，本节首先引入动态模型，然后进行模拟分析。

Svensson（1999）的动态经济模型是本书的出发点。在所扩展的 Svensson（1999）模型当中，除了原来就有的基准利率、通货膨胀率和产业缺口以外，还出现第二个利率——贷款利率。Brunner 和 Meltzer（1972，1993），Friedman（1970），Tobin（1969），Bernanke 和 Blinder（1988）与 Gaspar and Kashyap（2006）等许多文献都强调过考虑信贷市场利率对经济周期影响的重要性，认为这是从宏观经济及其政策角度研究信贷市场和其他金融市场的重要途径。许多中央银行（包括美国联邦储备系统、欧洲中央银行等）都高度重视贷款利率对货币传导机制的影响。

Svensson（1999）模型本来就用来研究最优货币政策的动态特征，在考虑了信贷市场利率之后，很自然这个模型就可以用来研究动态货币政策如何对信贷市场做出反应。为此，还要做两件事：（1）将银行的资本充足状况与信贷市场直接联系起来，这是通过银行资本充足状况影响信贷供给的途径来实现的。（2）在考虑银行资本充足状况对信贷进而对宏观经济的影响的同时，还要将银行资产负债和资本状况与利率、产业缺口等宏观经济变量联系起来。以上就是本节模型构建的基本思路。

银行资本充足状况下的信贷供应与银行资本不足状况下的信贷供应都有可能影响模型中的其他变量，这使得模型表现出非线性的特征，增加了在动态环境中求解最优货币政策的难度。简单的动态规划方法无法直接得出答案。为此，本节采用了简接求解的方法。首先构建了最优货币政策的结构性等式，等式中的系数待定。将猜想的这个结构性等式代入需要求解的动态规划问题，选择待定的系数使得目标函数达到最优值，最后再验证猜想的最优货币政策就是事实上的最优解。

可以得到论证的是，最优的货币政策规则根据银行系统资本充足状况的不同而不同。在通常情况下，面对资本不足的银行体系，央行要对外部扰动做出更强的反应。只有这样，货币政策才可中和资本充足监管带来的顺周期效应。最优的货币政策一方面抵销了外部扰动的影响，另一方面中和了资本充足率对均衡产出和通货膨胀水平的影响。

二、模型及研究结果

（一）模型构建

信贷市场上的贷款供应要从银行着手分析。银行的资产负债表包括资产、存款和资本三部分。作为信贷市场的供给方,银行接受资本充足监管和存款准备金管理。模型抽象了银行资产在贷款和固定收益证券等其他风险资产之间的组合配置,假设银行的资产完全由贷款和货币组成。在监管条件允许的情况下,银行选择发放贷款,而不选择持有货币。换句话说,银行持有货币是非自愿的。银行负债全部由存款组成。模型假定银行不持有超额准备金。存款除去准备金就是可用于发放贷款的资金。在实施资本充足监管的条件下,银行的贷款供给并不完全由其可用资金决定,还取决于银行资本的充足状况。

在银行资本充足的情况下,银行贷款不受资本的约束,银行将所有可用资金贷出去,银行的信贷供给等于扣除准备金后存款和资本金之和。这是银行资本充足情况下的信贷市场供给。假定 θ 是存款缴纳的法定准备金率(在0和1之间),D_t 是银行第 t 期的实际存款,B_t 是银行第 t 期的实际资本金,这种情况下的第 t 期实际信贷供给为 $B_t + (1-\theta)D_t$。

若银行资本不足,银行贷款将受到资本充足状况的限制。当贷款与资本金的比例高于资本充足率规定的最高水平时,模型假定银行能将贷款变现为货币,而货币是不需要资本金支持的。假定 c 是资本充足率所对应的最高的贷款与资本金的比例(该比例大于1),这种情况下的实际信贷供给为 cB_t。资本金不足的情形实际上是银行非自愿地持有货币资产,无法将其转为贷款资产的情况。上述第 t 期信贷实际供给(L_t^s)的两种情况归结为(12-9)式。当 $B_t + (1-\theta)D_t > cB_t$ 时,银行资本不足,贷款供给由 cB_t 决定。当 $B_t + (1-\theta)D_t < cB_t$ 时,银行资本充足,贷款供给由银行可贷资金 $B_t + (1-\theta)D_t$ 决定。

$$L_t^s = \min[B_t + (1-\theta)D_t, cB_t], \quad c>1, \quad 0<\theta<1 \qquad (12-9)$$

假设银行资本与经济活动总量正相关。假定 y_t 代表第 t 期均衡的产出缺口(产出缺口的定义为实际产出高出或者低于潜在产出的百分比),i_t 代表中央银行调控的第 t 期基准利率,$\pi_{t+1/t}$ 代表对第 $t+1$ 期通货膨胀条件期望,(12-9)式中银行存款和资本与经济活动水平、基准利率的关系为(12-10)式和(12-11)式。银行存款和资本与经济活动同方向变化,银行存款与中央银行设定的基准利率负相关。

$$D_t = D_y y_t - D_i(i_t - \pi_{t+1/t}), \quad D_y, \ D_i > 0 \qquad (12-10)$$

$$B_t = B_y y_t \quad B_y > 0 \qquad (12-11)$$

假定 ρ_t 代表第 t 期贷款名义利率,第 t 期信贷实际需求(L_t^d)由(12-12)式表示。贷款实际需求一方面与经济活动水平正相关,另一方面与第 t 期信贷成本(实际贷款利率)负相关。

$$L_t^d = -L_\rho(\rho_t - \pi_{t+1/t}) + L_y y_t, \quad L_\rho, \ L_y > 0 \qquad (12-12)$$

以上已经分别描述了信贷市场的贷款需求、贷款供给以及银行负债资本的内生关系。宏观经济模型有两个等式：一个描述产出的动态变化过程，另一个描述通货膨胀率的变化过程。(12-13) 式列出了产出缺口与第 t 期贷款利率（ρ_t）、货币当局调控的基准利率（i_t）、第 t 期对 $t+1$ 期通货膨胀的预期（$\pi_{t+1/t}$）、第 $t+1$ 期扰动项（η_{t+1}）和第 t 期产出缺口（y_t）关系。实际利率越高，产出水平越低。扰动项（η_t）为白噪声（White Noise），并与其他扰动项不相关。如果没有贷款利率（ρ_t）这一项，(12-13) 式与 Svensson (1999) 的模型相同。

$$y_{t+1} = \alpha_y y_t - \alpha_i(i_t - \pi_{t+1/t}) - \alpha_\rho(\rho_t - \pi_{t+1/t}) + \eta_{t+1}, \quad 1 > \alpha_y > 0, \quad \alpha_\rho > 0, \quad \alpha_i > 0 \tag{12-13}$$

(12-14) 式表明，第 $t+1$ 期相对第 t 期通货膨胀的变化（$\pi_{t+1/t}$）与第 t 期产出缺口（y_t）正相关，并受第 $t+1$ 期扰动项（ε_{t+1}）的影响。扰动项（ε_t）为白噪声，与扰动项（η_t）不相关。

$$\pi_{t+1} = \pi_t + \beta_y y_t + \varepsilon_{t+1}, \quad \beta > 0 \tag{12-14}$$

以下将要让信贷市场和宏观经济变量在市场均衡的条件下结合起来。根据信贷市场均衡的条件，可解出信贷市场均衡利率，将其代入 (12-13) 式，代替贷款利率（ρ_t）；同时用 (12-14) 式得出的通货膨胀预期代替 (12-13) 式中的通货膨胀的预期（$\pi_{t+1/t}$）。经过这一转换后得到等式，产出缺口取决于银行资本充足状况，因为信贷供给和信贷利率都受银行资本充足状况的影响。

$$y_{t+1} = -\varphi_i^j(i_t - \pi_t) + \varphi_y^j y_t + \eta_{t+1}, \quad \varphi_y^j > 0, \quad \varphi_i^j > 0 \tag{12-15}$$

在 (12-15) 式中，上标 j 代表银行资本充足状况（$j=c$ 表示银行资本不足，$j=u$ 表示银行资本充足）。(12-15) 式中的参数 φ_i^j 和 φ_y^j 分别为模型中其他参数的函数 [(12-16) 式～(12-18) 式]。

$$\varphi_i^u = \alpha_i = \varphi_i^c \tag{12-16}$$

$$\varphi_y^u = \alpha_y + \alpha_i \beta_y - \alpha_\rho L_y/L_\rho + \alpha_\rho B_y/L_\rho + \alpha_\rho(1-\theta)D_y/L_\rho \tag{12-17}$$

$$\varphi_y^c = \alpha_y + \alpha_i \beta_y - \alpha_\rho L_y/L_\rho + \alpha_\rho c B_y/L_\rho \tag{12-18}$$

（二）货币政策利率规则与资产充足率监管

货币政策的目标包括两部分：(1) 减少通货膨胀水平与目标通货膨胀水平（假定为零）的差距；(2) 减少实际产出缺口与目标产出缺口（假定为零）差距。目标函数为这两个差距平方之后的加权线性组合（假定通货膨胀差距平方项前的权重不能为零）的贴现值。

$$\min_{\{i_{t+k}\}_{k=0}^\infty} \frac{1}{2} E_t \sum_{k=1}^\infty \delta^k [\lambda \pi_{t+k}^2 + (1-\lambda) y_{y+k}^2], \quad 0 < \lambda \leq 1, \quad 0 < \delta < 1 \tag{12-19}$$

其中，δ 是贴现系数。当通货膨胀平方项前的权重为 $1(\lambda=1)$ 时，中央银行只关心通货膨胀率,不介意产出波动的幅度。当通货膨胀平方项前的权重小于 1($\lambda<1$)时中央银行在稳定物价的同时,也不希望产出波动过大。这一货币政策目标体系也被称为通货膨胀目标制①。

货币政策的实施工具可以是数量工具,也可以是价格工具。采用数量工具的缺点之一是可能导致金融市场利率的大幅波动,影响金融稳定。所以,大多数国家采用价格工具,也就是调节货币市场基准利率,以实现货币政策的目标。简单地讲,最优货币政策包括两部分:(1)发现基准利率的最优目标水平;(2)使市场利率与基准利率的目标接近。本节以下将从理论上求解最优的基准利率目标水平。

为确定基准利率的目标水平,要求解(12-20)式所给出的动态规划问题:使得中央银行所关心的目标函数值最小化,将基准利率作为控制变量,同时满足两个约束条件(12-21)式和(12-22)式。约束条件反映的是信贷市场均衡之后产业缺口和通货膨胀率变化的轨迹,中央银行通过将基准利率设定在目标水平影响宏观经济变量的运行轨迹,以达到既定的政策目标。

$$\min_{\{i_{t+k}\}_{k=0}^{\infty}} \frac{1}{2} E_t \sum_{k=1}^{\infty} \delta^k [\lambda \pi_{t+k}^2 + (1-\lambda) y_{y+k}^2], 0 < \lambda \leq 1, 0 < \delta < 1$$

(12-20)

约束条件:

$$y_{t+1} = -\varphi_i^j(i_t - \pi_t) + \varphi_y^j y_t + \eta_{t+1}, \varphi_y^j > 0, \varphi_i^j > 0 \quad (12-21)$$

$$\pi_{t+1} = \pi_t + \beta_y y_t + \varepsilon_{t+1}, \beta > 0 \quad (12-22)$$

根据 Stokey 和 Lucas(1989),求解中央银行动态规划问题需要列出关于值函数($v(\cdot)$)的 Bellman 方程。值函数($v(\cdot)$)是状态变量(State Variables)的函数,状态变量是描述动态系统的关键特征变量。就动态规划问题来说,状态变量是通货膨胀和产出缺口。由于目标函数涉及无穷期以后的未来,根据 Stokey 和 Lucas(1989),Bellman 方程中变量的下标都可被省略。为简化计算,假设 D_i 为零②。在这一简化条件下,如果产出缺口为正($y \geq 0$),银行资本就处于充足状态。如果产出缺口为负($y < 0$),银行资本就处于不足状态。考虑到约束条件中的参数与银行资本充足状况相关,Bellman 方程的形式如下:

$$v(\pi, y) = \min_i \frac{1}{2} \{ E[\lambda(\pi + \beta_y y + \varepsilon)^2 + (1-\lambda)(\varphi_y^u y - \alpha_i(i - \pi) + \eta)^2]$$
$$+ \delta E v(\pi + \beta_y y + \varepsilon, \varphi_y^u y - \alpha_i(i - \pi) + \eta) \} \quad \text{if} \quad y \geq 0 \quad (12-23)$$

---

① 关于通货膨胀目标制和最优利率政策的全面讨论参见 Woodford(2003)。
② 这一简化没有改变银行资本状况对信贷市场的影响,所以不会影响主要结论。

$$v(\pi, y) = \min_i \frac{1}{2} \{ E[\lambda(\pi + \beta_y y + \varepsilon)^2 + (1-\lambda)(\varphi_y^c y - \alpha_i(i-\pi) + \eta)^2]$$
$$+ \delta E v(\pi + \beta_y y + \varepsilon, \varphi_y^c y - \alpha_i(i-\pi) + \eta) \} \quad \text{if} \quad y < 0 \quad (12-24)$$

（12-23）式~（12-24）式中 φ_y^u (or φ_y^c) 的上标说明银行资本情况（上标 u 说明银行资本充足，上标 c 说明银行资本不足）。

求解最优货币政策的方法是先给出最优货币政策的猜想，然后再验证或者证明这种猜想是正确的。经过求解，发现最优利率是通货膨胀和产出缺口的线性函数。最优利率政策最主要的特征是对扰动项的反应取决于银行的资本充足状况。这种差异表现为（12-15）式和（12-16）式中扰动项前系数的差异。经过比较发现，银行资本不足情况下扰动项的系数都要大于银行资本充足情况下扰动项的系数。当银行资本不足时，基准利率对产出缺口波动的反应更大，因为 $\varphi_y^c > \varphi_y^u$。换言之，面对一个资本不足的银行体系，中央银行需要对外部扰动做出更强的反应。

$$i^*_{t\text{银行资}\atop\text{本充足}} = \left(1 - \frac{b}{\alpha_i}\right)\pi_t + \left(\frac{\varphi_y^u}{\alpha_i} - \frac{b\beta_y}{\alpha_i}\right)y_t \quad (12-25)$$

$$i^*_{t\text{银行资}\atop\text{本不足}} = \left(1 - \frac{b}{\alpha_i}\right)\pi_t + \left(\frac{\varphi_y^c}{\alpha_i} - \frac{b\beta_y}{\alpha_i}\right)y_t \quad (12-26)$$

为分析最优货币政策对经济波动的影响，将（12-25）式和（12-26）式代入（12-20）式中的产出和通货膨胀等式，就可以得到（12-27）式①。最优货币政策充分考虑了银行资本的充足状况以后，产出变量与银行资本充足状况没有关系。最优货币政策抵销或中和了银行资本充足状况对经济波动的影响。

$$y_t = \eta_t - [1 - \phi(\beta_y, \delta, \lambda)](\beta_y \eta_{t-1} + \varepsilon_{t-1}) / [\beta_y(1 - \phi(\beta_y, \delta, \lambda)L)]$$
$$(12-27)$$

（三）数据模拟及结果分析

在资产充足率管理背景之下，如果货币政策没有按照（12-25）式和（12-26）式随银行资本充足状况不同而进行调整，会对经济波动产生怎样的影响？如果货币政策忽视银行资本充足状况对经济波动的影响不大，即使理论上已经论证了货币政策应该随银行资本状况而调整，在近似的意义上，货币政策仍然可以大体上不考虑银行的资本充足状况。如果这种情况出现，本节的结论在实践中可能就显得不那么重要了。为说明本节的结论与货币政策实践的相关性，以下对动态模型进行必要的模拟分析。

---

① L 是滞后算子。

不同政策对经济波动会有不同影响,关键看(12-20)式中的目标函数。具体来说,在实施最优货币政策的情况下,将上述(12-25)式和(12-26)式的最优政策代回到模型中,可以计算出每期的目标函数贴现值。同样地,在实施其他政策时,可以得出对应的每期目标函数贴现值。将这两个数据序列放在一起,按照目标函数的计算方法加以比较,可以比较不同政策对经济波动的影响。

以下模拟分析当中,与最优政策进行比较的是次优政策。两种政策的区别在于:最优政策随着银行资本充足状况不同而调整。当银行资本充足时,采用(12-25)式;当银行资本不足时,采用(12-26)式。而次优政策不论银行资本是否充足,始终采用(12-25)式。两种政策实施效果的差异反映了货币政策随银行资本状况而调整的必要性究竟有多大。

模拟参数的设定首先要满足模型对参数数值的限制,其次尽可能与文献中的相关参数取值一致。表12-4中的参数参考了Jensen(2002)的取值,这些参数的取值是经济周期模型中通常的取值。与信贷市场相关的参数缺乏文献的参考,这些参数的取值主要考虑方便模拟。同时,对于一些关键的参数(如银行资本和存款对产出的敏感程度等),在模拟中会多重取值,给出不同取值情况下的模拟结果。需要说明的是,巴塞尔协议要求的资本充足率是8%。如果不考虑风险调整的影响,这意味着银行的杠杆比例为12.5。实际上,银行持有的资本通常要高于8%。根据巴塞尔银行监管委员会的数据,1996年G10国家银行的资本充足率平均值为11.2%,标准差为1.6%。我国现在商业银行的资本充足率也已经基本上达到8%以上。在模拟中,采用的杠杆比例为10,与银行持有高于8%资本的情况一致。实际上,如果杠杆比例为12.5,模拟结果不会变化很大。

表12-4　　　　　　　　　　模拟参数的设定

参数	数值	参数	数值	参数	数值	参数	数值
α_y	0.50	α_i	0.75	α_ρ	0.75	α_η	1.00
D_y	0.20	δ_ε	1.00	B_y	0.15	θ	0.10
c	10.00	L_ρ	1.00	L_y	0.00	β_y	0.10

模拟中假设相关的扰动在第一期产生,扰动的规模为一个标准差,以后各期扰动项为零,也就是说,扰动是暂时的。不仅如此,模拟还假设扰动是单一的,不考虑同时发生多重扰动的情况。

图12-4给出了扰动项ε的模拟中最优政策和次优政策的前20期目标函数贴现值。目标函数贴现值越小,说明经济波动越小。当银行资本对产出的变化比较敏感($B_y=0.15$)时,最优政策对经济波动的稳定作用明显强于次优政策。

表 12-5 将前 100 期目标函数贴现值加总。最优政策的累计目标函数数值是次优政策函数值的 41%（$B_y=0.15$，$D_y=0.2$）和 50%（$B_y=0.15$，$D_y=0.3$）。反之，当银行资本对产出的变化敏感度比较小时（$B_y=0.05$ 或者 $B_y=0.10$），据图显示，最优政策对经济波动的稳定作用与次优政策的差异不大。最优政策的累计目标函数数值是次优政策函数值的 86%（$B_y=0.10$，$D_y=0.3$）和 98%（$B_y=0.05$，$D_y=0.25$）。

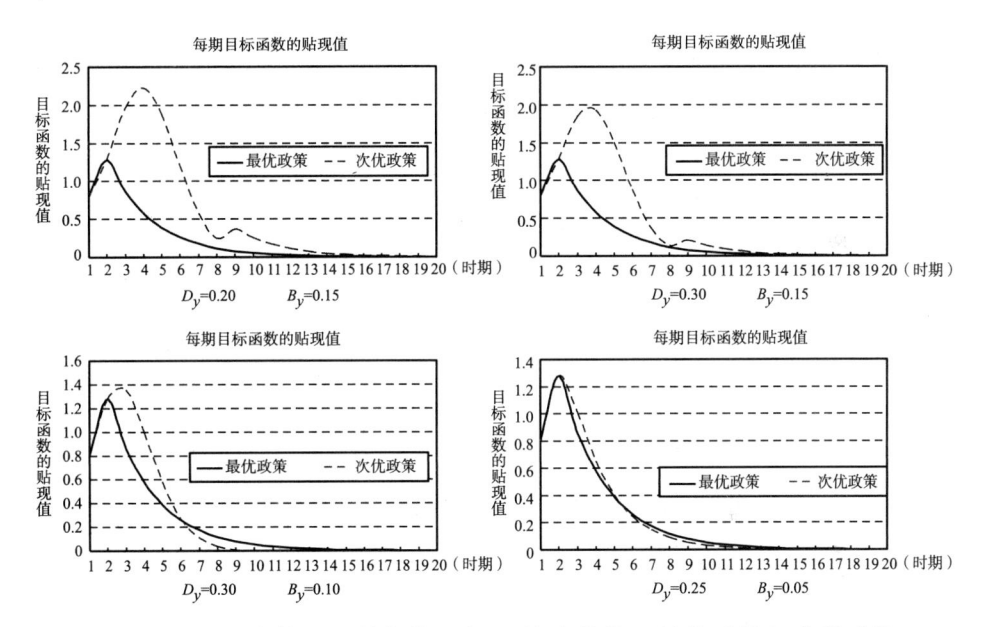

图 12-4　一期扰动项的每期目标函数贴现值：最优政策与次优政策

表 12-5　不同政策累计前 100 期目标函数贴现值比较

参数数值	累计前 100 期目标函数贴现值 第一期发生扰动 ε		累计前 100 期目标函数贴现值 第一期发生扰动 η	
	最优政策	次优政策	最优政策	次优政策
$B_y=0.15$　$D_y=0.2$	4.7	11.4	0.24	0.52
$B_y=0.15$　$D_y=0.3$	4.7	9.4	0.24	0.46
$B_y=0.10$　$D_y=0.3$	4.7	5.45	0.24	0.30
$B_y=0.05$　$D_y=0.25$	4.7	4.76	0.24	0.25

对扰动项 η 的模拟得出相同的结论。表 12-5 的数据显示，当银行资本对产出的变化比较敏感时，最优政策的累计目标函数数值是次优政策函数值的 46%（$B_y=0.15$，$D_y=0.2$）和 52%（$B_y=0.15$，$D_y=0.3$）。反之，当银行资本对产

出的变化敏感度比较小时，最优政策的累计目标函数数值是次优政策函数值的 80%（$B_y = 0.10$，$D_y = 0.3$）和 96%（$B_y = 0.05$，$D_y = 0.25$）。

动态模型模拟的结果显示，银行资本对产出缺口的波动越敏感，货币政策针对银行资本充足状况进行调整就越重要。在银行资本对产出波动的敏感度较大的情况下，货币政策如果忽视资本充足率管理的影响，产出的波动幅度将会显著增大。

资本充足率管理可能通过信贷紧缩给实体经济带来不利影响，尤其当经济活动已经出现衰退时，资本充足率管理可能进一步加剧经济衰退。新的资本监管环境给经济周期带来的影响已经引起各国货币政策当局的关注。本节将 Svensson (1999) 的动态经济模型与接受资本充足监管的银行部门相结合，分析最优货币政策与资本充足率的关系，发现货币政策实现其稳定经济周期目标的最优策略是抵销银行资本充足管理的顺周期效应。最优货币政策要考虑银行资本的充足状况，当银行资本不足时，中央银行要适当加大对外部扰动的反应力度。动态模型模拟的结果显示，银行资本对产出缺口的波动越敏感，货币政策针对银行资本充足状况进行调整就越重要。

第三节　我国银行上市融资、信贷扩张、货币政策

一、引言

近几年，我国各大商业银行上市融资动作频繁。2009 年 11 月，民生银行在中国香港上市，融资额近 270 亿元，为当年香港最大规模 IPO；2010 年 7 月，中国农业银行在上交所和港交所同时上市，融资额高达 221 亿美元，成为全球第一大 IPO；同年 8 月，光大银行在上交所上市。除了 IPO，各大商业银行还有大量的再融资行为：2010 年，中国银行再融资近 1 000 亿元、中国建设银行 750 亿元、中国工商银行 700 亿元、交通银行 420 亿元；2011 年，尽管不少银行都表示不会有融资计划，但仍然通过各种渠道再融资。截至 2011 年 7 月底，16 家上市银行中已经有 14 家银行宣布了再融资计划，再融资规模接近 5 000 亿元。其中，中国工商银行、中国农业银行、中国银行、中国建设银行均选择了发行次级债的再融资方式，分别计划发债 380 亿元、500 亿元、320 亿元、800 亿元。股份制银行中，招商银行公布不超 350 亿元的 A+H 股配股方案；浦发银行、兴业

银行分别计划发行500亿元、100亿元的次级债,同时兴业银行还计划发500亿元的金融债券,来补充附属资本;而华夏银行则已通过定向增发,融资202亿元……这一系列上市融资的重要目的,无一例外都是"补充资本金"。

商业银行为了满足监管要求,防范风险固然重要,但是资本过度充实的严重后果,就是信贷的天量扩张。2009年,我国新增人民币贷款高达9.6万亿元,大大超过年初制订的5万亿元计划,而且是2008年4.9万亿元的近2倍。2010年也新增天量信贷高达7.95万亿元。然而信贷结构仍然失衡,广大的中小企业融资依旧困难。目前,我国金融体系的主体仍然是银行,其上市融资进而引发的信贷过度扩张,使货币政策传导机制梗塞,对冲了货币政策效果。结果"适度宽松"的货币政策变得"十分宽松",货币泛滥,通货膨胀严重。因而本节要探讨的问题是,我国银行上市融资对信贷扩张的推动作用,以及信贷扩张对货币政策产生了怎样的影响。

二、相关研究综述

由于银行资本是贷款规模的重要决定因素,因而研究银行资本对货币政策的银行信贷渠道的影响就十分重要。Sharpe(1995)发现,1988年的《巴塞尔协议》导致1990~1991银行贷款,尤其是C&I贷款大幅减少,同时债券购买增加,且导致商业银行资本资产率的增加。Thakor(1996)通过一个信息不对称模型来研究《巴塞尔协议》中的加权风险资本充足率要求对银行信贷渠道的影响。他假设相比存款,银行股权要求的回报率更高,此时加权风险资本充足率就会导致银行对贷款的回报率要求较之其他资产更高,这样的要求就会导致信贷配给。他还发现,如果货币政策只是单方面的降低存款利率而不能提高银行其他资产的回报率,则扩张的货币政策反而会引发信贷紧缩。Holmstrom和Tirole(1997)的静态道德风险模型表明,银行资本水平是贷款、利率及实际投资的一个重要决定因素,由市场确定的资本充足率具有顺周期的特征,这种特征将加大经济衰退幅度。Stein(1998)通过两时期逆向选择模型来研究银行资产和负债管理,为微观研究信贷渠道提供了基础。Diamond和Rajan(2000)应用一般均衡模型研究了银行资本充足率的福利成本,该文认为资本充足率制度在减少银行的道德风险同时却降低了银行创造流动性的能力,从而产生大量的福利成本,但该文只是在理论上对资本充足率的福利成本进行证明。Kishan和Opiela(2000)根据资本/资产比率和银行资产规模将 13 042 家银行分成 18 组[1],通过银行贷款对联邦储备利率等变量的回归发现,不同资本/资产水平和不同规模的银行,其贷款对货币政策反应的敏感度不一:规模小且资本/资产比率低的银行对货币政策的反应更敏感。Hubbard,Kuttner 和 Palia(2001)发现在贷款人特点、其他银行特点以及贷款条约一定的情况下,资本充裕银行的贷款利率低。Bliss 和 Kaufman(2003)通过建立一个包括存款准备金率约束和资本充足率约束的统一模型来解释银行信贷行为的顺周期性和信贷萎缩现象,模型表明由于资本充足率是受限制的,即使央行在存款准备金率上作出调整,在经济衰退期,由于扩充资本的高成本性,银行也会选择收紧贷款规模,从而影响货币政策的顺畅传导。Kopecky 和 VanHoose(2004a)通过银行利润最大化的静态模型分别研究了无银行资本充足性约束、银行资本充足性低于和高于监管当局要求三种情形[2],并讨论了资本约束对货币政策传导机制的影响。Bolton 和 Freixas(2006)通过构建一个一般均衡模型,发现无论是否改变银行的流动性,货币政策通过银行信贷的传导都会无效,原因在于银行贷款受到资本充足率的制约,并且信息不对称增加了外部银行股权资产成本。Adam 和 Murillo(2007)根据微观公司的资产负债表数据考察公司的信用情况,并据此判断银行的信贷愿望,研究的结果发现资产负债表渠道是货币政策的重要传导机制,通过公司的资产负债表状态能很好的解释银行信贷对货币政策的反应。Baglioni(2007)运用异质性代理人的方法(the Heterogeneous Agents Approach),按照资本充足与否,将银行分为两类,分别考察其在垄断竞争和寡头垄断两种不同银行市场结构情况下,以利率变动为代表的货币政策冲击,如何影响资本充足银行和资本不充足银行的贷款数量。结果显示,货币政策在不同银行业市场结构中传导的效果是不一样的,在垄断竞争的市场结构下,资本充足的银行有助于货币政策传导,而在寡头垄断的市场结构下情况恰恰相反。Skander 和 Heuvel(2008)对原有模型进行改进并通过对美国数据的实证分析得出具体的成本值,结果表明当前对于美国银行的资本充足率要求相当于消费 0.1%~1% 的永久性损失。Hendricks 和 Kempa(2009)运用马尔可夫转换模型,考察了美国 20 世纪货币政策传导的经济历史,结果显示货币政策信贷传导渠道在经济危机时刻表现得尤为显著,特别是在美国经济大萧条和 20 世纪 80 年代储蓄和贷款灾难时期。Disyatat(2011)对银行信贷渠道进行了重新审视,不同于货币政策传导中传统的银行角色即货币政策的变动直接影响到银行的存款情况,

---

[1] Ruby P. Kishan, Timothy P. Opiela. Bank Size, Bank Capital, and the Bank Lending Channel [J]. Journal of Money, Credit and Banking, 2000, 32 (1): 121-141.

[2] Kopeeky K., D. VanHoose. A Model of the Monetary Sector with and without Binding Capital Requirements [J]. Journal of Banking and Finance, 2004a, 28 (3), 633-646.

进而影响银行贷款行为,该文通过建立一个包括公司、银行和家庭三主体的一般均衡模型来研究存款和贷款的关系[①],认为货币政策在银行的传导机制是通过影响银行资产负债表状态以及风险预期来影响银行信贷规模的。总的来说,国外学者对于银行资本、信贷、货币政策的研究,是相对成熟的,但由于各国金融制度特征的不同,其结论是否符合中国事实,还需进一步验证。

我国学者谢平、刘锡良(2001)认为,我国货币政策传导机制的不畅,原因在于金融体系发展的不对称性所导致的信贷配给和局部信贷萎缩的存在,在很大程度上抵销了扩张性货币政策的效用。谢顺红、邵德标、蒋先进(2001)认为,商业银行行为的多种错位削弱了货币政策的效果,应通过商业银行信贷管理体制改革和业务创新等手段来增强货币政策有效性。潘敏、夏频(2002)通过建立一个国有商业银行信贷资金供求行为模型,分析了中央银行降低存贷款利率后,国有商业银行新增贷款意愿降低、存贷款差额扩大,从而导致货币政策传导机制不畅的内在形成机制。穆争社(2004)认为,商业银行在货币政策传导机制中处于枢纽地位,其信贷配给所形成的"惜贷现象"阻断了货币政策向融资企业的传导,而且民营企业难以成为提高货币政策有效性的主体,最终造成了我国货币政策效果较差的后果。董积生、汪莉(2006)指出,银行流动性过剩使得我国央行的货币政策传导效力很受影响。彭兴韵(2007)认为,银行体系流动性扩张会增加资金运用压力,要么发放更多的信贷,要么购买更多的预期收益相对较高的证券资产。赵锡军、王胜邦(2007)用横截面模型和面板数据模型,对1995~2003年资本约束对中国商业银行信贷扩张的影响进行了实证分析。结果表明监管当局的最低资本要求未对贷款增长产生约束效应。戴金平、金永军和刘斌(2008)通过在简化的Kopecky-VanHoose(2004a)模型中植入监管当局惩罚函数的静态理论模型的分析得出:监管当局以提高资本充足率为核心的监管行为不仅有效地影响了商业银行的信贷行为和风险意识,而且强化了"逆风向行事"的货币政策的非对称效应。胡莹、仲伟周(2010)指出,当银行满足资本充足率和存款准备金率要求时,货币政策的银行信贷传导渠道表现出有效性;反之,则表现出无效性。总的来说,我国学者的研究,大多将银行作为一个宏观经济部门,来做总量分析,而很少将银行作为微观决策主体,来研究其对宏观经济的影响。本节将研究我国银行作为微观行为主体,其上市融资、信贷扩张等行为影响货币政策传导机制的方式和程度。

---

① Disyatat. The Bank Lending Channel Revisited [J]. Journal of Money, Credit and Banking, 2011 (06), 43: 711-734.

三、理论模型构建

为了研究银行上市融资对银行资本资产情况的影响,进而在资本充足率要求下对银行信贷行为的影响,本节参考了 Kishan 和 Opiela(2000)关于银行资本充足率约束与货币政策传导机制的理论模型,结合我国学者戴金平等(2008)年关于资本监管的惩罚函数,在此基础上考虑银行通过上市增发筹资的成本因素共同构建本书的理论模型如下:

假设在一个简单的银行——实体经济两部门模型中,简化了的银行资产负债表的左侧包括三项资产,分别是存款准备金(R)[①],贷款(L)和政府债券(SEC),右侧包括存款总额(D)和权益资本(K),则:

$$R + L + SEC = D + K;$$

其中,根据法定存款准备金要求 $R \geq \rho D$,ρ 表示法定存款准备金率;公众贷款需求:$L = l_0 - l_1 * r_L$,r_L 为贷款利率;公众存款需求:$D = d_0 + d_1 * r_D$,r_D 为存款利率;资本充足率要求:$K \geq \theta L$,θ 为资本充足率。

假设银行的坏账损失率为 ω,r_{SEC} 为政府债券收益率,r_K 为权益要求回报率。现假设银行达不到资本充足率的要求,则会面临惩罚函数[②] $V(L, K) = Q(K - \theta L)V$,其中 V 为常数,反映货币当局对银行资本充足率不足的惩罚程度,当 $K \geq \theta L$,$Q(K - \theta L) \to 0$;当 $K \leq \theta L$,$Q(K - \theta L) \to +\infty$;当 $K = \theta L$,$Q(K - \theta L) = q$,其中,q 为某具体数值。若银行选择通过发行新股的方式进行资本扩充,扩充总量为 ΔK,其中,$\Delta K \geq \theta L - K$,则再融资的成本为 $\beta^* \Delta K$。

银行利润最大化目标函数分别为:

(1)不进行资本补充时:

$$\pi = r_L L(1 - \omega) + r_{SEC} SEC - r_D D - r_K K - Q(K - \theta L)V$$

(2)通过增发股权的方式补充资本:

$$\pi = r_L L(1 - \omega) + r_{SEC} SEC - r_D D - r_K(K + \Delta K) - \beta \Delta K$$

对于(1),要得到利润最大化值,根据拉格朗日求目标函数最大法得到下面的各个约束条件:

$$r_L(1 - \omega) + \theta Q'(K - \theta L)V - \lambda_1 + \lambda_2 \theta \geq 0$$

$$r_{SEC} - \lambda_1 \geq 0$$

[①] 本书的模型中只考虑法定存款准备金,认为受收益率的影响,银行不持有额外存款准备金。

[②] 本书沿用了戴金平等(2008)对惩罚函数的研究,参见戴金平、金永军、刘斌:《资本监管、银行信贷与货币政策非对称效应》[J].《经济学季刊》,2008 年第 2 期,第 481~508 页。

$$-r_K - Q'(K - \theta L)V + \lambda_1 - \lambda_2 \geq 0$$
$$-r_D - \lambda_1(\rho - 1) \geq 0$$
$$(\rho - 1)D + L + SEC - K = 0$$
$$K - \theta L \geq 0$$

在此基础上求得：

$$L = l_0 - \frac{l_1\left[\theta r_K - (1-\theta)\dfrac{r_D}{1-\rho} - \theta Q'(K-\theta L)V\right]}{1-\omega}$$

则：

$$\frac{\partial L}{\partial \theta} = \frac{-l_1 r_K - \dfrac{r_D}{1-\rho} - \theta^2 Q''(K-\theta L)V}{1-\omega} < 0$$

$$\frac{\partial L}{\partial \rho} = \frac{-l_1(1-\theta)r_D}{(1-\omega)(1-\rho)^2} < 0$$

若采用上市融资的方式，由于融资成本的存在，则相当于整体的权益成本增加，同理，采用拉格朗日求得在上市融资条件下的约束条件，进而求得 L、SEC 和 K 的表达式如下所示：

$$L = l_0 - \frac{l_1\left[\theta(r_K + \beta) - (1-\theta)\dfrac{r_D}{1-\rho}\right]}{1-\omega}$$

则：

$$\frac{\partial L}{\partial \theta} = \frac{-l_1(r_K + \beta) - \dfrac{r_D}{1-\rho}}{1-\omega} < 0$$

$$\frac{\partial L}{\partial \rho} = \frac{-l_1(1-\theta)r_D}{(1-\omega)(1-\rho)^2} < 0$$

从上述的理论论证结果可以看出：

第一，贷款规模和资本要求回报率呈负相关，即获得资本的成本越高，就越难满足资本充足率的要求，银行只有选择内部积累的方法提高自身的资本充足率水平，其中就包括缩紧贷款，增加经营利润累积，减少分红等。从不增发资本和再融资增加资本两种情况对比来看，不融资情况下，银行所面临的资本金不足，即 $K \leq \theta L$。在此约束之下，资本金充足率每提高一个单位，银行的信贷总额将减少 $\dfrac{\theta^2 Q''(K-\theta L)V}{1-\omega}$，可见减少的规模和资本充足率要求的平方正相关，即当资本紧张时，资本充足率会加倍促进贷款总额的减少，与此同时，由于 $Q''(K-\theta L)$ 大于零，信贷的减少就决定于货币当局对银行资本金不足的惩罚程度 V，根据前述条件,当存在资本金不足时,货币当局可能让银行选择破产或者是清算,因此该惩罚成本是极大的,因此,若银行不能及时顺利地进行资本增加,则信贷规模将大幅的下降。而在进行上市再融资的情况下,假设银行至少能解决资本金不足的现状,即 $\Delta K \geq \theta L - K$,此时银行需要面对的是再融资的成本 β。从上述结果可以看出,在此约束之下,资本充足率要求每提高一个单位,信贷总额下降 $\frac{l_1\beta}{1-\omega}$,取决于融资成本的大小,但其值应小于极大的惩罚成本,因此,此条件下整体的信贷规模减少要低于不融资的情况。另外,当采用上市再融资的方式补充资本金时,资本金充裕的情况下,银行就可以减少内部资本金积累,增加可供信贷的资本规模,从而推动信贷的扩张。

第二,货币当局在银行部门进行货币政策调控主要是通过调节存款准备金率的方式进行的,从理论分析的结果来看,两种情况下,银行信贷规模的变动和存款准备金率的变动是一样的,即准备金率变动对银行信贷的影响并不受银行是否选择再融资的影响。但是从 $\partial L/\partial \rho$ 的具体表达式来看,每单位准备金率的变动会引起银行信贷规模的反向变动,即货币当局通过提高准备金率可以达到缩进银行信贷的效果。具体的效果和资本充足率要求即 θ 的值有关,当 θ 值越大,即对银行资本充足率要求越高时,信贷变动的范围越小;反之,信贷变动的范围就越大。这就意味着资本充足率要求对货币政策的银行信贷传导渠道起到了抑制作用,随着资本充足率要求的提高,同样程度的准备金率调整,所能变动的信贷规模将减少。

上述理论模型表明,在资本充足率监管逐渐严格的情况之下,银行上市能给银行提供资本金再融资的渠道,从而避免了面临极大的惩罚成本,保障了银行信贷规模的稳定;与此同时,资本金的充实会使得银行减少内部累积资本的规模,从而使得银行增加放贷规模以及选择一些风险和回报均高的贷款项目,如房地产贷款。另外,在银行部门,货币当局主要通过调控准备金率来调整货币政策,但是由于存在资本充足率的要求,货币政策的银行信贷传导渠道的效果会受到明显的限制。

四、实证模型构建与数据处理

从银行微观面板数据来分析资本充足率要求对货币政策的银行信贷渠道影响较有代表性的研究成果为 Kashyap 和 Stein(2000)[①] 的两阶段回归模型,该研究

---

① Kashyap, Stein. What Do a Million Observations on Banks Say About the Transmission of Monetary Policy? [J]. The American Economic Review, 2000, 90 (3): 407-428.

提出通过分析 $\dfrac{\partial^2 L_{it}}{\partial B \partial M}$ （其中，B 为银行特征变量，M 为货币政策代理变量）的变化来讨论货币政策代理变量的变动是如何在银行特征差异的条件下影响银行信贷规模的变动的，模型的第一阶段对信贷规模与银行特征变量如规模、资产情况进行回归，第二阶段是对货币政策代理变量与银行特征进行回归，两者的结合来精确分析货币政策银行信贷传导渠道的有效性。在该研究的基础上，Hiroshi Gunjia，Yuan Yuan（2010）[1] 引进了一个带有交叉项的面板回归模型，该模型通过对银行特征如银行规模、资产情况、流动性情况以及银行规模和货币政策代理变量贷款利率的交叉项与信贷规模的回归来考察银行特征对货币政策银行信贷传导渠道的影响。

本节将参考 Hiroshi Gunjia，Yuan Yuan（2010）的模型，在此基础上进行如下的修正：

第一，本节研究的重点在于银行上市和信贷扩张的关系，进而如何影响实体经济情况，因此，在原有模型中，关于银行特征的变量调整为总资产（size 表示银行规模）、总权益（equity 表示资本总规模情况）的规模变量和资本资产率（E/A，即权益总额/总资产规模）、总资产充足率（TCP，Total Capital）、资本总额/贷款总额（E/L）的资本质量代理变量，与此同时，还增加银行上市的虚拟变量 IPO（当时已上市为 1，否则为 0）；

第二，对于货币政策代理变量的调整。考虑到我国利率自由化程度较低，本节在考虑一年期贷款利率（r_L）的同时还增加了狭义货币供应量变动（M_1）为货币政策的代理变量和法定存款准备率（RR）。

第三，增加宏观经济的控制变量。例如，Gambacorta（2004）[2] 认为货币政策对银行特征的影响受到了实际 GDP 规模和通货膨胀的影响，因此本节增加两个宏观经济变量 GDP 和 CPI。

综上所述，得到实证模型如下所示：

（1）以一年期贷款利率为货币政策代理变量：

$$\Delta\ln(L_{it}) = \alpha_i + \beta_1 \Delta\ln(size_{i,t-1}) + \beta_2 \Delta\ln(equity_{i,t-1}) + \beta_3(E/A_{i,t-1}) + \beta_4 TCP_{i,t-1}$$
$$+ \beta_5(E/L_{i,t-1}) + \beta_6 IPO + \beta_7 IPO \times TCP_{i,t-1} + \beta_8 r_{L,t-1} \times (E/A) + \beta_9 r_{L,t-1} L$$
$$\times TCP + \beta_{10} r_{L,t-1} \times TCP + \beta_{11} r_{L,t-1} \times (E/L) + \beta_{12} \Delta\ln(GDP)$$
$$+ \beta_{13} \Delta\ln(CPI) + \varepsilon_{it}$$

---

[1] Hiroshi Gunjia, Yuan Yuan. Bank Profitability and the Bank Lending Channel: Evidence from China [J]. Journal of Asian Economics, 2010（12）：129 – 141.

[2] Gambacorta. Does Bank Capital Affect Lending Behaviour? [J]. Journal of Financial Intermediation, 2004, 13（4）：436 – 457.

(2) 以狭义货币供应量增长率为货币政策代理变量：

$$\Delta \ln(L_{it}) = \alpha_i + \beta_1 \Delta \ln(size_{i,t-1}) + \beta_2 \Delta \ln(equity_{i,t-1}) + \beta_3(E/A_{i,t-1}) + \beta_4 TCP_{i,t-1} \\ + \beta_5(E/L_{i,t-1}) + \beta_6 IPO + \beta_7 IPO \times TCP_{i,t-1} + \beta_8 \Delta \ln(M_{1,t-1}) \times (E/A) \\ + \beta_9 \Delta \ln(M_{1,t-1}) \times TCP + \beta_{10} \Delta \ln(M_{1,t-1}) \times TCP + \beta_{11} \Delta \ln(M_{1,t-1}) \\ \times (E/L) + \beta_{12} \Delta \ln(GDP) + \beta_{13} \Delta \ln(CPI) + \varepsilon_{it}$$

(3) 以法定存款准备金率为货币政策代理变量：

$$\Delta \ln(L_{it}) = \alpha_i + \beta_1 \Delta \ln(size_{i,t-1}) + \beta_2 \Delta \ln(equity_{i,t-1}) + \beta_3(E/A_{i,t-1}) + \beta_4 TCP_{i,t-1} \\ + \beta_5(E/L_{i,t-1}) + \beta_6 IPO + \beta_7 IPO \times TCP_{i,t-1} + \beta_8 RR_{t-1} \times (E/A) + \beta_9 RR \\ \times TCP + \beta_{10} RR \times TCP + \beta_{11} RR \times (E/L) + \beta_{12} \Delta \ln(GDP) + \beta_{13} \Delta \ln(CPI) + \varepsilon_{it}$$

在实证模型中，以 $\frac{\partial L}{\partial r}$ 或者 $\frac{\partial L}{\partial M_1}$ 表示货币政策变动对银行信贷的影响，为了进一步探讨银行特征对该影响的作用，在模型中以交叉项的形式出现，例如，$\frac{\partial L}{\partial r \partial TCP}$ 就可以考察不同资本充足率情况之下，货币政策对银行信贷的影响，具体就体现在系数 β_9 上。

对于商业银行的数据，本节选取 2003～2010 年四大国有商业银行即中国工商银行、中国农业银行、中国银行、中国建设银行；10 家股份制商业银行即交通银行、招商银行、中信银行、中国民生银行、上海浦东发展银行、兴业银行、光大银行、华夏银行、深圳发展银行、广东发展银行的资产负债表和财务比率中的资产总额、权益总额、资本资产率、总资产充足率、资本总额/贷款总额（E/L）共 560 个数据，数据来源为 BVD 的 Bankscope 子库，其中部分欠缺数据，通过 2003～2010 年的《中国金融年鉴》计算得到。对于宏观经济和货币政策代理变量共 40 个数据，来源于中经网数据库和中国人民银行网站，其中一年期贷款利率和法定存款准备金率就按照调整的时间权重进行计算。对于所有规模变量均取对数消除异方差和取增长率。

五、计量分析

从银行特征各代理变量的描述性统计结果（见表 12-6）来看，从 2003～2010 年，样本商业银行贷款平均额度为 114 184.40 百万美元，最大值高达 1 000 069.44 百万美元，为工商银行 2010 年的贷款总额。2003～2008 年的贷款平均增速为 23.14%。其中，为了应对国际金融危机给我国经济带来的冲击，在 2009 年我国实施了宽松的货币政策，各银行 2009 年贷款的平均增速为 32.20%。从总资产来看，样本银行的平均资产为 214 064.94 百万美元，最大值为工商银行 2010 年总资产值,为 2 032 129.31 百万美元。从银行资本质量的代理变量来看,样本银行的总权益/总资产的均值为 4.58%。总资本充足率的均值为 10.05%。

表 12-6　　　　　　　　　　描述性统计结果

	贷款 (百万美元)	总资产 (百万美元)	总权益 (百万美元)	总权益/总资产 (%)	总资本 充足率(%)
平均值	114 184.40	214 064.94	9 308.14	4.59	10.05
中位数	100 505.73	193 334.03	9 633.53	4.70	10.43
最大值	1 000 069.44	2 032 129.31	124 062.99	7.75	14.44
最小值	14 629.92	22 929.85	524.48	1.94	2.30
方差	1.18	1.25	1.54	1.44	2.55
偏度	0.10	0.06	-0.09	-0.06	-0.86
峰度	1.87	1.90	1.89	2.05	3.63

各样本银行的上市情况见表 12-7。可以看出,从 2005~2010 年,各大商业银行都成功上市,融得大量资金,而这一段时间也是银行信贷大幅度扩张的时期。

表 12-7　　　　　　　　　　各银行上市情况

银行名称	上市时间	上市地点	首次募集资金
中国工商银行	2006 年 7 月	A 股 + H 股	219 亿美元
中国农业银行	2010 年 7 月	A 股 + H 股	221 亿美元
中国银行	2006 年 6 月 2006 年 7 月	H 股 A 股	867 亿港元 194 亿元
中国建设银行	2005 年 10 月 2007 年 9 月	H 股 A 股	622 亿港元 580 亿元
交通银行	2005 年 6 月 2007 年 5 月	H 股 A 股	145 亿元 252 亿元
招商银行	2002 年 4 月 2006 年 9 月	A 股 H 股	109.5 亿元 206.9 亿元
中信银行	2007 年 4 月	A 股 + H 股	406.86 亿元
中国民生银行	2000 年 12 月 2009 年 11 月	A 股 H 股	40.9 亿元 270 亿元

续表

银行名称	上市时间	上市地点	首次募集资金
上海浦东发展银行	1999年11月	A股	40亿元
兴业银行	2007年2月	A股	160亿元
光大银行	2010年8月	A股+H股	217亿元
华夏银行	2003年9月	A股	50亿元
深圳发展银行	1991年4月	A股	39.65亿元
广东发展银行	未上市		

本节把所有样本商业银行根据产权的不同分为国有商业银行和股份制商业银行，并对所有银行，国有商业银行和股份制商业银行的三种不同货币政策代理变量分别进行混合和固定效应面板回归分析。① 分别见表12-8、表12-9和表12-10。

表12-8　一年期贷款利率货币政策代理变量下的银行信贷效应

变量	所有银行 混合面板回归	所有银行 固定效应回归	国有商业银行 混合面板回归	国有商业银行 固定效应回归	股份制商业银行 混合面板回归	股份制商业银行 固定效应回归
c	-0.2702	-2.3840**	-10.5442***	-10.5389**	-0.4625	-0.2176
$\Delta lnSize(-1)$	0.9361***	1.2435***	2.8620**	2.8151**	0.9924***	0.9099***
$\Delta lnequity(-1)$	0.0247	-0.2298	-1.7740**	-1.7149	-0.0186	0.0714
$e/a(-1)$	-0.2073**	-0.1612	0.6378	0.6997	-0.1318	-0.1696
$tcp(-1)$	0.1041	0.1251**	-0.0737	-0.1832	0.0634	0.0634
$e/l(-1)$	0.0059	0.0046	0.0026	0.0246	0.0062	0.0066
ipo	-0.1810***	-0.1089	0.9179**	0.9016	-0.1661**	-0.1433
$ipo \times tcp$	0.0205***	0.0100	-0.0761**	-0.0779*	0.0167**	0.0121
$rl(-1) \times ea(-1)$	0.0370**	0.0433**	-0.0502	-0.0597	0.0293	0.0320
$rl(-1) \times tcp(-1)$	-0.0198**	-0.0246**	0.0144	0.0345	-0.0148	-0.0149
$rl(-1) \times el(-1)$	0.0016	0.0018	0.0033	-0.0013	0.0009	0.0007
$\Delta lngdp(-1)$	-0.0081	-0.0054	-0.0035	-0.0023	-0.0053	0.0001

---

① 在研究过程中，分别进行了混合面板数据回归分析、固定效应面板回归、随机效应面板回归，对于随机效应面板回归的研究结果发现，大部分随机效应为0，同时对于国有商业银行数据来说，银行数过少，不能进行随机效应面板回归分析，因此，结果仅列出混合面板数据回归和固定效应面板回归。

续表

变量	所有银行 混合面板回归	所有银行 固定效应回归	国有商业银行 混合面板回归	国有商业银行 固定效应回归	股份制商业银行 混合面板回归	股份制商业银行 固定效应回归
$cpi(-1)$	0.0013	0.0038	-0.0007	0.0026	0.0031	0.0027
$adjR^2$	0.9971	0.9972	0.9910	0.9910	0.9945	0.9940
D.W.	1.6890	1.7682	1.8636	2.4871	1.5410	1.7798

注：*** 表示在1%水平下显著；** 表示在5%水平下显著；* 表示在10%水平下显著。

从表12-8可以看出：

（1）对于所有银行，银行信贷规模大小主要由银行的规模决定，这和经济实际是一致的。结合关于银行贷款和资产的描述性统计，可以看出，我国的贷款主要是由规模较大的国有银行提供，国有商业银行的规模变量的回归系数为2.8620，远高于所有银行平均水平的0.9361和股份制商业银行的0.9099。

（2）同时对所有银行信贷规模产生负向影响的是滞后一期的资本资产比，回归系数为-0.2073，即资本资产比每下降1个百分点。信贷会增加0.2个百分点。原因在于商业银行的盈利主要靠放贷进行，过多的资本累积会减少银行可放贷能力，从而导致贷款规模的减少。这也说明了，随着关于资本充足率要求提高以及监管严格，商业银行必须通过资本再融资或者积累的方式充实资本，由于资本缺口大，这就使得通过上市再融资成为银行的必然选择。另外从国有商业银行和股份制商业银行的对比分析可以看出，资本资产比主要约束的是股份制商业银行，对国有商业银行的影响不明显并且系数为正。原因在于国有商业银行在进行上市融资的过程中，通过剥离不良贷款和接受国家注资的方式显著地提高了资本的质量。

（3）从上市情况和信贷规模的关系来看，两者关系显著，对于所有银行的回归结果，从上市本身来说，两者呈现负相关，相关系数为-0.1810。但是对于国有商业银行和股份制银行，结果明显不同。对于国有商业银行，通过上市促进其信贷扩张的系数为0.9179，原因在于随着关于资本充足率要求提高和监管严格，资本充足率不足成为遏制国有商业银行进行放贷的主要因素，通过上市，除了一系列的资产剥离和获得注资之外，还能通过上市再融资补充核心资本，从而使其进行放贷的动机加强，形成了信贷扩张的趋势。而对于股份制商业银行，其本身资本的质量要高于国有商业银行，资本充足率的限制不如国有商业银行显著，且在IPO的过程中，需要其付出一定的成本以及资本市场对其贷款项目质量的监管加强，这就使得其放贷行为更为谨慎，因此两者呈现负相关。

（4）从货币政策代理变量与银行特征代理变量的交叉项回归结果来看，对于所有银行滞后一期的一年期贷款利率与资本资产比以及和总资产充足率的交叉项对贷款总量的影响显著，这表示以一年期贷款利率为代理变量的货币政策的银行信贷传导渠道主要是通过影响银行的资本质量，尤其是资本充足率来形成的。从具体的系数来看，两个交叉项的系数均较小，其中 $rl(-1) \times ea(-1)$ 的系数为 0.0370，$rl(-1) \times tcp(-1)$ 的系数 -0.0198，产生根本原因是由于我国利率的市场化程度较低，很难反映经济主体对于资金的需求情况。

表 12-9　狭义货币供应量增长率货币政策代理变量下的银行信贷效应

变量	所有银行 混合面板回归	所有银行 固定效应回归	国有商业银行 混合面板回归	国有商业银行 固定效应回归	股份制商业银行 混合面板回归	股份制商业银行 固定效应回归
c	-0.5193	-2.5499	-10.2783***	-6.8887	-0.1891	0.6551
$\Delta lnSize(-1)$	0.9563***	1.2334***	2.6279***	2.1050**	0.9005***	0.7277**
$\Delta lnequity(-1)$	0.0089	-0.2145	-1.4992***	-1.0555	0.0777	0.2443
$e/a(-1)$	0.0215	0.0902	0.3072**	0.1763	0.0090	-0.0385
$tcp(-1)$	-0.0124	-0.0154	0.0127	0.0370	-0.0249	-0.0213
$e/l(-1)$	0.0151***	0.0157***	0.0186**	0.0188	0.0128	0.0108**
ipo	-0.1924***	-0.1403	0.7679	1.1966**	-0.1955***	-0.1414
$ipo \times tcp$	0.0225***	0.0153**	-0.0677	-0.0992**	0.0204***	0.0154
$m_1(-1) \times e/a(-1)$	-0.0011	-0.0012	0.0005	0.0049	-0.0002**	-0.0005
$m_1(-1) \times tcp(-1)$	0.0003	0.0002	-0.0005	-0.0018	0.0002	0.0000
$m_1(-1) \times e/l(-1)$	0.0000	0.0000	0.0001	-0.0001	0.0000	0.0000
$\Delta lngdp(-1)$	-0.0028	0.0012	-0.0008	-0.0039	-0.0014	0.0034
$cpi(-1)$	0.0091	0.0055	0.0062	-0.0002	0.0038	0.0052
$adjR^2$	0.9968	0.9968	0.9888	0.9911	0.9942	0.9936
D.W.	1.5560	1.7398	1.9317	2.2752	1.6508	1.8510

注：*** 表示在1%水平下显著；** 表示在5%水平下显著。

从表 12-9 可以看出，在以狭义货币供应量增长率为货币政策代理变量的情况下，银行规模仍是影响银行贷款规模的主要因素，同样在国有商业银行和股份制商业银行之间呈现较为明显的差异。而 ipo 以及 $ipo \times tcp$ 对银行货币供应规模的影响也基本上和以利率为代理变量的结果的影响方向保持一致，对国有商业银行的信贷扩张的影响为正向，对股份制银行的影响为负，不同之处在于，对于上市行为对于国有商业银行的影响不再显著,对股份制商业银行的贷款规模影响略有增强。从货币政策与银行特征代理变量的交叉项回归结果来看,所有交叉项的系数均不显著,这表示货币政策在银行信贷的传导渠道不以货币供应量的变动来体现。

表 12 – 10　存款准备金率货币政策代理变量下的银行信贷效应

变量	所有银行 混合面板回归	所有银行 固定效应回归	国有商业银行 混合面板回归	国有商业银行 固定效应回归	股份制商业银行 混合面板回归	股份制商业银行 固定效应回归
c	0.3071	3.4947	-8.4362	-3.8818	0.2616	8.0894 ***
$\Delta lnsize(-1)$	0.8323 ***	0.7051 **	2.4425 ***	1.4243 **	0.8109 ***	0.1362
$\Delta lnequity(-1)$	0.1161	0.0721	-1.3913 ***	-0.3697	0.1669	0.4810
$e/a(-1)$	-0.0680	-0.0442	0.3175 ***	-0.0741	-0.0502	-0.0860
$tcp(-1)$	0.0045	0.0065	-0.0104	0.0694 **	-0.0152	-0.0435 **
$e/l(-1)$	0.0143 ***	0.0036	0.0207 ***	0.0207 **	0.0126 ***	-0.0002
ipo	-0.1677 ***	-0.0334	0.5901	0.6966 **	-0.1930 ***	0.0152
$ipo \times tcp$	0.0173 ***	0.0029	-0.0540	-0.0589 **	0.0206 **	0.0031
$rr(-1) \times e/a(-1)$	0.0054 **	0.0062 **	-0.0033	0.0272 ***	0.0033	-0.0013
$rr(-1) \times tcp(-1)$	-0.0013	-0.0022	0.0024	-0.0096	-0.0008	0.0016
$rr(-1) \times e/l(-1)$	-0.0001	0.0005	0.0000	-0.0011	-0.0001	0.0007
$\Delta lngdp(-1)$	0.0031	0.0183	0.0054	-0.0105	-0.0031	0.0358 **
$cpi(-1)$	0.0057	-0.0052	0.0019	-0.0071	-0.0076 *	-0.0162
$adjR^2$	0.9973	0.9974	0.9900	0.9978	0.9943	0.9950
D.W.	1.6656	1.8881	2.2660	3.4427	1.5657	1.9556

注:*** 表示在1%水平下显著;** 表示在5%水平下显著;* 表示在10%水平下显著。

就商业银行来说,准备金制度在微观银行信贷层面上通过调节银行可贷资金,进而形成对经济活动和通货膨胀的影响(Stiglitz and Greenwald, 2003),因而银行的贷款行为受到准备金和资本充足率的双重约束。因此以准备金率为代理变量能更加直接地反映银行的行为,从表 12 - 10 回归分析的结果可以看出,在存款准备金率为货币政策代理变量的情况下:

(1)国有商业银行的权益增长率和贷款增长率的相关性显著,且呈现负值,系数为 -1.3913。这表示随着权益的增加,国有商业银行的贷款规模会有一定程度的下降。产生的原因在于近年来随着国有银行获得注资,上市等一系列增加权益的行为，使得整个国有商业银行体系的权益增长率较高。从 2003~2008 年的权益平均增长率为 22.8%，尤其是近三年的增长更为明显，如中国农业银行 2010 年的权益增长率为 63%。在权益快速增长的同时，贷款规模受限于银行的核心资本充足率，这就导致两者一定程度的负相关。

（2）从准备金率和银行特征变量的交叉项回归结果来看，准备金率主要影响银行的资产权益比率，两者相关性显著，但相关系数较小，对于所有银行的相关系数为 0.0054；从上市情况与银行贷款的情况来看，和上述的利率代理变量以及货币供应量的结果基本一致。

（3）值得注意的是，在准备金率的情况下，滞后一期的消费者价格指数对股份制商业银行的贷款规模有一定的负向作用。由此可见，当存在一定的通货膨胀时，货币当局采取紧缩货币政策，政策对国有银行的贷款没有显著的影响，但对股份制银行的贷款会造成一定的影响。

六、总结

本节通过对 Hiroshi Gunjia, Yuan Yuan（2010）模型的修正，以及在此基础上进行的计量分析表明：

第一，银行规模对银行的贷款行为影响显著。规模较大的国有商业银行承担了主要的信贷任务，其规模和贷款的回归系数远高于股份制商业银行。

第二，无论选何种货币政策的代理变量，上市融资对银行的贷款行为均有显著的影响，但是对国有商业银行和股份制商业银行的影响情况不同。由于国有商业银行在前几年存在严重的资本充足率不足的现象，通过上市使其获得再融资补充核心资本，从而形成了信贷扩张的趋势。而股份制商业银行的资本充足率的限制不如国有商业银行显著，且在上市的过程中，需要其付出一定的成本以及资本市场对其贷款项目质量的监管加强，这就使得其放贷行为更为谨慎，两者呈现负相关。因此，上市融资主要是导致了国有商业银行的信贷扩张，由于国有商业银行的规模效应，使得上市融资促进了整体信贷的扩张。

第三，货币政策的变动在银行部门的传导渠道包括两个部分，其中利率渠道主要通过改变银行资本现状来实现传导，但受利率市场化程度低的影响，利率对于银行贷款行为的影响十分有限；而法定准备金率对银行的资本情况影响较小，最终影响银行贷款规模的程度也较小，因此，总的来说，我国货币政策在银行部门传导的有效性有限。

基于上述研究结论，本节提出下列政策建议。

首先，对于央行来说，治理通货膨胀的难题是之前不科学的货币政策所造成的。2008年以来的反金融危机货币政策是非常急促而不平衡的，而目前为了治理通货膨胀，又采取高频率提高准备金率和高频率加息的急促措施，引起宏观经济的剧烈波动，背离了货币政策熨平经济周期的本来功能。近几年我国银行的上市融资使资本快速扩大，进而信贷急剧扩张，进而对冲货币政策效果，结果"适度宽松"的货币政策变得"十分宽松"。在此背景下，不宜提及"宽松"字眼。因此，本书认为，央行应通过与银监会有效协调，规范和引导我国银行的上市融资、信贷扩张等微观行为，使较为梗塞的货币传导机制变得通畅，提高货币政策的有效性。

其次，对于银监会来讲，不应仅仅盯住"资本充足率"来防范银行体系的金融风险。恰恰相反，过度的资本扩张导致的信贷扩张只会积聚和增加金融风险，这种风险不仅体现在总量上，还体现在结构上。因而银监会需要规范和引导我国银行的上市融资、信贷扩张等微观行为，而不应仅仅根据银行资产负债表的数据来实施风险监管。

最后，对于商业银行本身来讲，盲目的上市融资，过度的信贷扩张，只能带来经营规模的扩大，对经营水平的提高并无益处，并且极具危害。一是过度的信贷扩张积聚了高度的金融风险，一旦危机爆发，会对我国经济造成严重冲击；二是银行的经营越来越严重地依赖于规模的扩张和全球最高的利差水平，抑制了银行经营水平的提高和长远发展。我国商业银行要真正提升经营水平和国际竞争力，就要突破这个怪圈，靠创新业务模式和提升服务质量来打造核心竞争能力。

附录4

求解的方法是先给出最优货币政策的猜想（等式（1）），然后再验证这种猜想是正确的。根据（1）式，央行控制的基准利率（i）和产出缺口（y）一起与下一期的状态变量（通货膨胀率）呈线性关系。

$$\phi_y^u y - \alpha_i(i - \pi) = b(\pi + \beta_y y), \quad \text{if} \quad y \geq 0$$
$$\phi_y^c y - \alpha_i(i - \pi) = b(\pi + \beta_y y), \quad \text{if} \quad y < 0 \qquad (1)$$

在（1）式中，ϕ_y^u 和 ϕ_y^c 在等式中定义，b 需要进一步求解。

为证明这一关于最优解的猜想是（12-20）式～（12-22）式的正确解，假定中央银行从当前开始实施（1）式给出的利率政策，通过将（1）式代入目标函数（2）式，可以得出与猜想的政策一致的值函数（$w(\cdot)$）。在（2）式中，$w(\cdot)$ 是 b 和扰动项方差（σ_ε^2 和 σ_η^2）的函数①。

---

① 所有扰动项假设相互不相关，但分布相同，条件期望基于第 t 期的信息。假设 $\delta(1 + b\beta_y)^2 < 1$，求出 b 以后可以进行验算，这一条件是满足的。

$$w(\pi, y) = \delta \frac{\lambda + (1-\lambda)b^2}{1-\delta(1+b\beta_y)^2}[(\pi+\beta_y y)^2 + \frac{\delta}{1-\delta}(\sigma_\varepsilon^2 + \beta_y^2 \sigma_\eta^2)] + \delta \frac{\lambda \sigma_\varepsilon^2 + (1-\lambda)\sigma_\eta^2}{1-\delta} \tag{2}$$

为求出 b，需要选取 b 使（3）式中的值函数 $w(\cdot)$ 最小。也就是说，要解以下最小化问题。

$$\min_b \frac{\lambda + (1-\lambda)b^2}{1-\delta(1+b\beta_y)^2} \tag{3}$$

在排除不合理解之后，求解（3）式得到的 b 为：

$$b = \frac{-(1-\lambda)(1-\delta) - \lambda\delta\beta_y^2 + \sqrt{[(1-\lambda)(1-\delta) + \lambda\delta\beta_y^2]^2 + 4\delta^2 \beta_y^2 \lambda(1-\lambda)}}{-2(1-\lambda)\delta\beta_y} \quad \text{if} \quad \lambda \neq 1$$

$$= -\frac{1}{\beta_y} \quad \text{if} \quad \lambda = 1 \tag{4}$$

将（4）式中的 b 代入（2）式中，得到 $w(\cdot)$ 的形式为

$$w(\pi+\beta_y y) = -(1-\lambda)b(\pi+\beta_y y)^2/[2\beta_y(1+b\beta_y)]$$
$$\qquad -(1-\lambda)b\delta(\sigma_\varepsilon^2 + \beta_y^2 \sigma_\eta^2)/[2(1-\delta)\beta_y(1+b\beta_y)]$$
$$\qquad +\delta[\lambda\sigma_\varepsilon^2 + (1-\lambda)\sigma_\eta^2]/[2(1-\delta)] \quad \text{if} \quad \lambda \neq 1$$
$$w(\pi+\beta_y y) = \delta(\pi+\beta_y y)^2/2 + \delta^2(\sigma_\varepsilon^2 + \beta_y^2 \sigma_\eta^2)/[2(1-\delta)]$$
$$\qquad +\delta\sigma_\varepsilon^2/[2(1-\delta)] \quad \text{if} \quad \lambda = 1 \tag{5}$$

最后，将（5）式给出的 $w(\cdot)$ 代入（12-23）式~（12-24）式的 Bellman 方程，验算 $w(\cdot)$ 是 Bellman 方程的解。这样，就证明了猜想的最优政策的确是（12-20）式~（12-22）式的解。

第十三章

我国货币政策效应研究

第一节 从货币政策对经济增长的作用看货币政策的效应

一、关于货币政策效应的争论

货币中性论否认货币对经济的作用,将货币看成是覆盖在实体经济上的一层"面纱",货币只是商品交换的媒介。这一观点集中反映在古典货币数量说上,无论是费雪的交易方程式还是马歇尔、庇古的现金余额方程式,其结论都是货币数量的变化只会引起物价水平的变化,而不会对实际经济活动产生任何影响,因而货币是中性。以弗里德曼为代表的现代货币主义者虽充分肯定了货币对经济的实质性影响,认为货币至关重要,物价、就业、产出等的变化都源于货币的变化,但是他们认为那只是货币政策的短期效果。从长期来看,货币仍然是中性的,是经济活动的润滑剂或面纱。建立在理性预期、自然率假设和市场连续出清基础上的新古典宏观经济学把货币中性论推向了极致,他们接受了传统经济学货币中性论的观点,因而既不同意凯恩斯主义的货币是非中性的,货币政策一定能够影响实际产出的理论,也不同意货币主义的货币政策在短期有效,在长期则是无效的看法。他们认为,货币政策无论在短期还是在长期都是无效的。

本节主要按狭义货币政策有效性的概念，结合费舍尔的经济结构模型，运用单位根检验和货币冲击识别等方法对近些年以来我国货币政策的无效性问题进行实证研究，讨论我国货币政策对经济增长的作用。

二、理论基础

传统的货币中性分析的理论模型是从货币需求函数和货币供给函数推导出来的货币市场一般均衡模型 $M^s/P = L(r, Y)$（其中，M^s 为货币供应量，r 为利率，P 为当期产出的平均价格水平，Y 为国民收入）。显然，在一般均衡分析的框架下进行货币中性检验，除了将完全信息、完全竞争和连续市场出清作为假设前提之外，还必须以货币供应量外生作为前提假定。而通常的实际情况是货币供应量的变化并非完全由货币当局所控制，很大程度可能由于外界经济环境的变化而导致货币需求发生变化，从而使货币供应量被动调节，这时货币供应量的变化就具有一定的内生性。因此，货币中性的检验分析必须考虑到经济结构的影响。我们根据费舍尔（M. E. Fisher, 1993）提供的分析方法，以实际 GDP（名义 GDP 除以当前的价格水平）代表收入或产量，构建如下结构模型：

$$\lambda(L) M_t^{S(I)} = \delta(L) (GDP)_t^{(I)} + u_t$$
$$\alpha(L) (GDP)_t^{(I)} = \beta(L) M_t^{s(I)} + \varepsilon_t \qquad (13-1)$$

其中，$(GDP)_t$、M_t^s 分别为实际国内生产总值、名义货币供应量的各对数值；(I) 为单整阶数；$\lambda(L)$、$\delta(L)$、$\alpha(L)$ 和 $\beta(L)$ 表示滞后多项式；u_t 和 ε_t 为误差项，且都服从均值为零的标准正态分布。在此假定下，GDP 对货币供应量的长期弹性系数（LRD：long-run derivative）可以定义如下：

$$LRD_{GDP,M} \equiv \lim_{x \to \infty} \frac{\partial GDP_t + x/\partial \varepsilon_t}{\partial M_t + x/\partial \varepsilon_t} \qquad (13-2)$$

很显然，用（13-2）式表示的 $LRD_{GDP,M}$ 为零的时候，货币长期中性成立。费舍尔在这个 LRD 的基础之上将单整阶数与货币长期中性的关系整理如下：

第一，在货币供应量的单整阶数为零的时候（$I_M = 0$），此时随机冲击 ε_t 对货币供应量没有长期影响，从而（13-2）式的分母为零（$\lim_{x \to \infty} \partial M_t + x/\partial \varepsilon_t = 0$），不能检验货币长期中性。

第二，货币供应量的单整阶数在一阶以上时，就需要划分为三种情况分析：(1) 货币供应量的单整阶数比 GDP 的单整阶数要高（$I_M \geq I_{GDP} + 1 \geq 1$），这时由于货币供应量的随机对 GDP 没有长期的影响，（13-2）式中的分子（$\lim_{x \to \infty} \partial GDP_{t+x}/\partial \varepsilon_t = 0$）为零，货币长期中性成立。(2) 货币供应量与 GDP 的单整阶数相等，且都在 1 以上（包括 1）（$I_M = I_{GDP} \geq 1$）时，就必须弄清楚货币供应量的随机冲击对 GDP 的变动是否为独立的，因此必须对此进行识别检验，不能从单整阶数直接判断。(3) 货币供应量的单整阶数比产量的单整阶数低（$I_{GDP} \geq I_M \geq 1$）时，如果对来自货币供应量的随机冲击不引起 GDP 增长率发生变化，货币长期中性成立。

至于对货币冲击的识别，Wastson 和 King（1997）提倡加入各种系数约束来对冲击进行识别的方法。当产量和货币供应量的单整阶数都为 1 时，(13-1) 式变量结构模型的诱导形式可以写成 (13-3) 式移动平均模型，模型的随机误差项可以由货币随机冲击（ε_t^m）和非货币冲击（ε_t^μ）两个外生性冲击（经济结构冲击）的和来表示：

$$\nabla g_t = \rho_{g\mu}(L)\varepsilon_t^\mu + \rho_{gm}(L)\varepsilon_t^m$$
$$\nabla m_t = \rho_{m\mu}(L)\varepsilon_t^\mu + \rho_{mm}(L)\varepsilon_t^m \tag{13-3}$$

ε_t^m 和 ε_t^μ 相互不相关，且都服从正态分布。货币冲击对货币供应量、产量的长期影响，可以分别用 $\sum \rho_{gmj}\varepsilon_t^m \equiv \rho_{gm}(1)\varepsilon_t^m$ 和 $\sum \rho_{mmj}\varepsilon_t^m \equiv \rho_{mm}(1)\varepsilon_t^m$ 来表示。此时可以用 $\Omega_{gm} = \rho_{gm}(1)/\rho_{mm}(1)$ 表示货币冲击下产量的长期弹性系数，从而当 $\Omega_{gm}=0$ 时，货币长期中性成立。为了使 (13-3) 式能够改写为向量自回归（VAR）模型就必须使系数行列式的特征方程的根都假定在单位圆以外（也就是货币供应量和实际产量的两个变量都具有单位根且不存在协整关系），改写的 VAR 模型见 (13-4) 式。

$$\beta_{g0}\nabla g_t = \delta_{gm}\nabla m_t + \sum_{j=1}^k \beta_{j,gg}\nabla g_{t-j} + \sum_{j=1}^k \beta_{j,gm}\nabla m_{t-j} + \varepsilon_t^\mu$$
$$\beta_{m0}\nabla m_t = \delta_{mg}\nabla g_t + \sum_{j=1}^k \beta_{j,mg}\nabla g_{t-j} + \sum_{j=1}^k \beta_{j,mm}\nabla m_{t-j} + \varepsilon_t^m \tag{13-4}$$

这样就可以利用 (13-4) 式的参数，计算货币供应量冲击下的产量的长期弹性系数 Ω_{gm} 和产量冲击下货币供应量的长期弹性系数 Ω_{mg}，表示如下：

$$\Omega_{gm} = \sum_{j=1}^k \beta_{j,gm}/[1 - \sum_{j=1}^k \beta_{j,gg}]$$
$$\Omega_{mg} = \sum_{j=1}^k \beta_{j,mg}/[1 - \sum_{j=1}^k \beta_{j,mm}] \tag{13-5}$$

Wastson 和 King（1997）证明对结构冲击 ε_t^m 和 ε_t^μ 进行识别必须刻以 22×4 个识别约束，而且如果我们利用 β_{g0} 和 β_{m0} 标准化为 1 即结构冲击相互不相关（也就是协方差行列式的非对角元素为零）这样一个假定的话，就可以使必要的事先约束减少到 1 个。在 Wastson 和 King（1997）的研究中把事先约束分成了两类即短期约束和长期约束。前者是货币供应量冲击下实际产量在短期内没有反应，意味着短期中性成立；后者是指对于产量的变化冲击货币供应量在同时没有调整，意味着产量为先决变量。对于短期约束如 $\delta_{gm} = 0$ 或者 $\delta_{mg} = 0$，这是约束短期弹性系数值的方法。对于长期约束如 $\Omega_{gm} = 1$，一样是在长期弹性值上附加约束的方法。这是指货币供应量对产量的冲击是长期完全微弱的（假定货币流通速度是一定的），相当于等于物价保持不变。在基础上作为货币的长期中性（$\Omega_{mg} = 0$）的识别约束就成为可能。

三、我国货币政策对经济增长作用的实证分析

1979 年以前，我国长期实行的是高度集中的计划经济体制。运用计划手段、通过国家行政命令配置社会资源，组织社会经济活动。在这一时期，我国的货币政策决定于经济政策，经济政策关系着国民经济全局，国家主要不是依靠银行，而是通过国家计划来指导经济的发展方向，货币政策只能成为国民经济管理的工具，货币数量也只是被动地由经济增长决定。改革开放后，我国实施的经济体制改革促使了新的宏观经济管理的逐步发展，货币政策的构成和对总支出的影响也正在上升，特别是 1984 年人民银行独立行使中央银行职能，1985 年信贷管理体制改革为"实贷实存"以后，货币政策传导过程中出现了一些新的工具和变量在调控中起着"促进"和"阻滞"作用，货币政策传导功效也逐步发生着变化。

1996 年，中国人民银行宣布，将货币供应量作为货币政策操作的参考指标；1998 年，中国人民银行正式宣布将货币供应量作为货币政策的中介目标，即以 $M1$ 为中介目标，$M2$ 为监测目标。实施货币政策的间接调控以后，面临的首要问题就是治理通货紧缩。2000 年之后，关于中央银行治理通货紧缩的研究受到广泛的重视，由于中央银行降低法定存款准备金率和进行公开市场货币投放等操作之后，通货紧缩的状况没有得到根本性改变，内需仍然疲软，投资与之前相比仍旧偏低，商业银行"惜贷"。因此曾有人这样形容中央银行的货币政策：货币政策好比马车的绳子，你可以拉紧绳子让马车慢下来，但是你不可能放松绳子让马车快起来。

2003 年以来，前期反通货紧缩所投放的货币和 2002 年末开始的全球流动性过剩的外部影响导致中国经济体系中积累的流动性越来越多，中央银行转而开始回笼货币。自 1988 年以来央行首次不断提高法定存款准备金率，货币政策开始由扩张性向紧缩性转变。我们选取这一部分转折期以后的数据做实证分析以检验我国货币中性。

1. 变量的选取与数据的处理

由于货币供应量的统计范围不一，中国人民银行分别按照国际标准公布我国 $M0$、$M1$ 和 $M2$ 货币供应量指标。为了能够使分析较全面地反映出我国的基本情况，本节将货币供应量指标 $M0$、$M1$ 和 $M2$（进行消费价格指数的调整）都考虑

进来，分别将其与实际 GDP 进行分析。实际 GDP 按当年名义 GDP 除以当期居民消费物价指数（CPI）来获取。为了增加样本的长度我们选取 2003 年 1 月~2008 年 12 月的 72 个月的产出和货币的月度数据为研究对象。对获取的数据首先进行以下处理：

第一步：由于我国的统计数据连续性比较差以及某些数据在统计上的缺失，GDP 的月度数据可以根据每个月度中各月的工业增加值比例换算成月度数据[①]。$M0$、$M1$ 和 $M2$ 货币供应量数据来自人民银行网站，GDP 月度数据即工业月度增加值来源于国家统计局。

第二步：为了消除变量的季节趋势，采用 X-11 方法对所有变量的月度数据进行季节调整，并在变量后加"SA"表示。

第三步：为避免数据剧烈波动和消除异方差，对所有变量分别取自然对数，并在这些变量前面加"L"表示。

2. 检验过程与分析

（1）单位根检验。为了观察各数据的单整情况，我们利用增广的迪基-福勒（ADF）检验和 PP 检验对处理后的数据进行单位根检验[②]。利用计量经济学软件 EVIEWS5.0 检验结果见表 13-1。

表 13-1　　　　　　　　　ADF 与 PP 检验结果

检验变量	未差分的 ADF 检验 ADF 值	未差分的 ADF 检验 临界值	差分的 ADF 检验 ADF 值	差分的 ADF 检验 临界值	PP 检验 ADF 值	PP 检验 临界值
LGDPSA	-2.75506 (0)	-3.1635*	-10.72284 (1)	-4.0928***	-10.72284 (1)	-4.0928***
LM2SA	-1.10953 (0)	-3.1635*	-5.963268 (1)	-4.0928***	-5.963268 (1)	-4.0928***
LM1SA	0.217042 (0)	-2.5882*	-9.123792 (1)	-3.5267***	-9.295108 (1)	-3.5267***
LM0SA	0.025551 (0)	-2.5882*	-15.38344 (1)	-3.5267***	-15.38344 (1)	-3.5267***

注：***、**、* 分别代表各变量序列（原变量序列、差分变量序列）在 1%、5%、10% 显著水平下是平稳的。ADF 值（　）中表示单整阶数。

---

① 这是因为没有国内生产总值的月度数据，工业增加值是 GDP 的主要成分，故可以根据每季度中各月的工业增加值比例将 GDP 季度数据换算成月度数据。

② 基迪和福勒（Dickey and Fuller）于 1979 年给出了检验用的模拟的临界值，故称该检验为 DF 检验，增广的基迪-福勒检验为 ADF 检验。针对序列可能存在高阶相关的情况，Pillips 和 Perron 于 1998 年提出了一种新的检验方法，称为 PP 检验。

由表 13-1 可知，原序列 LGDPSA、LM2SA、LM1SA 和 LM0SA 的 ADF 检验值比 10% 的显著水平的临界值都大，说明四个序列都存在单位根，为非平稳序列。差分的 ADF 检验结果显示，LGDPSA、LM2SA、LM1SA 和 LM0SA 在一阶差分的时候 ADF 检验值比 10% 的显著水平的临界值都小，这说明它们都是 $I(1)$ 过程，即单整阶数都为 1。另外 PP 检验的结果和 ADF 检验的结果相同。

根据费舍尔提供的方法 LGDPSA、LM2SA、LM1SA 和 LM0SA 的协整阶数相同，符合 $I(LGDPSA) = I(LM2SA) = I(LM1SA) = I(LM0SA) \geq 1$ 的条件，要确定货币长期中性是否成立就必须检验来自货币供应量的随机冲击对 LGDPSA 的变动是否为独立的，因此必须对此进行识别检验。

（2）协整检验。为了运用 Wastson 和 King（1997）提出的货币供给冲击的识别方法，满足结构模型的诱导式向无限阶移动平均模型转换的条件，要求货币供应量和实际产量之间不存在协整关系，所以我们在进行识别检验之前，需要分别对 LM2SA、LM1SA、LM0SA 与 LGDPSA 之间是否存在协整关系进行检验。考虑到只有两个序列之间的协整关系检验，我们采用恩格尔 - 格兰杰因果两步法来检验变量之间的协整关系。第一步是用某一变量对其余变量用最小二乘法作回归。第二步对残差序列进行平稳性检验，若残差序列平稳，则变量间存在协整关系，否则不存在协整关系。第一步，做最小二乘回归，结果如下：

LGDPSA 和 LM2SA 的协整关系：

$LGDPSA = -6.163157 + 1.283079 LM2SA + \eta_t$

    （0.272173） （0.034131）（0.396222）

    （0.0000）   （0.0000） （0.0000）

回归模型残差项的平稳性检验见表 13-2。

表 13-2　　　　　　　　η_t 的平稳性检验

变量	ADF 值	临界值 1%	临界值 5%	临界值 10%	p - 值	判断
η_t	-2.647194	-4.0909	-3.473	-3.1635	0.0000	不平稳

同理，可以对其余变量进行协整检验。LGDPSA 和 LM1SA 的协整关系以及回归模型残差项的平稳性检验，结果见表 13-3。

$LGDPSA = -5.649510 + 1.396846\ LM1SA + \eta_t$

    （0.295527） （0.042477）（0.510408）

    （0.0000）   （0.0000） （0.0000）

表 13 – 3　　　　　　　　　η_t 的平稳性检验

变量	ADF 值	临界值 1%	5%	10%	p - 值	判断
η_t	-3.23208	-4.1013	-3.4779	-3.1663*	0.0000	不平稳

注：* 表示在 10% 水平下显著。

LGDPSA 和 LM0SA 的协整关系以及回归模型残差项的平稳性检验见表 13 – 4。

$$LGDPSA = -5.611768 + 1.778702 LM0SA + \eta_t$$
　　　　　(0.310992)　(0.057142)　(0.565651)
　　　　　(0.0000)　　(0.0000)　　(0.0000)

表 13 – 4　　　　　　　　　η_t 的平稳性检验

变量	ADF 值	临界值 1%	5%	10%	p - 值	判断
η_t	-2.27112	-4.0928	-3.4739	-3.164	0.0000	不平稳

由表 13 – 2、表 13 – 3 和表 13 – 4 结果可以看出，LM2SA、LM1SA、LM0SA 与 LGDPSA 之间都不存在协整关系，满足结构模型的诱导式向无限阶移动平均模型转化的条件。

（3）货币中性检验。依据上面介绍的 Wastson 和 King（1997）提出的货币供给冲击的识别方法，本节引进四种识别条件：①实际 GDP 随机冲击下货币供应量的短期弹性系数为已知（$\delta_{mg} = 0$）；②货币供应量随机冲击下实际 GDP 的短期弹性系数为已知（$\delta_{gm} = 0$）；③实际 GDP 随机冲击下货币供应量的长期弹性系数为已知（$\Omega_{mg} = 0$）；④货币供应量随机冲击下实际 GDP 的长期弹性系数为已知（$\Omega_{gm} = 0$）；而且我们运用货币供应量与实际 GDP 的两变量结构 VAR 模型来对我国货币中性进行检验。检验结果见表 13 – 5。

表 13 – 5　　　　　　　　　货币中性检验结果

检验项	约束条件	弹性系数	标准差	检验项	约束条件	弹性系数	标准差
LM2SA 短期中性	$\Omega_{mg}=0$	$\delta_{gm}=0.5914$	0.179465	LM1SA 长期中性	$\delta_{gm}=0$	$\Omega_{mg}=0.0103$	0.080678
	$\Omega_{gm}=0$	$\delta_{mg}=0.3728$	0.092057		$\delta_{mg}=0$	$\Omega_{gm}=0.0610$	0.060535
LM2SA 长期中性	$\delta_{gm}=0$	$\Omega_{mg}=0.0523$	0.129429	LM0SA 短期中性	$\Omega_{mg}=0$	$\delta_{gm}=0.5882$	0.117751
	$\delta_{mg}=0$	$\Omega_{gm}=0.0613$	0.117275		$\Omega_{gm}=0$	$\delta_{mg}=0.7134$	0.077984
LM1SA 短期中性	$\Omega_{mg}=0$	$\delta_{gm}=0.6128$	0.086486	LM0SA 长期中性	$\delta_{gm}=0$	$\Omega_{mg}=0.0425$	0.089352
	$\Omega_{gm}=0$	$\delta_{mg}=0.4011$	0.140589		$\delta_{mg}=0$	$\Omega_{gm}=-0.0610$	0.124221

注：检验的滞后期为 2。

从表 13-5 的检验结果来看，无论是 $LM2SA$、$LM1SA$ 还是 $LM0SA$ 货币供应量对 $LGDPSA$ 的短期弹性值 δgm 都显著不为零，这说明 $LM2SA$、$LM1SA$ 和 $LM0SA$ 货币供应量在短期内是非中性的，同时 $LGDPSA$ 对 $LM2SA$、$LM1SA$ 和 $LM0SA$ 随机冲击下的短期 δmg 也都显著不为零，说明我国 $LM2SA$、$LM1SA$ 和 $LM0SA$ 货币供应量短期内存在一定程度的内生性，只是 $LM2SA$ 货币供应量的内生程度略低于 $LM1SA$，$LM1SA$ 略低于 $LM0SA$。而且，无论是 $LGDPSA$ 对 $LM1SA$ 和 $LM0SA$ 随机冲击下的长期弹性系数 Ωmg 还是 $LM2SA$、$LM1SA$ 和 $LM0SA$ 对 $LGDPSA$ 随机冲击下的长期弹性系数 Ωgm 都存在趋近于零的趋势，这说明我国 $LM2SA$、$LM1SA$ 和 $LM0SA$ 货币供应量在长期内是中性的，并且从长期来看 $LM2SA$、$LM1SA$ 和 $LM0SA$ 货币供应量内生性不十分明显。

四、结论与建议

本节首次将费舍尔的经济结构模型和 Wastson 和 King（1997）货币冲击识别约束应用于 2003 年我国货币政策转折期的货币中性检验研究，基于此所产生的结论与建议为：

第一，货币供应量会受到实际经济活动波动的冲击，从而货币供应量具有内生性。实证分析表明 $LM2SA$ 货币供应量的内生程度略低于 $LM1SA$，$LM1SA$ 略低于 $LM0SA$。因此，中央银行对 $LM0SA$ 货币供应量的调控能力是比较差的，对 $LM2SA$ 货币供应量调控能力较高。而且由于货币是内生的，所以导致中央银行的公开市场操作、再贴现再贷款利率调整、法定存款准备金率调整这三大货币政策工具对货币供应量的控制效力是有限的而不是完全的，最终导致货币政策的效果不是很理想。因此在制定货币政策时，不仅要考虑货币供应量对宏观经济的影响，而且也要考虑宏观经济对货币供应量的影响。因为除了中央银行的政策外，商业银行、企业、政府和居民的收入水平及支出水平都对货币供应量起着重要作用。

第二，短期内我国货币政策会对实际经济活动会产生影响，也即短期内货币政策是非中性的；从长期来看货币政策并不会对实际经济活动产生任何影响，货币是中性的。因此，通过改变货币供应量来调节经济的效果在短期内是比较有效的，但是长期内通过改变货币供应量来调节经济的长期增长是难以实现的。货币政策的目标应该是为经济的持续增长提供一个稳定的宏观环境，保持经济的稳定才是重点。国际经验也显示，货币政策的作用越来越表现为维持金融环境的稳定。

由此可见货币政策只能为实际经济提供相应的弹性，要想真正发挥作用，需要财政政策与之协调。货币政策在经济的转折期才能发挥作用,经济上升期和经济下滑期的调控作用甚微。目前还不能确定中国是否处于转折期,但可以肯定的是,目前中国正处于一个大调整期,我们应该抓住这个机会,使经济的发展保持稳定与持续。

第二节 我国货币政策非对称性效应

一、引言和理论综述

货币政策对实体经济的影响,即所谓货币中性问题,一直是现代货币政策理论关注的焦点。各种宏观经济学派都对这个问题提出了自己的独到见解。由于每一个学派对货币中性问题的理解都不是孤立存在的,而是与自身所坚持的宏观经济学理论体系相一致。因此,这场关于货币中性争论的理论意义已经远远超出了货币政策有效性本身,上升为各派理论交锋的主战场,检验各派理论正确与否的试金石。传统凯恩斯主义认为,名义工资和价格具有黏性,这些名义变量不能根据货币供给的变化及时做出调整,因此货币供给的增加可以刺激有效需求,从而使实际产出增加。同时,凯恩斯主义认为,名义工资和价格具有拒下刚性,货币供给的减少对实际产出的负面影响要比货币供给的增加的正面影响要显著。弗里德曼的货币主义也承认名义工资和价格的短期刚性,货币供给增加会在短期中使产出增加,但随着名义价格的逐渐上升,人们会要求更高的名义工资,使得实际工资在长期保持不变,促使产出在长期中回落到自然率的水平。并且,货币主义基于人们对货币政策具有适应性预期,认为只有加速的通货膨胀率才能使产出持续高于自然率水平,或是使失业率低于自然率水平。新古典主义理性预期学派认为基于在市场出清和理性人假设前提下的一般动态均衡理论可以解释经济周期的主要特征。由于人们对货币政策的预期是理性的,人们"如同"具有完全信息一样来最大化一生的期望效用。因此,只有未预期到的货币冲击才会对实际经济产生真实影响。真实经济周期理论走向了一个极端,认为只有实际冲击(供给面冲击),而不是货币冲击(需求面冲击)才能引起真实经济周期。在多部门的真实经济周期模型中,货币供给被认为是内生决定的,从而否定了货币供给冲击与实际经济波动之间的单向因果关系。

新凯恩斯主义拾起了被传统凯恩斯主义忽视的微观基础,着重分析厂商和消费者的行为对宏观经济的影响。对于货币政策对实际经济的影响途径，新凯恩斯主义又分为两派。一方面，被称为菜单成本派的经济学家认为，名义价格刚性的微观基础是菜单成本理论。以此理论分析，当货币冲击规模大的时候，厂商为了规避由价格扭曲造成的高额成本会选择调整产品价格，此时货币政策没有实际作用，货币是中性的。反之，当货币冲击规模较小时，厂商会选择维持原有价格不变，货币政策产生实际效果；另一方面，以 Greenwald 和 Stiglitz 为代表的另一派新凯恩斯主义者基于在不完全契约和不完全信息条件下的具有风险规避性质的企业和银行建立模型，得出结论：即便不存在名义价格和工资的黏性，货币政策的变化也会引起和加剧经济的波动。这一派经济学家对宏观理论的重要贡献之一是引入了虚拟经济和流动性冲击对实体经济的影响。厂商不仅需要生产，还需要为其生产融资。因此，当经济面临流动性冲击的时候，公共部门（政府）和私人部门（厂商）的流动性供给对实体经济的影响就显得尤为重要。

顺着这条思路，Holmstrom 和 Tirole（1998）建立了流动性模型，在新凯恩斯主义的范畴内，对菜单成本理论做出了有益的替代。该模型可以用于考察负向的货币政策对实体经济的影响。假定经济中存在众多企业，这些企业需要为自身的生产进行融资，并面临大、小两种可能类型的流动性冲击；每一个企业都可以通过自我融资来度过小的危机，但任意一个企业都必须依靠外部融资才能度过大的冲击。首先，考虑一种简单的情况——货币冲击引起对总体经济的流动性冲击，所有行业中的所有企业都面临一种类型的冲击。如果这是一种由小的货币冲击引起的小的流动性冲击，那么所有企业都可以靠自我融资来度过危机，因此小的货币冲击不会对企业的生产产生影响，从而不会对实体经济产生影响。如果这是一种由大的货币冲击引起的大的流动性冲击，那么所有企业都必须靠外部融资才能维持投资、追加生产，但由于企业和银行都具有风险规避的特性，所有企业都不能获得足够的外部融资，因此企业不得不减少投资，削减产量，最终使实际产出下降。其次，考虑另一种典型的情况——货币冲击在不同行业间引起了相互独立的流动性冲击。在这种情况下，受到小的流动性冲击的行业成为流动性的供给方；受到大的流动性冲击的行业会成为流动性的需求方。当企业数量趋于无穷时，Holmstrom 和 Tirole 根据大数定律证明：存在一个正的概率使得经济面临流动性的供给小于需求的窘境。因此，企业削减投资，降低生产，最终使得实际产出下降。综上所述，大的负向货币冲击能够影响实体经济，而小的负向货币冲击则不能影响实体经济。

通过以上综述可以看出，各宏观经济学派在进行理论抽象时的侧重点不同，使得它们在研究货币有效性问题时具有不同的角度，进而得出的结论各不相同。第一，不同学派研究的时间跨度不同。货币主义主要研究货币政策的长期影响，其他学派倾向于研究货币的短期影响。第二，它们对货币冲击的理解也不同。随着新古典理性预期学派的兴起，人们普遍意识到只有未预期到的货币冲击才会对实体经济产生影响。在本节中，将货币冲击定义为未预期到的货币供给冲击。第三，各个学派所关注的货币冲击的类型不同。基于不完全市场的凯恩斯主义经济学对货币冲击类型的分析最为全面和透彻。从上面的分析中，货币冲击可以大致分为大、小冲击或正负冲击。传统凯恩斯主义认为只有负向货币冲击才会对实体经济产生影响；新凯恩斯主义的"菜单成本"派认为只有小规模的货币冲击才有实际效应；与之相反，新凯恩斯主义的"灵活价格"派认为负向货币冲击会影响实际产出，而且货币冲击的规模与其对实际经济的影响正相关。

尽管如此，各派学说在研究货币冲击实际效应的方法上仍有共通之处——研究货币冲击对实体经济的非对称性影响。以上这些研究主要针对了两种货币政策冲击影响的非对称形式：(1) 货币政策冲击方向的非对称形式。(2) 货币政策冲击规模的非对称形式[①]。前一种非对称形式主要依据的是工资拒下刚性理论；后一种非对称形式主要根据菜单成本理论。但是，任何理论都是对现实的抽象，必然会忽略那些对他们理论构建不重要的现实因素。因此，对已有理论的一个自然扩展是将这些冲击进行组合——把货币冲击分成大规模正向冲击，小规模正向冲击、大规模负向冲击、小规模负向冲击。

理论上的争锋往往需要经济证据来给出回应。在实证上，一些国家货币供给出现的扰动经常同实际产出的扰动相关，这其中具体有什么统计现象？这样的统计结论又对经济有什么样的启示？如果货币供给真的能够以确定的方向影响实际产出，那么中央银行就可以通过对货币供给的调控来影响实际产出，进而可能操纵经济运行；如果不是这样，那么试图通过增加货币供给来增加实际产出、影响实际经济活动的努力，将只会造成价格水平升高，导致通货膨胀，而对经济的产出、就业和社会福利改进没有作用。早在20世纪经济大萧条时期，经济学家在对经济形势判断和经济政策行为进行分析时，就已经开始关注货币政策冲击对实际经济运行的非对称性作用。

Morgan（1993）认为，非对称性是许多代表性宏观经济模型中普遍存在的一个特征。Ravn 和 Sola（1999）利用 $M1$ 作为货币政策的工具变量，并将货币政策冲击划分为正向和反向冲击、大规模冲击和小规模冲击及其各种类型的组合冲击，发现只有小规模的反向冲击能够对实际经济行为产生显著影响。Garcia 和 Schaller（2002）用美国联邦基金利率作为货币政策工具变量，利用 Markov 域变

[①] Morten and Martin Sola: "Asymmetric effect of monetary policy in United States". Federal Reserve Bank of St. Louis Review, September/October 2004.

和 VAR 方法发现在经济衰退期，货币政策冲击对实际产出的影响要比在经济扩张期更大，并且增加了经济在这两种状态间转换的概率。Kaufmann（2002）以奥地利3个月的利率的差分为货币政策的代理变量，并利用 Markov 域变分析将经济分成高增长和低增长两个时期，指出货币政策在经济低增长期的负面影响更大，而在经济高增长期对实际产出没有明显影响。进一步，Philip Arestis 和 Kostas Mouratidis（2005）指出：各国中央银行坚持低通货膨胀的货币政策的信誉分成高、低两种状态，而各国国内利率与国际标准利率之差的方差反映了央行信誉的风险溢价，故利率差的方差可以作为央行货币政策一致性的代理变量。因此，利用货币政策波动的风险溢价，可以为解释货币政策的有效性提供新的思路。

  本节主要讨论国外普遍承认的两种非对称性形式是否符合我国的经济状况。通过应用 Markov 域变模型，我国 1992～2006 年的货币冲击分为大规模正向冲击、小规模正向冲击、大规模负向冲击、小规模负向冲击，并检验这些冲击对实际产出增长率的影响。经过实证分析，我们得出与菜单成本和价格黏性理论截然相反的结论，即在中国只有大规模的货币政策冲击对实际 GDP 有影响，并对此提供解释。

  以下内容将对 $M1$ 和 $M2$ 的域变特征进行描述统计分析，应用 Markov 模型对 $M1$ 和 $M2$ 进行域变分析，分离出货币供给的非预期到的冲击（"大且正"、"大且负"、"小且正"、"小且负"四种），估计这些未预期到的冲击对实际 GDP 的影响，最后进行总结。

二、从简单统计来看 $M1$ 和 $M2$ 的域变特征

  回顾 1997 年以前我国的货币政策，其主要任务是控制通货膨胀。这段时间货币政策调控以直接控制商业银行信贷规模为主要手段。邓小平同志南方谈话以后，中国的经济面貌发生很大的改变，1992 年 GDP 跳跃式增长达到 14.2%。但同时出现了经济和金融秩序混乱，典型的表现如乱拆借、乱集资、开发区热、股票、房地产热等问题。1993 年中央决定加强宏观调控，经过 1994 年、1995 年的努力，到 1996 年成功实现了经济软着陆。

  1997 年的亚洲金融危机再次打破了中国稳定增长的势头。1998 年一开始，中国的出口就出现了负增长。与此同时，前几年经济泡沫特别是房地产泡沫破灭以后银行不良贷款问题成为一个十分突出的矛盾，相当一部分信托投资公司和中小金融机构发生支付危机。此时货币政策的主要任务转变为控制通货紧缩。为了扩大内需，支持中国经济增长，1998 年我国一年之中 3 次降息。同时对信贷政策进行了一系列调整，调整的目的是为了提高商业银行增加贷款的积极性，挖掘

整个社会有效贷款需求。

　　2003年初到2005年初，前几年国家实行的积极财政政策和稳健货币政策效果开始显现，再加上世界经济出现复苏，我国经济逐渐走出通货紧缩的阴影，进入新一轮上升周期。虽经历了2003年"非典"疫情的短期冲击，但经济快速增长的趋势得到确立，GDP、货币供应量和信贷增长迅速，物价水平止跌回升，出现正水平。投资增长迅猛，固定资产投资增长率在2004年初达到峰值，接近60%，全国房地产开发与投资热情高涨，房地产价格在短短两年内迅速攀升，泡沫现象严重，集聚较大金融风险。在这种背景下，从2003年第一季度开始，金融宏观调控方向发生了较大转变，货币政策目标主要是遵循"有保有压"的原则，通过结构调整，抑制某些行业和领域投资需求过热，控制银行贷款过快增长，防止通货膨胀。在不同的经济发展阶段中，政府有着不同的政策目标。政府会根据经济运行的情况，在发展的质与量之间要做出反复的权衡取舍，这种权衡在数量上体现为各经济目标变量的时间序列呈现出域变的性质（或者状态改变、体制变化，Hamilton 1989）。我国的各经济目标变量同样也存在这种域变（体制变化）的性质，同时这种域变往往与我国政府经济目标的变化相一致。由于体制变化本身是一个随机变量，本身具有不确定性，在计量模型中，我们引入Markov域变模型（Markov Regime-Switching Model）来模拟经济目标变量的时间序列行为。建立分析模型之前，我们对1992年1月至2006年9月的月度数据进行了简单的描述统计。①

　　$M1$的基本统计特征。图13-1是1992～2006年月度$M1$变化率序列。明显地，不同时段$M1$呈现出不同的走势。在1992年和1998年前后$M1$的供给量波动较大，而在其他年份里相对平稳。②表13-6第一列是$M1$的全部样本（1992年1月～2006年9月）的基本统计特征。Jarque-Bera统计量表明$M1$序列同正态分布相去甚远。较高的峰度及右偏，表明通货膨胀率在少数月份中出现极大值，例如，1992～1996年中的一些月份。第二至六列是将总体样本分为五个非重叠时域的统计特征，除最后一个时域为年33个观测值外（2004年1月～2006年9月），其他时域均包含3年36个观测。五个时域的统计特征差别较大，但总体可以看出具有较高均值的时域一般有较高的标准差，即均值较大时波动也比较大。

---

①　中经网宏观和产业数据库。所有数据在使用前都经过的去季节性处理。

②　1992年下半年至1995年初是改革以来第二个高通胀阶段，其中1994年的年度通胀率超过25%，为新中国成立以来最高水平。从1990年起现金发行或信贷规模均大幅突破预定计划。现金发行1991年超过预定计划7%，1992年超过93%，1993年超过53%。

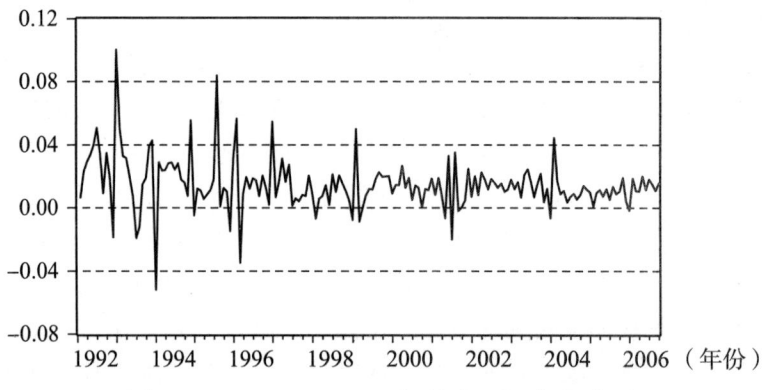

图 13-1 1992~2006 年月度 M1 变化序列

表 13-6　　　　　1992~2006 年月度 M1 变化序列

样本期	1992 年 1 月~2006 年 9 月	1992 年 1 月~1994 年 12 月	1995 年 1 月~1997 年 12 月	1998 年 1 月~2000 年 12 月	2001 年 1 月~2003 年 12 月	2004 年 1 月~2006 年 9 月
均值	0.014784	0.023459	0.014664	0.011912	0.012973	0.010823
标准差	0.016763	0.025260	0.019895	0.010706	0.010446	0.008343
偏度	0.930780	-0.167469	1.167382	0.825996	-0.646783	1.703265
峰度	9.161816	5.760046	6.735402	6.095170	4.606442	9.520748
Jarque-Bera Probability	303.844800 (0.000000)	11.272970 (0.003565)	29.106530 (0.000000)	18.463740 (0.000098)	6.380951 (0.041152)	74.42132 (0.000000)

注：Jarque-Bera 为检验序列是否符合正态分布的统计量。

　　$M2$ 的基本统计特征。图 13-2 是 1996~2006 年月度 $M2$ 变化率序列。将 $M2$ 的时序数据做与 $M1$ 同样的分段处理。表 13-7 第一列是 $M2$ 的全部样本（1996 年 1 月~2006 年 9 月）的基本统计特征。Jarque-Bera 统计量表明 $M2$ 序列和 $M1$ 序列一样，不符合正态分布，同时样本分布峰度较高且右偏。第二至六列是将总体样本分为五个非重叠时域的统计特征，除最后一个时域为 3 年 33 个观测值外（2004 年 1 月~2006 年 9 月），其他时域均包含 2 年 24 个观测。同 $M1$ 一样，可以看出 $M2$ 具有较高均值的时域一般有较高的标准差，即均值较大时波动也比较大。

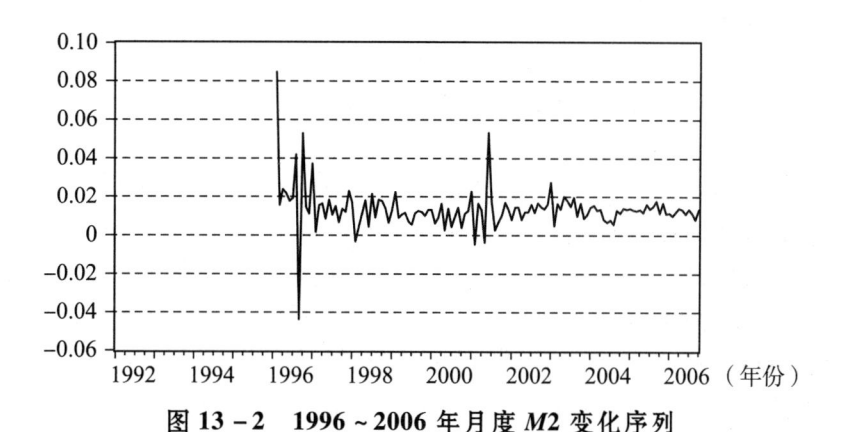

图 13-2　1996~2006 年月度 M2 变化序列

表 13-7　1996~2006 年月度 M2 变化序列

样本期	1996年1月~2006年10月	1996年1月~1997年12月	1998年1月~1999年12月	2000年1月~2001年12月	2002年1月~2003年12月	2004年1月~2006年9月
均值	0.0136	0.01909	0.011534	0.011716	0.014067	0.012346
标准差	0.011349	0.022507	0.005901	0.011103	0.004756	0.002724
偏度	1.66746	0.334117	-0.257861	2.052158	0.584148	-0.614337
峰度	20.25113	6.646566	3.182057	9.479242	4.13041	3.280223
Jarque-Bera Probability	1659.387 (0.000000)	13.17132 (0.001380)	0.299114 (0.861089)	58.82598 (0.000000)	2.642742 (0.266769)	2.249901 (0.324669)

高货币增长率对应高的标准差的事实，可以从两个方面进行解释。首先较快的货币供给增长速度降低了货币的购买能力，提高了通货膨胀的速度。一直以稳定物价和反通货膨胀为目标的央行会采取较强的反通货膨胀政策，积极进场干预，来避免价格过高所带来的社会成本。从货币发行的渠道导致货币供给的变化。其次对厂商和居民来说，较快的货币增长速度会使得物品的实际价格偏离人们的预期，人们对储蓄、消费以及各种投资方式之间的偏好发生改变，从而影响货币供给。从货币流通的渠道影响货币供给的变化。

通过以上简单的统计分析，可以初步断定 $M1$、$M2$ 的时间序列具有域变的基本特征。这一点不仅可以由经济学家通过实证方法检验，而且可以被厂商和民众在日常生活中感知，并成为他们揣测央行货币政策的一种可靠直觉。首先，我们就用 Markov Regime Switching Model 来分析 $M1$、$M2$ 的时间序列的具体域变特征。

三、$M1$ 和 $M2$ 的马尔可夫域变模型

从上述简单的统计规律中可以看出无论是 $M1$ 的增长率还是 $M2$ 的增长率都具有明显的域变特征,为了克服原有模型的存在异方差的缺点,可以用一个两状态的 Markov 域变模型来刻画货币增长率的域变特征。通过这种方法,可以把不能观察到的货币政策的状态用概率的语言交易描述,在 Bayesian 框架内,通过一阶 Markov 过程的概率转化计算,得到货币政策状态在不同时点上转换的预测图、滤波图和平滑图。另外,由于允许货币增长率的方差随状态变化,我们的模型可以描述并量化出货币增长率高均值对应高方差的事实,并为下一步的将货币政策冲击定义为四种类型提供了依据。

(一) Markov Regime Switching Model

首先,结合前人的成果,建立关于货币供给的计量模型:

$$(\Delta m_t - \mu(s_t)) = \Phi(L)(\Delta m_{t-1} - \mu(s_{t-1})) + \Theta x'_{t-1} + \sigma(s_t)\eta_t$$

其中,S_t 为状态变量,描述货币政策处于哪种状态。在不同的状态下,Δm 具有不同的非条件均值 $u(s_t^L)$ [$\mu(s_t=1) = \mu_1$ 和 $\mu(s_t=2) = \mu_2$] 和方差 $\sigma(s_t)$ [$\sigma(s_t=1) = \sigma_1$ 和 $\sigma(s_t=2) = \sigma_2$]。$\phi(L)$ 为滞后项系数的多项式表达式;x'_{t-1} 为外生变量的向量表达形式(包括各种可能影响到货币供给的外生变量);Θ 为这些外生向量系数构成的向量表达形式。$\eta_t \sim i.i.d. N(0,1)$。[①]

利用这个计量模型可以将货币供给冲击分成预测到的和未预测到的两类;更进一步,还可以将未预测到的货币冲击分成"大"和"小"两类,从而可以验证未预期到的货币政策冲击对实际产出的不对称性。

根据 Ravn 和 Sola(1999)的模型,在去除季节性之后,Δm_t 服从一个 AR(3) 过程,其域变自回归方程变为:

$$(\Delta m_t - \mu(s_t)) = \Phi(L) \cdot (\Delta m_{t-1} - \mu(s_{t-1})) + \Theta x'_{t-1} + \sigma(s_t)\eta_t \quad (13-6)$$

其中,$\Phi(L) = \phi_1 + \phi_2 L + \phi_3 L^2$,$s_t$ 是取值 1 或 2 的不可观测的两状态变量,它决定了货币供给量的不同域。设定 s_t 服从一阶马尔柯夫过程,转移概率为:

$$pr[s_t=1 \mid s_{t-1}=1] = p_{11}, \; pr[s_t=2 \mid s_{t-1}=1] = p_{12}, \; p_{11} + p_{12} = 1$$
$$pr[s_t=2 \mid s_{t-1}=2] = p_{22}, \; pr[s_t=1 \mid s_{t-1}=2] = p_{21}, \; p_{22} + p_{21} = 1 \quad (13-7)$$

(13-6)式实质上设定货币供给量可在两状态之间转换,货币供给量增加

[①] 本节认为,厂商和居民正确的估计了货币供给的增长,一个时期的错误同另一个时期的错误在统计上不相关,偏差的预期均值为零。

的较少时均值为 μ_1，较高时均值为 μ_2。残差标准差反映了货币供给量的不确定性，(13-6) 式中两种状态时标准差分别为 σ_1 和 σ_2。

为了使描述 3 阶 Markov 过程的 (13-6) 式变成我们能够处理的一阶 Markov 过程，我们要定义新的状态变量 s_t^* 表示 t 期的状态，并使得 s_t^* 只决定于 s_{t-1}^*。令：

$$s_t^* = 1 \quad \text{当} \ s_{t-3} = 1 \ \text{且} \ s_{t-2} = 1 \ \text{且} \ s_{t-1} = 1 \ \text{且} \ s_t = 1$$

$$s_t^* = 2 \quad \text{当} \ s_{t-3} = 1 \ \text{且} \ s_{t-2} = 1 \ \text{且} \ s_{t-1} = 1 \ \text{且} \ s_t = 2$$

$$s_t^* = 3 \quad \text{当} \ s_{t-3} = 1 \ \text{且} \ s_{t-2} = 1 \ \text{且} \ s_{t-1} = 2 \ \text{且} \ s_t = 1$$

……

$$s_t^* = 16 \quad \text{当} \ s_{t-3} = 2 \ \text{且} \ s_{t-2} = 2 \ \text{且} \ s_{t-1} = 2 \ \text{且} \ s_t = 2$$

并且定义 p_{ij} 表示 $p\{s_t^* = j | s_{t-1}^* = i\}$，则 s_t^* 服从一个 16 维状态马尔可夫链。从而，域变自回归方程 (13-6) 式就可表示为：

$$(\Delta m_t - \mu(s_t^*)) = (\phi_1 + \phi_2 L + \phi_3 L^2)(\Delta m_{t-1} - \mu(s_t^*)) + \Theta x_{t-1}' + \sigma(s_t^*)\eta_t$$

设 $\Omega_t = (\Delta m_t, \Delta m_{t-1}, \cdots, \Delta m_0, \cdots x_t, x_{t-1}, \cdots x_0, \cdots)$ 为 t 期的信息集，以及 $\alpha = (u_1, u_2, \sigma_1, \sigma_2, \phi_1, \phi_2, \phi_3, p_{00}, p_{11})$ 为所有待求的参数组成的向量，再设 $\eta_t =$

$$\begin{bmatrix} f(\Delta m_t | s_t^* = 1, \Omega_t; \alpha) = \frac{1}{\sqrt{2\pi\sigma_1}} \exp\{-[(\Delta m_t - \mu_1) - \Phi_1(\Delta m_{t-1} - \mu_1) - \Phi_2(\Delta m_{t-2} - \mu_1) - \Phi_3(\Delta m_{t-1} - \mu_1) - \Theta x_{t-1}']^2 2\sigma_1^2\} \\ f(\Delta m_t | s_t^* = 2, \Omega_t; \alpha) = \frac{1}{\sqrt{2\pi\sigma_2}} \exp\{-[(\Delta m_t - \mu_2) - \Phi_1(\Delta m_{t-1} - \mu_1) - \Phi_2(\Delta m_{t-2} - \mu_1) - \Phi_3(\Delta m_{t-1} - \mu_1) - \Theta x_{t-1}']^2 2\sigma_2^2\} \\ f(\Delta m_t | s_t^* = 3, \Omega_t; \alpha) = \frac{1}{\sqrt{2\pi\sigma_1}} \exp\{-[(\Delta m_t - \mu_1) - \Phi_1(\Delta m_{t-1} - \mu_2) - \Phi_2(\Delta m_{t-2} - \mu_1) - \Phi_3(\Delta m_{t-1} - \mu_1) - \Theta x_{t-1}']^2 2\sigma_1^2\} \\ \cdots \cdots \\ f(\Delta m_t | s_t^* = 16, \Omega_t; \alpha) = \frac{1}{\sqrt{2\pi\sigma_2}} \exp\{-[(\Delta m_t - \mu_2) - \Phi_1(\Delta m_{t-1} - \mu_2) - \Phi_2(\Delta m_{t-2} - \mu_2) - \Phi_3(\Delta m_{t-1} - \mu_2) - \Theta x_{t-1}']^2 2\sigma_2^2\} \end{bmatrix}$$ 为

16×1 的向量，其第 j 个变量表示 t 期的状态 $s_t^* = j$ 时，对似然函数的单期贡献。

$$\text{和} \ \xi_t = \begin{cases} (1, 0, 0, 0, \cdots, 0)' & s_t^* = 1 \\ (0, 1, 0, 0, \cdots, 0)' & s_t^* = 2 \\ (0, 0, 1, 0, \cdots, 0)' & s_t^* = 3 \\ \cdots \cdots \\ (0, 0, \cdots, 0, 0, 1)' & s_t^* = 16 \end{cases}$$

16×1 的向量 $\xi_{t/t}$ 为基于 t 期信息和总体参数形成的对 s_t^* 的估计，其第 j 个元素为 $pr(s_t^* = j | \Omega_t; \alpha)$。

那么，利用以上的设定，全部样本 Ω_t 的对数似然函数为 $l(\alpha) = \sum_{t=1}^{T} \log f$ $(\Delta m_t | \Omega_{t-1}; \alpha)$ 其中，

$$f(\Delta m_t \mid \Omega_{t-1}; \alpha) = \sum f(\Delta m_t, s_t^* = i \mid \Omega_{t-1}; \alpha)$$
$$= \sum f(\Delta m_t \mid s_t^* = i, \Omega_{t-1}; \alpha) pr(s_t^* = i \mid \Omega_{t-1}; \alpha)$$
$$= 1'(\hat{\xi}_{t|t-1} \Theta \eta_t)$$

关于时期 t 的最优推断和时期 $t+1$ 的最优预测可通过下面两个方程的迭代求得：

$$\xi_{t|t} = \frac{\xi_{t|t-1} \theta \eta_t}{1'(\xi_{t|t-1} \theta \eta_t)}$$

$$\xi_{t+1|t} = P \cdot \xi_{t|t}$$

因此，只要给出了初始的信息集 Ω_0 和概率分布 $\xi_{0|0}$，就可以反复迭代，得到对数似然函数 $l(\alpha)$，且 $l(\alpha)$ 中的未知数只有待求的参数向量 α。这样，就可以用一般的方法，进行对数似然函数的极大估计。①

（二）模型估计结果及解释

1. 参数估计结果

（1）应用 $M1$ 的模型估计结果，见表 13-8。

表 13-8　　　　$M1$ 序列的域变模型的最大似然估计

变量	估计系数	变量	估计值
Δm_{t-1}	-0.145953 (0.097146)	u_1	0.049170 (0.009224)
Δm_{t-2}	-0.022690 (0.114353)	u_2	0.038409 (0.002155)
Δm_{t-3}	0.222188 (0.076441)	σ_1^2	0.000875 (0.000446)
Δb_{t-2}	0.201167 (0.121113)	σ_2^2	0.000125 (0.000031)
Δfrt_{t-1}	-0.000498 (0.000548)	p_{11}	0.748610 (0.179255)
Δih_{t-4}	0.052856 (0.017227)	p_{22}	0.931024 (0.055281)

---

① 以上公式的详细推导可参考 Hamilton 的《时间序列分析》一书最后一章。

续表

变量	估计系数	变量	估计值
Δcpi_{t-2}	-0.005009 (0.001414)		
ΔY_{t-4}	-0.154292 (0.055514)		

注：其中括号内为标准差，Δm 由对季节调整后的 $M1$ 取 log 再差分得到，Δb 由 $M0$ 取 log 去均值、再差分得到，Δfrt_{t-1} 由外汇储备取 log 去均值、再差分后得到，Δih 由房地产投资取 log 去均值、再差分得到，Δcpi_{t-2} 由 cpi 差分后得到，ΔY_{t-4} 是实际 GDP 取 log 去均值、再差分得到。

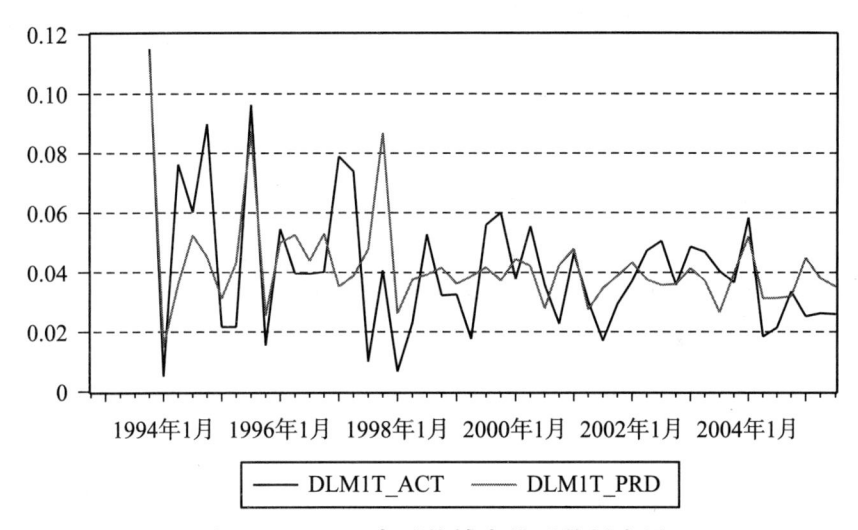

图 13 - 3 $M1$ 序列的域变模型的拟合图

首先需要阐明的是：回归方程是为了下面分离出四种不同类型的货币供给冲击服务的，因此只要求它反映当期的货币增长率与滞后期的货币增长率和滞后期的外生变量之间的相关关系。尽管货币政策是由央行制定的，但货币供给总量实际上是有央行、金融业、企业和个人行为之间的相互作用综合决定的，这是一个复杂的过程，其最终的结果并不完全在央行的掌握之中，尤其对于 $M2$ 更是如此。因此，我们关心的是：在一个公共的信息集下，找到各个经济主体可以合理预测下一起的货币增长率的经验公式。在这个公式中只能包括对货币增长率有影响的滞后变量，而不能包括当期变量。基于以上考虑，在选择滞后期的外生变量时，主要挑选了经济主体易获得且普遍关心的经济变量，如实际 GDP 增长率、CPI、房地产投资增长率等。

域变模型估计出的两状态 1 和状态 2 的均值和标准差（由表（13 - 8）中

的方差开根号得到）分别为 0.049170、0.029583 和 0.038409、0.011190，即 $s_t = 1$ 代表高货币增长率高方差的状态，$s_t = 2$ 代表低货币增长率低方差的状态。因为 $p_{22} = 0.931024$、$p_{11} = 0.748610$，可见两种状态都是比较稳定的，且"低增长"状态的持续性要强于"高增长"状态。

从利用最大似然法的参数估计结果可以看出，滞后项 Δm_{t-1}、Δm_{t-2}、Δm_{t-3} 的系数 ϕ_1、ϕ_2、ϕ_3 分别为 -0.145953、-0.022690 和 0.22188，其和小于 1，可见 Δm_t 序列是平稳的。ϕ_1 小于 0，说明政府在制定货币政策时的"负反馈"机制。基础货币 M0 的增长率、CPI 和实际 GDP 都对 M1 的增长率有显著的影响。我们用房地产投资来代表自 20 世纪 90 年代以来（特别是近几年）一直关注和调控的固定资产投资，也得到了显著的结果（该项前面的系数为正，可能是因为房地产投资增长率反映了各商业银行和房地产商们对投资的乐观预期和更高流动性的要求，而不是央行对 M1 的控制）。国外的文献在估计货币供给的时候，外生变量中通常要加上政府赤字和利率，但应用于中国的情况，却无法得到显著的结果。

（2）应用 M2 的模型估计结果，见表 13 - 9。

表 13 - 9　　　　　M2 序列的域变模型的最大似然估计

变量	估计系数	变量	估计值
Δm_{t-1}	-0.096022 (0.059686)	u_1	0.056731 (0.003169)
Δm_{t-2}	0.046194 (0.051468)	u_2	0.039315 (0.001658)
Δm_{t-3}	0.378479 (0.074128)	σ_1^2	0.000089 (0.000036)
$\Delta inrate_{t-1}$	0.002248 (0.002810)	σ_2^2	0.000024 (0.000008)
fs_{t-4}	0.000434 (0.000213)	p_{11}	0.778660 (0.101867)
Δih_{t-4}	0.033249 (0.009300)	p_{22}	0.925608 (0.075583)

注：其中括号内为标准差，Δm 由对季节调整后的 m_2 取 log 去均值、再差分后得到，$\Delta inrate_{t-1}$ 由 inrate 取 log 再差分得到，fs 由财政盈余取 log 得到，Δih 由房地产投资取 log 去均值、再差分后得到。

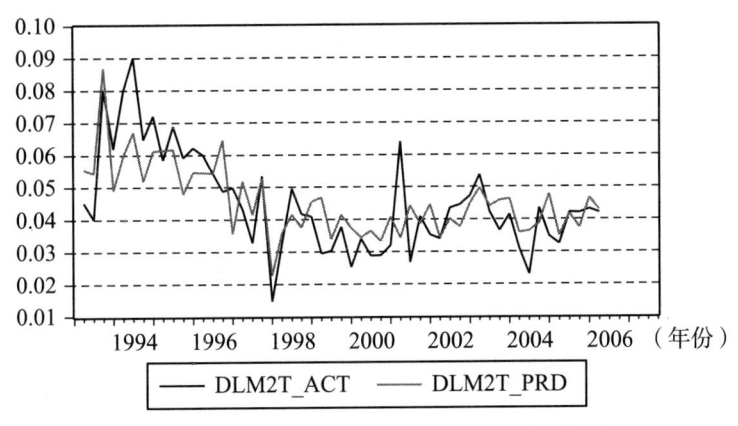

图 13-4　M2 序列的域变模型的拟合图

M2 序列的估计方法与结论与 M1 序列的结果相近，不再赘述。这也是更倾向于用 M1 的理由。

2. 残差检验，见表 13-10。

表 13-10　M1 和 M2 域变模型的残差检验

选用序列	均值	标准差	偏度	峰度	Jarque-Bera	Q(5)
M1	-0.000767	0.018637	0.434187	3.674656	2.418471 (0.298425)	4.5972 (0.467)
M2	-0.000504	0.010397	0.672126	3.328380	3.989260 (0.136064)	4.0746 (0.539)

注：Q(5) 是用于检验前 5 阶自相关系数是否联合为 0 的 Ljung-Box Q 检验。

无论选择 M1 还是 M2，域变模型的残差峰度接近于 3，偏度接近于 0，Jarque-Bera 统计量的 p 值为 0.298 和 0.136，不能拒绝正态分布假定。同时每一个域变模型的残差均不存在明显的序列相关。可见 Markov 域变模型能够较好地预测货币供给的增长率。

3. 滤波分析。从 M1 的滤波图中可知，1994 年全年和 1997 年全年明显处于货币供给的高增长高方差的状态；1995 年下半年至 1996 年底，以及 2000 年之后处于货币供给的低增长低方差的状态（见图 13-5）。

从 M2 的滤波图中可知，1994～1996 年第三季度、1997 年一季度、1998 年四季度至 1999 年一季度、2001 年二季度、2002 年四季度至 2003 年三季度处于高增长高方差的状态；其余季度则处于低增长低方差的状态（见图 13-6）。

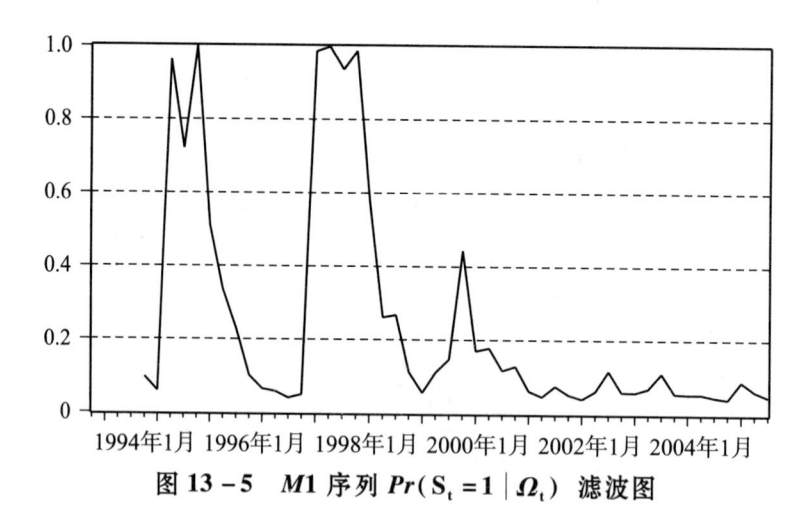

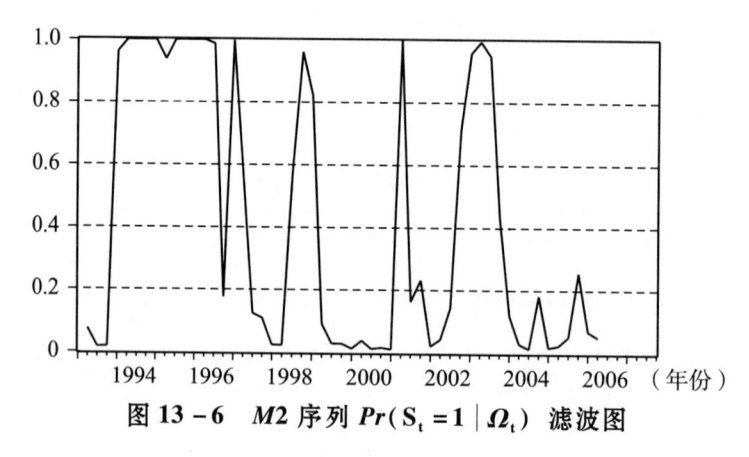

图 13-5　M1 序列 $Pr(S_t=1|\Omega_t)$ 滤波图

图 13-6　M2 序列 $Pr(S_t=1|\Omega_t)$ 滤波图

M2 的滤波图比 M1 的滤波图的波动更大，尤其是在 2000 年之后，还有一些季度处于高增长高方差的状态，这与央行推行稳健的货币政策的方针有出入。这也许是由于央行对 M2 的控制比 M1 弱造成的。经济上升期，流动性压力不大，信贷宽松，预期收益高，故 M2 在上升期，央行对 M2 的控制弱。

四、未预测到的货币供给冲击对实际 GDP 的影响

为了研究未预期到的 M1 供给冲击对实际 GDP 影响的不确定性，我们需要将未预期到的 M1 供给冲击分成"大且正"、"大且负"、"小且正"和"小且负"四种，分别用 e_t^{B+}、e_t^{B-}、e_t^{S+} 和 e_t^{S-} 来表示。

第一步，定义大的冲击和小的冲击。假定 t 期的状态是确定的，那么这两种未预期到的货币冲击就可以用域变自回归（13-6）式的在这两种状态下（$s_t=1$，$s_t=2$）的残差来分别表示：

if $s_t = 1$，则：

$$e_t^B = \sum_{j=1,3,5,\cdots,13,15} [\Delta m_t - \mu_{(s_t^*=j)} - (\phi_1 + \phi_2 L + \phi_3 L^2)(\Delta m_{t-1} - \mu_{(s_t^*=j)}) - \Theta x'_{t-1}] \times (\xi_{t|t})_j$$

if $s_t = 2$，则：

$$e_t^S = \sum_{j=2,4,6,\cdots,14,16} [\Delta m_t - \mu_{(s_t^*=j)} - (\phi_1 + \phi_2 L + \phi_3 L^2)(\Delta m_{t-1} - \mu_{(s_t^*=j)}) - \Theta x'_{t-1}] \times (\xi_{t|t})_j$$

其中，$(\xi_{t|t})_j$ 为 16×1 的列向量 $\xi_{t|t}$ 第 j 行的元素。

第二步，要将这两种冲击的正负符号分开。为此，令：

$$e_t^{B+} = \max(0, e_t^B)$$
$$e_t^{B-} = \min(0, e_t^B)$$
$$e_t^{S+} = \max(0, e_t^S)$$
$$e_t^{S-} = \min(0, e_t^S)$$

这样，在任意时期 t，从概率意义上讲，都会存在一大一小两种不为0的冲击，冲击的符号可正可负。具体来讲，一共有 $\{e_t^{B+}, e_t^{S+}\}$、$\{e_t^{B+}, e_t^{S-}\}$、$\{e_t^{B-}, e_t^{S+}\}$、$\{e_t^{B-}, e_t^{S-}\}$ 四种可能性。从滤波图中可以看出，绝大部分时期从概率意义上都处在一个相对稳定的状态（见图13-5）。所以，在某一时期，只会有一种类型的冲击的数值显著的不为0（如在2001年以后，很可能是某种"小的冲击"显著不为0，因为在此之后 M_1 处于 $s_t = 2$ 状态的概率非常大）。

在区分了 e_t^{B+}、e_t^{B-}、e_t^{S+}、e_t^{S-} 这四种类型的货币冲击之后，就可以容易地建立计量模型，来检验这几种未预测到的货币供给冲击对实际GDP增长率的影响。不妨设：

$$\Delta y_t = c + \Phi(L) \cdot \Delta y_{t-1} + \Theta \cdot Z_t + \Psi(L) \cdot e_t + \varepsilon_t$$

其中，Δy_t 为 t 期的实际GDP增长率；c 为常数项；Z_t 是由一些影响实际GDP增长率的回归变量所组成的向量，定义货币冲击向量 $e_t = (e_t^{B+}, e_t^{B-}, e_t^{S+}, e_t^{S-})'$，滞后算子 $\Phi(L) = \phi_1 + \phi_2 L + \phi_3 L^2$，滞后算子 $\Psi(L) = (\Psi^{B+}(L), \Psi^{B-}(L), \Psi^{S+}(L), \Psi^{S-}(L))$，且有：

$$\Psi^{B+}(L) = \beta_0^{B+} + \beta_1^{B+} L + \beta_2^{B+} L^2 + \cdots$$
$$\Psi^{B-}(L) = \beta_0^{B-} + \beta_1^{B-} L + \beta_2^{B-} L^2 + \cdots$$
$$\Psi^{S+}(L) = \beta_0^{S+} + \beta_1^{S+} L + \beta_2^{S+} L^2 + \cdots$$
$$\Psi^{S-}(L) = \beta_0^{S-} + \beta_1^{S-} L + \beta_2^{S-} L^2 + \cdots$$

在对美国情况的研究中，通常只会考虑当期的货币冲击对实际GDP的影响（Ravn 和 Sola，2004），但考虑到中国的货币政策对实际GDP的影响有7~24个月的滞后期（刘伟和李绍荣，2002），我们加入了货币冲击的滞后项。故在我们最初的回归方程中加入了之后当期一直到滞后6期的货币冲击，经过反复尝试，我们最终找到了下边的式子：

$$\Delta y_t = c + \phi \cdot \Delta y_{t-4} + \theta_1 \cdot \Delta irate_{t-1} + \theta_2 \cdot \ln fs_{t-3}$$
$$+ \beta_0^{B+} e_t^{B+} + \beta_0^{B-} e_t^{B-} + \beta_0^{S+} e_t^{S+} + \beta_0^{S-} e_t^{S-}$$
$$+ \beta_3^{B+} e_{t-3}^{B+} + \beta_3^{B-} e_{t-3}^{B-} + \beta_3^{S+} e_{t-3}^{S+} + \beta_3^{S-} e_{t-3}^{S-} + \varepsilon_t$$

其中，Δy_t 为 t 期的实际 GDP 增长率；$\Delta irate_t$ 为 t 期的一年期贷款利率与 $t-1$ 期贷款利率之差；$\ln fs_t$ 为政府当期的财政盈余取对数后的值；e_t^{B+}、e_t^{B-}、e_t^{S+}、e_t^{S-} 为四种未预期到的 M1 供给冲击见表 13-11 和表 13-12。[①]

表 13-11　　货币冲击对实际 GDP 影响的最小二乘估计

回归变量	系数	标准差	t 统计量	Prob.
Δy_{t-4}	0.490269	0.13211	3.711056	0.0008
$\Delta irate_{t-1}$	0.029784	0.009574	3.110865	0.0038
$\ln fs_{t-3}$	0.003587	0.001099	3.265119	0.0026
e_t^{B-}	1.463158	0.490094	2.985465	0.0053
e_t^{B+}	-0.179262	0.467616	-0.383350	0.7039
e_t^{S-}	-0.969748	0.862933	-1.123780	0.2692
e_t^{S+}	-0.280948	0.952219	-0.295050	0.7698
e_{t-3}^{B-}	0.263940	0.436178	0.6051180	0.5492
e_{t-3}^{B+}	1.638656	0.481905	3.400372	0.0018
e_{t-3}^{S-}	-0.209786	0.923589	-0.227140	0.8217
e_{t-3}^{S+}	-0.544800	0.967295	-0.563220	0.5771
C	0.03868	0.013621	2.839837	0.0077
R-squared	0.576015	Mean dependent var		0.038057
Adjusted R-squared	0.434687	S. D. dependent var		0.03153
S. E. of regression	0.023706	Akaike info criterion		-4.42297
Sum squared resid	0.018546	Schwarz criterion		-3.94119
Log likelihood	111.5167	F-statistic		4.075722
Durbin-Watson stat	2.174249	Prob（F-statistic）		0.000824

[①] 由于 2005 年的普查对 GDP 的口径影响比较大，使得 ΔGDP 在 2005 年第四季度和 2006 年第一季度出现异常点，故我们使用的数据起于 1992 年第四季度，止于 2005 年第三季度。

表 13 – 12　　　　　　　　　残差检验

均值	标准差	偏度	峰度	Jarque – Bera	Q (1)	Q (5)
0.000000	0.020530	0.415050	2.532589	1.701637 (0.427065)	0.5510 (0.458)	4.6641 (0.458)

从回归结果上看，只有大规模的货币冲击，不论正负，才对当期的实际 GDP 增长率有显著影响。其中，即期的大规模负向货币冲击对即期的实际 GDP 有显著影响；大规模正向货币冲击对实际 GDP 产生影响的时滞更长——滞后 3 季度的大规模正向货币冲击对当期的实际 GDP 有显著影响。具体而言，未预期到的大规模负向货币冲击每"增加"1%（例如，-4% 增加到-3%），实际 GDP 的增长率就会下降 1.46%；未预期到的大规模正向货币冲击每增加 1%（例如，3% 增加到 4%），实际 GDP 的增长率就会增加 1.64%。这一结论与名义价格（工资）刚性理论、菜单成本理论和流动性模型都不完全相符，但同时又部分支持了这三种理论。我们将货币冲击细分成大规模正向冲击，小规模正向冲击、大规模负向冲击、小规模负向冲击的必要性。实证结果与现有理论之间的出入在我看来并不奇怪。在中国，正向货币冲击对实际经济有影响是因为价格和工资并不是由市场机制决定的。同时，小规模的货币冲击对实际经济没有影响可能是因为中国政府强力的反通货膨胀政策。由于小规模的货币冲击在我国不会引起通胀率的变化，所以厂商也不会因此而改变产量。对于本节实证结果产生原因，我们将在以后的科研中做进一步阐述。

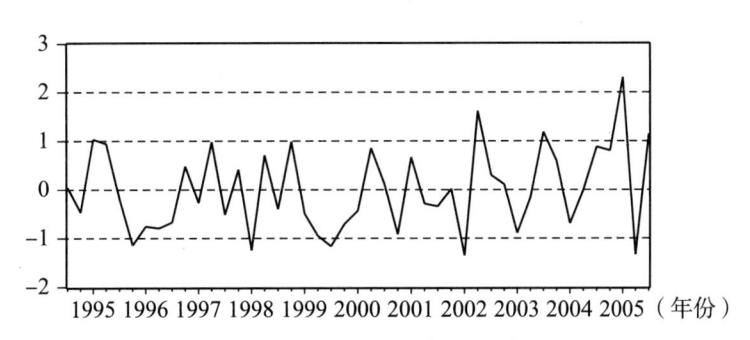

图 13 – 7　回归标准化残差图

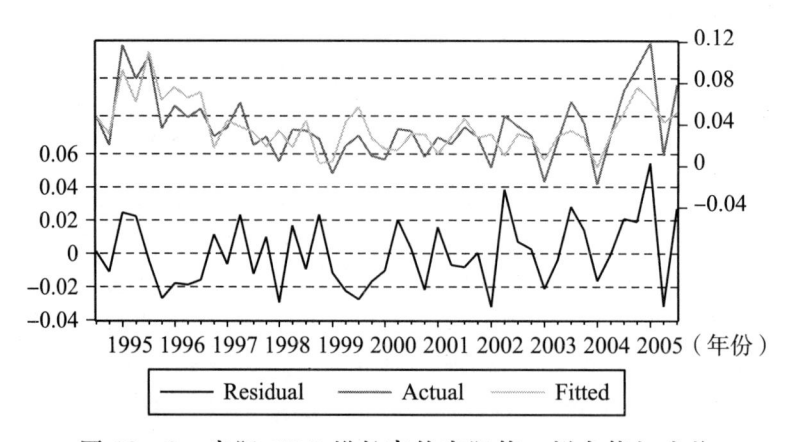

图 13-8　实际 GDP 增长率的实际值、拟合值与残差

五、结 论

本节应用 Markov 域变模型研究了中国货币政策的实际效应。1992~2006年，我国实证证据表明：只有大规模的货币冲击才对当期的实际 GDP 增长率有显著影响。这个既不支持传统的凯恩斯主义，也不支持新凯恩斯主义的菜单成本理论和流动性理论。与此相比，中国的证据更倾向于启发我们创建新的理论体系来解释中国的实际现象。

本节内容可以在以下三个方面得以扩展。第一，2007~2010 年，研究货币政策在经济繁荣期和衰退期的非对称性作用会更具现实意义。第二，由于中国的货币政策逐渐趋向于服从 Taylor 规则，在今后的研究中，可以利用最新的数据，将名义利率替代 $M1$ 作为货币政策的代理变量来研究货币政策的非对称性作用。第三，货币政策被认为是外生的，即由政府行为外生决定。但事实上，政府往往根据重要经济变量是否超过某一阈值来决定货币供给。因此，在今后研究中，可以将货币政策内生化。

第三节　我国货币政策区域效应的度量

一、引 言

货币政策区域效应研究是现代货币经济学领域的一个热点问题。我们知道，传统货币政策传导机制理论是以区域经济、金融结构的同质性和统一性为背景的。然而在现实中，区域经济发展不平衡，金融结构异质性的客观存在对货币政策的传导起到重要的甚至决定性的作用。因此，当统一的中央银行货币政策遇上差异化的金融结构体系，货币政策会产生区域差异化的效果。相反，货币政策的区域效应又必将加剧地区经济金融发展的不平衡。

关于货币政策区域效应这一概念，国内学者在提法上、含义上并没有完全统一，如类似的称谓还有"地区效应"、"地区差异"以及"区域非对称性"等（丁文丽，2006）。[①] 宋旺与钟正生（2006）认为货币政策区域效应是指：对于一个主权国家或者主权国家联盟而言，由于忽视地区经济发展的不平衡性，实行单一的货币政策造成新的区域差异，进而损害整体宏观经济目标实现的现象。卢盛荣（2008）的定义较为简洁，即货币政策区域效应是指统一货币政策的变化对不同区域的实际经济变量的影响效果大小。

国内对货币政策区域效应的研究大都集中在：实证分析货币政策区域效应的存在性、试图提出相应的解释因素（焦瑾璞等，2006）、如何解决货币政策区域效应问题等方面。其中，实证分析货币政策区域效应的存在性的文献占绝大多数。他们大多使用向量自回归模型（Vector Auto-regression，VAR）分析货币冲击对各区域经济的影响，并进一步通过结构方差分解研究了货币供给变化对区域经济的冲击力度，从而对货币政策区域差异进行量化分析。但是，基于此方法的研究，也有许多缺陷。本节从动态货币政策乘数的区域差异视角出发，来重新论证我国货币政策区域效应的显著存在性，这也是本书的创新所在。本节的结构安排如下：第二部分是对国内外学者关于货币政策区域效应的文献回顾；第三部分则从动态货币政策乘数出发，来度量我国货币政策的区域效应；最后是本节的结论以及进一步研究方向。

二、传统度量方法评析

如何测量货币政策的区域差异，这是研究货币政策区域效应的关键问题。而什么是货币政策区域效应的最佳度量指标至今尚无定论。本部分试图对现有的度量方法进行一个概要性的综述。

（一）VAR 与 IRF 方法

一般的模型仅仅只是描述因变量对自变量变化的反应，VAR 则考虑了模型

[①] 本书倾向于将货币政策区域差异统一称为区域效应，因为其内涵更为广泛。

中各变量间的相互作用。在某些给定条件下，该模型能够用来确定一个基本的经济冲击（Shocks）给其他经济变量带来多大影响，即其他经济变量对该基本经济冲击的响应的大小，所以 VAR 被公认为描述变量间动态关系的一种实用的方法。一般的无约束 VAR 模型可表示如下：

$$Y_t = A_1 Y_{t-1} + A_2 Y_{t-2} + \cdots + A_p Y_{t-p} + e_t, \quad t = 1, \cdots, T$$

其中，Y_t 为一个 k 维向量；e_t 为 k 维扰动向量，并且 e_t 与 $t-1$ 期及其以前的变量不相关。

VAR 模型的系数通常是很难解释的，而脉冲响应函数（Impulse Response Function，IRF）可以用于衡量来自随机扰动项的一个标准差冲击对内生变量当前和未来取值的影响。因此，通常需要通过系统的脉冲响应函数来推断 VAR 的内涵。

国外学者在研究货币政策区域效应时，大多采用 VAR 方法，如 Sim（1982），Carlino 和 Defina（1998），Arnold 和 Vrugt（2002），Owang 和 Wall（2004）等。他们将货币政策理解为一类冲击，当货币供给出现偏离均衡的扰动时，必然导致宏观经济出现波动。沿用这一思路，国内许多学者，也主要采用 VAR 模型与 IRF 方法（如宋旺、钟正生，2006；孔丹凤等，2007），本书将这些研究进行整理见表 13-13。他们的研究均一致性地得出货币政策区域效应显著存在的结论。

表 13-13　　国内学者对货币政策区域效应的实证分析

作者	样本划分	样本期	实证方法	结论
宋旺、钟正生（2006）	东、中、西部	1978～2004 年	SVAR 与 IRF	各地区对货币政策反应的差异是明显的
丁文丽（2006）	东、中、西部	1994～2003 年	VAR 与 Phillips-Loretan 动态分布滞后模型	转轨时期区域金融总量与结构的差异显著，货币政策效力区域非对称性的根源在于各区域经济与金融发展水平的非对称性；东部、中部和西部信贷供给量、货币供给量与经济增长之间的影响关系存在着较为显著的差异
于则（2006）	东、中、西部	1990～2003 年	SVAR 与聚类分析	东北地区和中部地区对于货币政策的反应与全国水平的平均反应接近，东部地区反应强烈，京津冀地区对于货币政策反应轻微，西部地区的反应则持续时间较短

续表

作者	样本划分	样本期	实证方法	结论
曹永琴（2007）	八大经济区	1985~2004年	面板模型与SVAR	利率渠道和信贷渠道都对我国货币政策区域效应存在着一定的解释力
常海滨、徐成贤（2007）	八大经济区	1970~2000年	VAR和ECM	利率政策的区域传导效应时滞为一年；区域贸易和资金流动影响货币政策区域传导效应，区域金融资源外流和金融结构失衡相互影响，是造成货币政策传导区域失效的主要原因
孔丹凤等（2007）	省际数据	1980~2004年	VAR与IRF	发现沿海省份对货币政策的反应要比内陆省份强烈，对需求方面的成因进行实证分析

注：八大区域主要指：①东北综合经济区辽宁、吉林、黑龙江；②北部沿海综合经济区北京、天津、河北、山东；③东部沿海综合经济区上海、江苏、浙江；④南部沿海综合经济区福建、广东、海南；⑤黄河中游综合经济区陕西、山西、河南、内蒙古；⑥长江中游综合经济区湖北、湖南、江西、安徽；⑦大西南综合经济区云南、贵州、四川、重庆、广西；⑧大西北综合经济区甘肃、青海、宁夏、西藏、新疆。

这种方式虽较普遍，但受到较多批评（汪增群，2007）。首先，在VAR模型的估计中，某些冲击反应并不符合绝大多数经济学家的先验判断，比如说"价格升水"（Price Premium）难题；其次，用来表示外生政策冲击的VAR回归残差，与对从前政策措施的历史档案以及紧缩性和扩张性政策阶段的标准解释之间，经常没有什么相似的地方（Canova and Ciccarelli, 2006）；最后，VAR方法充其量只能够识别经济发展中与政策内生反应无关的货币政策冲击和政策变动效应，因此对于政策规则的作用没有提供任何有用的信息。因此，关于货币政策区域效应的度量方法还有待于进一步挖掘。

（二）其他方法

曹永琴（2007）首先将中国分为八大区域，选择货币政策敏感系数作为定量分析货币政策区域差异的指标，构建可变系数面板模型如下：

$$\ln(arGDP_{it}^R) = c + \beta_{it}\ln(M_{2it}) + \alpha_{it} + \mu_{it}$$

其中，β_{it}表示区域经济对货币政策敏感系数。实证分析结果表明：敏感系数β_{it}都通过了t检验（东北地区除外），说明货币政策长期显著影响区域经济的发展水平。除了北部沿海和长江中游地区，正向的货币政策冲击会导致区域经济总量的扩张，按照货币政策效应由弱及强依次为：大西北、黄河中游、东部沿海、大西南和南部沿海。各个区域的估计值具有较大的差异，最大的 β_{ii} 值（绝对值长江中游）与最小的 β_{ii} 值（东北）之差为 2.013。总体来看，货币政策长期效应存在较为显著的区域差异，并且发达地区与欠发达地区间区域差异更为明显。但是，她仅仅是用人均实际 GDP 的对数对货币供应量的对数进行单变量回归，这会缺失很多信息，从而导致估计的不准确。另外，随着我国金融市场化进程的逐步推进，货币内生性问题也越来越值得关注，这也没有在其文中体现出来。

卢盛荣（2006）构建了相对指数来评价货币政策区域效应，其具体方法如下：首先选择处于通货紧缩的 1998～1999 年为样本期，以 1998 年为基期年份，就单个指标设定得分的最大值和最小值分别为 10 和 0（货币政策效应最强的省份得分为 10，最低为 0），并根据每个省市的指标值确定它在 0～10 之间的得分，以形成与该指标相对应的单项指标；再由属于同一方面的几个指标按照主成分分析法确定的权重合成方面指数；最后由 4 个方面指数按主成分分析法确定的权重，合成出总指数。选取指标主要有：价格刚性、利率敏感性、信用状况以及银行贷款的可得性等方面。需要指出的是，该方法在权重设置上过于主观，并且样本期较短。

卢盛荣（2008）将产出增长对利率增长的回归系数 $\beta_{1,j,i}$ 来度量产出对货币政策的反应，并构建模型如下：$\Delta y_{i,j,t} = \alpha + \beta_{1,j,i} \Delta i_{t-1} + \beta_{2,j,i} \Delta y_{i,j,t-1}$；我们这里认为利率并不是一个关于货币政策的较好度量，因为国内已有大量的实证研究（孔丹凤，2007 等）表明，货币供应量比利率更适合作为货币政策的度量。

三、度量货币政策区域效应：动态货币政策乘数

不同于以上学者，Dong（2003）在 Froyen（1993）提出的货币政策乘数框架下，估计出 1985～1999 年中国的动态货币政策乘数，并且证实了中国货币政策效力减弱的假说。本节倾向于采用动态货币政策乘数视角，但与 Dong 的分析又有所不同。在分析工具上，本节采用了刘玉红、高铁梅（2006）[1] 所使用过的时变参数状态空间模型进行估计，并试图估计出分区域的动态货币政策乘数，用以论证货币政策区域效应的存在性[2]。

---

[1] 刘玉红、高铁梅（2006）估计了我国 2000～2006 年的动态货币政策乘数序列。
[2] 需要指出的是，本书忽略了区域间的产出溢出和时滞问题。

(一) 货币政策乘数：理论推导

传统宏观经济学理论中的 IS-LM 模型为我们提供了一个能用来分析市场经济条件下宏观经济运行机制，并解释财政政策和货币政策的作用及其有效性的理论框架。尽管，宏观经济理论在后来的几十年中发生了许多变化，但是 IS-LM 框架仍然有助于我们分析货币政策问题。Froyen（1993）曾经提出如下货币政策乘数：

$$M\_multiplier = \frac{dY}{d\left(\frac{M_s}{P}\right)} = \frac{I_1\phi + I_2(\theta_1 + \theta_2 l_2)}{(1-MPC)l_2 + (I_1\phi + I_2\theta_1)l_1} \qquad (13-8)$$

其中，l_1 为货币需求的收入弹性；l_2 为货币需求的利率弹性；MPC 为边际消费倾向；I_1 为投资需求的利率弹性；I_2 为投资需求对可借贷金额的弹性；θ_1 为贷款供给对债券利率的弹性；θ_2 为银行现金供给变化对贷款供给的影响；ϕ 为债券利率变化对贷款利率的影响。

考虑到估计这些参数所需数据的可获得性，我们进行了一定的简化，理论基础主要依照多恩布什、费希尔（2000）的推导。

IS 曲线：

$$Y = \frac{1}{1-c(1-t)}(\bar{A} - br) \qquad (13-9)$$

LM 曲线：

$$r = \frac{1}{h}(kY - M/P) \qquad (13-10)$$

在 IS 曲线中，Y 为实际收入；$\bar{A} = C + c \times TR + I + G + NX$；$c$ 为边际消费倾向，IS 曲线和 LM 曲线的相互作用决定了均衡收入和均衡利率，此时商品市场和货币市场同时处于均衡状态。将（13-10）式代入（13-9）式，可得：

$$Y = \alpha_G \left[\bar{A} - \frac{b}{h}\left(kY - \frac{M}{P}\right) \right] \qquad (13-11)$$

其中，$\alpha_G = 1/1 - c(1-t)$，表示简单的财政政策乘数，合并同类项可得均衡收入为：

$$y^e = \gamma \bar{A} + \gamma \frac{b}{h} \frac{M}{P} \qquad (13-12)$$

其中，$\gamma = \dfrac{\alpha_G h}{h + kb\alpha_G}$，表示包含了挤出效应的财政政策乘数，而 $\gamma \dfrac{b}{h}$ 则代表了货币政策乘数。

由于货币政策乘数表示在财政政策保持不变时，增加实际货币供给，会增加多大的均衡收入。那么，货币政策乘数可表示为：

$$\lambda = \frac{\Delta Y}{\Delta(M/P)} = \gamma \frac{b}{h} = \frac{\alpha_G b}{h + \alpha_G bk} \qquad (13-13)$$

其中，$\alpha_G = \frac{1}{1-c(1-t)}$；从公式可以看出：货币政策乘数的大小与 α_G 和 b 正相关，与 h、k 负相关。h、k 越小，α_G 和 b 越大，表明增加实际货币余额对均衡收入水平的扩张性效应越大。

(二) 动态货币政策乘数：实证估计

近年来，我国由于经济改革、各种各样的外界冲击和政策变化等因素的影响，经济结构正在逐渐发生变化，现有固定参数模型表现不出这种经济结构的变化。而时变参数的状态空间模型（Time-varying Parameter State Space Model）能够较好地体现出在中国转轨时期的不同阶段，各种经济变量之间关系的结构变化。

1. 时变参数模型的状态空间表示。时变参数的状态空间模型的原理，具体可见 Harvey，1989，ch3、4；Hamilton，1994，ch13；高铁梅[1]，2006，其基本框架如下：

量测方程：

$$y_t = z_t \alpha + x_t \beta_t + u_t \qquad (13-14)$$

其中，β_t 是随时间而改变的，体现了解释变量对因变量影响关系的改变，假定变参数 β_t 由 $AR(1)$ 描述，那么：

状态方程：

$$\beta_t = \psi \beta_{t-1} + \eta_t \qquad (13-15)$$

当然，也可以扩展为 $AR(p)$ 模型，并且假定：

$$(\varepsilon_t, \eta_t) \sim N\left(\begin{pmatrix}0\\0\end{pmatrix}, \begin{pmatrix}\sigma^2 & 0\\0 & R\end{pmatrix}\right), \ t = 1, \Lambda, T \qquad (13-16)$$

在 (13-14) 式中可变参数 β_t 是不可观测变量，必须利用可观测变量 y_t 和 x_t 来估计。

2. 数据说明及单位根检验。本节研究的时间范围从 1985~2007 年。选择从 1985 年作为研究起点是因为 1984 年起人民银行开始行使专业的中央银行职能，基础货币正式成为金融统计量（常海滨、徐成贤，2007）。

通过对数据的检验表明，变量之间存在长期稳定的关系（见表 13-14）。

---

[1] 高铁梅，《计量经济分析方法与建模》，ch11，清华大学出版社 2006 年版。

表 13 – 14　　　　　　　　　ADF 检验结果

变量	ADF 值	5% 临界值	结论
$rgdp$	2.052745	–3.012363	非平稳
$rm2$	3.342957	–3.632896	非平稳
$D(rGDP)$	4.112127	–1.958088	平稳
$D(rM2)$	2.411752	–1.960171	平稳

3. 估计动态货币政策乘数。由于我国的货币供应量具有一定的内生性，直接估计方程 $Y_t^R = c + \beta_t M_{2t}^R + \mu_t$ 存在一定的问题。因此，本节估计 $Y_t^R = c + \alpha Y_{t-1}^R + \beta_t M_{2t-1}^R + \mu_t$，其中，实际国内生产总值 Y_t^R 等于 $\frac{GDP_t}{P_t}$，实际货币供应量 M_{2t-1}^R 等于 $\frac{M_{2t-1}}{P_{t-1}}$。这样设定的目的在于，用 Y_{t-1}^R 控制一些无法考虑到的因素，而滞后一期的 M_{2t}^R 可以理解为货币供应量 M_{2t}^R 的工具变量，从而避免了内生性问题（注意，书中并非采用工具变量估计）。β_t 可以近似地替代为货币政策乘数，因为事实上的货币冲击具有一定时滞，本节选取滞后一期，主要考虑到绝大多数学者在构建 VAR 模型分析货币政策效应时发现，滞后一期的冲击达到最大。那么：

量测方程：
$$Y_t^R = c + \alpha Y_{t-1}^R + \beta_t M_{2t-1}^R + \mu_t$$

状态方程：
$$\beta_t = \rho_0 + \rho_1 \times \beta_{t-1} + \varepsilon_t$$

估计结果如图 13 – 9 所示。从该图中可以看出，中国的货币政策乘数从 1990 ~ 1994 年后一直处于上升阶段，而从 1997 年以后处于下降趋势[①]。我们知道：1993 ~ 1995 年，我国经历了严重的通货膨胀（平均通货膨胀率为 18.6%，最高达到 1994 年的 24.1%），而在 1998 ~ 2002 年，我国的经济走进了通货紧缩周期（平均通货膨胀率为 –0.38%，最低达到 1999 年的 –1.4%）。可见我们可以初步得到如下结论：货币政策效力在通货膨胀时期明显更高，而在通货紧缩时期则会减弱，这与经典的凯恩斯理论也相吻合。

2005 年以后，我国的货币政策乘数处于上升趋势，这主要得益于中央银行调控货币供应量、调节商业银行流动性水平和引导货币市场利率的能力的提高。

---

① 从趋势上看，与 Dong（2003）的估计结果一致。

这段时期货币政策效应的不断提高保证了中国经济在外部环境严峻、全球性通货紧缩压力增大的背景下，保持了快速增长的势头。

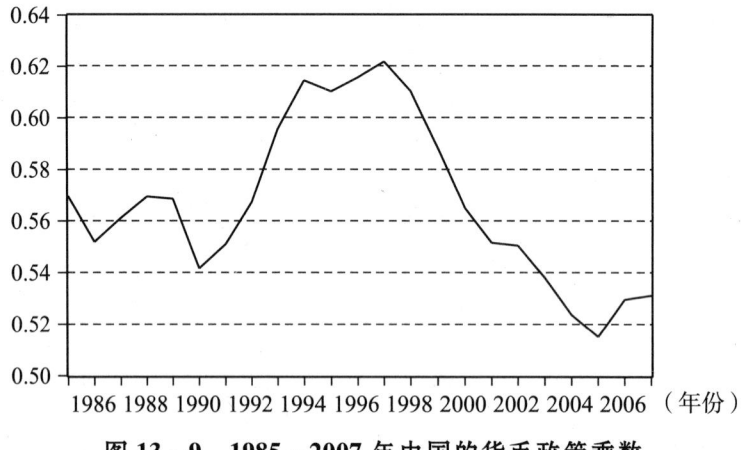

图 13-9　1985~2007 年中国的货币政策乘数

（三）动态货币政策乘数的区域差异

1. 区域划分与数据来源。从数据的可获得性和可比较性角度出发，货币政策区域效应研究比较理想的分析单位（Unit）是各国内部的州和省（Arnold and Vrugt，2002）。但是对于一个有着数量较多的州或省的大国而言，基于州和省的方程会导致很大的模型识别问题。因此，在大国研究中，还会对这些单位进行一定程度的汇总，相关的指标也进行加权处理。对此，主要有两种方法，一种是按照地理位置进行划分，如在美国有所谓 BEA 的区域分析方法（Carlino and DeFina，1998）；另一种是对按照某些变量的统计特性进行分类，Owang 和 Wall（2006）把美国 8 个 BEA 地区划分为 10 个次区域（Sub-regions），他们的划分标准是连续性和商业周期的相似性，这主要通过各州季度个人收入增长率的简单相关系数来加以衡量。显而易见，不同的区域划分方法，基于 VAR 和 IRF 的检验结果很可能存在较大的偏差。但是，如何进行合理的区域划分，目前尚未有一个公认的看法。

根据经济发展的需要，我国出现过多种不同的区域划分方式，如东北、华北、华东、中南、西南和西北六大区，华北、东北、华东、华中、华南、西南和西北七大区。此外，1998 年底人民银行在设立九大区行时把大陆 31 个省份划分为九大区域①。从之前的文献归纳可以看出，大多数学者（如宋旺，钟正生，2006 等）在分析中主要将中国划分为东部、中部和西部三大区域。而在 2004 年，国内有学者首次提出东部、中部、西部和东北四大区域②。但是，常海斌、徐成贤（2007）采用八大经济区③的划分，他们认为：（1）六大区和七大区，包括人民银行九大区的划分关系，更侧重于行政或地缘因素，区内部分省份经济差异较大，无法反映出区域内趋同性及区域间差异性，有些分法目前已经淡出了；（2）三大区和四大区划分范围宽泛，不利于得到更精确的研究成果。考虑到本节的研究对象以及所要说明的问题，本节做了一定的简化，采用主流的东、中、西的划分方法④，但是这并不影响所要说明的问题。

本部分 1985～2007 年 GDP 数据来自相应年份的中国统计年鉴。M2 数据来自历年《中国金融统计年鉴》以及《新中国 55 年统计资料汇编》，为全部金融机构的存款总额加总和各地区的现金净投放或回笼⑤。

2. 动态货币政策乘数的区域差异。依照本节第二小节的估计方法，分别估计三大经济区 1985～2007 年的动态货币政策乘数，估计 $Y_{it}^R = c + \alpha Y_{it-1}^R + \beta_t M_{2it-1}^R + \mu_t$⑥，其中，$i=1,2,3$ 代表三大地区，那么：

量测方程为：

$$Y_{it}^R = c + \alpha Y_{it-1}^R + \beta_t M_{2it-1}^R + \mu_t;$$

状态方程为：

$$\beta_t = \rho_0 + \rho_1 \times \beta_{t-1} + \varepsilon_t;$$

通过实证分析，获得三大地区的动态货币政策乘数，如图 13-10 所示。从此图中可以看出，三大地区的动态货币政策乘数显著相关。西部地区的动态货币政策乘数（平均为 0.103587）明显小于东、中部地区（平均分别为 0.297222 和 0.2694847）。因此，可以初步得出我国货币政策区域效应显著存在的判断。

---

① 央行于 1998 年进行体制改革，九大区域虽然是按照经济地区划分，但是在 10 多年后的今天，许多地方值得调整，因为我国经济结构在此期间发生了较大的变化。近些年甚至不断有新闻传出，央行的九大区划分要回归之前的省分行的体制设计。

② 基于这样的划分，景乃权（2008）曾做过有关货币政策区域效应的实证分析。

③ 曹永琴（2007）也是如此，他们依照国务院发展研究中心 2005 年 6 月发布的《地区协调发展的战略和政策》对大陆 31 个省份划分为 8 个区域。

④ 东部地区包括：北京、上海、天津、河北、辽宁、浙江、山东、江苏、福建、广东和海南；中部地区包括：山西、内蒙古、吉林、黑龙江、安徽、江西、河南、湖北和湖南；西部地区包括：陕西、青海、宁夏、新疆、甘肃、重庆、四川、贵州、云南、西藏和广西。

⑤ 各地区的现金净投放或回笼从 1989 年才开始有，考虑到该值不大，之前的数据（1985～1989 年）仅为全部金融机构的存款总额。

⑥ 本节所有模型均进行了协整检验，限于篇幅，不再赘述。

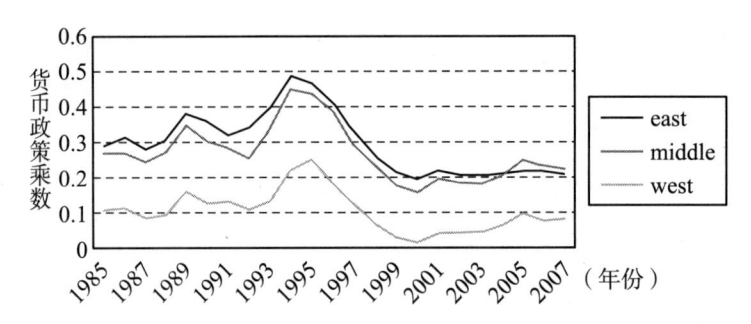

图 13-10　1985~2007 年我国东、中、西三大地区的货币政策乘数

四、结论与进一步研究

本节首先对国内有关货币政策区域效应的度量方法进行了综述。然后，估计出我国（及主要区域）动态货币政策乘数序列，作为衡量我国货币政策区域效应的指标。研究表明：我国东、中、西部三大地区之间的动态货币政策乘数存在显著差异，这在很大程度上解释了我国货币政策区域效应的存在性。当然，限于篇幅，本书也存在一些不足，如省际 $M2$ 数据统计不准确，这会在很大程度上影响实证分析的可靠性，也没有对我国货币政策区域效应的成因做深入分析，这将是未来的研究方向。

第四节　我国货币政策"被动性"效应

在中国人民银行于 1996 年开始进行利率市场化改革进程，以及于 1998 年宣布取消信贷规模限额控制以后，货币供应量与存贷款基准利率实际上成为中国货币政策仅有的中介目标。虽然传统货币政策认为，货币供应量与利率分别作为金融数量指标与价格指标，从而在宏观经济与货币政策分析中占据核心地位，但货币供应量作为中介目标其传导路径的不确定性与不可预知性，以及货币供应量本身的内生性，成为学者判定其与经济关联度不够紧密的依据。

在我国各层次货币供应量的内生机制并不相同，中央银行对其的控制力也相应不同。然而并不是控制力高的货币层次就理所应当的成为重点监测目标，只有货币当局能有力调控那些能将货币政策意图贯彻传导至实体经济的中介目标时，货币政策的传导机制才是顺畅而有效的。本节尝试进行"反向观察"，也即通过研究我国货币政策传导机制受阻来说明货币政策具有"被动性"。

一、我国货币政策传导机制

货币政策的传导途径是多样的,但从金融机构的资产和负债角度看,货币政策传导机制的理论大体可分为"货币观"(包括利率途径、非货币资产价格途径等)和"信用观"两个主要途径。

"货币观"认为金融资产只有货币和债券两种形式,银行贷款只是债券的一种,贷款和债券可以相互替代,货币政策是通过货币供应量的变动改变公众对货币与债券的持有和配置,从而影响债券市场利率,最终影响投资水平和产出。这一理论至今仍是占主流的货币政策传导理论,主要包含利率、汇率、财富效应三个渠道。

"信用观"则认为,金融资产有货币、债券和银行贷款三种形式,银行贷款是特殊的,债券不能与之替代,货币政策是通过银行信用影响局部投资水平,进而影响产出。根据 bernanke 和 Gertler 的研究,信用渠道传导货币政策的途径有银行借贷渠道(Banking Lending Channel)和资产负债表渠道(Balance-sheet Channel)两种路径。Bernanke 和 Blinder(1988)将贷款供求函数引入传统的 IS—LM 模型,构建了含有货币渠道和信贷渠道的 CC—LM 模型,论证了信贷在货币政策传导机制中起到的重要作用。

(一)我国货币政策传导的货币渠道

货币渠道理论的前提是资本市场完美而同质,金融市场以利率出清,而且仅有货币和债券这两种金融资产。根据这种观点,货币政策是通过货币供给量的变动改变公众对货币与债券的持有和配置,从而影响市场利率,再通过市场利率对利率敏感部门的需求(包括消费、投资)的改变来影响实际经济。

利率渠道传导机制可以描述为 $M\uparrow \to i\downarrow \to I\uparrow$;$C\uparrow \to Y\uparrow$($M$ 为货币供应量;i 为利率;I 为投资;C 为消费;Y 为国民收入)。财富渠道传导机制的简化表述则为传导路径可以表示为:$M\downarrow \to i\uparrow$;$P\downarrow \to W\downarrow \to C\downarrow \to Y\downarrow$。汇率传导途径一般被描述为:$M\uparrow \to i\downarrow \to E\downarrow \to NX\uparrow \to Y\uparrow$。可见,无论是利率、汇率还是财富效应渠道,其核心传导路径都包括货币供应量与利率的反向变动。如果该环节缺乏,则难以将传导链条继续下去。

分析我国货币政策传导机制,货币渠道传导不畅的关键原因就在于货币供应量与利率之间的传导环节缺失。1996 年以来开始利率市场化改革的进程,中国人民银行累计放开、归并或取消的本、外币利率管理种类为 119 种,目前,人民银行尚管理的本外币利率种类有 29 种。虽然大部分利率管制已被取消,存贷款基准利率的浮动范围也有所加大,但存贷款利率作为影响投资和消费进而影响产出的最重要变量仍然被严格管制,因此并不能灵活的反映资金供求面。再加上货币市场与资本市场的分割,导致以利率为核心变量的货币渠道传导不畅。而财富效应渠道的有效性取决于三个前提:一是利率下降促使居民和企业改变资产配置,更多的将货币投入到资本市场;二是股价升高促使更多企业上市或再融资;三是从股市获得的资金被真正的投入到实体经济中。鉴于中国股市的管理和运作模式以及上市公司对资金运作的不规范性,后面两个前提很难得到满足。而货币在储蓄与资本市场之间的转换也更多是基于股市价格涨跌而非利率升降。另外,有管理的浮动汇率制度与资本管制也导致汇率效应受阻。总体而言,对于中国货币政策,货币传导渠道起到的作用仍然微弱。

(二) 我国货币政策传导的信用渠道

信贷渠道理论主要是强调银行等金融机构在货币政策传导中具有重要作用。其主要理论包括可贷资金理论、信贷配给理论和资产负债表理论。"可贷资金理论"认为即使投资和储蓄对利率不敏感,货币政策仍然可以通过对信贷可得性的影响发挥作用(Lindbeck,1962)。"信贷配给理论"则主要可以分为借贷市场非完全性(Rothschild,M. and J. Stiglitz,1971)及信贷配给中的不完全信息(Akerlof,1970)两种。"资产负债表渠道"理论则认为货币政策对于经济运行的影响可以通过制约特定借款人的受信能力而发挥作用并得以放大。

国内众多的研究结果倾向于支持信贷渠道。王振山、王志强(2000)采用协整检验和Granger因果检验方法,得出结论认为信用渠道是我国货币政策的主要传导渠道。李斌(2001)运用多元反馈时间序列模型证明信贷总量与货币政策最终目标变量的相关性相比较货币供应量更大。夏斌等(2003)证明信贷增长相对于货币供应量对经济的解释能力更强。蒋英琨(2005)采用VAR模型证明了信贷渠道是货币政策传导的主要渠道。赵振全(2007)运用门限向量自回归模型对我国信贷市场与宏观经济活动的非线性关联进行脉冲响应函数分析,得出在我国金融加速器效应非常显著。江群(2008)采用VAR模型进行脉冲响应分析证明了信贷渠道的重要地位,货币政策的效果与信贷渠道的畅阻密切相关。吴培新(2008)通过分析货币供应量与信贷规模作为信息变量的作用,认为货币供应量的变化依赖于信贷规模变化,至少应同时关注两个指标。但由于银行信贷渠道具有作用不对称性,其对于紧缩过热经济的作用显著大于扩张偏冷经济的作用。因为通过控制银行信贷实现紧缩性货币政策等于从源头上控制货币创造,但要达到扩张目的而释放银行信贷的效果还要取决于实体经济的反应。因此刘铭利、沈利生(2008)通过非线性协整计量方法分析认为在不同的状态中货币供应量的误差修正效应均比信贷规模大,反映了在由信贷规模和货币供应量组成的系统中货币供应量的主导地位。

基于以上理论及学者研究,结合现实经济发展趋势,本书认为对于货币供应量、利率及银行信贷作为货币政策中介目标所起到的效果不应仅仅从计量数理上分析。在现实经济状况日趋复杂的当今,应当首先对相关经济指标进行解读并且对货币政策传导渠道进行再梳理。

二、我国货币供给的特点

(一) 1994年后外汇占款成为基础货币投放的主要来源

我国在1994年外汇体制改革之前,央行再贷款一直是基础货币发行的主渠道。1994年之后,外汇占款开始逐渐成为基础货币投放的主要来源。1994年汇率并轨后我国通过外汇占款渠道投放的货币就占了当年基础货币投放量的69.6%(而在这之前外汇占款占基础货币投放的比例一直都是维持在10%以下的水平)。但是,1998~2000年这三年外汇占款增速分别只有3%、7%和5%,与1995~1997年平均增速高达44%的外汇占款增速相比大幅放缓(见图13-11)。之所以出现三年低迷期主要是由于亚洲进金融危机爆发使得国际市场一直预期人民币贬值,导致大量外汇通过非正常途径外流;另一方面,金融危机也严重影响了国内的外贸出口(尤其是对日韩的出口),导致外贸顺差减少。与此同时,央行发放的再贷款数量逐年萎缩,特别是1997年亚洲金融危机爆发后,央行再贷款的数量急剧下降。到1998年农业发展银行实施收购资金封闭运行后,几乎不需要增加政策性再贷款,当年央行再贷款净减少1 000亿元,1999年净减少300亿元。外汇占款和央行再贷款在1997~2001年的5年时间内保持双低,导致基础货币发行不足。加上商业银行受制于资本金不足和降低不良资产的双重压力,"惜贷"现象明显,从而造成我国这一时期流动性紧缺,1999年狭义货币供应量和广义货币供应量的增长率甚至双双低于基础货币增长率,整个经济陷入了比较严重的通货紧缩时期。

2001年之后,由于世界经济的复苏和中国正式加入WTO,更主要的是对人民币的升值预期(加入WTO之后,人们预期中国对外贸易额占世界贸易总额的比例将大幅增加),中国外汇储备开始大幅上升。首先,资本和金融项目顺差自2001年起就开始大幅反弹,大量国际资本回流国内。2001年资本和金融项目顺差由2000年的19.22亿美元低点大幅反弹到347.75亿美元。其次,经常项目顺差自2002起开始触底反弹(2001年经常项目顺差跌至自1997年亚洲金融危机以来的最低点174亿美元）。2001年外汇储备增幅就达到了28%，此后外汇储备的增幅一直保持在30%以上。在外汇储备增长最快的2004年，外汇储备的年增幅达到创纪录的51%，截至2008年底，外汇储备已经达到了19 000美元。

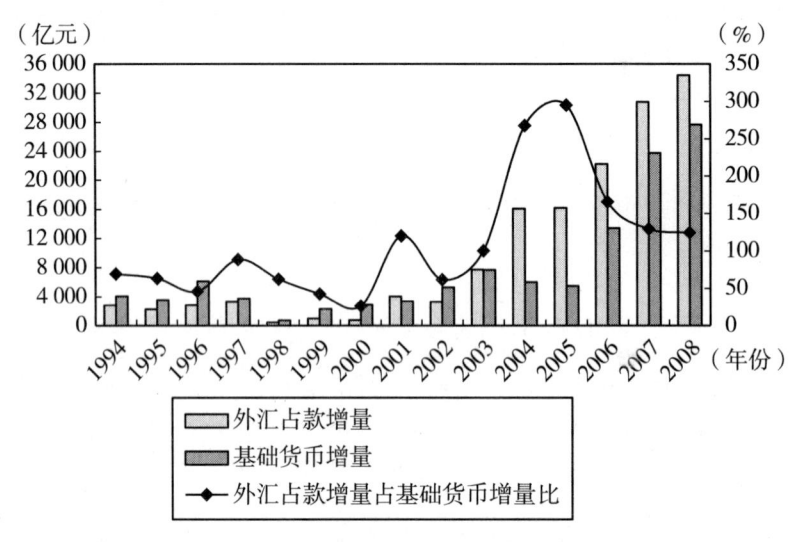

图13-11　2001年以来外汇占款增量超过基础货币增量

资料来源：国研网。

（二）货币政策对基础货币操作方向与手段呈现"单向性"与"被动性"

由于国际收支双顺差导致外汇储备激增，对冲过多的流动性是一段时期内中国货币政策的重要任务，也是2000年以来中国货币政策面临被动局面的重要原因之一。2000年以来，中国的外汇储备余额急剧增长。在外汇储备急速增长和固定汇率制度下央行被动投放了大量货币，但实际的基础货币投放量远低于外汇储备的增长量，主要是央行通过发行央行票据等方法回收了大量流动性。在国际收支双顺差的情况下，对冲过多的流动性成为了中国货币政策的重要任务。

外汇占款的增加意味着中央银行资产负债表中资产方的膨胀，央行被迫大量投放基础货币。在央行对金融机构的再贷款已经降到最低，并且政府债券数量有限的情况下，央行只能较多的使用央行票据和法定准备金率手段。在效果上，提高存款准备金率和发行央行票据两种工具的效果一样，两者的区别体现在对资金价格的影响上。提高存款准备金率是以固定利率来冻结流动性；发行央行票据的利率则受商业银行资金供需的影响，因为商业银行会将贷款或投资的收益率与央行票据的收益率作对比。因此对法定存款准备金率和公开市场业务的选择主要取决于货币市场利率（吴晓灵，2007）。

2002~2007年，央行的主要货币政策与宏观经济运行状况没有必然联系，已经呈现出因外汇收入过快增长及国际环境变化所造成的"对外被动性"。货币政策的主要目的实质上已经转变为回收流动性，动因则是源于外汇储备的过快增长。并且，央行对货币政策工具存款准备金与央行票据的选择也需要被动地取决于货币市场利率和商业银行意愿等非可控因素。针对基础货币的货币政策在此经济形势下面临操作目的的单向、操作工具选择范围小而被动的局面。

（三）$M2$指标与经济波动的关联度降低

如前综述，许多学者在分析货币供应量与经济之间关联度时都倾向于选择广义货币供应量$M2$建立实证模型，然而在流动性过剩的背景下，以总存款口径统计的广义货币供应量并不能很好地反映经济波动情况。1999年至今银行系统一直保持着愈发扩大的存贷差，从2001年3.1万亿元急速增加到2008年底的16.3万亿元。同时银行资金大量涌向银行间债券市场，银行"有价证券及投资"占存款比在2007年一年内由11.6%上升到16.1%。资金大量冻结在银行间市场及银行体系内部，因此存款量增长并不代表实体经济中的资金也获得同等增长。

$M1/M2$比率的变化可以在一定程度上反映出公众对流动性的偏好程度，同时$M1$也体现了企业资金松紧情况。在2001年以前，$M1/M2$伴随着经济周期呈现规律波动，但2001年以后其比值趋于平稳。

1986~2000年，在经济周期的低谷处，$M1$的增长率远低于$M2$。货币当局为了刺激经济增长实行宽松货币政策，$M2$随着政策刺激出现高增长，但是$M1$的增长却相对滞后，社会总需求由于$M1$增长率低而难以复苏。做出$M1/M2$的回归趋势线和H-P滤波线，可以看到$M1$在广义货币中所占比重呈趋势性下降，但其下降过程呈现波动性。相比回归直线，H-P滤波线能更好地反映出2001年后$M1/M2$比例趋于平稳的现实。在经济高涨时期，货币流动性比例高于趋势线（如1986~1988年、1992~1994年、2002~2005年）；在经济过冷时期，流动性曲线下降到趋势线以下（如1989~1991年、1995~1999年）。

（四）"准财政式"银行系统推进货币化进程

改革开放以来，中国经济经历了快速货币化进程，$M2/GDP$比率从1986年时的49%增长到2006年的167.5%，货币化比率仅次于日本。一般情况下，与发达国家相比，发展中国家的货币化率都明显偏低，即使是同样被列为"金砖四国"之一的印度和俄罗斯，在2006年的货币化率也分别只达到了74.6%与34.6%。中国急速推进的货币化水平一方面与中国在改革开放前货币化程度低、货币需求长期受到压抑有关，而另一方面则是源于中国的金融体系和金融制度，也就是政府部门对银行体系的有效控制和居民部门对银行的高度依赖。政府和中央银行通过直接或间接调控商业银行系统的信贷总量及指导信贷投放部门，使得商业银行实际上起到了"准财政"作用——进行符合政府意愿的收入与资金再分配。鉴于此，中国的信贷配给仍然是一种"绝对配给"，也即根据宏观经济政策导向将信贷资金配给向各行业部门。

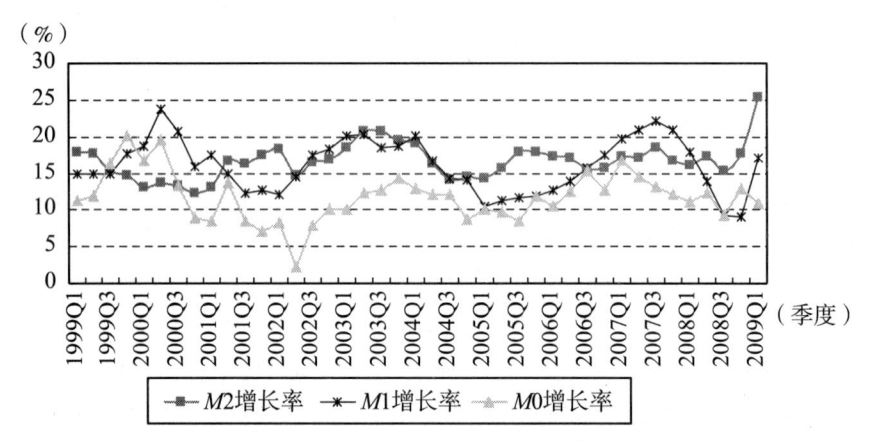

图 13-12　各层次货币供应量季度同比增长率

资料来源：国研网。

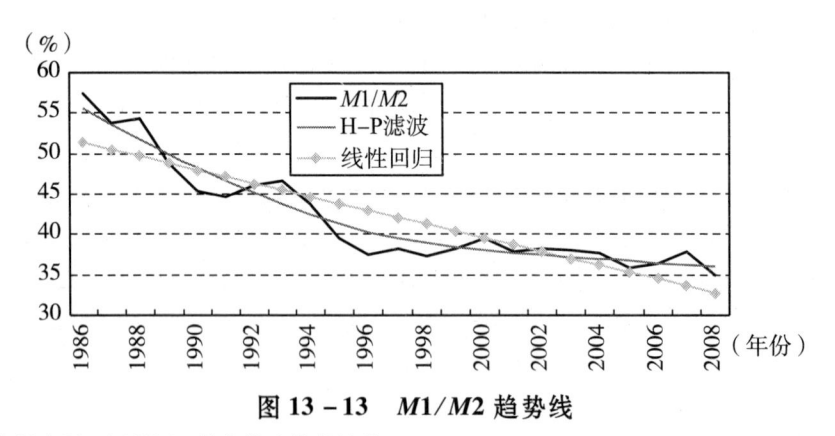

图 13-13　M1/M2 趋势线

资料来源：国研网，趋势线为作者计算。

　　经过30余年的发展，中国的金融体系发展也取得了不小成绩，建立起了一个以银行为主体的较为完整的金融体系。2008年底中国广义货币余额达到了53.1万亿元，沪深两市上市公示市值也达到12.2万亿元，同年底，债券余额也达到15.1万亿元。但绝大多数债券仍然是中央政府和政策性银行发行的国债和金融债券，企业债券比例仍然过小，仅占全部债券托管量的8.4%。虽然与其他发展中国家相比，中国的债券市场和股票市场的规模已属较大，但若与发达国家相比，直接融资的比例仍然很小。2000~2004年，银行贷款占金融资产份额平均达65%，2005年之后随着银行体系改革和股市发展水平提高，其占比有所降低，但仍占据一半以上份额。银行系统在中国金融系统中的作用仍然举足轻重。

三、结论

中国货币政策传导渠道具有不同于传统经济学理论的特征：首先，货币当局对商业银行信贷规模仍然给予"窗口指导"，宏观经济政策也对信贷规模与信贷投向施加导向性作用。其次，基础货币在资产方项目"外汇占款"的推动下快速增长，由于外汇占款增长过快过高，货币当局公开市场操作业务已不能起到预期作用，因此"央行票据"的发行应运而生。但是纵然央行票据的发行规模已高达4万亿元，相对于16万亿元的外汇占款而言仍然不能达到预期效果。货币当局采取的另一个对冲流动性的措施就是提高"法定存款准备金率"，因此在中国的货币政策目标中，法定存款准备金率主要不是用于控制银行信贷，而是回收因巨额外汇强制兑换所引致的流动性。最后，基础货币投放的被动性与高额存贷差的存在造成广义货币供应量与经济关联度相对不高，而狭义货币供应量$M1$的增长率与狭义货币供应量和广义货币供应量之比$M1/M2$能更好的前瞻性地体现经济波动。

因此，基于以上特点和原因，中国货币政策传导机制也不同于传统机制，而是具有自身独特性。第一，基础货币的投放取决于外汇占款增长及央行的对冲机制，其本身具有被动性，这种"被动性"又是根源于中国贸易顺差国地位以及不灵活的盯住汇率制下的结汇政策，因此货币当局将基础货币作为中介目标对经济进行调控的传导渠道几近失灵。第二，广义货币供应量的增减间接依存于银行贷款规模。而商业银行信贷表面上由各银行自行根据供求状况决定，然而实际上仍受货币当局及政府宏观政策调控，且其影响力显著。然而由于存贷差的长期存在，资产方的贷款项固然对负债方的存款项具有一定乘数影响，但广义货币供应量即现金与存款总额之和仍具有很强的内生性，也难以影响到连接货币政策与实体经济的关键变量——利率。第三，狭义货币供应量主要受实体经济状况影响，也就是受投资和消费的活跃程度影响，而投资和消费升温在流动性过剩的大背景下必然带来通货膨胀走高，因此$M1$能够影响实际利率，其影响途径实际是实际经济活动推动CPI走高后引起实际利率降低（在名义利率不变的前提下）。

学者们对中国货币政策有效性的讨论已经很多，但鲜少出现经由运用货币政策传导机制反向推理来求证货币政策是否有效。本节通过分析说明中国货币政传导机制的特殊性来揭示中国货币政策实际面临的被动局面。而中国货币政策"被动性"包含了因强制结汇制度下的巨额贸易顺差带来的基础货币被动投放、对狭义货币供应量的不可控性以及广义货币供应量与经济"脱媒"。在被动货币投放前提下,对银行信贷调控最有效的方式是"窗口指导",而不是存款准备金率等数量调控方式。货币渠道也因货币供应量与实体经济关系不紧密及货币供应量与利率间连接机制脱钩而明显不畅。缺乏畅通而有效地货币传导机制的中国货币政策的"被动性"就显而易见了。

第四篇

我国货币政策传导机制研究

对货币政策有效性的争论催生了经济学家对货币政策传导机制的研究。货币政策失效不单是因为理性预期，也可能是因为传导机制的问题，已有的研究主要包括了四种传导渠道：利率渠道、汇率渠道、资产价格渠道和信贷传导渠道，其中信贷传导渠道的理论和实证研究都取得了实质性进展。如果传导机制变量对货币政策做出准确反应，那么中央银行可以把传导机制变量作为货币政策选择的一个中间目标。更进一步，经济学家也希望说明货币政策传导机制对货币政策绩效的影响。虽然我们无法从理论上直接证明货币政策传导机制对货币政策绩效有影响，但是，对若干经济危机案例的实证研究能证明这样一个结论——如果公众预期外的货币政策失效，那么货币政策传导机制一定有异常。金融危机最先从金融部门爆发，货币政策作为直接影响金融机构资产负债和金融资产市场价格的政策，在防范金融危机方面应较早做出预判，采取必要的措施。提高货币政策在防范危机方面的有效性是货币政策传导机制研究的一个重要方向。

货币传导机制是指中央银行使用货币政策工具引起各中介目标的反应，并最终引起宏观经济指标变化的渠道和机理。本篇选取利率、信贷、汇率和资产价格四种不同的传导机制，分别研究我国的货币政策是否对这四种传导机制有影响，再分别研究这四种传导机制是否对宏观经济造成影响，从而确定我国货币政策对宏观目标的影响。实证研究表明：作为"准市场利率"的货币市场利率对部分实体经济变量有较强的解释能力，我国的利率传导机制是局部有效的，而利率管制等因素是我国利率传导机制存在缺陷的主要原因。信贷规模对宏观经济最终目标有着显著的推动作用，但货币供给量对信贷规模的影响并不显著。货币政策的调整并没有有效的影响汇率，但汇率能够对投资、消费、净出口变动产生影响，最终影响实体经济。为方便研究货币传导的资产价格机制，本篇将资产分为债券和股票分别加以研究。实证研究表明，货币政策对债券市场收益率波动有着主导型的调控能力，另外，债券市场对宏观实体经济的影响相对有限。货币政策调控对股票价格的影响较为显著，同时股票价格对实体经济的影响也逐渐扩大。鉴于货币政策可以通过股票价格顺利地传导到宏观经济目标，我们认为，应该将金融资产价格纳入货币政策目标中。在给出实证研究的基础上，分析货币传导不畅的机制的原因。

本篇通过引入房地产市场、股票市场和金融交易等研究了我国资产市场与货币政策传导机制之间的关系。将房地产业的货币传导机制分为宏观传导效果和微观传导效果两部分进行分析。宏观传导效果的实证研究表明，我国货币政策整体有效性有限，体现在货币政策的波动主要反映在物价变动之上，对投资和消费的影响十分有限；进一步分析，发现从货币政策到房地产市场的传导过程十分有效，但是房地产市场的波动也只能影响到物价的变动，传导到投资和消费的能力极为有限。从微观分析的结果我们得到了货币政策会对房地产企业的财务指标产生显著的影响，但是对企业的投资行为影响有限。此外，本篇通过实证分析回答了中国人民银行制定货币政策时为什么应该关注股票市场的变化和股票市场在货币政策传导机制中的作用和传导效果两个问题。实证的结果表明，货币供应量对股票价格有显著的正向影响，股票市场对货币政策的传导作用在加强。货币政策传导到股票市场和股票市场影响货币需求的效果较为明显，但是通过股票市场渠道传导到实体经济的过程中存在阻塞。对此，研究建议：第一，货币政策应该关注股票价格的变化；第二，大力促进和规范股票市场的发展；第三，改善股票市场传导微观基础。最后，本篇研究了金融交易与货币流通速度的波动之间的关系。通过利用两部门需求模型讨论实体交易和股票交易中货币需求行为的差异，以及考虑农业和非农产业货币需求倾向的差异，认为金融交易能够在一定程度上解释货币流通速度的波动，如 2009 年货币流通速度的下降可以一定程度上被由股市交易的活跃带来的新增货币转移到金融资产交易之中这一现象所解释。同时，本篇也论证了仅有农业和非农产业相对结构的变动不会影响到货币收入流通速度的显著变化这一结论。

最后，本篇对我国货币政策传导机制的一些新生事物进行了进一步的案例分析。针对当前中小企业融资难的问题进行了传导分析。通过一个考虑政府预算软约束条件下的债务契约模型，分析了中小企业相对于大型企业贷款难的原因。我们认为，中小企业初始因自有资金少而导致可抵押资产不足，自身经营风险高的特征决定了中小企业在与大企业的贷款竞争中的劣势地位，而政府对大企业的事后救助加剧了中小企业的融资困难。基于模型分析结果，认为要破解中小企业的融资困境，首先，建立中小企业信用担保体系；其次，拓展中小企业融资渠道；最后，考虑硬化大企业的预算约束。此外，本篇通过对通货的交易、投机和预防三种需求的分析，发现电子货币的发展必然会对微观主体对通货的需求产生替代，这就意味着对基础货币中的流通中的现金进行替代，从而影响基础货币的乘数效应。

第十四章

当代西方经济学关于货币政策和传导机制研究进展及启示

在宏观经济学理论框架中,货币政策的地位并非一成不变。新古典主义的真实经济周期理论中根本就没有货币政策,但新凯恩斯主义学者则将货币政策作为研究的重点,特别是在其所提倡的财政政策的有效性受到质疑之后,货币政策成为新凯恩斯主义间接宏观调控体系中最重要的政策工具。过去 30 年间,发达市场经济国家的宏观经济总体运行平稳,使得反对实施货币政策或认为货币政策无效的声音有所减弱;即使那些认为货币政策短期内效果不大的学者,也不认为货币政策会带来严重的危害。另外,由于货币政策的制定者并不试图解决市场经济发展中的所有问题,而是仅专注于与物价异常波动有关的领域,使其能为多数学者所接受。

此次全球金融危机爆发后,关于货币政策的理论研究有可能进入新的阶段。金融危机暴露了发达国家市场经济发展到现阶段所特有的深层次矛盾,引发了人们对市场经济自发秩序和间接宏观调控体系之间关系的重新审视。当前,从各国应对危机的措施来看,积极的相机抉择的凯恩斯主义财政政策已经被委以重任,而货币政策在危机面前则似乎显得力不从心(Feldstein M.,2009)。危机之前以货币政策为核心的间接宏观调控体系的内涵似乎在发生变化。

这次全球金融危机的爆发引发了对货币政策有效性传统概念的反思。新凯恩斯主义学者认为,货币政策通过稳定通货膨胀来消除由于价格调整所带来的资源无效配置和效率损失(Woodford M.,2003),但这种政策也仅是一种暂时的、局部的有效。面对市场经济中重复发生的系统性危机,货币政策若要在未来的宏观调控体系中继续处于核心的地位，必须显著地提高其应对危机的有效性。

就加强货币政策研究的科学性和规范性而言，近50年以来西方经济学取得了显著的成就。货币经济学与关于货币现象的一般常识型讨论在方法论方面已经有本质的区别。货币经济学是经过提炼的和加工过的关于货币经济事实的知识。对货币经济学分析框架和研究方法的自我完善不仅得益于托宾（J. Tobin）、伍德弗德（M. Woodford）等新凯恩斯主义经济学家的工作，也得益于卢卡斯（Lucas，Robert E. Jr.）、巴罗（Robert J. Barro）和萨金特（Thomas Sargent）等新古典主义经济学家的研究。作为经济思想史发展必须经历的一个阶段，西方经济学家已经对完善货币经济学的方法论做了大量工作，为货币经济学今后的发展打好了坚实的基础。

目前的金融危机将许多人拉回到经济大萧条时的立场上，人们又开始怀疑现行西方市场经济运行方式的有效性。在这样的历史背景下，货币经济学不能仅仅满足于对"纯粹经济学"的研究，而要更直接地面对市场经济的根本问题。在货币经济学发展的这一历史时期，本章通过对货币政策传导机制的研究进行梳理，对明确未来的研究方向进行有益的探索。

第一节 关于货币政策有效性的历史争论

经济学家对货币政策的理解最初来自于凯恩斯。凯恩斯和他的早期追随者在一个两部门的IS-LM模型中理解这个问题：中央银行扩张货币供给量，降低货币市场的资金利率，从而导致产品市场的投资增长，最终推动总需求的扩张。货币政策和财政政策成为"二战"后凯恩斯主义所倡导的调控宏观经济的两大主要政策。

从20世纪60年代末开始，弗里德曼等货币主义经济学家开始质疑凯恩斯主义的理论和政策。货币主义经济学家回归货币数量论，提出"货币长期是中性"的观点，但他们认为，在价格和工资刚性的前提假设下，短期内货币政策仍然是有效的。如果说货币主义经济学家是一只脚留在凯恩斯主义的家门内，另一只脚则跨出了凯恩斯主义的大门，那么以卢卡斯为代表的理性预期学派则是彻底的反凯恩斯主义阵营。20世纪70年代末的滞胀现象引起了经济学界对凯恩斯主义及其政策建议的普遍质疑，从而掀起了一场反凯恩斯主义的新古典理论革命。卢卡斯在他著名的"卢卡斯批评"（Lucas Critique）（Lucas R. E.，1977）中指出，任何被公众预期到的政策可能是无效的。对于理性预期学派的质疑和批判，凯恩斯主义经济学家们，以及一部分货币主义经济学家从20世纪80年代初开始尝试从微观角度研究货币政策的有效性。

对货币政策传导机制的研究正是在这样的历史背景下开始的——宏观经济理论需要微观理论的解释。在20世纪80年代之前，文献中鲜有"货币政策传导机制"（Monetary Transmission Mechanism）这样一个专有名词，即使谈及货币政策和真实经济的联系，也不是从微观的传导机制的视角。从80年代初开始到当前全球金融危机爆发之前，以本·伯南克（Ben Bernanke）、弗雷德里克·米什金（Frederic Mishkin）、约翰·泰勒（John Taylor）、艾伦·梅尔策（Allan Meltzer）等为代表的经济学家对货币政策传导机制开展了卓有成效的研究。这些经济学家所面对的主要是两个问题：其一，从理论上来说，货币供应量影响真实经济的渠道究竟是什么？当时的理论没有很好解释货币供给量和真实经济之间是如何联系在一起的，这中间是一个黑匣子。其二，对于30年代的经济大萧条，弗里德曼等货币主义经济学家将其解释为货币政策的不当运用和货币供给量的下降，但是从实证上来看，货币供应量的下降不足以解释经济大萧条期间总产出的持续下降。这些研究的背景是，伴随着新古典主义的挑战，凯恩斯主义宏观调节政策体系由以财政政策为中心逐步转为以货币政策为中心，理论上需要改变原先比较笼统和不完整的认识，更全面准确地回答关于货币政策有效性的根本问题。对上述问题的回答反映了自经济大萧条以来学者们关于市场经济条件下间接宏观调控体系的思考。

如果说对货币政策的关注和理解最初来自于凯恩斯，那么有关货币政策有效性的理论争论集中于对菲利普斯曲线（Phillips，1958）的研究。菲利普斯曲线是对凯恩斯主义理论在实证上最好的注解。在菲利普斯的研究的基础之上，保罗·萨缪尔森和罗伯特·索罗（Samuelson & Solow，1960）通过更一般的研究证实，通货膨胀率和失业率之间确实存在长期的负相关关系。他们还认为，每年4%~5%的通货膨胀率能实现充分就业。正是根据这样的理论和实证结论，20世纪50~60年代凯恩斯主义经济学家以及美联储和其他中央银行的货币政策实践者都认为，当宏观经济遭受负面冲击的时候，政府的不做为将使得宏观经济陷入萧条，政府可以通过微调——适度的通货膨胀——实现充分就业。

然而在20世纪60年代末，弗里德曼（Friedman B. M.，1968）和菲尔普斯（Phelps，1967）认为，通货膨胀率和失业率之间不存在长期的负相关关系，也就是说长期的菲利普斯曲线可能是垂直的，他们提出了一种所谓自然失业率（Natural Unemployment Rate）假说，即失业率长期将维持在一个"自然水平"上。从长期来看，企图通过通货膨胀降低失业率的做法是行不通的。

最初，弗里德曼和菲尔普斯的研究没有引起足够的重视。20世纪70年代石油危机引发的剧烈通货膨胀和货币政策对通货膨胀的无能为力越来越使得经济学家和货币政策制定者认识到货币政策需要有一个明确的目标，即依照货币主义所提出的执行货币供给量稳定增长的货币政策，而在此之前货币政策是相机抉择的。从 70 年代初开始，美联储开始或多或少地强调以货币供给量（$M1$）增长率为货币政策中介目标，而 1979 年美联储公开宣布把非借贷银行准备金（Nonborrowed Bank Reserves）作为操作目标（Friedman B. M.，1986）[1]。

同样是在 20 世纪 70 年代，卢卡斯掀起了理性预期革命（Lucas R. E.，1973；1977），他认为，社会大众的预期对经济政策的执行效果有非常重要的影响，所有被预期到的经济政策都可能是无效的。根据卢卡斯的观点，如果社会大众能预期到货币政策目标，货币主义所建议的货币供给量以稳定比率增长的货币政策可能和凯恩斯主义所建议的相机抉择的货币政策一样都是无效的。虽然有关政策完全无效的实证证据很少，但是预期可能影响政策执行效果的观点被大多数经济学家接受了，也使得货币政策制定者第一次认识到预期对政策制定和执行的重要性。

进入 20 世纪 80 年代，由于新的经济现象的出现，有关货币政策的讨论又掀起了新的热潮。自 1980 年以来，美国的货币供给量 $M1$ 和产出之间的稳定关系不复存在，美联储也于 1982 宣布放弃以 $M1$ 为货币政策目标（Friedman B. M.，1988）。与此同时，伯南克（Bernanke，1983）通过实证研究发现，30 年代经济大萧条期间货币供给量的下降也不足以解释产出的持续下降。信奉新古典理论的经济学家（Litterman & Weiss，1985）把这些现象作为货币政策无效的证据，而另外一些坚信货币政策有效的经济学家开始探索用其他变量（例如，联邦基准利率）作为衡量货币政策的指标，并尝试用新的理论和计量模型证明货币政策的有效性[2]。此时，有关货币政策有效性的争论双方出现相持不下的局面，而一部分经济学家发现十分有必要研究货币政策的微观传导机制。

---

[1] 注意到这里中介目标和操作目标的不同。另外，1979 年，为了控制剧烈的通货膨胀，美联储明确宣布了货币政策的操作目标。而在此之前相当长的时间内，美联储虽然受到凯恩斯主义或者货币主义理论的影响，但是并不明确提出货币政策的操作目标。

[2] 在此次全球金融危机中，美联储采取了非常规的量化宽松货币政策，危机中的货币政策传导机制及政策效果成为一个热点话题。Christiano，Gust and Roldos（2004）的研究表明，宽松的货币政策并不一定有利于经济的复苏。Romer（1992）认为，财政政策并不是使经济走出经济大萧条的重要工具，而扩张性货币政策能够有效地促进经济复苏，即使在名义利率水平接近零的情况下，也可以通过影响通胀预期发挥作用。Krugman（1999，2008）持相同的观点。Eggertsson，Woodford（2003）和 Eggertsson（2006）基于无摩擦金融市场和央行可信赖通货膨胀目标制的假设，在新凯恩斯主义框架下进一步发展了"流动性陷阱"理论，指出当名义利率水平接近于零时，仍能通过影响公众对未来利率的预期达到刺激经济的目的。

第二节 新凯恩斯主义经济学对货币政策传导机制内涵的丰富

20世纪80年代，凯恩斯主义所提倡的财政政策不仅在理论上受到以卢卡斯、巴罗等为代表的新古典主义经济学家的严峻挑战，而且在70年代"滞胀"时期的实践中也备受质疑。在这样的背景下，凯恩斯主义经济学家不得不将宏观经济调控体系的重点转移到了货币政策上来。这自然而然地需要学者对货币政策的微观传导途径尽可能地进行精确的分析和说明。现实的需要已经不能满足于自凯恩斯和弗里德曼以来将货币政策工具与总需求之间的关系作为一个"黑匣子"的做法，学者的任务是将货币供应量、短期利率对总需求的短期影响从定性和定量两方面描述清楚。

研究货币政策传导机制尤其要说明以下问题：（1）货币政策失效不单是因为理性预期，也可能因为传导机制的问题，这是对理性预期学派的政策无效论的一种直接反驳。某些历史时期里货币政策变量（如 $M1$、基准利率等）和真实经济变量（如产出、CPI、失业率等）之间的相关性暂时消失（如下面提到的日本20世纪90年代的情形），不是因为公众理性预期到货币政策，而是因为传导机制变量（如利率、汇率、资产价格、信贷等）没有对货币政策做出有效反应。更严格地说，如果央行实施了公众预期外的货币政策，这样的货币政策失效一定表明传导机制有问题。（2）如果传导机制变量对货币政策做出准确反应，那么央行可以把传导机制变量作为货币政策选择的一个中间目标。传导机制变量既是产出、失业率或通货膨胀率的同步指标（Coincident Indicator），又受到货币政策的影响[①]。央行可以从瞄准产出、CPI等真实经济变量转变为瞄准传导机制变量，或者同时瞄准真实经济变量和传导机制变量。

货币传导机制将货币政策工具与货币政策所要影响的目标有机地联系起来，这种联系在新凯恩斯主义模型中是通过三个环节连接起来的：货币政策工具操作与隔夜名义利率的联系（央行政策移动 LM 曲线的难易程度）；真实利率与总需求之间的跨期替代关系，这一基本关系对应着凯恩斯早期静态分析中的 IS 等式，在动态模型中对应着欧拉等式，其对数线性化后就是费雪等式；国内实体经济活

[①] 传导机制变量的 t 期值和真实经济变量的 t 期值一致，而又受到 $(t-k)$ 期的货币政策变量的影响，即受到货币政策变量的滞后 k 阶影响。

动和通货膨胀的联系（菲利普斯曲线）（Woodford M., 2007）。

关于货币政策工具到总支出的传导，已有的研究包括了四种传导渠道（Mishkin F. S., 1995），（Mishkin F. S., 2007）[①]：利率渠道、汇率渠道、资产价格渠道和信贷传导渠道。前三种渠道从宏观经济学开创以来一直就有研究，而最后一种渠道是伯南克等经济学家从20世纪80年代初才开始探讨。比较而言，前三种渠道到目前为止仍然处于争论比共识更多的状态，实证中获得的支持也是喜忧参半，但最后一种渠道——信贷渠道无论在理论还是在实证中都有相对比较完善的进展。四种传导渠道的并行状态并不表明这四种传导渠道是相互独立的，一般而言，这四种渠道总是相互交织在一起，甚至在实证上不是完全可分割的。

（一）利率传导渠道

在宏观经济学诞生之初，货币政策的利率传导机制就一直是经济学家关注的重要问题。凯恩斯最初就强调利率对投资支出的影响，传统的IS-LM模型也把真实利率放入投资函数中，其主要原因是凯恩斯及其追随者认为，利率是投资的成本，而货币供给量的变动会导致投资成本的变动。当货币供给量扩张时，如果价格和工资存在刚性，名义利率和真实利率都下降，企业家相应调整投资支出，从而导致总需求的扩张和产出的增长，反之亦然。

凯恩斯在最初的理论中强调利率对企业的投资支出有影响，没有把利率放入消费函数中，但后来的经济学家认识到消费者对房产和耐用消费品（如汽车）的支出也受到利率的影响，尤其在消费信贷十分发达的欧美国家。

在20世纪90年代以来的研究中，利率传导渠道引起了很多的争议。它的主要问题不在于利率和真实产出之间没有显示出相关性[②]，而在于利率影响真实产出的机制似乎不是所谓的投资（或消费）成本。换句话说，资金成本只是影响企业家投资决策的一个因素，企业家可能更多地根据生产滞后、销售、现金流等因素来决定其投资水平。另外，实证中估算出来的投资和消费的利率弹性往往小于真实经济对基准利率的实际反应，表明利率对真实经济的影响可能还有其他的机制（Bernanke & Gertler, 1995）。即使如此，反对利率传导机制的研究似乎也不能完全否认利率传导机制的存在。泰勒（Taylor, 2007）研究发现，从长期来

---

① 1995年美国经济学界举办了一次以"货币政策传导机制"为主题的讨论会，此次讨论会上的四篇文章可以说是有关货币政策传导机制研究的里程碑式的成果。这四篇文章分别是Bernanke 和Gertler（1995），Meltzer（1995），Taylor（1995），Obstfeld 和 Rogoff（1995），分别是货币政策四种传导渠道的代表性研究。

② 需要指出的是，否认利率传导渠道并不是否认货币政策的有效性，即使利率传导渠道不存在，基准利率的调整仍然可能通过其他渠道对真实产出有影响。

看，美国联邦基准利率和住房新开工量存在较高的相关性，也就是说我们可能不得不承认利率对公众的消费水平（尤其是房产和耐用消费品）是有显著影响的。

（二）汇率传导渠道

经济全球化和浮动汇率制度使得货币政策的汇率传导渠道变得越来越重要。这一机制也是在宏观经济学教科书中必然提到的内容①，其逻辑是简单明了的：货币供给量扩张，将导致国内市场上的利率下降，从而导致货币贬值，出口和产出相应的增长，反之亦然。这样一个渠道存在的前提条件是浮动汇率制度（Obstfeld & Rogoff, 1995）。

在固定汇率制度下，如果资本项目完全开放，国际资本自由流动，货币政策和汇率政策是不能相互独立的，也就不存在所谓货币政策的汇率传导渠道。当货币供给量扩张时，利率下降，导致本币卖出增加，汇率可能下降，为了维持固定汇率，中央银行必然在公开市场上增加本币的买入，这样就相应地缩减了货币供应量，从而抵销了最初扩张货币政策的效应。

但是，如果资本项目被管制，固定汇率制度下的货币政策仍然是有效的。奥博斯菲尔德和罗格夫（Obstfeld & Rogoff, 1995）认为，浮动汇率制度下的货币政策更有主动性的观点不一定是对的，固定汇率制度下的货币政策也具有可行性，只是因为巨大的全球资本市场和跨国资本的自由流动，固定汇率制度才显现出局限性。因此，资本项目管制的固定汇率制度可能是一种可行的方法，这种情形在我国存在了相当长的时间。这种情形下的货币政策扩张可能导致外汇储备的大量累积，因为由于经常项目出口增加导致大量外汇流入，却没有资本项目的外汇流出与此相对应，由于资本项目的管制，国内市场利率下降并没有导致外汇流出，相反却有外商直接投资带来的大量外汇流入。此时由于外汇储备增长导致的相应货币供给扩张（外汇占款增加）实际上进一步放大了货币政策的扩张效应，通货膨胀的风险因而加大。

20世纪90年代中期以来的经济现实也表明货币政策和汇率制度的互动对真实经济的影响并不显著，相反，国际资本流动对真实经济的影响更大。1997年亚洲的金融危机就是其中的典型例子。国际资本流动对实体经济的直接影响并不明显，但它往往伴随着外汇投机和国内资产泡沫，从而引致金融危机，最终对实体经济造成破坏性影响。

---

① 蒙代尔－弗莱明模型，开放经济条件下的IS-LM模型。

(三) 资产价格传导渠道

货币主义经济学家常常强调货币政策的资产价格传导渠道（Meltzer，1995），他们认为，货币政策对真实经济的影响主要是通过影响资产价格，进而影响投资支出和消费支出。其中有两种机制是货币主义经常强调的，一是托宾的 Q 理论，二是财富效应，前者影响投资支出，后者影响消费支出。

托宾（Tobin，1969）的 q 值是指一个企业的市场价值和它的重置成本之比，企业的市场价值对应于它的股票总价值，重置成本对应于企业的固定生产设备的价值。当 q 值较大时，股票价值相对于企业的生产设备的价值就较高，企业就会发行股票，购买生产设备，扩大投资，反之亦然。从货币主义的视角看，当货币供给量扩张时，公众发现自己手中有更多的钱，从而购买更多股票，导致股票价值的上涨，此时，q 值就会提高，企业也会扩大投资支出。

资产价格传导渠道还有另外一个渠道就是所谓的财富效应。建立在莫迪里亚尼和弗里德曼的持久收入假说的基础之上，货币主义者认为，当货币供给量扩张时，公众发现自己手中持有现金增加，增加了股票的购买从而刺激股票价格上涨，进而增加了消费者的财富，财富的增加同时伴随着消费支出的增加和产出的增长。这样一个结论从凯恩斯的 IS-LM 模型中也是可以得出的：当货币供给扩张时，利率（债券的利率）降低，股票相对于债券变得更有吸引力，从而公众增加了股票的购买[①]。但是，IS-LM 模型假设只有两种资产：货币和债券，不考虑股票等资产对实体经济的影响。

货币政策通过资产价格影响真实经济的渠道显然是不可忽视的，但是在实证中面临很大困难。资产价格的波动往往有其自身的规律性，常常偏离预期的轨迹，或呈现非理性的增长或下跌，很难从实证上验证它和真实经济之间有着什么确定性联系。既然资产价格不是完全可预见的，中央银行也很难根据资产价格来制定其货币政策。换句话说，资产价格传导渠道不具有可操作性，许多经济学家都反对把资产价格作为货币政策的一个目标（Bean，2003）。

(四) 信贷传导渠道

有关货币政策的信贷传导渠道的研究主要是由伯南克和格特勒（Bernanke & Gertler，1995）等经济学家完成的，而伯南克的有关信贷传导渠道的思想来自于他对 20 世纪 30 年代经济大萧条的研究，而其理论渊源则是信息不对称理论。他

---

① 对于货币供给量和股票价格之间的关系，货币主义和凯恩斯主义唯一的不同是货币主义认为货币供给量对股票价格的影响不是通过利率，而是通过货币持有量。

认为，传统的宏观经济学理论假设银行的资产（贷款）和负债（存款，即货币）对经济的作用是完全等同的，但事实上在信息不对称的世界中，银行在把存款转化为贷款的过程中扮演着重要角色。银行必须花费成本搜寻和评估贷款申请，监督贷款的执行，伯南克把这种成本称为信贷融通成本（Cost of Credit Intermediation）。在经济繁荣期间，信贷融通成本下降，银行增加贷款，而在经济危机期间，信贷融通成本上升，银行就可能惜贷。因此，在经济扩张期间，银行的中介行为可能会进一步放大扩张的效应，在经济衰退期间，银行的中介行为可能会进一步放大紧缩的效应，这就是伯南克定义的"金融加速器"（Financial Accelerator）。

基于对经济大萧条的研究，伯南克把他的货币政策的信贷传导渠道解释为两个渠道：

一是银行借贷渠道。当货币供给量扩张时，银行的可贷资金增加。在资金运用压力下，贷款一般会相应增加，从而居民的消费支出和企业的投资支出也相应增长，最终推动产出增长。伯南克提出的银行借贷渠道实际上特别强调银行贷款的作用。和货币主义的抽象观点不同，伯南克把货币供给量扩张如何传导至投资或消费支出增加的机制具体刻画出来了，而信贷就是连接货币供给量和投资或消费支出的中介和纽带。

二是资产负债表渠道。货币政策可能影响企业和消费者的资产负债表。当货币供给量扩张时，利率降低，资产价格上涨，企业和消费者的资产负债表上的净资产增加，更多的净资产意味着企业和消费者有更多的抵押品进行借贷，银行会根据抵押品的增多而相应增加贷款；同时由于逆向选择和道德风险问题减弱导致银行的信贷融通成本降低，银行会相应地扩大贷款投放量。另外，扩张性的货币政策降低了利率，企业可以通过短期借贷增加现金流，改善资产负债表，资产负债表的改善反过来提高了银行对企业的评级，企业的信贷额度增加。

上述对利率、汇率、资产价格和信贷等传导渠道的研究已经在2000年之前基本完成。近10年以来关于传导机制的研究很大程度上仍然延续着原来的发展方向，演化出以下研究脉络。第一，在经济周期模型中引入资本积累和企业特有的资本（Firm-specific Capital），由此在模型中考察资本积累和企业差异性对结果的影响（Woodford M.，2005；Sveen & Weinke，2007）。第二，更细致地考虑货币政策通过金融部门作用到实体经济的传导渠道。以往由于数据获取的局限，各种传导渠道的相对重要性难以实证地加以判断。新的数据和新的识别方法会带来更精确的新结论。一项有意义的成果是，通过考察资金成本相同而客户限于当地的金融控股公司内部分支机构的业务行为，发现资产负债表渠道相对银行借贷渠道更加得到数据支持（Aschcraft & Campello，2007）。另有学者发现，银行的工商贷款在货币紧缩之后不降反升，与银行借贷渠道不符（Haan, Sumner & Yamashiro, 2007）。第三，关于银行资本充足率对货币传导机制的影响，在 IS 等式关于货币市场利率（央行基准利率）和总需求的关系中加入信贷市场利率，使得研究银行资产负债、信贷市场变化与总需求之间的关系变得更加直接（Li, 2008）。

第三节 货币政策传导机制对货币政策选择的影响

  正如前文所指出的，在传导机制有效的情况下，传导机制变量可以作为货币政策的一个中间目标。那么，传导机制的不同是否导致货币政策绩效不同？主流的观点是，传导机制的特点不同，货币政策工具操作方式可相应地加以调整，结果是传导机制的差异性仅会影响政策工具的操作方式，不会对货币政策实施的绩效带来显著影响。泰勒（Taylor J. B., 1999）用 18 种有关货币政策传导机制的模型检验他自己提出的泰勒规则（Taylor Rule），并通过数值模拟发现货币政策传导机制对货币政策绩效的影响很小。伯南克等（Bernanke & Gertler, 1998）通过数值模拟说明，在一个具有"金融加速器"的动态模型中，信贷传导渠道会被放大，而且实体经济对货币政策的反应持续时间会更长。尽管如此，只要对泰勒规则的参数加以适当的调整，也就是说，只要对货币当局所调控的短期基准利率对通货膨胀缺口和产出缺口的反应程度根据传导机制的特点加以调整，货币政策平滑经济周期的效果基本不变。

  在理论模型中研究货币政策传导机制和货币政策绩效的关系实际上是在一个新凯恩斯主义模型中添加一些传导机制变量的决定方程。理论模型对现实世界的简化和抽象使得其所能给出的政策建议有很大的局限性。在这样一个确定的理论世界中，货币政策工具和传导机制变量、传导机制变量和真实经济变量之间的关系都由某一个动态方程来确定。因此，不管传导机制特点如何不同，货币政策工具和真实经济变量之间都存在确定的动态稳定关系。政策制定者事先充分地了解这种关系，并及时优化调整货币政策工具的操作，理想的货币政策效果由此而来。

  在实践中，不仅由货币政策工具到传导机制变量的传导有很强的不确定性，而且传导机制变量与真实经济变量之间的关系也十分复杂，货币政策的效果与传导机制的特点并非如主流的凯恩斯主义模型所展示的那么简单。当前的全球金融危机说明，经济学家和政策制定者对现实市场经济运行中的实体经济与金融部门的复杂关系、金融部门内部问题的形成过程还了解得很不够。例如,从传导机制来讲,在经济繁荣时期,传导机制变量的扩张速度远远高于货币政策变量的扩张速度;在经济萧条时期,传导机制变量对货币政策变量没有做出显著反应。前一种情形往往被归于非理性因素,很难从实证上进行检验。

正常情况下,货币当局与市场之间存在着一种博弈关系,一方面,货币政策根据市场和货币传导机制的情况随时调整策略,另一方面,市场人士对货币政策的变化和货币政策所带来的约束总会找到办法加以适应和规避,货币政策的有效性取决于市场调整的情况是否与当局预期的一致。当前的金融危机首先由金融部门的危机所引发,在问题暴露之前,宏观经济形势和金融机构的预期在相当长一段时间内都很正面,这也许同时影响了货币政策制定者的预期,使得货币政策未能对可能发生的系统性危机做出前瞻性反应。关于货币政策传导机制的研究虽已取得很多成果,但与市场经济发展本身所带来的复杂性相比还很不够。

第四节 货币政策传导机制"失效"的若干历史案例

虽然我们难以从理论上直接证明货币政策传导机制对货币政策绩效有影响,但是,如果货币政策失效①,那么货币政策传导机制是否一定有"异常"?以下考察了三个不同历史时期发生在不同国家的案例,结论趋于一致:在经济和金融危机时期货币政策失效的案例中,总能发现货币政策传导机制出现了"问题"——传导机制变量没有对货币政策做出有效反应。在以下考察的案例中,政府对传导机制变量的直接干预对恢复货币政策有效性起到了关键作用。在以下三个历史案例中,两个是正面案例(政府对传导机制变量进行了干预),一个是反面案例(政府没有对传导机制变量进行干预)。

(一) 20 世纪 30 年代经济大萧条

催生宏观经济学的大背景就是经济大萧条,而对经济大萧条成因的解释伴随着整个宏观经济学的发展历史。例如,凯恩斯的解释是边际消费倾向递减等因素导致总需求萎缩。其中,弗里德曼和施瓦茨(Friedman & Schwartz, 1963)的观

---

① 货币政策的失效要考虑到公众预期的因素,但是除了 20 世纪 70 年代的剧烈通货膨胀以外,历史上因理性预期导致货币政策失效的情形很少,事实上 70 年代以后各国央行制定货币政策时都开始考虑公众的预期。

点获得了较多的支持。弗里德曼和施瓦茨认为,经济大萧条主要由两个因素导致:一是银行危机降低了货币供给量,居民手中持有现金减少;二是银行危机导致股票价格下跌,居民财富大量缩水,减少了支出。前者是货币主义所坚持的核心观点——货币数量论,后者即是后来货币主义经济学家所提出的资产价格传导机制。

对于弗里德曼提出的第一种因素,伯南克发现两个问题:其一,货币供应量下降影响真实经济之渠道究竟是什么?货币主义所说的公众手中的货币持有量是如何减少的?从货币供应量到公众手中持有的货币量,这中间是一个黑匣子。其二,伯南克通过统计分析发现,货币供应量的下降不足以解释经济大萧条期间总产出的持续下降。伯南克(Bernanke,1983)认为,只有银行信贷能回答这两个问题。银行在把央行的货币供给量转换为公众手中持有货币量的过程中扮演着重要角色,银行信贷对货币供给量的放大效应——经济繁荣时,货币扩张引致更大幅度的信贷扩张,经济萧条时,货币紧缩导致更大幅度的信贷紧缩——可能是货币供给量不足以解释产出下降的主要原因。伯南克(Bernanke,2000)还认为,1932年罗斯福就任总统以后,针对银行系统的拯救措施对经济大萧条后美国经济的恢复起到了重要影响。

20世纪30年代经济大萧条之前的美国经济在相当长时间内保持了良好的发展态势,很大程度上掩盖了金融系统和实体经济已经出现的各种问题。危机爆发初期,货币供应量和银行信贷的紧缩反过来向实体经济传导了负面的影响,加剧了产出下滑和失业的增加。随着经济大萧条加剧,大多数国家在1936年开始大规模增加货币供应量,而货币传递机制在将扩张的货币政策操作传导到实体经济的过程中没有发挥应有的作用,因为银行体系已经受到严重的打击;而美国政府对银行部门的直接救助被认为是对货币传导机制的修复。

(二) 20世纪90年代日本"失去的十年"

20世纪整个90年代,虽然日本央行把基准利率降低至接近于零的水平,但是日本经济一直没有好转的迹象。利用货币政策传导机制的理论能很好地理解这一问题。日本之所以陷于萧条不能自拔是因为其商业银行系统出现了问题。20世纪90年代初日本地产泡沫破裂后,银行堆积了大量显性或隐性的坏账,与此同时国际上流行的资本充足率的管制(巴塞尔协议)迫使商业银行提高自有资本比率。在这样的双重压力下,商业银行只能限制自身的贷款投放。尽管日本中央银行把利率降低至零附近,并且向银行注入大量流动性,银行几乎没有做出反应。政策制定者迟迟没有出手干预,修复货币政策传导机制(尤其是银行系统的问题),是20世纪90年代日本货币政策无效的主要原因(Friedman B. M.,2002)。

(三) 2007 年全球金融危机

2007 年次贷危机发生之初，美联储非常迅速地采取了降低联邦基准利率的措施。自 2007 年 9 月至 2008 年 10 月，联邦基准利率一直从 5.25% 降至 1.00%，力度很大，速度很快。尽管如此，美国的信贷状况没有显著改善，尤其是消费信贷仍然在萎缩。传统的货币政策显然没有阻止经济形势的进一步恶化。

为了进一步放松信贷条件，美联储还增加了三类货币政策辅助工具[①]。因为传导机制变量（即银行信贷）没有对美联储的货币政策做出显著反应，美联储开始直接干预银行信贷。这三类政策辅助工具是：

（1）为国内大型商业银行提供短期流动性，并和其他国家的中央银行签订货币互换协议。这项政策有利于稳定美元汇率，同时也有利于改善美国以外地区的美元货币市场和信贷市场的状况，这体现了美联储对货币政策的汇率传导机制的理解。

（2）为投资者直接提供短期信贷，包括直接购买评级较高的商业票据和为货币市场共同基金提供流动性支持，其中最为著名的是所谓 TALF 工具（Term Asset-Backed Securities Loan Facility）。

（3）直接购买一些准政府机构（如房利美、房贷美）发行的长期债券。

第二项和第三项工具都很好地体现了美联储对于货币政策信贷传导机制的理解。这两项工具本质是一样的：由于货币政策信贷传导机制出现了问题，中央银行绕过商业银行直接为公众提供信贷。虽然这些辅助工具的效果仍有待实践的检验，但是对货币政策信贷传导机制的深入理解，对次贷危机发生后美联储改进和补充货币政策发挥了重要影响。

第五节　新凯恩斯主义之外的货币经济学与货币政策传导机制未来的研究方向

20 世纪 30 年代经济大萧条和此次金融危机说明，市场经济越是发展，金融和经济危机发生的可能性越大。面对复杂多变的内外部环境，只有从宏观上准确把握和处理好市场经济发展现阶段的根本矛盾，才能为微观经济主体的自发经济

---

① 伯南克在 National Press Club 晚宴上的演讲，"Federal Reserve Policies to Ease Credit and Their Implications for the Fed's Balance Sheet", February 18, 2009, 来自美联储的网站 www.federalreserve.gov。

活动提供稳定和可持续的发展空间。经济大萧条之后凯恩斯创立的宏观经济学提倡的就是自上而下的分析方法,而卢卡斯所追求的宏观经济理论的微观基础是寻求自下而上和自上而下两种分析思路的统一。当前的金融危机只能用自上而下的分析方法才能有效地进行研究。在危机发生频率不断增加的经济环境中,宏观经济学的重要性越来越显著。过去10年,货币经济学的外延已经与宏观经济学的边界非常接近。连完全没有涉及货币的新古典主义真实经济周期理论也已经被纳入了进来,因为这种理论描述的是价格和工资灵活调整情况下的经济波动,是价格黏性调整条件下研究经济波动的参照基准(Woodford M.,2003)。当代货币经济学一个最重要的理论基础是新凯恩斯主义动态随机一般均衡模型(Woodford M.,2003)。在这类模型中,人们认为货币当局稳定通货是为了消除由于价格调整成本所带来的无效率。

在小国开放经济环境中,基准模型已经被拓展为考虑跨期和期内贸易对平滑消费波动、贸易条件对国内经济波动等影响的开放经济动态随机一般均衡模型(Galí & Monacelli,2005)。在这类模型中,IS等式成为包含汇率传导机制和利率传导机制效应的前瞻性行为等式。这样的货币传导机制所对应的货币政策反应规则可用贝叶斯方法加以估计,估计结果表明加拿大和英国的中央银行对名义汇率的变化有显著的反应(Lubik & Schorfheide,2007)。这也间接地表明,货币政策的汇率传导渠道在有些国家(如加拿大和英国)是十分重要的。

引入资产价格是货币经济学的又一新的发展脉络。20世纪90年代的股票市场繁荣使得部分学者认为美国货币当局有支持股票市场价格的政策目标,只不过没有公布而已。新的数据分析已经基本上否定了这种可能性(Fuhrer & Tootell,2008)。但是,这一成果对资产价格传导机制意味着什么值得深入研究。

货币经济学的发展目前已经越过了新凯恩斯主义货币经济学的界限,表现之一就是并非所有货币经济学模型都重视货币政策传导机制。没有包含货币政策传导机制的模型未必不重要,恰恰相反,这些研究往往涉及新凯恩斯主义货币分析难以解释和回答的关键问题。例如,关于市场经济内在不稳定性的研究,难以在新凯恩斯主义货币经济学和货币政策传导机制的框架内进行并得出有意义的结论。面对当前的全球金融危机,新凯恩斯主义货币经济学分析框架的局限性显得格外令人关切。目前也许需在新凯恩斯主义货币经济学现有框架之外,寻找提高防范危机有效性的新的政策和传导机制。例如,就新兴市场国家中非常重要的银行部门状况与汇率制度选择之间的关系而言,研究表明,扩张货币政策与浮动汇率制度的组合可能带来投机行为(Kawamura,2007)。这类研究可能为货币政策和货币传导机制在防范金融危机中发挥作用提供一些模型上的准备,但现有理论研究还很不充分。

货币政策研究一个重要的发展方向也许是如何加深对市场经济内在破坏力量的认识，需搞清楚这种自发而分散的力量如何从一种积极的正面效应转化和积聚为一种破坏性极大的负面效应的过程，以及货币政策在防范这种转化和积聚的过程中所能发挥的作用。这一方面相当一部分成果很可能由西方学者完成，由于我国所处的发展阶段和面临的现实问题不同，可能难以全面解决这一前沿问题。从开放经济的角度看，由于我国在全球贸易和外汇储备方面所处的特殊地位，我国的货币政策框架在处理内部平衡和外部平衡的关系方面也许还不能完全照搬西方的货币政策框架，需要坚持以我为主，保持一定的独立性。探索我国在开放经济条件下的货币政策框架对未来我国经济的长期平稳较快增长具有重要的现实意义。

第六节 结论和启示

对货币政策有效性的争论催生了经济学家对货币政策传导机制的研究。对货币政策传导机制的研究主要得出了以下几点结论：（1）货币政策失效不单是因为理性预期，也可能是因为传导机制的问题，这是对理性预期学派的政策无效论的一种直接反驳。某些历史时期里货币政策变量（包括利率、汇率、资产价格和信贷）和真实经济变量之间联系的暂时消失，不是因为公众理性预期到货币政策，而是因为传导机制变量没有对货币政策做出有效反应。（2）已有的研究主要包括了四种传导渠道：利率渠道、汇率渠道、资产价格渠道和信贷传导渠道，其中信贷传导渠道的理论和实证研究都取得了实质性进展。（3）如果传导机制变量对货币政策做出准确反应，那么央行可以把传导机制变量作为货币政策选择的一个中间目标。央行可以使其货币政策瞄准传导机制变量，或者同时瞄准真实经济变量和传导机制变量。

更进一步，经济学家也希望说明货币政策传导机制对货币政策绩效的影响。从理论模型的研究来看，货币政策传导机制对货币政策的绩效和选择没有显著影响。但是，这样的结论和经济现实并不相符，这主要是因为理论模型是在假设传导机制变量和货币政策工具有稳定联系的基础上得出这样一个结论，而现实情况往往是传导机制变量对货币政策的反应具有不确定性。

虽然我们无法从理论上直接证明货币政策传导机制对货币政策绩效有影响，但是，对若干经济危机案例的实证研究能证明这样一个结论——如果公众预期外的货币政策失效，那么货币政策传导机制一定有异常。在所考察的案例中，传导机制变量都没有对货币政策做出有效反应。而在这些案例中，政府对传导机制变量的直接干预对恢复货币政策有效性起到了关键作用。

当前金融危机治理中关于凯恩斯主义经济政策有效性的讨论，不仅反映了西方学者在新古典经济学和新凯恩斯主义经济学之间的动摇，而且从根本上体现了理论界对危机本质仍认识不足。不论是新古典经济学、新凯恩斯主义还是两者的综合，都似乎没有寻找到提高防范危机的政策工具和传导机制。金融危机最先从金融部门爆发，货币政策作为直接影响金融机构资产负债和金融资产市场价格的政策，在防范金融危机方面应较早做出预判，采取必要的措施。提高货币政策在防范危机方面的有效性是货币政策传导机制研究的一个重要方向。

我国经济失衡的特殊性导致我国货币政策目标的多元化与西方目标相对单一化是有所差别的。自2010年下半年起至今，我国宏观经济失衡的基本特点是，既面临经济增长衰退的压力，也面临通货膨胀的威胁[①]。尽管现阶段我国通货膨胀压力较大，物价水平持续上升，存款负利率已连续近20个月，但考虑到经济停滞的风险和经济增长目标的要求，在短期内货币政策治理通货膨胀的力度就难以充分展开，只能是一个较长时期的逐渐治理过程，这就使货币政策反通货膨胀效应在短期内难以取得十分明显的效果。其次，我国货币政策和财政政策特定结合方式所引致出来的问题也比较特殊。西方央行独立运行下货币政策与财政政策相互独立，而国内在现有体制下，银行受行政影响程度较深，逐渐形成了财政资金与信贷资金的配合模式，因而当采取财政与货币"松紧搭配"反方向组合时，货币政策的紧缩效应往往会受到财政政策扩张性效应的抵销，最终导致货币政策传导机制发生扭曲，政策效应受到严重影响。最后，我国与西方利用财政和货币政策反危机操作过程中，双方政策操作空间也是具有明显差异的。在本轮全球金融危机下，我国主要运用货币政策即从稳健的货币政策调整为扩张性的货币政策，来反危机、反衰退；西方由于危机之前，常年实现比较宽松的货币政策，以致危机爆发后，货币政策反危机的操作空间极其有限，而只能依赖于更具扩展性的财政政策来反危机、反衰退。

特殊的经济发展阶段和转轨发展特点导致我国货币政策工具选择和传导机制与西方也是有一定差异性的。首先，货币政策工具选择受到限制会影响货币政策效应的传导和实现。货币政策工具包括数量工具和价格工具，一般来说，在市场机制比较完备的条件下，央行对于货币数量和货币价格这两方面的货币政策中间目标，往往只需盯住一个，另一中间目标也就相应的内生式的形成了。我国的货

[①] 宏观经济政策从前一时期全面扩张的反危机状态（2008年金融危机初期，与欧美国家流动性不足相对应我国国内则主要面临流动性过剩问题）"择机退出"，调整为"积极的财政政策和稳健的货币政策"。

币政策工具运用方式,则是同时盯住货币数量和货币价格的双锁定方式。其次,与西方相比,目前我国货币政策运用利率比信贷的难度和压力都要大。利率毕竟是经济运行的财务成本指标,在我国目前创新不足而主要依靠成本竞争优势的发展阶段,利率这一价格杠杆工具就显得十分敏感。在本轮金融危机影响下,我国所表现出来的通货膨胀压力要明显强于西方,这样,作为反映通货膨胀水平的利率工具,在我国运用空间也就受到更大的限制。最后,在本轮金融危机下,我国货币市场上供求关系的失衡不同于欧美国家。欧美国家由于银行体系陷入危机,进而导致实体经济银根紧缩,银行和工商企业面临的共同问题是流动性不足。在我国则相反,世界金融危机发生时,银行本身并未受到危机直接影响,其流动性宽裕,金融危机作为国际性输入的因素首先冲击的是我国实体经济,进而实体经济投资支出减少,对货币的需求降低,相应地在货币市场上表现为需求不足。[①]与此对应,全球金融危机影响下的我国货币资本市场供求失衡的特殊性,使得我国货币政策工具运用中利率政策的运用受到较大限制。

[①] 苏剑等:《金融危机下中美经济形势的差异与货币政策选择》,《经济学动态》,2009年第9期。

第十五章

我国货币政策传导机制的实证研究

所谓货币政策传导机制是指中央银行使用货币政策工具引起各中介目标的反应,并最终引起宏观经济指标变化的渠道和机理,是中介目标和最终目标之间的传导渠道,这样的渠道往往是宏观经济中的一个变量或一类变量,被称为传导机制变量。研究货币政策传导机制实际上是研究货币政策是如何作用于宏观经济。剖析货币政策如何作用于宏观经济和研究药物如何作用于人体一样,不仅有助于我们把握货币政策的数量、力度和方向,也有助于我们更好地"对症下药"——选择适合中国宏观经济体制特点和货币政策传导机制特点的货币政策工具。

我国的货币政策体系和典型市场经济国家的货币政策体系有着多方面的区别:首先,典型市场经济国家或者以某种利率为中介目标,或者以货币供给量为中介目标,而中国的货币政策体系则有货币供给量和信贷规模双重中介目标;其次,在典型市场经济国家中,信贷规模是传导机制变量而非中介目标,而在中国,信贷规模成为政府调控的中介目标;最后,相比于典型市场经济国家,我国存在多层面的金融抑制,如存贷利率管制,汇率管制等,这些体制因素都对货币政策的传导效果产生重要影响。这三个方面都对我国的利率、信贷、资产价格和汇率传导机制产生重要影响,从而使得我国的货币政策传导机制和西方经典的传导机制理论以及典型市场经济国家的传导机制的运行状况有着显著差异(见图15-1)。

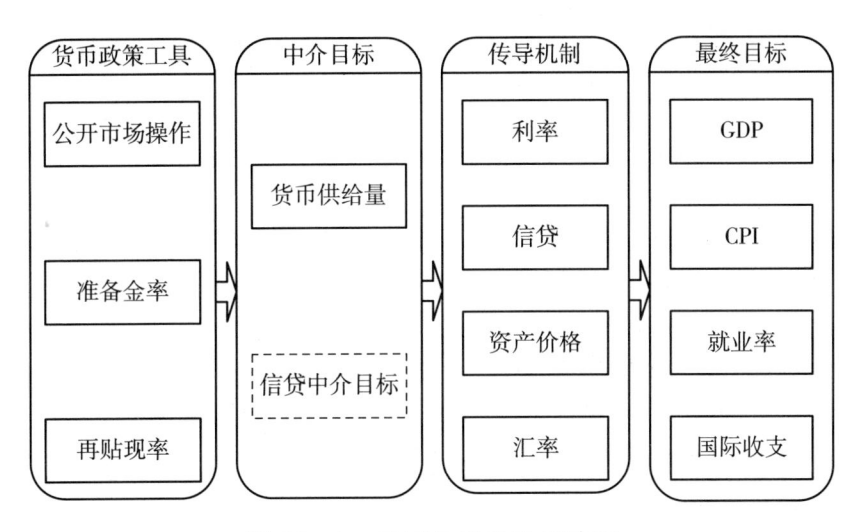

图 15-1 我国的货币政策体系

从图 15-1 可以看出，传导机制是我国货币政策体系中的重要一环，传导机制中的变量向最终目标的传导渠道是否畅通，以及货币政策工具对传导机制中的变量的传导是否畅通共同决定了我国的货币政策体系是否有效。因此，从传导机制中每一个变量出发，本章分为四节，每一节分别讨论货币政策对于利率、信贷、资产价格和汇率的影响以及利率、信贷、资产价格和汇率对于最终宏观目标的影响。

第一节 我国货币政策利率传导机制

国内学者对我国的货币政策中介目标和传导机制做了大量研究。夏斌和廖强（2001）认为，货币供给量作为中国货币政策的中介目标和产出增长率的相关性不高，货币供给量已经不适合作为货币政策中介目标。谢平和袁沁敔（2003）认为，我国利率调整属于滞后调整，名义利率对通货膨胀的影响不显著，实际利率对名义产出和实际产出的预测能力优于其他变量。盛松成和吴培新（2008）认为，货币供给量和信贷规模事实上同时成为了中央银行的中介目标。我国基本不存在利率传导渠道，主要的传导渠道是银行贷款，信贷规模是真实的中介目标，直接调控经济，并引起货币供应量的变化①。但对于利率对实体经济的影响

---

① 有的观点认为信贷规模是传导机制变量，有的观点认为信贷规模是中介目标，但都认为信贷规模对宏观经济的调控影响显著。

的实证研究争议较多，本节将主要关注我国货币政策的利率传导机制的有效性。

一、研究模型和实证研究方法

在宏观经济学诞生之初，货币政策的利率传导机制就一直是经济学家关注的重要问题。凯恩斯最初就强调利率对投资支出的影响，传统的 IS-LM 模型也把真实利率放入投资函数中，其主要原因是凯恩斯及其追随者认为，利率是投资的成本，而货币供给量的变动会导致投资成本的变动。当货币供给量扩张时，如果价格和工资存在刚性，名义利率和真实利率都下降，企业家相应调整投资支出，从而导致总需求的扩张和产出的增长，反之亦然。

凯恩斯在最初的理论中强调利率对企业的投资支出有影响，没有把利率放入消费函数中，但后来的经济学家认识到消费者对房产和耐用消费品（如汽车）的支出也受到利率的影响，尤其在消费信贷十分发达的欧美国家，其影响更为明显。

在 20 世纪 90 年代以来的研究中，利率传导机制引起了很多的争议。它的主要问题不在于利率和真实产出之间没有显示出相关性[①]，而在于利率影响真实产出的机制似乎不是所谓的投资（或消费）成本。换句话说，资金成本只是影响企业家投资决策的一个因素，企业家可能更多地根据生产滞后、销售、现金流等因素来决定其投资水平。另外，实证中估算出来的投资和消费的利率弹性往往小于真实经济对基准利率的实际反应，表明利率对真实经济的影响可能还有其他的机制（Bernanke and Gertler, 1995）。即使如此，反对利率传导机制的研究似乎也不能完全否认利率传导机制的存在。泰勒（Taylor, 2004）研究发现，从长期来看，美国联邦基准利率和住房新开工量存在较高的相关性，也就是说我们可能不得不承认利率对公众的消费水平（尤其是房产和耐用消费品）是有显著影响的。

对于多元宏观经济变量之间因果关系的实证研究，标准的结构化向量自回归模型（Structural Vector Auto Regression Model）是一种恰当有效的方法（Bernanke, 1992）。标准的结构化向量自回归模型如下：

$$Y_t = B_0 Y_t + B_1 Y_{t-1} + C_0 P_t + C_1 P_{t-1} + u_t \quad (15-1)$$

$$P_t = D_0 Y_t + D_1 Y_{t-1} + G P_{t-1} + v_t \quad (15-2)$$

在 (15-1) 式和 (15-2) 式中，Y 为多维实体经济变量（如经济增长率、

[①] 有的观点认为信贷规模是传导机制变量，有的观点认为信贷规模是中介目标，但都认为信贷规模对宏观经济的调控影响显著。

通货膨胀率等）构成的向量；P 为多维政策变量（如政策利率、货币供应量等）构成的向量，两个方程式的左边是被解释变量，右边是解释变量。B、C、D、G 分别为相应变量的系数矩阵；u 和 v 分别为实体经济变量向量和政策变量向量的随机扰动项。使用结构化的向量自回归模型有一个明显的缺陷是，检验结果受人为设定的约束影响，其结论的客观性受到影响。根据 Sims（1980）和 Bernanke（1992）的改进研究，使用非约束的向量自回归模型（Unrestricted Auto Regression Model）将大大改进运用向量自回归模型实证研究的客观性和可行性。另外，要使（15-1）式和（15-2）式可识别，即能对模型参数进行估计，可以有如下两种识别假设：

一是假设当期的实体经济变量对政策变量没有影响，即假设 $D_0 = 0$，（15-1）式和（15-2）式就变为：

$$Y_t = (I - B_0)^{-1}[(B_1 + C_0 D_1)Y_{t-1} + (C_0 G + C_1)P_{t-1} + u_t + C_0 v_t] \quad (15-3)$$

$$P_t = D_1 Y_{t-1} + G P_{t-1} + v_t \quad (15-4)$$

二是同样地可以假设政策变量对当期的实体经济变量不产生影响，即假设 $C_0 = 0$，则（15-1）式和（15-2）式可变为：

$$Y_t = (I - B_0)^{-1}[B_1 Y_{t-1} + C_1 P_{t-1} + u_t] \quad (15-5)$$

$$P_t = (D_1 + D_0 (I - B_0)^{-1} B_1) Y_{t-1} + (G + D_0 (I - B_0)^{-1} C_1) P_{t-1} + v_t + D_0 (I - B_0)^{-1} u_t \quad (15-6)$$

因此，（15-3）式和（15-4）式较多地被用于研究政策对宏观经济变量的影响，而（15-5）式和（15-6）式则较多地被用于研究政策反应函数，（15-3）式和（15-4）式将是本节主要运用的实证模型。

二、利率传导机制的实证研究

中国金融市场上多种利率并存，最主要的显性利率有以下两种：货币市场利率（金融机构同业拆借利率）和央行管制的存贷利率，前者受央行货币供给量调控的影响，是货币的"市场价格"，后者则由中央银行设定，是货币的"计划价格"，从而出现了货币市场上的"价格双轨制"。由于央行管制的存贷利率在时间序列上看，其变动特点是非连续的、阶梯状的波动，利用管制利率进行回归分析将导致变量之间的相关性不显著。在以下的分析中，将把货币市场利率作为利率变量进行检验[①]。本节根据1998年1月至2008年12月的月度数据建立一个

[①] 从另外一个意义上看，央行管制的存贷利率更接近是一种货币政策工具，而货币市场利率更接近是一个传导机制变量，在本书对利率传导机制的分析中，货币市场利率更合适。

非约束的向量自回归模型。

本节选取的宏观经济指标有房屋新开工面积、出口额、进口额、房地产开发投资总额、工业总产值、固定资产投资总额和社会消费品零售总额,在宏观经济指标的选取上参考了 Bernanke (1992)。由于必须使用月度数据,在没有月度的 GDP 数据情况下,Bernanke (1992) 认为,上述指标更能代表宏观经济走势。本节选取的政策指标有 $M1$、$M2$、财政支出、货币市场利率(即 SHIBOR)。

(一)货币利率对实体经济变量的影响

在向量自回归模型下,可以用 Granger 因果检验法比较各货币政策变量(包括中介目标和传导机制变量)对宏观经济变量的预测能力和解释能力。

表 15 - 1 的格兰杰因果检验表明,在 5% 的显著性水平下,SHIBOR 只对部分实体经济变量有着显著的解释能力。除了对房屋新开工面积和出口额,货币市场利率 SHIBOR 对其他实体经济变量没有显著的预测能力,说明房屋新开工面积和出口额是一个对货币市场利率比较敏感的实体经济变量。表 15 - 1 也说明了货币供给量 $M2$ 的预测能力较强,优于 $M1$,也优于货币市场利率 SHIBOR。

表 15 - 1　　　关于货币市场利率的滞后三阶的格兰杰因果检验
(样本期:1998 年 1 月 ~ 2008 年 12 月)

实体经济变量	CPI	$M1$	$M2$	财政支出	SHIBOR
房屋新开工面积	0.0001	0.0608	0.0203	0.3202	0.0085*
出口额	0.0196	0.6805	0.0004*	0.0020	0.0304*
进口额	0.3532	0.0954	0.0007*	0.0001	0.0946
房地产开发投资总额	0.7221	0.5755	0.0072*	0.9862	0.8411
工业总产值	0.1705	0.8956	0.4175	0.4870	0.2877
固定资产投资总额	0.6583	0.4017	0.0004*	0.0886	0.3450
社会消费品零售总额	0.2698	0.4477	0.1300	0.8947	0.9531

注:*表示在 5% 水平下显著。变量通过格兰杰因果检验,即 F 统计量对应的 P 值小于 0.05。

资料来源:原始数据来自 Wind 数据库和中经网数据库,所有非百分比数据都经过季节调整,然后对数化。

在典型市场经济国家中,货币市场利率对宏观经济变量有着较强的解释能力。但在表 15 - 1 的实证检验中,可以看出货币供给量比利率对实际变量的解释能力更强。货币供给量影响着消费、产出和利率的波动,是宏观经济变量运动的源动力之一,这说明直到现在,影响中国货币政策变量的核心因素仍然是货币供给量，而不是市场利率。显而易见，中国利率没有市场化，货币供给影响投资无须借助于利率，传导机制的链条在利率上发生断裂。实际上，6 阶滞后的格兰杰因果关系检验得出的因果关系图也是一致的，说明了检验的稳定性。

由于解释变量之间存在相关性，虽然向量自回归模型允许变量之间的相关性，但格兰杰因果检验的显著性可能会受到变量之间的相关性的干扰。为了对这个结果进行进一步验证，我们在原有的向量自回归模型的基础上使用方差分解。方差分解考虑到了变量之间的相关性，能提炼出解释变量对被解释变量的所有影响，即考虑到通过其他解释变量间接影响被解释变量的情形。表 15 – 2 的方差分解实证检验表明，SHIBOR 对于实体经济变量的解释能力较强，对房屋新开工面积、出口额、进口额、工业总产值、固定资产投资总额和社会消费品零售总额的解释能力都强于 $M2$。

表 15 – 2　　货币市场利率对宏观经济变量的影响的方差分解（%）
（第一种排序）

实体经济变量	自身	CPI	SHIBOR	$M1$	$M2$	财政支出
房屋新开工面积	59.54	6.29	11.36	0.57	9.47	12.76
出口额	49.52	2.42	38.53	3.1	3.53	2.88
进口额	63.68	2.83	21.14	4.94	2.0	5.38
房地产开发投资总额	79.46	0.47	2.5	4.13	11.05	2.38
工业总产值	61.55	1.03	16.68	9.97	5.65	5.1
固定资产投资总额	51.34	2.69	28.79	4.73	5.73	6.7
社会消费品零售总额	80.39	4.67	4.92	1.31	6.14	2.55

资料来源：原始数据来自 Wind 数据库和中经网数据库，所有非百分比数据都经过季节调整，然后对数化。

因为方差分解法研究经济变量对实际变量的解释能力往往与解释变量的排列顺序有关，在解释变量序列中靠前的解释变量在方差分解中所占的比例会稍大一些。因此，我们进行另外一种尝试，把 SHIBOR 设为最后一个解释变量。表 15 – 3 的检验结果表明，即使把 SHIBOR 放在最后，它对实体经济变量也有显著影响，但对于固定资产投资总额和社会消费品零售总额的解释能力较弱。排序的变化导致结论的差异恰恰说明 SHIBOR 对实体经济有着直接显著的作用；而 $M2$ 是我国货币政策的中介目标，它外生于其他货币政策变量，即 $M2$ 通过 SHIBOR 对实体经济变量产生影响，而货币市场利率没有通过 $M2$ 影响实体经济变量。这也证实了，货币市场利率 SHIBOR 是我国货币政策体系中一个较为显著的传导机制变量，一方面货币政策中介目标对它产生决定性的影响，另一方面它对实体经济变量产生决定性影响，这说明货币市场利率作为一种传导机制，它较好地把货币政策的绩效传导至实体经济中。

表 15-3 货币市场利率对宏观经济变量的影响的方差分解（%）
（第二种排序）

实体经济变量	自身	CPI	M1	M2	财政支出	SHIBOR
房屋新开工面积	56.61	18.8	2.3	3.3	5.6	13.4
出口额	47.0	14.8	0.98	16.0	2.1	19.1
进口额	54.51	4.47	2.1	22.2	4.7	11.96
房地产开发投资总额	80.2	0.72	3.36	12.1	0.9	2.8
工业总产值	65.9	15.5	0.78	8.7	0.43	8.7
固定资产投资总额	60.8	0.40	1.53	17.4	5.5	14.4
社会消费品零售总额	73.7	3.3	1.2	16.6	0.8	4.4

资料来源：Wind 数据库和中经网数据库，非百分比数据都经过季节调整和对数化。

（二）货币市场利率对 CPI 的影响

除了对实体经济变量的影响较为显著外，我们还要分析货币市场利率对通货膨胀率的影响。除了 SHIBOR 以外，还加入了其他货币市场利率指标，包括 3 个月国债、1 年期国债和 10 年期国债、信用利差、期限利差等。

表 15-4 的格兰杰因果检验表明，除了 10 年期国债到期收益率，其他变量都不是 CPI 显著的格兰杰原因。这表明货币市场利率对 CPI 的短期波动的影响很有限。10 年期国债到期收益率之所以是 CPI 显著的格兰杰原因可能是因为 10 年期国债到期收益率所蕴含的通货膨胀预期较好地引导了 CPI 的波动。利率对实体经济的影响表现为长期利率对通货膨胀率的调控能力，引导通货膨胀预期。

表 15-4 货币市场利率和 CPI 的格兰杰因果检验

零假设	F 统计量	P-value
CPI 不是 R_BOND10Y 的格兰杰原因	0.59658	0.7319
R_BOND10Y 不是 CPI 的格兰杰原因	3.60994*	0.0038*
CPI 不是 R_BOND1Y 的格兰杰原因	0.85716	0.5312
R_BOND1Y 不是 CPI 的格兰杰原因	0.92095	0.486

续表

零假设	F 统计量	P-value
R_SHIBOR 不是 R_BOND3M 的格兰杰原因	0.76488	0.6002
R_BOND3M 不是 R_SHIBOR 的格兰杰原因	0.52397	0.7881
CPI 不是 R_BOND3M 的格兰杰原因	0.72318	0.6325
R_BOND3M 不是 CPI 的格兰杰原因	0.82217	0.5569
CPI 不是 R_CPBILL 的格兰杰原因	1.70188	0.135
R_CPBIL 不是 CPI 的格兰杰原因	0.52082	0.7904
CPI 不是 R_SHIBOR 的格兰杰原因	0.80946	0.5644
R_SHIBOR 不是 CPI 的格兰杰原因	0.99102	0.4342
CPI 不是 R_TERM 的格兰杰原因	0.30234	0.9335
R_TERM 不是 CPI 的格兰杰原因	1.52910	0.183

注：* 表示在 5% 水平下显著。变量通过格兰杰因果检验，即 F 统计量对应的 P 值小于 0.05。10 年期国债到期收益率：R_BOND10Y；1 年期国债到期收益率：R_BOND1Y；3 个月国债到期收益率：R_BOND3M；SHIBOR 利率：R_SHIBOR；信用利差（3 个月 SHIBOR 利率减去 3 个月国债到期收益率）：R_CPBILL；期限利差（10 年期国债到期收益率减去 1 年期国债到期收益率）：R_TERM。

资料来源：原始数据来自 Wind 数据库和中经网数据库，所有非百分比数据都经过季节调整，然后对数化。

（三）实证检验的结论

实证检验表明，我国货币政策利率传导机制是局部有效的。在对实体经济变量的影响上，作为"准市场利率"的货币市场利率对部分实体经济变量有较强的解释能力，甚至优于 M2 的解释能力，但对另外一部分宏观经济变量的波动的影响不显著。依托于结构化的向量自回归模型，通过格兰杰因果检验发现 M2 对实体经济的影响更为出色。M2 作为货币政策的中介目标，调控宏观经济；而利率在时间序列上的解释能力相对较低。但是通过方差分解可以看出利率的波动对实体经济的解释能力较强，并且作为 M2 调控的传递渠道，说明利率在宏观调控中表现出传导机制的作用。此外，在对通货膨胀率的影响上，货币市场利率对通货膨胀率的短期调控能力较弱，货币市场利率对通货膨胀率的影响主要表现为长期利率对通货膨胀率的调控能力很显著，长期利率所蕴含的通货膨胀预期很好地引导了 CPI 的波动。

导致利率传导机制局部失效的原因是多方面的：首先，利率成本只是影响消费者和企业家决策的一个因素，消费者可能更多地根据收入、预期、税收政策等因素决定其消费支出，企业家可能更多地根据产品需求预期、销售价格和数量、现金流等因素来决定其投资水平。针对典型市场国家经济的利率对实体经济影响的实证结果中也较多地出现利率和实体经济变量的相关性不显著的证据。其次，货币市场利率 SHIBOR 作为我国金融市场一种典型利率，我国金融市场和实体经济之间的相互影响的关系尚不确定，因此货币市场利率对宏观经济变量的影响有不确定性。最后，由于利率存在管制，长期以来管制利率低于市场均衡利率，本节将货币市场利率代替实际的市场均衡利率进行检验可能仍然是不够准确的。

三、结论与建议

本节旨在通过实证模型研究我国货币政策的利率传导机制的有效性。货币政策的利率传导机制是指中央银行通过调控货币政策工具及中介目标影响利率这一传导机制变量，从而调控产出增长率和通货膨胀率的渠道和机制。本节检验我国的货币政策利率传导机制是否有效，就是检验货币市场利率作为一个传导机制变量是否受到 $M2$ 等货币政策中介目标的有效调控，同时它是否有效地将货币政策中介目标的影响传导至产出变量和价格变量。本节的实证研究的结论表明，我国的利率传导机制是局部有效的，而利率管制等因素是我国利率传导机制存在缺陷的主要原因。

我国作为一个正在金融深化过程中的国家，金融体制尚在不断完善中，金融抑制和市场分割体现在多个层面。在讨论我国的货币政策利率传导机制时，货币市场中"价格双轨制"的特点必须引起重视，即货币市场中存在多重利率，货币市场利率（银行间同业拆借利率）和央行设定的存贷款利率同时并存。前者受央行货币供给量调控的影响，是货币的"市场价格"；后者则由中央银行设定，是货币的"计划价格"。由于居民和企业面临的存贷利率是受管制的，存贷利率主要由中国人民银行的利率政策决定，作为货币政策中介目标的货币供给量对存贷利率没有显著影响，受管制的存贷利率对产出增长率和通货膨胀率也没有显著影响，传统的货币政策理论中所阐述的"存贷利率传导机制"在中国不显著。已有的关于利率传导机制的研究主要把存贷利率作为研究对象，往往得出利率传导机制不显著的结论。

但是，我国的利率市场化正在推进过程中，在存贷款利率完全放开之前，金融市场传导货币政策的作用越来越明显，中国金融市场上的另外一种典型利率——货币市场利率（金融机构同业拆借利率）正在发挥更重要的作用。本节的实证结果表明，作为"准市场利率"的货币市场利率对部分实体经济变量有较强的解释能力，甚至优于 $M2$ 的解释能力，但对另外一部分宏观经济变量的波动的影响不显著。在对通货膨胀率的影响上，货币市场利率对通货膨胀率的短期调控能力较弱，货币市场利率对通货膨胀率的影响主要表现为长期利率对通货膨胀率的调控能力很显著，长期利率所蕴含的通货膨胀预期很好地引导了 CPI 的波动。

第二节　我国货币政策信贷传导机制

已有的研究表明典型市场经济体制下的货币政策有利率、信贷、资产价格和汇率四种传导机制，其中，对信贷传导机制的研究最为详尽，得到的实证证据支持也较多。典型市场经济体制下的信贷传导机制包含三个渠道：一是银行借贷渠道。这是指当货币供给量扩张时，银行的可贷资金增加，居民和企业可获得的贷款一般会相应增加，从而居民的消费支出和企业的投资支出也相应增长，最终推动产出增长。二是资产负债表渠道。这是指货币政策扩张将会影响居民和企业的资产负债表。当货币供给量扩张时，利率降低，资产价格上涨，居民和企业的净资产增加。净资产增加意味着居民和企业有更多的抵押品进行借贷；同时由于净资产增加导致居民和企业的逆向选择和道德风险问题减弱，因信息不对称导致的融资成本（信贷中介成本）降低，银行更有动机投放更多信贷。三是企业现金流渠道。这是指扩张性的货币政策降低了利率，企业更有能力通过短期借贷扩充现金流，改善资产负债表，资产负债表的改善反过来使银行提高对企业的信用评级，增加对企业的信贷额度。信贷传导机制的这三个渠道都直接影响了居民和企业的支出水平，凸显了它在货币政策体系中的重要作用，也使它越来越被各个国家的中央银行所重视。

信贷传导机制对于中国货币政策体系也有着特殊的意义，一方面是因为在计划经济时代信贷计划政策一直扮演着相当于货币政策的角色，对经济增长和物价水平有着重要影响，这种影响一直延续至今；另一方面是因为中国的金融体系是银行主导型的体系，银行信贷是居民和企业最主要的融资渠道，这使得信贷传导机制也成为我国货币政策传导最重要的途径之一。本节对我国信贷传导机制的研究旨在说明我国信贷传导机制的特点以及它和典型市场经济体制下的信贷传导机制的差异，分析中国货币政策信贷传导机制存在的问题，提出优化信贷传导机制的政策建议。

一、我国货币政策体系下的信贷传导机制的地位和作用的演变

信贷传导机制在相当长一段时间里是我国货币政策唯一有效的传导机制。我国中央银行制度确立之前，我国的货币政策是完全意义上的直接调控。1984年1月，中国人民银行成为中央银行，并开始逐步启用市场化的间接调控手段。从1985年开始，中国货币政策开始了计划和市场两种手段并用的调控时期，既运用直接调控手段控制信贷规模，又运用间接调控手段调控货币供给量，如再贷款、再贴现、存款准备金、公开市场操作等。1985~1998年，信贷规模管理是中国人民银行主要依赖的手段，其他市场化的间接调控手段都是辅助手段，而信贷规模管理发挥着实质性作用。在此期间，由于信贷规模管理制度一再受到挑战，信贷实际投放规模一再突破中央银行的计划规模，中央银行开始改进信贷规模管理制度，推行资产负债比例管理，但资产负债比例管理的本质仍然是管理信贷。

在1998年货币政策间接调控实现之前，我国货币政策始终依赖信贷计划，相应的货币政策依赖于信贷机制进行传导。而在信贷传导机制的三种渠道中，我国的信贷传导机制以银行贷款渠道为主，资产负债平衡表渠道和企业现金流渠道的作用微弱。商业银行的贷款行为不是在贷款风险和收益之间进行权衡，而更多是一种地方政府、商业银行和企业之间的博弈结果。这样做的结果不仅导致了效率损失，也带来了银行不良贷款问题和金融风险。

从1998年开始，中国货币政策体系的改革出现了突破性进展。以取消对商业银行信贷规模的限额控制、改革存款准备金制度和扩大公开市场业务为标志，中国货币政策调控开始由直接调控向间接调控转变。一旦我国货币政策间接调控体系确立，一旦我国真正实现利率市场化，中央银行的信贷传导机制就会逐渐呈现西方典型市场经济国家的特征。简而言之，此时中央银行就可以通过调整存款准备金，使得商业银行可贷资金量上升，进而投资增加，产出扩大。但是，从1998~2008年，建立间接调控的货币政策体系的目标实现了没有，这是本节需要关注的问题。

本节下面的实证研究的目的之一就是验证1998年中国人民银行宣称开始实行间接调控货币政策体系之后，我国的信贷传导机制是否成为了一种市场化的、间接调控的机制，同时对比分析我国的信贷传导机制和典型市场经济体制下的信

贷传导机制的差异。

二、我国信贷传导机制的实证检验

(一) 信贷规模对产出增长率和通货膨胀率的影响的实证检验

要验证我国的信贷传导机制是否成为了一种间接调控的传导机制，或者说要验证信贷规模是否是中国货币政策体系中的传导机制变量，要分为两个步骤：第一个步骤是要证明它能影响产出增长率、通货膨胀率等最终目标；第二个步骤是要证明它受中央银行货币政策调控的影响。如果它只影响产出增长率、通货膨胀率等最终目标，但不受货币供给量调控的影响，说明它是独立于货币供给量调控的货币政策之外的另一个货币政策工具。如果是这样，中央银行应仍然坚持直接调控的信贷政策。

首先建立一个产出变量作为被解释变量，政策变量（包括货币政策和财政政策）作为解释变量的向量自回归模型（Vector Auto Regression）。产出变量包括房屋新开工面积、出口额、进口额、房地产开发投资总额、工业总产值、固定资产投资总额和社会消费品零售总额，政策变量包括 $M1$、$M2$、财政支出和信贷规模。同时，还加入了 CPI 变量作为解释变量，从而使得我们能够分析政策变量对实际产出变量（而不是名义变量）的影响。在这里，格兰杰因果检验的滞后阶数为 6 阶，我们假设政策变量对产出变量的影响有 6 个月以内的滞后期。格兰杰因果检验的结果列在表 15-5 中，表 15-5 中的 2~8 行的每一行代表一个向量自回归方程，每一行的第一列的产出变量为被解释变量。表 15-5 中的数字表明拒绝原假设（政策变量不是产出变量的原因）的概率值（P-value）。由于我们分析的数据有很强的季节性，所有非百分比数据都经过季节调整，然后进行对数化，这表明分析的不是绝对值之间的关系，而是变化率之间的关系。

表 15-5 产出变量和政策变量的格兰杰因果检验
（样本区间：1998 年 1 月 ~ 2008 年 12 月）

实体经济变量	CPI	$M1$	$M2$	财政支出	信贷规模
房屋新开工面积	0.6247	0.4783	0.4384	0.6356	0.6053
出口额	0.5082	0.5237	0.0107	0.9489	0.7657
进口额	0.4151	0.3856	0.0328	0.5738	0.0977
房地产开发投资总额	0.5700	0.0281	0.0045	0.7951	0.0432*

续表

实体经济变量	CPI	M1	M2	财政支出	信贷规模
工业总产值	0.6146	0.3154	0.8909	0.0180	0.0116*
固定资产投资总额	0.2403	0.1699	0.0301	0.3213	0.0029*
社会消费品零售总额	0.4135	0.1107	0.1177	0.6263	0.0197*

注：有*号的数字表明信贷规模对相对应的产出变量有解释力。

资料来源：原始数据来自Wind数据库，所有非百分比数据都经过季节调整，然后对数化。

表15-5的格兰杰因果检验表明，和M1、M2、财政支出等其他政策变量相比，信贷规模对工业总产值、固定资产投资、消费品零售总额、房地产开发投资总额等四个最重要的产出变量有着显著影响。虽然对房屋新开工面积、出口额和进口额等三个变量的影响不显著，但我们认为工业总产值、固定资产投资、消费品零售总额、房地产开发投资总额等四个变量能在一定程度上代表我国GDP的内涵。这一结果说明，信贷规模对中国经济的实际产出变量有着显著影响。

接着，还要分析信贷规模对通货膨胀率的影响。表15-6的格兰杰因果检验显示，在5%的显著水平下，信贷规模是CPI的格兰杰显著原因，CPI也是信贷规模的格兰杰显著原因，两者具有显著的因果关系。这说明，信贷规模能够有效地调控通货膨胀率，可以作为一个有效的政策变量。与此同时，中央银行的信贷政策也对CPI做出了显著反应，这表明在中央银行信贷政策的反应函数中，CPI是其中一个解释变量，中央银行也根据CPI的变动调整了信贷规模等政策变量。

表15-5和表15-6的检验表明，信贷规模能有效调控产出增长率和通货膨胀率等最终目标，完成了检验的第一个步骤。

表15-6　信贷规模和CPI的格兰杰因果检验
（样本区间：1998年1月~2008年12月）

原假设	F统计量	P值
信贷规模不是CPI的格兰杰显著原因	4.2421	0.0005*
信贷规模不是CPI的格兰杰显著原因	3.4059	0.0032

注：*表示在5%水平下显著。变量通过格兰杰因果检验，即F统计量对应的P值小于0.05。

资料来源：同表15-5，原始数据经过季节调整和对数化。

（二）货币政策对信贷规模影响的实证检验

对信贷传导机制的检验的第二个步骤就是检验信贷规模和货币供给量之间的

相关关系。如果信贷规模是传导机制变量,那么它受货币供给量的间接调控的影响,否则它就是中央银行的一个独立的货币政策工具。这意味着中央银行不是通过货币供给量间接调控信贷规模,而是通过信贷政策直接影响信贷规模,即通过信贷额度管理或窗口指导等办法直接干预信贷规模。

表 15-7 的格兰杰因果检验表明,信贷规模和 $M1$、$M2$、财政支出之间不存在显著的因果关系,这说明了信贷规模是独立于 $M1$、$M2$、财政支出之外的政策变量。因此,与其说信贷规模是传导机制,不如说它是货币工具变量。

表 15-7　　信贷规模和 $M1$、$M2$、财政支出之间的格兰杰因果检验
（样本区间：1998 年 1 月 ~ 2008 年 12 月）

原假设	F-statistic	Prob.
信贷规模不是 $M1$ 的显著原因	0.16757	0.9850
$M1$ 不是信贷规模的显著原因	0.88473	0.5078
信贷规模不是 $M2$ 的显著原因	1.78366	0.1099
$M2$ 不是信贷规模的显著原因	1.10759	0.3633
信贷规模不是财政支出的显著原因	0.44633	0.8467
财政支出不是信贷规模的显著原因	0.83141	0.5474

资料来源：同表 15-5,原始数据经过季节调整和对数化。

1998 年前后,中国货币政策的模式发生了很大变化。1998 年之前,中国人民银行一直实行信贷规模管理。1998 年之后,中国人民银行宣称放弃了信贷规模管理,宣布以货币供给量为中介目标的间接调控政策。为了区分 1998 年前后中国货币政策调控模式的变化,我们分别作了 1998 年 1 月 ~ 2008 年 12 月和 1990 年 1 月 ~ 2008 年 12 月两个样本区间的格兰杰因果检验,但结论是一样的。这表明虽然 1998 年之后中国人民银行宣称以货币供给量为中介目标的间接调控政策,但是实际上中国的货币政策当局和银行监管当局对商业银行的信贷规模施加了各种直接或间接的影响,这使得中国的信贷规模仍然是不受货币供给量间接调控的独立政策变量。

三、我国货币政策信贷传导机制的效率损失问题

在典型的市场经济中,中央银行通过调整货币供给量或货币市场利率影响商业银行的资金成本,商业银行根据资金成本和市场风险自主决定其信贷规模,中央银行直接控制的变量只有货币供给量（或货币市场利率）,信贷规模和实体经

济变量都是由货币供给量间接调控的。但是，对中国而言，信贷规模往往是由政府信贷政策直接干预决定的，而不是由中国人民银行的货币政策间接调控决定的。因此可以说，政府直接调控信贷规模是我国信贷传导机制的主要特征。

我国信贷传导机制的这一特征对中国货币政策体系的调控能力而言既有优势也有劣势。其优势是信贷规模对产出变量和通货膨胀率的影响很显著，表明我国中央银行拥有可有效调控的货币政策工具，能够在经济衰退期间推动经济复苏，也能在经济过热期间抑制通货膨胀。信贷传导机制强有力调控的优势恰恰也是它的劣势。有效控制和效率损失是一个永恒的矛盾。中央银行能有效调控信贷数量，针对宏观经济的过热或过冷状态进行调整，这可以避免宏观经济大起大落，但是中央银行对商业银行的过多行政干预可能导致商业银行乃至整个宏观经济遭受效率损失。中央银行对商业银行的信贷干预本质上是信贷配给，它导致的问题主要包括以下三个方面：

其一，信贷规模与政府投资及国企投资具有较高的相关性，但对居民消费和民营企业投资的影响较小。这一现象可以从本节的第二部分的实证检验中得到支持。表15-5的检验显示，信贷规模对固定资产投资、房地产开发投资有着显著影响。即使在1998年之后，我国商业银行信贷的主要投放方向是国有企业的投资和国家基础设施项目建设投资，这使得我国的信贷对固定资产投资和GDP的推动作用特别明显。信贷的有倾向性的投放可能导致产能过剩、重复建设、银行不良贷款等多重问题，不利于经济结构优化和经济的可持续增长。

其二，政府直接干预信贷规模，干预了商业银行的自主经营、自负盈亏的市场化决策，影响了商业银行的利润最大化，不利于商业银行等金融机构的市场化运营。商业银行不能根据其利率成本和市场风险相应调整信贷投放量，使得其在宏观经济萧条时期承担过多的信贷风险，导致大量不良资产。当然我国商业银行的信贷投放的非市场化经营的主要责任不完全在于中央银行，地方政府、国有企业对商业银行的地方分行的高度影响力使得我国商业银行的信贷投放一直难以摆脱行政干预的色彩。2002年以来，国有商业银行的上市重组推动了公司治理结构的完善，一定程度上改善了信贷投放被地方政府和国有企业过多干预的状态。

其三，政府直接干预信贷规模导致的信贷配给产生的一个衍生问题是中小企业融资难。中小企业是我国经济增长的重要动力之一，也孕育着我国未来产业发展和技术创新的方向，但无论是1998年之前还是1998年之后，中小企业融资难问题一直是中国金融体系的一个痼疾。在宏观经济风险较高时期，商业银行为了避免承担政治风险，对中小企业贷款避而远之，把贷款投放给国有企业，这是不良资产产生的主要根源，在宏观经济风险较低时期，商业银行也不愿意向中小企业大量投放，因为中小企业的贷款规模小，成本高，收益不稳定，而针对大型国有企业的贷款的规模收益很显著。

四、结论与建议

货币政策工具和目标与货币政策传导机制相互契合是货币政策有效发挥作用的前提和保障，市场经济模式下的货币政策体系需要间接调控的传导机制与之相配合，如果没有市场化的传导机制作为基础，所谓的市场化的、间接调控的货币政策体系将成为空中楼阁，不能有效发挥作用。很多实证研究表明，我国1998年之后建立的以货币供给量为主要目标的货币政策没有能发挥实际的作用。由于信贷传导机制存在的问题，中国货币政策体系离市场化还有一段距离要走。

实证结果表明，信贷规模对宏观经济最终目标有着显著的推动作用，但货币供给量对信贷规模的影响并不显著。因此，与其说信贷规模是中国货币政策传导机制，不如说是它是货币政策工具，因为它是中国货币政策当局和银行业监管当局直接行政干预的变量，而不是像典型市场经济国家那样的由央行间接调控的变量。

政府直接调控信贷规模是我国信贷传导机制的基本特征，这对中国货币政策体系的调控能力而言既有优势也有劣势。优势是信贷规模对产出变量和通货膨胀率的影响很显著，表明我国中央银行拥有可有效调控的货币政策工具。但是其导致的问题也是多方面的：它可能导致产能过剩、重复建设、银行不良贷款等多重问题，不利于经济结构优化；干预商业银行的自主经营、自负盈亏的市场化决策，影响了商业银行的利润最大化；导致中小企业融资困难等。

针对上述问题，我们应该如何建立市场化的、间接调控的信贷传导机制？信贷传导机制在我国宏观经济体系和货币政策体系中扮演的重要角色要求我们要扬其长，避其短，而不是完全舍弃信贷规模的调控。

首先，发挥我国信贷传导机制的优势的前提是要保障信贷传导机制的良性运作，而信贷传导机制的良性运作依赖于商业银行体系的有效运营。因此必须保障我国商业银行体系的健康运营。不仅要避免大规模的不良贷款的出现，也要防止公司治理结构不完善导致的运营风险，更要规避商业银行在风险资产投资上可能出现的风险。如果我国各大商业银行再次出现20世纪90年代末那样的大范围、大规模的不良资产，中国经济恐怕要重蹈日本20世纪90年代的覆辙。

其次，若要规避我国信贷传导机制的劣势，必须要进一步推动信贷传导机制的市场化。我们要积极促进商业银行的市场化经营，完善国有商业银行的公司治理结构，真正实现政企分开，减弱政府直接干预对信贷投放的负面影响，尽力避免政府直接干预信贷传导机制导致的经济效率损失。只有当商业银行把利润最大化当作其主要目标时，商业银行才会根据资金成本和市场风险自主决定其信贷规模，中央银行才能通过调控准备金和利率间接调控信贷规模。

最后，从建立间接调控的货币政策体系的长期目标来看，建议推动将信贷规模从直接调控的货币政策工具转变为间接调控的中介目标。对商业体系的改革和完善只是进一步稳固了信贷传导机制目前的运行状态，当宏观经济出现较大风险时，信贷额度控制将会再次成为中央银行的应急手段。若让中央银行完全放弃对信贷规模的直接调控可能导致较大的负面影响，将使得中央银行失去一种强有力的调控工具，不利于中国渐进式改革的逐步推进。因此，既要使得金融市场风险和信贷风险可控，又要让中央银行掌握有效的货币政策调控手段，将信贷规模作为货币政策中介目标是适合中国宏观经济体制特点的改革方向。

第三节 我国货币政策资产价格传导机制

一、我国货币政策债券价格传导机制的实证研究

从1981年我国恢复发行国债以来，经过20多年的发展，债券市场已初具规模。债券市场金融创新产品逐渐丰富，商业银行直接融资规模进一步扩大。作为国民经济的重要组成部分，债券市场在金融体系中扮演着重要的角色。以资金流通为纽带，债券市场与其他市场和部门之间存在着直接或间接的联系，在这种联系的基础上，债券市场能够把中央银行的货币政策效应传导至实体经济层面，因此债券市场传导机制越来越成为我国货币政策的一个重要传导机制。希望在货币政策传导机制的相关理论的基础上，从实证的角度研究当前我国货币政策如何通过债券市场影响实体经济。

（一）我国货币政策债券价格传导机制的研究综述

货币政策传导机制描述了货币当局借助于货币政策工具实现货币政策最终目标的作用过程，它是货币政策有效发挥作用的基础。自凯恩斯建立宏观经济分析框架以来，各经济学流派从不同的经济条件出发，分别形成了各自的货币政策传导机制理论。已有的研究表明典型市场经济国家的货币政策有四种传导机制：利率传导机制、信贷传导机制、资产价格传导机制和汇率传导机制。债券价格传导机制是资产价格传导机制的一部分。

以下就对传统货币政策传导机制的理论渊源、研究脉络与实证模型进行系

的梳理，以期从传统理论模型中挖掘出债券市场在货币政策传导中的功能和作用机制。

1. 债券市场货币政策传导的相关理论模型。在市场机制高度发达的西方市场经济体中，债券市场在货币政策传导中主要是通过资本成本效应、财富效应和资产负债表效应发挥作用。

①资本成本效应。这一效应是和传统的凯恩斯理论相关的。当中央银行根据对经济走势的判断应为增加货币供应量时，商业银行必然重新调整其资产组合，降低利率，改善融资条件，增加放款，同时加大对金融资产和非金融资产的投资。具体表现为债券市场拆借、回购利率降低，进而带动长期利率下降，企业在资本市场的融资成本降低，消费和投资支出增加、产量提高，最终均衡国民收入随之增加。反之，货币供应量下降会导致债券市场拆借、回购利率上升，拉升债券长期利率，企业的资本成本上升，继而消费和投资支出减少、产量下降，均衡国民收入随之降低。

②托宾的 Q 理论和财富效应。这是莫迪利亚尼的财富效应理论所引发的效应。中央银行采用扩张性货币政策使货币供应量增加，信贷市场和货币市场的短期利率将随之降低，并带动长期利率相应降低，债券等金融资产的价格随之上升。资产价格的上升使各经济主体的金融财富增加，财富总量也会相应增加；用增加的货币购买商品和劳务，会引起总需求和均衡国民收入的增加；用增加的货币在资本市场上继续购买金融资产，会引起各种生利资产和可贷资金供求关系的变化，导致资产价格和数量的持续上升，最终仍会引起总需求和均衡国民收入的增加。反之，减少货币供应量将使信贷市场和货币市场的短期利率及资本市场的长期利率相应提高，债券等金融资产的价格下降，收益率上升。

③资产负债表效应。按照伯南克（Bernanke & Gertler，1995）的信贷传导机制理论，货币政策可以通过改变借款人的资产负债表来影响其可贷资金量，从而影响企业的投资支出和总产出。当中央银行调低存款准备金比率、增加货币供应量时，债券市场利率下降，企业利息支出减少，净现金流量增加，并且由于债券价格上升，使企业资产负债状况改善，可贷资金增多，继而导致投资和均衡国民总收入增加。

2. 货币政策债券价格传导的实证研究。Andrew Haldane 和 Vicky Read（1999，2002）运用两个模型来分析货币政策变化引起的收益率曲线变动，其分析表明：实施完全透明、高度可信的货币政策调整将使得收益率曲线免于波动。事实上，在货币政策变化时，收益率曲线的稳定性提供了一种测量货币制度透明度和可信度的方法：透明度越高，收益率曲线的稳定性越强，特别是对短期而言；有关通货膨胀目标的可信度越高，当货币政策改变时，长期收益率曲线也越稳定。但是，国外研究大多基于纯市场化的金融环境，对于像中国这样处于经济转轨期的国家来说，实证研究的结果参考作用有限。国内的学者从我国债券市场发展滞后的现实情况出发，进行了一些有意义的探索：

宋清华等（2002）定性地分析了债券市场与三大货币政策工具实施效果间的关系，并指出了我国债券价格传导货币政策的障碍。白静（2007）则从货币政策传导的两个阶段出发，探讨了债券市场、商业银行行为及货币政策传导之间的关系。

管圣义（2005）采用事件分析方法，分析了2001~2005年我国货币政策5次重大调整期间，债券市场的行情变化情况，得出的结论认为：债券市场行情变化主要受资金面、通货膨胀水平、货币政策变化及预期因素影响，其中货币政策变化的影响最为显著。邓洪（2006）在对2003年以来我国货币政策重大调整进行简要回顾的基础上，通过对中国债券总指数走势的解读，分析了我国债券市场波动与货币政策调整的互动关系，认为货币政策主要可以从资金供应和心理预期两方面对债券市场施加影响。林娟（2006）运用干预分析模型，研究了2004年4月25日央行上调存款准备金率这一干预事件对我国国债市场的影响，研究结果显示，上调存款准备金率政策公布后，负面影响逐渐上升，4月29日负面影响累计达到最大，此时交易所国债指数也跌到最低点。同时实证结果表明，中国的国债市场仍然尚未达到半强势有效市场。

邓小兰等（2010）运用定性与定量相结合的方法探讨基于货币供应量的国债政策与货币政策的协调配合问题。分析结论证明国债发行规模和结构明显影响货币供应量和央行的公开市场业务，因而为提高宏观经济调控效率，必须调整国债政策使之与央行货币政策协调。蒋柱斌（2006）采用计量经济学中的协整理论对我国债券总市值（SZ）、国民生产总值（GDP）、货币供应量（$M1$）和社会零售商品总额（SP）之间进行了实证研究。在9%的显著性水平上，证明货币政策传导效率在基础货币与债券市场之间表现良好，而在债券市场向实体经济传导过程中并不显著。

从现有文献来看，我国学者对债券市场货币政策传导的研究多集中于体制性和制度性问题层面。而对于传导过程中的结构和效率方面的实证，研究方法过于单一，模型设定比较粗糙，研究较为零散。既往学者在研究的过程中，更多将视野聚焦在资本市场、股票市场与货币政策的关系，为此我们可以借鉴其相关模型对债券市场的货币政策效应进行研究。以往学者在研究货币政策传导机制过程中，较多运用到了VAR模型，VAR模型的运用主要包括以下方式的拓展：一是向量误差修正模型，为经济系统的预测提供了方便的表达形式，因为它无须预先假定基本变量间的结构关系方程，又无须给出特定的外生变量。对于研究股票收益率与其他变量之间的关系非常适用（Lee，1992）。二是脉冲反应分析，VECM 模型反映了变量之间的总体关系，要精确地度量系统中一个变量受其他变量影响的动态过程，要用到脉冲反应函数。脉冲反应函数跟踪误差扰动时系统内生变量的响应，这种处理方法能使得每一个变量的相对影响可以分离出来。三是方差分解，在进行脉冲反应分析后，如果需要进一步确定以这个 VECM 进行预测所产生的误差由各个变量所解释的部分，则需要对预测误差进行方差分解。四是协整和引导关系研究，引导关系（Causal Relationship）是由 Granger 基于变量随即时间序列的因果关系提出来的，用来验证两个变量之间的引导或者因果关系。吕江林（2004）运用现代协整分析、误差修正模型和格兰杰因果分析等现代时间序列分析方法，实证考察了若干发达国家和新兴发展中国家（地区）股价指数和实际国内生产总值以及消费价格指数之间的动态关系，发现当一国股市发展到一定水平时，股指与实体经济间存在着较为显著的多重协整关系和双向因果关系；也考察了我国上证综指与实际国内生产总值之间的动态关系，发现股指与实体经济间存在着双重协整关系和单向因果关系。

（二）货币政策影响债券价格的实证检验

我国债券产品按照其信用基础大体可分为利率产品和信用产品，由于 2005 年以前国内信用产品规模较小，交易不活跃，因此信用产品的收益率数据的样本数量不足。本节主要分析货币政策对国债等利率产品的影响。货币政策影响债券市场主要通过货币供给量 $M2$ 等货币政策变量影响债券市场的供求，从而影响债券产品的收益率。

以 1 年期国债和 10 年期国债为例，检验我国的货币政策如何影响债券市场。这里所用的变量有 1 年期国债到期收益率（$BOND1Y$），10 年期国债到期收益率（$BOND10Y$），信用利差（3 个月 SHIBOR 利率减去 3 个月国债到期收益率，$CP-BILL$），期限利差（10 年期国债到期收益率减去 1 年期国债到期收益率，$TERM$）和银行间同业拆借利率（$SHIBOR$）（见表 15-8 和表 15-9）。

表 15-8 和表 15-9 的结果显示，中国人民银行的以货币供给量 $M2$ 为中介目标的货币政策对我国债券市场有着显著的调控能力。但拟合优度 $R2$ 表明方程的整体解释能力不高，DW 统计量显示上述检验可能存在多重共线性问题，$M2$ 和 $SHIBOR$ 之间可能存在多重共线性问题。为了避免序列相关问题，我们使用因子分析以进一步检验货币政策对债券市场收益率的影响。另外，上述检验只把货币政策变量作为自变量，没有考虑实体经济变量对债券收益率的影响。在考虑实体经济变量之后，货币政策变量对债券收益率的影响是否仍然显著是下面的检验将要考虑的问题，因此我们把实体经济变量也放入了因子分析的矩阵中。

表 15–8　货币政策对 1 年期国债的影响

Dependent Variable：BOND1Y			
Sample (adjusted)：2002M02–2009M11			

Variable	Coefficient	Std. Error	t-statistic	Prob.
M2	2.65E–06	5.89E–07	4.496119	0.0000*
TERM	0.191592	0.128546	1.490451	0.1402
CHBILL	–0.179799	0.089046	–2.019160	0.0470*
SHIBOR	0.742011	0.134211	5.528701	0.0000
C	–0.044607	0.406117	–0.109838	0.9128*
R-squared	0.507320	Mean dependent var		2.409390
Adjusted R-squared	0.481726	S.D. dependent var		0.606686
S.E. of regression	0.436761	Akaike info criterion		1.240174
Sum squared resid	14.68850	Schwarz criterion		1.386925
Log likelihood	–45.84714	Hannan-Quinn criter.		1.299093
F-statistic	19.82200	Durbin-Watson stat		0.466292
Prob (F-statistic)	0.000000			

注：*表示在 5% 水平下显著。变量通过 t 检验，即 t 检验对应的 P 值小于 0.05。

表 15–9　货币政策对 10 年期国债的影响

Dependent Variable：BOND10Y			
Sample (adjusted)：2002M02–2009M11			

Variable	Coefficient	Std. Error	t-statistic	Prob.
M2	2.61E–06	5.97E–07	4.366887	0.0000*
TERM	1.199456	0.130387	9.199217	0.0000*
CHBILL	–0.175989	0.090321	–1.948475	0.0550
SHIBOR	0.750943	0.136133	5.516259	0.0000*
C	–0.063402	0.411932	–0.153913	0.8781
R-squared	0.635746	Mean dependent var		3.641098
Adjusted R-squared	0.616824	S.D. dependent var		0.715680
S.E. of regression	0.443015	Akaike info criterion		1.268609
Sum squared resid	15.11216	Schwarz criterion		1.415360
Log likelihood	–47.01297	Hannan-Quinn criter.		1.327527
F-statistic	33.59776	Durbin-Watson stat		0.474627
Prob (F-statistic)	0.000000			

注：*表示在 5% 水平下显著。变量通过 t 检验，即 t 检验对应的 P 值小于 0.05。

因子分析就是用几个潜在的但不能观察的随机量去描述许多变量间的协方差关系，一般用于对内部具有高度相关性的变量的资料精简。具体来讲是根据变量间内部相关，找出并解释共同的变异量，以反映变量间潜在的基本结构，进而解释变量间的相关关系。其基本目的是用少数的几个因子去描述许多指标或因素之间的联系，即将相关程度较高的几个变量归为同一类，每一类变量构成一个因子，以较少的因子反映原资料的大部分信息。本节选取的解释变量较多，因此需对其进行因子分析，以缩减维度，进一步筛选变量。

通过检验原始数据，KMO 值为 0.837，根据适足性准则，该数据为"优良的"（Meritorious），适合进行因子分析。选择的统计软件为 SPSS 13.0，提取因子的方法为主成分分析法。为保证新生成的因子保持不相关性，旋转方法采取方差极大正交旋转法。下面对因子分析的输出结果做进一步分析。

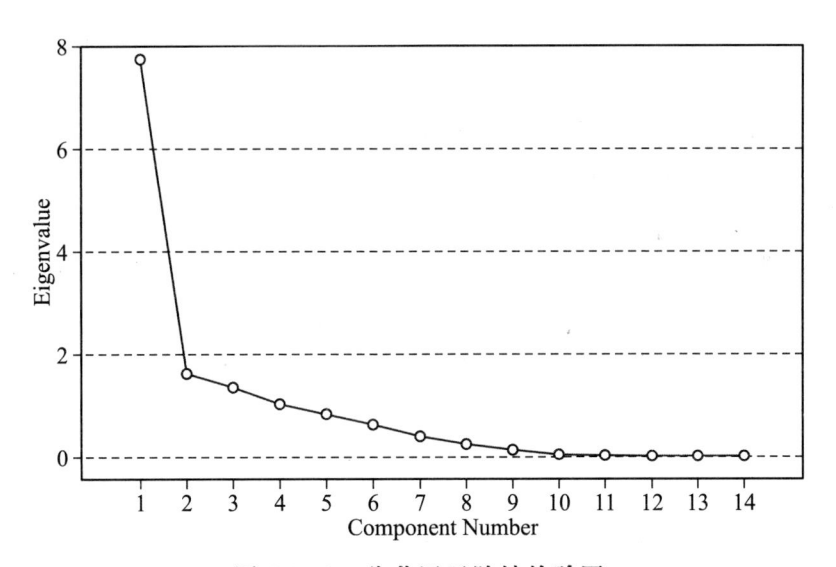

图 15－2 公共因子陡坡检验图

图 15－2 给出了选取公共因子的陡坡检验图。从图 15－2 中可以看出，特征值曲线在因子 4 的时候出现了明显的拐点，以后的曲线趋于平稳，因此选取 4 个因子作为解释变量。

表 15－10 列出了的 4 个因子方差解释力度，从中可知，选取的 4 个因子总共可以解释债券收益率 83.7% 的变异性，解释力度较好。

表 15-10　　　　　　　　　　方差解释

Component	Extraction Sums of Squared Loadings		
	Total	% of Variance	Cumulative %
1	7.740	55.289	55.289
2	1.611	11.506	66.795
3	1.351	9.647	76.441
4	1.025	7.320	83.761

因子 C_1 代表 $M1$、$M2$、出口额、社会消费品零售总额、流通中现金、基础货币、国家财政支出、固定资产投资完成额，因子 C_2 代表银行间同业拆借利率、期限利差，因子 C_3 代表 CPI 和央行公开市场净投放，因子 C_4 代表信用利差（CHBILL）和工业企业增加值增速（见表 15-11）。

表 15-11　　　　　　　　　　因子系数矩阵

	C_1	C_2	C_3	C_4
$M1$	0.989	0.082	0.056	-0.007
$M2$	0.989	0.064	0.056	0.02
出口额—当月	0.98	0.084	-0.088	0.017
社会消费品零售总额—当月	0.978	0.128	0.026	0.072
流通中现金	0.972	0.075	0.141	0.002
基础货币月末数	0.952	0.186	0.088	0.107
国家财政支出—当月	0.913	0.172	-0.143	0.084
固定资产投资完成额—累计	0.71	0.252	-0.433	0.125
央行公开市场净投放	0.482	-0.235	0.695	-0.072
银行间同业拆借加权平均利率	0.382	0.77	-0.05	-0.209
CHBILL	0.124	-0.072	0.024	0.869
工业企业增加值增速—当月	0.003	-0.451	0.031	-0.626
TERM	-0.108	-0.681	-0.127	-0.283
居民消费价格指数环比增速—当月	-0.18	0.251	0.774	0.073

以 1 年期国债收益率和 10 年期国债收益率作为因变量，以四个因子 C_1、C_2、C_3 和 C_4 作为自变量进行 OLS 回归，结果见表 15-12 和表 15-13。

表 15-12　　1 年期国债收益率对四个因子的回归分析

	Dependent Variable：BOND1Y			
	Sample（adjusted）：2002M03 2008M11			
Variable	Coefficient	Std. Error	t-statistic	Prob.
C_1	0.311101	0.052189	5.961038	0.0000*
C_2	0.226213	0.052189	4.334495	0.0001*
C_3	0.038421	0.052189	0.736180	0.4643
C_4	-0.197401	0.052189	-3.782420	0.0003*
C	2.412029	0.051810	46.55572	0.0000*
R-squared	0.519413	Mean dependent var		2.412029
Adjusted R-squared	0.489376	S. D. dependent var		0.602259
S. E. of regression	0.430362	Akaike info criterion		1.221325
Sum squared resid	11.85354	Schwarz criterion		1.383216
Log likelihood	-37.13570	Hannan-Quinn criter.		1.285552
F-statistic	17.29263	Durbin-Watson stat		0.353896
Prob（F-statistic）	0.000000			

注：* 表示在 5% 水平下显著。变量通过 t 检验，即 t 检验对应的 P 值小于 0.05。

表 15-13　　10 年期国债收益率对四个因子的回归分析

	Dependent Variable：BOND10Y			
	Sample（adjusted）：2002M03 - 2008M11			
Variable	Coefficient	Std. Error	t-statistic	Prob.
C_1	0.263347	0.071561	3.680037	0.0005
C_2	-0.054486	0.071561	-0.761393	0.4492
C_3	-0.013979	0.071561	-0.195348	0.8457
C_4	-0.313653	0.071561	-4.383015	0
C	3.623768	0.07104	51.00991	0
R-squared	0.342723	Mean dependent var		3.623768
Adjusted R-squared	0.301643	S. D. dependent var		0.706141
S. E. of regression	0.590107	Akaike info criterion		1.852677
Sum squared resid	22.28645	Schwarz criterion		2.014569
Log likelihood	-58.91735	Hannan-Quinn criter		1.916905
F-statistic	8.342847	Durbin-Watson stat		0.313595

表 15-12 和表 15-13 显示，对于 1 年期国债收益率而言，C_1 因子、C_2 因子和 C_4 因子的影响比较显著，对 10 年期国债收益率而言，C_1 因子和 C_4 因子的影响比较显著。因此，M0、M1、M2 等货币政策变量和社会消费品零售总额、固定资产投资、工业企业增加值等实体经济变量是国债收益率的主要影响因素。而 C_2 代表的货币市场利率对期限较短的 1 年期国债收益率有显著影响，而对 10 年期国债收益率没有显著影响。

（三）债券收益率影响实体经济的实证检验

在上文的基础上，本节将进一步检验债券市场对宏观经济的影响，即检验债券市场是否将货币政策对其的影响传导至实体经济。债券市场收益率对产出增长率和通货膨胀率的影响是否显著呢？我们根据 1998 年 1 月至 2008 年 12 月的月度数据建立一个 VAR 模型。宏观经济变量之间是相互依赖、相互作用的系统，VAR 模型是处理这一矛盾非常好的系统工具。

1. 债券市场收益率对产出变量影响的实证检验。本节这里使用的变量包括三大类，一是实体经济变量，包括产出变量和价格变量，包括房屋新开工面积（build）、出口额（ex）、进口额（imp）、房地产投资开发总额（inbui）、工业总产值（ind）、固定资产投资总额（inve）、社会消费品零售总额（ret）、居民消费价格指数（CPI）；二是政策变量，包括财政政策变量和货币政策变量：货币供给量 M1（m1）、货币供给量 M2（m2）、财政支出（gx）；三是债券市场利率，银行间同业拆借利率（SHIBOR）、10 年期国债到期收益率（BOND10Y）、1 年期国债到期收益率（BOND1Y）、3 个月国债到期收益率（BOND3M）、信用利差（3 个月 SHIBOR 利率减去 3 个月国债到期收益率，CPBILL）、期限利差（10 年期国债到期收益率减去 1 年期国债到期收益率，TERM）。

表 15-14 的格兰杰因果检验说明，10 年期国债收益率的波动对于房地产投资开发总额（inbui）、固定资产投资总额（inve）和社会消费品零售总额（ret）等变量有着显著影响，这说明 10 年期国债收益率对消费和投资两个最重要的实体经济变量有着显著影响。而 1 年期国债收益率的影响不显著。

上面的实证检验表明，10 年国债收益率对消费和投资等实体经济的解释能力较强。但是，在格兰杰因果检验中，可能存在的自变量之间的相关性将会影响各变量的显著性，为避免这些问题，我们再做脉冲响应分析。

表15-14 债券市场收益率对产出变量的影响的格兰杰因果检验
（样本区间：1998年1月~2008年12月）

产出变量	CPI	SHIBOR	Bond10Y	Bond1Y	M2	gx
build	0.0079	0.3349	0.1899	0.6426	0.2160	0.7346
ex	0.5910	0.4019	0.3329	0.4754	0.4021	0.0149
imp	0.3085	0.6163	0.6657	0.8408	0.1616	0.0004
inbui	0.9959	0.2446	0.0088*	0.7341	0.0541	0.5317
ind	0.7050	0.7673	0.7380	0.6180	0.3300	0.2019
inve	0.6894	0.2905	0.0014*	0.4757	0.0002	0.0814
ret	0.2421	0.0076	0.0058*	0.7432	0.0332	0.5881

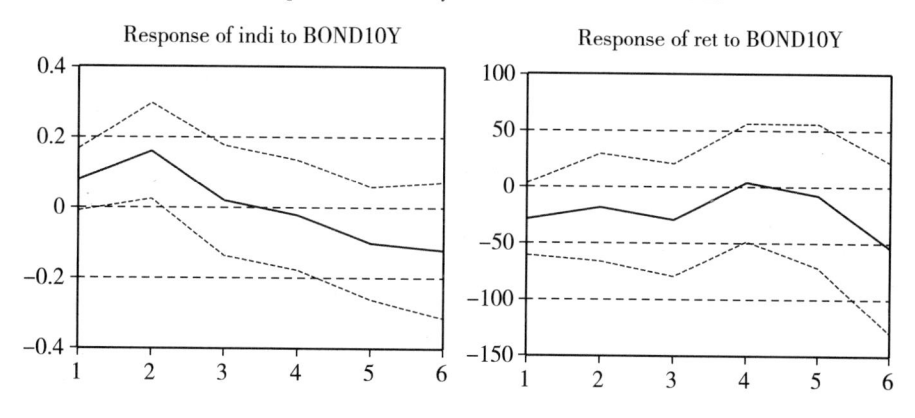

注：*表示在5%水平下显著。变量通过格兰杰因果检验，即 F 统计量对应的 P 值小于0.05。

资料来源：除 SHIBOR 之外，所有数据都经过季节调整，原始数据来自 Wind 数据库。

图15-3中，分别做了工业企业增加值（*indi*）、社会消费品零售总额（*ret*）、固定资产投资完成额（*inve*）对10年期国债收益率一个标准差的变动的脉冲响应，即10年期国债收益率的随机误差项的一个标准差冲击后6个月内，工业企业增加值、社会消费品零售总额、固定资产投资完成额的走势。工业企业增加值和社会消费品零售总额在国债收益率波动的初期有所上升，随后即下降，而固定资产投资完成额在国债收益率波动的初期开始一直下降。

Response to Cholesky One S.D. Innovations ±2 S.E.

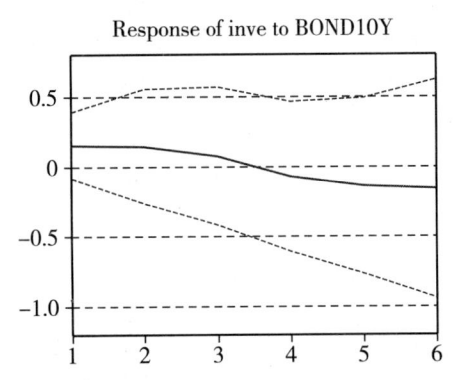

Response of inve to BOND10Y

图 15-3　若干变量对 10 年期国债收益率一个标准差的变动的脉冲响应

资料来源：除 SHIBOR 之外，所有数据都经过季节调整，原始数据来自 Wind 数据库。

2. 债券市场收益率对 CPI 的影响的实证检验。除了分析债券收益率对产出变量的影响外，还要分析债券市场利率（包括各种期限的国债利率、期限利差和信用利差）对 CPI 的影响。

表 15-15 的格兰杰因果检验表明，3 个月国债、1 年期国债等短期国债的收益率都不是 CPI 显著的格兰杰原因，而 10 年期国债到期收益率是 CPI 显著的格兰杰原因，这可能是因为 10 年期国债到期收益率所蕴含的通货膨胀预期较好地引导了 CPI 的波动。这表明债券短期的收益率没有显著地影响 CPI，而长期的国债收益率对通货膨胀率有显著的影响力。

表 15-15　债券市场收益率和 CPI 的格兰杰因果检验

原假设	F-statistic	Prob.
CPI 不是 BOND10Y 的格兰杰原因	0.59658	0.7319
BOND10Y 不是 CPI 的格兰杰原因	3.60994*	0.0038*
CPI 不是 BOND1Y 的格兰杰原因	0.85716	0.5312
BOND1Y 不是 CPI 的格兰杰原因	0.92095	0.486
SHIBOR 不是 BOND3M 的格兰杰原因	0.76488	0.6002
BOND3M 不是 SHIBOR 的格兰杰原因	0.52397	0.7881
CPI 不是 BOND3M 的格兰杰原因	0.72318	0.6325
BOND3M 不是 CPI 的格兰杰原因	0.82217	0.5569
CPI 不是 CPBILL 的格兰杰原因	1.70188	0.135
CPBILL 不是 CPI 的格兰杰原因	0.52082	0.7904
CPI 不是 SHIBOR 的格兰杰原因	0.80946	0.5644

续表

原假设	F-statistic	Prob.
SHIBOR 不是 CPI 的格兰杰原因	0.99102	0.4342
CPI 不是 TERM 的格兰杰原因	0.30234	0.9335
TERM 不是 CPI 的格兰杰原因	1.52910	0.183

注：*表示在 5% 水平下显著。变量通过格兰杰因果检验，即 F 统计量对应的 P 值小于 0.05。

本小节的检验表明，债券市场收益率对部分产出变量有较强的解释能力，而对另外一部分产出变量的影响不显著。短期国债对 CPI 的影响不显著，而长期限的国债收益率对通货膨胀率有显著的影响力。导致债券收益率对部分产出变量的影响不显著的原因是多方面的：首先，利率成本只是影响消费者和企业家决策的一个因素，消费者可能更多地根据收入、预期、税收政策等因素决定其消费支出，企业家可能更多地根据产品需求预期、销售价格和数量、现金流等因素来决定其投资水平。针对典型市场国家经济的利率对实体经济影响的实证结果中也较多地出现利率和实体经济变量的相关性不显著的证据。其次，我国的利率调整属于滞后调整，因此从实证结果上很难看到利率对宏观经济最终目标的影响。最后，由于利率存在管制，长期以来管制利率低于市场均衡利率，本节将货币市场利率代替实际的市场均衡利率进行检验可能仍然是不够准确的。

（四）结论

我国债券市场的迅速发展使其成为金融市场上不可或缺的直接融资的工具，并为支持国民经济的发展做出了重要贡献。作为国民经济和金融市场的重要组成部分，债券市场扮演着货币政策传导的重要角色。

本节运用各种实证方法检验我国货币政策的债券价格传导机制的绩效，并分两个步骤分别检验债券市场的传导能力，第一个步骤检验货币政策对债券市场的影响，第二个步骤检验债券市场对宏观实体经济的影响。实证研究发现，货币政策对债券市场收益率波动有着主导性的调控能力，其中货币政策变量和产出变量都是债券市场收益率的主要影响因素，而 M2 等货币政策变量对债券市场收益率的影响更直接；另一方面，债券市场对宏观实体经济的影响相对有限。长期债券收益率对消费和投资等部分产出变量和 CPI 的波动有着相对显著的引导能力，而短期债券对实体经济变量的波动没有显著地影响。

债券市场对宏观实体经济的影响不显著的原因可能是多方面的：一是因为我国债券市场融资规模仍不大，没有对实体经济产生支配性影响。2007～2009 年，直接融资规模只占融资总规模的30%，而债券融资规模只占直接融资规模的3/4，因此债券市场的传导效应远不及信贷市场。二是债券融资的广度和深度还不够，政府债券、金融企业和超大型国企的债券占据较大份额，和实体经济联系密切的普通企业债券所占份额仍相对较小。国债、央行票据和政策性金融债等政府信用和准政府信用债券约占到80%，而非金融企业发行的债券只占不到20%，和实体经济联系更密切的非金融企业的债券融资规模较小，债券融资对实体经济的影响也较小。三是由于利率尚未市场化等多重制度因素，金融市场存在多层次利率，包括商业银行面向普通企业和个人的存贷利率、银行间市场拆借利率等，债券收益率只反映局部市场的供求状态，并没有全面反映金融市场的资金供求状态，因此以货币政策供给量和商业银行流动性为目标的货币政策的效应也只能部分地通过债券市场来传导，债券市场对实体经济的影响也不显著。

二、关于我国将金融资产价格纳入货币政策目标问题研究

股票和债券一样，都是资本市场的重要工具，通过研究我国货币政策是否对我国股票价格有影响，可以分析出是否可以将我国股票价格作为纳入政策制定目标的因素。

主流理论中，货币政策目标主要包括货币供应量、利率和通货膨胀率等。1911年，美国经济学家费雪提出，货币政策制定者的目标不仅包括稳定生产、消费和服务的价格，还应包括稳定债券、股票等金融资产的价格，这引发了理论界对于金融资产价格成为货币政策目标的广泛争论。然而，由于金融资产规模和央行的监管能力等客观因素限制，这一建议未被各国央行采纳。

从20世纪80年代开始，随着金融创新的发展，金融市场规模不断扩大，金融资产对实体经济的影响渐趋明显。2008年次级贷款危机的全面爆发，直接导致了全球出现百年一遇的经济衰退，多国失业率急剧攀升，这正是金融市场过度发展，杠杆作用过度发挥的直接结果。一些学者认为，这一后果部分地源于格林斯潘时代美国的货币政策未考虑资产价格泡沫。因此，关于金融资产价格是否应纳入货币政策的目标问题又一次成为争论的热点。

对于证券市场依然不够完善，但前景巨大的中国而言，是否应借鉴美国经验教训，及时在制定货币政策时考虑金融资产价格呢？本节将通过理论和实证分析试图回答这一问题。鉴于中国的证券市场结构中，股票市场占据绝对主体，因此在实证部分，本节仅选择股票作为金融资产代表来分析这一问题。

（一）我国股票市场规模不断扩大

在我国股票市场刚刚建立的1993年，证券化率（股票总市值/GDP）仅为9%，如果除去非流通股，仅以流通市值计算，证券化率更是低至2%。随着中国经济实力的不断增强，股票市场规模也在迅速扩大，参与人数也在不断增加。2000年，中国证券化率达到了48%，随着市场步入漫长的熊市周期又开始下滑，2005年仅为17%。然而，在2005~2007年的股市的上涨周期中，两市总市值于2007年超过当年的GDP总量，证券化率迅速攀升至127%。截至2009年9月，国内上市公司数量达到了1 682家，股票投资者开户数达到1.17亿户，股票筹资额492.67亿元。

股票市场规模的迅速扩大以及开户数的大幅增加，表明虚拟经济已经成为中国经济的重要组成部分。考虑到2007年股市的泡沫现象，以及2008年证券化率回落至40%，其中流通市值和GDP之比仅有15%，和发达国家相比依然差距甚大（1995年末，发达国家平均证券化率即已达到70.44%，美国证券化率更是突破100%，之后多处于150%~160%区间）。在可以预见的将来，随着中国经济的发展，金融市场不断深化，股市规模可能将进一步扩大，这也会增加股票价格对货币政策传导机制的影响。

（二）股票价格和通货膨胀信息关联性增强

金融资产价格在一定程度上反映了通货膨胀的信息。理论研究和实践经验都表明，金融市场在一定时期内会成为市场流动性的蓄水池。央行通过商业银行等渠道释放的流动性会首先通过各种渠道流入虚拟经济，造成股市上涨，然后再向实体经济转移，因此，金融资产价格可能是实体经济通货膨胀的预先指示器。

Goodhart和Hoffman（1999）认为应该将资产价格纳入通货膨胀预期。他们通过比较带有资产价格和没有资产价格的通货膨胀预期模型，得出结论，资产价格是一种有用的通货膨胀指标。Goodhart建议央行应当用更广泛的价格测度方法。如果资产价格确实可靠地预计了未来的消费价格通货膨胀状况，则该种新的测度方法将有利于提高宏观调控的有效性。

中国股票价格和通货膨胀率之间关系如何？我们通过近20年两者的数据分析来回答这一问题。从图15-4中两者的走势来看，我们可以分为两个阶段。

第一个阶段是从1991~2003年底，通货膨胀与股市周期存在一定程度的背离。1993~1994年，经济处于高通货膨胀阶段，1994年通货膨胀率高达21.7%，而股市却一路下行，沪市于1994年7月底跌至325点；随后，CPI一路下跌，于1997年底由正转负，并且直到2003年底一直在-2%~2%左右徘徊，波动幅度较小，然而，与此同时，股市却连续上扬，其中沪市于2001年6月创出2 245点的历史新高。

第二阶段是从2003年底到2009年底，通货膨胀与股市的关联性逐渐加强，同方向运行的趋势日渐明显。2004年初到2005年底，股市开始下跌，三个月之后CPI也掉头向下（2005年7月，股指跌至期间的最低1 011点，CPI最低点为0.1%）；从2005年底开始，股市新一轮的行情到来，上证指数达到了历史顶峰，物价也一路上涨（2007年10月达到历史新高6 124点，CPI最高点达到了8.7%），随后从2007年底开始股市大幅度回落，CPI也迅速下降（2008年11月达到期间最低1 706点，CPI最低点为－1.6%）。

总的来看，我国的股市对宏观经济的反映还不是很明显，但是随着资本市场的日渐成熟，股市与宏观经济的关联度正在逐步加强，而且股票价格作为通货膨胀的先行指数的作用也在增加。

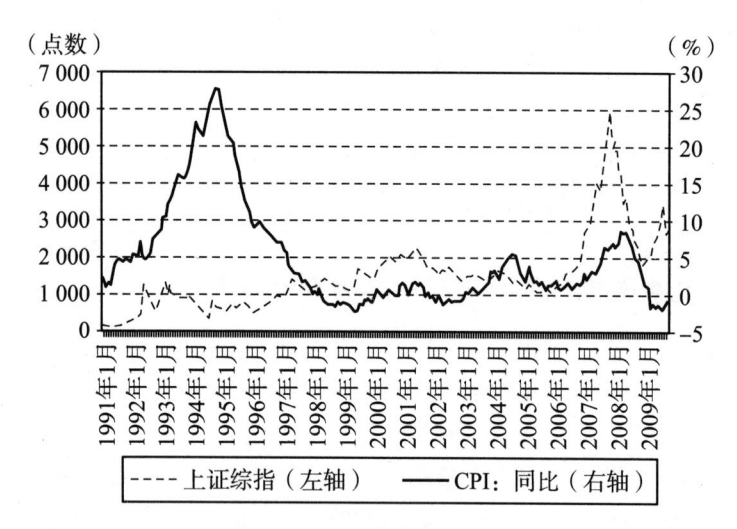

图 15－4　1990年以来中国的 CPI 和上证综指指数走势

（三）股票价格对实体经济的影响逐渐扩大

从 GDP 的构成上看，金融资产价格对实体经济产生的影响主要通过以下两个渠道：消费和投资。

具体而言，金融资产价格对消费的影响通过如下渠道：（1）财富效应。家庭的财富是其支出的直接影响因素。金融资产作为家庭财富的一部分，也将对消费产生影响。当股票价格上涨时，家庭财富增加，从而增加消费；反之，则减少消费。（2）流动性效应。股票价格的变动将影响金融资产在家庭总资产中的比重。由于金融资产的流动性更强，易变现，因此，其价格的上升将使得消费者认为面临财务困难的可能性更小,从而增加对耐用品的消费支出。

而金融资产价格对投资的影响渠道包括托宾 q 效应和资产负债表效应。(1) 托宾把 q 值定义为企业市值和资本重置成本的比值。企业股票价格上升,q 值增加,则意味着企业的市值相对其固定资本的重置成本更高,于是,企业就会发行少量的新股票就能买到大量相对便宜的新投资品,进而刺激投资需求。(2) 资产负债表效应。股票价格的变化将影响企业的资产负债表,通过改变企业可供抵押的资产影响企业投资行为。具体而言,当企业的股票价格上涨,使得企业财富升值,公司的净资产增加,公司借款能力增强,而且发生道德风险的机率将减少,从而促进银行贷款投放增强,带动企业投资。

下面选取上证综合指数和 GDP 两个指标的对数形式对股票价格对实体经济的总影响作定量的测度。基于数据的可获得性,我们选取的数据频率为季度,并对 GDP 数据使用 X12 方法进行季节调整。样本区间为 1996 年第一季度至 2009 年第三季度。为了简单衡量两者之间的相关关系的变化,并考虑到样本数量的限制,将总样本区间以 2002 年一季度为界分成两段,即 1996 年一季度至 2001 年四季度和 2002 年一季度至 2009 年三季度,分别进行格兰杰因果检验。

在进行格兰杰因果检验之前,首先对两个变量的不同样本区间进行平稳性检验。ADF 单位根检验的结果显示,所有变量在两个样本区间都是 I(1) 变量,即一阶差分平稳变量。格兰杰因果检验显示,"股票价格不是 GDP 格兰杰原因"的原假设在 1996 年一季度至 2001 年四季度样本区间中,即使是 10% 的显著性水平也无法拒绝;而在 2002 年一季度至 2009 年三季度的样本区间中,在 5% 的显著性水平上即被拒绝。

这表明,随着股票市场的发展,股票价格对 GDP 的影响逐步显现。受股票市场规模和参与人数等客观因素限制,在股票市场建立的较长一段时间里,股票价格对实体经济的影响不明显。然而,随着经济的发展,股市规模不断扩大,人们理财观念也在逐步增强,尤其是在 2005 年牛市出现后,居民参与股票市场的热情不断高涨,存款搬家现象开始出现。另外,客观上,金融市场的深度和广度不足,债券等其他金融工具普及率低,居民投资渠道受限。在多种因素综合作用下,股市对 GDP 的影响明显增强。

(四) 货币政策调控对股票价格的影响较为明显

货币政策调控的工具可分为数量工具和价格工具,前者主要包括通过存款准备金率、公开市场操作、窗口指导的信贷调控等手段调节货币供应量,后者主要是通过调节利率影响资金成本。

货币供应量的上升将增加市场流动性,从而推高金融资产价格。依据传统投资组合理论，理性投资者将根据风险收益原则确定其资产投资组合。在风险偏好不变假设下，货币供应量的上升将降低投资者手中低风险资产比例，为了向新的均衡投资组合调整，投资者将减少持有的货币，增加较高风险资产——金融资产的持有份额，从而推动金融资产价格的上扬。

利率对金融资产价格的理论影响更为复杂。根据凯恩斯学派的传统流动性偏好理论，利率调整对金融资产影响价格取决于实际调整幅度和预期调整幅度之间的差距。例如，当利率的实际下调幅度高于市场预期，人们将预期利率会上升，从而将持有的金融资产换成货币，进而压低金融资产价格；相反，当利率的实际下调幅度低于市场预期时将抬高金融资产价格。而依据托宾的资产选择理论，利率对股票价格的影响渠道如下：（1）替代效应：利率下降，公众更乐于持有相对收益较高的股票，股价上升；（2）积累效应：利率下降，安全资产收益下降，为了达到财富积累目标，投资者将更多购买高收益的风险资产，股票价格上升。另外，央行调整利率的幅度也反映政府对未来经济的信心，如果下调幅度较大，可能反映政府对未来经济前景更不确定，会引发市场的悲观预期，从而降低金融资产价格。总体而言，我们发现，对于利率对金融资产价格的影响方向，从理论上难以判断和把握，所以需要通过定量分析进行判断。

由于中国股票市场产生的特定制度背景，以及市场力量和政府角色的相对扭曲，其政策特点是被公认的。从整体趋势上看，股票市场的走势在很大程度上受到政府政策，包括货币政策、财政政策等各方面政策的影响。从某种程度上，甚至可以认为，在较长的一段时间里，政府的行为和动机决定了中国股票价格的走势。货币政策层面，理论上，其内部时滞较短，央行可以根据当前经济形势及时作出相应的决策；然而在现实中，其货币政策的外部时滞较长，作用于实体经济的渠道相对较为间接，加上受到金融压抑的发展中国家特有的金融特点的影响，利率的杠杆作用在中国并不明显。

下面我们使用1996年1月至2009年11月的月度数据定量地研究货币政策工具对股票价格的影响。由于存款准备金率通过货币乘数效应影响货币供应量，从而对金融资产价格产生间接影响，同时考虑两者会出现重复的问题，因此此处直接考虑货币供应量。我们使用广义货币供应量的变量$M2$，即"流通中现金（$M0$）+企事业单位存款+居民储蓄存款+其他存款（包括证券保证金）"。另外，存在不同的衡量利率的指标，由于我们使用的是月度频率的数据，而存贷利率变动频率较低，因此我们使用银行间同业拆借加权利率。

平稳性检验显示，三个变量的对数形式都是一阶差分平稳的。我们建立VAR方程进行估计。AIC等准则显示滞后期为6。脉冲响应函数显示，总体而言，货币供应量对股市影响为正，而利率对股市影响是负的。具体来说，一个货币供应量的正向冲击会导致股票价格的上升，而这一影响从第3期开始显现，并在第5期达到最大；一个利率的正向冲击会导致股票价格的下降，这一负面影响从第2期开始显现，并在第3期影响最为明显。格兰杰因果检验显示，在10%的显著性水平上，可以拒绝"货币供应量不是股票价格的格兰杰原因"的原假设，然而，无法拒绝"利率不是股票价格的格兰杰原因"的原假设。这表明：

（1）货币供应量对股票价格的影响较为明显。货币供应量的增加会为市场带来较多的流动性，从而推动股票价格的上涨，相反，股票价格会下跌。虽然央行和银监会可以通过窗口指导等方式防止信贷资金流向虚拟经济，但实际效果并不理想，因为相对于商品，货币的流动很难检测。在信贷规模增加时，市场流动资金明显增加，它们通过各种渠道流向金融资产市场，推动了金融资产价格的上扬，并在一定程度上对实体经济产生挤出效应，甚至抑制了实体经济的复苏。在信贷规模减少时，缺少流动性支撑的金融资产价格将下行。甚至仅仅是由货币当局的窗口指导发出缩减信贷的信号时，市场预期也会对股票价格造成实际打压。因此，可以说，这一结论既符合理论预期，也符合中国的实际。

（2）利率对股票价格的影响相对较弱。如前所述，利率本身在理论上对股票价格的影响就较为复杂，它还在一定程度上取决于人们对央行利率调整方向和幅度的预期。表现为国有银行和国有企业在经济中起着举足轻重作用的浓重的政府色彩，使得利率作为调节资金成本的金融杠杆作用被极大地弱化。因为无论是国有银行还是国有企业，其经营决策较小地受小幅利率调整的影响。从投资上看，由于金融压抑现象的存在，利率难以反映实际资金价格，同时，利息收入不是居民存款变动的主要因素，因此，利率的变动对股票价格影响也较小。当然，我们预计，随着国退民进的战略的落实，市场化程度将提升，利率对实际资金价格的反映将更加准确，且作为金融杠杆的作用会逐渐增强，从而对股票价格的影响将更为明显。

（五）结论和政策建议

在中国，随着股票市场规模的逐渐扩大，股市的地位日益重要。股票价格不仅可以作为通货膨胀的指示器，同时还通过各种渠道对实体经济产生影响。我们的实证研究显示，中国的货币政策主要变量对金融资产价格的影响较为显著。总体而言，借鉴发达国家的经验，同时结合实证结果，本书认为，应该逐渐将金融资产价格纳入货币政策目标中。

当然，同时需要认识到，目前货币政策盯住金融资产价格存在一些困难：

首先，在金融深度不足的国家，金融资产价格和实体经济可能出现背离，从而造成货币政策面临两难局面。不可否认，中国股票市场在逐渐走向规范和成熟，但是受制度和市场本身规模的影响，整体依然处于需要不断完善的成长过程中。在中国的股票市场中，由于信息披露和监管等方面制度的不完善，机构投资者利用资金和信息等方面优势攫取个人投资者的利益，操控股票市场。这直接导致了在一段时间里，中国的股票市场和实体经济走势相悖的情形。这一情形将使得货币政策陷入两难。

其次，鉴于金融资产价格决定的基础本身难以把握，对央行干预边界的界定存在较大问题。金融资产价格决定本身在理论上存在较大争议，如何判定当前的金融市场价格是否处于非均衡状态也因此难有定论。对于中国的股票市场来说，几乎在任何阶段，都有关于市场是否存在非均衡（超涨或超跌）的两种截然相反的声音。理论和实践上的争论使得央行难以界定干预的边界。

据此，本书认为，货币当局在金融资产价格和货币政策目标的问题上，可以根据不同阶段制定相应的灵活应变的政策规则。

短期，由于金融资产市场不够发达，证券化比例不高等客观因素，同时受央行理论和政策实践经验所限，可以不将货币政策盯住金融资产价格，而选择在窗口指导、机构监控等行政手段的配合下，进一步提高对资金在实体经济和虚拟经济间流动的监管，同时增加信贷资金对实体经济的影响。同时逐步完善股票市场制度建设，逐步确保股市的经济晴雨表作用，提高金融资产价格和实体经济之间相关程度，避免日后货币政策可能出现的两难困境。在这些措施的基础上，在制定货币政策时对金融资产价格给予一定考虑，仅以防止金融资产价格出现大起大落为主要目的。

长期而言，继续扩大股票市场规模，同时加快金融发展步伐，扩宽居民投资渠道，丰富金融产品种类，鼓励推进金融创新力度。在证券化比例达到一定水平后，设立囊括金融资产价格的广义价格指数，及时考虑其对实体经济的影响，准确地反映通货膨胀。将货币政策目标由原来的商品物价指数转移到更为广义的价格指数上来，完全把握货币政策传导机制，扩大货币政策的调节范围。在实体经济方面，减轻经济中国有成分，加大市场化力度，充分发挥利率等货币政策工具的调节作用。

第四节 我国货币政策的汇率传导机制

2005年，我国推行了新一轮的汇率形成制度改革，实行了以市场供求为基础的、参考"一揽子"货币的、有管理的浮动汇率制度，目的在于保持人民币汇率在合理、均衡水平上的基本稳定，最终实现汇率决定的市场化，充分发挥人民币汇率对国际收支及实体经济的调节作用。从人民币汇率改革的实际效果来看："汇改"近六年来，一方面，人民币汇率形成的市场化程度不断提高，汇率的灵活性增强，人民币对美元的汇率实现了双向波动；但另一方面，人民币汇率形成制度对国际收支和实体经济的调节作用并没有充分显现，贸易顺差持续扩大，外汇储备仍在高速增长。可以看出，汇率传导机制的调节作用并没有充分发挥，当前有必要对我国汇率传导机制做深入分析。

目前，国内货币政策的汇率传导机制研究已有一定成果，但已有的研究存在两个问题：一是主要借用经典宏观经济学理论，基于开放、成熟的市场经济制度的假设分析我国的汇率传导机制，但我国的汇率制度存在多层面的管制，距离成熟市场经济的汇率制度尚有一段距离，如结售汇管制、资本项目不开放等，这些因素导致我国的汇率传导机制表现出和成熟市场经济下不一样的特征；二是多是围绕基于利率平价理论的利率—汇率的传导机制等方面展开，未能对 2005 年"汇改"以后的货币政策汇率传导机制做出全面的研究。因此，本节试图通过对我国货币政策汇率传导机制的理论分析，在此基础上利用协整检验、格兰杰因果检验等实证方法，进一步检验汇改后我国货币政策汇率传导机制的变化，并分析汇率传导机制中的阻碍因素，从而对我国货币政策的有效性实施提供一定的理论和实践支持。

一、我国货币政策的汇率传导机制的理论分析

根据汇率形成制度（是固定汇率制度还是浮动汇率制度）以及资本项目开放状态的不同，成熟市场经济国家的汇率传导机制也呈现不同的形式，也就是说，在浮动汇率制度下和在固定汇率制度下，汇率传导机制的运行机理是不一样的。另外，中国目前资本项目不开放，且存在外汇管制，这就使得我国货币政策汇率传导机制表现出与成熟市场经济国家不一样的特征。

（一）成熟市场经济下的汇率传导机制

对货币政策汇率传导机制的经典分析是在封闭经济条件下 IS-LM 模型的基础上发展起来的蒙代尔-弗莱明模型（Mundell，1963；Fleming，1963）。下面以扩张性货币政策为例，分别就固定汇率制度下和浮动汇率制度下的汇率传导做简要分析。根据蒙代尔-弗莱明模型，在固定汇率制度下，无论资本是否完全自由流动，中央银行的货币政策都无效。在资本不完全流动情况下，央行实行扩张性货币政策→货币供应量↑→利率↓→国际收支逆差→本币贬值倾向→（为维持固定

汇率）央行入市干预售出外汇买入本币→外汇储备↓→货币供应量↓→利率↑→投资↓→国民收入↓。由于汇率固定不变，意味着这一调整过程将会持续到国民收入恢复原来水平时为止。所以，在固定汇率制度下，当资金不完全流动时，扩张性货币政策短期内会引起利率下降、收入增加，但长期效应却只体现为外汇储备减少，基础货币的内部结构发生变化，而对国民收入等实际经济变量没有影响。而在资本完全流动情况下，央行实行扩张性货币政策→货币供应量↑→利率↓→资金迅速流出→资本项目收支逆差→本币迅速贬值→（为维持固定汇率）央行售出外汇购买本币→外汇储备↓→基础货币↓→扩张性货币政策效应抵销。这说明在固定汇率制度下，当资本完全流动时，扩张性货币政策即使在短期内也无法对经济产生影响，货币政策无效。

在浮动汇率制下，货币政策传导机制主要表现在汇率的变动通过净出口对国民收入产生影响。首先，在资本不完全流动情况下，央行实行扩张性的货币政策→货币供应量↑→利率↓→经常项目及资本项目逆差→本币贬值→净出口↑→国民收入↑，此后利率、汇率及国民收入这三者会不断调整，最终达到一个均衡点，较实行扩张性货币政策初期，在这点上经济体的利率下降、本币贬值、国民收入提高。因此，在资本不完全流动和浮动汇率情况下，经济体受到货币扩张冲击后会通过汇率机制和利率机制最终对国民收入产生影响。而在资本完全流动的情况下，假设该经济体的利率与国外保持一致，则扩张性货币政策→本币贬值→净出口↑→国民收入↑，最终通过汇率及国民收入的不断调整经济达到均衡，因此，在资本完全流动的情况下，货币供应量的变动会通过汇率机制对国民收入产生影响。

按照上面的分析，浮动汇率制度下的汇率传导机制的逻辑是简单明了的：货币供给量扩张，将导致国内市场上的利率下降，并相应地导致本币贬值，出口和产出相应地增长，反之亦然。这样一个渠道存在的前提条件是浮动汇率制度（Obstfeld & Rogoff，1995）。如果在固定汇率制度下，货币政策将会失效，货币政策的汇率传导机制也无从谈起。

（二）我国当前汇率制度下的汇率传导机制

上面的逻辑分析和我国 2005 年 7 月汇改之前的宏观经济事实不相符。显然 2005 年 7 月之前的货币政策有效地发挥了作用，其原因在于两个方面：一是我国特殊的外汇管理制度。由于强制结售汇制度的存在，即使存在人民币升值或贬值的预期，企业和个人都没有办法去实现这种预期，中央银行也不必在外汇市场上进行外汇买卖以调整本币升值或贬值的预期。二是我国经常项目和资本项目"双顺差"的经济现实。我国长期的双顺差使得外汇流动呈现单向流入状态，中央银行可以不影响本币供求的方式调整外汇的供求，外汇交易市场和本币交易市场是相对分割的两个市场，中央银行可以在不影响外汇价格的前提下调整货币政策。

不少经济学家强调浮动汇率制度的优越性，其理由之一是固定汇率制度下的货币政策无效。研究货币政策的汇率传导机制的两位先驱——奥博斯菲尔德和罗格夫（Obstfeld & Rogoff, 1995）认为，浮动汇率制度下的货币政策更有主动性的观点不一定是对的，固定汇率制度下的货币政策也具有可行性。我国的经济事实证明了，外汇管制和资本项目不开放的固定汇率制度是一种可行的方法，这种情形在中国存在了相当长的时间。这种情形下的货币政策也有弊端：货币政策扩张可能导致外汇储备的大量累积，因为由于经常项目出口增加导致大量外汇流入，却没有资本项目的外汇流出与此相对应，由于资本项目的管制，国内市场利率下降并没有导致外汇流出，相反却有外商直接投资带来的大量外汇流入。此时由于外汇储备增长导致的相应货币供给扩张（外汇占款增加）实际上进一步放大了货币政策的扩张效应，通货膨胀的风险因而加大。2005 年 7 月后，我国汇率制度已经变革为有管理的浮动汇率制度，我国的汇率制度已经从外汇管制和资本项目不开放的固定汇率制度转变为外汇管制和资本项目不开放的浮动汇率制度，后面的实证分析表明我国货币政策对汇率的影响仍然十分有限，汇率传导机制的运行延续了 2005 年"汇改"之前的状态。

二、我国货币政策汇率传导机制的实证检验

我国货币政策的汇率传导机制包含两个环节：一是人民币汇率对实体经济的影响，二是货币政策对人民币汇率的传导作用，而汇率变动对实体经济的作用主要体现在对产出和物价的影响上。

（一）人民币汇率对实体经济的影响

汇率传导机制的一个重要部分是汇率到实体经济的传导，即汇率对产出变量和物价水平的影响。我们分别对人民币汇率和产出数据（包括消费、投资、净出口）、人民币汇率和 CPI 做协整检验分析。

由表 15 - 16 可知，在原假设为不存在协整关系时，Johansen 检验的 Trace 统计量大于 5% 的临界值，即拒绝了原假设，说明至少存在一个协整关系。在原假设为至多存在一个协整关系时，Johansen 检验的 Trace 统计量小于 5% 的临界值，即接受了原假设。因此，从长期而言，实际有效汇率与投资、消费、净出口之间存在一种长期均衡关系，它们之间的协整系数方程见表 15 - 17。

表 15 – 16   人民币汇率和消费、投资、净出口的协整检验

假设的协整方程数	特征值	迹统计量	5%显著水平下的临界值	P 值
None	0.528602	50.75106	47.85613	0.0261*
At most 1	0.212298	17.66071	29.49471	0.5812
At most 2	0.137299	7.160726	15.49471	0.5591
At most 3	0.014944	0.662506	3.841466	0.4157

注：* 表示在 5% 水平下显著，变量之间不存在协整关系的原假设被拒绝。
资料来源：中国人民银行、国家外汇管理局、国家统计局。

表 15 – 17   人民币汇率、消费、投资、出口的协整方程的系数

标准化的协整方程系数			
LE	INV	SC	NE
1.000000	– 0.012597	– 0.377296	0.120828

由表 15 – 17 可以看出，实际有效汇率与净出口（NE）呈现正向波动关系：当有效汇率上升，人民币贬值时，净出口增加，有效汇率对净出口的弹性系数达到较大的 12.08%，人民币有效汇率通过改变净出口影响实体经济的传导途径顺畅。而有效汇率与投资（INV）、消费（SC）呈现负相关关系，人民币汇率下降过程中投资、消费增加。

为了剔除物价水平的影响，我们加入了实际有效汇率这一变量，对名义汇率、实际有效汇率和 CPI 的协整检验的结果见表 15 – 18。表 15 – 18 的结果表明，名义汇率、实际有效汇率和 CPI 之间的协整关系不存在。

表 15 – 18   名义汇率、实际有效汇率和 CPI 的协整检验

假设的协整方程数	特征值	迹统计量	5%显著水平下的临界值	P 值
None*	0.615549	18.72222	21.13162	0.0525
At most 1	0.244898	8.147260	15.49471	0.4498
At most 2	0.000037	0.001100	3.841466	0.9732

协整关系只是表明汇率和产出、CPI 之间的数量关系，并不表明汇率和产出、CPI 的因果关系。因此，下面我们进一步就汇率和产出、CPI 之间的关系做格兰杰因果检验。表 15 – 19 的结果表明，汇率不是 CPI 的格兰杰原因的零假设不能被拒绝。但汇率不是 GDP 的显著原因的零假设被拒绝，说明汇率波动对 GDP 增长产生了显著影响。

表 15-19　汇率对产出和 CPI 的 Granger 因果关系检验结果

零假设	F 值	P-Value
LE 不是 GDP 的 granger 原因	20.4016	1.90E-10*
GDP 不是 LE 的 granger 原因	1.25431	0.29409
LE 不是 CPI 的 granger 原因	2.46069	0.16686
CPI 不是 LE 的 granger 原因	0.4674	0.70566

注：*表示在 5% 水平下显著。变量通过格兰杰因果检验，即 F 统计量对应的 P 值小于 0.05。

实证检验结论表明，我国汇率的波动对产出（投资、消费、净出口）增长有着显著影响，对 CPI 没有显著影响。

（二）货币政策到汇率的传导效应分析

本节选取货币供应量、利率作为货币政策变量指标，用来解释货币政策的实施对于汇率变动的影响。在货币供应量指标中，由于 M2 的可控性和可预测性较强，我们选取 M2 作为货币供应量变动的统计指标；在利率指标中，我国基准利率由中国人民银行制定并公布，并作为货币政策工具之一适时调节宏观经济，在此选取一年期名义存款利率作为利率变动的统计指标。同时，选取银行间外汇市场美元兑人民币汇率的中间价反映汇率变动。其中，货币供应量 M2 有季节性波动，采用 X_{12} 方法进行季节调整，利率及汇率不存在明显的季节性波动，仍采用原始数据。

本节模型分析的样本数据为月度数据，样本区间为 2005 年 7 月至 2010 年 12 月。样本区间的选取，主要考虑 2005 年 7 月以后中国开始实施以"一揽子"货币为参考的浮动管理汇率制，汇率的形成机制更具有市场化的意义。另外，中国加入 WTO 的保护期结束，以及资本与金融账户的管制逐步放松，此样本阶段的经济状态更具开放性。为了消除异方差及数据的波动，并使各变量的趋势线性化，对以上货币供应量、利率、汇率三个时间序列取自然对数，变换后的变量分别计为 LM2、LR、LE。由于三个序列都是非平稳序列，因此将原序列做一阶差分后进行如下的协整检验。

从表 15-20 的结果来看，Johansen 检验的 Trace 统计值大于 5% 的临界值，拒绝了不存在协整关系的原假设，说明至少存在一个协整关系。因此，从长期而言，名义汇率与货币供应量及利率之间存在一种协整关系。货币供给量（LM2）、利率（LR）和汇率（LE）的协整方程的系数见表 15-21。

表 15 - 20　　　　货币供给量（LM2）、利率（LR）和
　　　　　　　　　汇率（LE）的协整关系检验

假设的协整方程数	特征值	迹统计量	5%显著水平下的临界值	P值
None	0.368761	39.84741	29.79707	0.0025*
At most 1	0.229651	18.68417	15.49471	0.016
At most 2	0.135208	6.682254	3.841466	0.0097

注：*表示在5%水平下显著，变量之间不存在协整关系的原假设被拒绝。
资料来源：中国人民银行网站，国家外汇管理局网站。

由表 15-21 可知，从长期看来，名义汇率与货币供应量及利率呈现同向波动关系，即当货币供应量增加时，名义汇率出现上升，即人民币贬值，此趋势与理论相符，政府可以通过对货币供应量的调整影响汇率的长期趋势，名义汇率对货币供应量的弹性系数为 17.86%。当利率上升时，名义汇率上升，即人民币贬值，此趋势与利率平价理论中当本国利率上升时，本国汇率预期贬值的理论一致，可见政府也可以通过利率调整影响汇率长期趋势，名义汇率对利率的弹性系数为 13.8%，与货币供应量相对比而言，前者大于后者，这说明宏观调控中货币供应量对汇率的影响更大一些。

表 15 - 21　　　　货币供给量（LM2）、利率（LR）和
　　　　　　　　　汇率（LE）的协整方程的系数

标准化的协整系数		
LE	LM2	LR
1.000000	0.178551	0.138038

由于协整检验仅仅是一种数量关系的分析，并不能完全说明长期中货币供给量的变动引起了汇率的变动，也有可能是汇率波动引起了货币供给量的变动。为辨别汇率波动和货币供给量之间的因果关系，我们再采用格兰杰因果检验法分析货币供给量和汇率之间的因果关系。

表 15-22 的结果表明，利率不是汇率的格兰杰原因，汇率也不是利率的格兰杰原因，说明利率和汇率之间的协整关系不存在因果关系。另外，货币供给量和汇率之间不存在因果关系的假设没有被拒绝，这说明货币供给量的调整也不是汇率波动的格兰杰原因。

表 15-22　　　　　货币政策和汇率之间的格兰杰因果检验

零假设	P 值
LE 不是引起 LR 变化的格兰杰原因	0.75412
LR 不是引起 LE 变化的格兰杰原因	0.54187
LE 不是引起 $LM2$ 变化的格兰杰原因	0.87715
$LM2$ 不是引起 LE 变化的格兰杰原因	0.23933

三、阻滞我国汇率传导机制有效性的影响因素

汇率传导机制不通畅的主要表现是货币政策和汇率之间的传导不畅通，汇率传导机制的阻滞因素主要在于货币政策和汇率之间的传导过程。也就是说，阻碍我国货币政策汇率传导机制有效发挥作用的主要原因在于和我国的国际收支和外汇管理相关的制度上，当然微观市场主体对汇率波动风险的认识不足也是重要原因之一。

（一）人民币汇率浮动方式

2005 年 7 月前的较长时期中人民币都处于低估状态，货币当局对外汇市场的干预带有强制性，汇率制度缺乏弹性，汇率杠杆的宏观调控也难以发挥。另外，这种僵化的运行模式导致国家承担了全部的汇率风险，经济主体的汇率风险意识淡薄，这在一定程度上也阻碍了汇率调控杠杆作用的发挥。2005 年 7 月汇率改革以后，人民币升值，但升值幅度低于市场预期，贸易顺差有增无减，外商直接投资进一步增多，加之太小的日波幅规定（上下波幅先是 0.3%，后扩大至 0.5）导致人民币对美元逐日的单边升值态势的形成，使得市场上人民币升值的预期并没有减缓，反而在某种程度上得到强化。国际资金通过各种渠道流入国内市场，进一步加剧了国际收支失衡的压力。

（二）涉外经济金融优惠政策对汇率传导机制的削弱

汇率的变动能对本国的外汇储备起到一定的调节作用，而我国外汇储备的持续增加来自于多年的资本和经常账户的双顺差，这与我国现有的外贸、外资政策有关。改革开放初期，为改变"双缺口"（缺资金和缺外汇）的发展中的经济，我国自 1985 年开始采取了出口退税政策；为弥补资金缺口，采取了鼓励外商直接投资，给予外资企业政策优惠，包括税收上的"两免三减"，所得税只有国内

同类企业同期一半等优惠。由于中外资企业在政策扶持方面的差异，我国对外贸易迅速增加，外汇储备骤增。这种差异的存在削弱了汇率变动的调控作用，阻碍了汇率传导效应的的发挥。

（三）贸易结构和贸易方式对传导机制的制约

一般来说，在两种情况下汇率对出口价格的传导较低：一是进口投入品比例高，二是生产与外国产品相似、竞争激烈的产品。我国高能耗、高污染及附加值低的资源性商品出口增长较快，而这类商品对汇率传导不敏感。此外，20世纪90年代以来，我国利用劳动力优势，大规模从事技术产品生产的本地化加工。我国出口产品中有50%左右是来料加工，这种进口中间品并通过加工贸易出口的形式必定使得汇率的变化对出口价格传导机制因为中间品进口价格反向传导而削弱。贸易方式上加工贸易比例高的特点决定了我国贸易格局上的"大进大出"，进口和出口之间存在的互相影响机制使得人民币汇率变动对这部分的进出口影响呈现中性。

（四）微观经济主体的行为特征对汇率的宏观调控效果的影响

从较长时期看，微观经济主体对汇率变动的敏感性将直接决定汇率政策的有效性：面对汇率的变动，贸易条件的优劣转化，作为微观主体的企业，它对汇率变动后价格信号的采集、分析、反应决策是否快速准确，将直接影响汇率传导机制的畅通。而我国微观经济主体，尤其是"涉汇"企业的行为特点降低了人民币汇率的宏观调控效果。首先，由于长期的人民币汇率超强稳定，严重麻痹了人们对可能产生的汇率变动的心理预期，而我国的外汇市场无论在交易规模还是影响力上都以银行间市场为主导，加之强行结售汇制度的存在，使得企业不能自主参与外汇市场交易，企业的外汇市场主体意识相对淡薄，风险防范意识和手段十分欠缺。这些使得微观经济主体对人民币汇率波动的反应显得迟缓和微弱。其次，对众多从事加工贸易的企业而言，人民币汇率的变动对其进出口行为的影响是微弱的。以人民币升值为例，对企业而言，进口时，用人民币换汇能够得到更多外汇，意味着生产成本的降低，有利于企业的利润增加；而出口时，结汇后得到的人民币更少了，使得企业的利润减少了；两相抵销，对企业利润总数的影响接近于中性，从而难以影响到企业的进出口行为。还有，许多外资企业为保持企业内部资金的高度流动性并控制汇兑风险，存在着价格转移和内部相互划拨资金的行为，也一定程度上削弱了汇率的调节作用。

四、结论

本节首先在经典理论的框架下分析了我国货币政策的汇率传导机制的特殊性：按照蒙代尔-弗莱明模型，实行资本项目不开放的固定汇率制度的经济的货币政策完全失效，但我国一直保持了货币政策的有效性，其主要原因在于我国外汇管理制度的特殊性和"双顺差"状态。以此理论分析为基础，通过实证方法检验我国货币政策的汇率传导机制各个环节的有效性。实证结果表明，在货币政策至汇率的传导环节中，货币政策和汇率波动存在长期均衡关系，但货币政策不是推动汇率波动的原因，货币政策的调整并没有有效地影响汇率。货币政策对汇率传导的失效可归因于汇率非市场化、资本自由流动受限及强制结售汇制等因素。在汇率对实体经济的传导环节中，汇率能够对投资、消费、净出口变动产生影响，从而最终影响实体经济，但汇率对CPI的波动没有显著影响。

本节还进一步分析了我国货币政策的汇率传导机制低效甚至失效的原因。首先，长期以来，人民币都处于低估状态，货币当局对外汇市场的干预带有强制性，汇率制度缺乏弹性，汇率杠杆的宏观调控也难以发挥。其次，因为我国现有的外贸、外资政策的影响，资本项目和经常项目的双顺差导致我国外汇储备的持续增加。外汇储备的持续增加使得外汇市场的供求偏离了正常轨道，人民币汇率的波动也对央行货币政策的调控变得不敏感。再其次，以加工贸易为主的贸易方式、出口产品中加工产品比例高的特点决定了我国贸易格局上的"大进大出"，人民币汇率波动对进口和出口的同步影响使得人民币汇率变动对这部分的进出口影响呈现中性。最后，微观经济主体对汇率变动的敏感性将直接决定汇率政策的有效性。但是目前，作为微观主体的企业对汇率的变动、贸易条件的优劣转化的信息不敏感，对汇率传导机制的有效性产生直接的不利影响。

第十六章

我国资产市场与货币政策传导机制

第一节 我国房地产市场在货币政策传导机制中的作用

一、引言

2008年,由美国次贷危机进一步引发的全球经济危机,使得全世界各方面尤其是中央银行重新考虑货币政策、房地产市场以及实体经济之间的关系。在我国,房地产市场和货币政策同样存在相互作用。自1998年的房改以来,我国房地产市场获得了迅猛的发展,1998年,全国完成房地产开发投资额为3 614亿元,到2009年,全国完成房地产开发投资达到36 232亿元,大约是1998年的10倍,占GDP的比重从1998年的4.28%上升到2009年的10.8%。针对投资势头过猛、房地产价格持续上升的现象,中国人民银行开始提高利率,压缩投资和需求,在提高贷款利率的同时,也提高了个人住房的贷款利率,但仍难抑制房价的快速上涨。

一般而言,央行更多的是关注房价对通货膨胀目标的影响,忽略了房价波动会带来的金融不稳定以及实体经济的波动,如 2008 年的次贷危机[①]。当央行实行通货膨胀的货币政策目标时,资产价格波动就不应该直接被考虑,除非资产价格波动显示出预期通货膨胀的变化(Bernanke & Gertler,1995)。房地产之所以引发实体经济波动,其原因是房地产价格不仅受基本面影响,也受"非基本面"因素的影响[②],"非基本面"因素使得房价成为左右经济稳定的独立变量,政策制定也就必须考虑其影响[③]。这需要分别从货币政策如何影响房地产市场和房地产市场如和影响实体经济来考虑。对于货币政策对房地产市场的影响(以紧缩性货币政策为例),直接原因是货币供应量减少,提高利率水平,增加了房地产开发企业和购房居民的资金成本,进而影响房地产市场的供求关系;间接的原因包括:一方面影响银行的信贷,当货币政策改变利率、存款准备金率时,银行的资产负债表结构发生变化,从而影响其房贷的总量和水平;另一方面,受直接渠道的影响,居民和企业的资产负债表结构和质量发生变化,影响到其借贷能力,反过来再影响房地产市场。对于房价的波动如何影响到实体经济可能的解释有:房地产企业的 q 值变动影响房地产开发投资;居民持有住宅的价值变动影响其终生财富价值和流动性,使之改变消费决策。

据此,本节构建出关于房地产市场的货币政策传导机制的研究框架,如图 16 – 1 所示。

在房地产市场货币政策宏观传导效果部分,将分为两个阶段,首先分析货币政策变动对房地产价格的影响,然后分析变动的房地产价格对消费以及全社会固定资产投资的影响。采用两阶段的分析方法有利于分别判断货币政策对房地产价格以及房地产价格对实体经济的影响程度,然后两者的联合分析便能更进一步地分析货币政策在房地产价格渠道中的传导效果。通过两阶段分析发现,货币政策能较为明显地影响到房地产价格,即货币政策的房地产传导渠道中,第一阶段较为顺利;但是房价的波动,对实体经济的影响效果有限,也就是在第二阶段中存在阻塞。

在房地产市场货币政策微观传导机制部分,将分别根据经验数据考察货币政策变动时,房地产企业的财务指标的变动状况,包括覆盖率、杠杆率、资产负债率、每股现金流、资产净值等;金融中介机构财务指标(关注对房贷有影响的指标)的变动,如信贷总额、房地产贷款占比(包括房地产开发和购买贷款两

[①] International Monetary Fund, 2009. Lessons from asset price fluctuations for monetary policy. World Economic Outlook, October 2009, pp. 1 – 28.

[②] 产生房价动荡的"非基本面"因素包括金融监管失灵和投资者不理性行为。

[③] 在一个资本市场完全有效、没有管制干预的经济环境中,资产不过是经济基本面的简单反映,央行无须关注。但是存在"非基本面"因素推动资产价格的波动,以及与基本面无关的资产价格波动对真实经济有潜在的显著影响时,资产价格在货币政策中的重要性就会上升(Smets, 2004)。

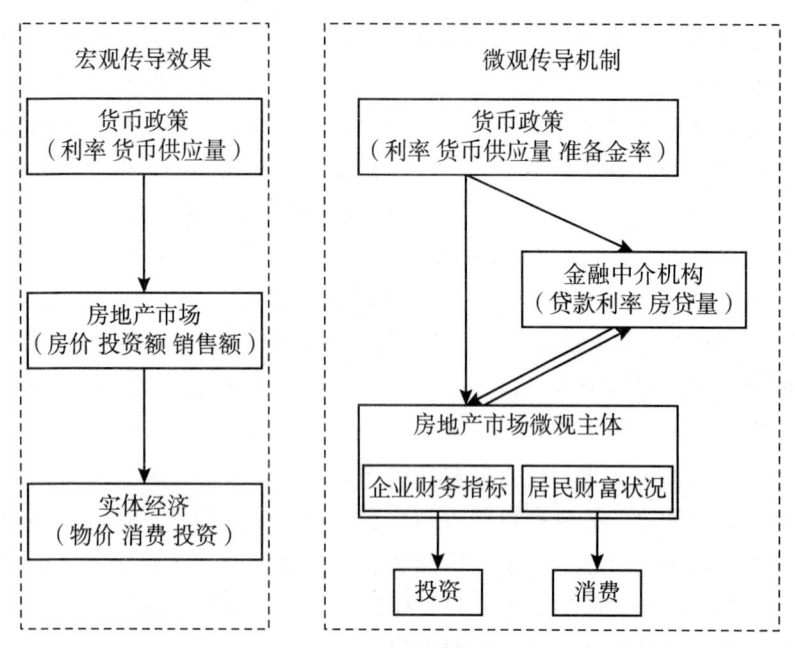

图 16-1　房地产市场货币政策传导机制框架

部分）、资产负债水平、不良贷款率、流动性水平等；以及理论分析当房地产市场微观主体的资产负债表各项发生变化时，企业的投资以及居民的消费决策变动情况。

二、房地产市场和货币政策理论综述

关注房地产对货币政策影响最早的研究是从 Modigliani（1975）开始的，之后有大量的文献研究两者之间的关系（Ben S. Bernanke，1995；Filardo，2000；Iacoviello M，2000；Charles，2003；Aoki，2004；Marco Del Negro，2005；Frederic S. Mishkin，2007）。研究的角度主要包括货币政策对房地产市场的影响，货币政策房地产市场的传导机制以及对货币政策是否应该关注房价的探讨。

在货币政策影响房地产方面。一般而言，货币供应量的增加，会促进房地产价格的上升，原因可能包括：部分货币供应量流入到房地产市场，缓解房地产交易资金的压力，推动对房地产的需求，进而推动价格和成交量；货币供应量的增长，促进了整体经济的发展，居民的收入增加，名义财富增长之后，会增加对如房地产等耐用品的购买；最为重要的是货币供应量的增长会减低利率，利率是房地产投资的资金成本，成本的降低会促进投资的增长（Hall，Taylor，2000）。国内学者黄忠华等（2008）对上海房地产市场的研究也发现即使是市场化程度低的利率对房价也具有负影响。① 周京奎（2005）利用中国北京、天津、上海等12个城市的面板数据对利率和房价的关系进行回归分析，结果却发现利率对房价的影响为正。② 另外，信贷和房地产市场的联系也十分紧密，由于房地产开发投资需要的资金规模大，信贷是其投资资金的重要来源之一，当信贷约束放松时，房地产开发贷款更易获得，从而导致房地产供给增加，进而也将影响房地产价格和总需求。同时，房地产分期付款是促进房地产消费的有力工具，这表示，信贷约束放松，会导致消费者更易获得房地产抵押贷款，进一步刺激房地产需求，从而推动房地产价格上涨。20世纪90年代中期东南亚危机各国的经验正好表明了信贷对房地产价格急剧变动具有显著影响。

在货币政策的房地产市场传导机制方面，国外的研究成熟，积累了大量的研究结果，Modigliani（1975）认为，虽然信贷额在抵押市场上对房地产建设有间接的作用，但是货币政策的传导主要是通过资本投资和消费进行的。③ Bernanker 和 Gertler（1995）在阐述货币政策传导的信贷渠道时，特别强调了信贷渠道中资产负债表渠道对房地产市场有着天然的联系。Hall，Taylor（2000）认为，一般而言，货币供应量的增加，会促进房地产价格的上升，原因可能包括：部分货币供应量流入到房地产市场，缓解房地产交易资金的压力，推动对房地产的需求，进而推动价格和成交量；货币供应量的增长，促进了整体经济的发展，居民的收入增加，名义财富增长之后，会增加对如房地产等耐用品的购买；最为重要的是货币供应量的增长会减低利率，利率是房地产投资的资金成本，成本的降低会促进投资的增长。Kiyotaki 和 Moore（1997）认为，借贷能力与房地产抵押价值相关，如房地产价格上涨将使借贷者的借贷能力增加，并导致投资和总产出增加，其中部分新增的借贷资金流入房地产市场，用于购买房地产推动房地产价格进一步上涨；反之，房地产价格下跌将引起房地产抵押值和借贷能力不断下降，从而引起经济下滑，这样房地产能起到催化剂的作用放大货币政策传导的效果。之后，Aoki 等（2004）通过引入 BGG 模型来研究房地产在货币政策中的传导作用。在该模型中，住房既提供一定的消费流，也是家庭借贷的抵押品，在一定条件下，金融加速器④效应放大了货币政策冲击在住房投资、住房价格和消费中的作用。Frederic S. Mishkin（2007）总结了货币政策通过房地产市场影响实体经济

---

① 黄忠华、吴次芳、杜雪君：《基于 GARCH 模型族的上海房价分析》，《技术经济》，2008 年第 5 期。
② 周京奎：《货币政策、银行贷款与住宅价格——对中国 4 个直辖市的实证研究》，《财贸经济》，2005 年第 4 期。
③ F. Modigliani. The stock market and the economy. Brookings Papers on Economic, 1975.
④ 所谓"金融加速器"，是由 Ben S. Bernanke，Mark Gertler（1989）在企业的资产负债表效应中提出的，他们认为在经济景气时期，借款人的净值升高，投资增加，相反在衰退时期净值下降，投资减少，净值决定的投资的波动将使经济原来的走势具有一种自我加强的惯性。

的 6 条基本渠道，分别是直接渠道——资本成本变动、房价波动预期、市场供给；间接渠道——房价变动的财富效应、资产负债表和信贷渠道对消费影响以及对市场需求影响。我国学者丁晨、屠梅曾（2007）总结了房地产市场影响货币政策最终目标的 3 条渠道。① 第一，房地产价格的财富效应：根据财富效应，房地产是经济微观个体终身资产的重要组成部分，当房价上升时，分别促使消费者的名义财富价值上升和改善居民对未来收入的预期，从而消费开支扩大。第二，Tobin 的 Q 投资效应：当房地产的市场价格高于其重置成本时，即 Q 值大于 1 时，房地产新开发的收益增加，导致对房地产投资的增加，在国民经济中，房地产投资是一个重要的投资需求拉动器，因此，会进一步刺激总投资和总需求，提高总产出。反之，当 Q 值小于 1 时，相对于资本的重置成本来说企业的市场价值就比较低，也就是说相对于企业的市场价值来说新开发房地产的成本就比较高，企业不会投资新的房地产项目。第三，房地产价格的信贷效应。房地产是银行信贷的主要抵押品之一，房地产价格的波动会影响银行信贷规模的变动，进而影响到全社会投资的规模。

除此之外，学术界对货币政策是否应该关注房地产价格的研究观点不一。以 Bernanke 和 Mishkin 为代表的一方认为，除非资产价格膨胀影响到通货膨胀预期，货币政策才应对资产价格有所反应，并且这种反应不应直接针对资产价格而是应该针对预期通货膨胀率。Filardo（2000）房地产价格波动纳入宏观经济模型，发现虽然资产价格和宏观经济所受冲击的影响加剧，但结果并不支持货币政策应盯住房价。Faia 和 Monacelli（2004）通过福利经济学方法，进行比较分析，结果显示，货币政策盯住房价并不能显著改进福利。而以 Cecchetti 和 Goodhart 为代表的学者认为，在资产价格生成时，货币政策就应该进行干预，以组织泡沫扩大，减少投资波动。他们也认为，中央银行作为最后贷款人，要负责处理由资产价格泡沫破裂引发的金融危机。如 Goodhart 和 Hofmann（2002）的研究认为，关注房地产价格有助于预测未来或预期通货膨胀并且房地产价格能影响总需求和通货膨胀，并且其影响可能比其他资产价格要大。Charles（2003）则认为，虽然资产价格波动原因呈多元化，但并不能由此而忽略资产价格，通过分析资产价格波动的原因，并对此做出反应，优于完全忽视资产价格。

国内学者关于资产价格和货币政策的研究重点在于股票价格、资本市场发展与货币政策的关系（陈柳钦，2002；胡援成等，2003；余元全，2004；杨新松等，2005），对于房地产价格和货币政策问题的研究尚处于初步。另外，已有的

---

① 丁晨、屠梅曾：《论房价在货币政策传导机制中的作用——基于 VECM 分析》，《数量经济技术经济研究》，2007 年第 11 期。

研究多只是对房地产市场货币政策传导效果进行研究（谢赤，2006；徐慧贤，2008；汪利娜，2008），或者关注于微观传导机制的某个部分（王维安、贺聪，2005；邹霞，2006；洪涛，2006；刘传哲、何凌云，2006；），或者仅是对货币政策的房地产市场传导机制进行解释（丁晨、屠梅曾，2007；），并没有基于微观主体经验数据的实证研究来对微观传导机制分条析理，以形成我国货币政策房地产市场传导的框架。

三、货币政策房地产市场传导效果：基于 SVAR 的经验结果

Sim（1980）提出的向量自回归模型（Vector Autoreg Ression，VAR），通过把系统中每一个内生变量作为系统中所有内生变量的滞后值的函数来构造模型，从而能够用非结构的方法来建立经济变量模型。其改进的结构化向量自回归模型（Structural VAR，SVAR）在 VAR 的简化形式的基础上给出变量之间当期相关关系的确切形式，VAR 是模型是货币政策研究的主要方法之一，刘斌（2001）、冯春平（2002）等国内学者也将该模型应用于我国的具体情况。

在货币政策的代理变量选择上，国内外尚存在较大的争议，最初研究使用货币供应量（Friedman and Schwartz，1963；Sims，1972），但后来意识到货币供给具有内生性（Coleman，1996），货币供应量并不是货币政策很好的代理变量。后来学者便使用银行准备金总量（Gordon，1994）和联邦基金利率（Bernanke & Blinder，1992；Bernanke & Mihov，1998）作为货币政策的代理变量。但考虑到我国以货币供应量为中介目标的货币政策操作框架，以及我国货币政策实施通过调整法定存款准备金率和利率来实现的现象，我们选用实际法定存款准备金率（RR）、实际的一年期实际贷款利率 R[①]、实际货币供应量 $M2$ 为货币政策的代理变量。房地产价格代理变量分别选择房地产销售价格指数 HP 和国房综合景气指数 CI[②] 进行分析。房地产价格对货币政策的传导作用的最终变量分别选取实际社会消费品零售总额 CUS 代表消费，实际固定资产投资完成额 I 代表投资，消费者价格指数 CPI 为通货膨胀代理变量。本节拟选取的样本数据时间跨度为 2000 年 1 月~2009 年 12 月的月度数据，共 120 个，数据来源于房地产统计年鉴和中华人民共和国国家统计局网站，应用 $X-11$ 法对 CUS 和 I 进行季节调整，

---

① Mishikin（1996）认为实际利率要比名义利率更合适，长期利率要比短期利率更合适，但是考虑到黏性价格特点，短期利率也可以代表货币政策变动。

② 国房景气指数是价格、资金和土地开发指数的加权平均，更能反映房地产行业的整体状况。

同时，对规模性变量 M2、CUS、I 分别取自然对数，以避免数据剧烈波动和消除异方差。对变量运用了增广的迪基-福勒（ADF）检验进行单位根检验，根据 AIC 和 SC 最小准则来确定最佳滞后期。结果表示 CPI_t、$\ln CUS_t SA$、$\ln I_t SA$、$\ln M2_t SA$、R_t、RR_t、CI_t、HP_t 中，除 CPI 指数为平稳序列①，其他各变量的原序列都是非平稳序列，一阶差分序列具有平稳性，是 I（1）型时间序列，结果见附录5。Johansen 协整检验的结果表明在 5% 的显著性水平下，变量之间存在至少 3 个协整关系，结果见附录5②。因此，可以建立 SVAR 模型如下：

设 $Y_t = (Y_{1t}, Y_{2t}, Y_{3t}, Y_{4t}, Y_{5t}, Y_{6t}, Y_{7t}, Y_{8t}) = (M_{2t}, R_t, RR_t, HP_t, CI_t)'$ 为（8×1）向量，其简约模式为：

$$Y_t = A(L)y_t + u_t$$

其中，$A(L)$ 为滞后算子（8×8）参数矩阵；u_t 为随机误差。其对应的结构化模式为：

$$B(L)y_t = e_t; \quad e_t = B_0 u_t$$

其中，u_t 为结构化冲击，如 u_{1t} 为价格冲击；Y_{t+s} 对第 j 个结构化冲击的脉冲响应函数为 $\Psi_s B_0^{-1}{}_j$，j 表示第 j 列。

根据经济理论假设给 B_0 设定约束式，具体如下：

$$\begin{bmatrix} e_{CPI} \\ e_{CUS} \\ e_I \\ e_{M2} \\ e_R \\ e_{RR} \\ e_{HP} \\ e_{CI} \end{bmatrix} = \begin{bmatrix} 1 & 0 & 0 & b_{14}^0 & 0 & 0 & b_{17}^0 & 0 \\ 0 & 1 & 0 & 0 & 0 & 0 & b_{27}^0 & b_{28}^0 \\ 0 & 0 & 1 & 0 & 0 & 0 & b_{37}^0 & b_{38}^0 \\ b_{41}^0 & b_{42}^0 & b_{43}^0 & 1 & 0 & 0 & 0 & 0 \\ 0 & 0 & 0 & b_{54}^0 & 1 & b_{56}^0 & 0 & 0 \\ 0 & 0 & 0 & b_{64}^0 & b_{65}^0 & 1 & 0 & 0 \\ 0 & 0 & 0 & b_{74}^0 & b_{75}^0 & b_{76}^0 & 1 & b_{78}^0 \\ 0 & 0 & 0 & b_{84}^0 & b_{85}^0 & b_{86}^0 & b_{87}^0 & 1 \end{bmatrix} \begin{bmatrix} u_{CPI} \\ u_{CUS} \\ u_I \\ u_{M2} \\ u_R \\ u_{RR} \\ u_{HP} \\ u_{CI} \end{bmatrix}$$

在该约束式中，第 1 行表示当期的物价水平受货币供应量、房地产价格指数的影响，则消费价格指数不受该模型中任何变量当期值的影响；第 2、3 行反映房地产价格指数和国房景气指数影响消费和投资的情况；第 1、2、3 行总体反映了房地产市场对实体经济的影响；第 4 行假设当期的广义货币供应量和物价、消费、投资的关系；第 5、6 行分别是利率和法定存款准备金率，它们相互影响以

---

① 原因是 CPI 是一个随机游走的过程。
② 传统的 VAR 要求模型的每一个变量都是平稳的，随着协整理论的发展，只要各变量存在协整关系时，也可以直接建立 VAR 模型。

及受货币供应量影响；第 7、8 行是房地产市场代表变量，假设它们彼此影响，并受到货币政策变量的影响。从总体来看，第 4、5、6 列反映货币政策的冲击；第 7、8 列是房地产价格冲击函数，在该模型中，其只受货币当期政策因素的影响。

在简约 VAR 估计的基础上对 SVAR 的 B_0 矩阵进行估计，估计收敛，整个矩阵在 1% 的水平下显著，结果如下：

$$\begin{bmatrix} e_{CPI} \\ e_{CUS} \\ e_I \\ e_{M2} \\ e_R \\ e_{RR} \\ e_{HP} \\ e_{CI} \end{bmatrix} = \begin{bmatrix} 1 & 0 & 0 & -0.07 & 0 & 0 & -0.05 & 0 \\ 0 & 1 & 0 & 0 & 0 & 0 & 0.00 & 0.12 \\ 0 & 0 & 1 & 0 & 0 & 0 & -0.01 & 0.18 \\ 0.00 & 0.47^{***} & 0.73^{***} & 1 & 0 & 0 & 0 & 0 \\ 0 & 0 & 0 & -0.01 & 1 & 0.64^{***} & 0 & 0 \\ 0 & 0 & 0 & 0.05 & 1.23^{***} & 1 & 0 & 0 \\ 0 & 0 & 0 & -2.43^{***} & -0.78^{***} & -0.65^{***} & 1 & 0.85^{***} \\ 0 & 0 & 0 & -3.50^{***} & 0.68^{***} & 0.42^{***} & -0.04 & 1 \end{bmatrix} \begin{bmatrix} u_{CPI} \\ u_{CUS} \\ u_I \\ u_{M2} \\ u_R \\ u_{RR} \\ u_{HP} \\ u_{CI} \end{bmatrix}$$

注：*** 表示在 1% 水平下显著；** 表示在 5% 水平下显著，* 表示在 10% 水平下显著。由于变量之间的相关性，SVAR 模型 B_0 矩阵中的部分变量往往通不过统计检验，详见 Kim 和 Roubini（1980）。

从各变量当期的关系估计的结果来看，当期实际广义货币供应量 M2、实际 1 年期贷款利率、实际法定存款贮备金率和房价显著的负相关；而国房景气指数和货币政策变量相关性不同于房价，其中 M2 和 CI 负相关、R、RR 和 CI 三者之间显著正相关；可见，对房地产市场的代理变量选择不同，得到的结果会出现明显的偏差，考虑到国房景气指数综合了房价、房地产开发指数、土地开发指数等一系列和房地产市场相关的指数，能更好地代表我国房地产市场的波动情况，因此，通过国房景气指数和货币政策变量的关系来判断房地产市场受货币政策影响的情况更为可靠；另一方面，物价、消费、投资与房价呈现十分微弱的负的相关性，并且相关性不显著；消费、投资与国房景气指数呈现弱的正相关性。因此，我们可以形成初步的假定：货币政策在房地产传导渠道的两个阶段中，能较为顺利地进行第一阶段，在第二阶段也就是从房价到实体经济的渠道中却遇到了阻塞。具体将通过脉冲响应函数来判断两个阶段冲击的动态变化情况来进一步确定。

货币政策的房地产市场传导效果是通过这样的方式在脉冲响应函数中体现的：首先对货币政策发生波动时，对物价、投资、消费的整体冲击效果进行分析，也结合房地产市场变量的波动来观察货币政策是如何传导到房地产市场的；

然后对房地产市场传导作用分析，即当房地产价格发生波动时，对各变量的冲击效果；通过两者的对比，便可以判断房地产市场在货币传导过程中的作用。图16-2反映的是货币政策发生变动时，传导到物价、投资、消费的过程，图16-3是传导到房地产市场的过程。分别是货币政策的三个代理变量：实际广义货币供应量对数值、实际1年期贷款利率、实际法定存款准备金率出现一个标准差的正向变化时，实体经济代理变量：CPI、全社会固定资产投资和全社会商品零售总额，以及房地产市场代理变量：房地产销售价格指数和国房景气指数的动态变化过程，由于规模变量均取对数，所以纵轴变动的幅度就是百分比变化（即0.01=1%），横轴表示滞后反应期（单位：月）。

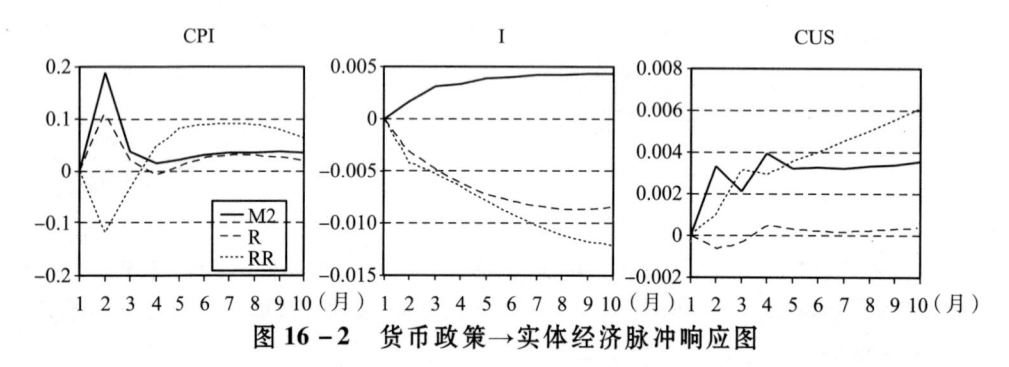

图16-2 货币政策→实体经济脉冲响应图

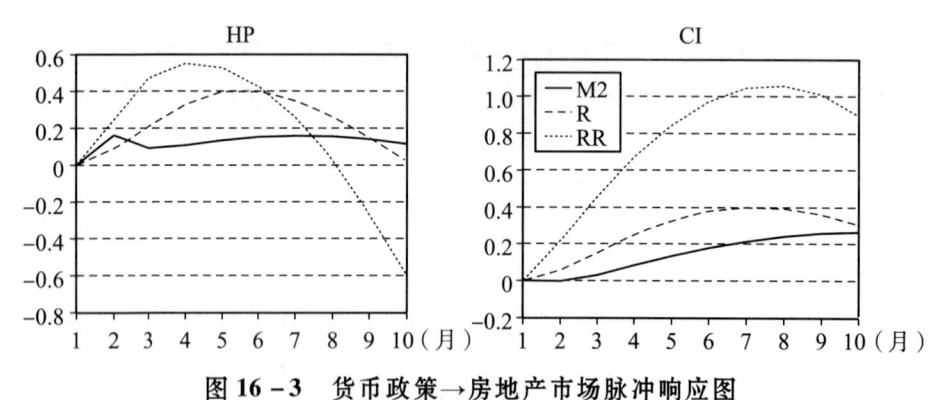

图16-3 货币政策→房地产市场脉冲响应图

根据图16-2的估算结果，货币政策的不同代理变量对物价、投资和消费的影响不一样。对比影响的幅度，可以明显地看到，货币政策的波动更多的只是反映在物价的变动上面，而对投资和消费的影响程度十分小，考虑到脉冲相应期为月度，上述的冲击反应体现了各变量在短期的动态关系。因此并不能用货币中性的理论解释。更为可能的原因是在我国货币政策传导过程中，存在明显的阻塞，货币政策的执行在实现最终目标方面作用力小。具体而言，在物价方面，广义货币供应量增加会迅速地反映到CPI的增长之上，并在第2期达到最大值，然后迅速回落，在第 4 期保持稳定。在投资方面，从响应趋势来看，符合货币经济理论的分析，当货币供应量增加时，会扩大企业投资可信贷资金的规模，从而促进投资，以及当利率增加时，提高资金货币成本，投资减少。但是上述图中体现了一个非常关键的问题，就是这种响应的幅度十分地小，一个新息的冲击，影响幅度仅为 0.01% 的单位，明显地反映了货币政策传导到实体经济的投资领域的困难。在消费方面，存款准备金率对消费的影响几乎不存在，贷款利率和货币供应量对消费有正向促进，但效果十分有限。

虽然货币政策传导到实体经济的整体效果十分有限，中间存在明显的阻碍，但是货币政策传导到房地产市场的效果却是十分地明显，如图 16-3 所示，分别是房地产价格指数和国房景气指数对货币政策三个代理变量的脉冲响应函数。从图中，我们首先可以从纵轴观察到，货币政策发生变动对房地产市场的影响是很明显的。具体来看，在房地产价格方面，$M2$、一年期贷款利率和存款准备金率增加一个新息时，房地产价格指数在短期都会迅速地上涨，不同的是 $M2$ 对房价始终是正向冲击，这种冲击保持在 10% 的位置稳定地持续下去。而利率对房价的冲击在第 4 期的时候达到峰值，约为 60%，而之后便持续下降，到第 8 期降到 0，之后便是负向冲击。这种先扬后抑的趋势反映了在我国，针对房地产市场的短期货币政策效果可能出现负向。产生的原因是多重的，如传导机制不完善、市场不理性等，但是在一定的滞后期便会反映出正常的关系，如存款利率的上升会增加投资成本，存款准备金率通过收紧信贷增加企业外部融资成本，最终反映在房地产供需和价格的下降上。国房景气指数基本反应趋势和房价相同，但是由于 CI 还体现了土地价格、房地产投资等综合因素，这种调整的滞后期更长，超过 1 年。上面的分析也合理解释了我国近年来频繁调整货币政策调控房地产市场的短期效果十分有限的现象。

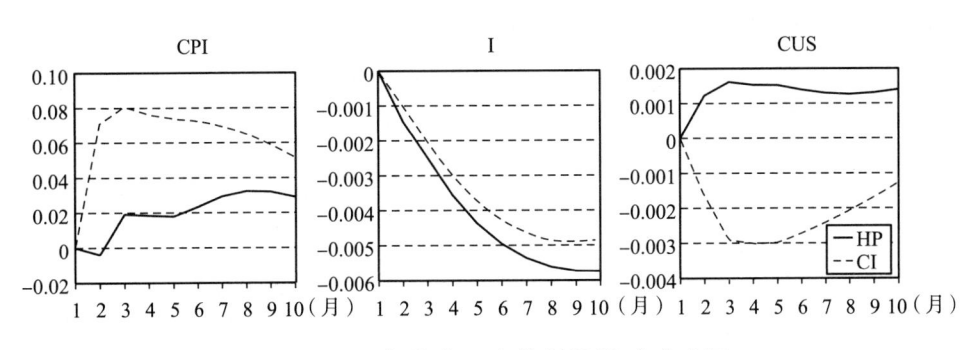

图 16-4 房地产→实体经济脉冲响应图

在宏观传导效果分析的第二部分，是对比房地产市场代理变量变动对实体经济的影响和货币政策对实体经济影响，从中体现出房地产市场对货币政策的传导效果。如图 16-4 所示，分别是房地产价格指数和国房景气指数出现一个正向新息冲击之后，物价、投资和消费的响应情况。我们同样可以发现和货币政策冲击一样的规律，房地产市场的冲击最终也更多地反映在物价的变动之上，对投资和消费的影响十分地有限。另外，通过对比，可以看到，在物价的影响上，房价和国房景气指数均会对物价产生正向冲击，但是冲击效果相比较货币政策还是较小的，大约有 10% 的贡献。而在投资上，可以发现一个反常的现象，就是无论是房价的上涨还是国房景气指数的上升，对投资均产生了微弱的负向影响。其中 CI 影响相比 HP 小，是因为 CI 中包括一部分投资，这就反映了这么一个现象，当房地产市场大热时，更多的资金投入到炒房市场或者是进入股票市场，而不是通过托宾 Q 理论促进投资的增长。在消费响应图上，我们看到了一定的财富效应的体现，即当房价上升的时候，会促进消费的增加，但是增加的幅度十分有限，大约是 0.2%。

总而言之，通过以上的分析，可以得出关于货币政策房地产市场传导效果的几点事实：

第一，我国货币政策整体有效性有限，体现在货币政策的波动主要反映在物价变动之上，对投资和消费的影响十分有限。这就意味着我国制定一轮宽松的货币政策时，紧接而来的是消费价格和资产价格水平的提高，促发高通货，而不是促进经济的快速增长。

第二，从货币政策到房地产市场的传导过程十分有效，但是从房地产市场的波动也只能影响到物价的变动，传导到投资和消费的能力极为有限。这就意味着在一轮货币宽松政策之后，大量的资金涌向房地产市场，推涨房地产交易的量价，形成房地产市场的繁荣景象，可是这种繁荣最终并不能促进投资和消费，实现经济的健康成长，因此，房地产市场对货币政策的传导是不完全的，对货币政策最终目标的实现贡献十分有限。

因此，提高货币政策传导效率，实现货币政策最终目标的当务之急就是厘清货币政策各类型的传导渠道，发现阻塞原因，对症下药清理障碍。下一部分将根据微观经验数据刻画货币政策的房地产市场传导机制，来形成完整的货币政策房地产市场传导线路图，以帮助发现该渠道存在的问题，以及思考解决的方案。

四、解释宏观传导效果（一）：房地产企业如何受货币政策影响

整体分析显示，在我国，货币政策的波动传导到房地产市场的效果十分快速和明显，那么这个过程是怎么发生的，则需要通过分析房地产企业的微观财务数

据和货币政策的关系来观察。同时，通过微观经验数据的考量，我们期望从中发现房地产企业受货币政策影响显著的一些指标，借此获得对房地产市场到实体经济的传导效果十分有限的部分解释。

分析基于 2000~2009 年沪深房地产上市公司和货币政策代理变量的年度面板数据[①]，之所以选择面板数据进行 VAR 分析，一方面结合了传统 VAR 分析把所有变量作为内生变量纳入系统的优势；另一方面，面板数据可以解决没被观测的变量的异质性，另外也考虑了应用 VAR 的脉冲响应分析能很好地体现企业财务指标对货币政策冲击的反应。因此，本部分采用了面板数据 VAR 分析的方法[②]，然后通过脉冲响应函数刻画货币政策对企业财务指标的冲击影响过程。

数据的基本处理：剔除 2000~2009 年没有连续数据的公司和 ST 的公司，最终有效公司数量为 78 家。根据上面分析，货币政策代理变量分别选择 M2 对数值和一年期贷款利率 R。房地产企业代理变量选择：（1）公司规模变量——根据 Gertler 和 Gilchrist（1994）的研究，货币政策对公司的影响因规模大小而异，小公司更易受货币政策的影响，原因是小公司更依赖于银行信贷获得发展，因此本节选择总资产为房地产公司规模的代理变量，取对数，表示为 TA；（2）流动性变量——以货币资金/总资产表示，一般企业货币资金越充裕，受货币政策的影响越小，表示为 LIR；（3）资产营运能力——总资产周转率和存货周转率，其中总资产周转率＝（房地产经营收入＋其他业务收入）/总资产平均余额，存货周转率＝（房地产经营收入＋其他业务收入）/存货平均余额，分别表示为 TTR 和 ITR；（4）偿债比率——Bernanke 和 Gertler（1995）选择覆盖比率（Coverage Ratio）＝利息支出/（利息支出＋利润）为企业总体财务状况指标，因为该比率与衡量企业财务健全状况的其他指标高度相关，但是国内财报很少公布利率支出，因此用财务费用代替，即偿债比率＝财务费用/（财务费用＋利润），表示为 CR；（5）资产负债率——反映资本结构，表示为 TLR；（6）资产投资比——代表企业投资行为，在 VAR 系统中可以反映当各财务指标发生变动时，对企业投资行为的冲击，资本投资比＝投资现金流出总计/总资产，表示为 ICR。因此，建立本部分的 VAR 模型为：

$$\ln SP_t SA = \alpha_2 \ln M_{2t} SA + \beta_2 \ln VOLUME_t SA + \lambda_2 \ln VALUE_t SA + \eta_2 \ln GDP_t SA + c_2 + \mu_{2t}$$

其中，z_{it} 是一个多变量的向量，在分析中它分别表示了 {M2, TA, TLR}、

[①] 房地产上市企业数据来源于国泰君安数据库。需要说明的是，本书研究的数据是有偏的，Bernanke 和 Gertler（1995）认为，上市公司可以通过资本市场融资，相比依赖银行的企业（Bank-dependent）受货币政策的影响小。考虑到数据的可获得性，本书只能根据上市公司公布的财务数据进行分析。

[②] Panel VAR 的构建和估计参考 I. Love（2006），本书应用了 I. Love 编制的 STATA panel VAR 程序进行计算。

{*M*2, *ITR*, *TTR*}、{*M*2, *LIR*, *CR*}、{*R*, *TA*, *TLR*}、{*R*, *ITR*, *TTR*}、{*R*, *LIR*, *CR*}[①]。分析选择了三个滞后期。C_z 反映了面板分析的固定影响,本书采用了赫尔默特程序(赫尔默特)克服了变量的偏相关性(Arellano and Bover, 1995)。

下面是根据上述 Panel VAR 模型的脉冲响应函数图。分为三个部分,第一部分选择 *M*2 为货币政策代理变量,通过三个脉冲响应图分别反映其对资产结构、资产营运能力和总体财务状况的冲击效果;第二部分则反映一年期贷款利率 *R* 的冲击效果;第三部分则检验了货币供应量以及利率的变动对公司投资的冲击效果,试图发现货币政策通过房地产市场推动投资发展效果十分不明显的原因。

首先分析广义货币供应量产生一个正向新息波动时,对房地产上市公司各项财务指标的冲击效果,如图 16-5 所示,*M*2 对房地产企业的资产总规模影响初期为正,然后就快速地下降,大约 0.3 期(一期表示一年)冲击效果为负,但是整体影响较小。而对资产负债率的冲击效果十分明显,从图中可以看出,当 *M*2 产生一个单位的正向冲击,房地产企业的资产负债率便大幅上升,并且一直保持这种上升的趋势,这充分反映了当执行宽松的货币政策之时,货币供应量增加,房地产企业便会大量的借入资金,但是资金的借入并没有投入到投资之中。这可见后面的分析,这种现象更多的是一种占位思想,即当有机会借入资金时,房企便会尽自己的可能借入资金,而不是根据企业资金的需要借入资金。

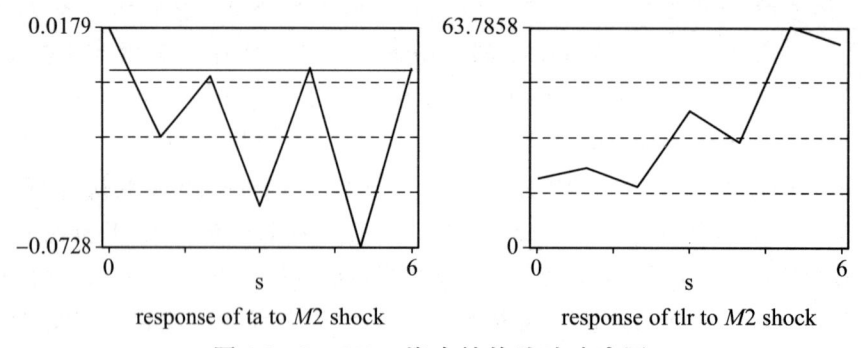

图 16-5 *M*2→资产结构脉冲响应图

而在对资产运营能力方面,一个单位的 *M*2 正向新息,会对企业的存货周转率(*ITR*)产生较为明显的正向冲击,如图 16-6 所示,在初期便产生约为 12% 的正向冲击,之后呈现下降,但是在第一期之后便持续上升,到第 6 期达到 28%。存货周转率的增加反映了房地产企业存货消化变快,也间接地反映了市场

[①] 由于数据量过大,以及受程序设计的限制,不能在一次分析中包括太多变量,因此,分别进行分析。

需求的增加。因此，从存货中，我们可以看出，宽松的货币政策对市场需求的促进效果也明显，一个解释就是，宽松的货币政策使得大量的资金涌入房地产投资市场，大量的投资行为促使房地产交易速度加快，存货周转率增加。另外，货币政策对企业总资产周转率的影响并不明显。

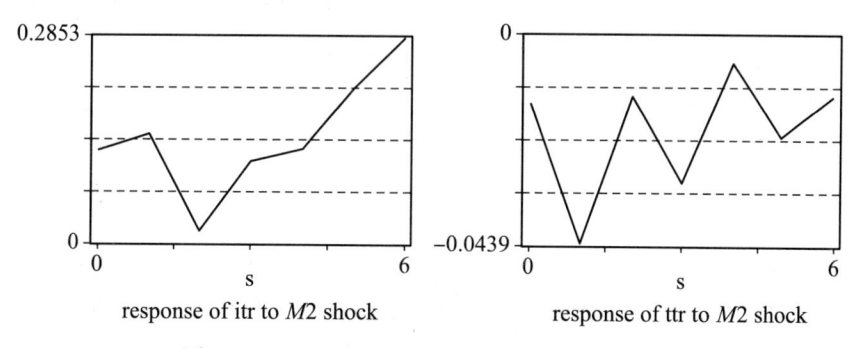

图 16-6　M2→资产运营能力脉冲响应图

另一个重要的分析是货币政策对房地产总体财务状况的影响，重点关注图 16-7 右图，即 $M2$ 对覆盖比率的影响，从图中可以看出，一个单位 $M2$ 的正向冲击产生时，房地产企业的覆盖比率初期会增加，但是在 0.5 期的时候冲击转向，到第 2 期时完全为负，之后便波动的下降。由于这里的覆盖比率反映了企业财务费用的比例，当覆盖比例增加时表示企业的资产负债表情况恶化（Bernanke & Gertler, 1995），因此该图的变化反映了这么一个情况，当执行货币宽松政策时，虽然短期会恶化公司财务状况，但是在长期会改善房地产公司的资产负债表。

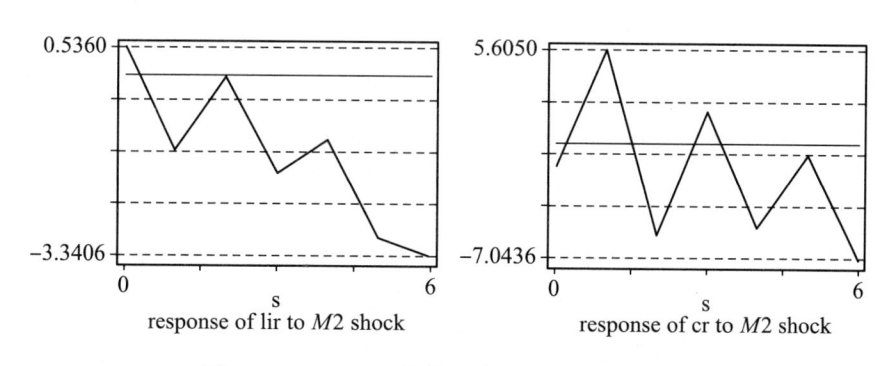

图 16-7　M2→总体财务能力脉冲响应图

选择以 1 年期贷款利率为货币政策的代理变量时，各种冲击结果存在一些差异性。首先在资产结构方面，利率对总资产的影响也很小，对资产负债率的影响明显，但是较之货币供应量，有两点不同，一是冲击效果约为 $M2$ 的 30% 左右，二是冲击变动的方向和 $M2$ 相反。从图 16-8 可以看出，利率的上调会增加企业的资产负债比率，原因可能是对未来利率继续上调的预期使得企业在当期选择更多地借入资金。

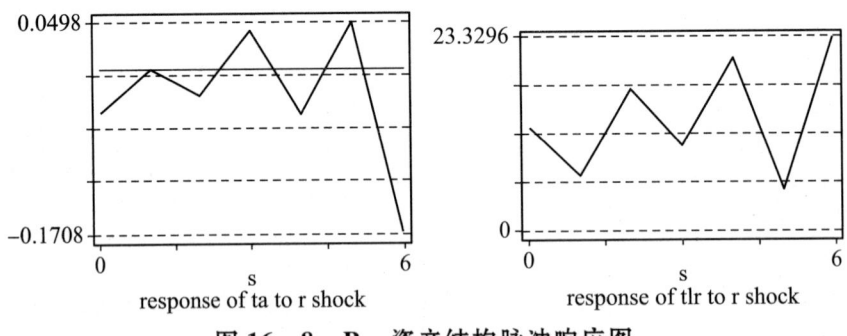

图 16-8 R→资产结构脉冲响应图

利率对企业资产运营的影响和 $M2$ 相比就有明显的不同，如图 16-9 所示利率在前 4 期对存货周转率以及总资产周转率的冲击几乎不存在，而到第 5 期出现一个微弱的负向冲击之后，便快速而且大幅的产生正向冲击。这种冲击在存货周转率中反映尤其明显，到第 6 期甚至高达了 657%。

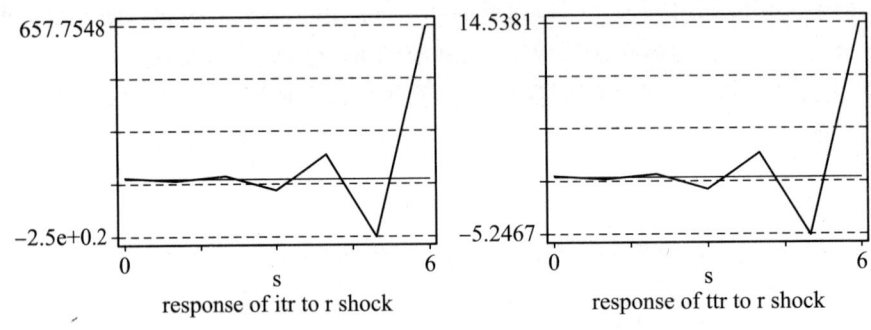

图 16-9 R→资产运营能力脉冲响应图

另外，观察利率对企业总体财务状况的冲击，也可以发现和上面一样的一个前 5 期几乎没有反应，第 6 期快速上升的趋势。对于这种现象的存在，我们需要考虑到数据的有偏性，由于选择的样本数据为房地产上市公司，这种公司相比没上市的企业，其本身的信用能力要高，覆盖率的变动对企业的要素需求改变程度要小一些[1]。但是，最终 R 的上升，也就是紧缩的货币政策还是会通过直接或者是间接的方式改变企业的财务状况。

---

[1] Bernanke 和 Gertler（1995）"大量的研究表明，对于无法免费货币信用的企业来说，覆盖比例的变动极大的改变企业的要素需求"。

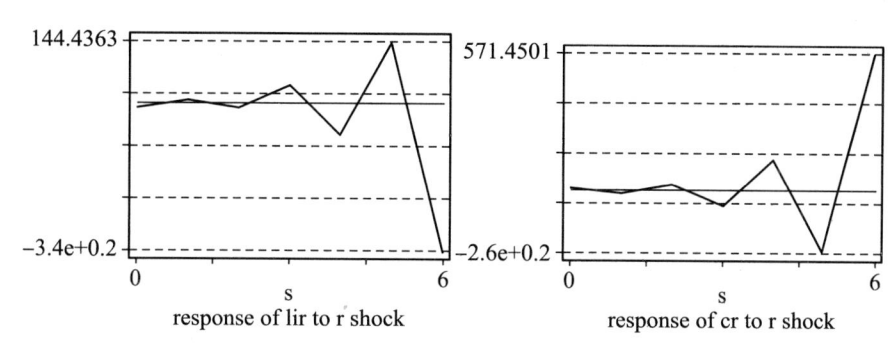

图 16-10　R→总体财务能力脉冲响应图

最后考察了货币政策变量和企业投资代理变量"资产投资率"的关系,这种分析试图通过微观的分析来解释货币政策通过房地产市场促进投资效果十分有限的原因。从图 16-11 可以看出,当货币供应量增加和利率变动时,对企业投资的影响都是正向的,但是这种影响是十分有限,如当存在一个正向的货币供应量正向冲击之时,企业投资在初期受到一个 0.26% 的冲击,而之后持续下降。同样,利率对企业投资的冲击效果也十分地不明显。

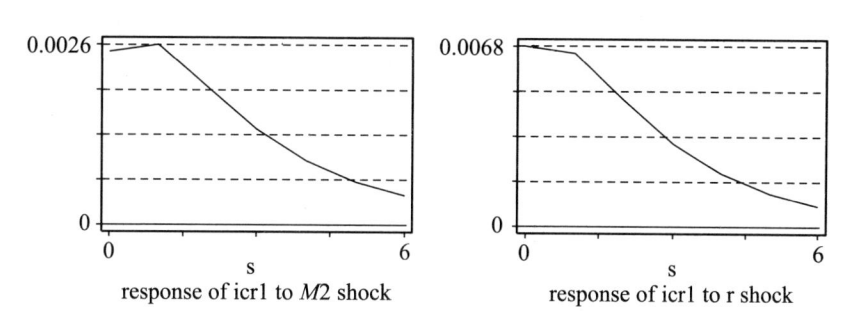

图 16-11　货币政策→房地产企业投资脉冲响应图

总之,通过上述的分析,可以得出货币政策对房地产企业财务状况影响的几点结论:第一,货币政策的变动对房地产的财务状况指标影响明显,具体而言,宽松的货币政策会通过促进存货周转率、降低覆盖比例等方式改善企业资产负债表状况;第二,货币政策对企业投资的影响十分有限。

五、解释宏观传导效果(二):从银行信贷的角度

货币政策的变动除了影响房地产企业的资产负债表状况之外,还可以通过改变金融中介机构信贷供给总量,尤其是商业银行贷款总量,从而改变外部融资额外成本,进而影响企业投资和居民消费,形成银行信贷渠道(Bernanke & Gertle，1995）。银行信贷的变动在房地产信贷和消费贷款上表现得尤其明显，即当实施紧缩货币政策时，银行信贷收缩，房地产信贷和消费贷款将会大幅的下降（Denhaan & Summer，2004）。这将通过房地产市场进一步影响投资和消费，如信贷约束放松，一方面导致消费者更易获得房地产抵押贷款，进一步刺激房地产需求，从而推动房地产价格上涨；另一方面，信贷约束放松也导致房地产开发贷款易获得性增强，从而刺激房地产开发，从而导致房地产供给增加，进而也将影响房地产价格和总产出。除此之外，房地产价格变动也将反过来影响信贷规模。主要体现在房地产价格变化影响银行的资产负债情况，从而影响银行的信贷供给。可见房地产价格、银行信贷通过不断的相互作用，对实体经济产生影响（Davis & Zhu，2004）。因此完整的分析货币政策的房地产市场传导机制，不仅要观察货币政策对房地产市场产生的直接影响，还需要增加银行这个中间渠道来分析。

首先，我们可以通过宏观数据直观的观察货币政策对银行贷款以及房地产贷款的影响，图16-12、表16-1分别展示我国2000~2009年广义货币供应量、一年期贷款利率、金融机构各项贷款余额和房地产开发贷款总额各自增长率的关系和相关系数矩阵。可以看出：（1）在整体，广义货币供应量$M2$、金融机构各项贷款余额以及房地产开发贷款总额的增长率均处于0点以上，表示自2000年以来，这几项一致保持着增长的趋势，图形的波动反映的是其增长幅度的变化；（2）金融机构各项贷款余额和广义货币供应量变动率的走势高度一致，两者的相关系数达到了0.913；（3）一年期贷款利率和房地产开发投资贷款的变动率呈现较为一致的负相关性，其中2001年利率的上升，直接导致了房地产开发贷款

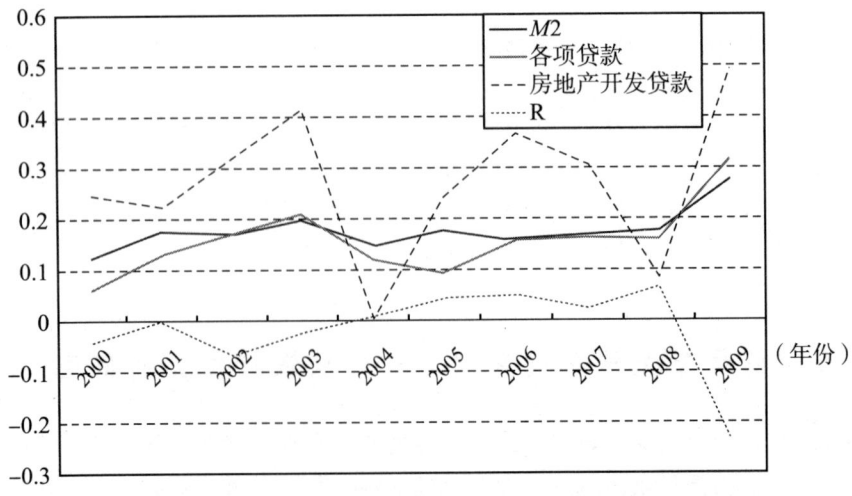

图16-12 货币政策与银行信贷关系

总额增长率的下降，另外，2008 年利率的大幅下降，也使得房地产开发投资呈现大幅增长的趋势，但是两者的相关性并不显著；(4) 房地产开发贷款总额增长率和金融机构各项贷款余额增长的变动方向较为一致，相关系数为 0.640，这就表示当银行信贷规模发生变动时，房地产贷款的规模也会随之同向变动。我们接下来将通过对上市银行微观数据的分析，来观察货币政策代理变动对银行信贷余额的变动冲击。考虑到房地产贷款与信贷总额存在显著的正相关关系，因此对货币政策和银行信贷的分析结果也反映了货币政策与房地产贷款的关系。

表 16 – 1　　$M2$、各项贷款、房地产开发贷款、R 的 Pearson 相关系数矩阵

	$M2$	各项贷款	房地产开发贷款	R
$M2$	1	0.913（**）	0.587	-0.713（*）
各项贷款	0.913（**）	1	0.640（*）	-0.694（*）
房地产开发贷款	0.587	0.640（*）	1	-0.595
R	-0.713（*）	-0.694（*）	-0.595	1

注：** 表示在 1% 水平下显著；* 表示在 5% 水平下显著（2 – tailed）。

图 16 – 13 是根据 2004 ~ 2009 年我国 14 家上市商业银行[①]信贷总额、资产负债率和货币政策代理变量的面板数据估计的 Panel VAR 模型而得到的脉冲响应图。其中 TL 为银行贷款总额，通过该变量受货币政策变量的冲击效果来分析货币政策对信贷的影响。BCLR 为银行资产负债率，反映银行资产负债表情况，中央银行通过一些货币政策减少可贷资金的总量，影响了银行的资产负债表结构，进而会通过银行资产负债表影响信贷总额。因此，通过不同货币政策代理变量下 TL 和 BCLR 的脉冲响应图可以观察货币政策是如何通过影响银行资产负债表质量来影响信贷的。

图 16 – 13 可以得出关于货币政策与银行信贷的关系：$M2$ 的正向变动对银行信贷总额将立即产生 5.78% 的正向冲击，随之冲击效果逐渐减弱，同时会降低银行的资产负债率，提高银行资产负债表质量，这表示，在宽松的货币政策下，货币供应量的增加会迅速反映在信贷总量的增加上；1 年期贷款利率 R 的冲击，在当期会迅速反映在信贷总量的减少，而资产负债率会出现明显的下降；法定存款准备金率的变动在当期会对信贷总额产生正向推动，但是随之迅速地下降，到第 5 期冲击变为负向，对资产负债率的影响则是先负后正；从信贷总额和资产负债率的关系来看，资产负债率对贷款总额的冲击总体为负，这也反映了紧缩的货币政策也会通过改变银行资产负债表的质量来改变银行贷款的意愿和

---

① 剔除 2004 ~ 2009 年没有连续数据的银行，即农业银行和光大银行。

规模。

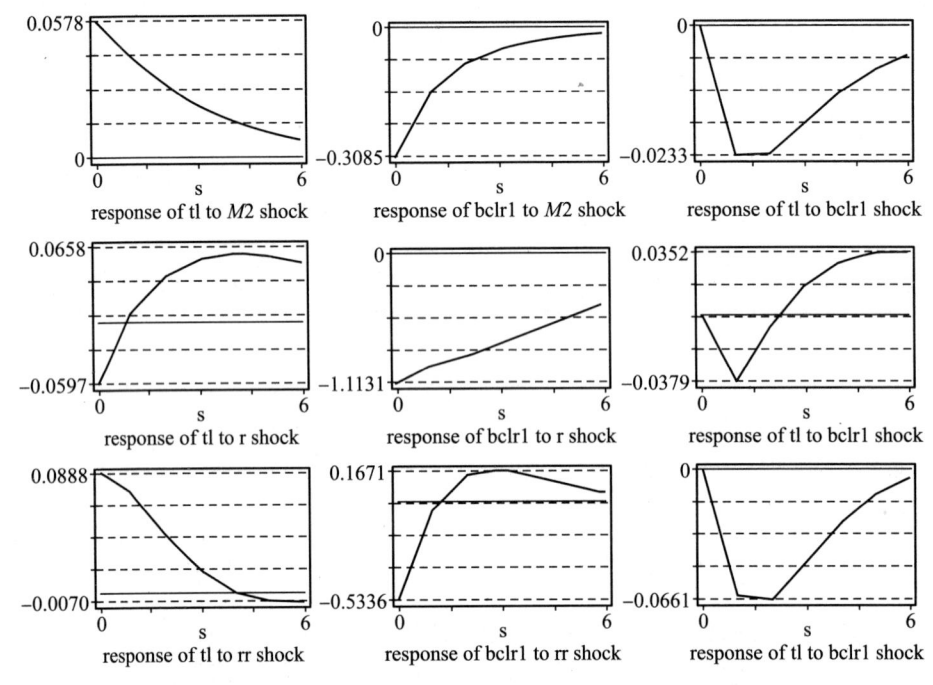

图 16-13　货币政策与银行信贷脉冲响应图

六、结论和建议

根据以上关于货币政策对房地产市场的宏观传导效果，以及从上市房地产、上市银行的微观数据角度对货币政策房地产市场传导解释的分析结果，可以得到以下的结论：第一，我国货币政策整体有效性有限，体现在货币政策的波动主要反映在物价变动之上，对投资和消费的影响十分有限。第二，从货币政策到房地产市场的传导过程十分有效，但是从房地产市场的波动也只能影响到物价的变动，传导到投资和消费的能力极为有限。而从微观分析的结果我们也得到了货币政策会对房地产企业的财务指标产生显著的影响，但是对企业的投资行为影响有限。

究其原因，不仅与我国房地产市场的发展不成熟有着密切的关系，而且也反映出现阶段我国宏观经济"生态"环境对货币政策的房地产价格传导机制存在的制约和影响。由于十多年来城市普遍推行居民住房商品化和市场化改革，加上我国民众普遍具有的传统观念影响，使住房需求越来越旺盛，与此同时，国家的土地供给严重脱节以及有关政策法规与监管措施严重滞后，致使房地产价格在需求远大于供给的情况下不断走高。而房地产价格的快速高涨又带动起一轮又一轮的投资与投机热潮。随着人民币升值预期的强化，外资热钱也蜂拥而至，以房地产为首选投资目标，用各种方法将外资变为人民币资产。因此，在社会对房地产存在刚性的需求，而且需求远大于供给的情况下，货币政策在房地产价格渠道的传导效果必然既不敏感，也不显著。

因此，本书认为货币政策应该关注房地产价格。这是因为房地产价格中包含有关经济运行的信息，如房地产价格上涨引起消费和投资增加，从而带来经济扩张和通货膨胀率上升，房地产价格波动分析可为我国中央银行制定货币政策提供参考。我国近年来房价上涨十分迅速，中国人民银行多次上调利率试图抑制房价上涨，表明我国中央银行的货币政策已对房价变化表示充分关注。但同时，考虑到房地产市场本身波动的特点，以及房地产在传导过程中尚存在明显的阻碍，我们不应该盯住房地产价格，使之直接地接口货币政策。

综上所述，应该把房地产价格作为经济运行的信息指标纳入货币政策指标体系，来帮助制定更为合理的货币政策。

第二节 我国股票市场在货币政策传导机制中的作用

一、引言

随着金融创新，金融电子化和全球资本市场的快速发展，各国股票市场的发展不断深化，成为经济和政策的重要角色。股票市场具有资源配置、流动性创造、信息传递和改善、风险定价和公司治理等功能。随着股市的迅速发展，货币的替代程度不断地增强，导致企业和居民的货币需求发生动态变化，货币供应量作为中介目标的可控性、可测性和相关性趋弱；金融机构、企业和居民的投资行为对信用创造的影响因素日益加强。因此，股票市场成为货币政策必须考虑的一部分。

1999年，格林斯潘发表了"货币政策新挑战"的讲话，认为在未来美国货币政策的主要挑战来自于股票市场，美联储应该更多的关注股票市场的发展动向。在理论界对中央银行制定货币政策时是否要关注股票市场，以及是否应该干预以股票价格为代表的资产价格的观点不一。部分学者认为央行制定货币政策时要密切关注股票市场的发展，且这种关注是要帮助提高和稳定股票市场；有的学者持有相反的观点，他们认为股票市场存在大量的泡沫和投机行为，变化十分不稳定，货币政策的制定不应考虑股票市场的变动；大部分学者认为货币政策的制定要"关注"货币政策而不是"盯住"货币政策，应该把股票价格纳入指标体系，成为辅助检测指标，帮助分析和预测经济的市场走向。

我国股票市场自1991年建立以来，伴随着宏观经济的快速发展和对金融市场改革的深化，获得了迅速的发展和壮大，无论是市值还是成交量都有了极大的增长，在宏观经济中的作用越来越明显。资本市场的发展导致货币与其他金融资产的界限变得模糊，货币供应量与实际经济变量失去了稳定联系，中国股票市场已成为货币政策传导的另一组成部分，央行维护人民币币值稳定，必须及早对股票市场和货币政策关系进行研究（中国人民银行研究局，2002）。本节将通过对股票市场在货币政策传导机制中的作用的实证分析，来回答中国人民银行制定货币政策时为什么应该关注股票市场的变化和股票市场在货币政策传导机制中的作用和传导效果两个问题？

本节将通过两阶段的实证研究来回答以上两个问题。第一阶段通过研究股票市场和货币政策的相互影响作用来解决为什么关注股票市场的问题；第二阶段分析货币政策通过股票市场传导到实体经济（消费、投资）的效果。最终将根据实证结果回答是否应该关注股票市场和如何关注的问题。

二、理论综述

货币政策传导机制，是指货币政策启动后各种要素之间是如何相互联系和运行的整个过程。它包括货币政策工具作用于操作目标、操作目标作用于中间目标、中间目标作用于最终目标的全过程，见图16-14。

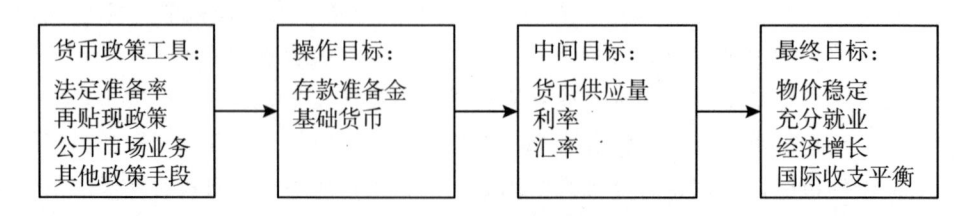

货币政策工具： 法定准备率 再贴现政策 公开市场业务 其他政策手段	操作目标： 存款准备金 基础货币	中间目标： 货币供应量 利率 汇率	最终目标： 物价稳定 充分就业 经济增长 国际收支平衡

图16-14 货币政策传导机制全过程

货币政策的传导机制一般包括利率、信贷、汇率和资本价格等渠道。传统的货币传导渠道主要关注利率渠道和信贷渠道，但是随着金融市场的快速发展，金融资本价格传导渠道成为新的研究焦点。这是因为资本市场对货币政策做出的反应是最快的，不需要对时间和实物进行调整（Meltzer，1995）。股票市场影响货币政策的传导机制主要包括投资渠道、资产负债表效应、财富效应和流动性效应四大渠道，下面进行简要的阐述：

1. 投资渠道：主要的代表理论是 Tobin（1969）的 Q 理论。托宾是最先提出并发展资产价格传导渠道的学者，他首先从凯恩斯模型引申出资产价格对实体经济的影响，进而提出 Q 理论，阐述了货币政策将通过影响股票价格的方式来影响实体经济，股票价格是货币政策传导机制的途径之一。具体而言，货币政策通过利率影响股票价格，然后再通过股票价格来影响 Q，最终决定企业的投资决策和总产出。其传导机制是：股价↑→Q↑→投资↑→Y↑。其中 Q 指企业市场价值除以资本重置成本的比率，如果 Q 大于 1，相对于企业的市场价值来说新建厂的成本就比较便宜，此时企业倾向于弃旧置新。如果 Q 小于 1，相对于资本的重置成本来说企业的市场价值就比较低，企业不会购买新的厂房设备。接着，Andrew B. Abel and J. Eberly（1994）对托宾 Q 理论进行了发展，他们在模型中探讨了资本购买与出售价格之间的差异以及 Q 值变化对投资的影响等问题。

2. 资产负债表效应：资产负债表效应是由 Ben S. Bernanke 和 Mark Gertler（1989）提出的。他们提出了"净值"的概念。所谓"净值"是指企业流动资产与可抵押物品之和，代表了企业的资产负债表状况；在信息不对称的条件下，借款人的净值将决定他们获得外部资金的能力，净值越高，负债人可以获得更多外部贷款，投资水平因此提高。货币政策对净值的影响主要是通过利率上升或下降影响股票价格发生波动来体现的。传导过程为：股价↑→公司净值↑→L 贷款↑→I 投资↑→Y↑。Gertler（1992）把该模型由两期扩展到多期并提出企业的未来收益贴现值对于多期连续债务合同也存在限制作用。Bernanke，Gertler and Simon Gilchrist（1998）合作的一篇文章中采用了动态新凯恩斯的宏观模型框架，对模型的参数进行了取值和校准后进行了模拟的结果也验证了原来的结论。

3. 财富效应：财富效应是由 Modigliani（1958）提出的。其理论基础是消费和储蓄的生命周期理论，即理性的、前瞻的消费者在生命周期内的消费流决定于毕生的资产。毕生的资产由可支配的劳动收入、实际资产和金融财富组成。股价上升，一方面促使消费者的金融财富价值上升，从而毕生资产增加，消费开支扩大；另一方面，即使在可支配收入不变的情况下，通过改善居民对未来收入的预期，促使消费支出扩大，也就是"股价↑→财富↑→C 消费↑→Y↑"。

4. 流动性渠道：Mishkin（1976）论述货币的流动性效应时，认为当货币供应增加导致个人的财富增加时，不一定会增加耐用消费品的支出，因为耐用消费品流动性较差，如果急需现金而被迫卖掉耐用品，会受很大损失；相反，如果消费者持有的金融资产（如银行存款、股票或债券），就能很容易地按完全市场价值将其迅速变现。因此，如果股票价格下降，金融资产价值下跌，消费者陷入财务困难的可能性较高，将减少缺乏流动性的耐用消费品；反之，当股票价格上升，从而金融资产的价值也上升，消费者陷入财务困难的可能性较低时，会增加对住房等耐用消费品的支出；由此可以得出货币政策传导机制为：股价↑→金融资产↑→耐用品消费↑→住房支出↑→Y↑。

以上四种渠道，托宾 Q 理论和资产负债表效应主要反映了股票市场对投资的影响，后两种渠道反映了股价波动是如何影响居民财富和行为，进而影响到消费的过程。

国外学者也从实证分析的角度研究了股票市场的货币政策传导机制。Jensen 和 Johnson（1995）考察了 1962～1991 年美国股票市场月度和季度的股票价格表现与货币政策之间的联系，认为货币政策的取向影响了长期的预期回报率，而股票市场会对这一预期的改变做出迅速反应。Rigobon 和 Sack（2002）检验了美国货币政策对股指及长期利率的影响，发现股指对货币政策具有明显的负向反应，即短期利率上升 25 个基本点，将导致标准普尔 500 下降 1.9%。Ralph Chami，Thomas F. Cosimano 和 Connel Fullenkamp（1999）研究发现，股票市场对货币政策的传导存在着不同于托宾 Q 理论和财富效应的渠道。这是因为通货膨胀除了对红利支付征收收入税以外还对股票征收财产税，而且它对股票征收财产税的程度要比对债券征收的重。这样股票持有人就会随着通货膨胀的变化改变其对股票回报率的要求，公司会相应调整生产，最终使总产量上升。

国内学者对股票市场的货币政策传导机制观点不一。易纲、王召（2002）认为，货币政策对金融资产价格（特别是股票价格）有影响，扩张性货币政策将引起股价水平上升；但希望利用股市财富效应拉动需求的做法，长期来看并不可靠，反而会增加经济的不安全性。余元全（2004）通过将股票市场因素引入修正的凯恩斯模型，建立一般均衡下的扩展 IS-LM 模型，采用 TSLS 定量分析了股市对我国宏观经济及货币政策传导机制的影响，认为目前我国股票市场传导货币政策的机制并不畅通。高莉、樊卫东（2001）研究认为，我国股票市场对经济增长的贡献并不显著；股票市场对货币需求及货币流速均有一定影响，但也不显著。李娟娟（2004）认为，我国股票市场经过十余年的发展已初具规模，但通过相关性分析认为我国股市对消费、投资及经济增长的贡献度不高，即股票市场对货币政策传导效率不高。陈平，张宗成（2008）对货币政策的传导机制与股票市场的关联机制进行分析，结果显示股票市场已经成为传导货币政策的一个主要渠道，中央银行制定货币政策时必须要考虑股票市场。石亚兰、郭建伟（2003）认为股票市场价格对于货币政策具有双刃作用。一方面，股价有利于货币政策的顺利传导，从而使货币政策能更有效地影响实体经济，实现其政策意图；另一方面，股票市场的发展及股票价格泡沫又对货币政策提出巨大挑战，从而降低货币政策的有效性。

三、我国股票市场与货币政策相互作用的实证分析

根据上述的理论综述，我们可以得到股票市场的货币政策传导有效性研究的基本思路和分析框架，见图 16 – 15。

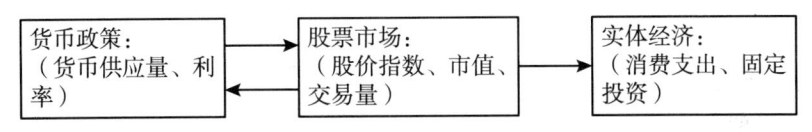

```
货币政策：           股票市场：           实体经济：
（货币供应量、利 ⇄  （股价指数、市值、→ （消费支出、固定
率）                 交易量）              投资）
```

图 16 – 15　股票市场与货币政策分析理论框架

首先是分析股票市场和货币政策是如何相互作用的，因为股票传导渠道发生作用的前提条件是货币政策变动向股票市场的有效传递，即股票市场能及时准确地反映货币政策的变动，对该阶段的分析包括两部分：一是货币政策的变动对股票市场的影响，如货币供应量和利率的变动将影响股票投资的未来收益和分红的折现率，进而影响股票的价格和成交量；二是股票市场的变动对货币政策的影响，主要体现在股价、股票成交额、成交量的变化对货币需求的影响。

然后是股票市场相关变量的变化是如何影响投资者调整资产配置进而影响到居民的消费支出，以及如何改变公司的资金成本来影响公司投资行为。

本部分将对第一阶段进行实证分析，第二阶段将在第四部分详细阐述。

1. 变量选择和数据说明。变量选择、表示和处理如下：

货币供应量指标：分别对 M0、M1、M2 进行分析来判断哪种货币供应量更适合作为代理变量，表示为 $M_{it}(i=0,1,2)$，单位为亿元。

利率指标：为了更加准确地反映货币政策通过利率影响股票市场，我们选择了市场化程度最高的七天期银行间同业拆借利率为代理变量（张屹山、张代强，2007），表示为 R_t，单位为%。

股票市场指标：根据 Goldfeld 和 Sichel（1990）的现代货币需求理论，反映股票市场的各项指标包括：股票价格、成交量和成交额；考虑到上海证券交易所的交易数据更能反映我国股票市场特征和趋势，因此我们分别选择上证收盘价格综合指数，表示为 SP_t；股票成交量 $VOLUME_t$，单位为亿股；和股票成交额 $VALUE_t$，单位为亿元。

规模变量：在模型中，加入宏观经济的规模收入变量，表示为 GDP_t，单位为亿元。

我们选取从 1998 年第一季度到 2009 年第四季度作为实证研究的样本区间。刘少波、丁菊红（2005）提出了我国股市与宏观经济相关关系的"三阶段演进路径"，认为 1997 年是一个拐点，此前股市与宏观经济变量无关，此后两者呈弱正相关。选至 2009 年第四季度数据更能代表股票市场与货币政策的最新动态关系。由于季度时间序列呈现季度波动，需对数据进行去季节化处理，对除利率外的所有数据均采用 X-11 方法消除季节因素，在变量后加 SA 表示。然后对调整后的数据（除利率）取对数，以消除时间序列存在的异方差，使变量之间的变动呈相对值，在变量前加 ln 表示。

2. 变量的平稳性检验。在进行时间序列回归时，首先要对变量进行平稳性检验。所谓时间序列的平稳性，是指时间序列的统计规律不会随着时间的变化而变化。时间变量的平稳性是计量经济分析的基本要求之一，只有模型中的变量满足平稳性要求时，传统的计量经济方法才是有效的；若模型中含有非平稳序列，基于传统计量经济方法的统计量都将失去通常的性质，如建立的回归模型可能是伪回归，从而推断得出的结论也可能是错误的。平稳性检验是运用增广的迪基-福勒（ADF）检验进行单位根检验。用 AIC 和 SC 最小准则来确定最佳滞后期。分别对 $\ln M_{it}SA$、R_t、$\ln GDP_t SA$、$\ln SP_t SA$、$\ln VOLUME_t SA$、$\ln VALUE_t SA$ 检验的结果见表 16-2。

表 16-2　$\ln M_{it}SA$、Rt、$\ln GDP_t SA$、$\ln SP_t SA$、$\ln VOLUME_t SA$、$\ln VALUE_t SA$ 的 ADF 检验结果

变量	ADF 值	临界值 1%	临界值 5%	临界值 10%	p-值	判断
$\ln M0_t SA$	0.484765	-3.592462	-2.931404	-2.603944	0.9842	不平稳
$\ln M1_t SA$	0.390207	-3.581152	-2.926622	-2.601424	0.9804	不平稳
$\ln M2_t SA$	2.288639	-3.577723	-2.925169	-2.600658	0.9999	不平稳
R_t	-3.585230	-3.581152	-2.926622	-2.601424	0.0099 ***	平稳
$\ln SP_t SA$	-2.464387	-3.581152	-2.926622	-2.601424	0.1307	不平稳
$\ln VOLUME_t SA$	-0.779630	-3.577723	-2.925169	-2.600658	0.8156	不平稳
$\ln VALUE_t SA$	-0.597560	-3.577723	-2.925169	-2.600658	0.8613	不平稳
$\ln GDP_t SA$	2.546572	-3.577723	-2.925169	-2.600658	1.0000	不平稳
$\ln M0_t SA\,(-1)$	-2.978317	-3.592462	-2.931404	-2.603944	0.0450 ***	平稳
$\ln M1_t SA\,(-1)$	-4.787702	-3.581152	-2.926622	-2.601424	0.0003 ***	平稳

续表

变量	ADF 值	临界值 1%	临界值 5%	临界值 10%	p - 值	判断
$\ln SP_t SA$ (-1)	-4.509427	-3.592462	-2.931404	-2.603944	0.0008 ***	平稳
$\ln VOLUME_t SA$ (-1)	-9.958628	-3.581152	-2.926622	-2.601424	0.0000 ***	平稳
$\ln VALUE_t SA$ (-1)	-8.919818	-3.581152	-2.926622	-2.601424	0.0000 ***	平稳
$\ln GDP_t SA$ (-1)	-5.685243	-3.581152	-2.926622	-2.601424	0.0000 ***	平稳

注：*** 表示在 1% 水平下显著；** 表示在 5% 水平下显著；* 表示在 10% 水平下显著。(-1) 表示一阶差分。

由表 16-2 可知，$\ln M_{it}SA$、$\ln GDP_t SA$、$\ln SP_t SA$、$\ln VOLUME_t SA$、$\ln VALUE_t SA$ 的原序列都是非平稳序列，一阶差分序列具有平稳性，是 I（1）型时间序列；R_t 的原序列平稳。根据协整检验的原理，变量中 R_t 为 0 阶协整，其余变量为 1 阶协整，R_t 的协整阶数小于其余变量，表示变量之间可以建立长期的协整关系。因为有些时间序列，虽然自身非平稳，但它们的某种线性组合却平稳。这个线性组合反映了变量之间长期稳定的关系，称为协整关系。具有协整关系的时间序列不会产生谬误回归。接下来，我们将分别建立货币政策对股票市场影响和股票市场对货币需求影响的回归模型，然后通过检验残差来分别判断变量之间的长期关系。

3. 货币政策对股票市场的影响。货币政策对股票市场影响包括货币供应量和利率变动两个部分，下面分别对三个层次的货币供应量以及利率对股票市场的影响建立分析模型：

$$\ln SP_t SA = \alpha_0 \ln M_{0t} SA + \beta_0 \ln VOLUME_t SA + \lambda_0 \ln VALUE_t SA + \eta_0 \ln GDP_t SA + c_0 + \mu_{0t}$$

$$\ln SP_t SA = \alpha_1 \ln M_{1t} SA + \beta_1 \ln VOLUME_t SA + \lambda_1 \ln VALUE_t SA + \eta_1 \ln GDP_t SA + c_1 + \mu_{1t}$$

$$\ln SP_t SA = \alpha_2 \ln M_{2t} SA + \beta_2 \ln VOLUME_t SA + \lambda_2 \ln VALUE_t SA + \eta_2 \ln GDP_t SA + c_2 + \mu_{2t}$$

$$\ln SP_t SA = \alpha_3 R_t + \beta_3 \ln VOLUME_t SA + \lambda_3 \ln VALUE_t SA + \eta_3 \ln GDP_t SA + c_3 + \mu_{3t}$$

分别对上面四个方程使用最小二乘回归（OLS），求得货币政策与股价的关系式，并对残差进行单位根检验来判断回归的真实性和关系的长期性。回归的结果如下所示：

$$\ln SP_t SA = 0.814 \ln M_{0t} SA - 0.693 \ln VOLUME_t SA + 0.843 \ln VALUE_t SA$$
$$(5.557) \qquad (-9.782) \qquad (17.683)$$
$$- 0.298 \ln GDP_t SA - 0.280$$
$$(-4.325) \qquad (-0.286)$$
$$R^2 = 0.945 \quad F = 184.901 \quad D.W. = 0.923$$

$$\ln SP_t SA = 0.586\ln M_{1t}SA - 0.687\ln VOLUME_t SA + 0.852\ln VALUE_t SA$$
$$(5.657) \quad\quad (-9.920) \quad\quad (17.751)$$
$$-0.327\ln GDP_t SA + 1.297$$
$$(-4.584) \quad\quad (1.797)$$
$$R^2 = 0.946 \quad F = 187.900 \quad D.W. = 1.019$$

$$\ln SP_t SA = 0.553\ln M_{2t}SA - 0.698\ln VOLUME_t SA + 0.862\ln VALUE_t SA$$
$$(4.723) \quad\quad (-8.736) \quad\quad (15.854)$$
$$-0.317\ln GDP_t SA + 0.995$$
$$(-4.012) \quad\quad (1.120)$$
$$R^2 = 0.938 \quad F = 162.208 \quad D.W. = 0.920$$

对利率与股价的模型进行回归分析时，利率的系数显著性很低，利率和股价之间不存在显著的相关性。这是因为我国利率的市场化程度低，货币政策的利率股票价格变动对利率的变动反映被动。这也很好的解释了，从 2007 年 3 月 18 日到 2008 年 12 月 23 日，虽然央行前后十次调整利率，但是对股票市场调节的作用不明显的现象。

接下来对上述三个回归方程的残差进行分析，如图 16-16 所示。

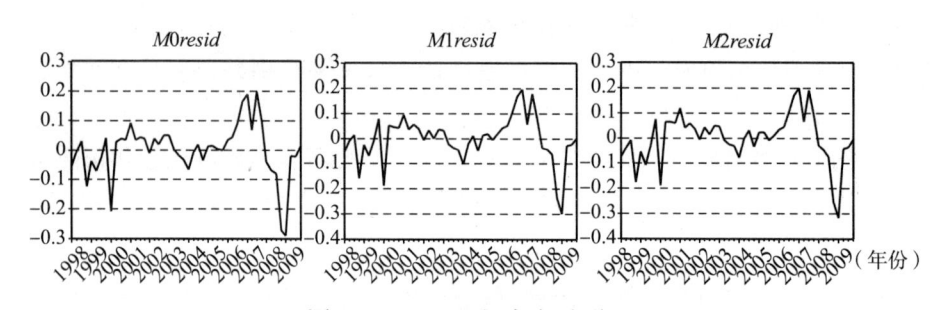

图 16-16　回归方程残差图

图 16-16 表明残差存在明显的规律性，再结合方程的 D.W. 值，可以看出三个方程的 D.W. 值明显的小于 2，序列之间存在正的自相关现象。在计量模型出现序列相关性，若继续采用最小二乘法进行估计，会产生参数估计量非有效、显著性检验失去意义、预测无效等后果（李子奈，2003）。本书将采用 Cochrane_Qractt 二阶段迭代法消除序列自相关，并剔除系数不显著的变量。重新估计回归方程如下：

$$\ln SP_t SA = 0.687\ln M_{0t}SA - 0.710\ln VOLUME_t SA + 0.807\ln VALUE_t SA$$
$$(3.948) \quad\quad (-9.304) \quad\quad (13.001)$$
$$-0.136\ln GDP_t SA + 1.478$$
$$(-1.780)$$

$$R^2 = 0.883 \quad F = 78.991 \quad D.W. = 1.594$$

$$\ln SP_t SA = 0.512\ln M_{1t} SA - 0.711\ln VOLUME_t SA + 0.816\ln VALUE_t SA$$

$$(4.141) \quad (-9.423) \quad (13.489)$$

$$-0.167\ln GDP_t SA + 0.976$$

$$(-2.128)$$

$$R^2 = 0.893 \quad F = 87.614 \quad D.W. = 1.543$$

$$\ln SP_t SA = 0.269\ln M_{2t} SA - 0.661\ln VOLUME_t SA + 0.746\ln VALUE_t SA + 1.279$$

$$(2.512) \quad (-8.283) \quad (10.598)$$

$$R^2 = 0.788 \quad F = 52.882 \quad D.W. = 1.843$$

从统计指标来看，三个方程拟合程度良好；根据系数显著性原则，在 M2 影响股价指数的回归方程中，剔除了 GDP，其余变量的系数显著性良好；调整后的序列自相关问题得到了明显的改善，$D.W.$ 值接近 2。接下来分别对其残差进行 ADF 平稳性检验，结果见表 16 – 3。

表 16 – 3　　$M0resid$、$M1resid$、$M2resid$ 的 ADF 检验结果

变量	ADF 值	临界值 1%	临界值 5%	临界值 10%	p – 值	判断
$M0resid1$	– 5.395640	– 3.581152	– 2.926622	– 2.601424	0.0000***	平稳
$M1resid1$	– 5.240510	– 3.581152	– 2.926622	– 2.601424	0.0001***	平稳
$M2resid1$	– 6.126075	– 3.581152	– 2.926622	– 2.601424	0.0000***	平稳

注：*** 表示在 1% 水平下显著；** 表示在 5% 水平下显著；* 表示在 10% 水平下显著。

可以看出，三个方程的残差的原序列是平稳的，这表示建立的货币供应量与股票市场指标的回归方程是真实反映实际经济运行的，而且这种关系在长期是稳定的。对长期协整关系式的解释如下：

第一，股票市场指标相互关系解释。股价指数和成交量成负相关，和成交额成正相关。

第二，从 M0、M1、M2 的系数可以看到股票价格指数的变动趋势和货币供应量的变动正相关。其中和 M0 的相关性最为明显，相关系数为 0.687，即 M0 每增加 1%，会推动股价上涨 0.687 个百分点；和 M1 的相关性系数也达到 0.512；但是和 M2 的相关性降低了，相关系数仅为 0.269。可见，我国股市对流动性更大的货币供应量的变动反应敏感，并且呈现是正向预期。现金或者是狭义货币供应量的增加，部分货币供应会直接而又快速地进入股市，缓解股市交易资金紧张的压力，推动股票价格的上涨；或者是促进生产和经济发展，收入水平的增加会加大对股票的需求；还有可能就是货币供应量大幅增长促发的通货膨胀水

平增长，造成虚假繁荣。可见，随着我国股票市场的发展和成熟，货币政策传导到股票市场的效果越来越好，对股票市场的调节功能会不断地加强。

第三，对 GDP 和股价关系的解释。在 $M0$ 和 $M1$ 的方程中，GDP 和股价指数呈现微弱的负相关，在 $M2$ 的方程中，GDP 的系数不明显。我们通过进一步研究成交量和成交额和 GDP 的关系，发现从股市规模来讲，股票市场和宏观经济呈现微弱的正相关，相关系数为 0.1845。从理论上讲，股票市场的发展可以动员储蓄、配置资金、改善经营，从而通过促进资本积累和技术创新促进经济增长，但是 Harris（1997）通过实证发现，股票市场对经济增长的作用有限，在发达国家，股票市场的增长有助于解释人均 GDP 的增长，但是在发展中国家，这种作用是十分微弱的。赵振全、张宇（2003）对中国股票市场发展和宏观经济发展之间的关系的研究结果也表明，同期股票市场波动和宏观经济波动之间存在着一定的关系，但是这种相互关系还很脆弱，宏观经济波动对股票市场波动的解释能力很弱。

4. 股票市场变动对货币需求的影响。上述实证结果说明，股票市场随着发展的深化，对货币政策的反映越来越敏感。那么，逐步发展的股票市场对货币政策的影响如何呢？通过建立以下的模型来分析股票市场变动对货币需求的影响：

$$\ln M_{it}SA = \alpha_4 \ln SP_t SA + \beta_4 \ln VOLUME_t SA + \lambda_4 \ln VALUE_t SA + \eta_4 \ln GDP_t SA + \varphi R_t + c_4 + \mu_{4t}$$

使用最小二乘法，并运用 Cochrane_Qractt 二阶段迭代法对序列自相关现象进行处理，得到以下的回归结果：

$$\ln M_{0t}SA = 0.313 \ln SP_t SA + 0.366 \ln VOLUME_t SA - 0.328 \ln VALUE_t SA$$
$$(3.068) \qquad (4.670) \qquad (-3.775)$$
$$+ 0.281 \ln GDP_t SA + 0.938$$
$$(7.184)$$
$$R^2 = 0.835 \quad F = 53.077 \quad D.W. = 1.307$$

$$\ln M_{1t}SA = 0.470 \ln SP_t SA + 0.532 \ln VOLUME_t SA - 0.481 \ln VALUE_t SA$$
$$(3.347) \qquad (4.979) \qquad (-4.031)$$
$$+ 0.407 \ln GDP_t SA + 1.291$$
$$(7.516)$$
$$R^2 = 0.860 \quad F = 64.336 \quad D.W. = 1.384$$

$$\ln M_{2t}SA = 0.407 \ln SP_t SA + 0.544 \ln VOLUME_t SA - 0.474 \ln VALUE_t SA$$
$$(2.785) \qquad (4.878) \qquad (-3.816)$$
$$+ 0.422 \ln GDP_t SA + 1.156$$
$$(7.500)$$
$$R^2 = 0.854 \quad F = 61.174 \quad D.W. = 1.403$$

上述方程式的残差均通过 ADF 单位根检验,原序列为平稳。也就是说上面关系式反映了股票市场对货币需求的长期影响。从股票市场三个指标的系数来看,货币需求对股价和成交量有正向预期。一般而言,股价上涨 1%,对货币需求增加约为 0.4 个百分点,成交量对货币需求的影响最为显著而且最为明显,成交量每增长 1%,对货币量的需求增长约为 0.5 个百分点。相比而言,和成交额呈现了显著性较弱的负相关,即成交额对货币需求的影响较小。另外,GDP 的变动对货币需求影响十分明显,从 1998~2009 年,GDP 每增长 1 个百分点,要求货币供应增长 0.4 个百分点。从方程的整体来看,股票市场发生变动,对 $M1$ 的影响要大于 $M0$ 和 $M2$。这是因为在我国,$M1$ 是货币政策最为重要的中介目标,对宏观经济和资本市场变动的反应比 $M0$ 和 $M2$ 敏感。综上所述,可以看出,股票市场对货币需求的影响已经十分显著了,这也预示着,随着股票市场的进一步发展和完善,货币需求受到的牵制变大,央行在制定货币政策时必须考虑股票市场的现状和变动。

5. 格兰杰因果检验。通过格兰杰检验,可以帮助我们判别经济变量的内生和外生,明确相互之间影响的方向性。股票市场指标、货币供应量、利率、GDP 的格兰杰因果检验可以帮助验证和说明货币政策和股票市场的相互影响方向。

通过格兰杰因果检验的股票市场指标、货币供应量、利率、GDP 的结果见表 16-4。

表 16-4　股票市场指标、货币供应量、利率、GDP 格兰杰因果检验结果

原假设	F-statistic	Prob.
$LNM1TSA$ 不是 $LNGDPTSA$ 的格兰杰原因	3.97615	0.0264**
$LNGDPTSA$ 不是 $LNM1TSA$ 的格兰杰原因	2.58098	0.088*
$LNM2TSA$ 不是 $LNGDPTSA$ 的格兰杰原因	6.61992	0.0032***
$LNGDPTSA$ 不是 $LNVALUETSA$ 的格兰杰原因	3.55384	0.0377**
$LNGDPTSA$ 不是 $LNVOLUMETSA$ 的格兰杰原因	3.04474	0.0585***
RT 不是 $LNGDPTSA$ 的格兰杰原因	3.0698	0.0572***
$LNVALUETSA$ 不是 $LNM0TSA$ 的格兰杰原因	3.50522	0.0393**
$LNM0TSA$ 不是 $LNVALUETSA$ 的格兰杰原因	3.00281	0.0607*
$LNVOLUMETSA$ 不是 $LNM0TSA$ 的格兰杰原因	3.21498	0.0505*
$LNM0TSA$ 不是 $LNVOLUMETSA$ 的格兰杰原因	3.42081	0.0423**
$LNVALUETSA$ 不是 $LNM1TSA$ 的格兰杰原因	6.53639	0.0034***

续表

原假设	F-statistic	Prob.
$LNVOLUMETSA$ 不是 $LNM1TSA$ 的格兰杰原因	9.72094	0.0004 ***
RT 不是 $LNM1TSA$ 的格兰杰原因	2.79931	0.0725 *
$LNM1TSA$ 不是 RT 的格兰杰原因	3.61083	0.0359 **
$LNM2TSA$ 不是 $LNVOLUMETSA$ 的格兰杰原因	3.07671	0.0569 ***
RT 不是 $LNM2TSA$ 的格兰杰原因	4.00975	0.0257 **
$LNSPTSA$ 不是 RT 的格兰杰原因	3.64553	0.0349 **

注：*** 表示在1%水平下显著；** 表示在5%水平下显著；* 表示在10%水平下显著。

从表16-4的结果并结合前面的分析，可以得出以下的几点结论：

第一，狭义货币供应量 $M1$ 是 GDP 的原因，也受 GDP 的影响；在股票市场上对成交量的影响明显。因此，考虑到股票市场的影响制定货币政策时，仍然应以 $M1$ 为主要的中介目标。

第二，GDP 对股票市场的规模指标成交量和成交额有单向影响，价格指标即股票价格指数和 GDP 无关。这表示在我国经济的发展会促进股市的繁荣，但是由于上市公司结构不合理，国有企业占据大部分，股市的资源配置功能尚未充分发挥，对经济的促进作用不明显；价格指标的无关性表明，在我国存在股价不合理上涨，脱离经济实体的"虚假繁荣"现象。

第三，利率和 GDP 是仍是影响货币需求的主要因素，但是随着股票市场的发展，股票市场对货币需求的牵制加大。

总而言之，随着我国资本市场的发展，股票市场对货币政策的传导作用在加强。

四、我国股票市场的货币政策传导效果实证分析

这部分将通过实证分析来研究股票市场的变化是如何影响投资者调整资产配置进而影响到居民的消费支出以及如何改变公司的资金成本和投资行为，也就是从消费和投资两个方面来判断货币政策通过股票市场渠道传导到实体经济的效果。

1. 变量选择和平稳性检验。一般而言，消费函数包括规模变量和机会变量。在本节，消费函数的规模变量包括 GDP，股票市场规模和消费水平；机会变量主要是利率。因此建立股票市场对消费的影响模型如下：

$$\ln CUSS_t SA = \alpha_5 \ln GDP_t SA(-1) + \beta_5 \ln SP_t SA(-1) + \lambda_5 r_t + C_5 + u_t$$

$CUSS_t$ 为全社会消费品零售总额（单位：亿元），是消费的代理变量；（-1）表示滞后一期，因为当期消费受上期收入和股价影响；r_t 是一年期存款利率，是跨期消费的机会成本。

投资主要受利率和投资的生产边际影响。利率下降，资金成本下降，投资增加；同时，在我国，相比与股市，信贷仍是企业投资最主要的融资渠道，对投资有制约作用。因此，建立股票市场对投资的影响模型如下：

$$\ln FI_t SA = \alpha_6 \ln L_t SA + \beta_6 \ln SP_t SA + \lambda_6 LR_t + C_6 + u_t$$

FI_t 为全社会固定资产投资（单位：亿元），是投资的代理变量；LR_t 是一年期贷款利率；L_t 是金融机构长期类贷款（单位：亿元）。

样本区间，数据来源和处理方式同第三部分。

对变量分别进行 ADF 平稳性检验，其中 $\ln CUSS_t SA$，$\ln FI_t SA$ 和 $\ln L_t SA$ 为 $I(1)$ 序列，一年期存款利率 r_t 和贷款利率 LR_t 为 $I(0)$ 序列，满足建立长期协整关系的前提。

2. 股票市场对消费的影响。使用最小二乘法，并运用 Cochrane_Qractt 二阶段迭代法对序列自相关现象进行处理，得到以下的回归结果：

$$\ln CUSS_t SA = 0.516 \ln GDP_t SA(-1) - 0.111 \ln SP_t SA(-1) + 0.152 r_t + 1.817$$
$$(8.349) \qquad\qquad (-1.063) \qquad (3.260)$$
$$R^2 = 0.700 \qquad F = 32.709 \qquad D.W. = 1.384$$

对回归的残差进行 ADF 检验，结果为 $I(0)$ 型序列。

股价和消费支出的关系研究主要是为了考证我国股票市场的财富效应。从理论上讲，股价的上升会增加居民的名义财富，增加消费支出。但从上述方程却发现，在我国，股价对消费的相关系数为负值，这表示我国还有部分的货币需求并没有进入消费和实体经济。根据中国人民银行（2002）的研究，认为产生的原因有三：一是我国的股票市场仅有十余年的发展历史，在广度和深度上还不够，资产的存量较小；另一方面是由于我国处于经济转轨的特殊时期，股票市场传导渠道的"财富效应"和"Q效应"难以发挥，居民对未来的医疗、住房、教育体制改革的不确定使得即使在名义财富增加的情况下也不会增加消费；还有可能是示范效应的存在，当股价上涨时，人们会减少消费支出以投资股票。另外可以看出，收入仍然是消费支出最主要的影响因素，存款利率对支出为正向促进，相关系数为0.152，这是因为利率的上升，增加居民的名义财富，当期消费支出会增加。

我们结合脉冲响应图来看短期内，股价、收入和利率是如何影响消费支出的，见图 16-17。

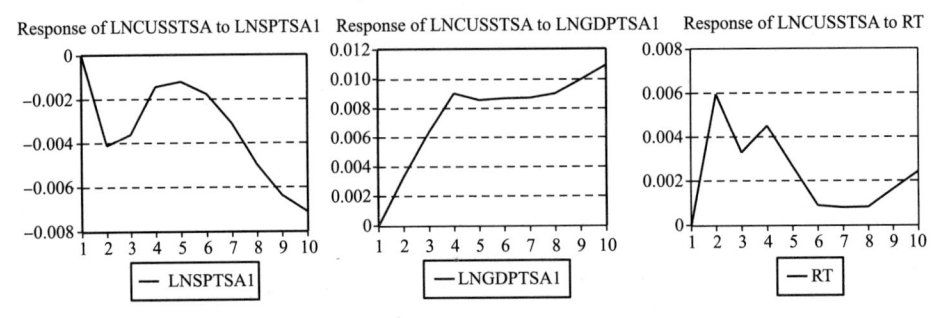

图 16-17　消费对收入、股价、存款利率的脉冲响应图

从消费对股价的脉冲响应图可以看出，上期股价的一个新息冲击，消费支出会在当期快速减少，然后在第 3~6 期有一定的回升但仍为负冲击，之后一直下降。可以解释为，上期的股价上涨，人民会减少当期消费支出以在股价继续上涨时购入，在第 3~6 期为观察股价期，支出减少量降低，到第 6 期为购入股票，对消费支出形成明显的负冲击。

从收入和利率对消费的冲击图来看，收入增加会直接促进人民提高消费支出水平，并且这种正冲击是持续的；利率的提高，会在短期快速提高消费支出，但是在 4 期之后，正向冲击的效果明显减弱。

3. 股票市场对投资的影响。使用最小二乘法，并运用 Cochrane_Qractt 二阶段迭代法对序列自相关现象进行处理，得到以下的关于投资与股票市场关系的回归式：

$$\ln FI_t SA = 0.668 \ln L_t SA + 0.173 \ln SP_t SA + 0.007 LR_t + 2.420$$
$$(8.305) \qquad (0.831) \qquad (0.451)$$
$$R^2 = 0.745 \quad F = 42.747 \quad D.W. = 1.037$$

对回归的残差进行 ADF 检验，结果为 $I(0)$ 型序列。

从以上的方程可知，影响投资的主要是金融机构贷款，其显著性高，这说明我国货币政策的传导渠道仍然主要是信贷渠道。相比而言，股价对投资的影响弱，两者的相关系数为 0.173，且相关性不显著，这表明我国股票市场由于规模小、结构不合理等原因，只是初具投资效益，但效益不甚明显。另外，利率的弹性为正，但是值十分的小，并且显著性很弱，这表明我国非市场化的利率不能反映实体经济的需求，刺激经济作用很不明显。同样，我们结合脉冲响应图，进一步分析投资受贷款、股价、利率的影响情况。

从图 16-18 来看，投资对贷款一个信息冲击的相响要远超过对股价和利率一个新息冲击的相响，并且相响在大部分时期内为正，在第 3 期达到最大，超过 2%，即每增加一个标准差的贷款，投资最大增幅会超过 2%。充分证明了，我国货币政策传导机制中信贷渠道的主要作用。股价对投资的冲击在初始为正，且比较显著，最高点约为1%，但是之后逐步下降，由图可以看出，大部分时间股价对投资是负冲击，总体值为正。而投资对利率的冲击反应波动较大，虽然从方程来看，两者的相关系数仅为0.007，但从图来看，利率的一个标准差的调整发生之后，当期投资会因资金成本的上升而下降，之后会波动性的上升，对第5期的冲击为正，然后恢复0的位置，也就是冲击效果消失，这也反映了，我国投资的利率调整反应的被动性。

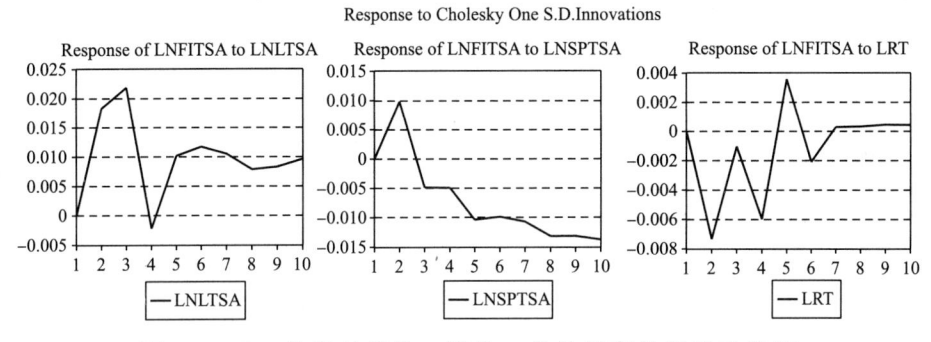

图 16-18　投资对贷款、股价、贷款利率的脉冲响应图

五、结论与政策建议

本节通过建立长期协整关系式和利用格兰杰因果关系检验，脉冲响应函数分别对我国股票市场与货币政策的相互关系，股票市场对消费、投资的影响进行了实证分析。结果表明：

（1）货币供应量，特别是 $M0$、$M1$ 股票价格有显著的正向影响。原因是现金或者是狭义货币供应量增加，部分货币供应会直接而又快速地进入股市，缓解股市交易资金紧张的压力，推动股票价格的上涨；也可能是货币供应量增加促进了经济发展，进而推动股市增长；还有可能是股市脱离实体经济，仅是因为货币供应推动通货膨胀而产生的"虚假繁荣"。货币需求对股价和成交量有正向预期，一般而言，股价上涨1%，对货币需求增加约为0.4个百分点。利率对股票市场的影响不显著，原因是我国利率的市场化程度低，不能真实地反映经济生活的需求。整体来看，随着我国股票市场的发展和成熟，货币政策传导到股票市场的效果将越来越好，对股票市场的调节功能会不断地加强。

（2）对股票市场与消费、投资的实证结果表明，股票市场存在微弱的负财富效应。产生的原因可以从财富效应和流动性效应的有效发挥依赖的三个必备条件来分析：首先是宏观条件——股票市场的广度和深度，我国股市发展时间短，股票价值占居民资产价值的比例较小,发展的深度和广度不够,严重地制约了财富效应和流动性效应;二是市场环境——股票市场的平稳运行,我国股市平稳性差导致收入的不确定使得股价的上涨并不能增加预期的消费支出;三是微观基础——上市公司的质量,我国股市上市公司的质量不高而且分红较少,使得股票的收益不平稳,从而影响了财富效应。另外也可能是由于我国处于经济转轨的特殊时期,居民对未来的医疗、住房、教育体制改革的不确定使得即使在名义财富增加的情况下也不会增加消费,还有可能是股价的上涨产生示范效应,人们反而减少消费以增加对股票的投资。在投资效应方面,影响投资的主要是金融机构贷款,股价对投资的影响弱,这说明我国货币政策的传导渠道仍然主要是信贷渠道。产生的一个主要原因是股票市场由于规模小,股权融资仅占据公司融资的一小部分,股价的变动对公司的投资行为影响不明显。另外,我国上市公司治理并不完善,股价的上升提高托宾 Q 比率,但不能促使公司进行实物投资,他们可能继续把资金投入股市。总而言之,实证的结果表明,我国货币政策传导到股票市场和股票市场影响货币需求的效果较为明显,但是通过股票市场渠道传导到实体经济的过程中存在阻塞。

根据实证研究的结论,并结合我国具体的实施环境,提出下列建议:

第一,货币政策应该关注股票价格的变化,将其作为参考指标纳入货币政策的目标体系。因为,股价本身包含了丰富的经济信息,如包含了利率、货币供应量、投入产出、通货膨胀等信息。但是政策制定不应该完全"盯住"股票价格,这是因为货币政策虽然能通畅的传导到股票市场,但是股票市场对实体经济的影响渠道不通畅。因此,一方面货币政策可以通过货币供应量调节股票市场的发展,也可以根据股票市场的变动情况预测对货币需求的变动以便及时调整货币供应;另一方面,打通股票市场传导到实体经济的渠道成为当务之急。

第二,大力促进和规范股票市场的发展。实证结果表明,股票市场本身发展的不足是影响传导效果的一个重要因素,因此扩大股票市场规模是提高传导效果的一个有效方式。这可以一方面扩大投资者规模,包括发展机构投资者和中小投资者,大力发展证券投资基金;另一方面,扩大市值规模,如建立多层次的证券市场体系,加快金融创新等。另外,稳定股市发展有助于财富效应和投资效应的发挥,这就要求采取各种有效措施强化证券市场的监管,以防止股票市场的大幅波动,促进股市的平稳、健康运行,以改善公众的风险预期和促进企业的投资行为。

第三,改善股票市场传导微观基础。影响股票市场传导效果的微观基础主要有居民和企业。因此,一方面政府要强化住房制度改革,推进教育产业化,建立和完善医疗、失业、养老等社会保障制度,以创造一个良好的消费环境;另一方面，要改善上市公司的治理，健全公司监管制度，抑制上市公司过度炒股行为，促进实体投资。

总之，货币政策应该关注股票价格的变化，把资产价格纳入货币政策参考指标来改进和完善货币政策体系。

第三节 金融交易与货币流通速度的波动

一、引言

货币流通速度定义为经济体中总收入与货币存量的比率。如果该速度稳定，则超过真实产出之上的货币增长应完全反映为物价水平上涨。然而，中国改革以来多数年份货币存量的增长速度大于经济增长速度与通货膨胀之和，即流通速度在持续下降（如易纲，1996）。如图 16-19 所示，广义货币（$M2$）的流通速度在改革开放之后总体上呈下降趋势，直到在大约 2002 年以后才变得相对平稳，而在样本期末又出现了短暂而明显的下降。

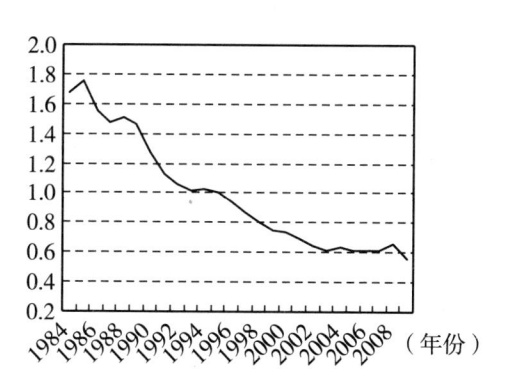

图 16-19 广义货币流通速度（1984～2009 年）

关于流通速度下降的原因存在着多种解释，例如，（1）由于中国大部分商品的价格受国家控制，这使得官方价格指数被低估了。（2）由于中国长期商品短缺而且缺乏金融资产可供选择，个人和企业被迫窖藏货币（Feltenstein & Ha, 1991）。（3）改革以来中国正迅速进行货币化。改革使得私营经济兴起、自由市场发展，企业和居民的经济活动都更多地通过市场进行，货币供给除满足经济增长带来的需求外，还要满足新货币化的那部分经济的需要。以上解释对于认识中国改革初期的货币需求行为很具吸引力。另外,至 20 世纪 90 年代后期情况出现了变化:除了部分生产要素价格之外,消费品价格几乎全部放开了;证券市场和商品房市场也发展起来,居民和企业的投资渠道得以扩展;随着市场化改革的深入,经济再进一步货币化的空间也很有限。这样,在进入 21 世纪以后货币流通速度终止了以往明显的下降趋势,而大体上稳定下来。

不过年度数据掩盖了流动速度的短期波动。进入 2000 年之后,尽管缺乏趋势特征,$M2$ 流通速度的短期波动却很明显(见图 16-20)。2004~2005 年,以及 2008 年是流通速度的两个阶段高点。2008 年流通速度相对于前一年有较大上升,年度均值提高了 6.8%,而 2009 年流通速度则明显下降,相对于 2008 年降幅高达 16%,相对于样本期初的 2002 年也下降了 15%。

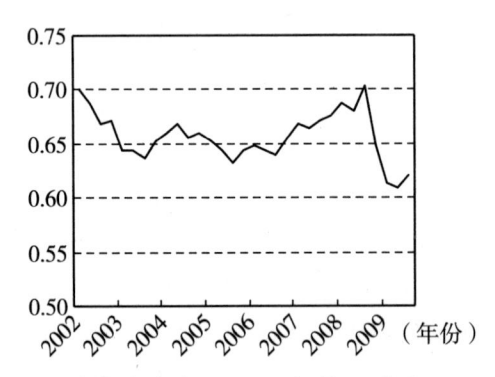

图 16-20　广义货币流通速度(2000 年第一季度~2009 年第四季度)

流动速度的大幅波动意味着货币存量变化率与通货膨胀率和经济增长率之间缺乏稳定关系,因而"单一货币规则"这一货币主义的政策主张便缺乏实用性,从而应慎用货币供应量作为货币政策中间目标。不过,以往相关文献一般关注的是 20 世纪 80~90 年代中国货币流通速度的长期下降趋势问题,而对于这种短期性波动则关注甚少。本书试图从证券交易对货币的交易需求角度来解释这种流通速度的波动。直觉上,货币不仅是实物商品交易的媒介,也可以是金融资产交易的媒介。金融市场上证券的交易是指证券在投资者之间的换手。如同在商品交易中的作用一样,货币作为交易媒介也会使得证券交易更加便捷。给定收入水平或者商品交易总量,当证券市场交易额增大时,货币的交易需求也会增加。这样,货币的收入流通速度或者交易流通速度(实物商品交易额与货币存量的比率)便会随着证券交易额反向变动。

股票市场对货币需求的影响很早便受到研究者的关注,不过对其影响机制的看法则存在严重分歧。Friedman(1988)认为股市对货币需求的影响是多渠道的,股市繁荣可以通过财富效应、资产组合效应、交易效应增加货币需求,也可能通过替代效应减少货币需求。① 所以理论上并无法确定股票市场的发展对货币需求的综合作用是正向还是负向,这更多地还是一个经验问题。Friedman(1988)关于美国股票价格对货币需求影响的实证研究也并没有得出清晰的结论。不少文献更关注股市交易对货币需求的交易效应。例如,Field(1984)研究了20世纪20年代股市繁荣时期的美国,认为股市交易额的急剧增加的确增加了货币的交易性需求。Wenninger 和 Radecki(1986)以及 Palley(1995)对战后美国股市的研究也认为,股市交易量对货币需求会产生显著的正面影响。不过,Pollin 和 Schaberg(1998)的结论却表明股票交易量扩大仅对 M1 有正面影响,而不影响更广义的货币需求。也有文献关注的是股票价格(或者收益率)对货币需求的效应。例如,在 Boyle(1990)的一般均衡模型中,货币流通速度与名义股票价格负相关。Carpenter 和 Lange(2002)发现股价的波动幅度越大,人们持有的货币余额也就越多,这可能是投资者出于对冲风险考虑。

国内在这方面的早期的研究大多为经验分析,结论也很不一致。王曦(2001)认为,股票市场出现增加了货币需求,石建民(2001)和中国人民银行研究局课题组(2002)也发现股票交易额与货币需求量之间正相关,而易行健(2004)使用不同样本得到的结论却相反。也有不少研究是关于股价(或收益率)与货币需求的关系,这方面也缺乏一致的经验结论。例如,谢富胜等(2001)发现股市总市值扩大会引起货币需求增加,而姜波克等(2003)认为,证券股票的期望收益对货币需求没有明确的效应影响,夏新平等(2005)也认为股价对货币需求的影响不明确。可是,由于缺乏对货币需求函数理论方面的研究,文献中并没有说明证券市场影响货币需求的机制。换言之,自变量的选取具有随意性,为何要在货币需求函数中引入股票市值、股价或者成交量而不是其他,这些变量如何影响社会的货币需求行为?此类问题更具政策意义,它们有助于我们厘清资产市场与货币政策的关系,以及理解货币政策是否应该对资产市场做出反应。

二、两部门货币需求模型

当投资者适时调整手中证券持有量时,交易就产生了。关于投资者调整证券

---

① 根据 Friedman(1988)的定义,"财富效应"是指股票价格的上涨意味着居民财富增加,这将增加对货币的需求;"资产组合效应"是指股票价格的上涨将导致投资者原有资产组合的风险程度上升,从而会增加其组合中相对安全的资产的比重——如债券和货币;"交易效应"是指股票价格的上涨如果伴随着股票市场交易额的增加,这将引起更大的货币需求来完成这些交易;"替代效应"是指股票市场价格的上涨使得股票的吸引力增加,这会使得投资者降低货币需求、追逐股票。

持有量的原因，传统的理论解释包括新证券的发行引起的供求关系变化、个人流动性需求的变化、生命周期阶段转变或者职业变化引起的风险偏好的改变。不过一般认为，这些经典理论并不足以解释二级市场上巨大的证券交易量，以及交易量在短时间内的大幅波动。因为对于整个社会而言，这些解释因素一般比较稳定的，其变动也是渐进式的。

事实上，交易量在短时间内的大幅波动主要被其他因素所解释，其中有的因素仅仅会影响到证券交易，而不会影响到证券价格。金融资产的价格变动与交易量都是由潜在的不可观测的信息流共同决定的。毫无疑问，新的信息会对资产价格形成冲击，然而，如果新的信息能够为所有投资者普遍获得，并且投资者关于新信息对资产价格影响的理解相同，则该信息未必引起现有证券交易量的增加。换言之，在很小的交易量下，资产价格也可能出现大幅度的上涨或者下跌。反过来，当不同投资者获得的信息不对称，或者对信息的理解有分歧时，交易量便增加了。并不排除在很大的交易量下，资产价格也长时间保持平稳的可能性——这一点有别于商品市场的情况。商品市场上平稳的价格依赖于连续的交易。否则，如果没有在商品上连续的需求和购买，只要商品不停地被生产出来，而存货或生产资金又具有成本，那么存货的增加最终将使得商品价格下降，直到在该商品上的生产变得无利可图，产量减少、需求增加，市场再度出清为止。而在资产市场上未必如此，因为持有资产本身可以增值，当投资者之间关于某种资产增值潜力（或者风险）的预期不同时，交易就会发生，这种交易并不必然伴随着价格的变化。

如果投资者之间交易证券时仅是物物交换——如同原始的商品交换一样——交易自然不会影响到货币需求行为。然而，如同在商品交易中的作用一样，货币作为交易媒介也会使得证券交易更加便捷。这样，给定商品交易总量和利率水平，当证券市场交易增加时，货币的交易需求也会更大。所以，尽管大量的货币需求是由生产、消费等实体经济的变化决定，也有部分货币需求独立于实体经济，甚至也独立于资产价格水平。

将货币需求分为两个部门——实体经济和金融部门，时期 t 每个部门的货币实际需求量分别为 $M_{1,t}$ 和 $M_{2,t}$，总的货币需求 M_t 表示为：

$$M_t = M_{1,t} + M_{2,t} \qquad (16-1)$$

经验文献中一般认为对数函数形式能够很好地刻画货币需求行为。以小写字母表示对数，例如，$m_t = \log(M_t)$，则（16-1）式可以写为：

$$\begin{aligned} m_t &= \log M_t = \log(M_{1,t} + M_{2,t}) \\ &= \log[M_{1,t}(1 + e^{m_{2t} - m_{1t}})] \\ &= m_{1t} + \log(1 + e^{m_{2t} - m_{1t}}) \end{aligned}$$

$$\approx k + \omega m_{1t} + (1-\omega) m_{2t} \quad (16-2)$$

其中，最后一个等式用到泰勒一阶线性展开（见 Campbell 和 Shiller，1988），k 为常数，ω 是稳态时实体货币需求 $M1$ 在货币需求总量 M 中所占的比例：$\omega = 1/(1 + e^{m_2 - m_1})$，应该有 $0 < \omega < 1$。上述线性近似方法将总的货币需求（对数）表示为两个部门货币需求（对数）的加权平均形式。每个部门"合意的（desired）"货币需求设定为本部门交易额和利率的对数函数：

$$m_{1t}^* = \alpha_1 + \beta_1 y_t + \gamma_1 i_t \quad (16-3)$$

$$m_{2t}^* = \alpha_2 + \beta_2 v_t + \gamma_2 i_t \quad (16-4)$$

其中，y_t 为 t 期实体经济部门的交易额（对数），考虑到数据可获得性，这里以 GDP 或者工业增加值替代，v_t 为股票市场的交易额（对数）。$\beta_i (i = 1, 2)$ 是部门 i 的货币需求对本部门交易额的弹性，即交易额每增加 1%"合意的"货币需求会增加 $\beta_i \%$。i_t 是名义利率，利率每增加一个百分点"合意的"货币需求会增加 $\gamma_i \%$。预期 $\beta_i > 0$ 而 $\gamma_i < 0$。

类似于 Friedman (1977) 的存量调整模型，设定每个部门货币持有量的调整方程为：

$$\Delta m_{it} = \lambda (m_{it}^* - m_{it-1}), \quad i = 1, 2 \quad (16-5)$$

这里为估计参数方便，假定两个部门的调整速度相等，均为 $\lambda (0 < \lambda < 1)$。分别将（16-3）式和（16-4）式带入（16-5）式中，得到每个部门货币实际持有量：

$$m_{1t} = \lambda \alpha_1 + \lambda \beta_1 y_t + \lambda \gamma_1 i_t + (1-\lambda) m_{1t-1} \quad (16-6)$$

$$m_{2t} = \lambda \alpha_2 + \lambda \beta_2 v_t + \lambda \gamma_2 i_t + (1-\lambda) m_{2t-1} \quad (16-7)$$

（16-6）式和（16-7）式可以看作是每个部门的短期货币需求函数，货币需求对交易量的当期弹性为 $\lambda \beta_i$。相应地，（16-3）式和（16-4）式是长期货币需求函数。交易量的冲击不仅会影响到当期货币需求，还会通过滞后效应影响以后时期货币需求，所以长期弹性 β_i 会大于当期弹性 $\lambda \beta_i$。以往关于货币需求函数的估计中，一般仅考虑到实体部门的货币需求（16-6）式，而忽略了资产交易的货币需求（16-7）式。

将（16-6）式和（16-7）式带入（16-2）式中得到货币总需求的线性函数：

$$m_t = k + \lambda (\omega \alpha_1 + (1-\omega) \alpha_2) + \omega \lambda \beta_1 y_t + (1-\omega) \lambda \beta_2 v_t$$
$$+ \lambda (\omega \gamma_1 + (1-\omega) \gamma_2) i_t + (1-\lambda) m_{t-1} \quad (16-8)$$

总的货币需求函数综合考虑了实体交易和金融交易的效应。每一类交易量的效应受其货币需求弹性和权重决定：y_t 和 v_t 的当期弹性分别为 $\omega \lambda \beta_1$ 和 $(1-\omega) \lambda \beta_2$，长期弹性则分别为 $\omega \beta_1$ 和 $(1-\omega) \beta_2$。也就是说，货币需求反映了实体交易和金融交易的加权平均效应。将（16-8）式两侧减去 y_t，便得到对数货币收入流通速度（倒数）表达式。如果股市交易具有正的货币需求弹性（$\beta_2 > 0$），则股市交易的活跃将降低货币收入流通速度。这是因为更多的货币停留在资产市场中追逐股票，并不会推高实体商品的价格，从而每单位名义收入对应的货币越来越多。并且，股市交易性货币需求在货币需求总量中所占的平均比例越大（$1 - \omega$ 越接近于 1），收入流通速度对股市交易活跃度的变动越敏感。

三、经验结果

（一）季度数据

使用 2002 年一季度～2009 年四季度的季度数据，货币需求函数（16-8）的回归结果见表 16-5。因变量分别使用了两类货币总量：广义货币（$M2$）和狭义货币（$M1$）余额。实体交易变量以 GDP 代表，股票交易变量是中国沪深交易所的股票成交额，i_t 以 1 周上海银行间同业拆借利率（SHIBOR）表示。除利率外，其他变量均取对数，并经过消费者价格指数（CPI）调整为实际值。货币余额、GDP 和股票交易额来自《中国人民银行统计季报》各期，利率数据来自"CCER 中国经济金融数据库"。利用环比 CPI 变化率容易计算 CPI 定基指数，月度 CPI 变化率来自于国家统计局编辑的《中国经济景气月报》各期。

表 16-5　　　　　　　　货币需求函数回归，季度数据
（2002 年第一季度～2009 年第四季度）

因变量	常数	y_t	v_t	i_t	m_{t-1}	R^2	DW
$M2$	2.531 (0.853**)	0.285 (0.049**)	0.047 (0.016**)	-0.035 (0.013*)	0.515 (0.086**)	0.955	2.173
$M1$	2.761 (0.796**)	0.373 (0.046**)	0.049 (0.014**)	-0.029 (0.012*)	0.364 (0.083**)	0.950	2.002

注：$M1$（狭义货币）指流通中现金与活期存款的存量，$M2$（广义货币）即 $M1$ + 企事业单位定期存款 + 居民储蓄存款。实体交易额 y_t 以 GDP 代表，v_t 是股票交易额。除利率外，其他变量均为对数形式，并经过 CPI 调整转换为实际值。（ ）中是标准差，* 和 ** 分别表示在 95% 和 99% 置信水平上显著。

表 16-5 中所有回归变量的系数与预期符号一致，并且在统计上是显著的。数据的拟合效果很好，DW 统计量表明残差不存在序列相关。考虑广义货币

($M2$)回归方程,根据滞后因变量的系数估计推断 $M2$ 调整速度 $\lambda = 0.485$ [$= 1 - 0.515$],意味着合意的货币需求量变动部分约有一半会在一个季度内反映到实际的货币持有量上来。表 16-6 计算了货币需求关于两类交易的长期弹性——以表 12-5 中的当期弹性系数除以调整速度 λ。实体交易的长期弹性为 0.587,即其他变量固定条件下,GDP 每 1% 的增加将引起稳态的实际 $M2$ 需求增加 0.6%。由于统计数据问题,无法从长期弹性估计值中再进一步分离出 ω 和 β_1,仅能对二者做近似的推断。如果实体经济内部货币需求近似单位弹性($\beta_1 = 1$),则样本期内实体部门的货币需求占总货币需求的比例平均值 ω 约为 60%。类似地,可以得到利率的长期弹性为 -0.072,利率每一个百分点的上升将引起 $M2$ 需求减少 0.07%。我们更感兴趣的变量是股票交易额 v_t,其长期弹性 0.097。也就是说,股票交易额每 1% 的增加最终将引起 $M2$ 需求增加 0.1%。

表 16-6 货币需求关于交易额的长期弹性:季度数据结果

因变量	调整速度 λ	y_t	v_t
$M2$	0.485	0.587	0.097
$M1$	0.636	0.586	0.078

当然,变量系数统计意义上的显著性并不等同于其经济意义上是重要的。为了说明其经济意义,还需要综合考虑样本期内数据的变动情况。在考察的样本期内,利率(年化值)的最高点出现在 2007 年 9 月,为 4.7%,最低点出现在 2009 年 1 月,为 1%,利率多数时间维持在 2%~3% 的波动区间里。加之考虑到利率的长期弹性绝对值较小,尽管回归系数在统计上是显著的,利率在实际货币需求的变动中却并不发挥关键影响,换言之,这一时期货币流通速度的变化主要不应通过利率变动来解释。样本期内实际 GDP 的增幅波动不大,大体稳定在 10% 附近——最高为 2007 年的 13%,最低为 2009 年的 8.7%。年度 GDP 从 2002 年的 12 万亿元增至 2009 年的 20.8 万亿元(2002 年价格),累积增长了 73%。这样,2002~2009 年由于 GDP 的增长引起实际广义货币需求余额增长了 35%。

股票交易额的波动幅度相比利率和 GDP 波动则大得多,样本内最小时期(2002 年 4 季度)的交易额为 0.47 万亿元,最大时期(2009 年三季度)的交易额为 16.67 万亿元,前者仅为后者的 2.8%。就年度加总数据而言,2002 年股票交易额仅为同年 GDP 的 26%(样本期内 2005 年股市的交易量最小,为 GDP 的 17%),2009 年则为同年 GDP 的 159%。2006 年以前这一比重一般不超过 30%,股票交易的活跃发生在 2006 年 2 季度之后——此时股权分置改革效应开始体现出来，交易额最大的年份是 2007 年和 2009 年，其间 2008 年虽有降低，仍然达到了 GDP 的 90%。为了说明表 16-6 中股市交易弹性数值的经济意义，考虑一个如下假想的情形：GDP 和利率仍按照真实历史数值变动，而股票交易额维持某个固定水平，这时货币需求会如何变化？取 2006 年之前 4 年（16 个季度）的股票交易额平均值，并假定 2006 年一季度之后股票交易均维持这一常数水平，而其他变量仍采用历史数值。动态模拟（货币需求方程中的滞后因变量数值采用模拟值而非历史值）得到 2009 年四季度实际货币需求相对于 2006 年一季度将增长 36.3%，而现实中广义货币（$M2$）增长了 60.5%。高出来的 24 个百分点的货币余额（约占新增货币的 40%）增长即是由于 2006~2009 年股市交易量增加所引起的，换言之，这一时期如果没有股市交易量的增加，则 2009 年底货币需求余额将比实现的历史数值低 15% = (1 + 0.363)/(1 + 0.605)。如果以上的逻辑是正确的，那么这一时期货币流通速度的下降就不难解释了。2009 年与 2006 年相比，中国的实际 GDP 增长了 33.3%，与股票交易额固定的假想情形下实际 $M2$ 增长速度基本相同。而现实中物价增速之所以远小于货币增速和实际收入增速之差——即货币的收入流通速度下降——是因为 40% 的新增货币并未停留在实体经济部门，而是转移到了金融资产交易之中，这部分货币并未冲击实物商品价格。

考察样本内经济衰退最为严重的 2008 年下半年情形。假定该年度股票交易仍处于 2006 年之前的水平，同样的模拟方法得到 2008 年四季度实际货币需求相对于 2006 年一季度将增长 21.3%（2008 年与 2006 年相比，实际 GDP 增长了 22.6%），而现实中 $M2$ 增长了 29.1%。增加的股票交易占用了剩余的 8 个百分点货币增幅，约占新增货币的 1/4。这就是说，$M2$ 增速高于 GDP 增速，不过大量的货币体现在了金融交易中，并未用于实体生产、消费相关的交易。事实上，在 2007 年全年直至 2008 年 9 月，因为担心经济过热，货币当局一直采取强有力的紧缩性货币政策。[①] 由于这一时期股市的交易极为活跃，停留在实体经济中的货币增速仅与 GDP 的增速相当，换言之，实体经济中并未出现一些研究者所主张的"流动性泛滥"，这一时期出现的物价上涨并不是货币和信用增长过快导致的。[②] 货币当局从紧缩货币信贷出发来治理经济过热，这并不会达到预期的效果，反而会使得本来资金并不充裕的实体部门更加困难。甚至在 2008 年初以后，国际主要经济体的衰退逐步加深，中国的货币政策却愈加收紧，这在一定程度上

---

① 自 2006 年 8 月至 2007 年底，货币当局先后 6 次加息，高利率一直维持到 2008 年 10 月。同时，商业银行法定存款准备金率从 2006 年 8 月的 8% 多次上调，至 2008 年 9 月高达 17.5%。

② 真实的原因可能是货币之外的其他因素，如国际大宗商品价格和国内农产品价格上涨推动，对这一问题的详细讨论超过了本书的范围。

加深了实体经济的衰退。

表 16-5 和表 16-6 中狭义货币（$M1$）的回归结果与 $M2$ 并没有本质区别。$M1$ 的调整速度 $\lambda = 0.636$，快于 $M2$ 的调整速度，这与直觉是一致的。$M1$ 关于 GDP 的长期弹性与 $M2$ 的结果几乎相同，接近 0.6%。$M1$ 关于股票交易额的长期弹性为 0.078——股票交易额每 1% 的增加将引起稳态的 $M1$ 需求增加 0.8%。相比 $M1$ 而言，$M2$ 对于股票交易更加敏感，这至少在部分程度上是由于股票交易保证金被计入 $M2$ 而并不被计入 $M1$ 之中。模拟得到 2009 年 4 季度实际货币需求相对于 2006 年 1 季度增长 55%，而现实中广义货币（$M2$）增长了 70%。高出来的 15 个百分点的货币余额增长即是股市交易量增加所引起的。如果股市交易量恒定，则 2009 年底 $M1$ 需求余额将比历史数值低 9%。

（二）月度数据

表 16-7 是使用月度数据替代季度数据后的回归结果。由于没有月度 GDP 序列，我们使用工业增加值代替。表 16-7 使用月度数据估计的结果与表 16-5 使用季度数据的结果差别并不大。以广义货币 $M2$ 的回归方程为例：$M2$ 持有量月度调整系数为 0.13，折合季度值为 0.34，略低于表 16-6 中季度数据的结果。实体交易额 y_t 的长期弹性系数为 0.59，与季度数据估计的结果极为接近。股市交易额的系数统计上仍是显著的，尽管据此计算的长期弹性系数为 0.046，仅为表 16-6 中季度数据估计值的一半。

表 16-7　货币需求函数回归，月度数据（2002 年 1 月~2009 年 12 月）

因变量	常数	y_t	v_t	i_t	m_{t-1}	季节哑变量 D1	季节哑变量 D2	R^2	DW
$M2$	-0.039 (0.033)	0.077 (0.026**)	0.006 (0.003*)	-0.007 (0.001**)	0.863 (0.038**)	-0.005 (0.003)	-0.001 (0.003)	0.995	2.107
$M2$	-0.036 (0.033)	0.073 (0.026**)	0.006 (0.003*)	-0.007 (0.001**)	0.870 (0.037**)			0.995	1.934
$M1$	0.496 (0.152**)	0.199 (0.100*)	0.022 (0.007**)	-0.011 (0.003**)	0.801 (0.051**)	-0.009 (0.007)	0.023 (0.007**)	0.996	2.313
$M1$	0.459 (0.158**)	0.191 (0.104*)	0.020 (0.008**)	-0.011 (0.003**)	0.803 (0.053**)			0.995	2.123

注：实体交易额 y_t 以实际工业增加值指数代表。其他同表 16-5。（ ）中是标准差，** 和 * 分别表示在 95% 和 99% 置信水平上显著。

月度数据呈现出一定的季节性特点，由于年底结算因素，工业增加值在年底（12月）一般高于平时；另外，中国最重要的传统节日——春节——在1月底或者2月初，春节前由于零售商品增长，我们预期货币需求或许会有增加。所以在月度数据的回归中还尝试加入了两个季节哑变量：D1和D12，分别在1月和12月取值1（其他时候取值0）。只有狭义货币需求的回归中12月的效应是显著的，其他条件不变时，12月的$M1$需求会比其他月份平均水平略高。不过，是否考虑季节效应对其他变量的系数几乎没有影响。

四、模型的扩展

（一）考虑实体部门内部货币需求行为的差异

以上分两部门讨论了实体交易和股票交易中货币需求行为的差异。遵循同样的思路，还可能进一步在实体经济内部细分货币需求行为的差异。例如，在解释发展中国家货币需求行为中颇具影响力的"货币化假说"，便隐含了不同经济部门的货币需求行为是有别的。容易设想的是，在中国，农业和非农产业的货币需求行为可能并不相同。因为农业部门中更多的经济活动是自给自足的，而且由于行业性质，农业的投资、生产和销售等方面均不同于非农产业，传统农业中的金融市场和信贷也不如非农产业发达。易纲（1996）使用城市人口的比例来代表货币化程度，这其实暗含了假定城市的货币化程度高于农村的假定。赵留彦等（2005）使用改革开放后至2003年的数据经验研究也认为非农经济部门的边际货币需求倾向远高出农业部门。

为了进一步考虑到农业和非农产业货币需求倾向的差异，类似上述实体经济和金融部门的两部门分类方法，我们将实体经济作进一步的划分。（16-1）式拆分为：

$$M_t = M_{11,t} + M_{12,t} + M_{2,t} \qquad (16-9)$$

其中，$M_{11,t}$和$M_{12,t}$分别是农业和非农业的货币需求。使用与（16-2）式相同的方法对数线性化M_{1t}：

$$m_{1t} = \log M_{1t} = \log(M_{11,t} + M_{12,t})$$
$$\approx k_1 + \rho m_{11t} + (1-\rho) m_{12t} \qquad (16-10)$$

其中，k_1为常数，ρ是稳态时农业部门货币需求在实体经济货币需求总量$M1$中所占的比例。将（16-10）式带入（16-2）式中：

$$m_t \approx k + \omega m_{1t} + (1-\omega) m_{2t}$$
$$\approx (k + \omega k_1) + \omega \rho m_{11t} + \omega(1-\rho) m_{12t} + (1-\omega) m_{2t} \qquad (16-11)$$

其中，常数 $\kappa = k + \omega k_1$。这样，将对数货币需求表示为三部门对数货币需求量的加权平均形式。经过与（16-8）式相似的推导，可以得到如下方程：

$$m_t = \kappa + \lambda\omega\rho\beta_{11}y_{1t} + \lambda\omega(1-\rho)\beta_{12}y_{2t} + \lambda(1-\omega)\beta_2 v_t$$
$$+ \lambda[\omega\rho\gamma_{11} + \omega(1-\rho)\gamma_{12} + (1-\omega)\gamma_2]i_t + (1-\lambda)m_{t-1} \quad (16-12)$$

其中，y_{1t} 和 y_{2t} 分别是农业和非农业部门的交易额（这里以每部门的增加值表示），β_{11} 和 β_{12} 分别是每部门货币需求关于交易额的长期弹性系数，γ_{11} 和 γ_{12} 则分别是利率的长期弹性系数。这样，总的货币需求函数体现了三类交易弹性的加权平均。不过，直接对（16-12）式进行回归时，根据 y_{1t} 和 y_{2t} 的系数并不能识别出 β_{11} 和 β_{12}，因而并不能比较农业和非农部门货币需求行为的差异。如果两部门关于收入的边际货币需求倾向相同，则可以将（16-12）式写为如下形式：

$$m_t \approx \kappa + \lambda\omega\beta_{12}[\rho(\beta_{11}/\beta_{12}-1)y_{1t} + y_t] + \lambda(1-\omega)\beta_2 v_t$$
$$+ \lambda[\omega\gamma_{11} + \omega(1-\rho)\gamma_{12} + (1-\omega)\gamma_2]i_t + (1-\lambda)m_{t-1} \quad (16-13)$$

其中，用到在原假定（$H_0: \beta_{11} = \beta_{12}$）下 $y_t \approx \rho y_{1t} + (1-\rho)y_{2t}$。（16-13）式相对于（16-8）式仅新增了一个自变量——农业部门的增加值 y_{1t}，如果原假定成立，则该新增变量的系数应等于 0；反之，如果 y_{1t} 的系数显著小于 0，则意味着农业部门的边际需求倾向小于非农部门。

新的回归结果见表 16-8。M2 和 M1 的回归中 y_{1t} 的系数均接近于 0，统计上也不显著，意味着样本期内农业和非农部门的货币需求行为没有显著差异。这样，GDP 总量给定条件下，农业和非农相对结构的变动并不会影响到货币流通速度的显著改变。这不同于以往文献的结论，可能是因为所采用样本区间不同。例如，易纲（1996）和赵留彦等（2005）采用的改革开放前期的数据，改革之初中国未被货币化领域更广，因而当时货币化进程在增加货币需求方面的确会起到显著作用，然而，本书结果表明，随着市场经济的深化，传统的"货币化"说法并不足以解释近年来中国货币流通速度的波动。新增解释变量 y_{1t} 之后，其

表 16-8　　　　　　　　经济结构与货币需求

（季度，2002 年一季度~2009 年四季度）

因变量	常数	y_{1t}	y_t	v_t	i_t	m_{t-1}	R^2	DW
M2	2.382 (0.937*)	-0.008 (0.019)	0.314 (0.084**)	0.044 (0.018*)	-0.034 (0.014*)	0.511 (0.087**)	0.955	2.187
M1	2.890 (0.850**)	0.009 (0.018)	0.339 (0.082**)	0.052 (0.016**)	-0.032 (0.013*)	0.374 (0.086**)	0.951	2.029

注：()中是标准差，** 和 * 分别表示在 99% 和 95% 置信水平下显著。

他几个变量的系数相对于表16-5没有明显的变动。两类货币指标关于股市交易额的系数仍是高度显著的。根据表16-6的数字结果计算，$M2$关于股市交易额的长期弹性为0.09，$M1$关于股市交易额的长期弹性为0.08，与表16-6中的结果也很接近。

（二）交易需求还是财富效应

尽管理论上股票的交易量与股票价格并没有必然联系——例如，当所有投资者关于一则好（坏）消息对股价效应的理解相同时，股价的大幅度上升（下跌）并不需要伴随大量的股票交易；反过来，当投资者关于消息的理解严重分歧时，大量的交易未必会引起股价的变动——然而现实中，经常观测到股价和交易量的变化正相关的情形，即股价上涨时交易量往往更大，股价下跌时交易量则相对较小。股价的上涨意味着社会上名义财富的增加，一般而言，资产价格相对于收入的波动幅度更大，即收入相对平稳，所以"财富—收入"比率呈现与股价相似的波动周期。在资产组合中，货币作为一种资产配置，一般与财富的变动正相关，这可以理解为股价对于货币需求的"财富效应"。所以，"货币—收入"比率也可能与股价同向波动，即货币收入流通速度（"货币—收入"比率的倒数）与股价反向变化。

表16-9 股票价格与货币需求
（季度，2002年一季度~2009年四季度）

因变量	常数	y_t	v_t	p_t	i_t	m_{t-1}	R^2	DW
$M2$	3.230 (1.059**)	0.287 (0.049**)	0.073 (0.028*)	-0.057 (0.052)	-0.025 (0.016)	0.464 (0.096)	0.957	2.162
$M2$	0.894 (0.588)	0.295 (0.053)		0.052 (0.032)	-0.036 (0.016*)	0.653 (0.068)	0.946	2.240
$M1$	2.843 (0.921)	0.372 (0.046)	0.053 (0.024*)	-0.008 (0.047)	-0.027 (0.015*)	0.358 (0.088**)	0.950	1.990
$M1$	1.210 (0.580*)	0.394 (0.049**)		0.071 (0.031*)	-0.038 (0.016*)	0.488 (0.071**)	0.941	2.146

注：（ ）中是标准差，**和*分别表示在99%和95%置信水平下显著。自变量p_t为沪深300指数（中国证券市场上流通市值最大的300家股票加权平均价格指数）的对数值，并经过CPI指数调整为实际价格。

样本期内尽管股票价格指数和交易量波动都很大，不过总体上都呈上升趋势。如果二者存在正相关现象,对于第三节的结论自然便可能产生另外一种解释:给定收入和利率,货币需求的变动是由于股价变动带来的财富效应所引起,而以上经验检验中发现的货币需求和股市交易量的关系,可能是因为股市交易量和股价正相关性所导致的"伪关系"。为了检验这一解释,我们尝试了两种选择。第一,在(16-8)式中新加入自变量——实际股价指数 p_t(经过 CPI 调整后的股票价格指数)。新的回归结果见表 16-9。两类货币回归中,股价的系数均不显著,符号也与"财富效应"的预期有悖,这与 Ahmad 等(2009)关于中国股市中股价上涨对于 $M2$ 需求具有替代效应的结论一致。其他几个解释变量系数的显著性不变,交易量 v_t 的长期弹性系数相对于表 16-6 中数值略有增大:$M2$ 方程中为 0.136,$M1$ 方程中为 0.082。第二,在(16-8)式中以 p_t 替代股市交易额 v_t。替代之后其他解释变量的系数仍然稳定。$M2$ 方程股价的系数仍接近于零。$M1$ 方程中股价的系数为 0.071,符号与"财富效应"一致,并且是显著的。不过,样本期末相对于期初交易额上涨了 18.6 倍,而股价仅上涨了 1.8 倍,根据这组数字,由股价上涨"财富效应"所引起的货币需求期末相对于期初累积仅增长 12%,相对于 $M1$ 的增幅显得微不足道。这样,尽管用股价替代交易额后,二者的弹性系数估计值接近,股价对于 $M1$ 需求行为变化的解释能力却远弱于股票交易额。

五、结论

本节分实体经济和金融资产两个部门考察了近年来中国的货币需求行为。由于缺乏分部门的货币持有量数据,无法直接估计并比较这两个部门货币需求函数。我们将部门间的需求差别融入总的货币需求量中进行考虑,这为分析近年来中国货币流通速度的波动提供了一个有用的框架。经验结果表明,给定收入水平和利率,股票市场交易的活跃会使得货币的交易需求增加。换言之,货币的流通速度会随着股票交易活跃程度反向变动。股票市场对货币需求的交易效应不仅在统计上是显著的,在经济意义上也是重要的。例如,季度数据的模拟结果显示,2006~2009 年有 40% 的新增货币是由于这一时期股票交易额大幅增长引起的,或者说,如果股票交易额停留在 2006 年之前的低水平而没有此后的大幅增长,则样本期末(2009 年四季度)$M2$ 需求余额将比历史数值低 15%。这一定程度上解释了样本期内货币流通速度的波动,尤其是 2009 年货币流通速度的骤然下降,随着股市交易活跃,大量的新增货币并未停留在实体经济部门、冲击商品价格,而是转移到了金融资产交易之中。

结论还验证了实体经济内部农业和非农部门的货币需求行为没有显著差异。

这样，仅有农业和非农产业相对结构的变动并不会影响到货币收入流通速度的显著变化。这不同于以往文献的结论，可能是因为所采用样本区间不同。例如，易纲（1996）和赵留彦等（2005）采用的改革开放前期的数据，当时中国尤其是农村大量的经济活动并未通过货币媒介，因而当时货币化进程在增加货币需求方面的确会起到关键作用，然而随着市场经济的深化，传统的"货币化"说法已不足以解释近年来中国货币流通速度的变化。

近年来由于资产（主要是股票与房地产）价格的大幅度波动，关于货币政策与资产价格关系的讨论备受关注。货币政策是否应对资产市场做出反应这一问题，研究者或决策层面均存在根本的分歧。一种观点认为，资产价格不应成为货币政策关注的对象。决定资产价格的因素复杂多样，既有基本面因素，更有其他方面（如交易者的心理和情绪）的随机扰动。中央银行并不能对复杂多变的资产市场走势做出有效预测，因而也无法及时调整货币政策。另两种观点则认为，资产价格的膨胀一般与货币政策的过度宽松有关，因此应根据资产市场表现适时调整货币政策。现任美联储主席 Bernake（2001）的看法有所折中，"仅仅在资产价格影响了通货膨胀预期的情况下，资产价格的变化才影响货币政策"。根据本书的结果，如果货币政策忽略了资产市场的交易状况，很可能起不到稳定国内经济的作用，甚至会带来更大的不确定性。例如，在 2007 年后期至 2008 年上半年情形，当时资产的交易极为活跃，股市和楼市的繁荣引起了货币需求的大幅增长。因而当货币政策收紧时，实体经济部门面临的信用短缺情形便进一步恶化了。在国际经济危机的背景下，这或许这加剧了实体部门的衰退。

附录 5

表 1　　　CPI_t、$\ln CUS_t SA$、$\ln I_t SA$、$\ln M_{2t} SA$、R_t、
RR_t、CI_t、HP_t 的 ADF 检验结果

变量	检验形式 (C, T, L)	ADF 值	临界值 1%	临界值 5%	临界值 10%	p-值	判断
CPI_t	$(C, T, 0)$	-6.418	-3.486	-2.858	-2.579	0.000	平稳***
$\ln CUS_t SA$	$(C, T, 2)$	0.719	-3.487	-2.886	-2.580	0.992	不平稳
$\ln I_t SA$	$(C, T, 12)$	-0.469	-3.493	-2.889	-2.581	0.892	不平稳
$\ln M2_t SA$	$(C, T, 3)$	0.9969	-3.487	-2.886	-2.579	0.9964	不平稳
R_t	$(C, T, 1)$	-1.696	-3.487	-2.886	-2.579	0.4307	不平稳
RR_t	$(C, T, 1)$	-0.399	-3.487	-2.886	-2.580	0.9189	不平稳

续表

变量	检验形式 (C, T, L)	ADF 值	临界值 1%	临界值 5%	临界值 10%	p-值	判断
HP_t	$(C, T, 1)$	2.459	-3.488	-2.886	-2.580	0.1284	不平稳
CI	$(C, T, 1)$	0.047	-2.585	-1.944	-1.615	0.6958	不平稳
$D\ln CUS_tSA$	$(C, T, 1)$	-16.48***	-3.487	-2.886	-2.580	0.0000	平稳
$D\ln I_tSA$	$(C, T, 0)$	-15.75***	-3.487	-2.886	-2.580	0.0000	平稳
$D\ln M2_tSA$	$(C, T, 2)$	-5.135***	-3.487	-2.886	-2.580	0.0000	平稳
DR_t	$(C, T, 0)$	-7.286***	-3.487	-2.886	-2.580	0.0000	平稳
DRR_t	$(C, T, 1)$	-4.046***	-3.487	-2.886	-2.580	0.0017	平稳
DHP_t	$(C, T, 0)$	-6.535***	-3.488	-2.887	-2.580	0.0000	平稳
DCI	$(C, T, 0)$	2.931***	-2.585	-1.944	-1.615	0.0037	平稳

注：*** 表示在1%水平下显著；** 表示在5%水平下显著。D 表示一阶差分。

表2　　$CPIt$、$lnCUStSA$、$lnItSA$、$lnM2tSA$、Rt、RRt、CIt、HPt 的 Johansen 协整检验结果

假设的协整方程数	特征值	似然率（L.R.）	5%的显著性水平	P 值
None*	0.554948	287.6372	159.5297	0.000
At most 1*	0.475863	199.3946	125.6154	0.000
At most 2*	0.415611	128.9804	95.75366	0.000
At most 3*	0.270673	70.42689	69.81889	0.0447
At most 4	0.156375	36.02291	47.85613	0.3952
At most 5	0.112992	17.4878	29.79707	0.604
At most 6	0.029471	4.418578	15.49471	0.867
At most 7	0.010567	1.157966	3.841466	0.2819

第十七章

我国货币政策传导机制模拟分析

第一节 信贷风险,预算软约束与企业贷款

统计数据表明,在我国,中小企业数量占企业总数的99%,创造了近六成的经济总量,提供了近一半的财税收入和近八成的就业岗位。为数众多的对经济举足轻重的中小企业却始终面临融资困境。在国际金融危机的背景下,中小企业的融资困难凸显。国家统计局公布的数据显示,自2008年底放松贷款规模以来,中小企业受惠并不明显,对中小企业的贷款增速大大低于大企业。

本书的模型采用 Costly State Verification(Townsend,1979)设定,在银行与贷款企业之间存在信息不对称的条件下,如果企业违约,银行需要负担一定的成本来核查企业的剩余资产并且将其全部没收。在企业风险中性的假设条件下,企业与银行之间建立一种债务契约关系,确定贷款的数量和价格。基于此,本书建立了一个包含预算软约束的贷款模型,讨论了预算软约束大小和企业违约概率的关系,以及由此带来的贷款行为变化。当中小企业与大企业同时需要融资时,大企业更容易以较低的价格获得银行贷款;同时,相对于中小企业,大企业也能贷到更多资金。本节分析中小企业相对于大企业,特别是大型国有企业,贷款成本高,难度大的原因,并且基于所建立的债务契约(Debt contract)模型提出相关的政策建议。

一、文献回顾

关于银行贷款的定价模型，国内外已有一些讨论。金雪军、毛捷（2007）在总结国外的多种贷款定价模型后，建立了一个基于两资产择价期权公式模型。模型研究了企业违约风险与贷款定价的关系，同时也考虑了预算软约束问题。但是文章假设了企业价值波动的布朗运动，并没有考虑企业价值波动方差大小与企业贷款之间的关系。另外该文讨论了贷款的定价，却并没有讨论贷款的数量。Townsend（1979）提出了 CSV 问题，并且建立了一个债务契约关系来刻画银行贷款。这个模型和基于违约风险的定价模型略有不同，其定价基于贷款企业的资产情况和投资回报率，企业违约与否并不是因为道德风险，而是企业最后实现的投资回报率能否达到最初和银行签订的合同规定。银行和企业之间存在最终投资回报率的信息不对称，属于委托代理关系中的逆向选择问题。该模型获得了很多实证研究的支持，例如，Gross（1994），Gilchrist 和 Himmelberg（1995）等。后来被引入到金融加速器模型中（Bernanke，Gertler，Gilchrist，1998，1999，以下简称BGG），成为分析金融市场摩擦对宏观经济影响的主流方法之一。但是目前为止还没有文献讨论不同类型的企业在这个环境中贷款的情况，也没有讨论预算软约束在这个框架下对贷款行为的影响。

关于预算软约束问题，林毅夫、李志赟（2004）进行了比较全面的总结，并且提出了预算软约束和政策性负担之间的关系，同时基于道德风险问题建立了政府与企业之间的博弈，分析了预算软约束出现的均衡条件和经济的实际产量。但是该文并没有分析预算软约束对银行贷款的影响。

关于银行贷款问题，BGG（1999）假设企业能够生存到下一期的概率小于1，从而排除企业积累足够多的内部资金而不需要贷款的情况。Christiano 和 Eichenbaum（1992），Ravenna 和 Walsh（2006）则假设企业需要提前贷款来为生产提供资金。

二、模型

本书不讨论预算软约束形成的原因，而是假设政府会对大型企业提供预算软约束（没有考虑大型企业的道德风险问题），从而将注意力放在预算软约束对中小企业贷款的影响。

另外，为了讨论银行的贷款行为本身在大企业和中小企业之间的区别，而不跟银行重复贷款问题混淆，我们还采用了 Carlstrom 和 Fuerst（1996）的假设，即银行每次贷款只能签一期,而不考虑长期贷款问题。这个假设是否存在虽然不影响本书的最终结论,但是却能够帮助我们分清中小企业贷款难的原因。如果放松这个假设,在银行贷款非匿名的条件下,企业的声誉和重复贷款问题将会成为解释中小企业贷款困境的另一个独立原因。本书认为,即使不考虑企业自身的声誉和重复贷款问题,企业其他方面的性质差别也会导致贷款契约的不同。

这里需要补充的是,关于政府事后救助企业的问题,根据实际观察,我们假设在大企业违约时,政府直接救助企业而不是救助银行。这便是文献中经常提到的预算软约束问题。林毅夫(2004)讨论了预算软约束存在的原因,回答了为什么当国有企业亏损违约的时候政府会提供救助,即政策性负担的存在。本书直接采用这个结论,假设政府事后救助大企业是外生给定的存在。虽然放弃了讨论政府这个重要的角色,但是能够让我们把注意力集中在贷款问题上。直观的观点认为企业会用这笔事后救助偿还贷款,从而银行期望收入增加。而本书发现,即使企业获得事后救助后并不用于偿还贷款,银行的期望收入也会增加。这是因为预算软约束增加了企业违约的概率,银行为了补偿这种更高的违约风险,会向企业索要一个更高的还款利率,这样即便企业违约,银行的期望收入也会相对增加,从而银行更加愿意贷款给存在事后救助的企业。

本部分建立了一个局部均衡模型。假设经济中有许多完全竞争的、风险回避的银行。然后假设经济中存在两种类型的企业:大型企业(B)和小型企业(S)。两种类型的企业都各自具有连续多个,所有企业总测度为1。两类企业都是风险中性,而其差别在于已经具有的内部资金多少,投资回报的分布方差大小,事后清查的成本和是否获得政府的事后救助。假设大型企业(B)在第 t 期拥有的内部资金(或者净资产)为 N_t^B,小型企业(S)同期拥有的内部资金为 N_t^S,$N_t^B > N_t^S$。

企业的生产函数为:

$$Y_t^i = \omega_t^i R_t^k L_t^i \quad (i = B, S, \text{后同})$$

其中,R_t^k 为资产回报的总风险(Aggregate Risk),$\omega_t^i (i = B, S)$ 是企业的特殊风险(Idiosyncratic Risk),且 ω_t^i 服从对数正态分布。其中,$\ln(\omega_t^B) \sim N(-1/2\sigma_B^2, \sigma_B^2)$,$\ln(\omega_t^S) \sim N(-1/2\sigma_S^2, \sigma_S^2)$,$\sigma_S^2 > \sigma_B^2$。注意到 $E[\omega_t^B] = E[\omega_t^S] = 1$,即大型企业和小型企业有相同的期望回报,但是小型企业特殊风险的方差比大型企业的方差大。记两种类型企业的特殊风险的对数正态分布的累计分布函数分别为 Ψ^B 和 Ψ^S。

设资本的价格为 Q_t,企业在生产前需要的资本总量为 $K_t^i (i = B, S)$。根据 Ravenna 和 Walsh (2006) 的假设,企业在生产之前须首先偿付劳动力工资,那么企业面临的一个生产约束条件是:

$$Q_t K_t^i \geq W_t L_t^i, \quad (i = B, S)$$

由于企业已经拥有内部资金 N_t^i，那么企业需要向银行贷款的数量为：

$$B_t^i = Q_t K_t^i - N_t^i$$

企业和银行之间签订贷款契约来确定自己的最优资本需求量 K_t^i，然后再根据生产函数确定劳动力投入。

首先讨论企业的最优资本持有量 K_t^i，使用的方法是 CSV 以及债务契约。企业向银行申请贷款，双方商议最优的贷款量和贷款成本。假设企业的贷款时，总风险 R_t^k 为银企双方共知，而特殊风险 ω_t^i 尚未实现。获得贷款后，企业进行生产并且实现 ω_t^i。企业能够无成本观察到 ω_t^i，但是银行若要获知这个特殊风险 ω_t^i，需要付出一定的核查成本。由于企业是风险中性的，那么最优的契约将是双方商量一个特殊风险门槛值 $\bar{\omega}_t^i$，企业吸收生产中所有的风险，银行获得一个相对稳定的收入（BGG，1999）。

（一）经济中只有小企业，所有小企业同质

小型企业和银行按照如下方式分配：

如果 $\omega_t^s \geq \bar{\omega}_t^s$，银行获得固定还款收入：

$$\bar{\omega}_t^s R_t^k Q_t K_t^s ;$$

企业获得除还款以外的收入：

$$(\omega_t^s - \bar{\omega}_t^s) R_t^k Q_t K_t^s .$$

如果 $\omega_t^s < \bar{\omega}_t^s$，企业违约，银行清查企业后得到：$(1-\mu^s) E[\omega_t^s | \omega_t^s < \bar{\omega}_t^s] R_t^k Q_t K_t^s$，企业收入为 0。

其中，μ 为企业违约时，银行付出的清查成本占最后清查的企业剩余资产的份额。

由于小企业有连续多个，那么银行的完全资产组合能够保证其自身的贷款有一个稳定的回报率，即无风险回报率 R_t^f。该回报率也可视为银行贷款的机会成本。那么银行愿意贷款的一个约束条件是：

$$R_t^k Q_t K_t^s \{\bar{\omega}_t^s \Pr(\omega_t^s \geq \bar{\omega}_t^s) + (1-\mu) E[\omega_t^s | \omega_t^s < \bar{\omega}_t^s]\} = R_t^f B_t^s$$

记 $\Gamma^s(\bar{\omega}_t^s) = \bar{\omega}_t^s [1 - \Psi^s(\bar{\omega}_t^s)] + \int_0^{\bar{\omega}_t^s} \omega_t^s d\Psi^s(\omega_t^s)$，$G^s(\bar{\omega}_t^s) = \int_0^{\bar{\omega}_t^s} \omega_t^s d\Psi^s(\omega_t^s)$，则银行贷款的参与约束（Participation Constraint）简写为：

$$[\Gamma^s(\bar{\omega}_t^s) - \mu^s G^s(\bar{\omega}_t^s)] R_t^k Q_t K_t^s = R_t^f B_t^s \qquad (17-1)$$

(17-1) 式表明银行贷款的期望收益至少等于无风险回报率。同时，小企业贷款能够获得的期望收益为 $[1 - \Gamma^s(\bar{\omega}_t^s)] R_t^k Q_t K_t^s$。这样，债务契约的均衡条件是，银行和小企业商量一个组合 $(\bar{\omega}_t^s, K_t^s)$，满足下面的条件：

$$\max[1-\Gamma^S(\bar{\omega}_t^S)]R_t^k Q_t K_t^S \qquad (17-2)$$

银行贷款约束为（17-1）式。

为了获得这个契约的内部解，我们需要如下引理。

引理一：定义 ω_t^S 的累计分布函数的 Hazard Rate 为 $h(\omega_t^S)=\dfrac{\Psi^{S\prime}(\omega_t^S)}{1-\Psi^S(\omega_t^S)}$。如果 $\omega_t^S h(\omega_t^S)$ 是关于 ω_t^S 的单调递增函数，那么最优化问题（17-2）式在约束条件（17-1）式下存在内部解。

证明：见附录。

命题一：最优化问题（17-2）式在约束条件（17-1）式下的解为：

$$\frac{\Gamma^{S\prime}(\bar{\omega}_t^S)[1-\mu G^S(\bar{\omega}_t^S)]-\mu^S G^{S\prime}(\bar{\omega}_t^S)[1-\Gamma^S(\bar{\omega}_t^S)]}{\Gamma^{S\prime}(\bar{\omega}_t^S)}=\frac{R_t^f}{R_t^k} \qquad (17-3)$$

$$\Gamma^S(\bar{\omega}_t^S)-\mu^S G^S(\bar{\omega}_t^S)=\frac{R_t^f}{R_t^k}\left[1-\frac{N_t^S}{Q_t K_t^S}\right] \qquad (17-4)$$

证明：见附录。

（17-3）式决定了小企业贷款的成本，即贷款利率门槛值 $\bar{\omega}_t^S$，（17-4）式决定了企业可获得贷款的数量 K_t^S。其相关性质将在第三部分讨论。

（二）经济中只有大型企业，所有大型企业同质

大企业面临的问题同小企业基本一样，即企业和银行商量一个偿还门槛值 $\bar{\omega}_t^B$。不同的是，大企业在违约时，政府会提供一定量的一次性转移支付（Lump Sum Transfer）来进行救助。定义 T_t^B 为政府在企业违约时给企业提供的救助补偿。则如果大企业违约，它还能拥有的剩余资本为 T_t^B（注意到小企业违约后剩余为0）。在这种情况下，大企业是否违约不再仅仅取决于其实现的特殊风险与和银行之间商量的门槛值 $\bar{\omega}_t^B$ 之间的关系，还要考虑不违约的收益与违约后政府救助补偿之间的关系。因为即使大企业实现的特殊风险值 $\omega_t^B>\bar{\omega}_t^B$，但是如果其不违约的收益小于政府承诺的救助金 T_t^B，该企业还是会选择违约。此时大企业违约的特殊风险临界值 ω_t^* 满足条件：

$$(\omega_t^*-\bar{\omega}_t^B)R_t^k Q_t K_t^B=T_t^B,\quad \omega_t^*>\bar{\omega}_t^B \qquad (17-5)$$

即如果最终大企业实现的特殊风险值 $\omega_t^B>\omega_t^*$，企业不违约；否则如果 $\omega_t^B\leqslant\omega_t^*$，企业选择违约。此时违约得到的政府救助 T_t^B 大于不违约而得到的剩余（当 $\omega_t^B\leqslant\bar{\omega}_t^B$，大企业不得不违约）。这样，虽然没有考虑道德风险问题，并且企业的投资回报率 ω_t^B 是外生概率空间决定的（不取决于企业的努力程度），我们也得到了预算软约束越高，企业违约概率越大的结论（同林毅夫、李志赟，2004）。

此时大企业和银行之间签订契约，并按如下分配：

如果 $\omega_t^B \geq \omega_t^*$，银行获得固定还款收入：$\bar{\omega}_t^B R_t^k Q_t K_t^B$；企业获得除还款以外的收入：$(\omega_t^B - \bar{\omega}_t^B) R_t^k Q_t K_t^B$。

如果 $\omega_t^B < \omega_t^*$，企业违约，银行清查企业后得到：$(1-\mu^B) E[\omega_t^B | \omega_t^B < \omega_t^*] R_t^k Q_t K_t^B$，企业收入为 T_t^B。

这里我们注意到在大企业违约的情况下，银行的期望收入增加了，因为企业有了一个更高的违约临界值。当然，银行期望收益的具体数量还取决于 ω_t^B 的分布。同小企业的求解过程一样，这里我们定义：

$$\Gamma^B(\bar{\omega}_t^B) = \bar{\omega}_t^B [1 - \Psi^B(\omega_t^*)] + \int_0^{\omega_t^*} \omega_t^B d\Psi^B(\omega_t^B),$$

$$G^B(\bar{\omega}_t^B) = \int_0^{\omega_t^*} \omega_t^B d\Psi^B(\omega_t^B)$$

则银行愿意给大企业贷款的参与条件是：

$$[\Gamma^B(\bar{\omega}_t^B) - \mu G^B(\bar{\omega}_t^B)] R_t^k Q_t K_t^B = R_t^f B_t^B \qquad (17-6)$$

大企业的贷款期望收入是 $[1 - \Gamma^B(\bar{\omega}_t^B)] R_t^k Q_t K_t^B + T_t^B \Psi^B(\omega_t^*)$，则最优贷款契约是大企业和银行商量一个组合 $(\bar{\omega}_t^B, K_t^B)$，满足下面的条件：

$$\max [1 - \Gamma^B(\bar{\omega}_t^B)] R_t^k Q_t K_t^B + T_t^B \Psi^B(\omega_t^*) \qquad (17-7)$$

$$\text{s.t.} \quad (\omega_t^* - \bar{\omega}_t^B) R_t^k Q_t K_t^B = T_t^B, \quad \omega_t^* > \bar{\omega}_t^B$$

$$[\Gamma^B(\bar{\omega}_t^B) - \mu^B G^B(\bar{\omega}_t^B)] R_t^k Q_t K_t^B = R_t^f B_t^B$$

命题二：最优问题（17-7）式在约束条件（17-5）式和（17-6）式下的解为：

$$1 - \Gamma(\bar{\omega}_t^B) + \frac{1 - \Psi(\omega_t^*)}{1 - \Psi(\omega_t^*) + \tau\varphi(\omega_t^*) - \mu^B \omega_t^* \varphi(\omega_t^*)}$$

$$\left\{ \Gamma(\bar{\omega}_t^B) - \mu^B G(\bar{\omega}_t^B) - \tau^2 \varphi(\omega_t^*) - \mu^B \tau \omega_t^* \varphi(\omega_t^*) - \frac{R_t^f}{R^k} \right\} = 0 \qquad (17-8)$$

$$\Gamma^B(\bar{\omega}_t^B) - \mu^B G^B(\bar{\omega}_t^B) = \frac{R_t^f}{R_t^k} \left[1 - \frac{N_t^B}{Q_t K_t^B} \right] \qquad (17-9)$$

$$\omega_t^* = \tau_t^B + \bar{\omega}_t^B \qquad (17-10)$$

其中：

$$\tau_t^B \equiv \frac{T_t^B}{R_t^k Q_t K_t^B}$$

证明：见附录。

如果 $T_t^B = 0$，则（17-8）式，（17-9）式和（17-10）式就退化成（17-3）式和（17-4）式的形式。（17-8）式和（17-9）式共同决定了 $\bar{\omega}_t^B$ 和 K_t^B。（17-10）式则刻画了企业违约临界值和政府救助数额之间的关系。在第三部分

将讨论 $\overline{\omega}_t^B$，K_t^B 的相关性质。

（三）经济中同时存在连续多个大企业和连续多个小企业

小企业之间同质，大企业之间同质。所有企业总测度为1，大企业的测度和小企业测度一样。这样的假设是为了方便我们各选一个代表性的大企业和小企业，然后分析他们竞争银行固定的可贷款额 E。

同第一种情况和第二种情况类似，我们考虑一个中央决策解（Planner Solution），所有的记号含义不变，那么大企业和小企业竞争贷款的问题为：

$$\max [1 - \Gamma^S(\overline{\omega}_t^S)] R_t^k Q_t K_t^S + [1 - \Gamma^B(\overline{\omega}_t^B)] R_t^k Q_t K_t^B + T_t^B \Psi^B(\omega_t^*) \quad (17-11)$$

$$\text{s. t.} \ [\Gamma^S(\overline{\omega}_t^S) - \mu^S G^S(\overline{\omega}_t^S)] R_t^k Q_t K_t^S = R_t^f B_t^S$$

$$[\Gamma^B(\overline{\omega}_t^B) - \mu^S G^B(\overline{\omega}_t^B)] R_t^k Q_t K_t^B = R_t^f T_t^B$$

$$(\omega_t^* - \overline{\omega}_t^B) R_t^k Q_t K_t^B = T_t^B, \ \omega_t^* > \overline{\omega}_t^B$$

$$Q_t K_t^B + Q_t K_t^S \leq E_t \quad (17-12)$$

（17-11）式表明最大化小企业和大企业的期望收益之和，（17-1）式和（17-6）式是银行愿意贷款给小企业和大企业的参与条件，（17-5）式是大企业违约门槛值的计算，（17-12）式是银行可贷款总数的分配约束条件。

限于篇幅，此处暂不给出问题（17-11）式的解表达式，可参见附录。第三部分讨论这些结果。

三、企业贷款问题讨论

基于我们的假设，即假设小企业初始拥有的内部资金比大企业少，投资回报的风险比大企业大且小企业没有预算软约束，结合模型的结果，在这一部分，讨论 $\overline{\omega}_t^i$，K_t^i 的相关性质，即企业贷款的成本和数量的影响因素。

（一）只有小企业的经济：

由（17-3）式和（17-4）式可得：

命题三：其他条件不变，企业内部资金 N_t 越高，银行愿意贷款的数量 K_t 越高。贷款成本不变。

证明：见附录。

在不存在预算软约束的情况下，企业初始内部资金多少并不影响企业的贷款成本，但是直接影响到企业可获得贷款的数量。企业初始自有资金越多，可用于抵押的金额越高，可获得贷款数量越多。现实中，多数中小企业都缺乏足够的抵押资产，特别是高科技型中小企业，无形资产所占比重大，可用作抵押的资产不足，因此，难以获得较多的银行贷款。图 17-1 展示了 K_t 随 N_t 的变化关系（数学模拟参数见附录，后同）。

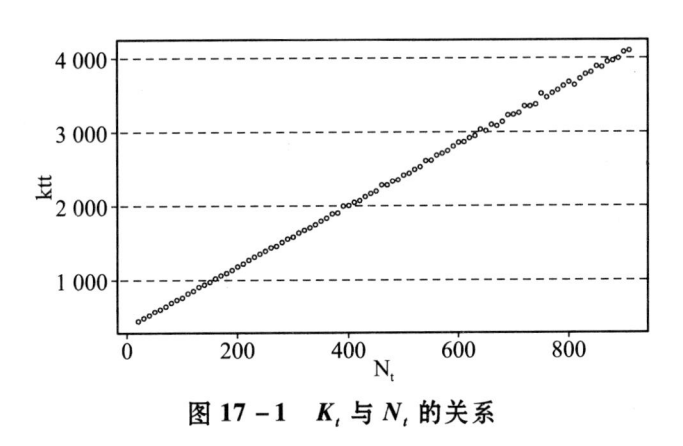

图 17-1　K_t 与 N_t 的关系

命题四：其他条件不变，企业投资回报的风险 σ^2 越大，银行要求的贷款利率 $\bar{\omega}_t$ 越高，即企业的贷款成本越高。

证明：通过数学模拟的例子证明。

在我们的模型中，虽然小企业和大企业投资的期望回报率相同，但小企业投资回报分布的方差更大，即虽然小企业可能因为运气好而获得很高的收益，但是也可能因为运气差而导致投资大量损失。因此，银行在贷款给小企业时将面临更高的投资风险，所以银行会向小企业要求更高的利率来补偿这个投资风险。小企业也因此面临较大企业更高的贷款成本。

图 17-2 给出了 $\bar{\omega}_t$ 随 σ^2 的增加而上升的关系。

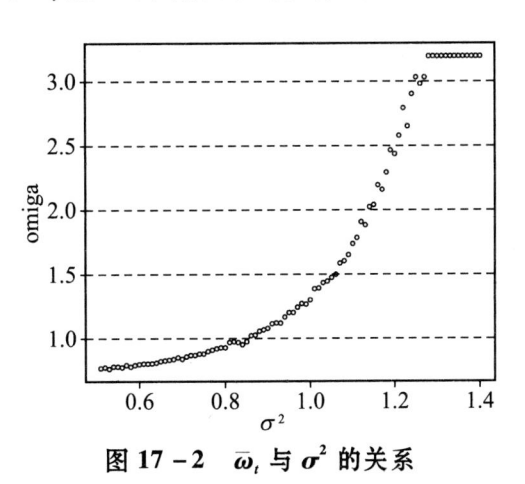

图 17-2　$\bar{\omega}_t$ 与 σ^2 的关系

命题五：其他条件不变，银行清查破产企业的成本 μ 越高，贷款成本 $\bar{\omega}_t$ 越低，贷款数量 K_t 也越低。

证明：见附录。

银行的清查成本越高，则银行更加愿意指定一个较低的贷款成本门槛值 $\bar{\omega}_t$，以此降低企业违约的概率，回避这种潜在损失。但与此同时，银行愿意提供的贷款数量也会随之下降，因为银行贷款的期望收益下降了。图 17-3 和图 17-4 展示了相关的变化趋势。①

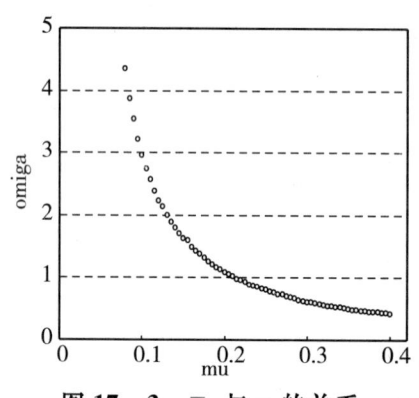

图 17-3　$\bar{\omega}_t$ 与 μ 的关系

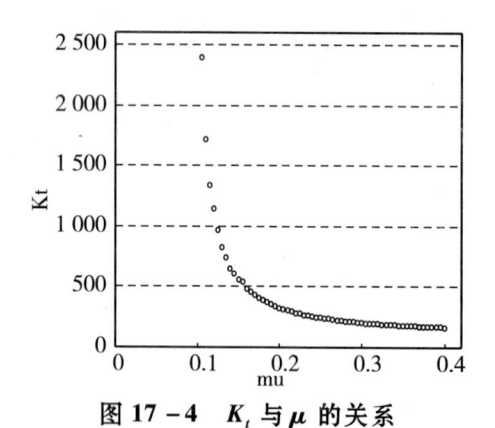

图 17-4　K_t 与 μ 的关系

命题六：资本的总回报 R_t^k 越高，贷款成本 $\bar{\omega}_t$ 越高，贷款数量 K_t 也越高。

证明：见附录。

在本书的模型中，假设贷款前资本总回报率 R_t^k 为各方已知。显然，这一总

---

① 值得一提的是：此处的是一个事后（ex Post）清查成本，银行为了回避这个事后成本，会选择降低企业负担的贷款成本以降低企业的违约风险。现实中，银行给企业贷款还存在一个事前（ex Ante）成本，例如，银行先行调查企业的信用状况和财务状况所付出的成本。由于本书假设银行的贷款是一期的，并且只有企业投资回报率一个变量存在信息不对称，所以事前成本问题未包含在本书的讨论范围内。

回报越高，银行愿意提供给企业的贷款数量越多，以获得相对于无风险回报率 R_t^f 更高的收益。同时，银行会设立一个更高的还款利率 $\bar{\omega}$ 以分享企业的投资所得。图17-5和图17-6展示了相关的变化趋势。

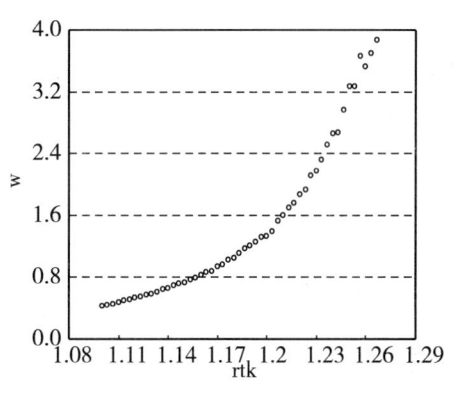

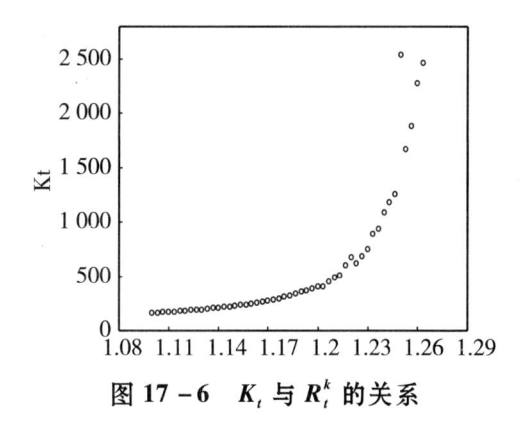

图17-5 $\bar{\omega}_t$ 与 R_t^k 的关系

图17-6 K_t 与 R_t^k 的关系

（二）经济中只有大企业[①]

命题七：政府提供的事后救助 T_t 越高，企业违约的概率也越高。

证明：见附录。

图17-7给出了面临预算软约束条件下的企业（即模型中的大型企业）的违约临界值 ω_t^* 和政府事后救助 T_t 之间的关系。从图中可以看出，政府的事后救助增加了企业的违约风险。这一结论符合大多数文献的预测和实际观察的结果。直观上理解，政府的事后救助降低了企业违约的成本，从而增加了企业违约

[①] 命题三到命题六是建立在企业没有预算软约束的条件下的结论。可以证明，在加入预算软约束的条件下，这些命题的结论不变。故此处不再重复。

的概率。我们更关心的是，在这种情况下，银行的贷款行为会有什么变化。

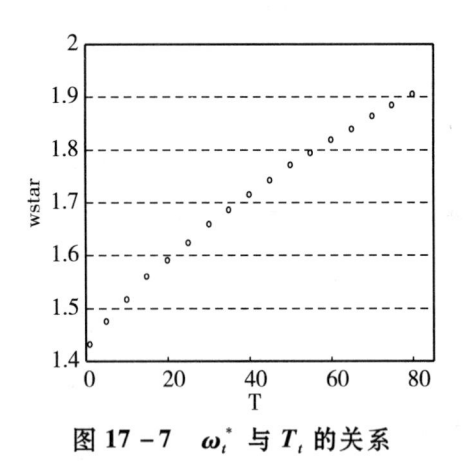

图 17-7　ω_t^* 与 T_t 的关系

命题八：政府提供的事后救助 T_t 越高，贷款成本 $\bar{\omega}_t$ 越高，银行愿意贷款的数量 K_t 也越高。

证明：见附录。

命题七的结论带来了两个结果：一方面，企业违约概率的提高导致银行面临的风险更高，因此银行会设立一个更高的贷款利率来补偿这种风险，从而提高了企业的贷款成本；另一方面，企业得到政府的事后救助，增加了银行在企业违约后期望能收回的资产，从而增加了银行的期望收入，所以银行更愿意提供贷款。换句话说，政府事后的救助虽然是直接针对企业的，但是企业基于可以获得事后补偿的预期提高了自己违约的临界值。在给定企业违约的条件下，更高的企业违约临界值能够带给银行更高的条件期望收益，从而银行也从政府的事后救助中获益。这一分析可以从一个角度解释，现实中中小企业即使愿意承担更高的贷款成本，也难于在与大型国有企业的贷款竞争中取胜的原因。

图 17-8 和图 17-9 展示了数学模拟的变化关系。从图 17-9 可以看出，政府事后救助的增幅和银行愿意提供的贷款额的增幅基本上是等量的，并且呈现微弱的凹性。[①] 这种微弱的凹形是由投资回报呈现对数正态分布的假设而出现的。图 17-10 展示了一个方差为 1 的对数正态分布图。当政府事后救助增加，银行制定的贷款利率也增加（AA' 移到 CC'），企业违约的门槛值也增加（BB' 移到 DD'）。从对数正态分布的 PDF 图可以看出，银行的期望收入的确增加了，但是增加的边际量却在下降，即 $BB'DD'$ 所包含的面积在已经很高的 T 的情况下比一个较低的 T 的情况下的面积小。

[①] 由于数学模拟的散点存在误差，故而每个散点的值并不是绝对的精确结果。但是笔者经过多次模拟，得到的趋势基本相同。

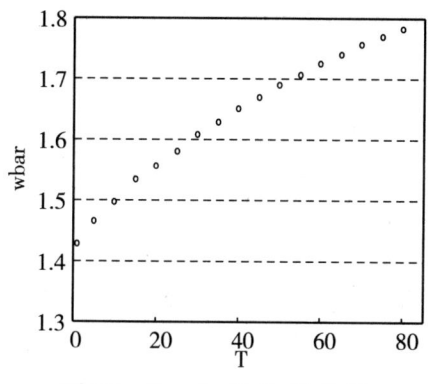

图 17-8 $\bar{\omega}_t$ 与 T_t 的关系

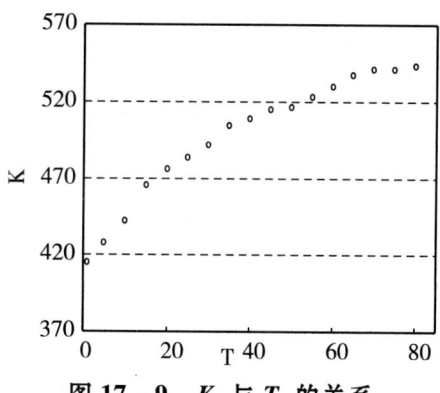

图 17-9 K_t 与 T_t 的关系

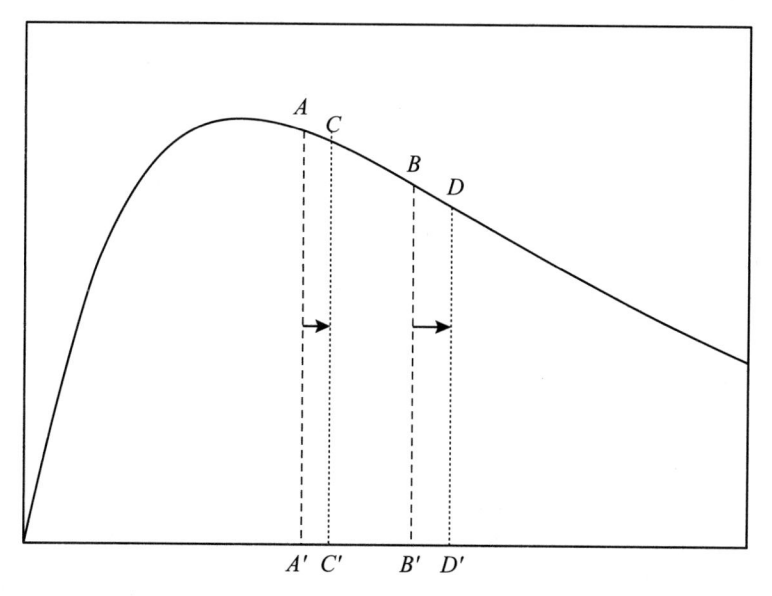

图 17-10 均值为 1，方差为 1 的对数正态分布

直观上理解，银行将政府事后救助看成一种等量抵押品。在政府承诺较少的事后救助时，这个抵押品的边际价值略微高于政府承诺较多的事后救助时的边际价值。即政府承诺的边际价值递减。

（三）经济中有1/2个大企业和1/2个小企业（测度意义上）

由于在这种情况下，我们假设了银行可贷款总额为有限数 E，那么主要看大企业和小企业之间的差别将导致银行贷款如何的分配。

命题九：银行可贷款总额越多，大企业能够获得的贷款越多，小企业能够获得的贷款基本不变；大企业的贷款价格上升，小企业的贷款价格下降。

证明：数学模拟证明。

这个命题表明，在中央决策解的结果下，银行可贷款总额增加以后，增加额全部跑向大企业，而小企业没有能够贷到更多款。小企业受益的地方在于他们能够以略微降低的贷款价格贷款，但是贷款总数没有变化。这个结论解释了为什么小企业宁愿以高价格贷款却仍然贷不到款的现象。大企业贷款价格上升是银行参与约束条件的反映。

图17-11和图17-12展示了数学模拟下随着可贷款总额增加，大企业和小企业各自贷款额的分配以及各自贷款的价格变化。圆形标记是大企业，三角形标记是小企业。

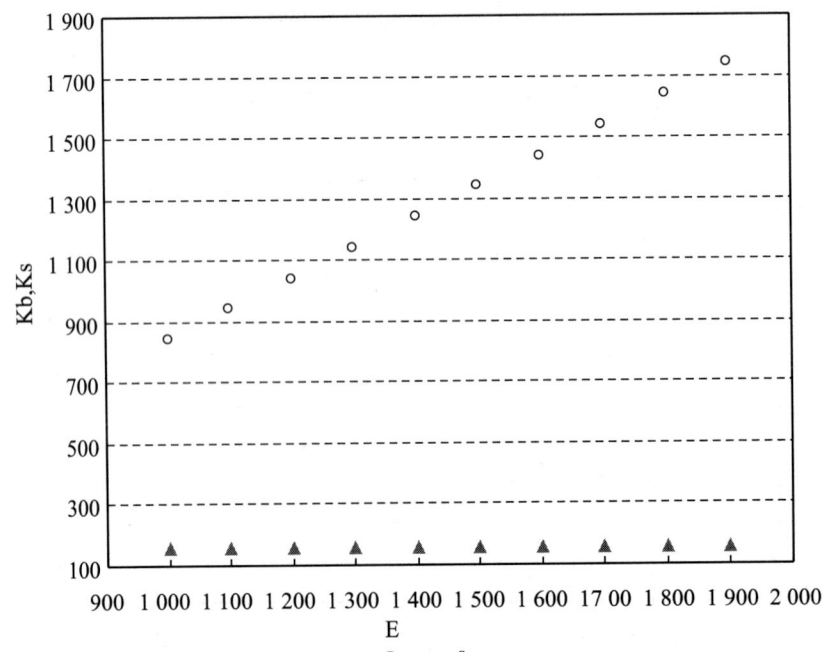

图17-11 K^B 和 K^S 与 E 的关系

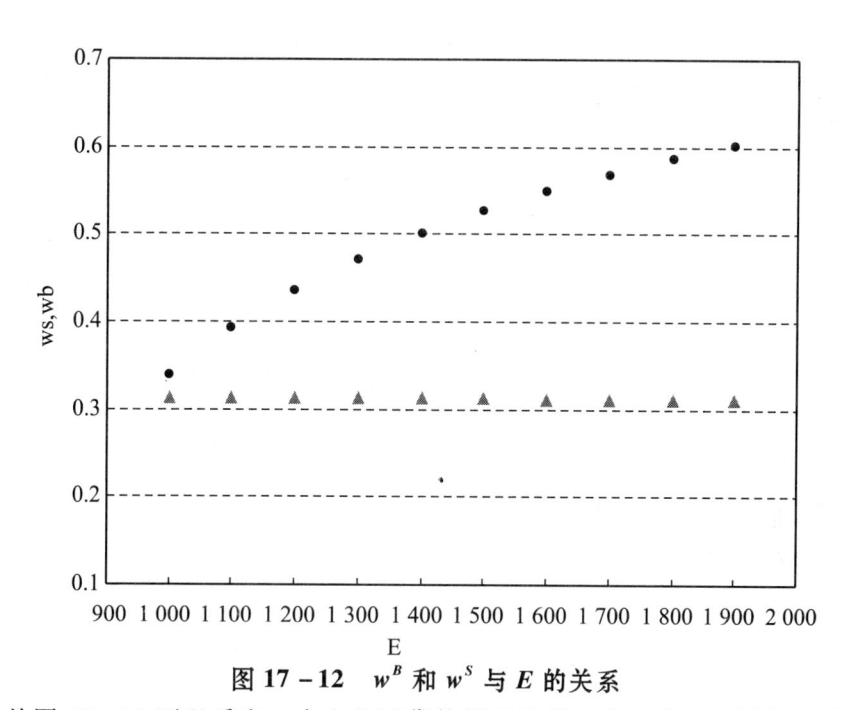

图 17-12　w^B 和 w^S 与 E 的关系

从图 17-11 可以看出，小企业可贷款额远远低于大企业，且增加发放的贷款全部流向大企业。这很好地模拟了现实的情况。

为了更加清楚地看到大企业的预算软约束对贷款分配的影响，我们固定 E，让政府时候救助 T^B 增加，得到下面的命题：

命题十：其他条件不变，固定 E，则 T^B 越高，K^B 和 K^S 基本不变，w^B 略微下降 w^S 以更大幅度上升。

证明：通过数学模拟证明。

图 17-13 和图 17-14 展示了随着事后救助的增加，大企业和小企业可贷款额以及贷款价格的变化趋势（实线表示大企业，虚线表示小企业）。

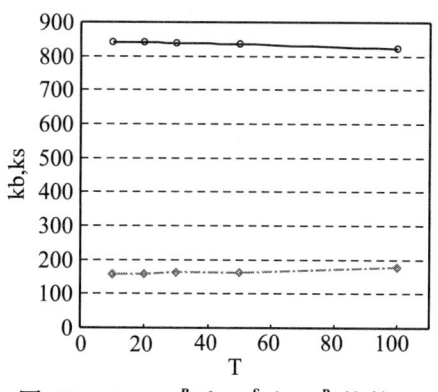

图 17-13　K^B 和 K^S 与 T^B 的关系

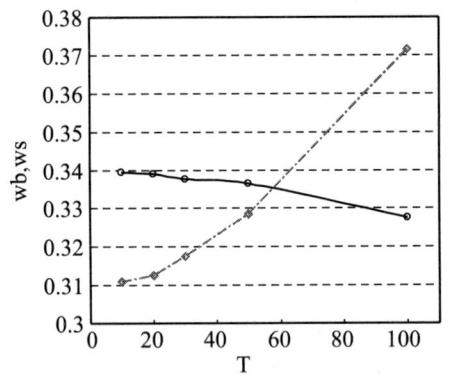

图 17-14　w^B 和 w^S 与 T^B 的关系

这个结果表明，与命题八不同，当企业只有固定的可贷款额时，政府的事后救助越高，银行没有重新调配大企业与小企业的贷款比例，但是为了"青睐"大企业，银行降低了给大企业贷款的价格，因为大企业有事后救助。然而，银行当然知道大企业此时违约风险也增加了，为了补偿这个风险，银行选择惩罚小企业，以更高的幅度增加小企业的贷款价格（注意命题八的条件下，银行给大企业贷更多款的同时增加大企业贷款价格来补偿风险）。这样，当大企业出现亏损，政府由于政策性负担而提供给大企业的事后救助，实际上是由小企业买了单。

现实中，政府的事后救助也是通过银行拨款，实际上增加了银行的呆账坏账，尽管政府向银行担保使得这笔事后救助的呆账没有进入银行的资产负债表，但是银行面对增加的违约风险，采取补偿的措施则是惩罚小企业。从这个层面上，我们再次回答了小企业为何贷款数量少、贷款成本高的问题。

四、结论

本书通过一个考虑政府预算软约束条件下的债务契约模型，分析了中小企业相对于大型企业贷款难的原因。结论认为，中小企业初始的自有资金少而导致的可抵押资产不足，自身经营风险高的特征决定了中小企业在与大企业的贷款竞争中的劣势地位，而政府对大企业的事后救助加剧了中小企业的融资困难。尤其是当小企业和大企业同时竞争一定数量的贷款时，存在事后救助的大企业获得更多的贷款。因为事后救助提高了银行的期望收益，但是增加的违约风险却被银行转移到惩罚小企业上，这是一个效率的损失。

本节的主要创新之处在于，研究基于信息不对称和 CSV 模型进行了企业贷款的模拟，并且加入了企业预算软约束这个新的变量。这些分析对于金融市场的黏性（Stickiness）以及 Fly-to-Quality 现象有了新的一些解释。相对于已经存在的文献，Tirol 和 Holmstrom（1997）考虑了一个道德风险模型来解释为何金融市场的流动性减少时总是小企业先被挤对掉。而考虑到信息不对称的因素的文献还很少。即便是使用道德风险或者信息不对称框架，考虑预算软约束对企业贷款的数量以及价格的影响的文章也还很少。

基于上述模型的结论，本书认为，要破解中小企业的融资困境，可以从以下几个方面入手：

第一，建立中小企业信用担保体系。在模型中，政府预算软约束的存在相当于在大企业自身的商业信用基础上加保了政府信用，从而促使银行更愿意为大企业提供贷款。而现实中，政府不可能为为数众多的中小企业提供此类直接的政府担保，但可以以财政资金资助建立中小企业信用担保机构。通过各级信用担保机构的信用担保业务解决中小企业信用等级低的状况，帮助中小企业赢得银行贷款。

第二，拓展中小企业融资渠道。设立专门面向中小企业的金融机构，包括政策性银行，服务于当地中小企业的村镇银行、社区银行及其他小型贷款机构等。同时，开辟便利中小企业进行直接融资的渠道，减少中小企业与大型企业在争取贷款方面的直接竞争。

第三，考虑硬化大企业的预算约束。关于企业软预算约束的成因以及硬化办法，林毅夫（1999），Dewatripond 和 Maskin（1995），Roland 和钱颖一（1998），Kornai 等（2003）提出了很多解释和办法。硬化企业的预算约束在模型中可以减少企业贷款的偏差，尽管在经济效率上来讲不能断言硬化企业预算约束一定是有效的。

此外，中小企业自身应逐步健全财务制度，提高管理水平，增加信息透明度，以降低银行的业务成本，增加银行的贷款意愿。

第二节 电子货币对我国货币政策的影响：基于微观持币动机的研究

一、引言

在宏观经济研究中，关于货币对经济的影响一直占据着重要的地位。在多数宏观模型中，货币的作用是由货币供给和货币需求两方面决定的。于是，对货币的经济研究也包括了影响货币供需的各个方面。随着社会、经济和技术的发展，影响货币供需的因素也不断地变化，金融创新就是当前十分重要的影响因素。那么，随着金融创新和电子化的不断发展，会给居民和企业的货币需求带来什么样的影响呢？这成为学者和中央银行关注的新趋势：如在20世纪70~80年代，关注的重点在金融不断创新的情况下，货币政策各类目标的适用性。① 而到了90年代，经济学者把银行卡作为新的金融创新代表进行研究，并认为卡币的存在会对居民和企业的"纸币"需求产生替代，如 Amromin 和 Chakravorti（2007）应用了13国的数据进行了实证研究，结果表明，随着银行卡和ATM机的普及，社会对小面额纸币的需求在减少。② 同时，另一种金融创新的产品——电子货币成为新的研究重点，电子货币可以让需求方和供给方在很少接触甚至是不接触的情况下，通过终端完成交易。相比较纸币，电子货币的交易速度更快，持有更安全，同时电子货币还有一定的利息收入，这使得电子货币在全世界范围内快速的发展起来。

在我国，自1995年在海南省首次使用IC卡以来，非现金支付方式快速的发展，电子货币的应用也在不断的普及。到2009年，全国使用非现金支付工具办理业务约214.14亿笔，金额为715.75万亿元，同比分别增长了16.85%和13.07%。其中以银行卡应用的增长最为显著，2009年全年银行卡消费交易39.94亿笔，金额为6.86万亿元，同比分别增长了32.0%和73.8%，银行卡消费金额（剔除房地产、汽车销售及批发交易）占同期全社会商品零售总额比重的32%，比2008年提高了7.8个百分点，银行卡在刺激消费、扩大内需方面的作用明显。③

那么，电子货币的快速发展，会对货币政策产生什么样的影响呢？这是本节研究的起点。本节试图从电子货币影响微观主体持币动机的角度来研究这个问题，根据凯恩斯的持币动机理论，微观主体的持币动机包括三种：交易、投机和预防动机。因此本书将应用凯恩斯以及后续研究模型对电子货币影响下的三种持币动机进行分析，并根据综合分析其对货币政策的影响。

---

① Goldfeld, Stephen M., and Daniel E. Sichel (1990). "The Demand For Money," in Handbook of Monetary Economics, Vol. 1. Elsevier Sicence Publisher B. V.
② Amromin, Gene, and Sujit Chakravorti (2007). "Debit card and cash usage: a cross-country analysis.," Federal Reserve Bank of Chicago, Working Paper Series: WP – 07 – 04.
③ 中国人民银行支付清算司：《中国支付体系发展报告》，2009年。

二、电子货币文献综述

国际清算银行（Bank for International Settlements，BIS）定义电子货币为以电子形式储存传统货币与消费者持有的电子设备之中，并以现行货币单位计算其货币价值，最为储值或者预付工具。① 从电子货币的种类来看，电子货币包括"卡币（Stored-value Card）"和"网币（Network Money）"，所谓卡币，是通过储值卡的形式存在的电子货币，这样的卡片中含有微处理器，能使之存储货币相关数值；所谓网币，是一种以在计算机网络上传输货币价值的软件形式，如旅行支票，这种货币只是商业银行以及相关机构的平衡表上数值的变动，不涉及任何账户（Berentsen，1997）。②

相比较于纸币，电子货币的特点包括：（1）从基本结构来看，电子货币是货币的技术形式，首先其具有货币的基本功能，其次才反映在技术的差异上；（2）从发行主体来看，电子货币的发行主体既有中央银行，也有一般的商业银行，并且以商业银行发行为主，这就从一定程度上打破了中央银行货币发行的垄断地位；（3）电子货币具有信息收集的特点，电子交易包括了交易的相关信息，如时间、地点、交易方等；（4）电子货币的功能和应用更加多样化，如信用卡的透支功能、借记卡的储蓄功能和通过电子货币的方式可以实现多国区域的交易等功能。③ Nadia PIFFARETTI（1998）研究了电子货币支付的T形账户，得出了电子货币的几个特征，分别包括电子货币的发行是仅仅为了交易，也仅存在于交易之中；电子支付方式需要三方参与；电子货币不能参与流通以及电子货币是同质的等。④ Hiroshi Fujiki 和 Migiwa Tanaka（2010）从居民货币需求的角度分析了电子货币的特点，包括：无论是从消费者的角度还是从商家的角度，电子货币相比较纸币节省交易时间；从使用成本来讲，由于交易更加直接，商家和消费者均只需支付初始成本，并且减少了交易的成本。⑤

除电子货币的定义和特征之外，国内外的学者还研究了电子货币对通货需求、对货币流通速度、对中央银行控制能力等方面的影响。比较有代表性的包括，Berentsen（1998）认为电子货币所代表的价值为货币价值，而非法定货币，

---

① BIS. Implications for Central Banks of the Development of Electronic Money, 1996.

② Berentsen, A.. Digital money, liquidity, and monetary policy. 1997, http: //www.firstmonday.dk/issues/berentsen/.

③ BIS. Security of Electronic Money, Basle, 1996.

④ Nadia PIFFARETTI. A Theoretical Approach To Electronic Money. Working paper, 1998.

⑤ Hiroshi Fujiki & Migiwa Tanaka. Currency Demand, New Technology and the Adoption of Electronic Money: Evidence Using Individual Household Data. Working paper, 2010.

其为现金的替代品,认为这种替代会改变传统支付方式,并影响消费结果;同时,他也考虑了电子货币准备金率,认为不同的准备金率的情况下,电子货币会给货币供应带来不同的变化。① Benjamin Friedman(2000)认为,电子货币的发展会取代对基础货币的需求,从而削弱甚至阻碍货币政策与家庭、企业支出之间的联系。由于货币政策的实施是通过改变公众持有的基础货币量来调控最终产出的,公众持有电子货币越多,央行调控基础货币对经济的影响就越小,一旦公众完全使用电子货币进行交易,基础货币量的变动就难以影响公众对货币的需求。在这种情况下,"未来的央行将成为只有信号兵的军队",它只能向私人部门提出货币政策的发展前景,却无法干预私人部门的政策预期和行为选择。② Charles Goodhart(1999)认为,虽然电子货币可能替代基础货币,但是这种替代并不完全。例如,非法经济活动离不开现金交易,因为使用电子货币很容易被警方发现。即使非法经济活动的货币需求达到最小化,甚至完全消失,社会对基础货币的需求依然存在。因为财政部门所征收的税款仍来源于基础货币,而不能是没有基础货币支撑的、由私人部门发行的电子货币。③ Charles Freedman(2000)则分别考虑了有准备金要求以及没有准备金要求两种情况下中央银行的货币政策执行,他分析的结果表明,在可预见的未来,电子货币取代中央银行货币或中央银行提供的结算服务是根本不可能的。原因是中央银行有能力扮演最后贷款人的角色,满足日常的支付短缺和提供紧急的流动性贷款援助,以及央行在办理银行间的支付结算,防范金融风险方面仍然具有无可比拟的优势。电子货币的出现可以打破央行的垄断地位,但是不能替代其最后贷款人的地位,央行在社会经济发展中的作用仍是无可替代的。④ ITA(Insitute of Technology Assessment,2005)开展了专门针对新型的支付体系的研究项目,其中包括应用 SMG(Strategic Market Game)从交易成本的角度对电子支付体系进行建模,结果表明虽然电子货币的交易成本随着交易次数的增加,增长的速度将快于通货,但是相比较电子货币,通货支付体系仍然是最优的。⑤

从国内的研究来看,虽然与西方发达国家相比,我国电子货币的发展还相对滞后,但它的发展速度有明显加快的趋势。近年来国内学者也对此进行了广泛深

---

① Berentsen, A. Monetary Policy Implication of Digital money [J]. Kyolos, 1998 Vol. 51, pp. 89 – 117.

② Benjamin M. Friedman. The future of monetary policy: the central bank as army with only a signal corps? [J]. NBER Working Paper, 2000.

③ Charles Goodhart. Can Central Banking Survive the IT Revolution?

④ Charles Freedman. Monetary Policy Implementation: Past, Present and Future—Will the Advent of Electronic Money Lead to the Demise of Central Banking?

⑤ Insitute of technology assessment. Institutional Change in the Payment Systems by Electronic Money Innovation: Implications for Monetary Policy.

入的研究，并得出了一些有价值的成果。王鲁滨（1999）、尹龙（2000）针对电子货币的发展会对基础货币、货币乘数等方面的影响进行了研究，分析对货币供求理论和货币政策的控制产生影响，并提出了我国发展电子货币的建议。赵家敏（2000）分别讨论了电子货币的使用将使得货币乘数发生变动，从而影响货币创造，并进行了关于电子货币对货币政策影响的实证分析，以及网络经济对消费者流动性偏好、货币流通速度和货币政策中介目标的影响等问题的探讨，对电子货币的许多问题进行了比较全面的论述。谢平、尹龙（2001）认为电子货币的发展将对货币供求理论和货币政策的控制产生影响，其中重点分析了电子货币对货币乘数的影响。董昕和周海（2001）、胡海鸥和贾德奎（2003）认为，电子货币增强了货币乘数的内生性，从而削弱以货币供给量为货币政策目标的货币政策效果，甚至可能使其失去作用。陈雨露和边卫红（2002）、杨文灏和张鹏（2004）认为，电子货币的发行将会导致货币乘数的不稳定，电子货币流通将使得中央银行面临丧失货币发行权、损失铸币税收入和货币政策失效的风险，从而使中央银行对货币供应量的可控性面临着挑战。王倩和纪玉山（2005）认为，电子货币会对货币供应机制产生重大冲击，这种冲击主要表现在对基础货币替代和货币乘数的改变上。周光友（2005，2006）也认为，电子货币会降低中央银行对基础供应货币的可控性，增强货币乘数的内生性，加快货币流通速度，从而影响货币政策的效力。

三、交易性货币需求

Keynes（1936）定义货币交易动机为"由于个人或业务上的交易而引起的对现金的需要"。[①] Baumol（1952）和 Tobin（1956）分别对其提出了决定性的理论，即货币需求的存货模型，该模型的平方根公式为 $M^d = \sqrt{\dfrac{by}{2i}}$，其中，$b$ 为债券转化为货币的固定成本；y 为收入；i 为债券利息率。[②] 虽然该模型解释了现金与收入以及利息之间的关系，却没有真正解决通货和活期存款的相对需求问题。对此，我们需要考虑的不是"债券"转换为货币所需的成本，而是比较持有和使用通货还是活期存款进行支付的成本、便利性和安全。与之同时，随着金融创新的发展，"电子钱包"、"数字卡"的出现使得交易成本更低、交易更加快捷和

[①] Keynes. The General Theory of Employment, Interest and Money. London and New York, 1936.

[②] Baumol 和 Tobin 分别在 The Transaction Demand for The Cash: An Inventory Theoretic Approach 和 The Interest-Elasticity of Transactions Demand for Cash 两文中提出现金需求的存货模型。该模型包括一些基本假设：收入的确定性、支出的均匀性、使用货币或债券本身的零成本性等。

安全，这就会改变通货、活期存款、储蓄存款等需求函数，因此，在估计货币需求函数时必须把握这些变化。① 本节将考虑在电子货币对现金、活期存款替代的情况下，人民对通货的交易需求变化，这种研究对存货模型进行一定的改进，包括：目标函数为持有货币收益的最大化而不是成本的最小化，考虑持有不同货币种类的支付成本和风险。

（一）模型的基本背景

假设个人的收支时间和数量确定②，期初拥有 y 的初始禀赋，并将在给定的时期内，均匀的支出，这种支出或者为现金 M，或者为电子货币 E；个人持有三种资产，现金、电子货币和债券 B，其中，现金收入为 0，电子货币利息为 r_e③，债券利息率为 r_b，其中，$r_b > r_e$；个人要么使用现金支付，要么使用电子货币，每单位现金支付的成本为 c_m，每单位电子货币为 c_e④；若个人试图均匀地从债券中多次取出现金，或者是通过转换为电子货币来满足消费，每次取出为 w 金额，这种转换存在手续费，其中，现金每次取款的固定成本为 b_{m0}，每单位现金可变成本为 b_{m1}，电子货币转化存在初始固定成本 b_{e0}，还包括损失的时间和便利性等，则其一共取款 $\frac{y}{w}$ 次。

根据 Baumol 的平均计算方式，该人初始禀赋为 y 元，在一定期间内，以现金、电子货币和债券持有的平均资金为 $\frac{1}{2}y$，即 $M + E + B = \frac{1}{2}y$；其每期均匀地支出 w 元，则平均交易余额为 $w/2$，则其在该期债券持有的平均值为 $\frac{1}{2}y - \frac{w}{2}$；另外，假设该人支出的现金和电子货币之比为 $j:k$，该比例和单位现金与单位电子货币成本之比成反比，则 $M + E = \frac{1}{2}W$，$M:E = j:k = (c_e - r_e):c_m$，$j + k = 1$，$1 \geq j \geq 0$，$1 \geq k \geq 0$，则其持有现金余额的平均值为 $\frac{j}{2}w$，电子货币余额为 $\frac{k}{2}w$，总的现金持有量为 jy，电子货币为 ky。

---

① 汉达：《货币经济学》，人民大学出版社 2005 年版。
② 在货币的交易需求时不考虑收支的不确定性，一般认为，在收支不确定性的情况下，对货币的需求是交易和预防动机的结合，因此，收支不确定的情况将在预防动机部分考虑。
③ 考虑到部分电子货币既能进行交易，又具有活期存款的收益特征，因此，加入电子货币的利息率，具体情况将在模型分析部分考虑。
④ 使用现金的成本包括了持有现金的风险，如被盗，使用现金的时间成本；使用电子货币的成本包括初始成本、风险成本和办理的"皮鞋成本"等。

(二) 模型和分析

该个人在该期综合利用现金、电子货币和债券的利润 π 为债券的利息收入+电子货币的利息收入-现金转换手续费-电子货币手续费-现金使用成本-电子货币使用成本。其中，债券的利息收入为 $\left(\dfrac{1}{2}y - \dfrac{w}{2}\right) \times r_b$；电子货币的利息收入为 $\dfrac{k}{2}w \times r_e$；债券转换为现金的手续费为 $\dfrac{jy}{w}b_{m0} + \dfrac{j}{2}wb_{m1}$，债券转换为电子货币的手续费为 $\dfrac{ky}{w}b_{e0}$；现金使用成本为 jyc_m；电子货币使用成本为 $ky \times c_e$。

则：

$$\pi = \left(\dfrac{1}{2}y - \dfrac{w}{2}\right) \times r_b + \dfrac{k}{2}w \times r_e - \left(\dfrac{jy}{w}b_{m0} + jyb_{m1}\right) - \dfrac{ky}{w}b_{e0} - jy \times c_m - ky \times c_e$$

即：

$$\pi = \left(\dfrac{1}{2}y - M - E\right) \times r_b + (M + E) \times kr_e - \left(\dfrac{2jy}{M+E}b_{m0} + jyb_{m1}\right) - \dfrac{2ky}{M+E}b_{e0} - jyc_m - kyc_e$$

该人持有现金或者是电子货币的目的是使得 π 最大化，分别对 M 和 E 求一阶导数，得到：

$$\dfrac{\partial \pi}{\partial M} = kr_e - r_b + (2jyb_{m0} + 2kyb_{e0})(M+E)^{-2} = 0$$

$$\dfrac{\partial \pi}{\partial E} = kr_e - r_b + (2jyb_{m0} + 2kyb_{e0})(M+E)^{-2} = 0$$

最终求得最优的 M 和 E 的持有量分别为：

$$M = \dfrac{1}{k+1}\sqrt{\dfrac{2y[b_{m0} - k(b_{e0} - b_{m0})]}{(r_b - kr_e)}}$$

$$E = \dfrac{1}{j+1}\sqrt{\dfrac{2y[b_{e0} + j(b_{e0} - b_{m0})]}{r_b - (1-j)r_e}}$$

从上面的最优持有量可以得到在电子货币发展的情况下，微观主体对通货交易需求情况为：(1) 通货的交易需求和收入成正比，和债券的利率呈反比，弹性分别为 $E_{m,y} = \dfrac{1}{2}$，$E_{m,r_b} = -\dfrac{1}{2}$；(2) 现金余额与 b_{m0} 成正比，电子货币与 b_{m0} 呈反比，即债券转换为现金的成本越高，现金持有量越高；(3) 相比较电子货币，现金余额与 k 成反比，也就是和现金使用成本呈反比，与电子货币使用成本呈正比；电子货币持有量与 r_e 呈反比，这就意味着由于电子货币有降低交易支付成本以及部分收益性的特点，必然会形成对现金的替代。除此之外，我们还要考虑现在金融创新的趋势和一些货币使用现状，具体包括：（1）一般而言，债券转换为电子货币可以直接在计算机终端上进行，转换的成本几乎为 0，b_{e0} 将为 0，此时无论是电子货币，还是对现金的需求，都和 b_{m0} 正相关。也就是说，b_{m0} 是影响电子货币和现金对债券替代的因素。由于电子货币转换为其他金融资产的低成本性，使其也将对债券产生替代，这就会模糊各层次货币供应量之间的差别，使得不同层次货币供应量之间的转换更加容易和快速；（2）考虑到我国地区金融发展水平的不均衡，在某些金融发展落后的地方，特别是农村，债券转换为电子货币，以及持有电子货币的成本都非常的高，此时，人民无论是持有债券还是电子货币都将无利可图，于是只有完全持有货币。

四、投机性货币需求

Keynes（1936）在《就业、利息和货币通论中》定义货币的投机动机为"相信自己比一般人对将来的行情具有较精确的估计并企图从中获利"。[①] 按照他的描述，货币在这里是一种持有财富的资产，而不是处于交易或者预防动机。这实际就是后来发展起来的资产组合需求。因此，本书在对电子货币发展情况下对货币投机性需求的分析时，将把现金、电子货币和债券（包括股票和其他投资）看做个人拥有的三种资产，通过建立组合的效用函数来确定满足效用最大化的组合。

（一）模型的基本背景

假设个人在某时期拥有 y 的初始财富，他将通过现金 M、电子货币 E 和债券 B 三种方式持有。关于 M、E 和 B 的收益、成本和风险的假定同第三部分。

假设该个人对于财富持有的效用符合 $N-M$ 效用函数，也就是期望效用函数，并且对于风险的偏好是不变的绝对风险厌恶，则拥有 y 效用函数满足：$\dfrac{-U''(y)}{U'(y)} = \gamma$，其中 $\gamma \geq 0$。对该效用函数等式积分两次，得到效用函数的表达式 $U(y) = a - be^{-\gamma y}$，我们假定该人的组合资产 y 服从均值为 μ，标准差为 σ 的正态分布，则期望函数为 $EU(y) = a - b e^{-\gamma\mu + 1/2\gamma^2\sigma^2}$，由于 $b \geq 0$，则最大化预期效用函数变成最大化 $\mu - \dfrac{1}{2}\gamma\sigma^2$。

[①] Keynes. The General Theory of Employment, Interest and Money. London and New York, 1936.

(二) 模型和分析

现在假设该人持有的现金 M、电子货币 E、债券 B 分别表示为 x_1、x_2、x_3，三者的平均收益表示为 μ_1、μ_2、μ_3；风险表示为标准差 σ_1、σ_2、σ_3；协方差 ρ_{12}、ρ_{23}、ρ_{13} 分别表示现金与电子货币、电子货币与债券、债券与现金的相关系数。

其中，假设现金是一种无风险资产，即 $\mu_1=0$；电子货币的收益 $\mu_2=r_e$；债券的平均收益为 $\mu_3=r_b$；假设电子货币与现金是相互替代的，则两者的相关系数为 -1；而现金、电子货币与债券的相关系数为 0。则最大化 $\mu-\frac{1}{2}\gamma\sigma^2$，具体为：

$$MAX\left\{\sum_i \mu_i x_i - \frac{1}{2}\gamma \sum_i \sum_j \rho_{ij}\sigma_i\sigma_j x_i x_j\right\},\ i,j=1、2、3$$

$S.T.\ x_1+x_2+x_3=y$

把相关值代入上式，得到：

$$MAX\left\{\mu_1 x_1+\mu_2 x_2+\mu_3 x_3-\frac{1}{2}\gamma\times(\sigma_1^2 x_1^2+\sigma_2^2 x_2^2+\sigma_3^2 x_3^2-2\sigma_1\sigma_2 x_1 x_2)\right\}$$

$S.T.\ x_1+x_2+x_3=y$

该问题的拉格朗日函数 L 为：

$$L=u_2 x_2+u_3 x_3-\frac{1}{2}\gamma\times(\sigma_1^2 x_1^2+\sigma_2^2 x_2^2+\sigma_3^2 x_3^2-2\sigma_1\sigma_2 x_1 x_2)+\lambda(x_1+x_2+x_3-y)$$

其中，λ 为拉格朗日乘数。

于是该问题的最大化的一阶条件为：

$$\frac{\partial L}{\partial x_1}=-\gamma\sigma_1^2 x_1+\gamma\sigma_1\sigma_2 x_2+\lambda=0$$

$$\frac{\partial L}{\partial x_2}=u_2-\gamma\sigma_2^2 x_2+\gamma\sigma_1\sigma_2 x_1+\lambda=0$$

$$\frac{\partial L}{\partial x_3}=u_3-\gamma\sigma_3^2 x_3+\lambda=0$$

$$x_1+x_2+x_3=y$$

求得最优的投机性现金需求为：

$$M=\frac{(\sigma_{22}-\sigma_{12})r_b+(\sigma_{12}+\sigma_{33})r_e+(\sigma_{12}\sigma_{13}-\sigma_{22}\sigma_{33})y}{-\gamma(\sigma_{11}\sigma_{22}-2\sigma_{12}\sigma_{11}+\sigma_{12}^2+\sigma_{22}\sigma_{33}-\sigma_{11}\sigma_{33})}$$

在这个基础上，如果假设现金是一种无风险的资产，则 $\sigma_{11}=\sigma_{12}=0$，此时 $M=\frac{\sigma_{22}\sigma_{33}y-\sigma_{22}r_b-\sigma_{33}r_e}{\gamma\sigma_{22}\sigma_{33}}=\frac{1}{\gamma}\left(y-\frac{r_b}{\sigma_{33}}-\frac{r_e}{\sigma_{22}}\right)$。据此，可以得出有关电子货币发展的情况下，人们对通货投机需求的一些变化的结论：（1）现金的持有和财富

水平成正相关，这是因为，财富的增加，人们消费总额也会随之增加，所以相比会增加现金持有；（2）通货持有和债券的利息率呈负相关，和其风险呈正相关，这是很好理解的，债券的收益越高，持有现金的机会成本也就越高，作为投资组合的一部分，个人会减少对现金的持有；另外，在风险方面，债券的风险提高时，由于假设该个人是不变的绝对风险厌恶，因此，他必然会增持风险更小的现金来减少投资组合的整体风险；（3）电子货币和通货的关系在表达上和债券一样，这是因为随着金融的创新，电子货币也具有收益的能力，从上式可见，电子货币的收益水平越高，人们对通货持有的水平也就会越少。同样，在风险方面，人们会随着电子货币风险的降低而减少现金的持有。这里，我们需要特别注意一个现象，对于经济个人来说，电子货币的风险程度是十分接近于通货的，也就是说，上式中的 σ_{22} 有趋近于 0 的可能，这时 $\frac{r_e}{\sigma_{22}}$ 趋向于无穷大，那么个人对现金的需求为负无穷，也就是不再因为投机性动机持有现金。因此，我们的结论是，随着金融不断创新的，电子货币对通货的投机动机几乎是完全替代的。

五、预防性货币需求

在交易动机分析部分，我们假定个人的收入和支出的金额和实践的安排都是确定的，在投机动机分析部分，我们假定资产的收益率是确定的，但实际上，在经济运行中，各种变量充满了不确定性，人们需要通过预防性储蓄来应对，以这种方式存在的货币余额称为"预防性货币需求"。Keynes 对其描述为"为了安全起见，把全部资产的一部分以现金形式保存起来。"在 Keynes 之后，多名学者对预防性货币需求进行了研究，其中几个主要的包括 Whalen（1966）在交易性货币需求模型的基础上加入额外的"惩罚"成本，形成关于货币预防性需求的三次方模型，其表达式为 $M = (2\alpha\beta)^{1/3} r^{-1/3} Y^{1/3}$，① 该模型并没有考虑到透支的问题。Sprenkle 和 Miller（1980）分别分析了"无限透支、限额透支和无透支"三种情况下对货币的预防性需求。除此之外，缓冲存活模型对预防性货币需求问题研究进行了创新，该模型扩展了净支出（支出减收入）不清顶的情况下的货币需求，并允许货币余额在一个门限内波动。多名学者对缓冲存活模型做出了贡献，包括 Akerlof 和 Milbourne（1980）的 A-M 模型，Miller 和 Orr（1966）的 M-O 模型以及 Cuthbeston 和 Taylor（1987）的 C-T 模型等。由于本部分的研究目的

---

① Whalen, Edward L. A Rationalization of The Precautionary Demand for Cash [J]. Quarterly Journal of Economics, 1966 (05), pp. 314 – 324.

是观察电子货币对三大持币动机的冲击，因此，我们选择相对简单直观的 Wahlen 模型来对通货的预防需求进行分析。

由于预防动机是为了应对未来收入的不确定，此时，持有电子货币不再具有提高交易时间的优势，但是电子货币的持有存在安全性和收益能力的优点。因此，本部分假设个人或者是完全持有通货，或者是完全持有电子货币，然后分别对这两种情况下的需求函数进行比较。

预防性货币需求产生的原因是当货币余额不能满足当前必须的支出时，会产生惩罚成本，假设为 β。发生这种事件的概率为 $p(N > X_i)$，其中 N 为净支出（支出减收入）；均值为 0；X_i 为货币余额；X_1 为现金；X_2 是电子货币。根据 Baumol 交易需求的成本函数，持有现金和持有电子货币的成本分别为①：

$$C_1 = r_b X_1 + B_1 y/w + \beta p(N > X_1); \quad C_2 = (r_b - r_e) X_2 + B_2 y/w + \beta p(N > X_2)$$

上面的成本函数也包括了持有货币的交易性需求成本，由于本部分考虑的是货币的预防性动机，因此把货币转换为债券的成本设为 0，即 $B_1 = B_2 = 0$②。成本函数变成：

$$C_1 = r_b X_1 + \beta p(N > X_1); \quad C_2 = (r_b - r_e) X_2 + \beta p(N > X_2)$$

现在需要求 $p(N > X_i)$ 的值，假定 $X_i = k\sigma$，σ 为净支出 N 的标准差，则根据切比雪夫不等式，$p(-k\sigma > N > k\sigma) \leq \dfrac{1}{k^2}$；则 $p(N > X_i)$ 的最大值为 $\dfrac{1}{k^2}$。于是上面的成本函数变成：

$$C_1 = r_b X_1 + \frac{\beta \sigma^2}{X_1^2}; \quad C_2 = (r_b - r_e) X_2 + \frac{\beta \sigma^2}{X_2^2}$$

成本最小的一阶条件为：

$$\frac{\partial C_1}{\partial X_1} = r_b - \frac{2\beta\sigma^2}{X_1^3} = 0; \quad \frac{\partial C_2}{\partial C_2} = r_b - r_e - \frac{2\beta\sigma^2}{X_2^3} = 0$$

分别求得 $X_1 = (2\beta)^{1/3} r_b^{-1/3} (\sigma^2)^{1/3}$、$X_2 = (2\beta)^{1/3} (r_b - r_e)^{-1/3} (\sigma^2)^{1/3}$。对比两个结果，我们可以发现：（1）无论是以现金还是以电子货币持有的预防性需求和债券的利息率呈反比，和发生净支出超过货币余额的标准差呈正相关；（2）相比较现金，由于电子货币具有收益性，这使得持有电子货币作为预防性货币需求的机会成本要低于现金，因此人们可以持有更多的电子货币来应对未来收入的不确定性；由于这种收益还考虑到电子货币持有的安全性。从这里，我们可以理解现在大部分微观主体不愿意过多的持有现金（灰色收入除外），他们的

---

① 对惠伦模型建立的过程参考了：汉达. 货币经济学 [M]. 北京：人民大学出版社.

② 在 Baumol 模型中，假定 B 为 0 就意味着货币的交易需求为 0，因此，可以通过这一假定消除货币的交易性需求成本。

收入中少部分以现金的方式存在以进行部分交易活动，还有一部分根据自己的投资要求对债券进行投资，其余的部分都以各种电子货币的形式存在，这种存在的电子货币除了能像现金一样的进行交易之外，还能满足其投机和预防的货币需求。另外，在假设完全持有电子货币的情况下，这种愿意持有更多的电子货币将形成对债券的替代，也是一定程度上对更高层次货币的替代。这种替代体现在不同的货币层次上，将会模糊现有货币层次的划分。

六、结论

通过上面的三部分对存在电子货币的情况下，微观主体对通货的交易、投机和预防三种需求的分析，可以得到下面的结论：

（1）在交易需求方面，电子货币更低的交易成本、更快的交易速度，使之对交易需求的货币产生替代。但是这种替代并不是完全的，因为还有一部分交易对现金的匿名性要求十分高，对于这种交易（一般是灰色），电子货币信息记录的特点会产生更大的机会成本来抵销其交易成本的减少。除此之外，由于我国金融发展的不平衡，在金融不发达地区，电子货币的应用系统并不完善，交易需求仍以现金为主。

（2）在投机需求方面，电子货币对现金几乎产生完全替代。因为，相比较现金，电子货币在资产组合中风险小，并且有一定的收益性，使之比较于现金是一种更优的资产选择。

（3）在预防性动机方面，相比较现金，电子货币的持有更加安全，还能产生一定的收益，这使得人们持有电子货币作为未来收入不确定的预防性准备的机会成本更低，人们会持有比现金预防需求更多的电子货币。电子货币会产生两方面的替代，一方面，电子货币会对预防性现金需求产生替代，减少人们对预防性现金的需求；另一方面，电子货币还会对债券产生替代，即对更高层次的货币产生替代，使得货币之间的层次模糊，以及促进不同层次货币的流通速度。

总而言之，电子货币的发展必然会对微观主体对通货的需求产生替代，这就意味着对基础货币中的流通中的现金进行替代，从而影响基础货币的乘数效应。具体可以通过存款创造机制来考察，货币供应量等于货币乘数乘以基础货币，即 $M^s = m \times MB = \dfrac{1+c}{c+e+r} \times MB$；其中 c 为现金比率、r 为法定准备金率、e 为超额准备金率，MB 为基础货币，等于流通中的现金 C + 准备金。在电子货币的情况下，[①] 由于电子货币对现金的替代使得 C 减少，MB 也随之减少；除此之外，现金比率也会减少，由于 m 是假分数，这就意味着 m 也会减少；两者同时减少，将会使得货币乘数的放大效应降低，从而影响中央银行通过控制货币供应来实现货币政策调控的能力。

附录 6

A：引理一的证明

引理一的证明在 BGG（1999）的文献里面已经完成，此处稍作解释以便阅读。已知 $\dfrac{d[\omega h(\omega)]}{d\omega} > 0$，则存在一个 $\bar{\omega}^*$，使得：

$$\Gamma'(\bar{\omega}) - \mu G'(\bar{\omega}) = [1 - \Psi(\bar{\omega})][1 - \mu\bar{\omega}h(\bar{\omega})] = \begin{cases} >0 & \bar{\omega}<\bar{\omega}^* \\ =0 & 如果\bar{\omega}=\bar{\omega}^* \\ <0 & \bar{\omega}>\bar{\omega}^* \end{cases} \quad (A-1)$$

且：

$$\Gamma'(\bar{\omega})G''(\bar{\omega}) - \Gamma''(\bar{\omega})G'(\bar{\omega}) = \dfrac{d[\bar{\omega}h(\bar{\omega})]}{d\bar{\omega}}[1-\Psi(\bar{\omega})]^2 > 0 \quad (A-2)$$

这样，(A-1) 式表明银行的收入比例 $\Gamma(\bar{\omega}) - \mu G(\bar{\omega})$ 在 $(0, \bar{\omega}^*)$ 上单调递增而在 $\bar{\omega} > \bar{\omega}^*$ 上单调递减，那么银行不会设立一个高于 $\bar{\omega}^*$ 的贷款成本。现在构建拉格朗日表达式（其中省略了角标 t 和 S）：

$$L = [1 - \Gamma(\bar{\omega})]R^k QK + \lambda\{[\Gamma(\bar{\omega}) - \mu G(\bar{\omega})]R^k QK - R^f(QK - N)\}$$

一阶条件分别为：

$$\dfrac{\partial L}{\partial \bar{\omega}} = 0：\lambda = \dfrac{\Gamma'(\bar{\omega})}{\Gamma'(\bar{\omega}) - \mu G'(\bar{\omega})} \quad (A-3)$$

$$\dfrac{\partial L}{\partial K} = 0：[1 - \Gamma(\bar{\omega})] + \lambda\left\{[\Gamma(\bar{\omega}) - \mu G(\bar{\omega})] - \dfrac{R^f}{R^k}\right\} = 0 \quad (A-4)$$

$$\dfrac{\partial L}{\partial \lambda} = 0：[\Gamma(\bar{\omega}) - \mu G(\bar{\omega})]R^k QK = R^f(QK - N) \quad (A-5)$$

由条件 (A-2) 式可知，$\dfrac{d\lambda}{d\bar{\omega}} = \dfrac{\mu[\Gamma'(\bar{\omega})G''(\bar{\omega}) - \Gamma''(\bar{\omega})G'(\bar{\omega})]}{[\Gamma'(\bar{\omega}) - \mu G'(\bar{\omega})]^2} > 0$，则由 (A-4) 式可知：

[①] 由于本书关注点在于电子货币和通货需求的关系，并没有考量电子货币对准备金的影响，因此，分析也只关注货币乘数的现金部分。

$$\frac{R^k}{R^f} = \frac{\lambda}{1-\Gamma(\bar{\omega})+\lambda[\Gamma(\bar{\omega})-\mu G(\bar{\omega})]},$$

且 $\dfrac{d\left(\dfrac{R^k}{R^f}\right)}{d\bar{\omega}} = \dfrac{R^k}{R^f}\dfrac{\lambda'(\bar{\omega})}{\lambda(\bar{\omega})}\dfrac{1-\Gamma(\bar{\omega})}{1-\Gamma(\bar{\omega})+\lambda[\Gamma(\bar{\omega})-\mu G(\bar{\omega})]} > 0$

上述不等式在 $(0, \bar{\omega}^*)$ 区间上成立。这样就建立了 $\bar{\omega}$ 和 $\dfrac{R^k}{R^f}$ 之间的一一对应。从（A-5）式中可以看出 K 也唯一决定（因为 A-1）式。引理一证毕。

B：命题一的证明

由于模型假设 ω 服从对数正态分布，而对数正态分布满足引理一的条件，则由引理一的证明中（A-3）式，（A-4）式和（A-5）式三个等式，容易得到命题一的结论。

C：命题二的证明

构造拉格朗日（其中省略了角标 t 和 B）：

$$L = [1-\Gamma(\bar{\omega})]R^k QK + T\Psi(\omega^*) + \lambda\{[\Gamma(\bar{\omega})-\mu G(\bar{\omega})]R^k QK - R^f(QK-N)\}$$

其中使用条件：$\omega^* = \dfrac{T}{R^k QK} + \bar{\omega}$，$\Gamma(\bar{\omega}) = \bar{\omega}[1-\Psi(\omega^*)] + G(\bar{\omega})$，$G(\bar{\omega}) = \int_0^{\omega^*}\omega\varphi(\omega)d\omega$。

注意到：$\dfrac{d\Gamma(\bar{\omega})}{d\bar{\omega}} = [1-\Psi(\omega^*)] - \bar{\omega}\varphi(\omega^*) + \omega^*\varphi(\omega^*)$，$\dfrac{dG(\bar{\omega})}{d\bar{\omega}} = \omega^*\varphi(\omega^*)$，

$\dfrac{d\Gamma(\bar{\omega})}{dK} = \dfrac{\bar{\omega}\varphi(\omega^*)T}{R^k QK^2} - \dfrac{\omega^*\varphi(\omega^*)T}{R^k QK^2} = -\dfrac{(\omega^*-\bar{\omega})^2\varphi(\omega^*)}{K}$，$\dfrac{dG(\bar{\omega})}{dK} = -\dfrac{\omega^*\varphi(\omega^*)T}{R^k QK^2}$，则一阶条件：$\dfrac{dL}{d\bar{\omega}} = 0$，$\dfrac{dL}{dK} = 0$，以及银行的参与条件（17-6），可以得到命题二的结论（17-8），（17-9），（17-10）。证毕。

D：命题三的证明

由（A-5）式：$[\Gamma(\bar{\omega})-\mu G(\bar{\omega})]R^k QK = R^f(QK-N)$；且由引理一的证明知：$[\Gamma(\bar{\omega})-\mu G(\bar{\omega})]$ 在 $(0, \bar{\omega}^*)$ 上是单调递增函数。最后，$\bar{\omega}$ 由（A-3）式和（A-4）式唯一确定。所以，当企业的 N 增加，其他条件不变，由（A-5）式的等号右边必须保持不变知，K 也线性增加。证毕。

E：命题五的证明

由（A-3）式可知：$[1-\mu G(\bar{\omega})] - \dfrac{\mu G'(\bar{\omega})[1-\Gamma(\bar{\omega})]}{\Gamma'(\bar{\omega})} = \dfrac{R^f}{R^k}$，其中 $G'(\bar{\omega}) = \bar{\omega}\varphi(\bar{\omega}) > 0$，$\Gamma'(\bar{\omega}) = 1-\Psi(\bar{\omega}) > 0$。适当的变换可得：

$$\mu = \frac{1 - \dfrac{R^f}{R^k}}{G(\overline{\omega}) + \dfrac{G'(\overline{\omega})[1 - \Gamma(\overline{\omega})]}{\Gamma'(\overline{\omega})}} \quad (E-1)$$

（E-1）式的分母：$D(\overline{\omega}) = G(\overline{\omega}) + \dfrac{G'(\overline{\omega})[1 - \Gamma(\overline{\omega})]}{\Gamma'(\overline{\omega})}$，则：

$$D'(\overline{\omega}) = \frac{G''(\overline{\omega})[1 - \Gamma(\overline{\omega})]\Gamma'(\overline{\omega}) - G'(\overline{\omega})[1 - \Gamma(\overline{\omega})]\Gamma''(\overline{\omega})}{(\Gamma'[\overline{\omega}])^2}$$

由于 $\overline{\omega}$ 的分布满足引理一 Harzard Rate 条件，则可知：$\dfrac{d[\omega h(\omega)]}{d\omega} > 0$，其中

$h(\omega) = \dfrac{\varphi(\omega)}{1 - \Psi(\omega)}$，则 $\dfrac{d\left(\dfrac{\overline{\omega}\varphi(\overline{\omega})}{1 - \Psi(\overline{\omega})}\right)}{d\overline{\omega}} > 0$，即 $\dfrac{G''(\overline{\omega})[1 - \Psi(\overline{\omega})] + G'\varphi(\overline{\omega})}{[1 - \Psi(\overline{\omega})]^2} > 0$。则：

$G''(\overline{\omega}) > -\dfrac{G'\varphi(\overline{\omega})}{[1 - \Psi(\overline{\omega})]}$，则 $G''(\overline{\omega})\Gamma'(\overline{\omega}) > -G'\varphi(\overline{\omega})$。此外，$\Gamma''(\overline{\omega}) = -\varphi$

$(\overline{\omega})$，则 $D'(\overline{\omega}) > \dfrac{-G'(\overline{\omega})[1 - \Gamma(\overline{\omega})]\varphi(\overline{\omega}) + G'(\overline{\omega})[1 - \Gamma(\overline{\omega})]\varphi(\overline{\omega})}{[\Gamma'(\overline{\omega})]^2} = 0$，即

分母 $D(\overline{\omega})$ 是 $\overline{\omega}$ 的单调递增函数。由此推出当 μ 上升时，$\overline{\omega}$ 会下降。

此外，由（A-5）式可知，当 μ 上升，$\overline{\omega}$ 下降，（A-5）式的等号左边下降，则 K 也必然下降。证毕。

F：命题六的证明

同样采用命题五的证明方法，注意到（E-1）式中，其他条件不变，当 R^k 上升，分子增加，从而 $\overline{\omega}$ 也上升。最后由（A-5）式可知，K 也必然上升。证毕。

G：命题七的证明

由命题二知：企业在存在政府事后救助的情况下，其违约的门槛值 $\omega^* = \dfrac{T}{R^k QK} + \overline{\omega}$，联立等式（17-8），和（17-10），且利用 $\Gamma(\overline{\omega}) = \overline{\omega}[1 - \Psi(\omega^*)] + G(\overline{\omega})$ 可得：

$$\overline{\omega} = \frac{[1 - \Psi] + (1 - \mu)\omega^*\varphi(1 - G) - \mu G(1 - \Psi) - {\omega^*}^2\varphi(1 - \Psi) - \mu{\omega^*}^2\varphi(1 - \Psi) - \dfrac{R^f}{R^k}(1 - \Psi)}{\{\varphi(1 - G) - 2[1 - \Psi]\mu\omega^*\varphi - \omega^*\varphi[1 - \Psi]\}}$$

$$(G-1)$$

联立等式（17-9）和（17-10），可得：

$$\overline{\omega} = \frac{\dfrac{R^f}{R^k} - R^f N\omega^* - (1 - \mu)GT}{[1 - \Psi]T - R^f N} \quad (G-2)$$

此处我们将 ω^*，$\overline{\omega}$ 和 K 都视作未知数，且用（17-8），（17-9）和（17-

10）进行求解。其中，$G = \int_0^{\omega^*} \omega\varphi(\omega)d\omega$。联立（G-1）和（G-2）便可得到 ω^* 的表达式，限于篇幅这里不再给出。并且可以求证：$\dfrac{d\omega^*}{dT} > 0$。

H：命题八的证明

由命题七中的条件（G-1）式，（G-2）式可以求出 $\overline{\omega}$ 和 K。这里限于篇幅不再给出表达式。并且可以证明：$\dfrac{d\overline{\omega}}{dT} > 0$，$\dfrac{dK}{dT} > 0$。证毕。

I：数学模拟参数说明

图 17-1：$R_t^k = 1.2$，$R_t^f = 1.0$，$\sigma^2 = 1$，$Q_t = 1$，$\mu = 0.2$，$N_t = [100, 1\,000]$

图 17-2：$R_t^k = 1.2$，$R_t^f = 1.0$，$N_t = 100$，$Q_t = 1$，$\mu = 0.2$，$\sigma^2 = [0.5, 1.4]$

图 17-3 和图 17-4：$R_t^k = 1.2$，$R_t^f = 1.0$，$N_t = 100$，$\sigma^2 = 1$，$Q_t = 1$，$\mu = [0.05, 0.4]$

图 17-5 和图 17-6：$R_t^f = 1.0$，$N_t = 100$，$\sigma^2 = 1$，$Q_t = 1$，$\mu = 0.2$，$R_t^k = [1.1, 1.27]$

图 17-7，图 17-8 和图 17-9：$R_t^k = 1.2$，$R_t^f = 1.0$，$N_t = 100$，$\sigma^2 = 1$，$Q_t = 1$，$\mu = 0.2$，$T = [1, 80]$

参考文献

［1］安体富，梁朋，黄然．中央财政收入占财政总收入比重问题研究［J］．财政研究，2001（9）：56－61．

［2］巴曙松，吴博，朱元倩．关于实际有效汇率计算方法的比较与评述——兼论对人民币实际有效汇率指数的构建［J］．管理世界，2007（5）：24－29．

［3］白静．债券市场、商业银行行为与货币政策传导［J］．西南金融，2007（8）：54－55．

［4］常海滨，徐成贤．我国货币政策传导机制区域差异的实证分析［J］．经济科学，2007（5）：66－76．

［5］曹永琴．中国货币政策效应的区域差异研究［J］．数量经济技术经济研究，2007（9）：37－47．

［6］陈柳钦，王金柱．我国货币政策传导不畅的原因及其对策分析［J］．求实，2002（7）：29－31．

［7］陈平，张宗成．股票市场对货币政策传导机制影响的实证研究——基于脉冲响应函数和方差分解的技术分析［J］．南方金融，2008（6）：13－15＋37．

［8］陈彦斌．中国新凯恩斯菲利普斯曲线研究［J］．经济研究，2008（12）：50－64．

［9］陈雨露，边卫红．电子货币发展与中央银行面临的风险分析［J］．国际金融研究，2002（1）：53－58．

［10］戴金平，金永军，刘斌．资本监管、银行信贷与货币政策非对称效应［J］．经济学（季刊），2008（2）：481－508．

［11］邓洪．我国货币政策调整对债券市场及其参与者的影响分析［J］．金融论坛，2006（2）：55－59．

［12］丁晨，屠梅曾．论房价在货币政策传导机制中的作用——基于VECM

分析 [J]. 数量经济技术经济研究, 2007 (11): 106 - 114 + 132.

[13] 丁文丽. 转轨时期中国货币政策效力区域非对称性实证研究——基于 VAR 模型的经验分析 [J]. 经济科学, 2006 (6): 22 - 30.

[14] 董积生, 汪莉. 商业银行流动性过剩的经济效应分析 [J]. 金融理论与实践, 2006 (10): 24 - 25.

[15] 董昕, 周海. 网络货币对中央银行的挑战 [J]. 经济理论与经济管理, 2001 (7): 21 - 25.

[16] 多恩布什、费希尔, 宏观经济学, 北京: 中国人民大学出版社, 2000: 219 - 220.

[17] 樊纲. 论经济效率、总供求关系与经济体制——兼答胡汝银、张军同志 [J]. 经济研究, 1992 (3): 16 - 22.

[18] 范世宇. 地下经济规模测度方法研究 [D]. 东北财经大学, 2006.

[19] 冯春平. 货币供给对产出与价格影响的变动性 [J]. 金融研究, 2002 (7): 18 - 25.

[20] 高莉, 樊卫东. 中国股票市场与货币政策新挑战 [J]. 金融研究, 2001 (12): 29 - 42.

[21] 高铁梅, 计量经济分析方法与建模——Eviews 应用及实例, 北京: 清华大学出版社, 2006.

[22] 古扎拉蒂, 计量经济学, 北京: 中国人民大学出版社, 2000.

[23] 管仁勤, 李娟娟. 虚拟经济的理论透视 [J]. 河南师范大学学报 (哲学社会科学版), 2004 (1): 52 - 55.

[24] 管圣义. 货币政策变化对债券市场的影响分析 [J]. 中国货币市场, 2005 (4): 56 - 59.

[25] 管涛. 浮动汇率安排与通货紧缩传染 [J]. 国际金融研究, 2004 (4): 27 - 32.

[26] 国家发改委宏观经济研究院经济形势分析课题组, 王小广. 促消费抑投资, 为"十一五"经济稳健发展开好局——2005 年宏观经济回顾和 2006 年展望 [J]. 管理世界, 2006 (1): 14 - 20 + 28.

[27] 洪涛. 房地产价格波动与消费增长——基于中国数据的实证分析及理论解释 [J]. 南京社会科学, 2006 (5): 54 - 58.

[28] 胡海鸥, 贾德奎. 电子货币对货币政策效果的挑战 [J]. 外国经济与管理, 2003 (4): 26 - 30.

[29] 胡援成. 中国资本外逃问题再思考 [J]. 当代财经, 2001 (4): 31 - 35 + 80.

[30] 胡援成,程建伟. 中国资本市场货币政策传导机制的实证研究 [J]. 数量经济技术经济研究, 2003 (5): 15 – 18.

[31] 胡莹,仲伟周. 居民预期影响货币政策传导的实验研究 [J]. 北京工商大学学报 (社会科学版), 2010 (1): 53 – 58.

[32] 胡莹,仲伟周. 资本充足率、存款准备金率与货币政策银行信贷传导——基于银行业市场结构的分析 [J]. 南开经济研究, 2010 (1): 128 – 139.

[33] 黄薇,任若恩. 中国价格竞争力变动趋势分析:基于单位劳动成本的实际有效汇率测算研究 [J]. 世界经济, 2008 (6): 17 – 26.

[34] 黄忠华,吴次芳,杜雪君. 基于 GARCH 模型族的上海房价分析 [J]. 技术经济, 2008 (5): 57 – 62.

[35] 姜波克,陈华. 证券市场和货币需求:一个新货币需求函数的探讨 [J]. 世界经济文汇, 2003 (1): 14 – 24.

[36] 姜建清,詹向阳. 金融转轨中的流动资金贷款问题 [J]. 金融研究, 2005 (7): 1 – 11.

[37] 江群,曾令华. 中国货币政策信贷传导的区域效应 [J]. 求索, 2008 (10): 58 – 60 + 80.

[38] 蒋柱斌. 我国债券市场货币政策传导效应实证分析 [J]. 经济论坛, 2006 (14): 44 – 47.

[39] 焦瑾璞,孙天琦,刘向耘. 货币政策执行效果的地区差别分析 [J]. 金融研究, 2006 (3): 1 – 15.

[40] 金雪军,毛捷. 违约风险与贷款定价:一个基于期权方法和软预算约束的新模型 [J]. 经济学 (季刊), 2007 (4): 1217 – 1238.

[41] 靳云汇,于存高. 中国股票市场与国民经济关系的实证研究 (上) [J]. 金融研究, 1998 (3): 41 – 46.

[42] 靳云汇,于存高. 中国股票市场与国民经济关系的实证研究 (下) [J]. 金融研究, 1998 (4): 42 – 47.

[43] 景乃权. 中国货币政策效果区域不对称性探讨 [J]. 中国货币市场, 2008 (11): 26 – 30.

[44] 孔丹凤,Bienvenido S. Cortes,秦大忠. 中国货币政策省际效果的实证分析:1980 – 2004 [J]. 金融研究, 2007 (12): 17 – 26.

[45] 雷明国. 通货膨胀、股票收益与货币政策 [D]. 中国社会科学院研究生院, 2003.

[46] 李斌. 中国货币政策有效性的实证研究 [J]. 金融研究, 2001 (7): 10 – 17.

［47］李红岗，黄昊，叶欢. 实际有效汇率：衡量方法与实践运用［J］. 金融研究，2010（7）：181-193.

［48］李连发. 从美国的金融动荡看我国金融改革与发展之路［J］. 中国金融，2008（16）：57-59.

［49］李建军，中国地下金融调查，上海：上海人民出版社，2006.

［50］李庆云，田晓霞. 中国资本外逃规模的重新估算：1982-1999［J］. 金融研究，2000（8）：72-82.

［51］李萱，李妍. 亚洲金融危机以来我国新一轮金融改革的回顾与展望［J］. 中国金融，2001（2）：30-32.

［52］林娟，刘莎. 民间金融与正规金融的比较优势分析［J］. 当代经济，2006（8）：67.

［53］李娟娟，杨毅. 我国股票市场对货币政策传导效率研究［J］. 金融理论与实践，2005（2）：57-59.

［54］李扬. 中国经济对外开放过程中的资金流动［J］. 经济研究，1998（2）：14-24.

［55］林毅夫，蔡昉，李周. 比较优势与发展战略——对"东亚奇迹"的再解释［J］. 中国社会科学，1999（5）：4-20+204.

［56］林毅夫、刘明兴，亚洲金融危机与中国经济，北京大学中国经济研究中心网站：林毅夫发展论坛，2002-8-15.

［57］林毅夫. 发展阶段、风险特征与金融创新［J］. 河南师范大学学报（哲学社会科学版），2004（3）：4.

［58］刘斌. 货币政策冲击的识别及我国货币政策有效性的实证分析［J］. 金融研究，2001（7）：1-9.

［59］刘斌，张怀清. 我国产出缺口的估计［J］. 金融研究，2001（10）：69-77.

［60］刘传哲，何凌云. 我国货币政策房地产渠道传导效率检验［J］. 南方金融，2006（7）：5-7.

［61］刘昊然，陈昱. 附加通胀预期的菲利普斯曲线估计［J］. 现代商业，2007（27）：191.

［62］刘金全，王风云. 资产收益率与通货膨胀率关联性的实证分析［J］. 财经研究，2004（1）：123-128.

［63］刘金全，金春雨，郑挺国. 中国菲利普斯曲线的动态性与通货膨胀率预期的轨迹：基于状态空间区制转移模型的研究［J］. 世界经济，2006（6）：3-12.

［64］刘少波，丁菊红．我国股市与宏观经济相关关系的"三阶段演进路径"分析［J］．金融研究，2005（7）：57-66．

［65］刘树成，张晓晶，张平．实现经济周期波动在适度高位的平滑化［J］．经济研究，2005（11）：10-21+45．

［66］刘伟，蔡志洲．技术进步、结构变动与改善国民经济中间消耗［J］．经济研究，2008（4）：4-14+40．

［67］刘伟，李绍荣．所有制变化与经济增长和要素效率提升［J］．经济研究，2001（1）：3-9+93．

［68］刘伟，李绍荣，李笋雨．货币扩张、经济增长与资本市场制度创新［J］．经济研究，2002（1）：27-32+94．

［69］刘小铭，沈利生．我国信贷规模与货币供应量关系的实证研究［J］．统计与决策，2008（23）：106-108．

［70］刘玉红，高铁梅．中国动态货币政策乘数和总需求曲线分析［J］．金融研究，2006（12）：1-13．

［71］卢盛荣，中国转轨期货币政策地区效应的实证研究，北京：经济科学出版社，2008，第9、35-39+121+131．

［72］卢盛荣．测度货币政策地区效应：相对指数及其应用［J］．中南财经政法大学学报，2006（5）：48-53+143．

［73］吕江林．货币政策与资产价格关系研究述评［J］．经济学动态，2004（5）：83-86．

［74］马荣华，饶晓辉．人民币的境外需求估计［J］．国际金融研究，2007（2）：50-59．

［75］穆争社．信贷配给对货币政策有效性的影响［J］．中央财经大学学报，2004（1）：40-44．

［76］潘敏，夏频．国有商业银行信贷资金供求与我国货币政策传导机制［J］．金融研究，2002（6）：63-73．

［77］裴传智．今年出现明显通货膨胀的原因与对策［J］．金融研究，1994（11）：16-20．

［78］彭兴韵．流动性、流动性过剩与货币政策［J］．经济研究，2007（11）：58-70．

［79］卜永祥，Rod Tyers．中国均衡实际有效汇率：一个总量一般均衡分析［J］．经济研究，2001（6）：21-32+96．

［80］企业经营者对宏观经济形势、经济政策、企业经营环境及改革热点的判断、评价和建议——2006年中国企业经营者问卷跟踪调查报告［J］．管理世

界，2006（12）：88-103.

[81] 沈可挺，郑易生. 资源供给冲击与宏观经济波动——重新理解中国经济增长 [J]. 数量经济技术经济研究，2006（6）：3-13.

[82] 沈坤荣，孙文杰. 投资效率、资本形成与宏观经济波动——基于金融发展视角的实证研究 [J]. 中国社会科学，2004（6）：52-63+205.

[83] 盛松成，吴培新. 中国货币政策的二元传导机制——"两中介目标，两调控对象"模式研究 [J]. 经济研究，2008（10）：37-51.

[84] 石建民. 股票市场、货币需求与总量经济：一般均衡分析 [J]. 经济研究，2001（5）：45-52+94-95.

[85] 石亚兰，郭建伟. 股票价格的负面效应及货币政策协调研究 [J]. 经济问题，2003（7）：43-45.

[86] 宋清华. 论信贷市场在我国货币政策传导中的作用 [J]. 当代财经，2002（11）：30-33.

[87] 宋旺，钟正生. 我国货币政策区域效应的存在性及原因——基于最优货币区理论的分析 [J]. 经济研究，2006（3）：46-58.

[88] 宋文兵. 中国的资本外逃问题研究：1987—1997 [J]. 经济研究，1999（5）：41-50.

[89] 唐旭，梁猛. 中国贸易顺差中是否有热钱，有多少？ [J]. 金融研究，2007（9）：1-19.

[90] 田益祥，刘光中. 中国通货膨胀的原因分析 [J]. 经济数学，1995（2）：10-21.

[91] 王军. 中国资本流出的总量和结构分析 [J]. 改革，1996（5）：91-102.

[92] 王鲁滨，周虹. 电子货币与金融风险防范 [J]. 中国金融，1999（6）：40-41.

[93] 王倩，纪玉山. 电子货币对货币供应量的冲击及应对策略 [J]. 经济社会体制比较，2005（4）：121-125.

[94] 王维安，贺聪. 房地产价格与通货膨胀预期 [J]. 财经研究，2005（12）：64-76+87.

[95] 王曦. 经济转型中的货币需求与货币流通速度 [J]. 经济研究，2001（10）：20-28.

[96] 王振山，王志强. 我国货币政策传导途径的实证研究 [J]. 财经问题研究，2000（12）：60-63.

[97] 汪利娜. 货币政策在房地产调控中的不确定性 [J]. 财经科学，2008

（5）：1-9.

［98］汪增群，束庆年．货币政策区域非对称性效应最新研究进展［J］．中国社会科学院研究生院学报，2007（6）：19-24.

［99］吴培新．我国宏观调控中的货币供应量和信贷规模［J］．经济学动态，2008（8）：43-48.

［100］夏斌，高善文，陈道富．中国货币流通速度变化与经济波动——从黑箱理论看中国货币政策的有效性［J］．金融研究，2003（12）：11-18.

［101］夏南新．地下经济估测模型及敏感度分析［J］．统计研究，2000（8）：38-41.

［102］夏新平，董浩平．政府干预与风险投资关系探索［J］．经济学动态，2005（4）：47-49.

［103］谢赤，郑岚．货币政策对房地产市场的传导效应：理论、方法与政策［J］．财经理论与实践，2006（1）：24-28.

［104］谢富胜，戴春平．中国货币需求函数的实证分析［J］．金融研究，2000（1）：24-29+23.

［105］谢平，尹龙．网络经济下的金融理论与金融治理［J］．经济研究，2001（4）：24-31+95.

［106］谢平，袁沁敔．我国近年利率政策的效果分析［J］．金融研究，2003（5）：1-13.

［107］谢顺红，邵德标，蒋先进．国有商业银行信贷行为错位对货币政策的挑战［J］．上海金融，2001（9）：19-20.

［108］徐慧贤．流动性过剩与资产价格上涨分析［J］．内蒙古财经学院学报，2008（3）：68-70.

［109］许涤龙，侯鹏．我国FDI流入量中热钱规模的估算［J］．经济问题，2009（6）：38-42.

［110］许宪春．中国国内生产总值核算，北京：北京大学出版社，2000.

［111］杨海珍，陈金贤．中国资本外逃：估计与国际比较［J］．世界经济，2000（1）：21-29.

［112］杨文灏，张鹏．电子货币对传统货币领域挑战与对策研究［J］．金融纵横，2004（8）：23-25+40.

［113］杨新松，龙革生．西方货币政策股票市场传导机制研究的新进展［J］．经济理论与经济管理，2005（11）：17-22.

［114］易纲，"中国的货币、银行和金融市场：1984-1993"，上海：上海三联书店、上海人民出版社，1996.

[115] 易纲, 王召. 货币政策与金融资产价格 [J]. 经济研究, 2002 (3): 13-20+92.

[116] 易行健, 谢识予, 刘宗华. 我国的 M1/M2 (1978-2002): 长期趋势、水平与周期波动 [J]. 中央财经大学学报, 2003 (11): 10-14.

[117] 尹龙. 电子货币对中央银行的影响 [J]. 金融研究, 2000 (4): 34-41.

[118] 余元全. 股票市场影响我国货币政策传导机制的实证分析 [J]. 数量经济技术经济研究, 2004 (3): 140-148.

[119] 于则. 我国货币政策的区域效应分析 [J]. 管理世界, 2006 (2): 18-22.

[120] 张屹山, 张代强. 前瞻性货币政策反应函数在我国货币政策中的检验 [J]. 经济研究, 2007 (3): 20-32.

[121] 赵登峰. 几种不同人民币实际汇率指数的测算与比较 [J]. 统计与决策, 2006 (3): 38-39.

[122] 赵家敏. 论电子货币对货币政策的影响 [J]. 国际金融研究, 2000 (11): 19-24.

[123] 赵留彦. 中国通胀预期的卡尔曼滤波估计 [J]. 经济学 (季刊), 2005 (3): 843-864.

[124] 赵留彦, 王一鸣. 中国货币流通速度下降的影响因素: 一个新的分析视角 [J]. 中国社会科学, 2005 (4): 17-28+205.

[125] 赵留彦. 中国通胀预期的卡尔曼滤波估计 [J]. 经济学 (季刊), 2005 (3): 843-864.

[126] 赵留彦, 王一鸣, 蔡婧. 中国通胀水平与通胀不确定性: 马尔柯夫域变分析 [J]. 经济研究, 2005 (8): 60-72.

[127] 赵伟, 萧月华, 王宇雯. 对我国菲利普斯曲线的实证分析 [J]. 世界经济情况, 2007 (8): 59-65.

[128] 赵锡军, 王胜邦. 资本约束对商业银行信贷扩张的影响: 中国实证分析 (1995-2003) [J]. 财贸经济, 2007 (7): 3-11+128.

[129] 赵振全, 于震, 刘淼. 金融加速器效应在中国存在吗? [J]. 经济研究, 2007 (6): 27-38.

[130] 张神根. 试析1992年以来经济体制改革的特点 [J] 当代中国史研究, 2001 (5): 33-42.

[131] 张茵, 万广华. 中国改革历程中的产出和价格波动: 货币所扮演的角色 [J]. 经济学 (季刊), 2005 (4): 109-128.

[132] 张卓元: 路遥. 深化资源产品价格改革 促进经济增长方式转变 [J]. 人民论坛, 2005 (10): 29-30.

[133] 中国人民银行研究局课题组. 中国股票市场发展与货币政策完善 [J]. 金融研究, 2002 (4): 1-12.

[134] 中国银监会"公司治理改革"课题组. 完善公司治理是国有商业银行改革的核心 [J]. 中国金融, 2005 (5): 26-30.

[135] 周光友. 电子货币发展对货币流通速度的影响——基于协整的实证研究 [J]. 经济学 (季刊), 2006 (3): 1219-1234.

[136] 周京奎. 货币政策、银行贷款与住宅价格——对中国4个直辖市的实证研究 [J]. 财贸经济, 2005 (5): 22-27.

[137] 朱国陵, 宗怿斌. "金融脱媒"的微观反映——南京个案 [J]. 金融纵横, 2009 (4): 12-15.

[138] 朱启贵, 段继红, 吴开尧. 国际油价向中国通货膨胀的传递及其影响因素研究 [J]. 统计研究, 2011 (2): 7-12.

[139] 邹霞, 吴志远. 论商业银行资本监管的货币政策传导效应 [J]. 经济师, 2006 (7): 243-244+247.

[140] Abeysinghe T., L. U. D., "China as an economic powerhouse: Implications on its neighbors", *General Information*, 2003, 14 (3): 164-185.

[141] Adam K., "Experimental Evidence on the Persistence of Output and Inflation", *Economic Journal*, 2005, 117 (520): 603-636.

[142] Akerlof G. A., Miyazaki H., "The Implicit Contract Theory of Unemployment Meets the Wage Bill Argument", *Review of Economic Studies*, 1980, 47 (2): 321-338.

[143] Akerlof G. A., Burmeister E., "Substitution in a general equilibrium framework", *Journal of Economic Theory*, 1970, 2 (4): 411-422.

[144] Ahmed S., Murthy R., "Money, Output, and Real Business Cycles in a Small Open Economy", *Canadian Journal of Economics*, 1994, 27 (4): 982-993.

[145] Al-Khazali. O. M. and C. S. Pyun, "Stock Prices and Inflation: New Evidence from the Pacific-Basin Countries", *Review of Quantitative Finance and Accounting*, 2004, 22: 123-140.

[146] Aoki, Kosuke, James Proudman, and Gertjan Vlieghe. "House Prices, Consumption, And Monetary Policy: A Financial Accelerator Approach." *Journal of Financial Intermediation*, 2004, 13 (4): 414-435.

[147] Aschcraft A. B. , & Campello M. , "Firm Balance Sheets and Monetary Policy Transmission". *Journal of Monetary Economics*: 2007, 54: 1515 - 1528.

[148] Backus D. K. and P. J. Kehoe, "International Evidence on the Historical Properties of Business Cycles," *American Economic Review*, 1992, 82: 864 - 888.

[149] Baglioni, Angelo. "Monetary policy transmission under different banking structures: The role of capital and heterogeneity," *International Review of Economics & Finance*, 2007, 16 (1): 78 - 100.

[150] Basel Committee on Banking Supervision, "Capital Requirements and Bank Behaviour: The Impact of the Basel Accord." Working Paper 1, *Basel*, Switzerland. 1999.

[151] Batini N. , Yates A. , "Hybrid inflation and price level targeting", *Journal of Money Credit & Banking*, 2003, 35 (3): 283 - 300.

[152] Baumol W. J. , "The Transactions Demand for Cash: An Inventory Theoretic Approach", *Quarterly Journal of Economics*, 1952, 66 (4): 545 - 556.

[153] Bernanke, Ben and Mark Gertler. "Agency Costs, Net Worth, And Business Fluctuations." *American Economic Review*, 1989, 79 (1): 14 - 18.

[154] Benjamin M. Friedman. "The future of monetary policy: the central bank as army with only a signal corps?", *NBER Working Paper*, 2000.

[155] Berentsen A. , "Monetary Policy Implication of Digital money". *Kyolos*, 1998, 51: 89 - 117.

[156] Bernanke B. S. , Gertler M. , "Should Central Banks Respond to Movements in Asset Prices?", *American Economic Review*, 2001, 91 (2): 253 - 257.

[157] Bernanke B. and Alan S. Blinder, "Credit, Money, and Aggregate Demand," *American Economic Review*, 78 (2), 1988: 435 - 439.

[158] Bernanke, Gertler, Gilchrist. "The Financial Accelerator in a Quantitative Business Cycle Framework", NBER Working Paper, 1998.

[159] Bernanke B. S. , "Nonmonetary Effects of the Financial Crisis in the Propagation of the Great Depression". *American Economic Reivew*: 1983, 73 (3): 257 - 276.

[160] Bernanke B. S. , Gertler M. , "Insider the Black Box: The Credit Channel of Monetary Policy Transmission". *Journal of Economic Perspectives*: 1995, 9 (4): 27 - 48.

[161] Bernanke B. S. , Gertler M. , "The Financial Accelerator in a Quantitative Business Cycle Framework". *NBER Working Paper*: 1998, 6455.

[162] Bernanke B. S., "Japanese Monetary Policy: A Case of Self-induced Paralysis. In Japan's Financial Crisis and Its Parallels to US Experience", 2000: 149 – 166.

[163] Bernanke, Ben S., Mark Gertler. "Agency Costs, Net Worth, and Business Fluctuations", *American Economic Review*, 1989, 79 (3): 14 – 31.

[164] Bernanke, Ben S. Mark Gertler. "Inside the Black Box: The Credit Channel of Monetary Policy Transmission". *Journal of Economic Perspectives*, 1995 (9): 27 – 48.

[165] Blanchard O. J., Quah D., "The dynamic effects of aggregate demand and supply disturbances: Reply", *American Economic Review*, 1993, 83 (3): 653 – 658.

[166] Blinder A., "The Anatomy of Double – Digit Inflation in the 1970s. Inflation Causes and Effects. R. E. Hall". Chicago, University of Chicago press, 1982: 261 – 282.

[167] Blum, Jurg and Martin Hellwig, "The Macroeconomic Implication of Capital Adequacy Requirements for Banks," *European Economic Review*, 1995, 39: 739 – 749.

[168] Bodie Z., "Common Stocks as a Hedge against Inflation," *Journal of Finance*, 1976, 31: 459 – 470.

[169] Bolton P., Freixas X., Shapiro J., "Conflicts of interest, information provision, and competition in the financial services industry". *Journal of Financial Economics*, 2007, 85 (2): 297 – 330.

[170] Borio C. E. V., Disyatat P., "Global Imbalances and the Financial Crisis: Link or No Link?", *Social Science Electronic Publishing*, 2011.

[171] Boudoukh, J. and M. Riehardson, "Stock Returns and Inflation: A Long-horizon Perspective," *American Economic Review*, 1993, 83: 1346 – 1355.

[172] Boyle Glenn W., "Money Demand and the Stock Market in a General Equilibrium Model with Variable Velocity", *Journal of Political Economy*, 1990, 98: 1039 – 1053.

[173] Brunner K. and A. Meltzer, "Money, Debt and Economic Activity", *Journal of Political Economy*, 1972, 80: 951 – 977.

[174] Brunner K. and A. Meltzer, "Money and the Economy: Issues in Monetary Analysis, The Raffaelle Matioli Lectures", Cambridge: Cambridge University Press, 1993.

[175] Calvo G. A., "Staggered Prices in a Utility Maximizing Framework",

Journal of Monetary Economics, 1983, 12: 383 - 398.

[176] Campbell, John Y. and Robert J. Shiller, "The Dividend - Price Ratio and Expectations of Future Dividends and Discount Factors", *Review of Financial Studies*, 1988, 1: 195 - 227.

[177] Carlino and DeFina, "The Differential Regional Effects of Monetary Policy", *Review of Economics and Statistics*, 1998, (80): 572 - 587.

[178] Carlstrom, Fuerst, "Agency Cost, Net Worth, and Business Fluctuations: A Computable General Equilibrium Analysis", *American Economic Review*, 1997, 87: 893 - 910.

[179] Carpenter Seth B. and Lange Joe, "Money Demand and Equity Markets, working paper, Board of Governors of the Federal Reserve System and Cornerstone Research". 2002.

[180] Cecchetti S. G. and Lianfa Li, "Financial Procyclicality and Monetary Policy", *Moneday Crédito*, 2007, 224: 163 - 196.

[181] Chadha B. and E. Prasad, "Are Prices Countercyclical? Evidence from the G - 7," *Journal of Monetary Economics*, 1994, 34: 239 - 257.

[182] Chami R., Cosimano T. F., Fullenkamp C., "The Stock Market Channel of Monetary Policy", *Social Science Electronic Publishing*, 1999.

[183] C. Freedman. "Monetary Policy Implementation: Past, Present And Future - Will Electronic Money Lead To The Eventual Demise Of Central Banking?.." *International Finance*, 2000, 3 (2): 211 - 229.

[184] Goodhart, Charles. "Can Central Banking Survive The IT Revolution?" *International Finance*, 2000, 3 (2): 189 - 209.

[185] Claessens, Stijn and D. Naude, "Recent Estimates of Capital Flight." *World Bank Working Paper*, 1993. No. 1186.

[186] Cali, and M. Gertler. "The Science of Monetary Policy: A New Keynesian Perspective." *Journal of Economic Literature* 1999, (37): 1661 - 1707.

[187] Chow G C, Lin A. "Best Linear Unbiased Interpolation, Distribution, and Extrapolation of Time Series by Related Series", *Review of Economics & Statistics*, 1971, 53 (4): 372 - 375.

[188] Cuddington, "Capital Flight: Estimates, Issues, and Explanations". *Princeton Studies in International Finance*, 1986, 58: 1 - 40.

[189] Christiano, Eichenbaum. "Liquidity Effects and the Monetary Transmission Mechanism", *American Economic Review*, 1992, 82: 346 - 353.

[190] Cohn, R. A. and D. E. Lessard, "The Effect of Inflation on Stock Prices: International Evidence," *Journal of Finance*, 1981, 36: 277 – 289.

[191] Cooley T. F. and L. E. Ohanian, "The Cyclical Behavior of Prices," *Journal of Monetary Economics*, 1991, 28: 25 – 60.

[192] Cuddington, "Capital Flight: Estimates, Issues, and Explanations". *Princeton Studies in International Finance*, 1986, 58: 1 – 40.

[193] Danthine J. P. and J. B. Donaldson, "Inflation and Asset Prices in an Exchange Economy," *Econometrica*, 1986, 54: 585 – 605.

[194] Delong J. B., "The Shadow of the Great Depression and the Inflation of the 1970s", *FRBSF Economic Letter*, 1998, 5 (1): 98 – 114.

[195] Dewatripond, Maskin, "Credit and Efficiency in Centralized and Decentralized Economies", *Review of Economic Studies*, 1995, 62: 541 – 555.

[196] Diamond D. W., Rajan R. G., "Banks and Liquidity", *American Economic Review*, 2001, 91 (2): 422 – 425.

[197] Dixit, Avinash K. and Stiglitz, Joseph E., "Monopolistic Competition and OptimumProduct Diversity." *American Economic Review*, 1977, 67 (3): 297 – 308.

[198] Dong zhiyong, "Capital Flight and Monetary Policy Effectiveness in China", *Hawaii International Conference on Business*, Honolulu, Hawaii, USA, 2003, 7: 18 – 21.

[199] Dong Zhiyong, "Capital mobility, Interest Rate Determination and Policy Implication: A case study of China", *Working Paper. Nanyang Business School*, NTU, 2003.

[200] Dooley, M., "Country Specific Risk Premiums, Capital Flight and Net Investment Income Payments in Selected Developing Countries." *IMF Department Memorandum*, 1986, Vol. 76/17.

[201] Edwards S., "LDC Foreign Borrowing and Default Risk: An Empirical Investigation, 1976 – 1980", *American Economic Review*, 1984, 74 (9): 726 – 734.

[202] Eugene Amromin & Sujit Chakravorti. "Debit card and cash usage: a cross-country analysis," *Working Paper Series* WP – 07 – 04, Federal Reserve Bank of Chicago, 2007.

[203] Evans, George W., "Output And Unemployment Dynamics In The United States: 1950 – 1985." *Journal Of Applied Econometrics*, 1989, 4 (3): 213 –

237.

[204] Fabio Canova and Matteo Ciccarelli1, "Estimating Multi – Country VAR", ECB Working Paper, No. 603, 2006.

[205] Freedman C., "Comment on Overcoming the Zero Bound on Interest Rate Policy", *Journal of Money Credit & Banking*, 2000, 32 (4): 1051 – 1057.

[206] Froot K. A., Stein J. C., "Risk management, capital budgeting, and capital structure policy for financial institutions: an integrated approach", *Journal of Financial Economics*, 1998, 47 (1): 55 – 82.

[207] Froyen R. T., *Macroeconomics: Theories and Policies*, Prentice – Hall. 1993.

[208] Fama E. F. and G. W. Schwert, "Asset Returns and Inflation," *Journal of Financial Economics*, 1977, 5: 115 – 146.

[209] Fama E. F., "Stock Returns, Real Activity, Inflation, and Money," *American Economic Review*, 1981, 71: 545 – 565.

[210] Feldstein M. S., "Rethinking the Role of Fiscal Policy". *NBER Working Papers*, 2009, 14684.

[211] Feldstein M. and L. Summers, "Inflation and Taxation of Capital Income in the Corporate Sector," *National Tax Journal*, 1979, 32: 445 – 470.

[212] Feltenstein, Andrew and Ha Jiming, "Measurement of Repressed Inflation in China: The Lack of Coordination between Monetary Policy and Price Controls", *Journal of Development Economics*, 1991, 36: 279 – 294.

[213] Filardo, Andrew J., "Should Monetary Policy Respond to Asset Price Bubbles? Some Experimental Results". *FRB of Kansas City Working Paper*, July, 2001, No. 01 – 04.

[214] Field, Alexander J., "Asset Exchanges and the Transactions Demand for Money, 1919 – 29", *American Economic Reviews*, 1984, 74: 43 – 59.

[215] Fisher, I., 1930, *The Theory of Interest*, New York: McMillan. F. Modigliani. The stock market and the economy. Brookings Papers on Economic, 1975.

[216] Frederic S. Mishkin. "Housing and The Monetary Transmission Mechenism". *NBER Working Paper*, 2007, No. 13518.

[217] Friedman M., "Perspective on Inflation." *Newsweek*, 1975, 24 (6): 73.

[218] Stein, H. Presidential Economics. New York, Simon and Schuster, 1984.

[219] Friedman, Milton, "Inflation and Unemployment," *Journal of Political*

Economy, 1977, 85: 451 – 472.

[220] Friedman. M., "The Role of Monetary Policy", *American Economic Review*, 1968, 58 (1): 1 – 17.

[221] Friedman Milton, "Money and the Stock Market", *Journal of Political Economy*, 1988, 96: 221 – 245.

[222] Friedman M., "A Theoretical Framework for Monetary Analysis", *Journal of Political Economy*, 1970, 78: 193 – 238.

[223] Friedman B. M., Schwartz A. J., "A Monetary History of the United States, 1867 – 1960". Princeton University Press, 1963.

[224] Friedman B. M., "Money, Credit and Interest Rates in the Business Cycle". In R. J. Gordon, The American Business Cycle: Continuity and Change. 1986: 395 – 458.

[225] Friedman B. M., "Why Japan Should Not Adopt Inflation Targeting". *Kobe Gakuin Economic Papers*: 2002, 34.

[226] Fuhrer J., Tootell G., "Eyes on the Prize: How Did the Fed Respond to the Stock Market?", *Journal of Monetary Economics*, 2008, 55: 796 – 805.

[227] Gaspar, Vítor and Anil K Kashyap. "Stability First: Reflections Inspired By Otmar Issing's Success as the ECB's Chief Economist", *Manuscript*, 2006.

[228] Galí, Jordi and Mark Gertler, "Inflation Dynamics: A structural Econometric Approach", *Journal of Monetary Economics*. 1999, 44 (2): 195 – 222.

[229] Galí, Jordi and Tommaso Monacelli. "Monetary Policy And Exchange Rate Volatility In A Small Open Economy." *Review of Economic Studies*, 2005, 72 (3): 707 – 734.

[230] Gertler, Gilchrist. Monetary Policy, "Business Cycles, and the Behavior of Small Manufacturing Firms". *Quarterly Journal of Economics*, 1994, 109: 309 – 340.

[231] Geske R. and R. Roll, "The Fiscal and Monetary Linkage between Stock Returns and Inflation," *Journal of Finance*, 1983, 38: 1 – 32.

[232] Glenn Hubbard R., Kuttner K. N., Palia D. N., "Are There Bank Effects in Borrowers' Costs of Funds? Evidence from a Matched Sample of Borrowers and Banks", *Ssrn Electronic Journal*, 2002, 75 (4).

[233] Goldfeld S. M., Sichel D., Economics H. O. M., "The demand for money", *Handbook of Monetary Economics*, 1990.

[234] Goodhart, Charles and Boris Hofmann. "Do Asset Prices Help To Predict

Consumer Price Inflation?". *Manchester School* (14636786): 2000, 68: 122.

[235] Goodhart C., Hofmann B., "Asset Prices, Financial Conditions, and the Transmission of Monetary Policy," *Paper presented at conference on Asset, Prices, Exchange Rates, and Monetary Policy*. Available online at: http://www.frbsf.org/economics/conferences/0103/index.html——, 2002, "Asset Prices and the Conduct of Monetary Policy," Paper, 2001, 114 (2): 198-230.

[236] Gordon R. J., "Unemployment and Potential Output in the 1980s," *Brookings Papers on Economic Activity*, 1984, 15: 537-564.

[237] Goto S. and R. Valkanov, "The Fed's Effect on Excess Returns and Inflation Is Much Bigger than You Think: A Covariance Decomposition Approach," Mimeo, *Anderson Graduate School of Management*, UCLA. 2000.

[238] Gultekin N. B., "Stock Market Returns and Inflation: Evidence from other Countries," *Journal of Finance*, 1983, 38: 49-65.

[239] Gunter Frank R., "'Capital flight from the People's Republic of China: 1984-1994.'", *China Economic Review*, 1996, 7: 77-96.

[240] Gilchrist, Charles P. Himmelberg, "Evidence on the Role of Cash Flow for Investment", *Journal of Monetary Economics*, 1995, 36: 541-572.

[241] Gross, David, "The Investment and Financing Decisions of Liquidity-Constrained Firms", *Working Paper*, MIT, 1994.

[242] Haan W. J., Sumner, S. W., Yamashiro G. M., "Bank Loan Portfolio and the Monetary Transmission Mechanism". *Journal of Monetary Economics*: 2007, 54: 904-924.

[243] Hamilton J. D., *Time Series Analysis*, Princeton: Princeton University Press, 1994.

[244] Hess, P. J. and B. S. Lee, "Stock Returns and Inflation with Supply and Demand Disturbances," *Review of Financial Studies*, 1999, 12: 1203-1218.

[245] Haldane A. G., Read V., "Monetary Policy Surprises and the Yield Curve", *Social Science Electronic Publishing*, 2000.

[246] Hendricks T. W., Kempa B., "The credit channel in U. S. economic history", *Journal of Policy Modeling*, 2009, 31 (1): 58-68.

[247] Heuvel S. V. D., 2008, "The welfare cost of bank capital requirements", *Journal of Monetary Economics*, 2008, 55: 298-320.

[248] Hu X. Q. and T. D. Willett, "The Variability of Inflation and Real Stock Returns," *Applied Financial Economics*, 2000, 10: 655-665.

[249] Holmstrom and Tirole, "Wicksell Lectures: Inside and Outside Liquidity", 2008, 10 (2): 52 - 75.

[250] Hamilton J. D., *Time Series Analysis*, Princeton, NJ: Princeton University Press. 1994, ch13 Harvey A. C. , *Forecasting structural time series models and the Kalman filter*, Cambridge University Press, 1989: 101 - 167.

[251] Hiroshi Fujiki & Migiwa Tanaka. "Currency Demand, New Technology and the Adoption of Electronic Money: Evidence Using Individual Household Data". *Working paper*, 2010.

[252] Iacoviello M., "Consumption, house prices, and collateral constraints: a structural econometric analysis", *Journal of Housing Economics*, 2004, 13 (4): 304 - 320.

[253] Ivo J. M. Arnold, Evert B. Vrugt. "Firm Size, Industry Mix and the Regional Transmission of Monetary Policy in Germany", *German Economic Review*, 2002a, 5: 35 - 42.

[254] Jensen G. R., Johnson J. M., "The Dynamics of Corporate Dividend Reductions", *Financial Management*, 1995: 31 - 51.

[255] John Cuddington. "Capital Flight: Estimates, Issues and Explanations", *Princeton Studies in International Finance*, 1986, 58.

[256] Jensen, Henrisk. "Targeting Nominal Income Growth or Inflation?" *American Economic Review*, 2002, 92 (4): 928 - 956.

[257] Kawamura E., "Exchange Rate Regimes, Banking and the Non-tradable Sector". *Journal of Monetary Economics*: 2007, 54: 325 - 345.

[258] Kaul G., "Stock Returns and Inflation: The Role of the Monetary Sector," *Journal of Financial Economics*, 1987, 18: 253 - 276.

[259] Kant, Chander, "Foreign Direct Investment and Capital Flight" Princeton Studies in International Finance, 1996, No. 8, April.

[260] Kindleberge, Charles P., "International short-term capital movements." New York: Augustus Kelly, 1937.

[261] Kishan R. P., Opiela T. P., Kishan R. P, "Bank Size, Bank Capital, and the Bank Lending Channel", *Journal of Money Credit & Banking*, 2000, 32 (1): 121 - 141.

[262] Krugman, Paul, "Currency Crises, A working paper presented for NBER annual international conference", October, 1997. IMF, WP/No. 01.

[263] Krugman, Paul. "The Myth Of Asia's Miracle." *Foreign Affairs*, 1994,

73 (6): 62 - 78.

[264] Kopecky, Ken and David Van Hoose. "A Model of the Monetary Sector with and without Binding Capital Requirements", *Journal of Banking and Finance*, 2004, 28: 633 - 646.

[265] Kiyotaki, Moore. "Liquidity Cycles", *Journal of Political Economy*, 1997, 105: 211 - 248.

[266] Keynes. The General Theory of Employment, Interest and Money. London and New York, 1936.

[267] Kornai, Maskin and Roland, "Understanding the Soft Budget Constraint", *Journal of Economic Literature*, 2003, 41 (4): 1095 - 1136.

[268] Kydland F. E. and E. C. Prescott, "Business Cycles: Real Facts and a Monetary Myth," *Federal Reserve Bank of Minneapolis Quarterly Review*, 1990, 4: 3 - 18.

[269] Lee B. S., "Stock Returns and Inflation with Supply and Demand Disturbances," *Review of Financial Studies*, 1999, 12: 1203 - 1218.

[270] Litterman, R. B., Weiss, L.? Money, Real Interest Rates, and Output: A Reinterpretation of Postwar U. S. Data". *Econometrica*: 1985, 53 (1): 129 - 156.

[271] Lubik, T. A., Schorfheide F. "Do Central Banks Respond to Exchange Rate Movements? A Structural Investigation". *Journal of Monetary Economics*, 2007, 54: 1069 - 1087.

[272] Lucas R. E., "Understanding Business Cycles". *Carnegie - Rochester Conference Series on Public Policy*: 1977, 5: 7 - 29.

[273] Lucas, Robert E. Jr., "Expectations and the Neutrality of Money", *Journal of Economics Theory*, 1972, 4: 103 - 124.

[274] Lucas, Robert E., Jr. "Some International Evidence on Output-Inflation Tradeoffs", *American Economics Review*, 1973, 63 (3): 326 - 334.

[275] Lucas, "Why Doesn't Capital Flow from Rich to Poor Countries?" *American Economic Review*, 1990, 80: 92 - 97.

[276] Solow Robert M., "Technical Change and the Aggregate Production Function". *The Review of Economics and Statistics*, 1957, Vol. 39.

[277] Malkiel B., "The Capital Formation Problem in the United States," *Journal of Finance*, 1979, 34: 291 - 306.

[278] Marshall D. A., "Inflation and Asset Returns in a Monetary Economy,"

Journal of Finance, 1992, 47: 1315 – 1342.

[279] Meltzer A. H., "Monetary, Credit and (Other) Transmission Processes: A Monetarist Perspective". *Journal of Economic Perspectives*, 1995, 9 (4): 49 – 72.

[280] Milton Friedman, "Financial Flow Variables and the Short-run Determination of Long-term Interest Rates", *Journal of Political Economy*, 1977, 85: 661 – 689.

[281] Miller A. R., "Migration Differentials in Labor Force Participation: United States, 1960", *General Information*, 1966, 3 (1): 58 – 67.

[282] Mishkin F. S., "Household Liabilities and the Generalized Stock – Adjustment Model", *General Information*, 1976, 58 (4): 481 – 485.

[283] Mishkin F. S., "Housing and the monetary transmission mechanism", *General Information*, 2007, 11: 359 – 413.

[284] Mishkin F. S., "Symposium on the Monetary Transmission Mechanism". *Journal of Economic Perspectives*, 1995, 9 (4): 3 – 10.

[285] Mishkin F. S., "Housing and the Monetary Transmission Mechanism". *Finance and Economics Discussion Series*, 2007, 40.

[286] Modigliani, Franco and Merton Miller. "The Cost of Capital, Corporation Finance, and the Theory of Investment", *American Economic Review*, 1958, 48 (3): 261 – 298.

[287] Modigliani F. and R. A. Cohn, "Inflation, Rational Valuation and the Market," *Financial Analysts Journal*, 1979, 3: 24 – 44.

[288] Modigliani F., "The Monetary Mechanism and Its Interaction with Real Phenomena", *State of Monetary Economics*, 1975: 79 – 107.

[289] Monacelli T., Faia E., "Optimal Interest Rate Rules, Asset Prices and Credit Frictions", *General Information*, 2005, 31 (10): 3228 – 3254.

[290] Morten O. Ravn, Martin Sola, "Asymmetric Effects of Monetary Policy in the United States", *Federal Reserve Bank of St. Louis Review*, 2004, 86 (5): 41 – 60.

[291] Mundell R. A., "Capital Mobility and Stabilisation Policy under Fixed and Flexible Exchange Rates", *The Canadian Journal of Economics and Political Science*, 1963, 29 (4): 475 – 485.

[292] Nadia Piffaretti. "A Theoretical Approach To Electronic Money". *Working paper*, 1998.

[293] Nelson C., "Inflation and Rates of Returns on Common Stock," *Journal*

of Finance, 1976, 31: 471 -483.

[294] Nessén M., Vestin D., "Average Inflation Targeting", Journal of Money Credit & Banking, 2005: 837 -863.

[295] Negro M. D., Schorfheide F., "Forming priors for DSGE models (and how it affects the assessment of nominal rigidities)", Ssrn Electronic Journal, 2008, 55 (7): 1191 -1208.

[296] Negro M., Schorfheide F., "Policy Predictions if the Model Does Not Fit", Journal of the European Economic Association, 2005, 3 (2 -3): 434 -443.

[297] Obstfeld M., Rogoff K., "The Mirage of Fixed Exchange Rate". Journal of Economic Perspective, 1995, 9: 73 -96.

[298] Owyang M. T. and H. J. Wall, "Structural Breaks and Regional Disparities in the Transmission of Monetary policy", Federal Reserve Bank of St. Louis Working Papers 2003 -008, 2004.

[299] Palley Thomas I., "The Demand for Money and non - GDP Transactions", Economics Letters, 1995, 48: 145 -154.

[300] Phelps E. S., "Phillips Curves, Expectations of Inflation and Optimal Unemployment Over Time". Economica, New Series: 1967, 34 (135): 254 -281.

[301] Phillips A. W., "The relation between Unemployment and The Rate of Changes of Money Wage Rates in The United Kingdom, 1861 -1957", Econometrica, 1958, 25 (100): 183 -199.

[302] Philip Arestis, Kostas Mouratidis, "Credibility of monetary policy in four accession countries: a Markov regime approach", International Journal of Finance & Economics, 2005, 10 (1): 81 -89.

[303] Plosser C., "Understanding Real Business Cycles," Journal of Economic Perspectives, 1989, 3: 51 -77.

[304] Plosser C. I., Geert Rouwenhorst K., "International term structures and real economic growth", Journal of Monetary Economics, 1994, 33 (94): 133 -155.

[305] Pollin R., Schaberg M., "Asset Exchanges, Financial Market Trading, and the M1 Income Velocity Puzzle", Journal of Post Keynesian Economics, 1998, 21 (1): 135 -162.

[306] Quirk P., "Issues of Openness and Flexibility for Foreign Exchange System", IMF, Working Paper, 1989, No. 03.

[307] Qian and Roland, "Federalism and Soft Budget Constraint", American Economic Review, 1998, 88 (5): 1143 -1162.

[308] Ram R. and D. E. Spencer, "Stock Returns, Real Activity, Inflation, and Money: Comment," *American Economic Review*, 1983, 73: 463 – 470.

[309] Rene Garcia, Huntley Schaller, "Are the effects of monetary policy asymmetric?", *Economic Inquiry*, Jan 2002, 40 (1): 102 – 119.

[310] Revenna. Walsh, "Optimal Monetary Policy with the Cost Channel", *Journal of Monetary Economics*, 2006, 53: 199 – 216.

[311] Roberto Rigobon Brian Sack, "The Impact of Monetary Policy on Asset Prices," *NBER Working Paper*, 2002.

[312] Rochet J. "Why Are There so Many Banking Crises?", *Cesifo Economic Studies*, 2003, (2): 141 – 156.

[313] Rothschild M., Stiglitz J., "Equilibrium in competitive insurance markets: An essay on the economics of imperfect information", *Journal of Economics*, 1976, 90 (4): 355 – 375.

[314] Samuelson P. A., Solow R. M., "Analytical Aspects of Anti-Inflation Policy". *American Economic Review*, 1960, 50 (2): 177 – 194.

[315] Sargent T. J., Wallace N., "Rational expectations and the theory of economic policy", *General Information*, 1975, 2 (2): 169 – 183.

[316] Shapiro. M. D. and M. W. Watson, "Sources of Business Cycle Fluctuations", in S. Fischer *NBER Macroeconomics Annual*, 1988: 111 – 148.

[317] Sharpe S. A., Nguyen H. H., "Capital market imperfections and the incentive to lease", *Journal of Financial Economics*, 1995, 39 (s 2 – 3): 271 – 294.

[318] Sims J. B., "Estimation of arterial system parameters from dynamic records", *Computers & Biomedical Research*, 1972, 5 (2): 131 – 147.

[319] Sims, Christopher A., "Policy Analysis with Econometric Models", *Brookings Papers on Economic Activity*, 1982, 1: 107 – 152.

[320] Sims C. A., "Macroeconomics and reality". *Econometrica* 1980, 48 (1): 1 – 48.

[321] Smets F., "Financial asset prices and monetary policy: theory and evidence". *BIS Working paper*, 1997, No. 47.

[322] Sprenkle C. M., Miller M. H., "The Precautionary Demand for Narrow and Broad Money", *Economica*, 1980, 47 (188): 407 – 421.

[323] Stiglitz, Joseph, "Capital Market Liberalization, Economic Growth, and Instability." *World Development*, 2000, 28 (6): 1075 – 1086.

[324] Stokey, Nancy L. and Robert E. Lucas, Jr. "Recursive Methods in Eco-

nomic Dynamics", Harvard University Press, 1989.

［325］Stulz R. M., "Asset Pricing and Expected Inflation," *Journal of Finance*, 1986, 41: 209-223.

［326］Svensson, Lars E. O., "Inflation Targeting: Some Extensions." *Scandinavian Journal of Economics*, September 1999, 101 (3): 337-361.

［327］Sveen, T., Weinke L., "Lumpy Investment, Sticky Prices, and the Monetary Transmission Mechanism". *Journal of Monetary Economics*, 2007. 54: 23-36.

［328］Sylvia Kaufmann, "Is there an asymmetric effect of monetary policy over time?", *Empirical Economics*, 2002, 27: 277-297.

［329］Taylor J. B., "Aggregate Dynamics and Staggered Contracts," *Journal of Political Economy*, 1980, 88: 1-24.

［330］Taylor J. B., "The Monetary Transmission Mechanism and The Evaluation of Monetary Policy Rules". *Stanford University Working Paper*, 1999.

［331］Taylor J. B., "Housing and monetary policy", *NBER Working Paper*, 2007, 13682.

［332］Thakor A., Wilson P. F., "Capital requirements, loan renegotiation and the borrower's choice of financing source". *Journal of Banking & Finance*, 1995, 19 (3): 693-711.

［333］Tobin, James. "A General Equilibrium Approach to Monetary Theory". *Journal of Money, Credit and Banking*, 1969, (01): 15-29.

［334］Tornell A., "The Tragedy of Commons and Economic Growth: Why Does Capital Flow from Poor to Rich Countries?" *Journal of Political Economy*. 1992, 100 (6): 1208-1231.

［335］Townsend, Robert, "Optimal Contracts and Competitive Markets with Costly State Verification", *Journal of Economic Theory*, 1979, 21: 265-293.

［336］Wang, Ruifang and Chelvin Loh, "Effectiveness of Monetary Policy in Post-Reform China: Some Empirical Evidence", Paper presented at the 3rd International Conference on the Chinese Economy organized by CERDI-IDREC, Clermont-Ferrand, France. 2001.

［337］Watson W., Gordon R., King R. et al., "Business-Cycle Durations and Postwar Stabilization of the U. S", *Economy the American Economic Review*. 1994: 24-46.

［338］Wenninger, Johne and Lawrence Radecki, "Financial Transactions and the Demand for M1", *Federal Reserve Bank of New York Quarterly Review*, 1986, 11: 24 – 29.

［339］Whalen, Edward L., "A Rationalization of The Precautionary Demand for Cash", *Quarterly Journal of Economics*, 1966, 5: 314 – 324.

［340］Woodford, Michael, "Interest & Prices: Foundations of a Theory of Monetary Policy," The Princeton Press. 2003.

［341］Woodford M., "Firm-specific Capital and the New Keynesian Phillips Curve". *International Journal of Central Banking*, 2005, 2: 1 – 46.

［342］Woodford M., "Globalization and Monetary Control". *NBER Working Paper*, 2007, 13329.

［343］Wu, Friedrich, "China's Capital Flight: 1990 – 1999. ", *Review of Pacific Basin Financial Markets and Policies*, 2000, 3（1）: 59 – 75.

［344］Zhu H., Philip Davis E., "Commercial property prices and bank performance", *Economics & Finance Discussion Papers*, 2004.

后 记

2008年夏秋之交正值全球金融危机来袭，国内经济尤其东部沿海经济出现大范围衰退迹象，各种反危机措施也处于紧锣密鼓酝酿之时，以刘伟教授为首的北京大学经济学院研究团队也正通宵达旦地回顾、反思和讨论全球宏观经济管理特别是货币政策到底出现了什么问题，是不是世界宏观经济理论特别是货币政策研究已经到了一个需要有所大的突破的时刻？结合国内转轨经济发展大的特点和金融市场相对西方还不是那么健全，课题组开始了"货币政策体系及传导机制"这一2008年教育部哲学社会科学研究重大课题攻关项目的诸多申请设计工作。2008年11月课题首席专家刘伟教授，课题组黄桂田教授、苏剑副教授和张辉副教授向课题投标评审组进行了系统的课题投标汇报。

2009年3月课题组刘伟教授、黄桂田教授、董志勇副教授、苏剑副教授、张辉副教授、冯科副教授和赵留彦讲师等课题核心研究团队在北京大学勺园就"货币政策体系及传导机制（08JZD0015）"进行了开题论证工作。课题开题评审组长由对外经济贸易大学副校长刘亚教授担任，评审组其他专家学者有：中央财经大学校长王广谦教授、中国人民大学经济学院院长杨瑞龙教授、北京师范大学李晓西教授、中国人民大学黄泰岩教授、北京大学光华管理学院曹凤岐教授、龚六堂教授。此外，参加开题论证的有教育部社科司规划处徐清森处长、何健副处长和高校社科评价中心李建平主任；北京大学社会科学部程郁缀部长、萧群常务部长和倪润安主任。

课题组主要从课题即将展开的"货币政策体系与传导机制的理论研究"、"我国货币政策体系研究"、"货币政策与其他政策之间关联研究"和"开放条件下货币政策的有效性研究"四个版块向评审组做了充分汇报。专辑评审组认为该课题选题不但具有理论意义，而且现实意义都十分重大，研究的理论架构和逻辑也是十分清晰的，并且充分听取和吸收了招标论证过程中专家提出的主要建议，将这些建议有机地融入了既有研究体系之中。开题论证过程中，专家所建议加强货币政策及传导机制微观基础的研究，这些建议对课题后来的传导机制系统研究和一些金融微观市场、行业研究都起到了十分重要的引领和借鉴作用。

2010年9月在北京高教金马宾馆课题组首席专家刘伟教授和张辉副教授向课题中期评审组作了课题中期汇报工作。课题中期评审专家认为课题研究成果丰富、研究质量也很高，建议课题下一步工作主要在于通过构建一条研究主线来整合各个子课题，适度突出几个研究点，进行深入突破和创新，并强化课题研究成果的转化应用工作。

课题在中期评审之后的一年多时间，在充分听取和吸收专家的意见和研究建议之后，课题组对课题又进行了深入修订和补充，又在一个欧洲债务危机蔓延、美国经济持续低迷和国内货币政策艰难抉择的时刻，课题迎来了结项。课题组一方面希望本项研究能为廓清新时代货币政策体系和传导机制起到一点借鉴和启示；另一方面也衷心感谢3年来课题研究进程各位领导、专家和同仁等的支持与帮助。

刘 伟

2015年5月

教育部哲学社会科学研究重大课题攻关项目成果出版列表

书　名	首席专家
《马克思主义基础理论若干重大问题研究》	陈先达
《马克思主义理论学科体系建构与建设研究》	张雷声
《马克思主义整体性研究》	逄锦聚
《改革开放以来马克思主义在中国的发展》	顾钰民
《新时期　新探索　新征程——当代资本主义国家共产党的理论与实践研究》	聂运麟
《坚持马克思主义在意识形态领域指导地位研究》	陈先达
《当代中国人精神生活研究》	童世骏
《弘扬与培育民族精神研究》	杨叔子
《当代科学哲学的发展趋势》	郭贵春
《服务型政府建设规律研究》	朱光磊
《地方政府改革与深化行政管理体制改革研究》	沈荣华
《面向知识表示与推理的自然语言逻辑》	鞠实儿
《当代宗教冲突与对话研究》	张志刚
《马克思主义文艺理论中国化研究》	朱立元
《历史题材文学创作重大问题研究》	童庆炳
《现代中西高校公共艺术教育比较研究》	曾繁仁
《西方文论中国化与中国文论建设》	王一川
《中华民族音乐文化的国际传播与推广》	王耀华
《楚地出土戰國簡册［十四種］》	陳偉
《近代中国的知识与制度转型》	桑兵
《中国抗战在世界反法西斯战争中的历史地位》	胡德坤
《近代以来日本对华认识及其行动选择研究》	杨栋梁
《京津冀都市圈的崛起与中国经济发展》	周立群
《金融市场全球化下的中国监管体系研究》	曹凤岐
《中国市场经济发展研究》	刘伟
《全球经济调整中的中国经济增长与宏观调控体系研究》	黄达
《中国特大都市圈与世界制造业中心研究》	李廉水
《中国产业竞争力研究》	赵彦云

书 名	首席专家
《东北老工业基地资源型城市发展可持续产业问题研究》	宋冬林
《转型时期消费需求升级与产业发展研究》	臧旭恒
《中国金融国际化中的风险防范与金融安全研究》	刘锡良
《全球新型金融危机与中国的外汇储备战略》	陈雨露
《中国民营经济制度创新与发展》	李维安
《中国现代服务经济理论与发展战略研究》	陈 宪
《中国转型期的社会风险及公共危机管理研究》	丁烈云
《人文社会科学研究成果评价体系研究》	刘大椿
《中国工业化、城镇化进程中的农村土地问题研究》	曲福田
《东北老工业基地改造与振兴研究》	程 伟
《全面建设小康社会进程中的我国就业发展战略研究》	曾湘泉
《自主创新战略与国际竞争力研究》	吴贵生
《转轨经济中的反行政性垄断与促进竞争政策研究》	于良春
《面向公共服务的电子政务管理体系研究》	孙宝文
《产权理论比较与中国产权制度变革》	黄少安
《中国企业集团成长与重组研究》	蓝海林
《我国资源、环境、人口与经济承载能力研究》	邱 东
《"病有所医"——目标、路径与战略选择》	高建民
《税收对国民收入分配调控作用研究》	郭庆旺
《多党合作与中国共产党执政能力建设研究》	周淑真
《规范收入分配秩序研究》	杨灿明
《中国加入区域经济一体化研究》	黄卫平
《金融体制改革和货币问题研究》	王广谦
《人民币均衡汇率问题研究》	姜波克
《我国土地制度与社会经济协调发展研究》	黄祖辉
《南水北调工程与中部地区经济社会可持续发展研究》	杨云彦
《产业集聚与区域经济协调发展研究》	王 珺
《我国货币政策体系与传导机制研究》	刘 伟
《我国民法典体系问题研究》	王利明
《中国司法制度的基础理论问题研究》	陈光中
《多元化纠纷解决机制与和谐社会的构建》	范 愉
《中国和平发展的重大前沿国际法律问题研究》	曾令良
《中国法制现代化的理论与实践》	徐显明
《农村土地问题立法研究》	陈小君

书　名	首席专家
《知识产权制度变革与发展研究》	吴汉东
《中国能源安全若干法律与政策问题研究》	黄　进
《城乡统筹视角下我国城乡双向商贸流通体系研究》	任保平
《产权强度、土地流转与农民权益保护》	罗必良
《矿产资源有偿使用制度与生态补偿机制》	李国平
《巨灾风险管理制度创新研究》	卓　志
《国有资产法律保护机制研究》	李曙光
《中国与全球油气资源重点区域合作研究》	王　震
《可持续发展的中国新型农村社会养老保险制度研究》	邓大松
《农民工权益保护理论与实践研究》	刘林平
《大学生就业创业教育研究》	杨晓慧
《生活质量的指标构建与现状评价》	周长城
《中国公民人文素质研究》	石亚军
《城市化进程中的重大社会问题及其对策研究》	李　强
《中国农村与农民问题前沿研究》	徐　勇
《西部开发中的人口流动与族际交往研究》	马　戎
《现代农业发展战略研究》	周应恒
《综合交通运输体系研究——认知与建构》	荣朝和
《中国独生子女问题研究》	风笑天
《我国粮食安全保障体系研究》	胡小平
《城市新移民问题及其对策研究》	周大鸣
《新农村建设与城镇化推进中农村教育布局调整研究》	史宁中
《农村公共产品供给与农村和谐社会建设》	王国华
《中国大城市户籍制度改革研究》	彭希哲
《中国边疆治理研究》	周　平
《边疆多民族地区构建社会主义和谐社会研究》	张先亮
《新疆民族文化、民族心理与社会长治久安》	高静文
《中国大众媒介的传播效果与公信力研究》	喻国明
《媒介素养：理念、认知、参与》	陆　晔
《创新型国家的知识信息服务体系研究》	胡昌平
《数字信息资源规划、管理与利用研究》	马费成
《新闻传媒发展与建构和谐社会关系研究》	罗以澄
《数字传播技术与媒体产业发展研究》	黄升民

书　名	首席专家
《互联网等新媒体对社会舆论影响与利用研究》	谢新洲
《网络舆论监测与安全研究》	黄永林
《中国文化产业发展战略论》	胡惠林
《教育投入、资源配置与人力资本收益》	闵维方
《创新人才与教育创新研究》	林崇德
《中国农村教育发展指标体系研究》	袁桂林
《高校思想政治理论课程建设研究》	顾海良
《网络思想政治教育研究》	张再兴
《高校招生考试制度改革研究》	刘海峰
《基础教育改革与中国教育学理论重建研究》	叶　澜
《公共财政框架下公共教育财政制度研究》	王善迈
《农民工子女问题研究》	袁振国
《当代大学生诚信制度建设及加强大学生思想政治工作研究》	黄蓉生
《从失衡走向平衡：素质教育课程评价体系研究》	钟启泉　崔允漷
《构建城乡一体化的教育体制机制研究》	李　玲
《高校思想政治理论课教育教学质量监测体系研究》	张耀灿
《处境不利儿童的心理发展现状与教育对策研究》	申继亮
《学习过程与机制研究》	莫　雷
《青少年心理健康素质调查研究》	沈德立
《灾后中小学生心理疏导研究》	林崇德
《民族地区教育优先发展研究》	张诗亚
《WTO主要成员贸易政策体系与对策研究》	张汉林
《中国和平发展的国际环境分析》	叶自成
《冷战时期美国重大外交政策案例研究》	沈志华
《我国的地缘政治及其战略研究》	倪世雄
*《中国政治文明与宪法建设》	谢庆奎
*《非传统安全合作与中俄关系》	冯绍雷
*《中国的中亚区域经济与能源合作战略研究》	安尼瓦尔·阿木提
……	

* 为即将出版图书